桥涵施工与养护

主　编　王井春　陈学玲
副主编　张维丽　陈佰忠

微课　视频　在线题库　动画

西南交通大学出版社
·成　都·

内容简介

本书为铁路、公路职业教育特色教材，可用于高职和中职层次的桥梁工程教学，也可供从事桥梁工程职工培训及相关技术人员参考。

本书共分为三大模块，包括 15 个项目、3 个附录。模块 1 桥涵构造包括 7 个项目，分别为桥涵概论、混凝土结构基本知识、混凝土梁桥桥跨结构构造与墩台类型、简支梁桥在曲线上的布置原则及桥面构造、其他类型桥梁、桥梁施工图的识读、地道桥及框构桥的顶进施工。模块 2 桥涵施工包括 6 个项目，分别为桥涵施工基本知识、桥梁基础施工、桥梁墩台施工、混凝土简支梁的施工、混凝土连续梁的施工、转体施工。模块 3 桥涵养护维修包括 2 个项目，分别为桥隧养护维修概述、桥涵养护维修方法。附录融入了中华桥梁传统文化及桥梁特点的介绍。全书在内容编排上注重理论知识向实践能力的转化，能更好地满足技术技能人才识图、施工及养护维修的需要，能为现场施工技术人员提供重要的技术支持。

图书在版编目（CIP）数据

桥涵施工与养护 / 王井春，陈学玲主编. —成都：西南交通大学出版社，2021.8

ISBN 978-7-5643-8172-1

Ⅰ. ①桥… Ⅱ. ①王… ②陈… Ⅲ. ①桥涵工程－工程施工－高等职业教育－教材②桥涵工程－养护－高等职业教育－教材 Ⅳ. ①U44

中国版本图书馆 CIP 数据核字（2021）第 148072 号

Qiaohan Shigong yu Yanghu

桥涵施工与养护

主编　王井春　陈学玲

*

责任编辑　韩洪黎

封面设计　曹天擎

西南交通大学出版社出版发行

（成都市金牛区二环路北一段 111 号　邮政编码：610031　发行部电话：028-87600564）

http: //www.xnjdcbs.com

成都蓉军广告印务有限责任公司 印刷

*

成品尺寸：185 mm × 260 mm　　印张：24.75

字数：616 千字

2021 年 8 月第 1 版　　2021 年 8 月第 1 次印刷

ISBN 978-7-5643-8172-1

定价：65.00 元

课件咨询电话：028-81435775

前　言

进入 21 世纪，随着新材料、新技术、新工艺的不断涌现，桥梁建设步入了一个迅猛发展的阶段，桥涵构造也发生了很大的变化。根据多年的教学经验和现场施工维护技术人员对毕业生能力的反馈，学生在桥涵认知上能否形成立体直观的形象，势必对将来的施工和维修工作产生重要影响。

为深化职业教学改革，强化职业学生实践能力，重点培养学生的桥涵识图、认知能力，为今后从事施工养护工作奠定基础，特编写了本书。本教材从弱化理论、突出技能的角度出发，在编排上适应学生的特点和知识结构，理论知识浅显易懂，以必需、够用为度，突出教材的职业针对性；以现行行业标准为依据，注意纳入铁路桥梁建设的新技术、新工艺、新方法，体现教材的先进性；结合职业定位，重点讲述应知应会的基本知识和技能，充分展示教材以技能训练为主线、以能力培养为主导的职业教育特色。

为推动信息化条件下的职业教育教学模式改革，全书配备了立体化的教学资源。本书的项目小结多以微课形式呈现，同时书中以二维码的形式增加了形象立体的施工工艺动画，使教学更加直观生动。

本书由黑龙江交通职业技术学院王井春、陈学玲担任主编，张维丽、陈佰忠担任副主编。具体分工如下：黑龙江交通职业技术学院王井春（项目 1、项目 3、项目 5），陈学玲（项目 12、项目 14），张维丽（项目 7、项目 9 任务 9.1、项目 11），陈佰忠（项目 9 任务 9.2、9.3，项目 10，附录），夏辉（项目 2、项目 4），李玉玲（项目 8）；中国铁路济南局集团有限公司济南工务段范琳（项目 6），时硕（项目 15）；中铁二十三局集团第二工程有限公司高级工程师侯俊（项目 13）。

本书在编写过程中，得到了中铁二院北方公司高级工程师朱标、中交第二公路工程局有限公司铁路工程公司高级工程师王富强的大力支持，同仁们也提供了很多建设性意见和相关资料，在此一并表示感谢！

由于编者水平和掌握的资料有限，疏漏之处在所难免，恳请广大读者批评指正。

编　者

2020 年 9 月

目 录

模块 1 桥涵构造

模块 2 桥涵施工

模块 1　桥涵构造

项目 1　桥涵概论

【项目描述】

桥梁与人类生活密切相关。没有桥梁，我们的生活将大受限制，更不会有今天四通八达的公路与铁路把世界如此紧密地联系在一起。本项目将从桥涵的概念与要求、组成与分类、设计荷载、孔径与净空、支座，以及设计规范、标准设计图和施工图等方面阐述桥涵的基本知识。

【项目目标】

（1）能绘制桥梁结构简图，并在图中标注桥梁系列术语；

（2）能按规范要求进行桥梁支座布置；

（3）能解读桥涵活载图示。

任务 1.1　桥涵在交通工程中的地位和桥梁发展趋势

一、桥涵在交通工程中的地位

建立四通八达的现代化交通网，大力发展交通运输事业，对于发展国民经济、加强全国各族人民的团结、促进文化交流和巩固国防等方面，都具有非常重要的作用。在公路、铁路以及水利建设中，为了跨越各种障碍（如江河、沟谷或其他线路等），必须修建各种类型的桥梁与涵洞，因此桥涵是交通工程中的重要组成部分，而且往往是保证全线早日通车的关键。它的工程量一般较大，需要较长的施工时间，大桥往往是交通工程的控制工程；它的建筑费用在整个交通工程费用中占有较大的比重，在建造中需要较多的建筑材料、劳动力和资金；它也是确保运输畅通的重要环节，一旦遭到破坏，修复较困难，在国防上有重要意义；同时它还与水陆交通、工农业生产、水利建设和人民生活等有密切关系。因此，对桥涵的设计和施工都必须予以足够的重视。

二、现代桥梁发展趋势

（1）大跨度桥梁向更长、更大、更柔的方向发展。

（2）具有高强度、高弹性模量、轻质的新材料得到广泛的开发和应用。

（3）大型深水基础工程得到广泛应用。

（4）在设计阶段采用计算机辅助手段进行有效的快速优化和仿真分析，运用智能化制造系统在工厂生产部件，利用 GPS 和遥控技术控制桥梁施工。

（5）桥梁建成交付使用后，将通过自动监测和管理系统保证桥梁的安全和正常运行，一旦发生故障或损伤，将自动报告损伤部位并提出养护对策。

（6）更重视桥梁美学及环境保护。

桥梁是人类最杰出的建筑之一，闻名遐迩的美国旧金山金门大桥，澳大利亚悉尼港桥，英国伦敦桥，日本明石海峡大桥，我国上海杨浦大桥、南京长江二桥、香港青马大桥，这些著名大桥都是一件件宝贵的空间艺术品，成为陆地、江河、海洋的景观以及城市标志性建筑。宏伟壮观的澳大利亚悉尼港桥与现代化别具一格的悉尼歌剧院融为一体，成为今日悉尼的象征。因此，21 世纪的桥梁结构必将更加重视建筑艺术造型，重视桥梁美学和景观设计，重视环境保护，达到人文景观同环境景观的完美结合。

任务 1.2　桥涵的概念与要求

一、桥涵的基本概念

桥梁：铁路（公路）跨越天然障碍物或人工设施的架空建筑物。

涵洞：横穿铁路（公路）路基，用以排洪、灌溉或作为通道的建筑物。

二、桥涵的一般要求

桥涵设计应符合安全可靠、先进成熟、经济适用、保护环境的要求。

为满足运输的需要，保证车辆长期正常运行，新建桥涵均应设计为永久性建筑。桥涵主体结构应按 100 年使用年限设计。

桥涵结构在制造、运输、安装和运营过程中，应具有规定的强度、刚度、稳定性，并应满足轨道平顺性、列车运行安全性和旅客乘坐舒适性的要求。

桥涵应满足运营、检查、维护和应急抢修要求，并具有良好的耐久性。结构应简洁美观，力求标准化，便于制造和机械化施工。

结构设计应力求技术先进、经济合理，在保证设计要求的前提下，使桥涵的建筑费和运营费最低，工期最短，所用人力和材料最省，养护简易。桥涵结构的建筑材料应根据制造水平和材料供应情况选用，可采用混凝土、钢筋混凝土、预应力混凝土或钢材。

桥涵孔径必须保证设计频率洪水、流冰、流木、泥石流、漂流物等安全通过，并应考虑壅水、冲刷对上下游的影响，确保桥涵附近路堤的稳定，便于养护和维修。

桥梁设计应结合环境，考虑造型美观。

三、桥与涵的区别

涵洞与桥梁最基本的区别是：涵洞一般置于路堤下部，其结构轴线横穿路堤，铁路涵洞顶至轨底的填方厚度不应小于 1.2 m，因此在涵洞处路堤通常是连续的；而桥梁则通常使路堤断开，即路堤不连续。铁路涵洞的标准孔径最大为 6.0 m（公路为 5 m 以内），出入口通常设有端墙和翼墙。

任务 1.3　桥梁的组成与分类

一、桥梁的组成

桥梁主要由上部结构、下部结构和附属结构组成。

1. 上部结构

上部结构也称桥跨结构，即梁桥支座及以上或拱桥起拱线以上跨越桥孔的结构，包括承重结构（如梁、拱等）、桥面、支座等。桥跨结构主要承受车辆活载和车辆运行所产生的各种力以及风力等作用，并将这些荷载连同桥跨结构自重传到下部结构。

2. 下部结构

下部结构包括桥墩和桥台。将全部荷载传至地基的底部奠基部分，称为墩台的基础。桥墩即支承相邻桥跨结构，并将其荷载传给地基的建筑物；桥台即连接桥跨结构和路基的支挡建筑物，它支承桥跨结构，把上部结构传来的荷载连同它本身的重量和所受的外力传到地基。桥台又是桥梁与路堤衔接的结构物，其两侧有锥体护坡，用来保证桥台与路堤很好的衔接，并保证桥头路堤的稳定。

3. 附属结构

除上部结构和下部结构外，还有附属结构物，如防护设备及调节河流建筑物，在桥位的上下游还常设有导流堤、防洪堤、丁坝和护岸等导流结构物。这些结构物的作用是引导水流均匀而顺畅地通过桥孔、减轻桥下河床变形和保护附近河岸。

二、桥梁的分类

（一）按桥跨结构受力基本特征分类

1. 梁　桥

桥的上部结构由梁组成的称为梁桥（也称梁式桥）。

梁桥的承重结构是实腹梁或桁架梁，它的受力特征是在竖直荷载作用下支座只有竖向反力。承重结构是实腹梁时，梁只承受弯矩和剪力，不承受轴向力；桁架梁的杆件主要承受轴向力。

梁桥又分简支梁桥、连续梁桥和悬臂梁桥。

（1）简支梁桥：两端为铰支承的梁［上部结构分跨简支于桥墩（台）上，该桥型梁端坐落在固定支座和活动支座上］；简支梁桥对外是静定结构，垂直荷载作用下最大弯矩在跨中，支座处为零，一般适用于中、小跨径；地基不均匀变形对梁内力无影响，若一跨破坏，对邻跨无影响，它可以预先分段制造，分跨架设。该类桥整体性较差，材料利用率不高，并有较多伸缩缝，影响车辆运营平稳［见图 1-3-1（a）］。

（2）连续梁桥：有三处及以上由支座支承的梁（即梁搁置在若干跨的桥墩支座上面连成一体，在中间支座上连续通过的桥梁）。在垂直荷载作用下，梁身在跨中承受正弯矩，在中间支座处承受负弯矩。当跨度较大、使用荷载也较大时，采用连续梁桥可比简支梁桥节省较多材料。连续梁桥整体性强，刚度也较大，当一跨受损坏时，邻跨可发挥作用，对修复加固有利。连续梁桥对外是超静定结构，对基础沉降要求严格，严重时可导致梁断裂，甚至破坏［见图 1-3-1（b）］。

（3）悬臂梁桥：带有悬臂部分的简支梁桥，其特点是悬臂部分受力时产生负弯矩，并可减少简支部分正弯矩。悬臂梁有简支单悬臂和简支双悬臂两种形式。悬臂梁对外是静定结构，跨越能力比简支梁大，对基础沉降适应性强［见图 1-3-1（c）］。

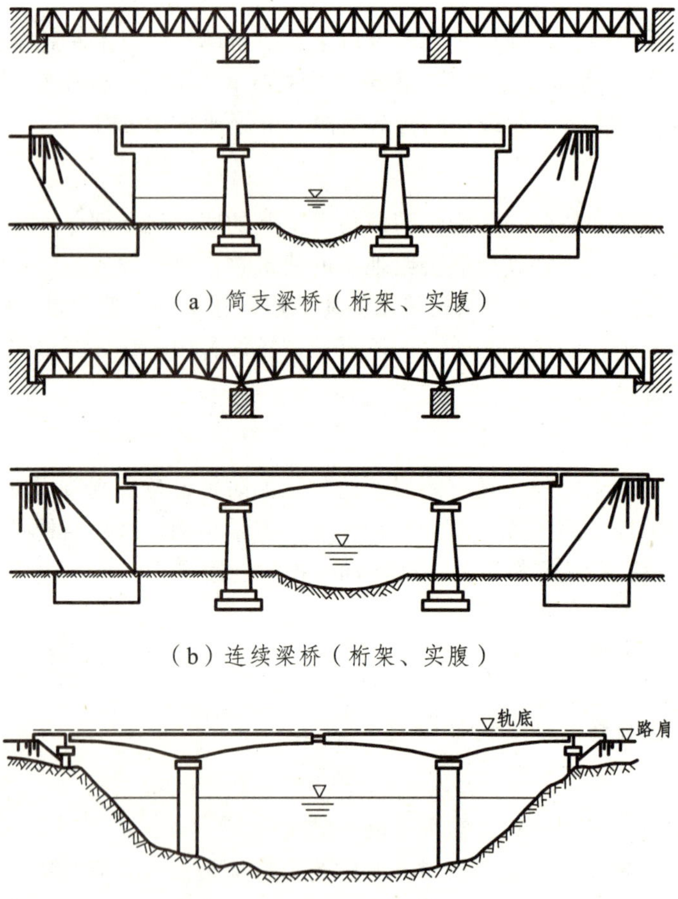

（a）简支梁桥（桁架、实腹）

（b）连续梁桥（桁架、实腹）

（c）悬臂梁桥

图 1-3-1 梁 桥

2. 拱 桥

拱桥是我国最常用的一种桥梁形式，拱桥的承重结构是拱（拱圈或拱肋），它的受力特征是在竖直荷载作用下支座有竖向反力和水平反力（拱脚推力）；铁路拱桥的承重结构通常为无铰拱，因此还有支承弯矩。拱桥的承重结构以受压为主，同时也受挠曲和剪力作用。图 1-3-2

为拱桥图式，图（a）为上承实腹拱，图（b）为中承空腹拱。

3. 刚架桥

刚架桥的桥跨结构和墩台刚性连接成一整体，在竖直荷载作用下和拱一样有竖向反力和水平反力；无铰刚架还有支承弯矩。刚架以受挠曲为主，也有轴向力和剪力。图 1-3-3 为刚架桥图式，图（a）为门形刚架桥，图（b）为斜腿刚架桥。该类桥整体性好，具有较好的刚度和抗震性能。

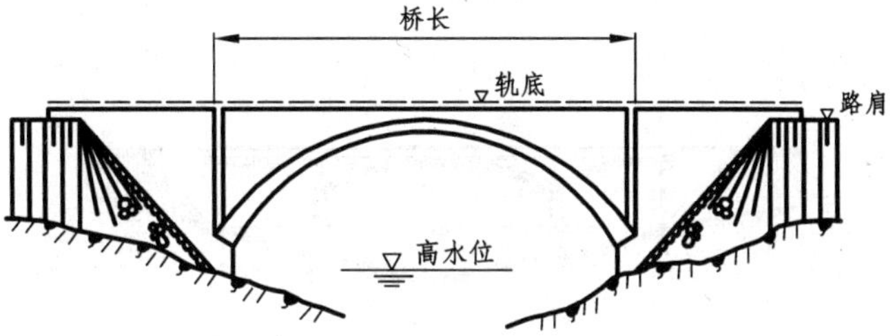

（a）上承实腹拱

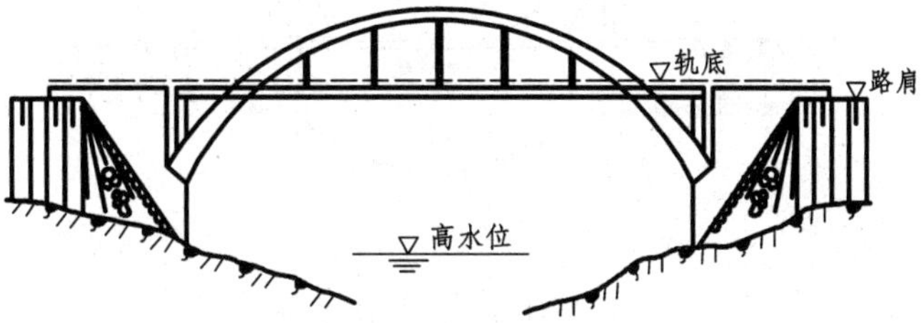

（b）中承空腹拱

图 1-3-2　拱　桥

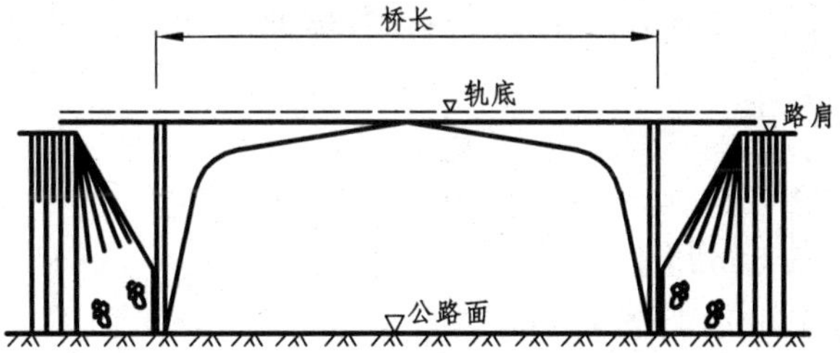

（a）门形刚架桥

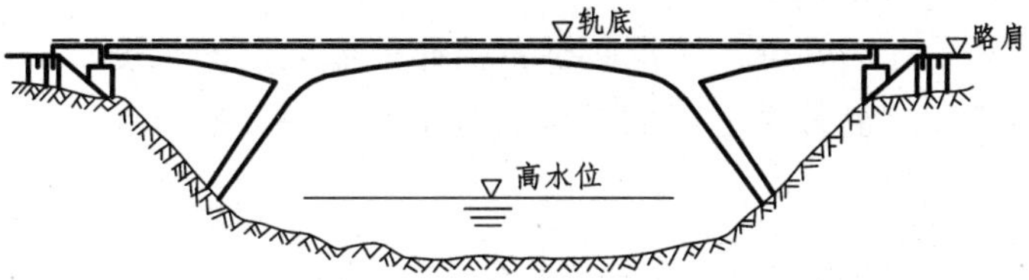

（b）斜腿刚架桥

图 1-3-3　刚架桥

4. 组合体系桥

组合体系桥是不同体系组合共同承载的桥。图 1-3-4 为组合体系桥图式，其中图（a）和图（b）为梁、拱组合体系；图（c）为斜拉桥，是梁、索组合体系。

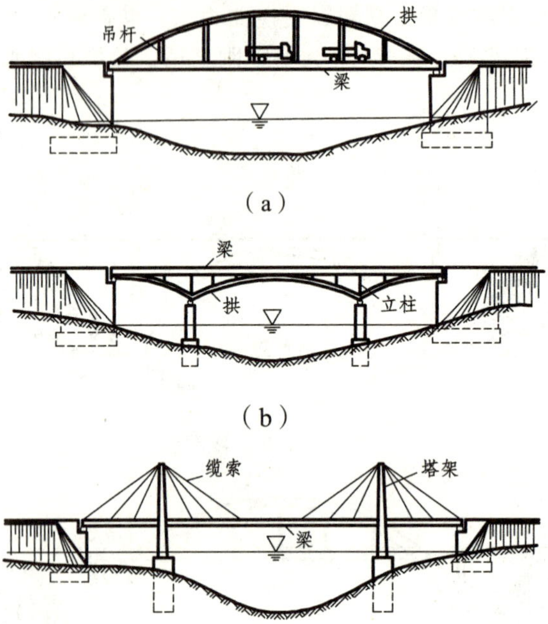

（c）

图 1-3-4　组合体系桥

5. 悬索桥

悬索桥又名吊桥，是大跨桥梁的主要形式之一，具有跨越能力大、受力合理等特点。悬索桥与其他桥型相比，其跨径越大，相对材料耗费越少，桥的造价相对也越低。

（二）按桥梁长度分类

1. 铁路桥梁按桥长分类

（1）特大桥：桥长 500 m 以上。

（2）大桥：桥长 100 m 以上至 500 m。

（3）中桥：桥长 20 m 以上至 100 m。

（4）小桥：桥长 20 m 及以下。

其中：桥梁长度，对于梁桥，是指两桥台挡砟前墙之间的长度；对于拱桥，是指拱上侧墙与桥台侧墙间两伸缩缝外端之间的长度；对于刚架桥，是指刚架顺跨度方向外侧之间的长度。

2. 公路桥梁按单孔跨径或多孔跨径总长分类

公路桥涵的分类如表 1-3-1 所示。其中，单孔跨径是指标准跨径；梁式桥、板式桥的多孔跨径总长为多孔标准跨径的总长，拱式桥为两岸桥台内起拱线间的距离，其他形式桥梁为桥面系行车道长度。标准跨径为梁式桥、板式桥以两桥墩中线之间桥中心线长度或墩中心线与桥台台背前缘线之间桥中心线长度；拱桥和涵洞以净跨径为准。

表 1-3-1　公路桥涵的分类　单位：m

桥涵分类	多孔跨径总长 L	单孔跨径 L_k
特大桥	$L>1\,000$	$L_k>150$
大桥	$100\leqslant L\leqslant 1\,000$	$40\leqslant L_k\leqslant 150$
中桥	$30<L<100$	$20\leqslant L_k<40$
小桥	$8\leqslant L\leqslant 30$	$5\leqslant L_k<20$
涵洞	—	$L_k<5$

（三）按桥跨结构所采用的主要建筑材料分类

1. 混凝土桥（见图 1-3-1 中的实腹梁桥）

混凝土桥分为普通钢筋混凝土桥和预应力混凝土桥两种。

2. 钢　桥（见图 1-3-1 中的桁架梁桥）

钢桥以钢材作为桥跨结构主要材料，其主要形式为板梁和桁梁两种。

3. 石　桥

铁路石桥均为石拱桥，有实腹式和空腹式两种，它仅在盛产石料的地区应用。

4. 结合梁桥

结合梁由钢筋混凝土道砟桥面板和钢梁两部分组成。两部分之间有连接物使其牢固结合，共同受力，故称“结合梁”。钢筋混凝土结合梁或型钢混凝土结构跨越能力强，施工方便，并且由于结构重量轻，有显著的抗震优势，因此适用于跨越繁忙道路或抗震要求较高的场合。

（四）按桥面所在位置分类

1. 上承式桥［见图 1-3-4（b）］

桥面布置在承重结构之上者称上承式桥。

2. 下承式桥［见图 1-3-4（a）］

桥面布置在承重结构之下者称下承式桥。

3. 中承式桥［见图 1-3-2（b）］

桥面布置在承重结构中间者称中承式桥。

（五）按桥跨结构的平面位置分类

1. 正交桥

桥跨结构轴线与它所跨越的河流流向交角为 90°（即斜交角为 0°）。

2. 斜交桥

桥跨结构轴线与它所跨越的河流流向交角不为 90°（即斜交角不为 0°）。

通常将桥跨结构轴线的法线与河流流向相交的锐角称为斜交角。

3. 弯　桥

弯桥即曲线桥。曲线线路上的梁桥可以做成曲线梁，也可以使用多跨直梁按折线布置成曲线的形式。

（六）按桥梁所跨越的障碍物的不同分类

1. 跨河桥

跨越河流的桥梁。

2. 立交桥

用以跨越道路或另一条铁路的桥梁。

3. 谷架桥

用以跨越山谷、洼地的桥梁。有些跨谷桥的高度和长度由地形和经济条件决定，建成的高而长的桥梁称为谷架桥（也称跨谷桥）。

4. 高架桥

用以穿越既有交通路网、人口稠密地区及地质不良地段，高架桥通常墩身不高，跨度较小，但桥梁很长，往往伸展达十余千米。

（七）按桥梁用途分类

桥梁按其用途不同，可分为铁路桥、公路桥、公铁两用桥、人行桥、运水桥、农桥（机耕道桥）。

任务 1.4　涵洞的类型与组成

一、涵洞的类型

涵洞是一种横穿路堤的建筑物，有多种分类方式。

（一）按用途分类

涵洞按其用途不同，可分为排洪涵洞、灌溉涵洞和交通涵洞。

（二）按水力性质分类

（1）无压涵洞［见图 1-4-1（a）］：水体在其经过涵洞的全部流程上保持自由水面。

（2）有压涵洞［见图 1-4-1（b）］：涵洞入口处水位高于涵洞顶面，整个洞身为水流所充满。

（3）半有压涵洞［见图 1-4-1（c）］：涵洞入口被水淹没，但在入口下游的全部流程上水体仍具有自由表面。

涵洞宜设计成无压涵洞。

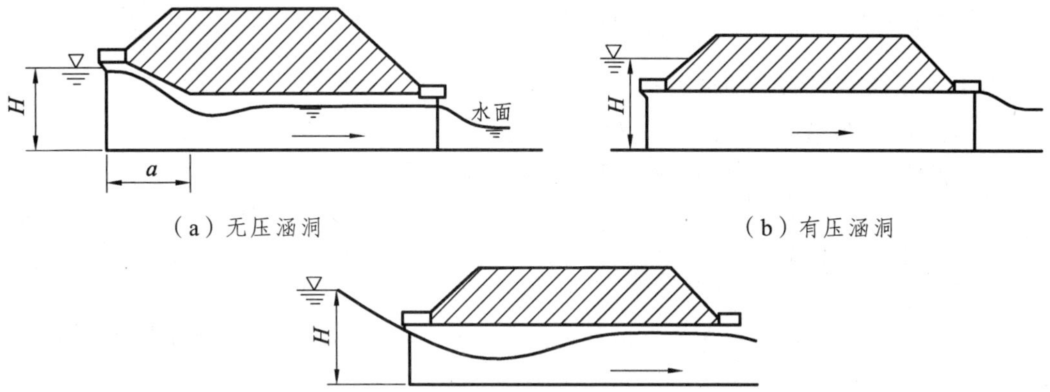

（a）无压涵洞　（b）有压涵洞　（c）半有压涵洞

图 1-4-1　涵洞类型

（三）按涵洞的洞身横截面形状分类

（1）圆形涵洞：圆形涵洞的洞身是圆形的混凝土管、钢筋混凝土管等。目前新建的圆形涵洞一般均采用钢筋混凝土圆管［见图 1-4-2（a）］。

（2）拱形涵洞：此种涵洞的洞顶结构部分具有拱形截面［见图 1-4-2（b）］。拱形涵洞因所用材料不同可分为石拱涵、混凝土拱涵、钢筋混凝土拱涵。钢筋混凝土拱涵现在极少使用。

（3）矩形涵洞：此种涵洞的洞身截面具有矩形的过水断面。其构造特点是：洞身或是钢筋混凝土的封闭式刚架结构称为框构涵，或是内侧竖直的边墙上支以水平的盖板称为盖板涵［见图 1-4-2（c）］。

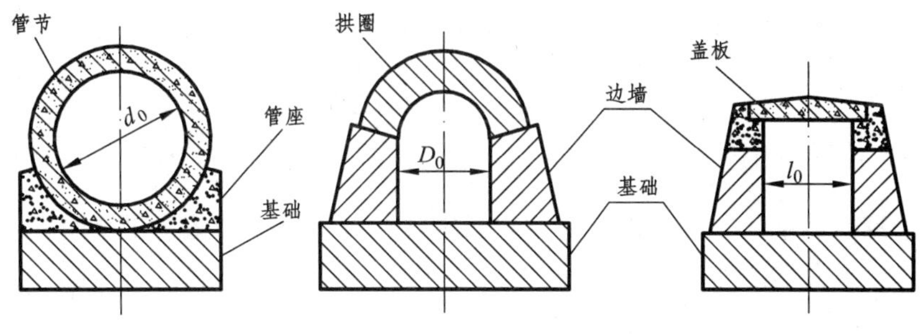

（a）圆形涵洞　（b）拱形涵洞　（c）盖板涵洞

图 1-4-2　涵洞的洞身横截面形式

（四）按涵洞轴线与线路中线的交角分类

（1）正交涵洞：涵洞轴线与线路中线垂直。

（2）斜交涵洞：涵洞轴线与线路中线不垂直。

（五）按涵洞的孔数分类

按涵洞的孔数不同，可分为单孔涵洞、双孔涵洞和多孔涵洞。

（六）公路按洞顶填土情况分类

（1）明涵：洞顶不填土，适用于低路堤、浅沟渠。

（2）暗涵：洞顶填土大于 50 cm，适用于高路堤、深沟渠。

二、涵洞的组成

为适应过水、受力以及与路堤的衔接等方面的要求，涵洞由洞口、洞身以及附属工程部分组成，如图 1-4-3 所示。

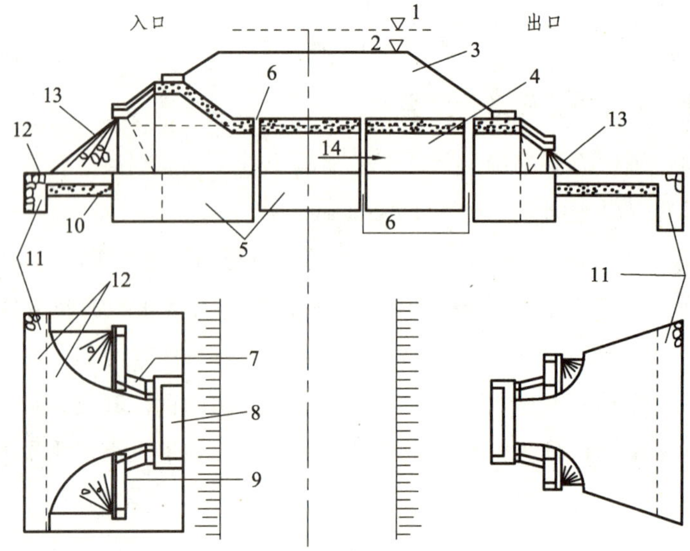

1—轨底；2—路肩；3—路堤；4—洞身；5—基础；6—沉降缝；7—翼墙；8—端墙；9—雉墙；10—碎石垫层；11—垂裙；12—河床铺砌；13—锥体护坡；14—流向。

图 1-4-3 涵洞的组成

（一）洞 口

洞口位于洞身两端，起连接洞身和路堤边坡并诱导水流顺利地进出涵洞等作用。位于上游端的称入口，下游端的称出口。

常见的洞口形式有以下两种形式：

（1）八字式洞口（见图 1-4-4）：在端墙外的洞口两侧设有张开成八字形的翼墙。为缩短翼墙长度和便于设置锥体，在适当位置将翼墙折成与线路平行的雉墙，雉墙外为锥体。端墙、翼墙、雉墙之上均盖以帽石，整个洞口下设基础。

（2）端墙式洞口（见图 1-4-5）：由一道垂直于涵洞轴线的竖直端墙、盖于其上的帽石以及设于其下的基础组成。端墙外有收敛路堤边坡的附属工程——锥体。端墙式洞口构造简单，但泄洪能力小。

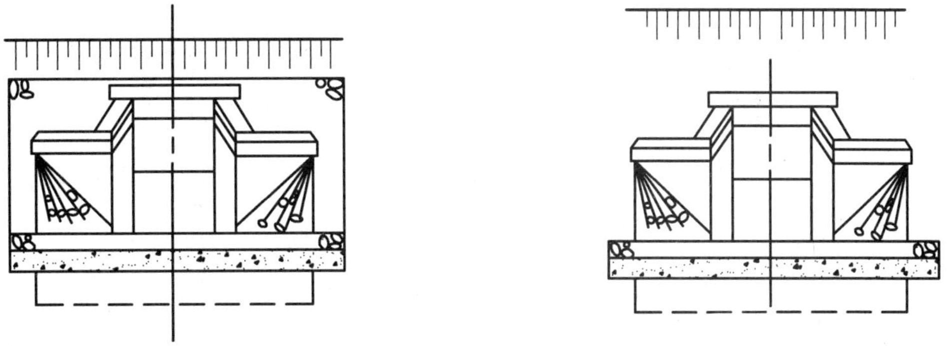

（a）入口　　（b）出口

图 1-4-4　八字式洞口

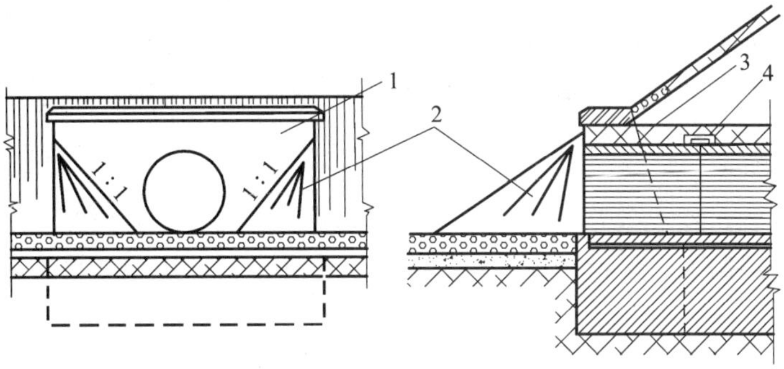

1—端墙；2—锥体；3—保护层；4—防水层。

图 1-4-5　端墙式洞口

（二）洞　身

洞身是涵洞的主要部分，它承担排水或交通任务，并承受路堤填土自重及由路堤填土传来的车辆活载压力。

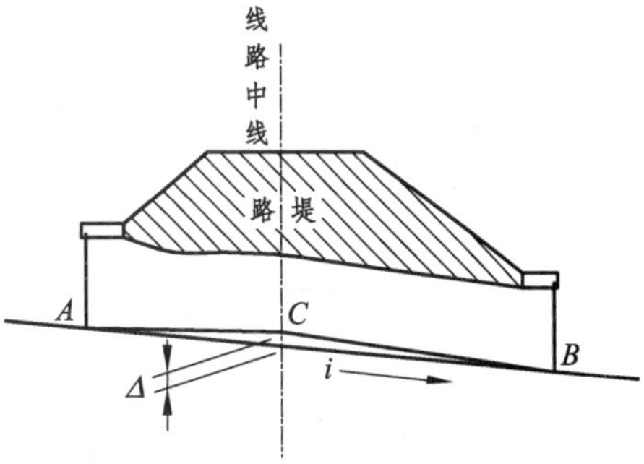

图 1-4-6　预留上拱度示意图

由于压力对洞身中部作用大，而对洞身端部的作用较小，因此位于非岩石地基上的涵洞一般将洞身分段修建，其间设置沉降缝，以避免因受力不均匀导致洞身的不规则断裂。沉降缝用有弹性且不透水的材料填塞。为避免涵洞投入使用后，因洞身中部受力较大而下沉多，两端下沉少，以致中间淤积，或出现洞身下游逆坡现象，对于修建于非岩石地基上的涵洞，特将洞身中部的高程较理论设计高程再提高一数值 Δ，称为上拱度（见图 1-4-6）。

（三）基　础

基础是洞口和洞身的一部分，主要有整体式和分离式两种（见图 1-4-7）。孔径较小的涵洞一般采用整体式基础，若孔径较大且地质情况良好，则可采用分离式基础，以节约圬工。对于分离式基础，一般在分离的边墙与基础之间用片石砌成较薄的流水板。流水板与边墙基础之间留有纵向缝隙，板下设砂垫层。

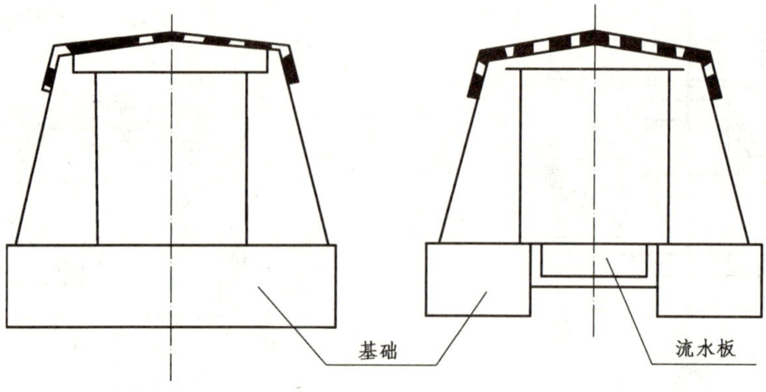

（a）整体式基础　　（b）分离式基础

图 1–4–7　基础类型

对于圆形涵洞及其他封闭式截面的涵洞，若基底为石质或砂质土壤，且质地均匀、下沉量不大时，也可采用无基涵洞（不设圬工基础），但涵洞出入口节仍应设置基础。

（四）附属工程

涵洞的附属工程包括收敛路堤边坡并起导流作用的锥体，防止冲刷的河床及路堤边坡铺砌、改移和加固河渠的人工水道，提供养护人员工作方便的路堤边坡检查台阶等。

任务 1.5　桥涵的设计荷载

一、铁路桥涵的设计荷载

桥涵结构设计所用的荷载，称为设计荷载。设计荷载应根据结构的特性按表 1-5-1 所列荷载采用其可能的最不利组合情况进行计算。

从表 1-5-1 可以看出，桥涵承受的荷载按其性质和发生概率可划分为主要荷载（主力）、附加荷载（附加力）和特殊荷载三类。

表 1–5–1　桥涵荷载

荷载分类		荷载名称
主力	恒载	（1）结构构件及附属设备自重；（2）预加力；（3）混凝土收缩和徐变的影响；（4）土压力；（5）静水压力及水浮力；（6）基础变位的影响
	活载	（7）列车竖向静活载；（8）公路活载（城市道路活载）；（9）列车竖向动力作用；（10）离心力；（11）横向摇摆力；（12）活载土压力；（13）人行道人行荷载；（14）气动力
附加力		（15）制动力或牵引力；（16）支座摩阻力；（17）风力；（18）流水压力；（19）冰压力；（20）温度变化的作用；（21）冻胀力；（22）波浪力
特殊荷载		（23）列车脱轨荷载；（24）船只或排筏的撞击力；（25）汽车撞击力；（26）施工临时荷载；（27）地震力；（28）长钢轨纵向作用力（伸缩力、挠曲力和断轨力）

（一）主　力

主力是正常的、经常发生或时常重复出现的，它包括恒载和活载。

恒载是对桥梁经常起作用的，其作用点一般也是固定不变的。

活载主要是指列车竖向静活载及由列车运动所引起的荷载。我国根据机车车辆轴重、轴距对桥梁的不同影响以及车辆的发展趋势，制定了中华人民共和国铁路标准活载，简称“中-活载”（见图 1-5-1），适用于速度 200 km/h 以下客货运共线铁路。对于速度 200 km/h 以上的客运专线和速度 300 km/h 以上的高速铁路，则应采用中国客运专线标准活载，简称“ZK-活载”。此外，还有“中-活载（2005）”“客货共线（ZKH）活载”以及“重载铁路（ZH）活载”。各种活载具体图示如图 1-5-2 所示。

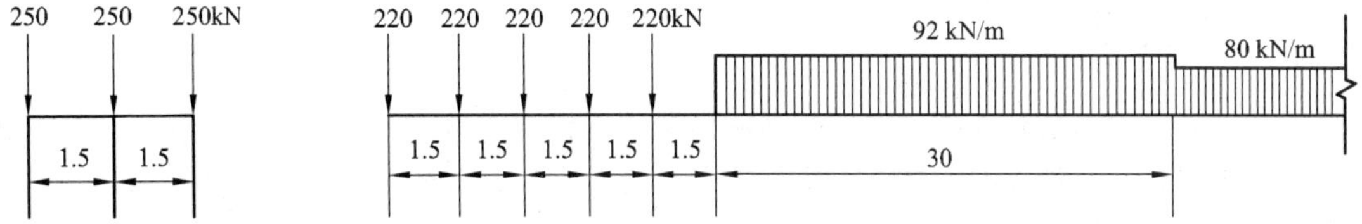

图 1-5-1　“中-活载”图式

线路类型	图式名称	荷载图示：普通荷载	荷载图示：特种荷载
高速铁路	ZK	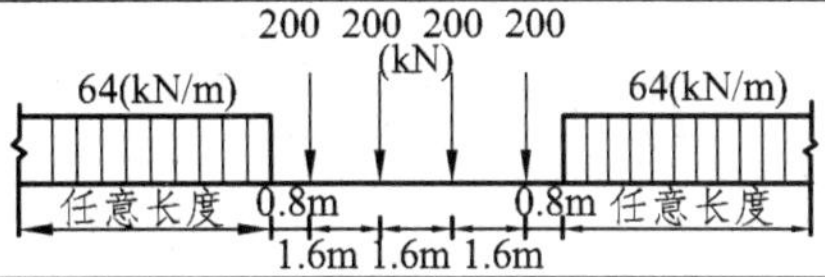	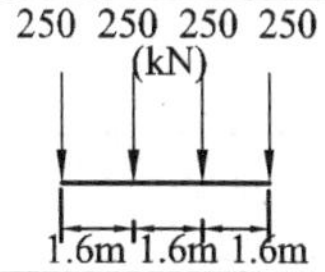
城际铁路	ZC	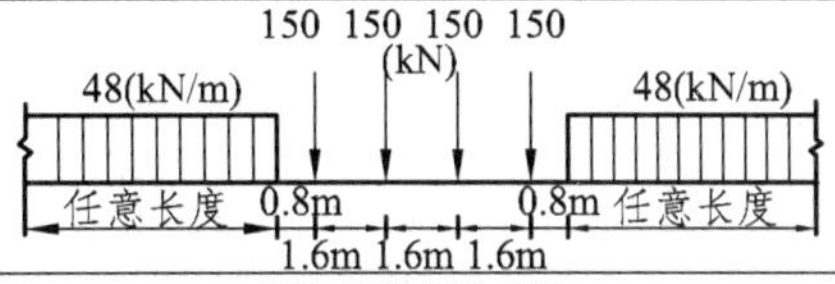	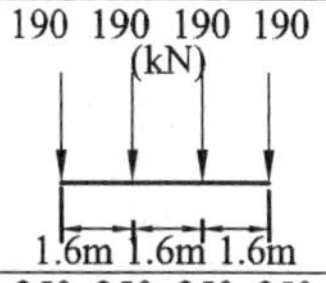
客货共线铁路	ZKH	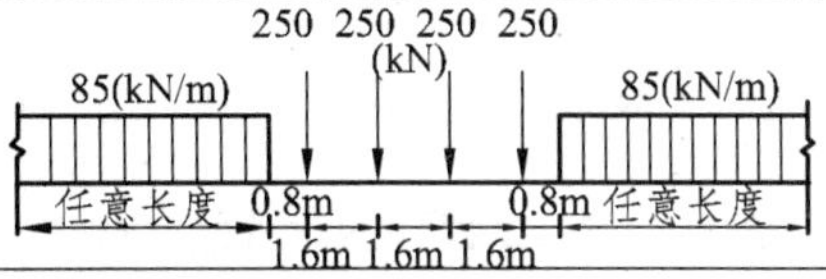	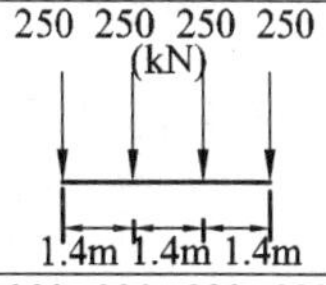
重载铁路	ZH	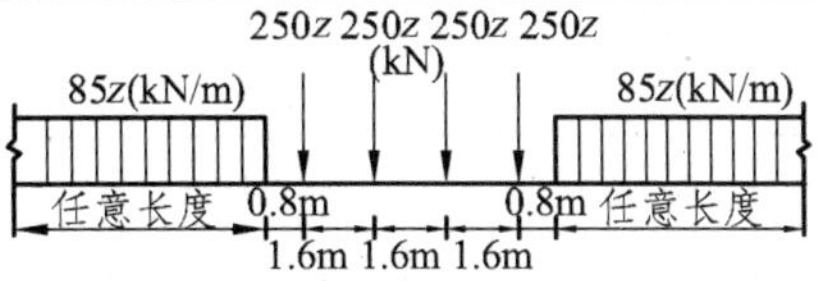	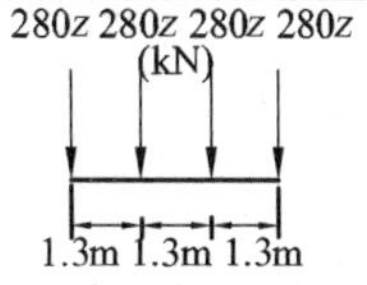

图 1-5-2　各种活载图式

（二）附加力

附加力并不经常出现，其最大值发生的概率较小，而各种附加力同时出现最大值的概率就更小。

（三）特殊荷载

特殊荷载是暂时的或者属于灾害性的，发生的概率是极小的。

二、公路桥涵的设计荷载

公路桥涵设计采用的作用分为永久作用、可变作用和偶然作用。

引起结构内力和变形的一切原因统称结构的作用：直接以不同集结形式作用于结构上的作用称为直接作用（荷载）；其他能够对结构产生内力或变形等效应的作用称为间接作用。

任务 1.6　桥梁的孔径与净空

一、洪水频率

设计排泄洪水的桥涵，必须选择适当的流量作为设计流量。一条河流的流量是经常变化的，且每年都有一个最大的流量，但每年的最大流量是不相等的。设计时必须选用适当的流量作为设计流量，以保证既有适当的安全度，又不致耗费过大的投资。规范规定，用一定频率的洪水流量作为这个适当的流量。所谓洪水频率，是指每年可能出现某一洪水流量的机会，其倒数是这种洪水流量出现的平均重现期。

（1）《铁路桥涵设计规范》规定的桥涵设计洪水频率标准见表 1-6-1。

表 1-6-1　铁路桥涵设计洪水频率

设计洪水频率		检算洪水频率
桥梁	涵洞	特大桥（或大桥）属于技术复杂、修复困难或重要者
1/100	1/100	1/300

注：适用新建和改建标准轨距的高速铁路、城际铁路、客货共线铁路（Ⅰ级和Ⅱ级）、重载铁路。

（2）《公路桥涵设计通用规范》规定的桥涵设计洪水频率标准见表 1-6-2。

表 1-6-2　公路桥涵设计洪水频率

公路等级	设计洪水频率				
	特大桥	大桥	中桥	小桥	涵洞及其他
高速公路	1/300	1/100	1/100	1/100	1/100
一级公路	1/300	1/100	1/100	1/100	1/100
二级公路	1/100	1/100	1/100	1/50	1/50
三级公路	1/100	1/50	1/50	1/25	1/25
四级公路	1/100	1/50	1/50	1/25	不作规定

二、桥梁的孔径（公路桥称净跨径）

（1）铁路桥梁的孔径：出现设计频率水位时的桥下水面净宽度。单孔桥的孔径是指沿设计频率水位量取的两桥台间的净距。

（2）公路梁式桥净跨径：多孔桥的桥孔则为各桥孔在设计频率水位时的水面净宽度之和。公路拱式桥每孔拱跨两个拱脚截面最低点之间的水平距离称净跨径。

三、跨度（公路桥称计算跨径）

桥梁跨度是桥梁顺桥方向两支承中心之间的距离。

（1）梁式桥是指桥跨相邻两支座中心之间的距离。

（2）公路拱式桥两个相邻拱脚截面形心点之间的水平距离称计算跨径。

公路桥涵的跨径小于或等于 50 m 时，宜采用标准化跨径。标准跨径为：0.75 m、1.0 m、1.25 m、1.5 m、2.0 m、2.5 m、3.0 m、4.0 m、5.0 m、6.0 m、8.0 m、10 m、13 m、16 m、20 m、25 m、30 m、35 m、40 m、45 m、50 m。

（3）铁路简支梁桥的标准跨度见表 1-6-3。

表 1-6-3　铁路简支梁桥的标准跨度　　单位：m

跨度	4	5	6	8	10	12	16	20	24	32
梁长	4.5	5.5	6.5	8.5	10.5	12.5	16.5	20.6	24.6	32.6
跨度	40	48	56	64	80	96	112	128	144	168
梁长	40.6	49.1	57.1	65.1	81.1	97.1	113.5	129.5	145.5	169.5

注：混凝土梁跨度小于或等于 128 m，钢梁跨度小于或等于 168 m，钢板梁跨度小于或等于 40 m。

如图 1-6-1 所示，梁长是指梁两端立面间的距离，即桥跨结构的全长；桥梁全长是指两桥台台尾之间的距离（公路桥简称桥长）；设计水位是指出现设计洪水频率流量时的水位；低水位是指枯水季节的最低水位；高水位是指出现洪峰时的最高水位；通航水位包括设计最高通航水位和设计最低通航水位。

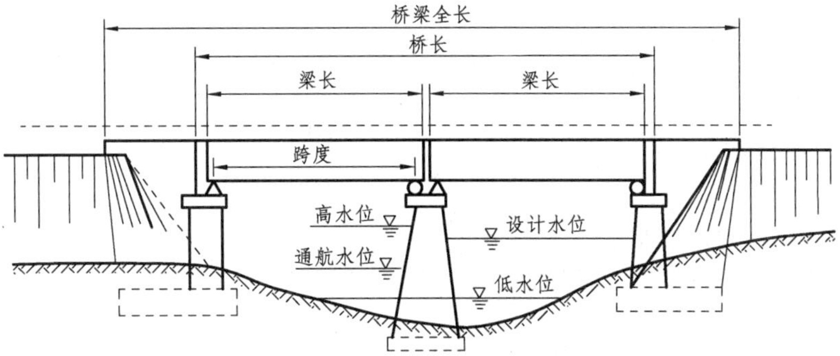

图 1-6-1　桥梁示意图

四、桥梁净空

桥梁净空包括桥下净空和桥上净空。

1. 桥下净空

桥下净空是指为满足通航、通行排筏和流木流冰等所必需的净宽和净高。通航与流筏的桥孔，其桥下净空和设计航行水位均应与航运及筏运部门协商确定。在有流冰或流木的河流上，宜按实际调查的流冰或流木的大小酌情留一定富余量，作为确定桥下净空的依据。不通航也无流筏的桥孔，其桥下净空高度应符合《铁路桥涵设计规范》的有关规定，见表 1-6-4。

立交桥的桥下净空，应符合《铁路桥涵设计规范》和《公路工程技术标准》的有关规定，必要时还应与使用部门协商确定。

表 1-6-4 桥下净空高度（一）

单位：m

序号	桥的部位	高出设计洪水频率水位加 Δh 后的最小高度	高出检算洪水频率水位加 Δh 后的最小高度
1	梁底（洪水期无大漂流物时）	0.50	0.25
2	梁底（洪水期有大漂流物时）	1.50	1.00
3	梁底（有泥石流时）	1.00	
4	支承垫石顶	0.25	
5	拱肋和拱圈的拱脚	0.25	

运营中的行洪桥涵孔径应能正常通过 1/100 频率的检定洪水。对特大桥及大中桥，若观测洪水（包括调查洪水）频率小于 1/100 但大于 1/300 时，应将观测洪水频率作为检定洪水频率。对技术复杂、修复困难或重要的特大、大桥还应能安全通过 1/300 校验频率的洪水，见表 1-6-5。

表 1-6-5 桥下净空高度（二）

单位：m

序号	桥的部位		高出检定水位的最小高度		高出校验水位的最小高度	
			钢梁	钢筋混凝土或预应力混凝土结构	钢梁	钢筋混凝土或预应力混凝土结构
1	梁底	一般情况	0.25	0.25	0.00	—
		洪水期有大漂流物	1.50	1.25	0.75	0.50
		有泥石流	1.00	1.00	0.50	0.50
2	支承垫石顶		0.00	—	—	—
3	拱肋和拱圈的拱脚		0.00	—	—	—

2. 桥上净空

在下承式桥梁两主梁之间，轨顶以上必须留出适当的宽度及高度，以保证列车安全通过，此项桥上净空称为桥梁建筑限界（见图 1-6-2）。限界是铁路建筑物及设备不得侵入的国家规定的轮廓尺寸线，目的在于确保铁路机车车辆和超限装载货物安全运行，任何建筑物不得侵入限界以内。

（1）建筑接近限界。

建筑接近限界是一个与线路中心线垂直的横断面。

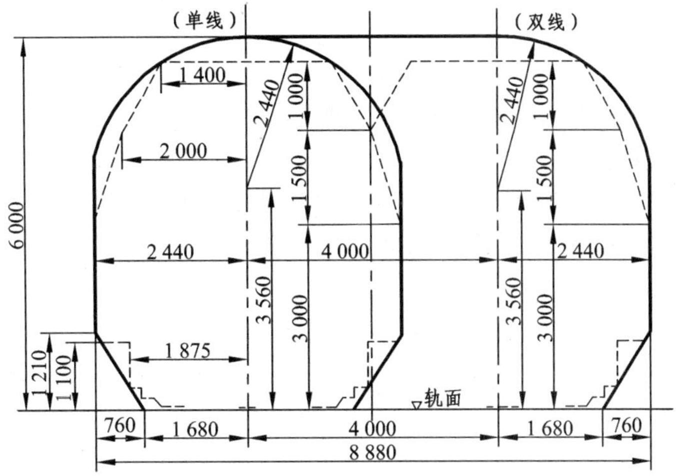

（a）内燃牵引区段

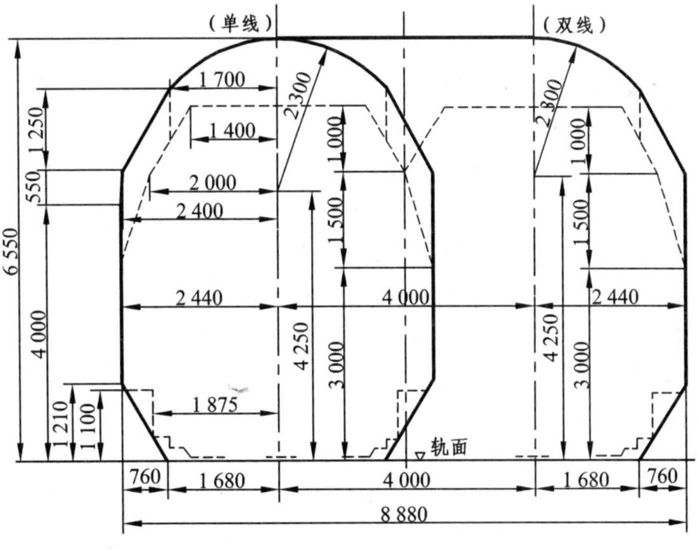

（b）电力牵引区段

图 1-6-2　桥梁建筑限界图（尺寸单位：mm）

（----- 表示直线建筑接近限界；——表示钢梁建筑限界）

① 直线建筑接近限界。

直线建筑接近限界的高度由钢轨顶面算起，横向尺寸由线路中心线算起。

单线直线基本建筑限界半宽为 2 440 mm。这是由于最大级超限货物装载限界的半宽为

2 225 mm，加上货物横向移动量 170.5 mm，再加 44.5 mm 的安全量而得出，即：

建筑接近限界半宽 = 2 225 + 170.5 + 44.5 = 2 440 mm

建筑接近限界高度为 5 500 mm。这是由于最大级超限货物装载限界高度为 5 300 mm，加上货物向上振动偏移量 46.5 mm，再加安全量 153.5 mm 而得出的，即：

建筑接近限界高度 = 5 300 + 46.5 + 153.5 = 5 500 mm

进行桥梁维修时，施工机械和脚手架等均不得侵入建筑接近限界，以保证行车和人员安全。

② 曲线上建筑接近限界。

在曲线上建筑接近限界内外侧都需要进行加宽。

（2）桥梁建筑限界。

桥梁建筑限界较建筑接近限界稍大。在两者之间可以安装照明、通信及信号设备。新建及修复、改建桥梁的净空均应满足桥梁建筑限界的要求。

任务 1.7 桥梁支座

所谓支座，就是支承桥跨结构，并将其荷载传给墩台的构件。

一、支座的作用

支座的主要作用是将桥跨结构的压力安全地传递给墩台，并必须能保证以下几个方面：

（1）使压力明确地作用到墩台的设计位置上。

（2）能利用支座将桥跨结构的集中压力均匀地分布到一个较大的面积上。

（3）能容许桥跨结构按规定的静力图式做必要的变形（位移和旋转）。

为此，要求桥梁支座除具有足够的承载能力外，还对设计要求的变形和约束应尽可能小，同时便于安装、养护、维修以及更换。梁式桥的支座一般分为固定支座和活动支座两种。固定支座既要固定主梁在墩台上的位置并传递竖向压力和水平力，又要保证主梁发生挠曲时在支承处能自由转动，如图 1-7-1 左端所示。活动支座只传递竖向压力，但它要保证主梁在支承处既能自由转动又能水平移动，如图 1-7-1 右端所示。

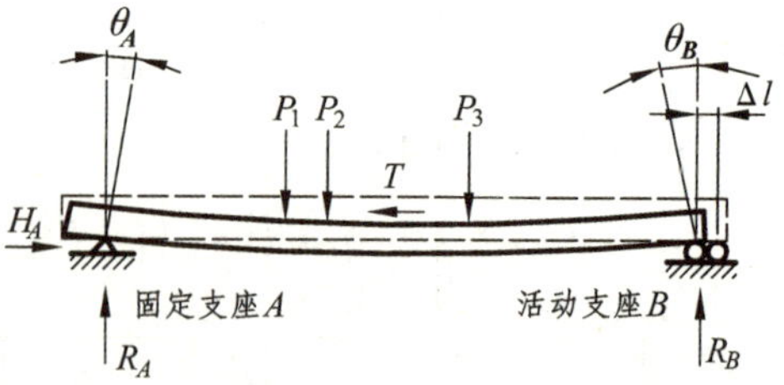

图 1-7-1 简支梁的静力图示

二、支座的布置

对于简支梁桥，应在梁的一端设固定支座，另一端设活动支座。规范要求顺桥向固定支座的布置应符合下列规定：

（1）在坡道上，宜设在较低一端。

（2）在车站附近，宜设在靠车站一端。

（3）在区间平道上，宜设在重车方向的前端。

（4）相邻两孔梁的固定支座不宜设在同一桥墩上。

（5）上述条件相互抵触时，应优先满足坡道上的要求。

固定支座及活动支座均应能在竖向平面内自由转动，活动支座还应保证桥跨结构在温度变化、混凝土收缩和荷载作用下能沿纵向自由地伸缩。

连续梁桥应在每联中的一个桥墩（桥台）上设置固定支座，其余墩台均应设活动支座。为使全梁的纵向变形分散在梁的两端，宜将固定支座设置在靠中间的支点处。

三、支座的类型与构造

支座的构造主要取决于桥跨结构的跨度和荷载的大小，跨度和荷载越大，要求支座越完善。运营梁跨结构的铸钢支座、板式橡胶支座一般适用范围要求见表 1-7-1，其他类型支座应根据设计的竖向承载力、允许位移量、转角量、活动类型、抗震等级等确定适用范围。

表 1-7-1　支座形式

梁跨分类	支座类型						
	钢支座					橡胶支座	
	平板	弧形	圆柱面、双曲面、球形和铰轴滑板	摇轴	辊轴	板式	盆式
钢　梁	$L<10$	$10\leqslant L\leqslant 24$	$L>20$	$24<L\leqslant 48$	$L\geqslant 56$	—	—
混凝土梁	$L\leqslant 8$	$8<L<20$	$L>20$	$20\leqslant L\leqslant 48$	$L\geqslant 56$	$L\leqslant 20$	$L>20$

注：① L 为梁的跨度（m）；
② 跨度小于或等于 6 m 的简支梁支座，可采用高强石棉等弹性垫板代替，并在两侧设支撑，防止横向移动。

（一）钢支座

常用的钢支座有几种类型：平板支座、弧形支座、摇轴支座、辊轴支座与柱面支座。

1. 平板支座［见图 1-7-2（a）］

跨度为 8 m 的梁采用平板支座。平板支座由底板、垫板、上下座板和锚栓组成。固定支座的上下板间用钢销固定，活动支座只将上平板销孔改成圆形。平板支座构造简单、加工容易，但支座反力不集中，梁端并不能完全自由转动，伸缩时要克服较大的摩阻力，因此较大跨度的梁就不能适用。

2. 弧形支座［见图 1-7-2（b）］

跨度 10～16 m 的梁可采用弧形支座。弧形支座是将平板支座上、下两块钢板的平面接触改为弧面接触，其他全同平板支座。这样梁端能自由转动，但伸缩时仍要克服较大的摩阻力。

3. 摇轴支座［见图 1-7-2（c）］

铁路桥梁跨度大于或等于 20 m 时，可采用铸钢摇轴支座。摇轴支座有活动支座和固定支座之分。活动支座由底板、摇轴和直接与梁底相连的顶板组成，其摇轴的顶面和底面均做成圆曲面形，能自由转动，并由摇轴转动顶面、底面的位移差，以适应梁体位移的需要。固定支座由顶板、摇轴两部分组成，而摇轴的底面改为水平面，直接和墩台连接，因此支座只能转动，不能位移。

4. 辊轴支座［见图 1-7-2（d）］

辊轴支座是大跨度混凝土桥和钢桥常用的支座形式。辊轴支座由上摆、下摆、辊轴和座板四部分组成。若干个小直径辊轴并列、组联在一起，通过辊轴的转动来实现梁体位移的需要，下摆的顶面做成圆弧面，以保证梁端能自由转动。

5. 柱面支座

YZM 系列圆柱钢支座是目前与其配合的梁［通桥（2005）2101］设计跨度 16 m、20 m、24 m、32 m 均可采用的支座类型。

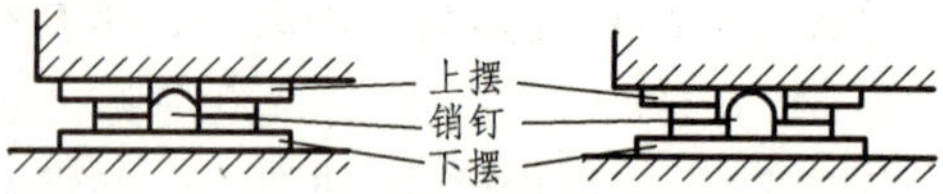

（a）平板支座

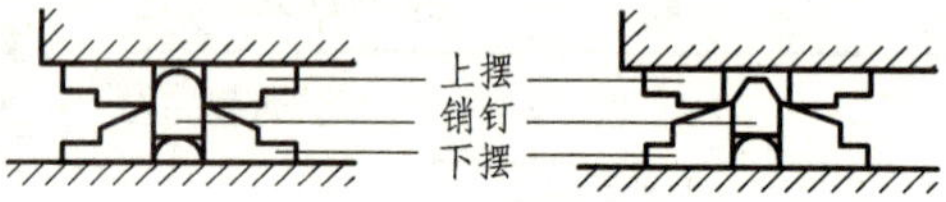

（b）弧形支座

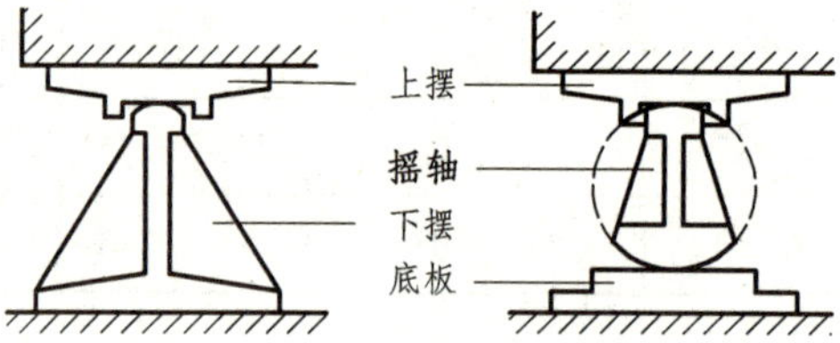

（c）摇轴支座

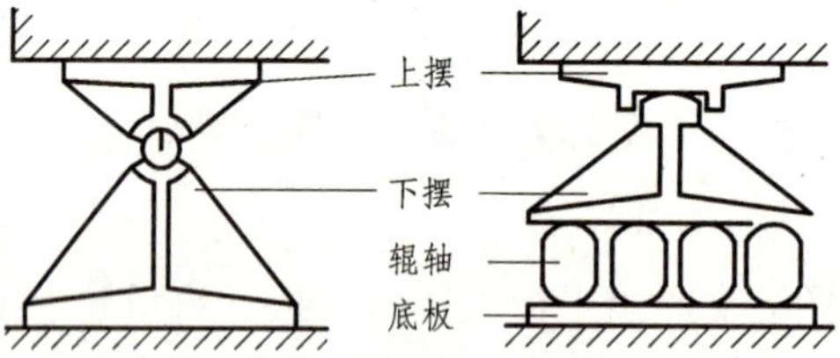

（d）辊轴支座

图 1-7-2 钢支座图示

（二）橡胶支座

橡胶支座的特点是构造简单，制作安装方便，节省钢材，重量轻，价格低廉，养护简易，有优良的弹性，能减轻列车的冲击作用。常用的类型有板式橡胶支座和盆式橡胶支座。

1. 板式橡胶支座

板式橡胶支座由若干层薄橡胶片中间夹以刚性加劲物（如钢丝网、薄钢板等），置于模具中加压硫化而成。刚性加劲物的作用是提高支座的抗压弹性模量，减小支座的压缩变形。橡胶品种主要为人工合成氯丁橡胶和硫化天然橡胶。板式橡胶支座适用于跨度 20 m 及其以下的桥梁。

板式橡胶支座的工作原理是（见图 1-7-3）：橡胶块通过内外侧的不均匀压缩来实现梁端的转动，通过水平方向的剪切变形来实现梁端的纵向伸缩。橡胶支座一般无固定支座和活动支座之分，通常选用不同大小和厚度的橡胶板来适应各个支座的承载力和变形要求。橡胶块与支承垫石顶及梁底接触面的摩擦系数比较大，其摩阻力足以保证橡胶块不会滑动，因此通常无须特殊连接。当梁端的伸缩量很大，单靠橡胶的剪切变形很难满足要求时，必须改用变位量大的活动支座——四氟板式橡胶支座，即在普通板式橡胶支座的表面粘贴一层聚四氟乙烯板，聚四氟乙烯板与粘贴在梁底支座钢板下的不锈钢板之间形成摩擦系数很小的滑动面，靠滑动来满足大的纵向变位。

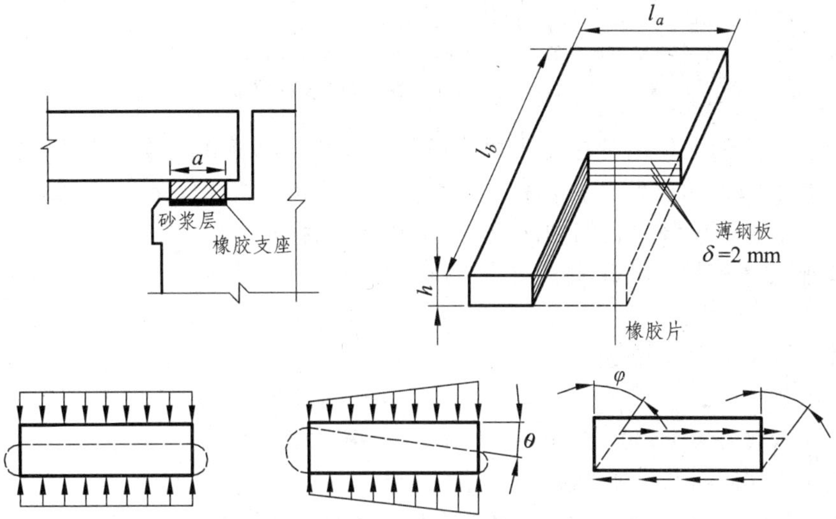

（a）受压　　（b）转动　　（c）伸缩

图 1-7-3　橡胶支座的工作原理

板式橡胶支座的结构形式分类见表 1-7-2。

表 1-7-2　板式橡胶支座的结构形式分类

板式橡胶支座	普通板式橡胶支座	矩形普通板式橡胶支座
		圆形普通板式橡胶支座
		球冠形普通板式橡胶支座
	四氟板式橡胶支座	矩形四氟板式橡胶支座
		圆形四氟板式橡胶支座
		球冠形四氟板式橡胶支座

TBZ 表示铁路桥梁板式支座。

2. 盆式橡胶支座（见图 1-7-4）

盆式橡胶支座是一种组合支座，由钢盆、聚四氟乙烯板和橡胶承压板等主要部分组成，适用于跨度 24 m 及其以上的桥梁。

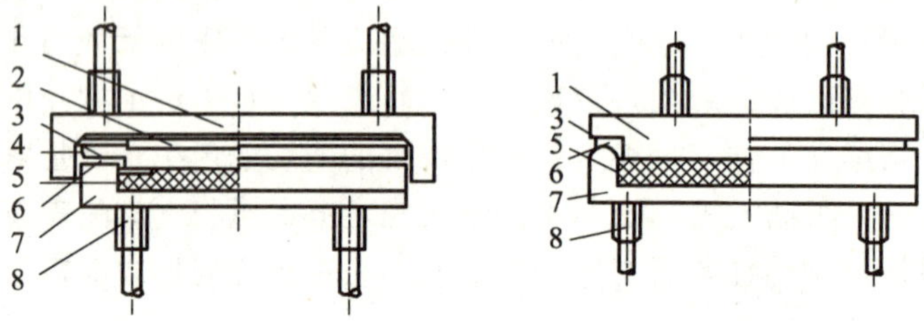

（a）单向活动支座　　（b）固定支座

1—上支座板；2—聚四氟乙烯板；3—黄铜紧箍圈；4—中间钢衬板；5—橡胶承压板；6—橡胶密封圈；7—下支座板；8—锚栓。

图 1-7-4　常见盆式橡胶支座结构

盆式橡胶支座的工作原理综合了板式橡胶支座与四氟板式橡胶支座的优点，即用设置在钢盆中的橡胶板承压和转动，用聚四氟乙烯板与不锈钢板之间的平面滑动来满足桥梁的纵向位移要求，同时克服了它们的缺点。板式橡胶支座处于无侧压受力状态，承载力不高；盆式橡胶支座的橡胶板安放在钢盆中，受压时处于三向受力状态，其承载力大大提高，且变位量大。

TPZ 表示铁路桥梁盆式支座。

（1）适用范围。

适用支座承载力为 1 500 ~ 50 000 kN 的铁路桥梁盆式支座。

（2）支座按其使用性能分类及代号。

① 多向活动支座：具有竖向转动和多向位移性能，代号 DX。

② 单向活动支座：具有竖向转动及沿桥梁纵向或横向位移性能，代号 ZX 或 HX。

③ 固定支座：具有竖向转动性能，代号 GD。

④ 抗震型固定支座：具有竖向转动性能，能承受较大水平力，代号 GDZ。

例如：TPZ20000DX-e100，表示设计承载力为 20 000 kN、多向活动支座、主位移方向设计位移为 ± 100 mm 的多向活动铁路桥梁盆式橡胶支座。

（3）盆式橡胶支座的指标。

适用温度范围：常温型支座，适用于 − 25 ~ + 60°C；耐寒型支座，适用于 − 40 ~ + 60 °C，代号为 F。

四、公路支座的类型

公路支座宜选用橡胶支座。橡胶支座应根据地区气温条件选用，− 25 ~ + 60 °C 地区可选用氯丁橡胶支座；− 40 ~ + 60 °C 地区可选用三元乙丙支座或天然橡胶支座。板式橡胶支座和盆式橡胶支座应分别符合要求。

任务 1.8　桥涵设计规范、标准设计图、施工图

一、桥涵设计规范

桥涵的设计、施工和技术管理，都必须依据一定的标准。为此，世界各主要国家均制定有从本国的政治、经济和技术条件出发的设计、施工和技术管理规范。所谓规范，就是以简明的文字写成若干条文（还附有图表），提出在设计、施工和技术管理中所必须遵循的方针、技术标准和要求等。

实质上，规范是在总结以往的生产经验和科学实验成果的基础上制定的，它反映了人们对修建和管理铁路的客观规律的认识。规范中的许多规定，都具有相对的真理性，如果违背这些规定，实际上就是违背客观规律。因此，必须以严肃的态度对待规范。随着科学技术的发展和人们对管理、修建桥涵的客观规律认识的深化，对规范也需要做不断的补充和修订。我国铁路桥涵设计规范自 1950 年以来已先后修订了若干次。本书所阐述的有关设计桥涵的技术要求，遵循了国家铁路局最新修订的《铁路桥涵设计规范》。

二、标准设计图

铁路的各种建筑物数量很多，为了减少计算和绘图工作量、便于统一加工制造、互换使用和战时抢修、加速设计进度、提高设计质量、降低工程造价，对各种建筑物分不同类型、不同要求和不同条件，按规范和其他有关规定进行设计，并将这些设计汇编成图册，供具体设计时选用。这种图册就叫作标准设计图或定型图。

铁路的标准设计分为标准图，全路通用图，院、局通用图三类。

（1）标准图：是国家铁路局批准的通用性设计文件。对统一性强，涉及面广，影响重大，技术上先进与成熟，经济上合理，质量优良的铁路建筑物、设备和产品等编制标准图，如专桥（01）2051 梁图。

（2）全路通用图：是在全路大量重复使用的设计文件，如通桥（2005）2101 梁图。其质量应符合标准图的基本要求，但适用范围受到某些条件（如造价、材料等）的限制。

（3）院、局通用图：是各设计院（工程局、铁路局）根据生产需要编制的在本单位通用的设计文件。

三、施工图

施工图是表示工程项目总体布局，建筑物的外部形状、内部布置、结构构造、材料做法以及设备、施工等要求的图样。施工图具有图纸齐全、表达准确、要求具体的特点，是进行工程施工、编制施工图预算和施工组织设计的依据，也是进行技术管理的重要技术文件。

施工图是工程施工的依据。因此，参与施工的管理人员、技术人员都应阅读施工图，以了解整个工程的施工情况，最终达到工作环节的有序和顺畅。一个项目的施工图纸很多，不同的人员所阅读的目的和内容也有所不同。

【项目小结】

认识桥梁

【项目训练】

1.1 桥涵的概念是什么？桥梁与涵洞的区别是什么？桥涵的设计使用年限是多少？

1.2 桥梁由哪几个主要部分组成？

1.3 何谓桥梁长度？桥梁按照桥梁长度可分为哪几类？

1.4 什么叫洪水频率？《铁路桥涵设计规范》规定的桥涵设计洪水频率是多少？

1.5 涵洞按水力性质及按用途可分为哪几类？按涵洞的洞身横截面形状又可分为哪几类？

1.6 何谓涵洞上拱度？

1.7 桥梁的孔径指什么？什么是桥梁全长？什么是桥梁跨度？

1.8 什么是桥梁净空？

1.9 支座的主要作用是什么？支座的布置原则有哪些？简述橡胶支座类型及代号。

项目2　混凝土结构基本知识

【项目描述】

以混凝土为主要材料制成的结构称为混凝土结构，包括钢筋混凝土结构、预应力混凝土结构和素混凝土结构等。配置有受力的普通钢筋、钢筋网或钢骨架的混凝土结构称为钢筋混凝土结构；配置有预应力钢筋，再经过张拉或其他方法建立预加应力的混凝土结构称为预应力混凝土结构；无钢筋或不配置受力钢筋的混凝土结构称为素混凝土结构。本项目着重讲述钢筋混凝土结构和预应力混凝土结构。

【项目目标】

（1）能区分钢筋混凝土结构和预应力混凝土结构；

（2）能正确理解钢筋混凝土、混凝土和钢筋的力学性能。

任务2.1　钢筋混凝土

由水泥、砂子、石子和水按一定比例配合拌制而成的建筑材料，称为混凝土。凝固后的混凝土如同天然石材，具有较高的抗压性能，但抗拉性能却很低，容易因受拉而断裂。而钢筋的抗拉、抗压性能都很高，但价格昂贵且易腐蚀。为了解决混凝土因受拉而破坏，根据构件的受力情况，常在混凝土受拉区域配置一定数量的钢筋，使其与混凝土结合成为一个整体，共同承受外力。这种配有钢筋的混凝土称为钢筋混凝土。

钢筋混凝土是由钢筋和混凝土两种力学性能不同的材料组成，在桥涵结构工程中应用极为广泛的建筑材料。

混凝土材料的抗压强度高，而抗拉强度很低。在制造混凝土梁时，受拉区配置适量的纵向钢筋，用以承受拉力，这就是钢筋混凝土梁。钢筋混凝土梁可以充分利用混凝土的抗压强度和钢筋的抗拉强度，从而使钢筋混凝土梁的承载能力大大提高。

混凝土的抗压强度高，也常用于受压构件如墩台，若在构件中配置适量钢筋，不仅可提高其承载能力，而且受力性能也能得到改善。此时，钢筋的作用主要是协助混凝土来共同受压。

综上所述，钢筋混凝土构件可以充分发挥钢筋和混凝土各自的材料特性，把它们有机地结合成整体共同工作，从而提高构件的承载能力，改善构件的受力性能。钢筋的作用是代替混凝土受拉或协助混凝土受压。

将钢筋和混凝土这两种性能不同的材料有效地结合在一起共同工作，主要是由于两者之间的黏结力不被破坏，黏结力一旦破坏，这两种材料就不能共同工作。黏结力能保持的原因有以下几个方面：

（1）混凝土的收缩，使两者之间接触面有着良好的黏结力。

（2）钢筋和混凝土的温度线膨胀系数也较为接近（钢筋为 1.2×10^{-5}/°C，混凝土为 1.0×10^{-5}/°C ~ 1.5×10^{-5}/°C）。当温度变化时，不致产生较大的温度应力而影响两者之间的黏结。

（3）钢筋至构件边缘间足够厚度的混凝土保护层，防止钢筋锈蚀。使钢筋与混凝土黏结力长期可靠地保持，能够保证结构的耐久性。

钢筋混凝土除了能合理地利用钢筋和混凝土两种材料的特性外，还有下述一些优点：

（1）耐久性。在钢筋混凝土结构中，混凝土的强度是随时间而不断增长的，同时钢筋被混凝土所包裹而不致锈蚀，故钢筋混凝土结构的耐久性很好。钢筋混凝土结构的刚度较大，荷载作用下的变形很小。

（2）整体性。钢筋混凝土结构既可以整体现浇，即整体性好，也可以预制。

（3）可模性。混凝土可以根据设计需要浇筑成各种构件形状和截面尺寸，具有良好的可模性。

（4）材料经济。钢筋混凝土结构所用的原材料中，砂、石所占的比重较大，易于就地取材。

（5）耐火性。混凝土是不良导热体，遭火灾时，钢筋因有混凝土包裹而不致很快升温到失去承载力的程度，因而比钢、木结构耐火性能好。

钢筋混凝土结构也存在下述一些缺点：

（1）自重大。钢筋混凝土结构的截面尺寸一般较相应的钢结构大，因而自重较大，这对于大跨度结构以及结构抗震均是不利的。同时增加材料的运输费用，构件吊装、连接都很不便。

（2）费工大，模板用料多，施工周期长；抗裂性能较差，在正常使用时往往是带裂缝工作的；施工受气候条件的影响较大等。

任务 2.2 混凝土

一、混凝土的强度

1. 混凝土的立方体抗压强度

按照国家规定以边长为 150 mm 的立方体试件，在标准条件下［（20 ± 2）°C 的温度和相对湿度在 90%以上的潮湿空气中，具有 95%以上的保证率］，养护 28 d，依照标准的试验方法测得极限抗压强度（以 MPa 计）作为混凝土的立方体抗压强度，简称为混凝土的抗压强度，用 f_{cu} 表示。

混凝土立方体抗压强度与试验方法有着密切的关系，规范上规定采用的是不加油脂润滑剂的试验方法。混凝土的强度等级（采用符号 C）是按混凝土抗压强度的标准值 $f_{cu,k}$ 划分的，符号 C 表示混凝土，数字表示抗压强度标准值。不同工程对混凝土强度要求不同。铁路混凝土强度等级可采用 C25、C30、C35、C40、C45、C50、C55、C60。例如 C25 的含义是混凝土抗压强度的标准值为 25 MPa。

铁路钢筋混凝土桥跨结构的混凝土强度等级不得低于 C30。预应力混凝土桥跨结构的混凝土强度等级不得低于 C40。钢筋混凝土墩台的混凝土强度等级不宜低于 C30。其他钢筋混凝土结构混凝土强度等级不得低于 C25。

由于桥梁结构的耐久性不容忽视，对预应力混凝土梁而言，外观表面开裂损伤能通过表面检查取得，但预应力筋是隐蔽于混凝土梁体内的，并且处于高应力工作状态下，一旦受到腐蚀则锈蚀过程会发展很快，有时会在并无表象时发生脆断破坏，因而极其危险。规范要求：管道压浆用水泥浆强度等级不应低于 M35，并掺入阻锈剂。

2. 混凝土轴心抗压强度 f_c（棱柱体抗压强度）

通常钢筋混凝土构件的长度比它的截面边长要大得多，因此棱柱体试件（高度大于截面边长的试件）的受力状态更接近于实际构件中混凝土的受力情况。混凝土的轴心抗压强度试验以 150 mm × 150 mm × 300 mm 的试件为标准试件，按照与立方体试件相同条件下制作和试验方法测得的棱柱体试件的极限抗压强度值，称为混凝土轴心抗压强度，用 f_c 表示。

试验表明，棱柱体试件的抗压强度较立方体试件的抗压强度低。

3. 混凝土轴心抗拉强度 f_{ct}

混凝土抗拉强度和抗压强度一样，都是混凝土的基本强度指标，用 f_{ct} 表示。测得混凝土轴心抗拉强度的方法分两种，即直接测试法和间接测试法。

4. 混凝土局部抗压强度 $f_{c\text{-}1}$

如果荷载仅压在混凝土的部分表面上，称为局部承压。例如，墩台顶帽上的支承垫石承受由支座传来的荷载，就是这种受力情况。试验表明，混凝土柱体部分表面上承受压力时的混凝土抗压强度比全部表面满布荷载时的抗压强度 f_c 要高些。这是因为其周围未受压的部分起了套箍的作用。

铁路混凝土极限强度见表 2-2-1。

表 2-2-1　铁路混凝土的极限强度　　单位：MPa

强度种类	符号	混凝土强度等级								
		C20	C25	C30	C35	C40	C45	C50	C55	C60
轴心抗压强度	f_c	13.5	17.0	20.0	23.5	27.0	30.0	33.5	37.0	40.0
轴心抗拉强度	f_{ct}	1.70	2.00	2.20	2.50	2.70	2.90	3.10	3.30	3.50

二、混凝土的变形与弹性模量

1. 混凝土的变形

混凝土的变形可分为两类：一类是在荷载作用下的变形；另一类是与受力无关，称为体积变形，如混凝土收缩以及温度变化引起的变形。

在荷载的长期作用下，混凝土的变形将随时间而增加，也即在应力不变的情况下，混凝土的应变随时间继续增长，这种现象称为混凝土的徐变。

混凝土在空气中硬结时体积减小的现象称为收缩。混凝土在不受力情况下的这种自由变形，在受到外部或内部（钢筋）约束时，将使混凝土中产生拉应力，甚至使混凝土开裂。如果浸泡在水中养生则不会发生收缩现象，甚至还会略有膨胀。收缩对钢筋混凝土的危害很大。对一般构件来说，收缩会引起初应力，甚至产生早期裂缝，因为钢筋的存在企图阻止混凝土的收缩，这样将使钢筋受压、混凝土受拉。当拉应力过大时，混凝土便出现裂缝。此外，混凝土收缩也会使预应力混凝土构件产生预应力损失。

减少混凝土收缩裂缝的措施有：

加强混凝土的早期养护；减少水灰比；提高水泥标号，减少水泥用量；加强混凝土密实振捣；选择弹性模量大的骨料；在构造上预留伸缩缝、设置施工后浇带、配置一定数量的构造钢筋等。

目前，我国预应力混凝土结构采用的混凝土等级为 C40、C50、C60。

2. 混凝土的弹性模量

混凝土的应力应变的比值并非一个常数，弹性模量随着混凝土的应力变化而变化，因此混凝土弹性模量的取值比钢材复杂得多。

《铁路混凝土和预应力混凝土结构设计规范》中给出的弹性模量 E_c 值是用下述方法测定的：试验采用棱柱体（圆柱体）试件，取应力上限为$\sigma = 0.5f_c$，然后卸荷至零，再重复加载卸荷 5 ~ 10 次。由于混凝土的非弹性性质，每次卸荷至零时，变形不能完全恢复，存在残余变形。随着荷载重复次数的增加，残余变形逐渐减小，重复 5 ~ 10 次后，变形已基本趋于稳定，应力应变曲线接近于直线，该直线的斜率即作为混凝土的弹性模量，如图 2-2-1 所示。

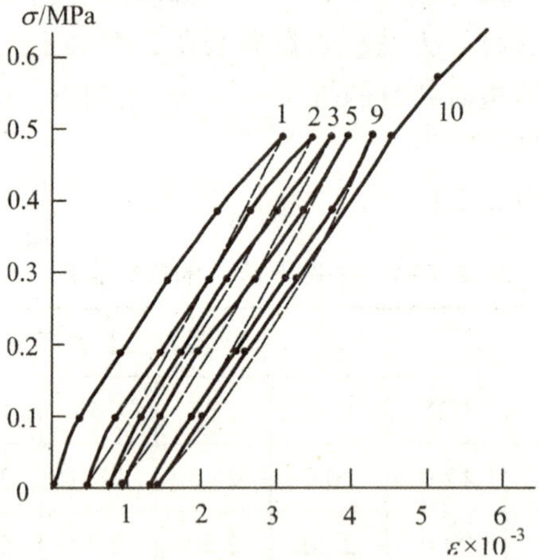

图 2-2-1　多次荷载作用下应力-应变曲线

铁路混凝土的弹性模量见表 2-2-2。

表 2-2-2　铁路混凝土的弹性模量 E_c　　单位：10^4 MPa

混凝土强度等级	C20	C25	C30	C35	C40	C45	C50	C55	C60
弹性模量 E_c	2.80	3.00	3.20	3.30	3.40	3.45	3.55	3.60	3.65

任务 2.3　钢　筋

一、钢筋的强度与变形

钢筋的力学性能有强度和变形等。单向拉伸试验是确定钢筋力学性能的主要手段。钢筋的拉伸应力-应变关系曲线可分为两大类，即有明显流幅的（见图 2-3-1）和没有明显流幅的。图 2-3-1 表示一条有明显流幅钢筋的应力应变曲线。在达到比例极限 a 点之前，材料处于弹性阶段，应力与应变比为常数，即为钢筋的弹性模量 E_s。此后应变比应力增加快，到达 b 点进入屈服阶段，即应力不增加，应变却继续增加很多，应力应变曲线图形接近水平线，称为屈服台阶（或流幅）。对于有屈服台阶的钢筋来讲，有两个屈服点，即屈服上限（b 点）和屈服下限（c 点）。一般以屈服下限为依据，称为屈服强度。过了 f 点后，材料又恢复部分弹性进入强化阶段，应力应变关系表现为上升的曲线，到达曲线最高点 d（d 点的应力称为极限强度），过了 d 点应力开始下降，应变仍然继续增加，到 e 点后发生断裂，e 点所对应的应变称为延伸率。

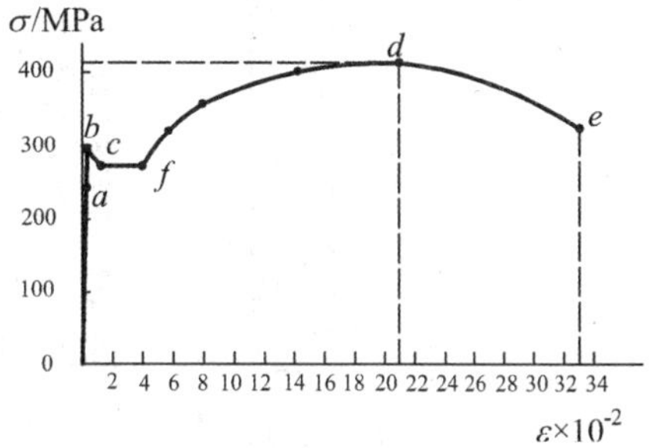

图 2-3-1　钢筋应力-应变关系曲线

有明显流幅的钢筋拉伸时的应力应变曲线显示了钢筋的主要物理力学指标，即屈服强度、抗拉极限强度和延伸率。屈服强度是钢筋混凝土结构设计计算中钢筋强度取值的主要依据，把屈服强度与抗拉极限强度的比值称为屈强比，它可以代表材料的强度储备。延伸率是衡量钢筋拉伸时的塑性指标。

二、钢筋的常用种类

我国钢材按化学成分可分为碳素钢和普通低合金钢两大类。

我国对钢筋混凝土结构常使用的热轧钢筋按照强度划分等级见表 2-3-1。

表 2-3-1　热轧钢筋强度等级

钢筋种类	代号
HPB235	ϕ
HRB335	Φ
HRB400	Φ

热轧钢筋按照外形特征可分为光圆钢筋［见图 2-3-2（a）］和变形钢筋两类。变形钢筋表面有两条纵向凸缘（纵肋），两侧有等距离的斜向凸缘（横肋）。其中横肋斜向一个方向而成螺纹形的称为螺纹钢筋［见图 2-3-2（b）］；横肋斜向不同方向而成“人”字形的，称为人字形钢筋［见图 2-3-2（c）］；纵肋与横肋不相交且横肋为月牙形状的，称为月牙纹钢筋［见图 2-3-2（d）］。

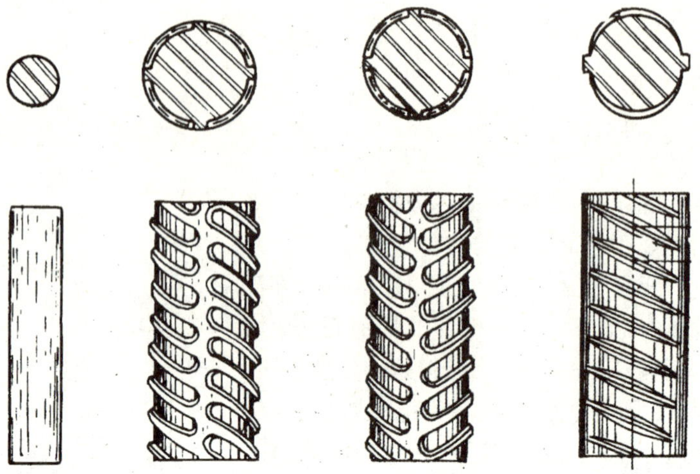
（a）光圆钢筋 （b）螺纹钢筋 （c）人字形钢筋 （d）月牙纹钢筋

图 2-3-2 热轧钢筋外形

桥梁用钢按其形状分类可分为型材、线材（或棒材）和异型材（特种形状）等三类。型材包括型钢和钢板，常用于钢桥建筑。线材主要包括钢筋、预应力钢筋、高强钢丝和钢绞线等，它是钢筋混凝土桥梁建筑中使用的主要材料之一。异型材是为特殊用途而制作的，如预应力混凝土桥梁中的锚具、夹具和大变形伸缩装置中使用的异型钢梁等。

三、材料强度的标准值

在影响钢筋混凝土结构承载能力的诸多因素中，起主要作用的是钢筋和混凝土的强度。按统一标准生产的钢材或混凝土，在各批次之间经常会产生强度差异。即使是同一炉钢所轧成的钢筋，或同一次按相同配合比搅拌而得的混凝土试件，按照统一的方法在同一台试验机上进行试验所测得的强度也是不会完全相同的。这就是材料强度的变异性（或称离散性）。

1. 钢筋强度标准值

为了保证钢材的质量，根据可靠度要求，普通钢筋抗拉强度标准值，取自现行国家标准的钢筋屈服点，具有不小于95%保证率的抗拉强度。普通钢筋的强度标准值用 f_{sk} 表示。

高强度钢丝、钢绞线通常没有明显的屈服强度，而只有抗拉强度以及相当于屈服强度的条件屈服点。钢绞线和高强度钢丝的抗拉强度标准值，取自现行国家标准规定的极限抗拉强度。按照最新国家标准的规定，钢绞线和钢丝的条件屈服点为其抗拉强度的 0.85 倍。预应力筋的强度标准值用 f_{pk} 表示。

2. 混凝土强度标准值（极限强度值）

混凝土强度的变化规律与钢筋有类似的特点，但其强度离散性更大。因此，实际所制的混凝土试块，在 28 d 时所测得的立方体强度值并不都与所要求的设计强度相同，而是有高有低。材料强度的取值是在数理统计的基础上，根据结构的安全和经济条件，选取某一个具有一定保证率的强度值作为设计指标。

四、混凝土结构对钢筋性能的要求

1. 钢筋的强度

所谓钢筋强度，是指钢筋的屈服强度及极限强度。钢筋的屈服强度是设计计算时的主要依据（对无明显流幅的钢筋，取它的条件屈服点）。采用高强度钢筋可以节约钢材，取得较好的经济效益。提高钢筋的强度除改变钢材的化学成分生产新的钢种外，还可以对钢筋进行冷加工以提高它的屈服强度。同时，还应考虑钢筋要有适宜的强屈比（极限强度与屈服强度的比值），以保证结构有一定的可靠性潜力。

2. 钢筋的塑性

塑性是钢材在受力破坏前可以经受永久变形的性能，通常用伸长率和断面收缩率表示。要求钢材有一定的塑性是为了使钢筋在断裂前有足够的变形，在钢筋混凝土结构中，能给出构件将要破坏的预告信号，同时要保证钢筋冷弯的要求。通过试验检验钢材承受弯曲变形的能力，可以间接反映钢筋的塑性性能，钢筋的伸长率和冷弯性能是施工单位验收钢筋是否合格的主要指标。

3. 钢筋的可焊性

良好的焊接性是指钢材的连接部分焊接后力学性能不低于焊件本身，以防止产生硬化脆裂和内应力过大等现象。可焊性是评定钢筋焊接后接头性能的指标。

4. 钢筋与混凝土的黏结力

为了保证钢筋与混凝土共同工作，要求钢筋与混凝土之间必须有足够的黏结力。

五、钢筋的指标

（一）钢筋的强度指标

1. 屈服强度

钢材的受拉、受压及受剪屈服强度是钢材的主要强度指标。由于比例极限、弹性极限和屈服点比较接近，而在屈服点之前的应变又很小，所以在计算时一般近似地认为钢材的弹性工作阶段是以屈服点为上限。当应力小于屈服强度时，材料的变形是弹性的，卸载后可以完全恢复；而当应力达到屈服点后，材料将产生很大且卸载后不能恢复的变形。因此，在结构设计时，一般取屈服强度为钢材允许达到的最大应力。它是钢材开始丧失对变形的抵抗能力，并开始产生大量塑性变形时所对应的应力。

中碳钢和高碳钢没有明显的屈服点，通常以残余变形 0.2%的应力作为屈服强度。

2. 极限强度

钢材的极限强度（包括抗拉强度、抗压强度和抗剪强度）是材料能承受的最大应力。当材料达到或接近极限强度时，材料已经产生了非常大的塑性变形，此时的结构已经无法正常使用，即当拉应力达到强度极限时，钢材完全丧失了对变形的抵抗能力而断裂。与屈服强度相比，极限强度越高，材料的安全储备就越大。通常以屈强比（屈服强度／抗拉极限强度）

来衡量钢材强度的这种储备。显然，屈强比越小，钢材的强度储备就越大。

（二）钢筋的塑性指标

1. 伸长率

伸长率是钢材受拉发生断裂时所能承受的永久变形能力。钢材的伸长率等于试件被拉断后原标距长度的伸长值与原标距比值的百分率，是反映材料塑性变形能力的一个指标，用δ表示。伸长率δ与试件原标距长度l_0和试件的直径d_0的比值有关，当$l_0/d_0=10$时，记作δ_{10}；当$l_0/d_0=5$时，记作δ_5。伸长率δ可以按照下式计算：

$$\delta = \frac{l_1 - l_0}{l_0} \times 100\% \qquad (2\text{-}3\text{-}1)$$

式中 l_0——试件原标距长度；

l_1——试件拉断后标距间的长度。

2. 截面收缩率

截面收缩率是反映材料塑性变形能力的另一个指标，等于试件被拉断后颈缩区的断面面积缩小值与原断面面积比值的百分率，用ψ表示。

截面收缩率ψ可以按照下式计算：

$$\psi = \frac{A_0 - A_1}{A_0} \times 100\% \qquad (2\text{-}3\text{-}2)$$

式中 A_0——试件受力前的断面面积；

A_1——拉断后颈缩区的断面面积。

3. 冷弯性能

冷弯性能由常温下的冷弯实验来检验。实验时按照规定直径的弯心角把试件弯曲，当试件表面出现裂纹或分层时即为破坏。冷弯性能以冷弯的角度来衡量，当冷弯角度达到 180°时，钢材的冷弯性能合格。

冷弯实验不仅检验了钢材是否具有构件制作过程中冷加工所要求的弯曲变形能力，还能够显示其内部的缺陷，鉴定钢材的质量。因此，它是判别钢材塑性变形能力和质量的一个综合指标。

六、钢材的特性

1. 钢筋的疲劳破坏

钢材若在交变应力（随时间作周期性交替变更的应力）的反复作用下，往往在工作应力远小于抗拉强度时发生骤然断裂，这种现象称为“疲劳破坏”。钢材抵抗疲劳破坏的能力称为耐疲劳性。

2. 应力松弛

在持续高应力下，钢的应变在常温下随时间而增加的现象称为蠕变（又称徐变）。如受力后长度保持不变，钢的应力随时间增长而降低的现象称为松弛（又叫徐舒）。

由于预应力混凝土结构中预应力筋张拉完成后长度基本保持不变，钢的蠕变在预应力混凝土中影响不大，应力松弛则是对预应力筋性能的一个主要影响因素。应力松弛值的大小因钢的种类而异，并随着应力的增加和荷载持续时间的增长而增加。试验表明，在最初 1 h 中，应力松弛非常显著，24 h 内完成约 50%，以后发展缓慢，持续十年才能完成。

3. 应力腐蚀

预应力钢材在拉应力与腐蚀介质同时作用下发生的腐蚀现象称为应力腐蚀。其破坏特征是钢材在远低于破坏应力的情况下发生断裂，事先无预兆，断口与拉力垂直。高强预应力钢材强度高，变形小，直径小，对于应力腐蚀较为敏感。

目前，应力腐蚀已成为衡量预应力钢材性能的一项重要指标，但测试方法尚不统一。

任务 2.4　钢筋与混凝土的共同作用

一、概　述

在钢筋混凝土结构中，钢筋和混凝土之所以能共同工作的前提，是因为具有足够的黏结强度。在承受荷载作用时，钢筋与混凝土表面上产生黏结应力，黏结应力的分布如图 2-4-1 所示。钢筋与混凝土间的平均黏结应力可按下式计算：

$$\tau = \frac{P}{\pi \cdot d \cdot l} \tag{2-4-1}$$

式中 P——作用在钢筋上的力；

d——钢筋直径；

l——钢筋锚固长度。

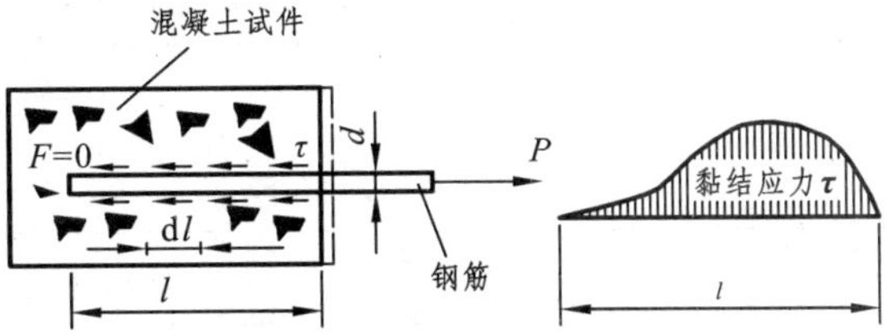

图 2-4-1　黏结力分布

很明显，钢筋锚固长度应满足这样的条件：当钢筋屈服时，钢筋与混凝土的黏结尚未破坏，即：

$$\tau \cdot \pi \cdot d \cdot l \geqslant \frac{\pi d^2}{4}\sigma_s$$

$$l \geqslant \frac{\sigma_s d}{4\tau} \tag{2-4-2}$$

光圆钢筋的τ= 1.5 ~ 3.5 MPa；螺纹钢筋的τ= 2.5 ~ 6.0 MPa。

钢筋的强度越高，锚固长度就越大；钢筋越粗，锚固长度越大；钢筋表面粗糙时，τ越大，锚固长度就越小。此外，钢筋受拉与受压时的锚固长度是不同的，受压时锚固长度小。

二、黏结力的组成

钢筋和混凝土之间的黏结力，主要由以下 4 部分组成。

（1）化学吸附力（胶结力）：混凝土在结硬过程中，水泥胶体与钢筋间产生化学吸附作用。这种化学吸附作用很小，且只能在钢筋和混凝土接触面处于原生状态时存在，当接触面发生相对滑移时，该力即行消失。

（2）摩擦力：由于混凝土的收缩使钢筋周围的混凝土裹压在钢筋上，当钢筋和混凝土之出现相对滑移的趋势时，则接触面上将出现摩擦力。混凝土的收缩量越大，弹性模量越高，接触面上的压应力越大，摩擦力就越大。

（3）机械咬合力：由于钢筋表面粗糙不平所产生的机械咬合作用。

（4）附加咬合作用：在钢筋端部设置弯钩、加焊短钢筋，都可以提供钢筋和混凝土之间在端部的附加咬合作用，提高锚固能力。

三、钢筋的锚固

受拉钢筋必须在支座中具有足够的锚固长度，通过该长度上黏结应力的积累，使钢筋锚固在混凝土中，而不致使钢筋在未发挥作用之前就拔除。

为防止钢筋与混凝土的相对滑动，除应保证钢筋在混凝土中有一定的锚固长度外，也可在钢筋端部设置弯钩。半圆弯钩和直弯钩均可换算成一定量的锚固长度，钢筋最小锚固长度见表 2-4-1。

表 2-4-1　铁路桥梁钢筋最小锚固长度　　单位：mm

钢筋种类	锚固条件		混凝土强度等级	
			C25	C30 ~ C60
Q235 级	受压钢筋		30 d 或（10d + 直钩）	
	受拉构件钢筋		25 d + 半圆钩	20 d + 半圆钩
	受弯及偏心受压构件中的受拉钢筋	锚于受压区	10 d + 直钩	
		锚于受拉区	20 d + 半圆钩	

续表

<table>
<tr><th rowspan="2">钢筋种类</th><th rowspan="2" colspan="2">锚固条件</th><th colspan="2">混凝土强度等级</th></tr>
<tr><th>C25</th><th>C30～C60</th></tr>
<tr><td rowspan="3">Q235 级</td><td rowspan="3">弯起钢筋</td><td>伸入受压区长度不小于 20 d</td><td colspan="2">不设与纵筋平行的直段，端部采用直钩</td></tr>
<tr><td>伸入受压区长度小于 20 d</td><td colspan="2">设与纵筋平行的长度为 10 d 直段，并加直钩</td></tr>
<tr><td>锚于受拉区</td><td colspan="2">25 d+半圆钩</td></tr>
<tr><td rowspan="7">HRB335 级</td><td colspan="2">受压钢筋</td><td colspan="2">25 d 或（15 d+直钩）</td></tr>
<tr><td colspan="2">受拉构件钢筋</td><td>30 d+直钩</td><td>25 d+直钩</td></tr>
<tr><td rowspan="2">受弯及偏心受压构件中的受拉钢筋自不受力处算起的锚固长度</td><td>锚于受压区</td><td colspan="2">15 d</td></tr>
<tr><td>锚于受拉区</td><td colspan="2">25 d+直钩</td></tr>
<tr><td rowspan="3">弯起钢筋</td><td>伸入受压区长度不小于 25 d</td><td colspan="2">不设与纵筋平行的直段</td></tr>
<tr><td>伸入受压区长度小于 25 d</td><td colspan="2">设与纵筋平行长度为 20 d 的直段</td></tr>
<tr><td>锚于受拉区</td><td colspan="2">25 d+直钩</td></tr>
</table>

注：表中 d 为钢筋计算直径。

任务 2.5　混凝土结构耐久性的基本知识

普通钢筋混凝土材料并不像人们当初设想的那样长期耐用，大量混凝土结构在平均不到 50 年的使用后，就开始产生劣化病害，甚至破坏。混凝土结构之所以过早产生劣损破坏，除荷载增加、地震和船舶撞击外，更主要的原因是混凝土的耐久性失效。

因混凝土耐久性失效而造成的破坏事故给世界各国造成巨大的社会、经济损失。我国用于对既有钢筋混凝土工程维修加固、更新改造的费用在同期建设投资中的占比很高，修复、加固这些劣化混凝土结构所需费用远大于因适当提高有关技术标准而增加的新建混凝土结构的费用。因此，混凝土结构应进行耐久性设计。

混凝土结构的耐久性是指结构对气候作用、化学侵蚀、物理作用或任何其他破坏过程的抵抗能力。

一、基本概念

（1）混凝土结构耐久性：在预定作用和预期的维护与使用条件下，结构及其部件能在预定的期限内维持其所需的最低性能要求的能力。

（2）设计使用年限是指设计人员用以作为结构耐久性设计依据并具有足够安全度或保证率的目标使用年限。设计使用年限应由业主或用户与设计人员共同确定，并满足有关法规的要求。

（3）胶凝材料是指用于配制混凝土的水泥与粉煤灰、矿渣粉和硅灰等活性矿物掺和料的总称。矿物掺和料掺量以其占胶凝材料总量的百分比计。

（4）水胶比是指混凝土配制时的用水量与胶凝材料总量之比。

（5）钢筋的混凝土保护层最小厚度是指为防止钢筋锈蚀从混凝土表面到最外层钢筋最外缘所必需的混凝土最小距离。

（6）腐蚀是指材料与周围的环境因素发生物理、化学或电化学反应而受到的渐进性损伤与破坏。对钢材则称为锈蚀。

（7）附加防腐蚀措施是指在采取改善混凝土密实性和增加钢筋的混凝土保护层厚度等常规措施仍不足以保证结构的耐久性时所需要进一步采取的其他措施。

二、基本规定

（1）铁路混凝土结构的耐久性应根据结构的设计使用年限、环境类别及其作用等级进行设计。

（2）当同一铁路混凝土结构的不同部位或构件所处的环境类别及其作用等级不同时，其耐久性应根据实际情况分别进行设计。

（3）当同一铁路混凝土结构处于多种环境作用时，其耐久性应根据每一环境类别及其作用等级分别进行设计。

（4）当铁路混凝土结构处于严重腐蚀环境作用时，应采取必要的附加防腐蚀措施。

（5）铁路混凝土结构设计使用年限级别划分标准（见表 2-5-1）。

（6）铁路混凝土结构所处环境类别分为碳化环境、氯盐环境、化学侵蚀环境、冻融破坏环境和磨蚀环境。

不同类别环境的作用等级可按表 2-5-2 至表 2-5-6 所列环境条件特征进行划分。

表 2–5–1 混凝土结构设计使用年限级别

设计使用年限级别	设计使用年限
一	100 年
二	60 年
三	30 年

表 2–5–2 碳化环境

环境作用等级	环境条件特征
T1	室内年平均相对湿度<60%
	长期在水下（不包括海水）或土中
T2	室外环境
	室内年平均相对湿度≥60%
T3	水位变动区
	干湿交替

注：当钢筋混凝土薄型结构的一侧干燥而另一侧湿润或饱水时，其干燥一侧混凝土的碳化作用等级应按 T3 级考虑。

表 2-5-3　氯盐环境

环境作用等级	环境条件特征
L1	长期在海水水下区
	离平均水位 15 m 以上的海上大气区
	离涨潮岸线 100～300 m 的陆上近海区
L2	离平均水位 15 m 以内的海上大气区
	离涨潮岸线 100 m 以内的陆上近海区
	海水潮汐区或浪溅区（非炎热地区）
L3	海水潮汐区或浪溅区（南方炎热地区）
	盐渍土地区露出地表的毛细吸附区
	遭受氯盐冷冻液和氯盐化冰盐侵蚀部位

表 2-5-4　化学侵蚀环境

化学侵蚀类型		环境作用等级			
		H1	H2	H3	H4
硫酸盐侵蚀	环境水中 SO_4^{2-} 含量/（mg / L）	≥200 ≤600	>600 ≤3 000	>3 000 ≤6 000	>6 000
	强透水性环境土中 SO_4^{2-} 含量/（mg / kg）	≥2 000 ≤3 000	>3 000 ≤12 000	>12 000 ≤24 000	>24 000
	弱透水性环境土中 SO_4^{2-} 含量/（mg / kg）	≥3 000 ≤12 000	>12 000 ≤24 000	>24 000	—
盐类结晶侵蚀	环境土中 SO_4^{2-} 含量/（mg / kg）	—	≥2 000 ≤3 000	>3 000 ≤12 000	>12 000
酸性侵蚀	环境水中 pH 值	≤6.5 ≥5.5	<5.5 ≥4.5	<4.5 ≥4.0	—
二氧化碳侵蚀	环境水中侵蚀性 CO_2 含量/（mg / L）	≥15 ≤40	>40 ≤100	>100	—
镁盐侵蚀	环境水中 Mg^{2+} 含量/（mg / L）	≥300 ≤1 000	>1 000 ≤3 000	>3 000	—

注：① 对于盐渍土地区的混凝土结构，埋入土中的混凝土遭受化学侵蚀；当环境多风干燥时，露出地表的毛细吸附区内的混凝土遭受盐类结晶侵蚀；

② 对于一面接触含盐环境水（或土）而另一面临空且处于干燥或多风环境中的薄壁混凝土，接触含盐环境水（或土）的混凝土遭受化学侵蚀，临空面的混凝土遭受盐类结晶侵蚀；

③ 当环境中存在酸雨时，按酸性环境考虑，但相应作用等级可降一级。

表 2-5-5 冻融破坏环境

环境作用等级	环境条件特征
D1	微冻地区＋频繁接触水
D2	微冻地区＋水位变动区
	严寒和寒冷地区＋频繁接触水
	微冻地区＋氯盐环境＋频繁接触水
D3	严寒和寒冷地区＋水位变动区
	微冻地区＋氯盐环境＋水位变动区
	严寒和寒冷地区+氯盐环境+频繁接触水
D4	严寒和寒冷地区+氯盐环境+水位变动区

注：严寒地区、寒冷地区和微冻地区是根据其最冷月的平均气温 t 划分的。
严寒地区：最冷月的平均气温 t 为 $t\leqslant -8$ °C。
寒冷地区：最冷月的平均气温 t 为 -8 °C$<t<-3$°C。
微冻地区：最冷月的平均气温 t 为 -3 °C$\leqslant t\leqslant 2.5$ °C。

表 2-5-6 磨蚀环境

环境作用等级	环境条件特征	
M1	风蚀（有砂情况）	风力等级≥7 级，且年累计刮风时间大于 90 d
M2	风蚀（有砂情况）	风力等级≥9 级，且年累计刮风时间大于 90 d
	流冰冲刷	被强烈流冰撞击、磨损、冲刷（冰层水位下 0.5 m 至冰层水位上 1.0 m）
M3	风蚀（有砂情况）	风力等级≥11 级，且年累计刮风时间大于 90 d
	泥砂冲刷	被大量夹杂泥砂或物体磨损、冲刷

（7）环境作用等级为 L3、H3、H4、D3、D4、M3 级的环境为严重腐蚀环境。

（8）混凝土的耐久性一般包括混凝土的抗裂性、护筋性、耐蚀性、抗冻性、耐磨性及抗碱-骨料反应性等。混凝土耐久性指标应根据结构的设计使用年限、所处的环境类别及作用等级等确定。

（9）钢筋的混凝土保护层厚度除遵守现行铁路工程有关专业标准的规定外，还应符合以下规定：离混凝土表面最近的普通钢筋（主筋、箍筋和分布筋）的混凝土保护层厚度 C（钢筋外缘至混凝土表面的距离）应不小于表 2-5-7 规定的最小厚度 C_{min} 与混凝土保护层厚度施工允许偏差负值 Δ 之和。

表 2-5-7 普通钢筋的混凝土保护层最小厚度 C_{min} 单位：mm

结构类别	碳化环境			氯盐环境			磨蚀环境			冻融破坏环境				化学侵蚀环境			
	T1	T2	T3	L1	L2	L3	M1	M2	M3	D1	D2	D3	D4	H1	H2	H3	H4
桥梁涵洞	35	35	45	45	50	60	35	40	45	35	45	50	60	35	45	50	60

注：① 钢筋的混凝土保护层最小厚度不得小于所保护钢筋的直径；
② 直接接触土体浇筑的基础结构，钢筋的混凝土保护层最小厚度不得小于 70 mm。

三、影响混凝土结构耐久性的因素

1. 影响混凝土耐久性的因素

（1）混凝土的碳化。

混凝土中因水泥石含有氢氧化钙［$Ca(OH)_2$］而呈碱性，在钢筋表面形成碱性薄膜而保护钢筋免遭酸性介质的侵蚀，起到了“钝化”保护作用。但大气中存在的酸性介质及水通过各种孔道、裂隙而渗入混凝土，可以中和这种碱性。例如，工业污染造成的酸雨，或者大气中的二氧化碳（CO_2）与水（H_2O）形成碳酸（H_2CO_3），尽管其酸性很弱，也能中和氢氧化钙，而生成碳酸钙（$CaCO_3$），这一过程称为“碳化”。

混凝土碳化的速度十分缓慢，并且与混凝土的质量、环境条件等因素有关。碳化的速度与许多因素有关，但最主要的是时间 t。

（2）化学侵蚀。

水可以渗入混凝土内部，当其中溶入有害化学物质时，即对混凝土的耐久性造成影响。酸性物质对水泥水化物的侵蚀作用最大，酸性侵蚀的混凝土呈黄色，水泥剥落，集料外露。工业污染、酸雨、酸性土壤及地下水均可能构成对混凝土的酸性腐蚀。

此外，浓碱溶液渗入后结晶使混凝土胀裂和剥落；硫酸盐溶液渗入后与水泥发生化学反应，体积膨胀也会造成混凝土破坏。

（3）碱骨料反应。

碱骨料反应是指混凝土中的水泥在水化过程中释放出的碱金属，与含碱性骨料中的碱活性成分发生化学反应，生成碱活性物质。这种物质吸水后产生体积膨胀，造成混凝土开裂。碱骨料反应引起的混凝土开裂一般在混凝土表面形成网状裂缝，并在裂缝处渗出白色凝胶物质。

碱骨料反应引起的混凝土结构破坏程度，比其他耐久性破坏发展更快，后果更为严重。碱骨料反应一旦发生，很难加以控制，一般不到两年就会使结构出现明显开裂，因此有时也称碱骨料反应是混凝土结构的“癌症”。

（4）冻融破坏。

渗入混凝土中的水在低温下结冰膨胀，从内部破坏混凝土的微观结构。经多次冻融循环后，损伤积累将使混凝土剥落酥裂，强度降低。

（5）温度变化的影响。

混凝土会热胀冷缩，同样也会在干燥失水时收缩，而在浸水后膨胀。这种作用的交替进行，特别是在骤然发生时，会因混凝土表层与内部体积变化不协调而产生裂缝。这些因胀缩不均引起的损伤日积月累，导致混凝土内部组织破坏，最终会削弱结构抗力。

2. 钢筋腐蚀的机理及其对结构耐久性的影响

钢筋腐蚀是影响钢筋混凝土结构耐久性和使用寿命的重要因素。混凝土中钢筋腐蚀的首要条件是混凝土的碳化和脱钝，只有将覆盖钢筋表面的碱性钝化膜破坏，加之有水分和氧的侵入，才有可能引起钢筋的腐蚀。钢筋腐蚀伴有体积膨胀，使混凝土出现沿钢筋的纵向裂缝，造成钢筋与混凝土之间的黏结力破坏，钢筋截面面积减少，使结构构件的承载力降低，变形和裂缝增大等一系列不良后果，并随着时间的推移，腐蚀会逐渐恶化，最终可能导致结构的完全破坏。

从上面分析的影响混凝土耐久性的因素可以看出，几乎所有侵蚀混凝土和钢筋的作用都需要有水作介质。另一方面，几乎所有的侵蚀作用对钢筋混凝土结构的破坏，都与侵蚀作用引起混凝土膨胀，并最终导致混凝土结构开裂有关，而且当混凝土结构开裂后，侵蚀速度将大大加快，混凝土结构的耐久性将进一步恶化。

任务 2.6 预应力混凝土结构的基本知识

一、基本概念

钢筋混凝土构件虽然已广泛应用于各种工程结构，但它仍存在一些缺点。例如混凝土的极限拉应变很小，一般只有（0.1 ~ 0.15）$\times 10^{-3}$，再伸长就要出现裂缝。如果要求构件在使用时混凝土不开裂，则钢筋的拉应力只能达到 20 ~ 30 MPa；即使允许开裂，为了保证构件的耐久性，常需将裂缝宽度限制在 0.2 mm 以内，此时钢筋拉应力也只能达到 150 ~ 250 MPa。可见在钢筋混凝土结构中，钢筋的应力无法再提高，使用高强度钢筋将无法充分发挥其强度作用，相应的也无法使用高强度混凝土。

由上可知，钢筋混凝土结构在使用中存在如下两个问题：

一是带裂缝工作，裂缝的产生，不仅使构件刚度下降，而且不能应用于不允许开裂的结构中；若要满足裂缝控制的要求，则需要加大构件的截面尺寸或增加钢筋用量，这必然使构件自重增加，很难用于大跨结构。

二是无法充分利用高强材料的强度，因而钢筋混凝土结构的使用范围受到很大限制。要使钢筋混凝土结构得到进一步的发展，就必须克服混凝土抗拉强度低这一缺点，于是人们设想在荷载作用下的受拉区混凝土预先施加一定的压应力，使其能够部分或全部抵消由荷载产生的拉应力。这实际上是利用混凝土较高的抗压强度来弥补其抗拉能力的不足，也就是预应力混凝土的概念。

二、基本原理

预应力原理的应用我们并不陌生，在日常生活中的例子也很多。例如用环箍紧箍木桶，木桶盛水而不漏，这就是运用预应力原理的事例。

所谓预应力混凝土结构，是指结构在承受外荷载以前，预先采用人为的方法在结构内部形成一种应力状态，使结构在使用阶段产生拉应力的区域先受到压应力，这项压应力将与使用阶段荷载产生的拉应力抵消一部分或全部，从而推迟裂缝的出现，限制裂缝的展开，提高结构的刚度。

三、施加预应力的方法

施加预应力的方法有许多种，但基本可以分为两类，即先张法和后张法。在浇筑混凝土前张拉预应力筋的方法称为先张法，反之在浇筑混凝土之后张拉预应力筋的方法称为后张法。

1. 先张法主要施工程序（见图 2-6-1）

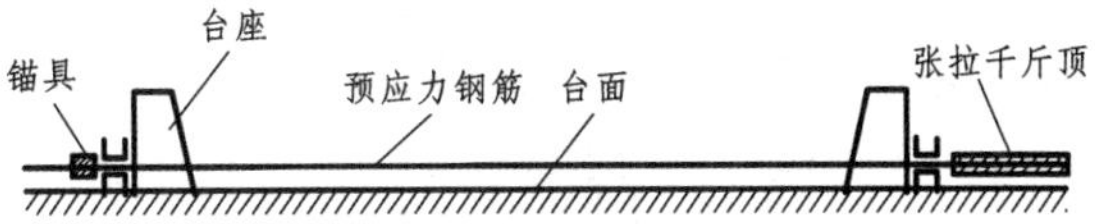

（a）张拉钢筋

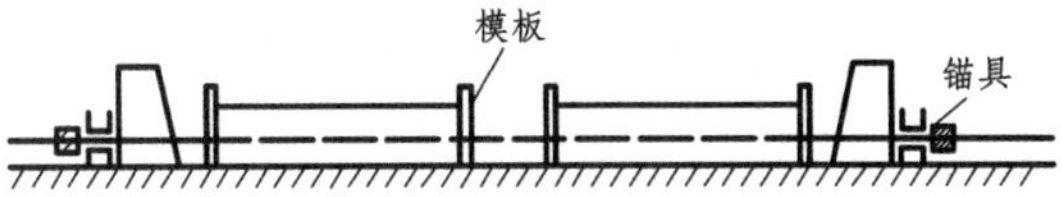

（b）浇注混凝土

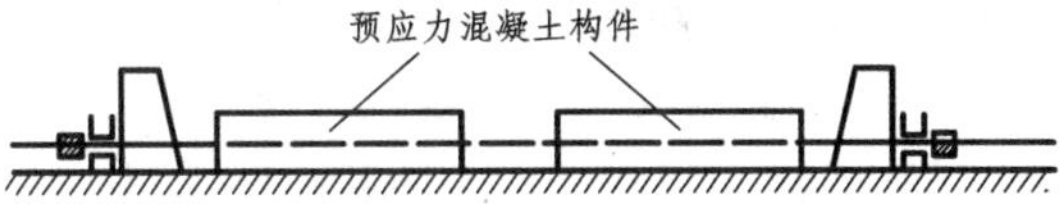

（c）放松或切断预应力钢筋

图 2-6-1　先张法的主要施工程序示意图

2. 后张法主要施工程序（见图 2-6-2）

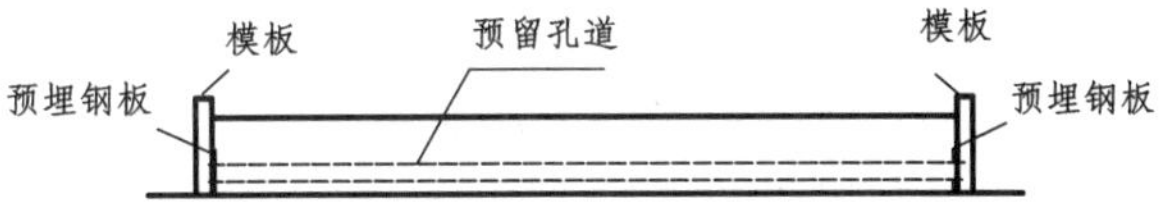

（a）制作混凝土构件

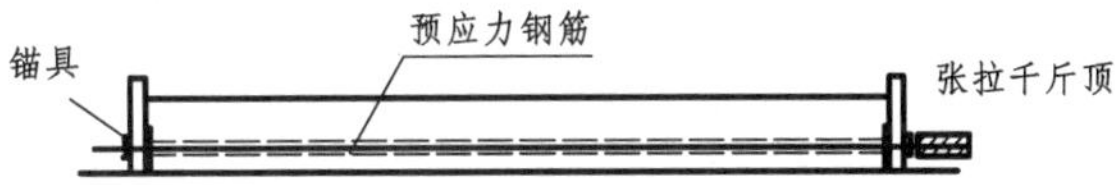

（b）张拉钢筋

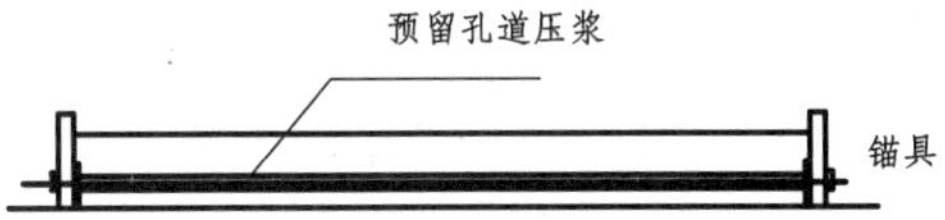

（c）张拉端锚固和孔道压浆

图 2-6-2　后张法的主要施工程序示意图

四、预应力混凝土结构的特点

1. 预应力混凝土结构的优点

（1）提高了构件的抗裂度和刚度。对构件施加预应力后，构件在使用荷载作用下可不出现裂缝，或使裂缝出现大大推迟，有效地改善了构件的使用性能，提高了构件的刚度，增加了结构耐久性。

（2）可以节省材料，减少自重。预应力混凝土由于采用高强材料，因而可减小构件截面尺寸，节省钢材与混凝土用量，降低结构物的自重。这对自重比例很大的大跨径桥梁来说，更有显著的优越性。大跨度和重荷载结构采用预应力混凝土结构一般是经济合理的。

（3）结构质量安全可靠。施加预应力时，钢筋（束）与混凝土都同时经受了一次强度检验。如果在张拉钢筋时构件质量表现质量良好，那么在使用时也可以认为是安全可靠的。因此，预应力混凝土结构是经过预先检验的结构。

（4）预应力可作为结构构件连接的手段，促进了大跨度结构新体系与施工方法的发展。

（5）预应力混凝土结构的耐疲劳性能也较高。因为具有强大预应力的钢筋，在使用阶段加荷或卸荷所引起的应力变化幅度相对较小，所以引起疲劳破坏的可能性也小。这对承受动荷载的桥梁结构来说是很有利的。

2. 预应力混凝土结构的缺点

（1）工艺较复杂。对施工质量要求甚高，因而需要配备一支技术较熟练的专业队伍。

（2）需要有一定的专门设备，如张拉机具、灌浆设备等。先张法需要有张拉台座，后张法要耗用数量较多、质量可靠的锚具等。

图 2-6-3 反拱度

（3）预应力反拱度不易控制（见图 2-6-3）。它随混凝土徐变的增加而加大，如存梁时间过久再进行安装，就可能使反拱度很大，造成桥面不平顺。

（4）预应力混凝土结构的开工费用较大，对于跨径小、构件数量少的工程，成本较高。

但是，以上缺点是可以设法克服的。例如应用于跨径较大的结构或跨径虽不大，但数量很多时，采用预应力混凝土结构就比较经济了。

总之，只要从实际出发，因地制宜地合理设计和妥善安排，预应力混凝土结构就能充分发挥其优越性。因此，它在近数十年来得到了迅猛的发展，尤其对桥梁新体系的发展起了重要的推动作用。这是一种极展前途的工程结构。

五、施加预应力的设备

1. 锚　具

锚具是在制作预应力混凝土构件时锚固预应力筋的装置。在先张法中，构件制成后锚具可取下重复使用，故又称夹具。后张法靠锚具传递预应力。锚具锚固在混凝土构件内不再取下。

2. 千斤顶

张拉预应力钢筋一般采用液压千斤顶，各种锚具都必须配置相应的千斤顶才能顺利地进行张拉、锚固。千斤顶可根据各生产厂家产品目录的说明选用。

3. 制孔器

预制后张法构件时，需预先留好预应力筋束穿入的孔道。目前，国内主要采用的制孔器有抽拔橡胶管与螺旋金属波纹管两种。

（1）抽拔橡胶管。

在钢丝网橡胶管内事先穿入钢筋（称芯棒），再将胶管（连同芯棒一起）放入模板内，待浇筑混凝土达到一定强度后，抽去芯棒，再拔出胶管，则预留孔道形成。

（2）螺旋金属波纹管（简称波纹管）。

在浇筑混凝土之前，将波纹管按筋束设计位置，绑扎与箍筋焊连的钢筋托架上，再浇筑混凝土，结硬后即可形成孔道。使用波纹管制孔的穿束方法有先穿法与后穿法两种。先穿法即在浇筑混凝土之前将筋束穿入波纹管中，绑扎就位后再浇筑混凝土；后穿法即是在浇筑混凝土成孔之后再穿入筋束。

4. 穿索机

在桥梁悬臂施工和尺寸较大的构件中，一般都采用后穿法穿束。对于大跨桥梁，有的筋束很长，人工穿束十分吃力，故采用穿索（束）机。

穿索（束）机有两种类型：一是液压式，二是电动式。桥梁中多用液压式。液压式穿索机一般采用单根钢绞线穿入，穿束时应在钢绞线前端套一子弹形帽子，以减小穿束阻力。

5. 灌孔水泥浆及压浆机

（1）水泥浆。

在后张法预应力混凝土构件中，筋束张拉锚固后必须给预留孔道压注水泥浆，以免钢筋锈蚀，并使筋束与梁体混凝土结合为一整体。为保证孔道内水泥浆密实，应严格控制水灰比，一般以 0.40 ~ 0.45 为宜。

（2）压浆机。

压浆机是孔道灌浆的主要设备。它主要由灰浆搅拌桶、储浆桶和压送灰浆的灰浆泵及供水系统组成。

6. 张拉台座

采用先张法生产预应力混凝土构件时，则需设置用作张拉和临时锚固筋束的张拉台座。因需承受张拉筋束产生的巨大回缩力，台座设计时应保证它具有足够的强度、刚度和稳定性。批量生产时，有条件的尽量设计成长线式台座，以提高生产效率。张拉台座的台面，即预制构件的底模。为了提高产品质量，已采用了预应力混凝土滑动台面，可防止在使用过程中台面开裂。

六、预应力钢筋

预应力混凝土构件中，有预应力钢筋和非预应力钢筋（即普通钢筋）。普通钢筋已介绍，这里主要对桥梁工程中常用的预应力钢筋作一简要介绍。

1. 对预应力钢筋的要求

（1）强度高。

混凝土预压应力的大小，取决于预应力钢筋张拉应力的大小。考虑到构件制作过程中会出现各种应力损失，因此需要较高的张拉应力，这就要求预应力钢筋具有较高的抗拉强度。

（2）要有较好的塑性。

高强度钢材其塑性性能一般较低，为了保证结构物破坏之前有较大的变形能力，必须保证预应力钢筋有足够的塑性性能。

（3）要具有良好的黏结性能。

（4）应力松弛损失要低。

预应力钢材今后发展的总要求就是高强度、粗直径、低松弛率和耐腐蚀。

2. 预应力钢筋的种类

（1）精轧螺纹钢筋（见图 2-6-4）是一种特殊形状带有不连续的外螺纹的直条钢筋，该钢筋在任意截面处，均可以用带有内螺纹的连接器或锚具进行连接或锚固。

（2）钢绞线是在绞线机上以一根直径较粗的钢丝为芯丝，并用若干根钢丝为边丝围绕其进行螺旋状绞捻而成，其规格有 2、3、7、19 股等，钢绞线的公称直径有 9.0 mm、12.0 mm、15.0 mm 三种，其强度范围在 1 470 ~ 1 860 MPa。钢绞线用得最多的是 7 股钢绞线，如 7Φ5 股钢绞线，是由 6 根直径 5 mm 的高强钢丝围绕一根直径加大为 5% ~ 7%的钢丝扭结而成的（见图 2-6-5）。

为了适应无黏结预应力混凝土的需要，我国已大量生产一种涂防腐蚀油脂并套有塑料管的钢绞线无黏结筋，可直接应用，十分方便（见图 2-6-6）。

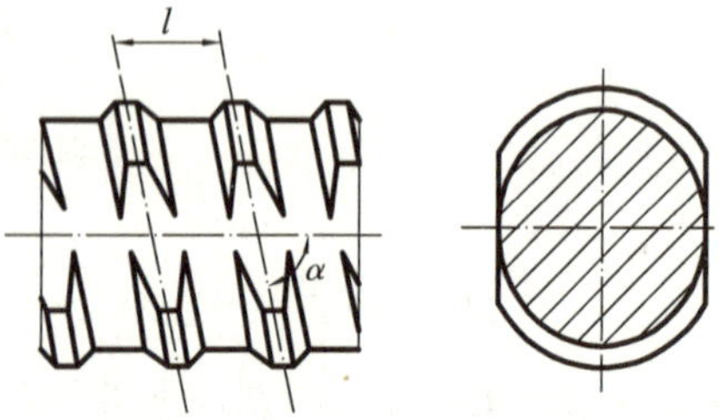

图 2-6-4 精轧螺纹钢筋外形

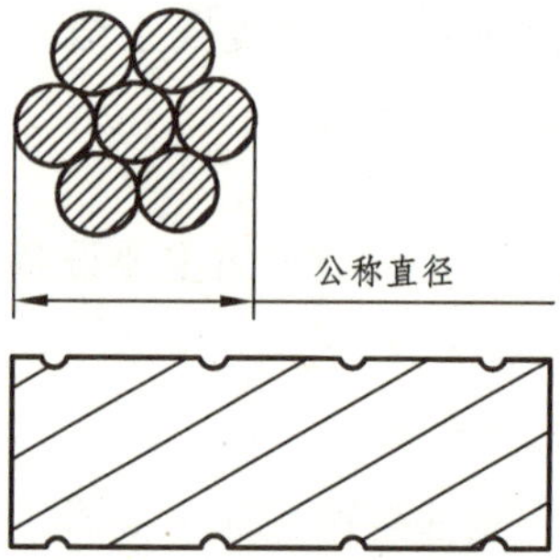

图 2-6-5 7 股钢绞线

图 2-6-6 无黏结预应力钢束及锚具

七、加筋混凝土结构的分类

我国通常把全预应力混凝土、部分预应力混凝土和钢筋混凝土结构总称为加筋混凝土结构系列。

（一）国外加筋混凝土结构的分类

按预加应力的大小不同，划分为如下四级：

（1）全预应力——在全部荷载最不利组合作用下，截面上混凝土不出现拉应力。

（2）有限预应力——在全部荷载最不利组合作用下，截面上混凝土允许出现拉应力，但不超过其抗拉强度（即不出现裂缝）。

（3）部分预应力——在全部荷载最不利组合作用下，构件截面上混凝土允许出现裂缝，但裂缝宽度不超过规定容许值。

（4）普通钢筋混凝土结构。

（二）国内加筋混凝土结构的分类

我国根据国内工程习惯，对以钢材为配筋的加筋混凝土结构系列，采用按预应力度进行分类的方法。

1. 预应力度

预应力度的计算公式为

$$\lambda=\frac{\sigma_c}{\sigma} \tag{2-6-1}$$

式中 σ_c——由预加力（扣除全部预应力损失）引起的构件控制截面受拉边缘的预压应力；

σ——由运营荷载（不包括预加力）引起的构件控制截面受拉边缘的应力。

其预应力度λ不宜小于 0.7。

2. 加筋混凝土结构的分类

预应力度λ的变化范围是从$\lambda \geqslant 1$变化到$\lambda = 0$，因此由预应力度λ值可将加筋混凝土结构系列分成全预应力混凝土结构、部分预应力混凝土结构和钢筋混凝土结构三类。

（1）全预应力混凝土构件：$\lambda \geqslant 1$。

（2）部分预应力混凝土构件：$1 > \lambda > 0$。当对拉应力加以限制时，为部分预应力混凝土 A 类构件；当拉应力超过限值或出现不超过限值的裂缝时，为部分预应力混凝土 B 类构件。

（3）钢筋混凝土构件：不加预应力，即$\lambda = 0$。

3. 有黏结预应力与无黏结预应力

有黏结预应力混凝土结构，是指沿预应力钢筋全长，其周围均与混凝土黏结、握裹在一起的预应力混凝土结构，如先张梁与后张梁结构均属此类。

无黏结预应力混凝土结构，是指预应力钢筋伸缩、滑动自由，不与周围混凝土黏结的预应力混凝土结构。一般是在预应力钢筋外面涂防腐油脂外包塑料套管防止钢筋与混凝土黏结，按后张法制作的预应力混凝土结构。施工时，无黏结预应力钢筋可如同非预应力钢筋一样，按设计要求铺放在模板内，然后浇灌混凝土，待混凝土达到设计要求强度后，再张拉、锚固。此时，无黏结预应力钢筋与混凝土不直接接触，而成为无黏结状态。在外荷载作用下，结构中预应力钢筋束与混凝土在横截面内存在线性变形协调关系，但在纵向可以相对周围混凝土发生纵向滑移。无黏结预应力混凝土的设计理论与有黏结预应力混凝土相似，一般需增设普通受力钢筋以改善结构的性能，避免构件在极限状态下发生集中裂缝。无黏结部分预应力混凝土是继有黏结预应力混凝土和部分预应力混凝土之后一种新的预应力形式。由于无黏结预应力混凝土结构在施工时不需要事先预留孔道、穿筋和张拉后灌浆等，极大地简化了常规后张法预应力混凝土结构的施工工艺，尤其适用于多跨、连续的整体现浇结构中。

任务 2.7　钢筋混凝土构件

桥梁结构是由桥面、梁（拱圈）、桥墩、桥台等基本构件所组成。在建筑物中，承受荷载和传递荷载的各个部件的总和称为结构，因而结构是由若干单元按照一定的规则，通过正确的连接方式组成的能够承受并传递荷载和其他间接作用的骨架，这些单元就是工程结构的基本构件。

用钢筋混凝土制成的梁、板、柱、基础等，都是钢筋混凝土构件。有的构件是预先制作好，然后运到工地安装，称为预制构件；有的构件是在现场直接浇制，称为现浇构件。目前，有些构件制作时先对混凝土预加一定的压力，以提高构件的强度和抗裂性能，这种构件称为预应力构件。

受弯构件是指在荷载作用下，截面上通常只有弯矩和剪力的构件，如梁和板；以承受轴向压力为主的构件称为受压构件，有时也称柱；凡荷载的合力通过截面形心的受压构件称为轴心受压构件；荷载的合力作用线偏离截面形心的受压构件称为偏心受压构件，如墩台和桩基础。

一、钢筋混凝土板的构造

常见的截面形式有实心矩形和空心矩形（见图 2-7-1）。

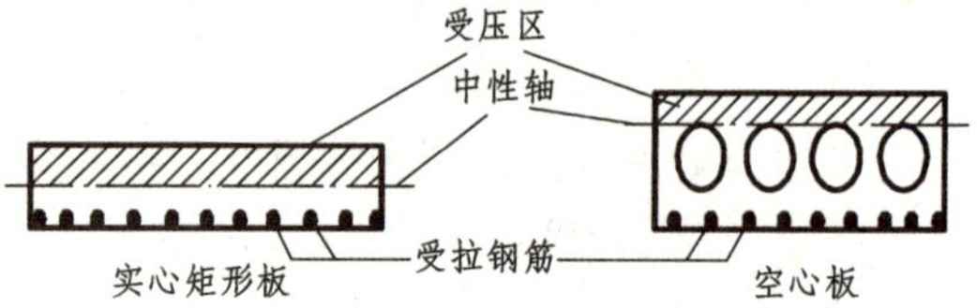

图 2–7–1　板的截面形式

钢筋混凝土板在铁路桥涵工程中应用很广，经常遇到的有道砟槽板、人行道板等。

1. 板　厚

为了保证施工质量，规范规定了各种板的最小厚度：

道砟槽板厚度为 120 mm；人行道板为 80 mm；预制的人行道板为 70 mm。

2. 钢　筋

板的钢筋由主钢筋和分布钢筋所组成，如图 2-7-2 所示。

主钢筋布置在板的受拉区。为了使板的受力尽可能均匀，主钢筋常采用小直径，小间距的布置方式（即多根密排）。但直径过小既会增加施工上的麻烦，也影响混凝土的浇筑质量。因此，道砟槽板内的主钢筋直径不宜小于 10 mm；人行道板内的主钢筋直径不应小于 8 mm；板内主钢筋间距不宜大于 200 mm。

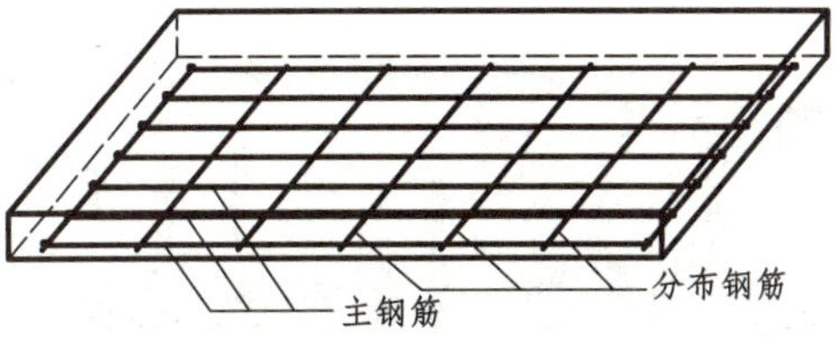

图 2-7-2　钢筋混凝土板内钢筋构造图

分布钢筋一般垂直于主钢筋方向布置，并设置在主钢筋的内侧，在交叉处用铁丝绑扎或点焊以固定主钢筋和分布钢筋的相互位置。道砟槽板内钢筋的直径不能小于 8 mm，其间距不能大于 300 mm；人行道板内的分布钢筋直径不应小于 6 mm。在所有主钢筋的弯折处均应设置分布钢筋。

分布钢筋的作用在于：能很好地将集中荷载分布到板受力钢筋上，抵抗因收缩及温度变化在垂直于板跨方向上所产生的应力，浇筑混凝土时能保持受力钢筋的规定间距。

根据计算板内不需要斜筋时，也应采用弯起钢筋并采用适当的架立钢筋（人行道板除外）。梁式板如不仅支承于主梁上，同时也支承于横隔板上时则在横隔板上方的板顶部，应设置垂直于横隔板的钢筋。其直径不应小于分配钢筋的直径，间距不应大于 200 mm，也不应大于板厚的 2 倍。

二、钢筋混凝土梁的构造

（一）截面形式及尺寸

梁的截面常采用矩形；铁路梁常用 T 形、箱形等形式（见图 2-7-3）。

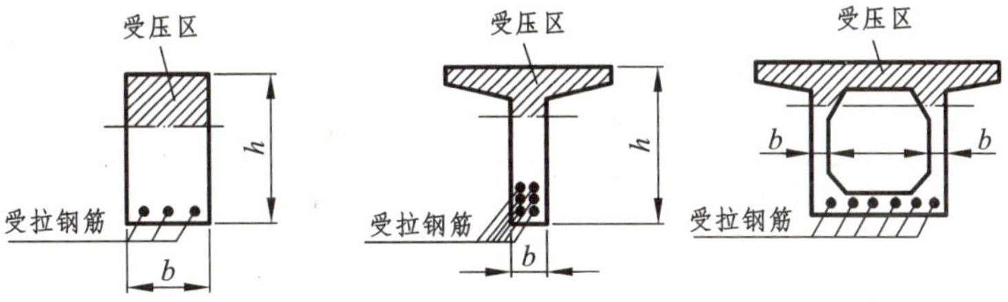

（a）矩形梁　（b）T 形梁　（c）箱形梁

图 2-7-3　梁的截面形式

T 形截面梁的高度与梁的跨度、间距及荷载大小有关。铁路桥梁中大量采用的 T 形简支梁桥，其梁高与跨度之比为 1/9 ~ 1/6。T 形梁的上翼缘尺寸，应根据道砟槽板的受力和构造要求确定。T 形梁的腹板（梁肋）宽度与配筋形式有关。当采用单根钢筋配筋时，腹板宽度较大，具体尺寸应根据布置钢筋的要求确定。

（二）钢筋构造

一般结构中，钢筋混凝土梁的钢筋构造如图 2-7-4 所示。梁内钢筋骨架多由主钢筋、弯起钢筋（斜筋）、箍筋、纵向水平钢筋和架立钢筋等组成。

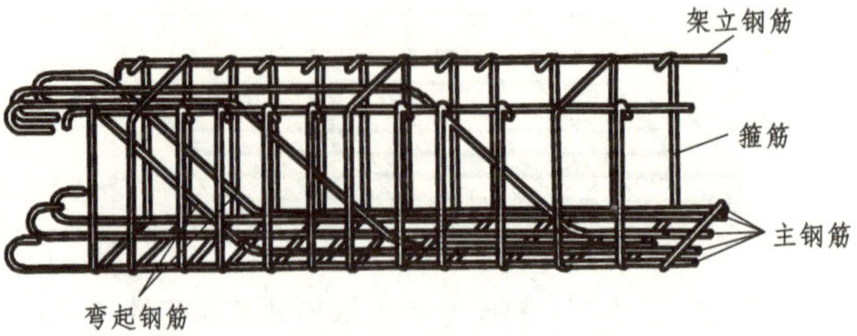

（a）绑扎钢筋骨架

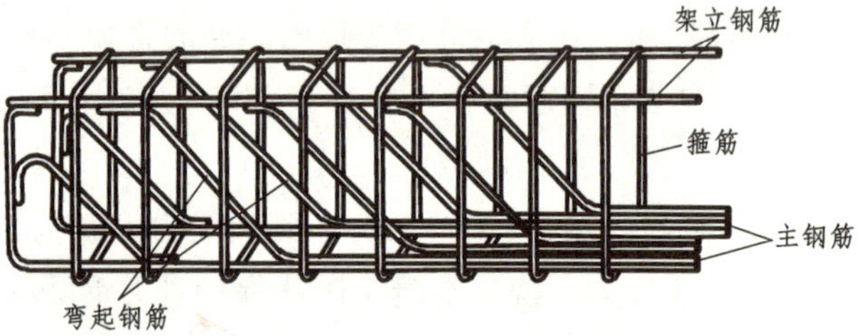

（b）多层焊接钢筋骨架

图 2-7-4 钢筋混凝土梁内钢筋构造

1. 主钢筋

梁内主钢筋常放在梁的底部承受拉应力，是梁的主要受力钢筋。常用的主钢筋直径为 14～32 mm，一般不超过 40 mm，以满足抗裂要求。在同一根（批）梁中宜采用相同牌号、相同直径的主钢筋以简化施工。但有时为了节约钢材，也可采用两种不同直径的主钢筋，但直径相差不应小于 2 mm，以便施工识别。

梁内主钢筋可以单根或 2～3 根成束地布置成束筋，也可竖向不留空隙地焊成多层钢筋骨架，其叠高一般不超过（0.15～0.20）h（h 为梁高）。主钢筋应尽量布置最少的层数。在满足保护层的前提下，简支梁的主钢筋应尽量布置在梁底，以获得较大的内力偶臂而节约钢材。对于焊接钢筋骨架，钢筋的层数不宜多于 6 层，并应将粗钢筋布置在底层。主钢筋的排列原则应为：由下至上，下粗上细（对不同直径钢筋而言），对称布置，并应上下左右对齐，便于混凝土的浇筑。

跨度不小于 12 m 的钢筋混凝土梁宜采用带肋钢筋（包括受力钢筋及构造钢筋）。

梁内伸入支点的主钢筋不得少于跨中截面主钢筋数量的 1/4，并且不少于 2 根，伸入支点的长度不得小于 10 倍的钢筋直径，并加设标准弯钩。

2. 弯起钢筋（斜筋）

弯起钢筋是为满足斜截面抗剪强度而设置的，一般由受拉主钢筋弯起而成，有时也需加设专门的斜筋，梁内弯起钢筋可沿梁高的中线布置，并使任何一个与梁轴垂直的截面最少与一根斜筋相交。斜筋与梁轴所成的斜角宜采用 45°，且不应小于 30°，也不应大于 60°。

3. 箍 筋

箍筋除了满足斜截面的抗剪强度外，它还起到连接受拉钢筋和受压区混凝土，使其共同工作的作用。此外，用它来固定主钢筋的位置而使梁内各种钢筋构成钢筋骨架。工程上使用的箍筋有开口和闭口两种形式，如图 2-7-5 所示。

梁内应设置直径不小于 8 mm 的箍筋，其间距当支承受拉钢筋时不应大于梁高的 3/4 及 300 mm；当支承受压钢筋时不应大于受力钢筋直径的 15 倍及 300 mm。支座中心两侧各相当梁高 1/2 的长度范围内，箍筋间距不应大于 100 mm。每一箍筋一行上所箍的受拉钢筋不应多于 5 根，受压钢筋不应多于 3 根。承受扭矩作用的梁，箍筋应制成封闭式。

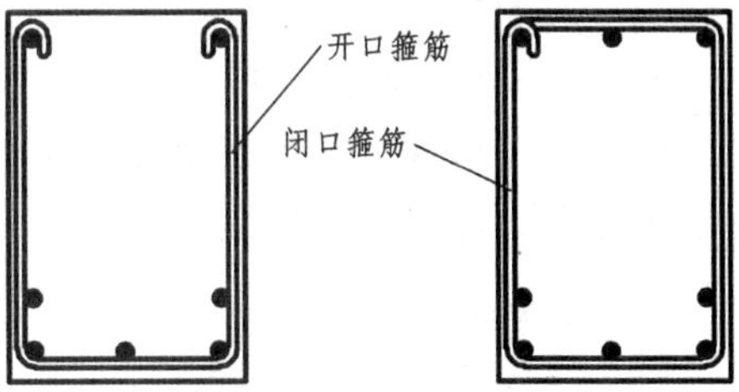

图 2-7-5　箍筋的形式

4. 纵向水平钢筋

梁高大于 1 m 时，在梁腹高度范围内应设置纵向水平钢筋。其间距为 100 ~ 150 mm，直径不应小于 8 mm。

5. 架立钢筋

一般设置在受压区，与纵向受力钢筋平行，用来固定梁内箍筋的位置，并与受力钢筋构成钢筋骨架。

三、钢筋混凝土柱的构造

钢筋混凝土轴心受压构件根据箍筋的功能和配置方式的不同可分为两种，如图 2-7-6 所示。

（1）配有纵向钢筋和普通箍筋的轴心受压构件（普通箍筋柱）。

（2）配有纵向钢筋和螺旋箍筋的轴心受压构件（螺旋箍筋柱）。

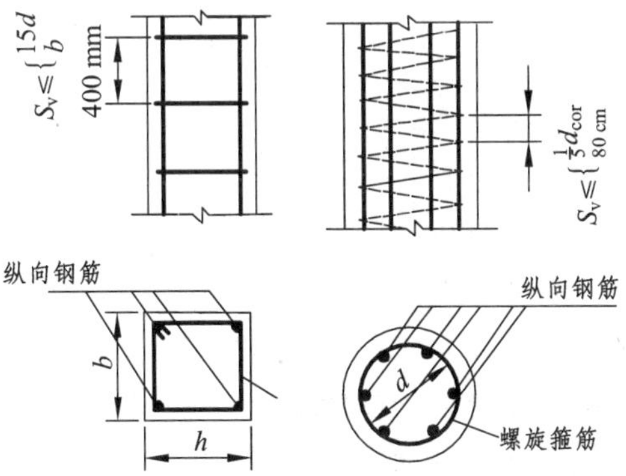

（a）普通箍筋柱　（b）螺旋箍筋柱

图 2-7-6　轴心受压构件配筋

普通箍筋柱的截面形状多为正方形、矩形等。纵向钢筋为对称布置，沿构件高度设置有等间距的箍筋。轴心受压构件的承载力主要由混凝土承担，设置纵向钢筋的目的是：协助混凝土承受压力，可减小构件截面尺寸；承受可能存在的不大的弯矩；防止构件的突然脆性破坏。

普通箍筋的作用是防止纵向钢筋局部压屈，并与纵向钢筋形成钢筋骨架，便于施工。

1. 混凝土的强度等级

轴心受压构件一般多采用 C20～C30 的混凝土，或采用更高强度等级的混凝土，正截面承载力主要是由混凝土来提供。

2. 截面尺寸

轴心受压构件截面尺寸不宜过小，因长细比越大，纵向弯曲的影响越大，承载力降低很多，不能充分利用材料强度。构件截面尺寸（矩形截面以短边计）不宜小于 250 mm。通常按 50 mm 一级增加，如：250 mm、300 mm、350 mm 等；在 800 mm 以上时，则采用 100 mm 为一级，如：800 mm、900 mm、1 000 mm 等。

3. 纵向钢筋

纵向钢筋一般多采用 HRB335、HRB400 等热轧钢筋。纵筋截面面积不应小于构件截面面积的 0.5%，也不宜大于 3%；直径应不宜小于 12 mm。在构件截面上，纵向钢筋至少应有 4 根并且在截面每一角隅处必须布置 1 根。

纵向钢筋的净距不应小于 50 mm 且不大于 350 mm，与混凝土截面边缘的净距不宜小于 25 mm。普通钢筋的最小混凝土保护层厚度（钢筋外缘或管道外缘至混凝土表面的距离）不应小于钢筋公称直径。

水平浇筑的预制件的纵向钢筋的最小净距首先应满足施工要求，使振捣器可以顺利插入。此净距不小于 30 mm，并不小于钢筋直径。

4. 箍　筋

箍筋必须做成封闭式的，箍筋的直径不应小于纵筋直径的 1/4，也不应小于 6 mm。箍筋的间距不应超过纵筋直径的 15 倍，也不应大于构件横截面的最小尺寸。

5. 螺旋筋

当采用螺旋筋时，应注意：

（1）纵筋的截面面积不应小于螺旋筋圈内核心截面面积的 0.5%。

（2）核心截面面积不应小于构件截面面积的 2/3。

（3）螺旋筋的螺距不应大于核心直径的 1/5，也不应大于 80 mm。

（4）螺旋筋换算截面不应小于纵筋的截面面积，也不应超过该截面面积的 3 倍。

（5）纵筋截面面积与螺旋筋换算截面面积之和不应小于核心截面面积的 1.0%。

6. 横向钢筋

在杆件的受拉区域凹角处布置钢筋时，不得将钢筋按凹角弯曲，必须设置互相交叉形成凹角的单独钢筋，此外在该处尚应设置足以承受不小于所有纵向钢筋合力 35%的横向钢筋（见图 2-7-7）。

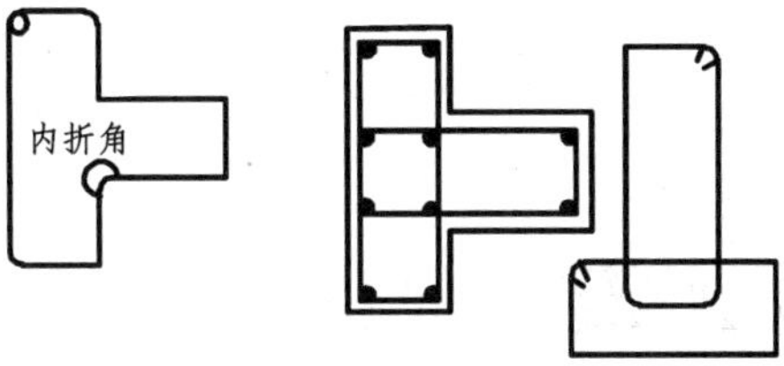

（a）　（b）

图 2-7-7　有内折角时的箍筋构造

【项目小结】

认识钢筋混凝土构件

【项目训练】

2.1　钢筋和混凝土之间的黏结力能保持的原因是什么？

2.2　什么是预应力混凝土结构？

2.3　混凝土强度等级的表示符号及具体含义是什么？

2.4　何谓混凝土的徐变及收缩？

2.5　何谓钢筋屈服强度及屈强比？

2.6　钢筋的塑性指标有哪些？具体含义是什么？

2.7　何谓钢筋的疲劳破坏？何谓应力松弛？　何谓应力腐蚀？

2.8　混凝土的耐久性一般包括哪些方面？

2.9　桥梁结构中受弯构件有哪些常见类型？

项目3　混凝土梁桥桥跨结构构造与墩台类型

【项目描述】

桥梁中最常用的是梁桥。

简支梁桥因其构造简单，能适应地质不良、地基承载力低的地段，也便于使用在曲线地段。简支梁适宜现场工厂化预制，逐孔架设，在我国得到了广泛采用。等跨简支体系的桥跨外形一致、截面相同、构造布置统一，使桥跨密集的高架线路在运营中的管理工作大为简化，也便于结构的日常检查和养护维修。钢筋混凝土简支梁可分为整孔式和分片式两大类，整孔式箱梁结构较为合理，横向刚度大，稳定性好。

连续梁能够提高梁部结构的整体性和刚度，并且对保持桥上线路的平顺性更有利，从而提高桥上行车的舒适性和安全性。

梁桥采用适当的施工方法能保证桥梁的经济性和施工进度。

【项目目标】

（1）理解混凝土简支梁桥、连续梁桥及区分其受力特点；

（2）能区分墩台的类型。

任务3.1　钢筋混凝土简支梁

一、铁路道砟桥面钢筋混凝土梁标准设计简介

标准图分普通高度梁与低高度梁，一般情况均采用普通高度梁。当梁的建筑高度受到严格限制时，则可采用压低梁高的低高度梁。低高度梁与普通高度梁相比，梁高显著压低，混凝土强度有所提高；每孔梁钢筋用量增加了 20%～30%；对跨度较大的肋式截面梁，混凝土用量还有所增加。混凝土用量增加是因为减小了梁高，势必要增加钢筋用量，为了降低钢筋重心，以利于钢筋和混凝土材料性能的充分发挥，故加大了 T 形梁的下翼缘宽度，做成工字形截面。另外，由于梁高减少，抗剪能力也降低，需要增加腹板厚度，导致虽减少梁高，却增加了混凝土用量及梁重。

标准图《道砟桥面钢筋混凝土梁（叁标桥 1023）》中，包括 4 m、5 m、6 m、8 m、10 m、12 m、16 m 和 20 m 八种跨度的直线梁和曲线梁。

跨度 6 m 及更小的梁采用板式截面，如图 3-1-1（a）所示。因为跨度较小，梁的高度也较低，所以采用形式简单的板式截面，沿纵向分成两片。由于板底支承面较宽，每一片的侧向倾覆稳定性较好，因而两片板梁之间不需任何连接。

跨度 8 m 及更大的梁采用 T 形截面，如图 3-1-1（b）所示。因为随着跨度的增大，梁高也应逐渐增大，所以截面改用 T 形，这种梁沿纵向也分为两片，以适应运输和吊装设备的能力，同时满足装载限界的要求。

当建筑高度受限制时，需要减小梁的高度。例如在平原地区修建桥梁或城市附近及枢纽站内修建立交桥，常由于桥下净空的限制，不允许采用正常高度的梁，如果勉强采用，必导致提高路堤，这样将使线路土方工程和所占农田大量增加，显然很不合理，在这种情况下，可采用低高度梁。我国现行低高度梁标准图（叁标桥 1023），跨度在 4 ~ 10 m 时采用板式截面［见图 3-1-1（c）］，跨度 12 m 时采用另一种板式截面［见图 3-1-1（d）］，跨度为 16 m 和 20 m 的梁采用 T 形截面［见图 3-1-1（e）］。低高度梁的梁高较小，故其钢筋用量相应增加。

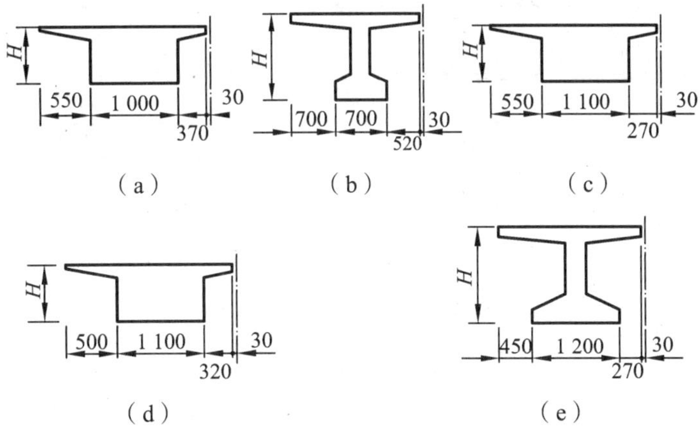

图 3-1-1　梁的截面形式（尺寸单位：mm）

二、板式截面简支梁的构造

（一）梁的构造（见图 3-1-2）

为了设置石棉衬垫，梁的两端各伸出支点以外 250 mm，因此全长为 4.5 m。梁高采用 0.5 m，为了承托桥面上的道砟和轨枕，设置了道砟槽，其宽度根据桥上线路铺设的要求定为 3.90 m，两片梁间留有 60 mm 的空隙，因此每片梁的宽度为 1.92 m，截面下部的宽度收缩为 1.0 m，以节省混凝土用量，并可减小墩台宽度。为了防止落砟，在梁的顶部四周设置挡砟墙。

《铁路桥涵设计基本规范》规定，枕底应高出挡砟墙顶不少于 0.02 m，以便于维修时抽换轨枕。挡砟墙应避免参加梁体弯曲受力，为此沿纵向每隔一定距离设置一 10 mm 宽的断缝，内填油毛毡。

（二）防排水设施

为了防止雨水渗入梁体，引起钢筋锈蚀和混凝土冻胀开裂及遭受侵蚀，影响梁的耐久性，桥面板顶面需铺设防水层并作成排水坡，将雨水汇流至梁的两侧并经由泄水管排出桥外。防水层应具备防水、牢固、耐久、黏结性和必需的弹韧性等性能。构筑物基面、防水层和保护层应平顺，不得有明显的凸凹现象，各层间必须黏结牢固。

TQF-I 型防水层采用氯化聚乙烯防水卷材和聚氨酯防水涂料共同构成。其构造做法为在防水面上先涂刷一层防水涂料，铺设一层防水卷材，再涂刷一层防水涂料，铺设一层防水卷材，最后在顶面采用纤维混凝土或其他混凝土作保护层。

两片梁内侧挡砟墙间留有 60 mm 的空隙，铺以纵向钢筋混凝土盖板，以防落砟，沿纵向每两块盖板间留出 10 ~ 20 mm 的空隙，用以排水。此外，在相邻的两孔梁间或梁与桥台间的空隙处则应盖以横向铁盖板，以免雨水从该处渗入支座。铁盖板应两面涂刷沥青，底面焊有圆钉，用以保持正确的位置。

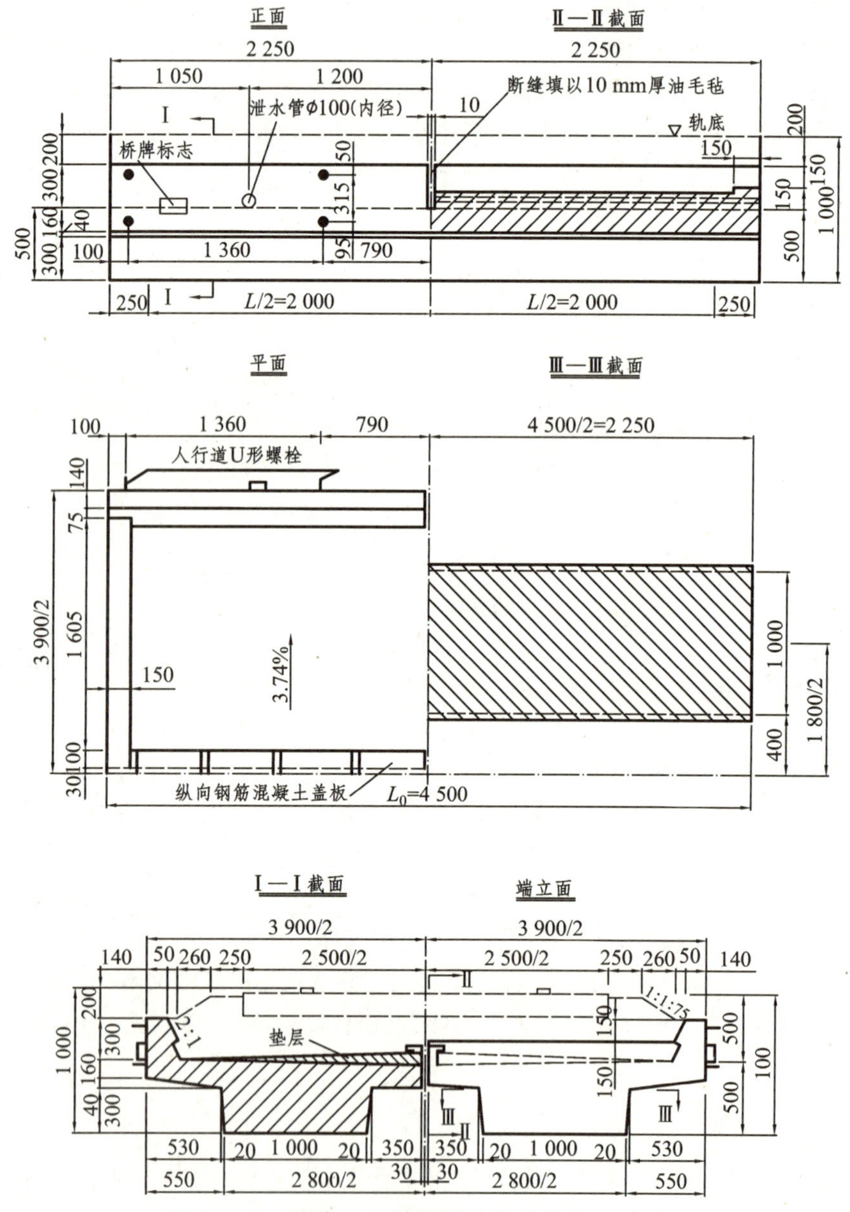

图 3-1-2 跨度 4 m 梁概图（尺寸单位：mm）

（三）人行道

根据养护维修的要求，桥的两侧应设置人行道。其支架角钢利用埋设在挡砟墙内的 U 形螺栓来连接。支架角钢上的步板常用钢筋混凝土预制板。

（四）钢筋布置

图 3-1-3 为跨度 4 m 道砟桥面钢筋混凝土梁的钢筋布置图。

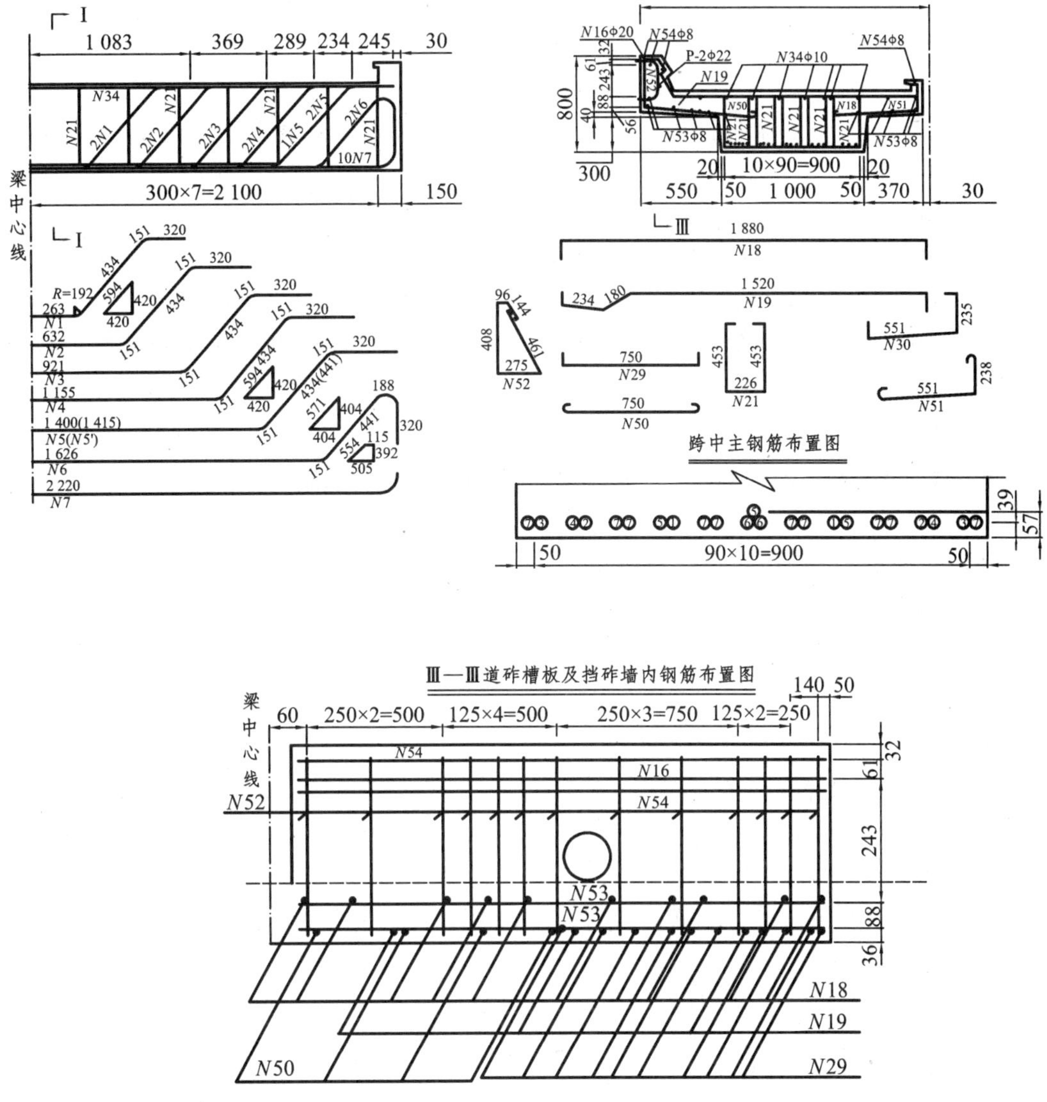

图 3-1-3 跨度 4 m 梁的钢筋布置图（尺寸单位：mm）

1. 主 梁

（1）主筋与斜筋。

每片板梁设 23Φ16（*N*1 ~ *N*7）的主筋，成束设置，2 根 1 束者共 10 束，3 根 1 束者共 1 束，排列于板梁的下缘。根据需要，将跨中下部的 *N*1 ~ *N*6 主筋分批弯起，作为斜筋，锚固在板梁的受压区中。由于板梁的高度较小，伸到受压区中的弯起钢筋长度不足 25*d*，所以应设与纵筋平行且长度为 20*d* 的直段。为使钢筋布置的均匀一些，特将 *N*6 钢筋弯向下方，*N*7 钢筋直伸入支点内，并在端部设直弯钩。

（2）箍筋与架立钢筋。

每片板梁的箍筋用 10 肢Φ8（*N*21），间距为 300 mm，做成开口式，钩在架立钢筋 *N*34 上，架立钢筋为 6Φ10。

2. 道砟槽板

（1）主　筋。

板梁两侧的悬臂板，在板的上部设受力钢筋 20*N* 18Φ10 及 6*N* 19Φ10，*N*19 在板的外侧向下弯折锚固在受压区。

（2）构造钢筋与分布钢筋。

板的外侧底面，沿梁全长配置构造钢筋 8*N* 50Φ8 和 20*N* 29Φ10，板的内侧底面，沿梁全长也配置构造钢筋 8*N* 51Φ8 和 20*N* 30Φ10。配置这些构造钢筋的目的是增加全梁钢筋骨架的整体性和承受偶然荷载引起的底面拉应力，垂直于悬臂板受力钢筋的分配钢筋为 12*N* 53Φ8。

3. 挡砟墙钢筋

（1）主筋与分配钢筋。

考虑到挡砟墙必须承受人行道支架的作用力，同时也可能受到偶然的指向内侧的碰撞力，故设置封闭式的挡砟墙受力钢筋 26*N* 52Φ8，与其垂直方向设置的分配钢筋 *N* 54Φ8 组成钢筋骨架。设于挡砟墙内的分配钢筋，在断缝处，均应断开。

（2）挡砟墙内应埋设安装人行道用的 U 形螺栓，并在其中设置 *N* 16Φ20 的 U 形螺栓分配钢筋。

三、T 形截面简支梁构造

以跨度 16 m 梁为例，说明普通高度钢筋混凝土梁的构造及钢筋布置。

（一）梁的构造

图 3-1-4 为跨度 16 m 道砟桥面钢筋混凝土梁概图。

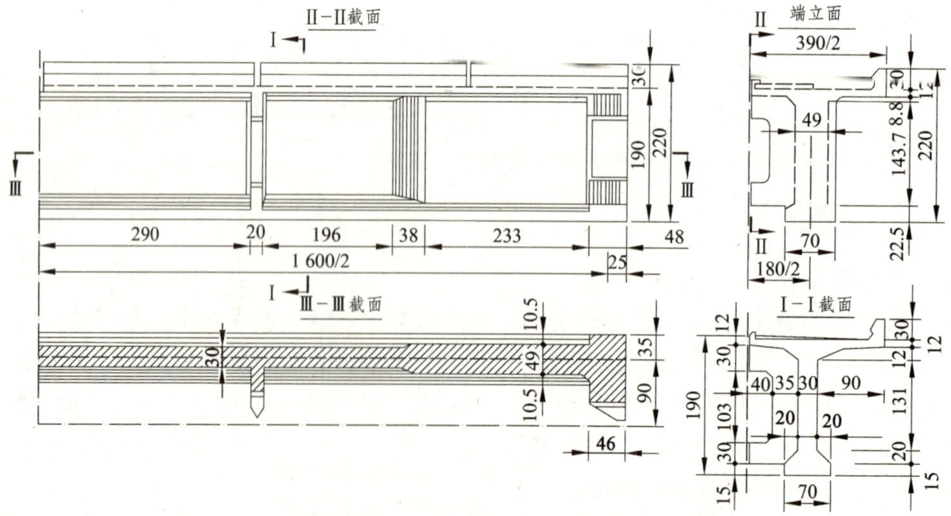

图 3-1-4　跨度 16 m 钢筋混凝土梁概图（尺寸单位：cm）

梁全长 16.5 m。梁部结构用纵向缝分为 2 个 T 形块件，主梁高度为 1.9 m，道砟槽宽为 1.92 m，两片梁的中心距为 1.8 m。跨中部分腹板厚 30 cm，靠近梁端部分增厚到 49 cm，以适应腹板内力变化的需要。考虑钢筋的合理布置和施工方便，下翼缘宽 70 cm。道砟槽板厚按规定最小为 12 cm。

道砟槽部分的构造及防排水设施与板式截面梁相同。

（二）横隔板

在梁端以及距梁端 5.25 m 处，设有与梁一起灌筑的横隔板。横隔板的作用不仅在于使两片梁连成整体保持横向稳定性，更重要的是使两片梁在列车荷载作用下能很好地分担荷载共同工作和防止梁受扭转变形。

中间横隔板厚度为 16 cm，端横隔板厚度较大，为 46 cm，主要是考虑到维修或更换支座时，需在端横隔板下放置千斤顶，因此端横隔板又称顶梁。为了便于维修检查，横隔板中间常留有方孔。

（三）梁内钢筋布置

图 3-1-5 为跨度 16 m 钢筋混凝土直线梁的钢筋布置图。

图 3-1-6 为道砟槽板、横隔梁钢筋布置图

T 梁横隔板

1. 主　梁

（1）主筋与斜筋。

每片梁主筋共有 43Φ20（编号 *N*1～*N*15a），*N*1～*N*12（共 23 根）由跨中向两端相继弯起锚固在梁的受压区，其中 *N*1～*N*10 弯至梁顶后伸入受压区长度大于 25*d*，满足锚固长度要求，不设与纵筋平行的直段；*N*11～*N*12 因不能满足上述锚固长度要求，向上弯转锚固在受压区。*N*15 与 *N*15a 钢筋（共 16 根）伸入支座，与弯起的 *N*13、*N*14 钢筋端部均加直角钩以保证具有足够锚固。为了缩小翼缘尺寸，主筋采用成束布置。*N*1～*N*7 布置在下翼缘中心部分且在最上两排，使它们能在腹板较薄的跨中部分相继弯起。*N*8～*N*14 布置在下翼缘中心偏外或底排部分，它们只能在腹板较厚的梁端部分相继弯起。

（2）箍筋与架立钢筋。

箍筋采用 4 肢 Φ8 钢筋，间距 25 cm，编号 *N*21、*N*22。其中 *N*21 布置在跨中区段薄腹板部分内。所有箍筋均钩在架立钢筋上。在梁的扩大下翼缘内还设有箍筋 *N*62，并有架立钢筋 *N*53。

（3）纵向水平防裂钢筋。

由于梁高大于 1 m，在腹板两侧布置有间距为 10 cm 直径为 Φ8 的纵向水平钢筋。跨中区段部分编号为 26*N*27，两端区段部分编号为 52*N*28，并分别设置了联系筋 *N*65 和 *N*66 使其互相钩住。

2. 道砟槽板

（1）主筋。

道砟槽板主筋为 *N*18、*N*19、*N*20，直径为 Φ10，布置在道砟槽板顶缘。

（2）构造钢筋与分布钢筋。

在板底缘还布置了构造钢筋 *N*50、*N*51，以加强板与肋的连接和防止底表面出现裂缝。

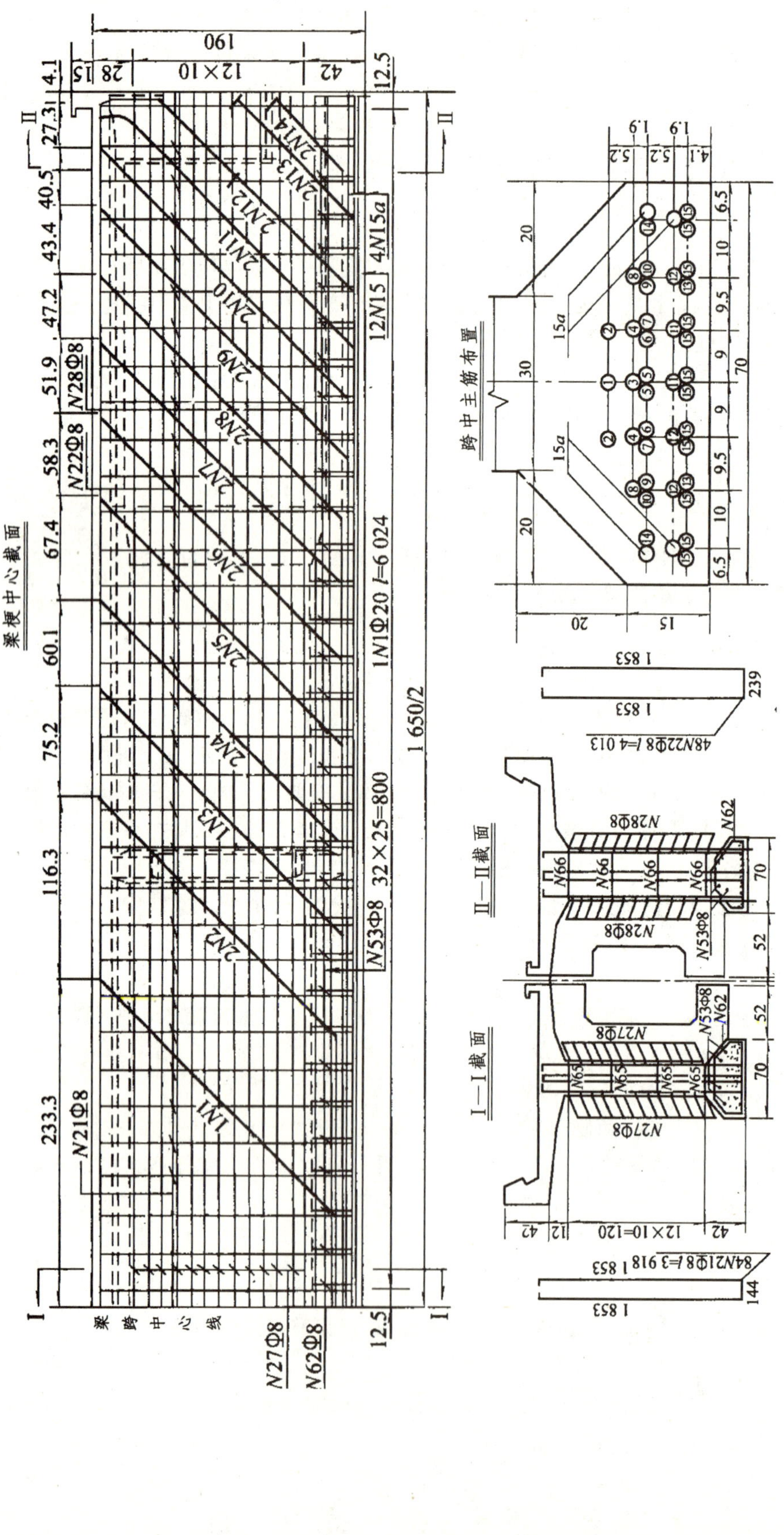

图 3-1-5　跨度 16 m 梁钢筋布置图（构造尺寸单位：cm；钢筋长度单位：mm）

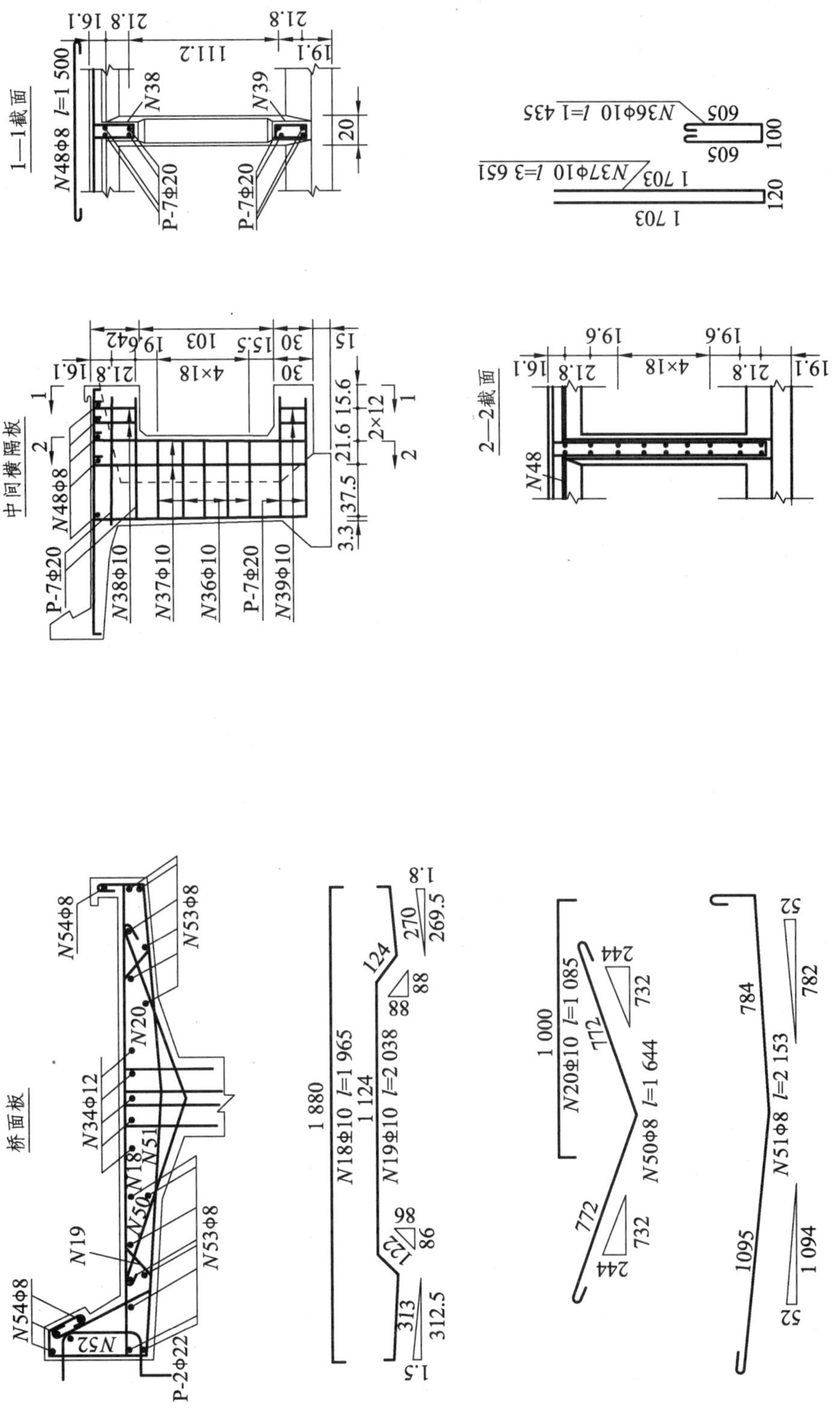

图 3-1-6　道砟槽板、横隔梁钢筋布置图（构造尺寸单位：cm；钢筋长度单位：mm）

3. 挡砟墙

考虑到挡砟墙可能意外遭受外力，在其中设置封闭钢筋 *N*52。沿桥纵向在道砟槽板及下翼缘内设置分配钢筋 *N*54。为免除挡砟墙承受弯曲应力，用断缝断开，故设置在挡砟墙内的分配钢筋（*N*54）也应断开。为固定人行道角钢支架，挡砟墙埋有 U 形螺栓。

道砟槽板不仅支承在主梁上，同时也支承在横隔板上，因而在横隔板上方的顶部设有垂直于横隔板的钢筋 *N*48，以承受该处实际可能发生而在板的计算中未考虑的负弯矩。

4. 横隔板

设置竖向和水平钢筋，编号 *N*37 ~ *N*39 及 *N*36。

T 梁横隔板筋

四、公路钢筋混凝土简支梁桥

（一）概　述

从承重结构横截面形式上分类，公路混凝土梁式桥可分为板桥［见图 3-1-7（a）、（d）］、肋梁桥［见图 3-1-7（b）、（e）］和箱形梁桥［见图 3-1-7（c）、（f）］。板桥是最简单的构造形式，施工方便；肋梁桥是在板桥截面的基础上，将梁下缘受拉区混凝土很大程度的挖空，从而显著减轻了结构自重，跨越能力得到提高；箱形截面提供了能承受正、负弯矩的足够的混凝土受压区，抗弯、抗扭能力强。

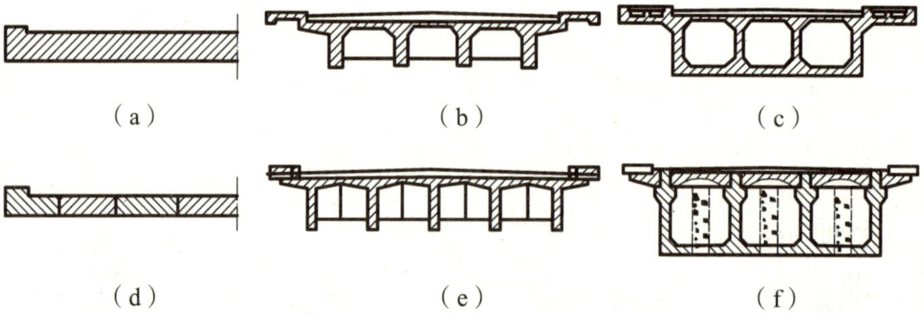

图 3-1-7　混凝土梁桥横截面

从受力特点上看，混凝土梁式桥分为简支梁（板）桥、连续梁（板）桥和悬臂梁（板）桥。

按施工方法分类，又可分为整体浇筑式梁桥［见图 3-1-7（a）、（b）、（c）］和装配式梁桥［见图 3-1-7（d）、（e）、（f）］两类。

（二）板　桥

板桥的优点是建筑高度小，适用于桥下净空受限制的桥梁。它的外形简单，制作方便，既便于现场整体浇筑，又便于成批生产，并且装配式板桥构件的质量小，架设方便。但它的主要缺点是跨径不宜过大。

1. 整体式简支板桥的构造

整体式板桥一般做成实体式等厚度的矩形截面［见图 3-1-7（a）］，为了减轻自重也可做成肋式截面［见图 3-1-7（b）］。钢筋混凝土整体式板桥的常用跨径一般在 8 m 以下。

2. 装配式简支板桥的构造

装配式板桥的横截面形式主要有实心板和空心板两种。

（1）矩形实心板桥。

矩形实心板具有形状简单、施工方便、建筑高度小等优点。

（2）空心板桥。

当跨径增大时，应采用空心板截面，它不仅能减轻自重，而且能充分利用材料。空心板截面形式如图 3-1-8 所示。

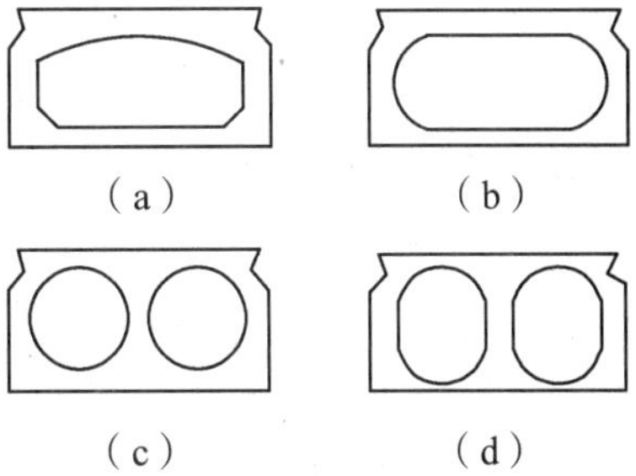

图 3-1-8　空心板截面形式

（三）肋梁桥

混凝土肋梁桥具有受力明确、构造简单、施工方便等优点，是中、小跨径桥梁中应用最广的桥型。

简支肋梁桥的上部构造由主梁、横隔梁、桥面板等部分组成。主梁是桥梁的主要承重结构；横隔梁保证各根主梁相互连成整体，以提高桥梁的整体刚度；主梁的上翼缘构成桥面板，组成行车（人）平面，承受车辆（人群）荷载的作用。这类桥梁可采用整体现浇和预制装配两种不同的方式进行施工。

1. 整体式简支 T 形梁桥

整体式梁桥在城市立交桥中应用较广泛，具有整体性好、刚度大、易于做成复杂形状等优点，多数在桥孔支架模板上现场浇筑，个别也有整体预制、整孔架设的情况。

常用的整体式简支 T 形梁桥横截面如图 3-1-9 所示。

2. 装配式简支肋梁桥

装配式简支肋梁桥因具有建桥速度快、工期短、模板支架少等优点而应用广泛。

装配式简支肋梁主梁的横截面形式不同，可分为π形、T 形和箱形（见图 3-1-10）。

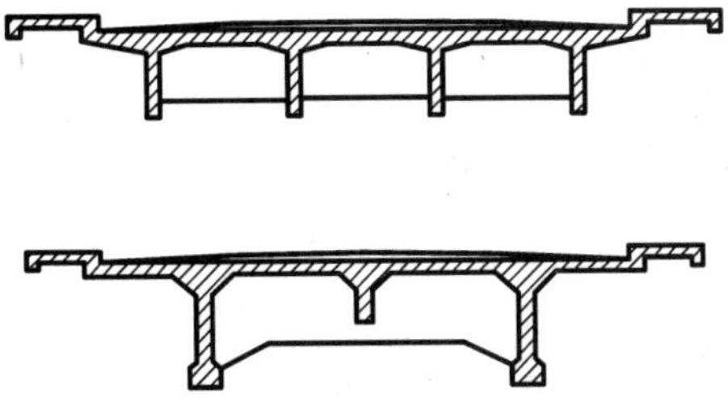

图 3-1-9　整体式简支 T 形梁桥横截面

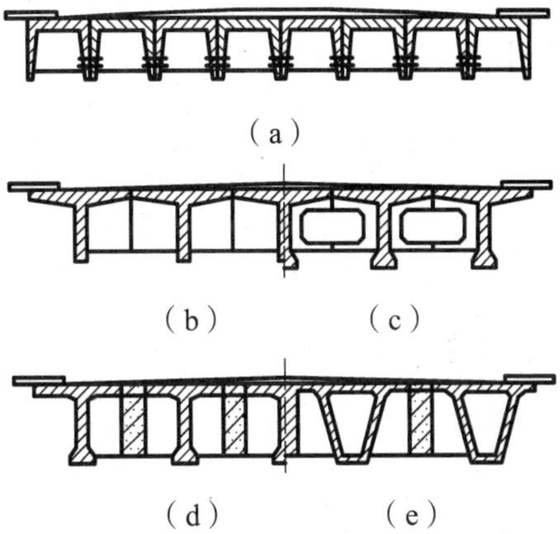

图 3-1-10　装配式简支肋梁桥横截面

任务 3.2 预应力混凝土简支梁

我国 1955 年开始研制后张预应力混凝土简支梁，于 1956 年在陇海新沂河首次成功地修建了一座 28 孔跨度为 23.8 m 的铁路后张预应力混凝土简支梁桥，1957 年在京周公路修建了第一座跨度为 20 m 的简支 T 形截面公路预应力混凝土梁桥。此后，预应力混凝土桥梁在我国公路和铁路中等跨度乃至长大跨度桥梁上逐步得到应用和推广。

目前，国内铁路预应力混凝土简支梁应用跨度一般为 16 ~ 32 m，个别简支梁跨最大达 63 m，公路桥梁应用一般跨度为 20 ~ 50 m，铁路和公路预应力混凝土梁都有一系列的标准设计或通用设计。32 m 及以下跨度梁采用 T 形或板式截面；40 m 及以上跨度梁多采用箱形截面，箱梁具有整体性好、抗扭刚度大、跨越能力大等优点，广泛使用在高速铁路上，但也存在施工复杂等问题。

一、预应力混凝土简支梁的构造

（一）先张法预应力混凝土简支梁

先张法预应力混凝土梁，是在灌筑混凝土前利用张拉台座等设备，先张拉预应力钢筋（钢丝或钢绞线）使其达到设计应力后，临时锚固在台座上，随后灌筑混凝土，待混凝土达到一定强度后，放松预应力钢筋，通过钢筋与混凝土之间的黏结力将预应力传给混凝土。

普通高度先张法梁均采用工字形截面［见图 3-2-1（a）］；对于低高度先张梁，跨度 8 m 者采用板式截面［见图 3-2-1（b）］；跨度 10 m 者采用板式挖洞截面［见图 3-2-1（c）］；跨度 12 m 和 16 m 者采用工字形截面［见图 3-2-1（d）］。由于下翼缘较宽，梁高较矮，自身稳定，两片梁架设就位后不需连接即可通车。

预应力钢筋配制有两种方法：直线配筋和折线配筋。

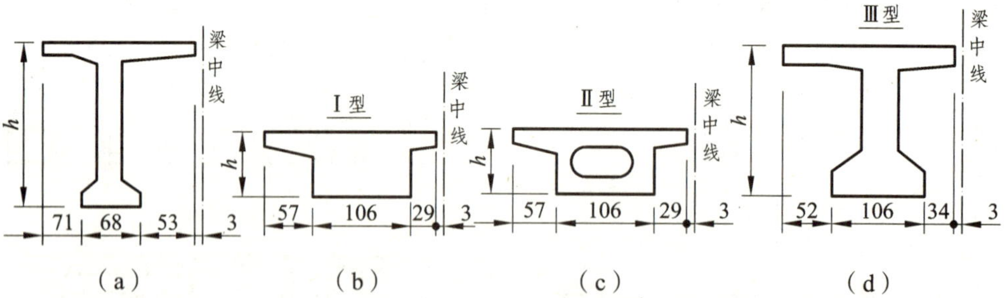

图 3-2-1 先张梁截面形式

（二）后张法预应力混凝土简支梁

后张法预应力混凝土梁，是先灌筑梁的混凝土，并在混凝土中预留管道，待混凝土达到设计强度后，在管道中穿进预应力钢筋并进行张拉。张拉至设计应力后，在钢筋两端用锚具锚住，阻止预应力钢筋回缩。然后撤去张拉设备，向孔道内压浆，后张法中的预应力是靠设置在钢筋两端的锚固装置传递到混凝土中去的。

（三）截面尺寸的构造特点

1. 梁　高

预应力混凝土梁梁高的选择，基本原则与钢筋混凝土简支梁相似，梁高与跨度比值，为 1/12 ~ 1/10。但一般而言，预应力梁高跨比多小于普通钢筋混凝土梁。

2. 上、下翼缘尺寸

梁的上翼缘的宽度主要取决于最小线间距；下翼缘的尺寸，受预应力筋的布置及传力锚固阶段的应力状态控制。从工艺方面来说，同一截面形式的各跨梁，其下翼缘宽度应尽量一致，以利于梁台座底板的通用。

3. 腹板尺寸

梁的腹板，其厚度主要应根据剪应力和主拉应力的大小，同时又要考虑到预应力钢筋的布置来确定。

对于后张法预应力混凝土梁，由于预应力钢筋沿跨度方向，逐步由跨中向两端弯起，而这些钢筋大部分布置在腹板内，所以腹板的厚度又受这些预应力钢筋布置的制约；先张法直线配筋的预应力混凝土梁，腹板内不设置预应力钢筋，其厚度主要由剪应力和主拉应力的数值确定。

腹板太薄往往会由于混凝土灌注不畅产生纵向裂缝。受弯构件的翼缘应在与腹板相交处设置梗肋。上、下翼缘梗肋之间的腹板高度，当腹板内有预应力竖筋时，不应大于腹板厚度的 20 倍；当无预应力竖筋时，不应大于腹板厚度的 15 倍。腹板厚度不得小于 15 cm。

4. 梁端部尺寸

梁端尺寸的确定，需满足所选用的锚具、千斤顶尺寸的需要；锚具在端面上排列均匀，有足够的保护层，以满足锚下混凝土抗裂性的要求。端部腹板加厚程度及加厚区段长度，视端块应力状态而定，一般长度在 1.5 ~ 1.8 m。下翼缘垂直高度加高区段的长度需视钢束抬高位置而定。

5. 梁梗中心距

梁梗中心距的确定，既要考虑梁体本身的倾覆稳定，又要考虑桥面板的受力状态，同时要注意到标准化，以便统一模板构造和桥墩台顶帽尺寸。对于跨度小于等于 32 m 的分片式道砟桥面预应力混凝土梁，经比选后，梁梗中心距采用 1.8 ~ 2.2 m。

6. 横隔板尺寸

横隔板的主要作用是将两片梁联结在一起以加强结构的空间整体性，有利于承受横向水平力及偏载等作用。规范规定，在工字形截面或 T 形截面的分片式结构中，横隔板间距不应大于腹板厚度的 30 倍，并不得大于 6 m。端横隔板的下缘宜略高于梁底。横隔板连接应保证梁的整体性。端隔板的厚度不应小于 50 cm。

二、预应力钢筋的布置

1. 先张法预应力混凝土梁

目前的先张法预应力混凝土梁，均为直线配筋，在梁体内一般没有锚具，预应力的传递靠自锚，故其跨中钢筋的布置间距需保证锚固良好，在预应力钢筋周围的混凝土通路好，灌注密实，同时还需考虑灌注混凝土前在台座上张拉预应力钢筋的设备（初调应力）的安装。在先张法结构中，预应力钢绞线及预应力混凝土用螺纹钢筋之间的净距不应小于1.5倍直径，且不小于30 mm。预应力钢筋端部周围应采用局部加强措施（如设置钢筋网等）。

对于先张法预应力混凝土梁，采用直线配筋时，自跨度1/3点左右至梁端这一区段内，由于弯矩降低过于剧烈，为此必须采取措施使预应力钢筋脱离工作（也即将预应力钢筋中断锚固，使其与混凝土脱离），如采用7ϕ5单根分散布置的钢绞线作为配筋体系的先张法预应力混凝土梁，可采用以内径19 mm、外径25 mm硬质塑料管套住钢绞线，使其与混凝土隔开的方法将预应力钢筋中断锚固，以消除绝缘段钢筋的预应力。

随着外荷载的增大，为保证预应力钢筋与混凝土的黏结力，也需要有一定的锚固长度 L_m。

先张法结构中钢绞线锚固长度不应小于130倍的钢绞线直径。

2. 后张法预应力混凝土梁

（1）首先确定跨中截面的预应力钢筋的排列。布置跨中钢束时，应注意使钢束重心最低。用管道形成器形成的管道直径或铁皮套管内径，应比钢丝束直径至少大10 mm。

对于采用钢丝束及预应力混凝土用螺纹钢筋布置在梁体内，其管道间净距，当管道直径等于或小于55 mm时，不应小于40 mm；当管道直径大于55 mm时，不应小于管道外径。

（2）从跨中至端部由于弯矩不断减小，剪力不断加大，故钢束的布置可由跨中向端部弯起，同时需注意选择合适的弯起角度。角度大了，预应力钢束与管道壁之间的摩擦阻力就增大，当钢束强度高且弯起角度又小时，钢束起弯点必然向跨中推移，使该区段的抗弯矩减小，以致减小抗裂安全系数。根据以往设计经验，一般宜为7°～10°。

（3）在后张法结构中，除在端部锚下设置厚度不小于16 mm的钢垫板外，并应在锚下设置分布钢筋网或螺旋筋。

三、预应力钢筋的预应力

1. 锚下控制预应力

张拉预应力筋时，张拉设备所控制的最大张拉力除以预应力筋面积，即为预应力筋的最大控制预应力。控制张拉力越大，产生的预应力也越大，梁体的抗裂性也越高，但考虑到预应力筋的塑性及张拉时的安全等，又不宜规定太高。

（1）对于拉锚式体系（利用锚头进行张拉的体系）。预应力筋的最大控制应力即为锚下应力，不论正常还是超张拉，应符合下列条件：

① 钢丝、钢绞线的锚下控制应力值为

$$\sigma_{con} = \sigma_{pl} + \sigma_L \leqslant 0.75 f_{pk} \quad (3\text{-}2\text{-}1)$$

② 预应力混凝土用螺纹钢筋的锚下控制应力值为

$$\sigma_{con} = \sigma_{pl} + \sigma_L \leqslant 0.90 f_{pk} \quad (3\text{-}2\text{-}2)$$

式中 σ_{con}——预应力钢筋在锚下的控制应力（MPa）;

σ_{pl}——预应力钢筋中的有效预应力（MPa）;

σ_{L}——预应力钢筋中的全部预应力损失值（MPa）。

（2）对于拉丝式体系（直接张拉钢丝的体系），包括锚圈口摩擦及喇叭口摩擦引起的应力损失在内锚外钢筋中的最大控制应力不应超过 $0.80f_{pk}$。对预应力混凝土用螺纹钢筋，不应超过 $0.95f_{pk}$。

2. 预应力筋的预应力损失

预应力筋经张拉引起的预应力，以后会由于种种原因而逐步降低，降低值即预应力损失。预应力损失中，有的是由于材料本身引起的损失，如混凝土的收缩徐变、预应力筋的应力松弛以及混凝土的弹性收缩等；有的是由于张拉工艺引起的损失，如锚头变形、钢筋回缩和分块拼装构件的接缝压缩、钢筋与管道之间的摩擦以及台座与钢筋之间的温差等。

当计算预应力钢筋的应力时，应考虑下列因素引起的预应力损失：

σ_{L1}：钢筋与管道之间的摩阻引起的预应力损失（只后张法计）。

σ_{L2}：锚头变形、钢筋回缩和分块拼装构件的接缝压缩引起的预应力损失。

σ_{L3}：台座与钢筋之间的温度差引起的预应力损失（只先张法计）。

σ_{L4}：混凝土的弹性压缩引起的预应力损失。

σ_{L5}：钢筋的应力松弛引起的预应力损失。

σ_{L6}：混凝土的收缩和徐变引起的预应力损失。

此外，还应考虑预应力筋与锚圈口的摩擦及喇叭口摩擦引起的预应力损失。

四、其他构造要求

1. 管道保护层

预应力钢筋或管道表面与结构表面之间的保护层厚度，在结构顶面和侧面均不应小于 1 倍管道直径，并不小于 50 mm；在结构底面不应小于 60 mm。

2. 箍 筋

在预应力混凝土结构中应根据计算设置箍筋。如采用非预应力箍筋时，应符合下列要求：

（1）箍筋直径不应小于 8 mm。

（2）腹板箍筋间距不应大于 200 mm，并宜采用 HRB335 级钢筋。

（3）在布置有纵向预应力钢筋的翼缘中，应设置闭合形或螺旋形箍筋，其间距不大于 100 mm，而在梁跨端部 500 mm 范围翼缘内，其间距应为 80 ~ 100 mm。

（4）当梁翼缘宽度大于 500 mm 时，箍筋不应少于 4 肢。

（5）用于抗扭的箍筋须是闭合箍筋。

3. 箍筋保护层

距结构表面最近的箍筋等普通钢筋的净保护层厚度不得小于 35 mm。

对于顶板有防水层及保护层的最外层钢筋其净保护层厚度不得小于 30 mm。

4. 支座垫板

预应力混凝土梁的预埋支座垫板厚度，对板式橡胶支座不宜小于 25 mm，其他支座不宜小于 20 mm。

5. 封端处理

锚头与垫板接触处四周应采用防水涂料进行防水处理，对锚具应进行防锈处理，外露锚头周围应设置钢筋网，钢筋网宜与梁体伸出钢筋连接，然后灌注微膨胀混凝土，其强度等级不宜低于 C35。在封端及封锚范围内应采取防水涂料进行防水处理。

6. 防排水设施

桥面及梁端应加强防排水设施。泄水管直径不宜小于 150 mm，泄水管宜向下设置，梁外侧桥面板下宜设置通长的滴水槽。防水层与泄水管应密贴，防止在结合处漏水。梁端的防排水设施，需满足不影响大型养护机械作业的要求。

7. 人行道连接

加强人行道与上部结构的连接，混凝土外露预埋件应进行防腐处理，U 形螺栓宜采用渗锌或锌铬涂层等措施处理。

任务 3.3 预应力混凝土连续梁桥

预应力混凝土简支梁桥，由于构造简单，预制和安装方便，在桥梁建设中得到了广泛使用。然而当这种简支体系跨径超过 30 ~ 50 m 时，跨中恒载弯矩和活载弯矩将会迅速增大，致使梁的截面尺寸和自重显著增加，这样不但材料耗用量大，并且也给施工带来困难。因此，对于较大跨径的桥梁，就宜采用内力分布较为合理的其他结构体系，如连续梁桥、拱桥、悬臂梁桥等。

本任务讨论预应力混凝土连续梁桥。

一、预应力混凝土连续梁桥概述

（一）受力特点

现将连续梁桥在荷载作用下产生的梁体截面内力与简支梁做一比较（见图 3-3-1）。当跨度 l 和恒载集度 q 相同的情况下，连续梁内力的分布要比同跨度的简支梁合理。这是由于连续梁支点负弯矩的存在，使跨中正弯矩值显著减小。

对于预应力混凝土连续梁来说，控制设计的常是弯矩的变化值，它影响预应力钢筋的布置，即必须以各个截面的最大正、负弯矩的绝对值之和（即按内力变化幅值）布置预应力筋。

在连续梁中，可以变化相邻跨长的比值，调整各控制截面的弯矩变化幅值，以利于布筋。

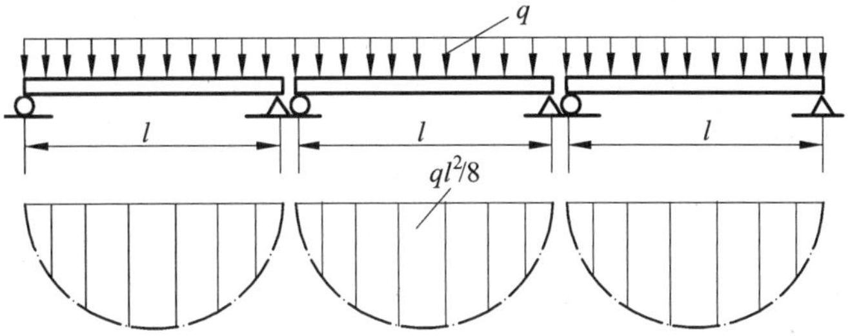

（a）简支梁

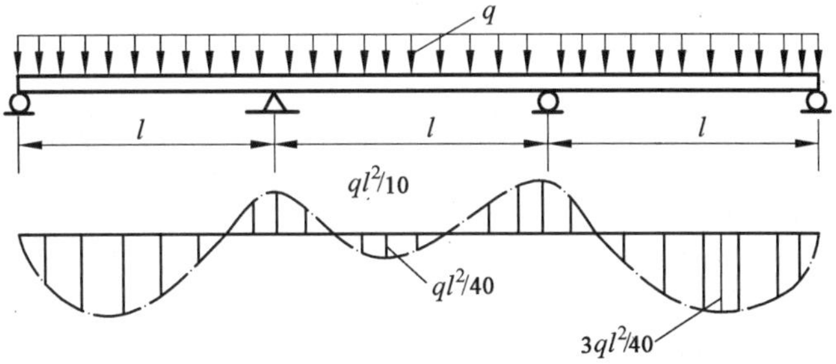

（b）连续梁

图 3-3-1　连续梁与同跨度简支梁的弯矩比较

（二）预应力混凝土连续梁桥的优缺点

1. 优　点

预应力钢筋的合理使用，有利于纵向顶推、悬臂灌注或悬臂拼装等施工方法的实现，促进了预应力混凝土桥梁结构的发展。

连续梁通常用于良好的地质条件。从运营条件来说，连续梁较简支梁要优越。高速行车要求桥梁结构变形小，线路纵坡平顺，尽量减小伸缩缝数目，而这些对于连续梁来说是很容易满足的。连续梁刚度大，对活载产生的动力影响小；连续梁对结构物整体的纵向及横向稳定性也是有利的；连续梁减小了伸缩缝的数目，从而使桥梁的养护工作比较方便。

在桥的立面上，连续梁在中间桥墩处只有一个支座，在竖直荷载作用下桥墩只受轴向的压力。

2. 缺　点

预应力混凝土连续梁的主要缺点是预应力钢筋的布置难于发挥预加力的优点。因为在梁的大部分截面内既有正弯矩，又有负弯矩，这就使预应力钢筋合力的偏心不得不靠近截面中心轴，从而降低了预加力的作用。

但预应力混凝土桥不仅能采用顶推法、悬臂法等先进的施工工艺，而且具有结构刚度大、利于行车等优点，因此这种结构形式在国内外桥梁建设中得到了广泛的应用。

二、预应力混凝土连续梁的构造

当桥梁的设计方案选定预应力混凝土连续梁桥后，首先要进行桥梁的总体布置和确定结构构造。预应力混凝土连续梁桥的布置与构造，除考虑桥梁的技术经济指标，跨越性质和水文、地质等条件外，还应考虑施工方法。不同的施工方法和施工设备，对桥梁的上下部构造和预应力钢筋的布置有不同的要求。因此，在确定桥梁构造的同时，必须涉及施工方法和施工条件。

桥梁的平面造型通常有正交、斜交、单向曲线和反向曲线桥梁等（见图 3-3-2）。

连续梁是由若干跨梁组成一联，桥梁可由一联或多联构成。

（一）立面布置

预应力混凝土连续梁桥立面布置常见形式见图 3-3-3。

按照桥梁跨径相互关系不同，可分为等跨连续梁［见图 3-3-3（a）］和不等跨连续梁［见图 3-3-3（b）］。

按照梁高变化不同，可分为等高度连续梁［见图 3-3-3（a）］和变高度连续梁桥［见图 3-3-3（b）、（c）］。

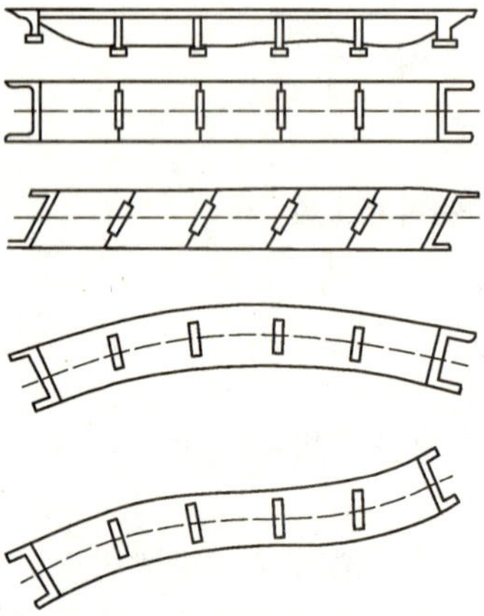

图 3-3-2　平面造型

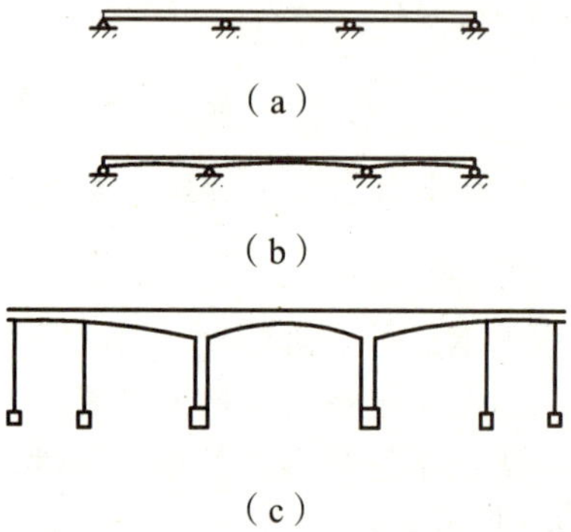

图 3-3-3　立面布置

1. 等截面连续梁

由于等截面连续梁结构简单、施工方便，采用顶推法、移动模架和就地浇筑法施工的连续梁一般都采用等截面连续梁。等截面连续梁除具有简化施工的优点外，在顶推法施工过程中还便于布置顶推和滑移设备及模板的周转。

等截面连续梁可采用等跨和不等跨布置。若采用等跨布置，结构简单，模式统一，但等跨布置时，连续梁中内力分布不是很合理。等跨布置的跨径大小主要取决于经济跨度和施工设备条件。

为减少等跨布置时边跨及中跨跨中正弯矩，可将连续梁设置成不等跨形式，一般边跨与中跨跨径之比取 0.5 ~ 0.8。

中等跨径（40 ~ 60 m）的预应力混凝土连续梁，采用顶推法施工。当采用先简支后连续的施工法时，多采用等截面形式。

2. 变截面连续梁桥

大跨度预应力混凝土连续梁桥以采用变截面为主。跨径大于 100 m 的预应力混凝土连续梁桥有 90%以上是选用变截面梁。大跨桥梁在荷载作用下，支点截面将出现较大的负弯矩，从绝对值来看，支点截面的负弯矩值大于跨中截面的正弯矩值，因此采用变截面梁能与梁的内力状态相吻合。在跨径布置上，为减少边跨跨中正弯矩，宜选用不等跨布置，这样安排也便于悬臂对称施工。另外，变高度梁使梁体外形和谐，节约材料并增大桥下净空。

变截面梁的截面变化规律可采用圆弧线、二次抛物线、直线等。最常用的是二次抛物线，因为二次抛物线的变化规律与连续梁的弯矩变化规律基本相近。采用直线形截面变化布置可使桥梁的构造简单、施工方便。

实践经验表明，变截面的截面高度与最大跨径之比，跨中截面可在 1/50 ~ 1/30 范围内考虑，支点截面可选用 1/20 ~ 1/15，边跨与中跨的比例仍在 0.5 ~ 0.8 的范围内变化（见图 3-3-4）。

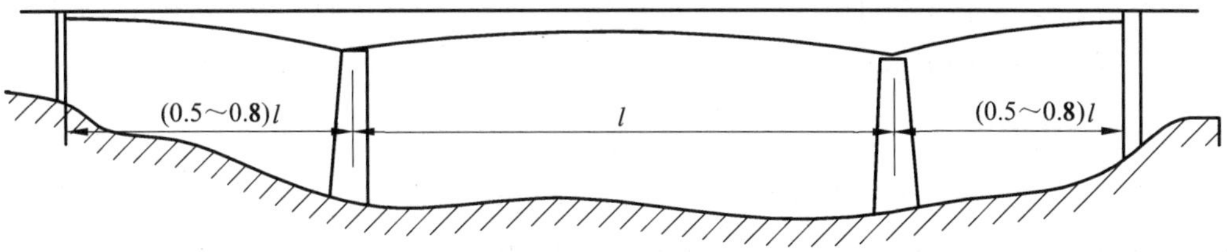

图 3-3-4　变截面连续梁跨径分布

对城市桥梁或跨线桥，为增大中跨跨径，有时可能设计成边跨与中跨跨径之比小于 0.3 的连续梁（见图 3-3-5）。此时端支点处将出现较大的负反力，为此要专门设计桥台支座，使其为拉压式，以承受负反力；或者在跨端部分设置巨大的平衡重以消除负反力。

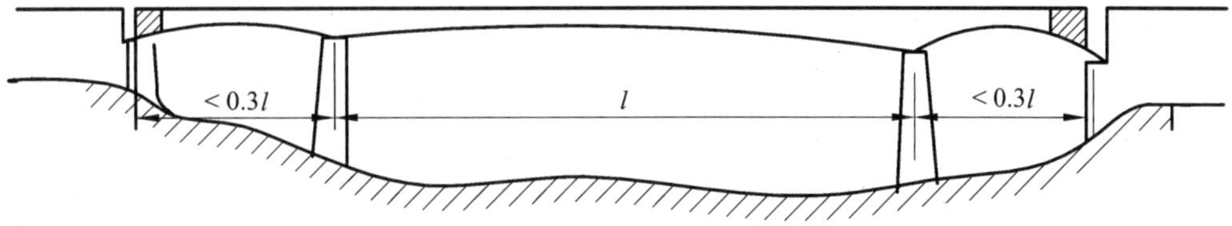

图 3-3-5　边跨与中跨之比小于 0.3 时的连续梁

预应力混凝土变截面连续梁的特点可归纳为以下几点：

（1）变高度连续梁桥常采用不等跨布置，以便于悬臂对称施工。

（2）变截面梁的截面变化规律多采用与连续梁悬臂施工弯矩变化规律相近的二次抛物线。因此梁体外形和谐，但施工时要计算较为复杂的体系转换问题，施工和构造较为复杂。

（3）变截面连续梁常用于主跨跨径接近或超过 100 m 的预应力混凝土连续梁桥。

3. V 形支撑连续梁桥

V 形墩连续梁桥又称 V 形支撑连续梁桥，它具有连续梁桥和斜腿刚架的受力特点，见图 3-3-6。

图 3-3-6　V 形支撑连续梁桥简图

采用V形墩便于上部箱梁悬臂浇筑时临时支架的布置，并可一次拼成两个单独的挂篮，避免了挂篮的解体。

采用V形墩悬臂浇筑时，施工中有两个支点，具有较大的抗弯能力并能承担施工弯矩。施工弯矩较大时，也只要稍微加固就可承受拉力。

另外，采用V形墩，无论梁部结构还是下部结构，工程量都较省，结构形式也轻巧美观。但斜腿施工较复杂，需用较多的临时材料。

V形斜撑与水平的夹角，依桥下净空要求和总体布置确定，但通常取用大于35°的角。斜撑的截面形式可采用矩形、弓形和箱形。

V形墩的支座可布置在V形斜撑的顶部或底部。支座布置在斜撑的顶部，斜撑是桥墩的一个组成部分；支座布置在斜撑的底部，或采用斜撑与承台刚接而不设支座时，斜撑与主梁固结，斜撑成为上部结构的组成部分。

（二）主梁横截面

预应力混凝土连续梁桥的横截面形式很多。横截面的选取要考虑桥面宽度、桥梁跨径及梁支承形式等。另外，横截面的选取还必须考虑施工的影响，其形式既要便于施工，又要考虑施工费用。在特殊情况下，如风景区和城市桥梁，还要考虑美观上的要求。目前，预应力混凝土连续梁的横截面形式常用的有板式、肋式和箱形截面三大类。

1. 板式截面

用于连续梁的板式截面有整体式矩形实心板、异形板及矩形空心板等几类（见图3-3-7）。矩形实心板目前已很少采用。异形板常用于20 ~ 30 m的预应力混凝土连续板桥，这种横截面常与柱形桥墩配合，造型美观。但采用现场浇筑施工时，模板设置较复杂。空心板截面也常用于跨径20 ~ 30 m的连续梁桥，板厚可取0.8 ~ 1.2 m等。

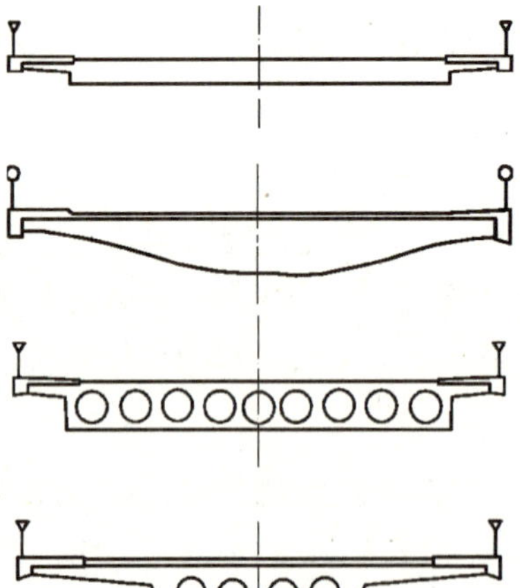

图3-3-7 矩形实心板、异形板及矩形空心板

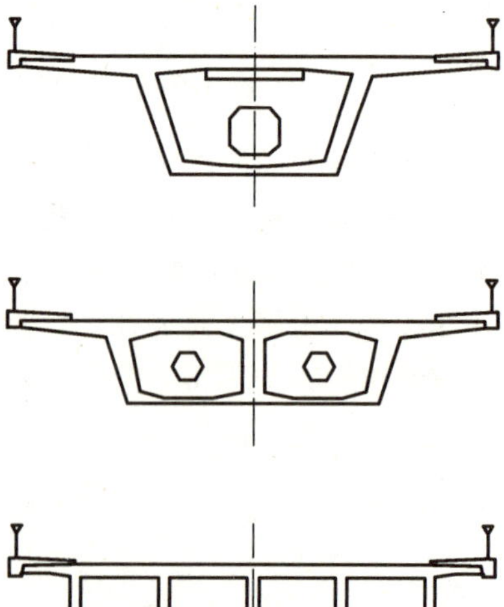

图3-3-8 常见的箱形截面

2. 肋式截面

预应力混凝土连续梁常采用整体式肋式截面。这种截面预制方便，采用预制架设先简支

后连续的施工方法，常用于跨径 25 ~ 60 m 的连续梁桥，梁高一般取 1.6 ~ 2.5 m。

3. 箱形截面

目前，在已建成的大跨径预应力混凝土桥中，跨径超过 60 m 后，其截面大多为箱形。箱形截面的优点体现在以下几个方面：具有良好的抗弯和抗扭性能，特别适合悬臂法施工；同高度的矩形、T 形和箱形截面中，箱形截面的核心半径最大，因此在布置预应力筋时，可使力筋的力臂最大而不使截面边缘出现拉应力，能充分发挥预应力的作用；其顶板和底板具有较大的面积，能有效抵抗正负弯矩，满足配筋要求。

箱形截面形式与桥面宽度、墩台构造及施工要求有关，常见的箱形截面形式有单箱单室、单箱双室、单箱多室（见图 3-3-8）。

（三）横隔梁

横隔梁的主要作用是将主梁连成整体，保证各主梁共同工作。采用 T 形或 I 形主梁时，由于其抗扭刚度较小，一般均设置端横隔梁及中横隔梁，以增加主梁的刚度，保证在荷载作用下各主梁的刚度及更好地协同工作。箱形截面梁桥的抗扭刚度很大，因此箱梁中均设置端横隔梁。端横隔板的设置对箱梁顶板的受力状态有直接关系，当横隔板与腹板、底板相连，而与顶板间留有空隙时，将不改变顶板受力，如和周边都有连接，则该处顶板受的负弯矩有所增加，因此对顶板的配筋要根据受力需要布置（见图 3-3-9）。

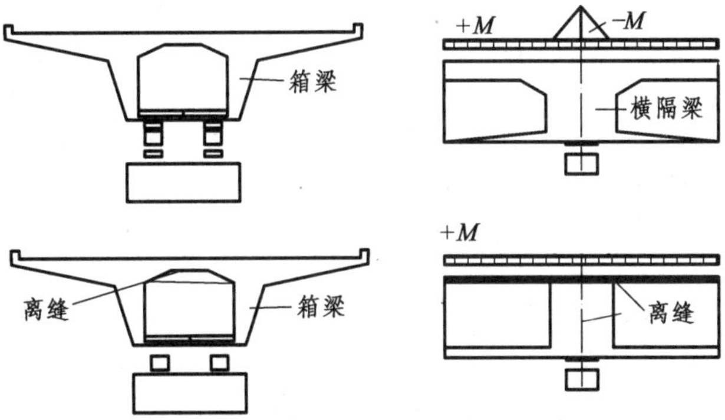

图 3-3-9　横隔梁的构造对顶板受力的影响

任务 3.4　桥墩作用与类型

一、桥墩的作用与类型

桥墩是桥梁下部结构的一种，位于桥梁中间部分。它的作用是支承相邻的桥跨结构，使之保持在一定的位置上，并将桥跨结构传来的荷载和它本身所受的荷载一起传给下面的地基（见图 3-4-1）。

桥墩的类型有重力式桥墩、轻型桥墩、拼装式桥墩等。

墩的作用　墩的构造

（一）重力式桥墩

重力式桥墩也称实体墩，其主要特点是：依靠本身巨大的重量和建筑材料的抗压性能来承担所受的荷载及保证自身的稳定。因此，墩身截面面积较大，具有坚固耐久、抗震性能较好、对偶然荷载有较强的抵抗能力、施工简便、养护工作量小等优点，在目前铁路桥梁中应用广泛。桥墩按墩身横截面形状不同，主要有圆形、矩形、尖端形和圆端形（见图3-4-2）。

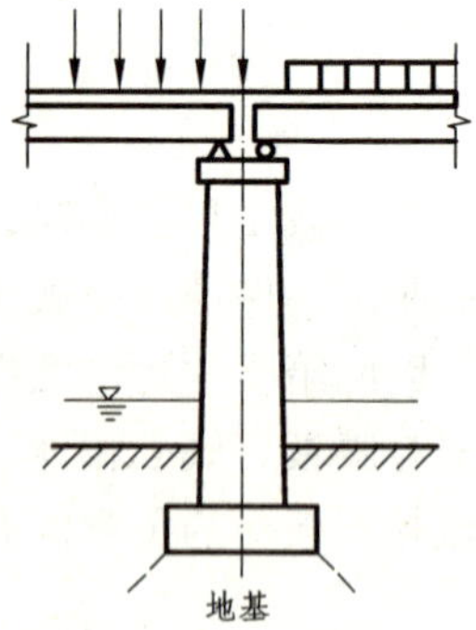

图 3-4-1 桥墩的作用

（a）圆形桥墩 （b）矩形桥墩 （c）尖端形桥墩 （d）圆端形桥墩

图 3-4-2 重力式桥墩类型

1. 圆形桥墩

圆形桥墩对水流的阻碍较小，各个方向都能适应水流。因此圆形桥墩适用于河道急弯、流向不固定、与水流斜交角不小于15°的桥梁中。

2. 矩形桥墩

矩形桥墩对水流阻碍较大，会引起较大的墩周河床的局部冲刷，但因其截面是矩形，外形简单，施工方便，圬工数量较省，一般用于无水的旱桥和水流较小的跨谷桥。高桥墩高出设计频率水位的部分，因无水流的作用，也可采用矩形截面。

3. 圆端形桥墩

圆端形桥墩的圆端部分对水流的阻碍较小，可减少水流对桥墩周围河床的局部冲刷，是铁路桥梁中应用最多的一种类型，一般用于斜交角小于15°的水中桥墩。

（二）轻型桥墩

当地基土质条件较差时，为了减轻地基的负担和墩身重量，节约圬工，可采用轻型桥墩。轻型墩主要有空心墩、桩柱式墩及双柱式墩、柔性墩等。

1. 空心墩

墩身高度在30 m以上的高墩，如将实体墩身改为厚壁式空心墩身，可节省圬工20%~30%，墩身高在50 m以上时可用钢筋混凝土空心墩，节省圬工可达50%左右。近年来滑动模板、翻模、爬模工艺的大量使用，为空心墩施工创造了良好的条件。

2. 桩柱式墩及双柱式墩

桩柱式墩也称排架式墩，如图 3-4-3 所示。墩身是利用基础的桩延伸到地面，顶帽即为连接桩的帽梁。其特点是构造简单、用料少、施工快，但纵向刚度小，故其建筑高度常受墩顶位移的限制。桩柱式墩用于铁路桥时只宜用在较小跨度且高度在 10 m 以内的桥梁。公路桥采用较多。

双柱式墩（见图 3-4-4），它是由钢筋混凝土做成的刚架，其基础可为桩基或其他类型的基础。南京、九江长江大桥的引桥都采用了双柱式墩，其使用高度一般在 30 m 以内。

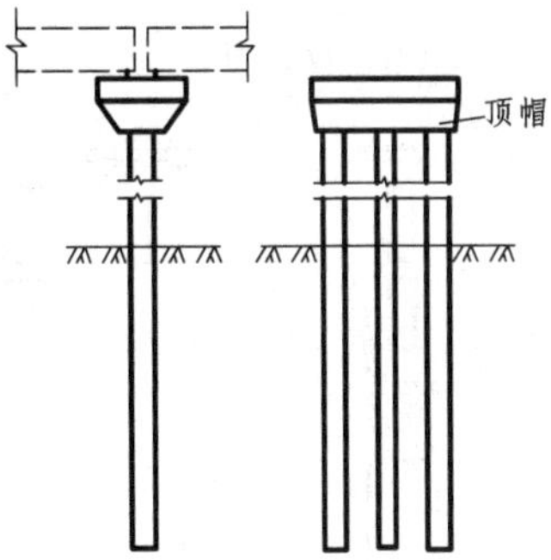

图 3-4-3　桩柱式墩

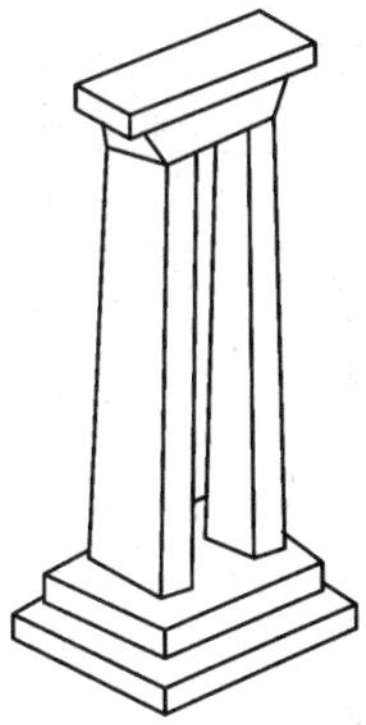

图 3-4-4　双柱式（刚架式）墩

3. 柔性墩

柔性墩是改变桥梁的受力体系，使墩台由单独承受某种荷载变为与其他墩台和梁共同承受荷载，以达到轻型化的目的，如图 3-4-5 所示。

其特点是将若干个称为柔性墩的小截面桥墩和一个称为刚性墩的大截面墩，通过桥跨结构用固定支座联结起来（称为一联），在纵桥向形成一个可以共同承受纵向水平力的框架体系。这样在活载引起的纵向力作用下，各柔性墩内力就大为减小。

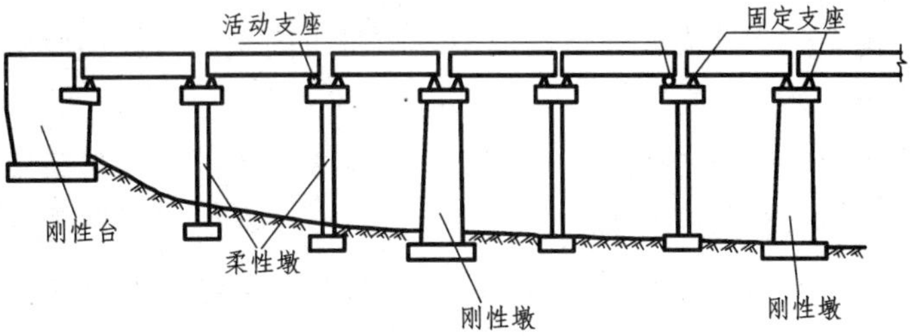

图 3-4-5　柔性墩桥梁布置

目前，国内已建成的铁路桥梁柔性墩所采用的形式主要有：刚架式、排架桩、板式及“上柔下刚”墩等。

（1）刚架式柔性墩：它在横向为一刚架。单线桥的刚架柔性墩通常由两根立柱、数根横撑和顶帽组成，墩身采用钢筋混凝土，如图 3-4-6（a）所示。

（2）排架桩柔性墩：其特点是墩身直接由基桩延伸至顶帽，地面下不需设置承台，在上端通过顶帽把各个桩顶连接在一起，如图 3-4-6（b）所示。

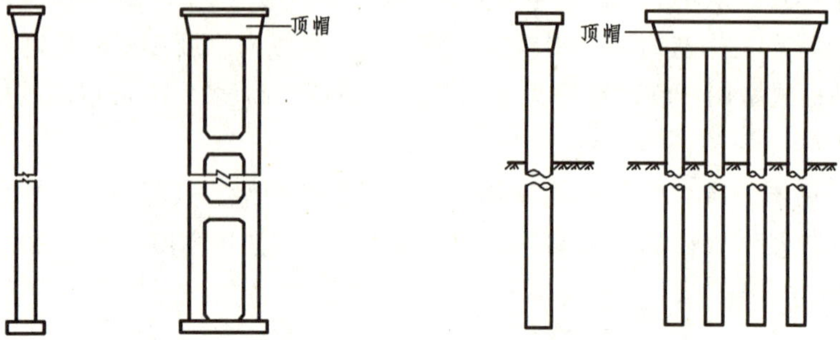

（a）刚架式柔性墩　　（b）排架桩柔性墩

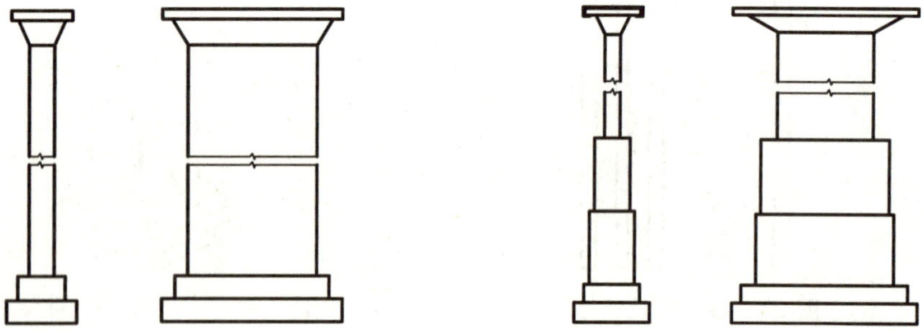

（c）板式柔性墩　　（d）“上柔下刚”墩

图 3-4-6　柔性墩

（3）板式柔性墩：其墩身为一实体矩形板壁，设计计算和施工都较为简单，特别便于滑模施工。因此，它已被广泛地采用，如图 3-4-6（c）所示。

（4）“上柔下刚”墩：当墩身高度较大，或墩处在有漂流物的水流湍急的河流中时，为增加墩身的稳定性和加强抵抗漂流物撞击的能力，可采用墩身的上半部为小截面、下半部为大截面的“上柔下刚”墩（或称半柔半刚墩），如图 3-4-6（d）所示。这种桥墩的特点是：利用桥墩上部的柔性结构减少制动力，而下部的刚性墩身也因制动力较小而使截面减小，但应注意在刚柔相接部分的应力集中问题。

柔性墩的截面纤细，抗撞击能力较低，不宜在山坡有落石的山谷高架桥上或有泥石流、流冰、漂流物、通航的河流上采用。近 30 年的运营经验表明：为保证运营中有较高的安全度，柔性墩墩高一般不宜大于 30 m，曲线半径不宜小于 500 m，联长不宜大于 132 m。

任务 3.5　桥台作用与类型

桥台是桥梁两端的支柱，除支承桥跨外，还起阻挡路基端部填土的作用。桥台的类型应根据台后路堤填土高度、桥梁跨度、地质、水文及地形等因素来决定。

桥台的类型有重力式桥台、轻型桥台、拼装式桥台等。重力式桥台按台身横截面形状分，常见的有 T 形桥台（见图 3-5-1、图 3-5-2）、U 形桥台（见图 3-5-3）、埋式桥台（见图 3-5-4）、耳墙式桥台（见图 3-5-5）等。

填土高度 H 是指路肩至铺砌面或一般冲刷线的高度。

台的作用

一、重力式桥台

1. U 形桥台

U 形桥台的台身横截面是 U 形，桥台后面的中空部分用土料填实以节省部分圬工，但中间填土部分容易积水，如发生冻胀还易使两翼墙裂损，影响使用寿命，因此翼墙间宜填充渗水性土壤并应有良好的排水设施。

一般单线 U 形桥台适用于填土高度 $H \leqslant 4$ m、梁跨度 $L \leqslant 8$ m 的情况。

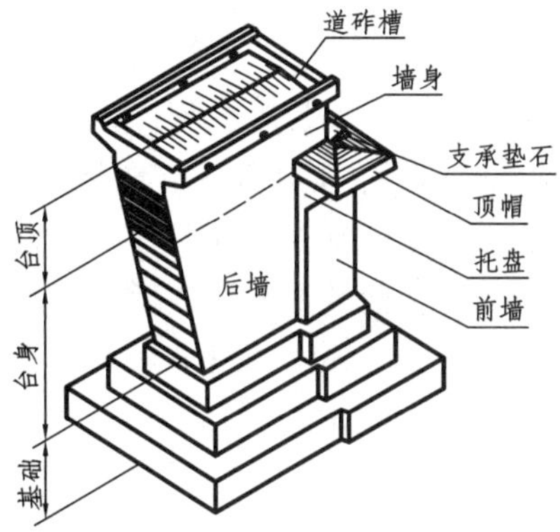

图 3-5-1　T 形桥台构造

图 3-5-2　T 形桥台与路堤的连接示意图

2. T 形桥台

桥台后墙减窄使台身横截面为 T 形，而道砟槽则带有钢筋混凝土悬臂，既节省圬工又能克服 U 台中空部分容易积水的缺点。但 T 形桥台的纵向长度是根据锥体填土的构造要求和锥体填土的坡脚不超出桥台的前缘的条件来确定的，故填土较高时，桥台纵向长度、台身及基础的长度也较长，导致圬工数量增大。

与 U 形桥台相比，T 形桥台适用的填土高度较大（H=3 ~ 12 m），配用梁的跨度范围较广（L=5 ~ 32 m）。与下述埋式和耳墙式桥台相比，它的基底面积较大，可适用于地基承载力较低的场地。

3. 埋式桥台

当填土高较大时，如仍限制锥体填土坡脚不超出桥台前缘，将使桥台很长而不经济。为了缩短桥台长度和节省圬工用量，将桥台前缘后退，使桥台埋入锥体填土中形成埋式桥台。埋式桥台台身横截面一般采用矩形，结构较简单。台身前后均有坡度，可根据其受力情况进行调整而做成向路堤方向后仰的形式。埋式桥台的锥体将伸入河中，减少了过水面积，同时锥体也易被水流冲坏。因此在桥台处有水流的情况下，选用埋式桥台时，应比较其利弊；在跨越河谷的高架旱桥中使用埋式桥台常较为有利。

后仰矩形埋式桥台可用于填土高度 H 为 8 ~ 20 m、梁跨度 L 为 16 ~ 32 m 的情况。

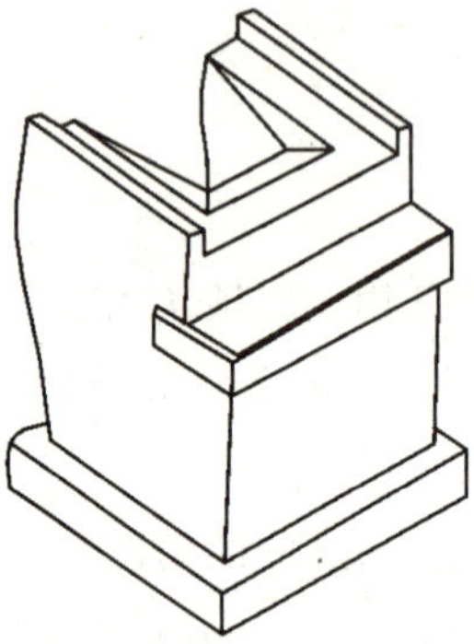

图 3-5-3　U 形桥台

图 3-5-4　埋式桥台

4. 耳墙式桥台

耳墙式桥台是用两片钢筋混凝土耳墙代替台尾，一部分实体圬工与路堤相连，从而缩短实体台身长度而能较多地节省圬工。但两片耳墙位于地面较高部位，其施工工艺的要求较高，如施工质量不高，在耳墙与台身连接的根部较易产生裂缝，为此也要求耳墙不宜做得太长。当填土高度 H 大于 7 m 左右时，此类桥台的锥体往往也伸出桥台前墙形成埋式桥台。当耳墙式桥台形成埋式桥台时，它只能在干沟或流水不大并有相应防护措施的情况下才采用。耳墙式桥台一般可用于填土高度 H 为 3 ~ 10 m、梁跨度 L 为 6 ~ 32 m 的情况。

二、轻型桥台

铁路主要有桩柱式桥台和锚定板桥台。

1. 桩柱式桥台

桩柱式桥台（见图 3-5-6）的桩柱既是基础也是台身，台顶部分由帽梁、两侧耳墙及胸墙组成，适用于地基承载力较低、填土不太高的情况。它在我国公路桥梁中使用较早，在沿海软土地区的新建铁路桥梁中也应用较多。

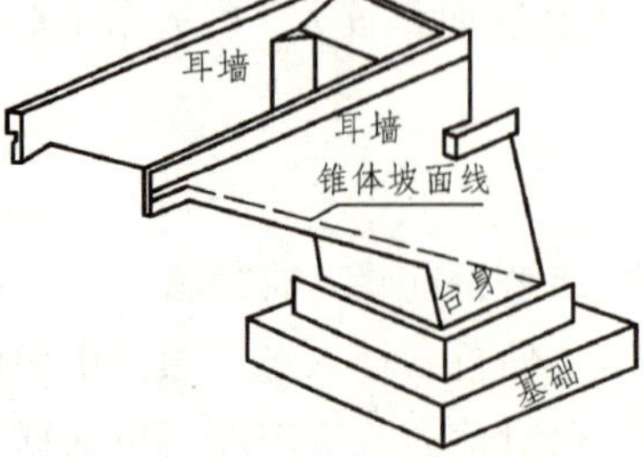

图 3-5-5　耳墙式桥台

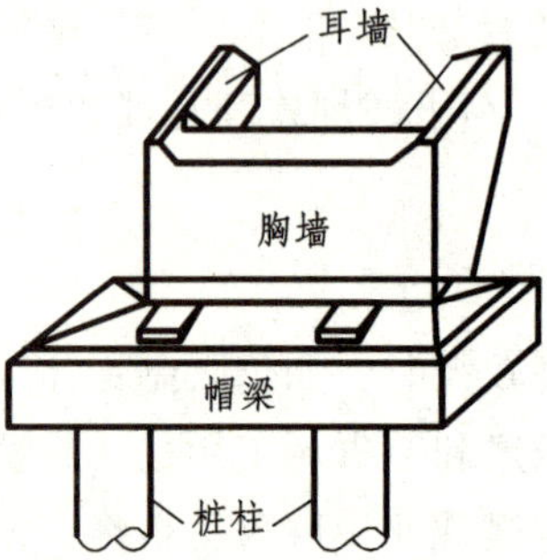

图 3-5-6　桩柱式桥台

2. 锚定板桥台

锚定板桥台是在其后设置由挡墙、拉杆和锚定板组成的锚碇结构来承受土压力，以达到自身轻型化的一种桥台，如图 3-5-7 所示。挡墙可用整体式或用预制的钢筋混凝土立柱与挡土板拼装而成，钢拉杆一端与立柱连接，另一端与锚定板连接。在图 3-5-7（a）中墙后土体的侧压力通过挡墙传至拉杆，拉杆的力由土体抗剪强度对锚定板所产生的抗拔力来平衡。它的台身与锚定结构分开，土压力全部由锚定结构承受，台身仅承受桥跨传来的竖向压力和水平力，相当于一个桥墩的作用。这种分离式锚定板桥台，受力明确，但构件较多，施工工艺复杂，操作也不方便。锚定板桥台的另一种形式是将台身和挡墙合为一体，如图 3-5-7（b）所示。整体式与分离式相比，其构造简单，施工方便，材料也较省，但台顶位移还难以精确计算。

锚定板桥台采用锚定结构承受土压力，改变了重力式桥台靠自重来平衡土压力的受力状态，使桥台向轻型发展，可节省圬工达 50%～70%，并可大幅度地降低造价。国内已对锚定板桥台进行了一些研究，并已试建了几座桥台进行观测。

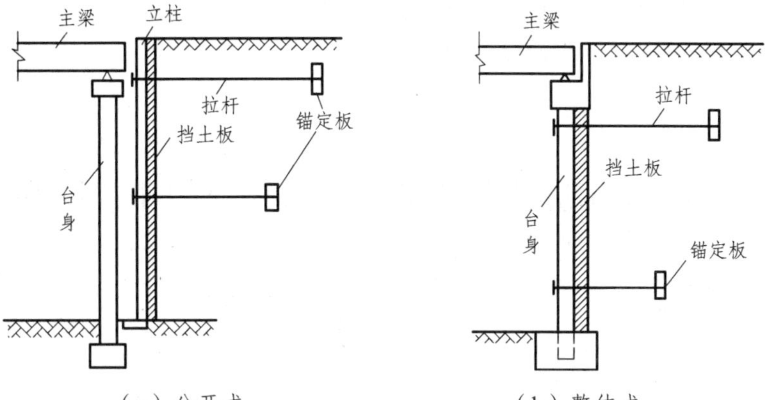

（a）分开式　　（b）整体式

图 3–5–7　锚定板桥台

【知识拓展】

板梁构造识读　　板梁配筋识读　　认识墩台

【项目训练】

3.1　横隔板的作用有哪些？

3.2　预应力混凝土简支梁的分类有哪些？

3.3　何谓锚下控制预应力？

3.4　预应力损失有哪几种？

3.5　预应力混凝土连续梁桥的横截面常用形式有哪些？

3.6　桥墩的作用与常见类型有哪些？

3.7　桥台的作用与常见类型有哪些？

项目 4　简支梁桥在曲线上的布置原则及桥面构造

【项目描述】

由于铁路和公路的线路不可能完全笔直，因此线路中心线方向会随地形地势等原因发生改变，出现曲线地段。随着曲梁计算理论的不断完善，施工技术水平的日益提高，曲梁逐步应用于曲线桥上，但目前既有铁路曲线梁式桥大部分采用折线设置。

【项目目标】

（1）能够合理选择曲线上梁的布置方式；
（2）能够合理布置曲线上的桥墩及桥台；
（3）能够读懂铁路和公路桥面布置图。

任务 4.1　铁路简支梁桥在曲线上的布置原则

一、梁的布置

1. 梁的布置方式

设在曲线上的梁式桥，目前梁体仍然是直的，为了适应桥上线路的需要，考虑到列车在曲线桥上行驶时，每孔梁的外侧受力较大等因素，应合理地布置梁中线，以使得内外两片梁受力较为均衡。

同时，对用于曲线桥的混凝土简支梁，采用与直线上同跨度的梁相同的截面尺寸和外形，但曲线梁所受的荷载比直线梁的大，故在曲线梁内的钢筋比直线梁的要多以适应其强度的要求。

随着曲梁计算理论的不断完善，施工技术水平的日益提高，曲梁将逐步应用于曲线桥上。但目前曲线桥上的梁仍为简支直线梁，铁路曲线桥布置方式如图 4-1-1 所示。

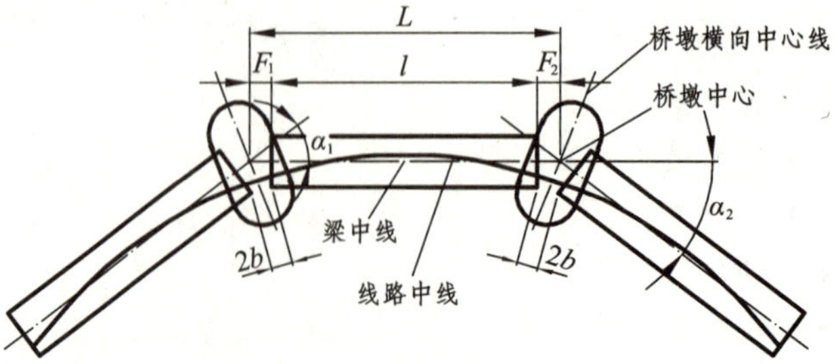

图 4-1-1　曲线桥布置示意

一般情况下，梁在曲线上的布置有下列两种方式：

（1）平分中矢布置，即梁中线位于弦长中矢 f 的平分线，如图 4-1-2（a）所示，这时梁中线到跨中线路中线的距离 $f_1=f/2$。

（2）切线布置，即梁中线位于跨中线路中线的切线上，如图 4-1-2（b）所示，这时 $f_1=0$。

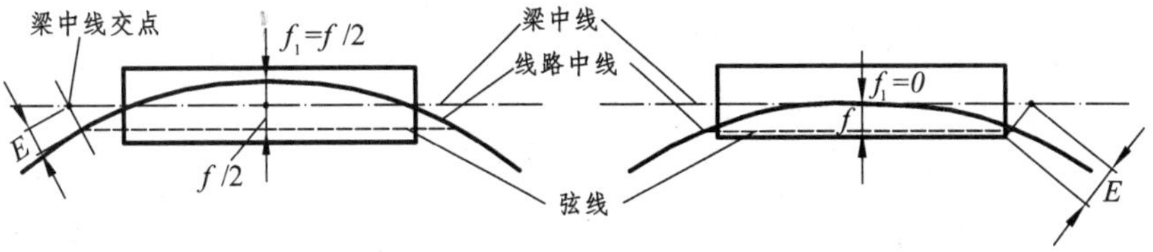

（a）平分中矢布置　（b）切线布置

图 4-1-2　梁在曲线上的布置方式

2. 梁在曲线上布置的规定

为了尽量使梁内外侧受力接近均衡，梁中线的具体布置，应视梁的跨度和线路曲线半径大小确定。当梁的跨度较小而曲线半径较大时，中矢 f 值较小，两种布置方式对梁受力影响很小，都可采用；当梁的跨度较大而曲线半径较小时，f 值较大，应按平分中矢布置。

为了设计与使用上的方便和统一，我国铁路现行标准设计中对各种跨度曲线梁在不同半径的曲线上应按何种方式布置作了具体的规定。

当 $f_1=0\sim f/2$ 的任何数值时，可不必验算梁的强度；当 $f_1>f/2$ 或 $f_1<0$ 时，则应按其实际情况验算梁的强度。

3. 最小梁缝的规定（见图 4-1-1 中 $2b$）

简支梁梁端的空隙应考虑梁及墩台的施工误差、温度变形等因素。对钢筋混凝土梁和预应力混凝土梁，当跨度 $L\leqslant 16$ m 时，空隙为 60 mm；$L>16$ m 时，为 100 mm；对钢梁可按计算确定，但不应小于 100 mm。

二、桥墩布置

曲线上的桥墩布置分两种情况：

（1）如图 4-1-3（a）所示，双线桥墩未设横向预偏心，桥墩中心位于相邻两孔梁中心线的交点上。

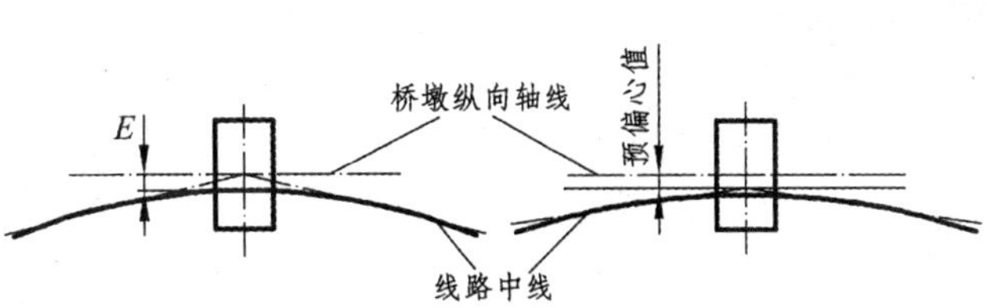

（a）未设横向预偏心　（b）设有横向预偏心

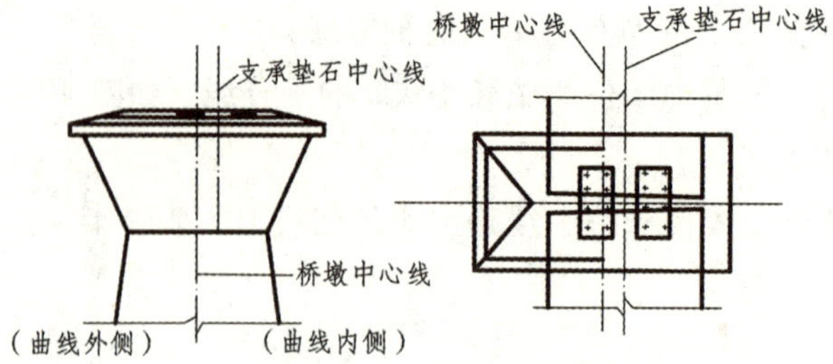

(c) 设有横向预偏心

图 4-1-3 桥墩布置

(2) 如图 4-1-3 (b) 所示，桥墩设有横向预偏心，此时，应由两相邻梁中心线的交点，沿桥墩横向中心线向曲线外移动一个预偏心值，才是桥墩中心。基础、墩身、墩帽均应照此施工，但墩帽上支承垫石应按照桥梁工作线的要求施工，不设预偏心，如图 4-1-3 (c) 所示。

三、桥台布置

桥台布置根据桥台台尾中心与线路中心的偏距大小，分为直线布置与折线布置两种方式。

1. 直线布置

当台尾线路偏离桥台纵向中线的距离 $d \leqslant 0.1$ m 时，桥台采用直线布置，即将桥台中线与相邻一孔梁的中线布置在一条直线上，如图 4-1-4 所示。

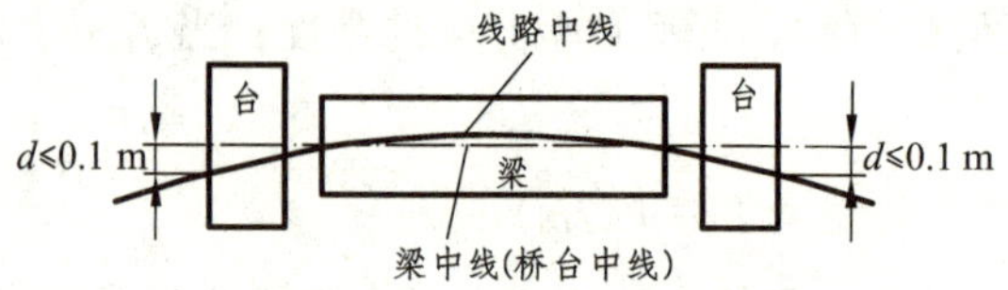

图 4-1-4 桥台直线布置

2. 折线布置

当台尾线路偏离桥台纵向中线的距离 $d > 0.1$ m 时，桥台上的线路内侧道床坡脚已超过挡砟边墙顶的内缘而易于向台外坍落，故桥台应采用折线布置，如图 4-1-5 所示。

桥台采用折线布置时，可能有两种情况：

(1) 台尾中心可放在线路中线上，即 $E_{台尾} = 0$，如图 4-1-5 (a) 所示。

(2) 台尾与台前采用相同的偏距，即 $E_{台尾} = E_{台前}$，如图 4-1-5 (b) 所示。

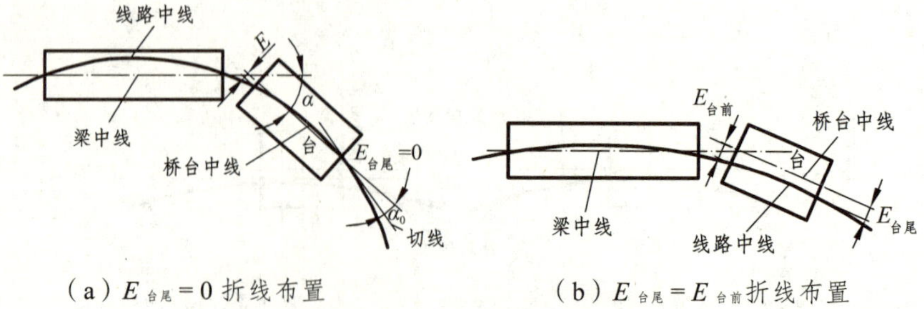

(a) $E_{台尾} = 0$ 折线布置　　(b) $E_{台尾} = E_{台前}$ 折线布置

图 4-1-5 桥台折线布置

任务 4.2　铁路桥面构造

一、普通铁路桥面

1. 桥面种类

铁路桥梁的桥面主要有道砟桥面、明桥面、无砟桥面三种。

（1）道砟桥面。

道砟桥面是把钢轨铺设在与轨道一样的石砟道床和轨枕上，在圬工桥上一般采用这种桥面。

（2）明桥面。

明桥面由基本轨（又称正轨）、护轮轨、护木、桥枕、步行板、人行道及各种联结零件组成。桥梁枕木直接铺设在钢梁（或木梁）上，钢轨钉在桥枕上。一般钢桥特别是大跨度钢桥都采用这种桥面。

（3）无砟桥面。

无砟桥面分为无砟无枕桥面和无砟短枕桥面两种，多用在预应力钢筋混凝土梁桥上。

2. 桥面构造

普通铁路混凝土梁有砟桥面包括道床、道砟槽板、排水防水系统、人行道、栏杆和伸缩缝等。

道床由道砟槽板（桥面板）、挡砟墙、内边墙和端边墙组成。

道床的作用是减弱列车对桥梁的冲击作用、缓和列车的振动、防止轨枕位移、将车轮集中荷载分布到梁顶面、调整轨底的高程。挡砟墙的作用是挡住道砟。为了不使挡砟墙参与梁的共同受力，沿其纵向每 3 ~ 4 m 横向设断缝（纵向钢筋断开），缝内填塞防水材料。

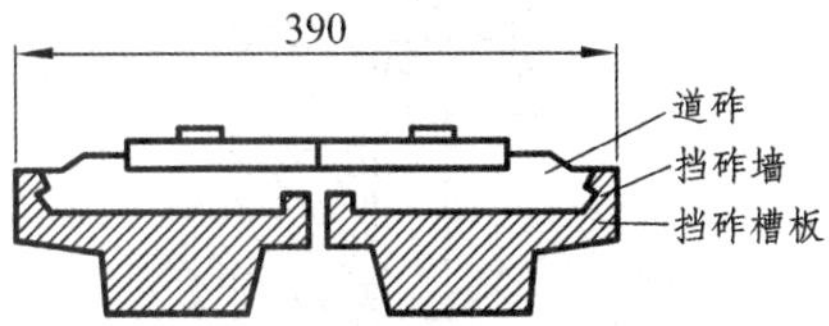

图 4-2-1　道床构造（尺寸单位：cm）

图 4-2-1 为直线、单线桥一般采用的道床构造。道砟槽顶宽不得小于 390 cm。为了便于抽换轨枕，轨枕底应高出挡砟墙顶面一定距离。为了适应养护机械化，轨枕底下道砟厚度一般不得小于 25 cm。横向排水坡有两种设置形式：一种是在道砟槽顶面铺垫三角垫层，形成横坡；另外一种是将桥面板做成倾斜面，形成横坡以省去垫层。防水层应不透水、坚固、弹韧性强，与圬工黏结牢固。梁缝包括梁与梁、梁与台之间的横向伸缩缝及两片梁之间的纵向构造缝。铁路桥梁缝处理比较简单，图 4-2-2 为纵、横向梁缝处理构造。在梁缝上设置铁盖板或钢筋混凝土盖板，板下隔一定距离焊有短钢筋，以防止盖板移位。如梁缝较宽，可以焊两排钢筋。位于曲线上的桥梁，由于有离心力的作用，需要设外轨超高，在挡砟墙上加设有 L 形挡砟块（见图 4-2-3）。铁路桥梁设置人行道是为了养护人员工作及翻修道床时临时堆放道砟。

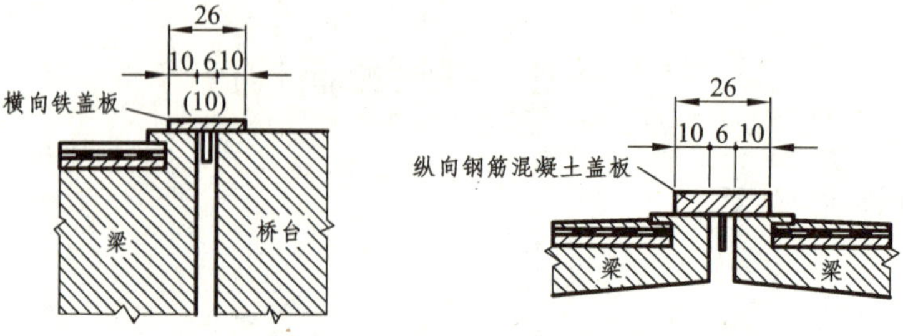

（a）横向梁缝构造　　（b）纵向梁缝构造

图 4-2-2　梁缝处理（尺寸单位：cm）

3. 护　轨

在下列情况下，桥上基本轨的内侧应铺设护轨（见图 4-2-4）：

（1）客货共线铁路、重载铁路桥梁未考虑脱轨荷载作用的防护墙时，应在桥上基本轨的内侧应铺设护轨。

（2）桥长大于 50 m 的有砟桥面及无砟无枕桥梁，桥长大于 20 m 的明砟桥面钢梁桥。

（3）跨越铁路、重要公路、城市交通要道的铁路桥梁。

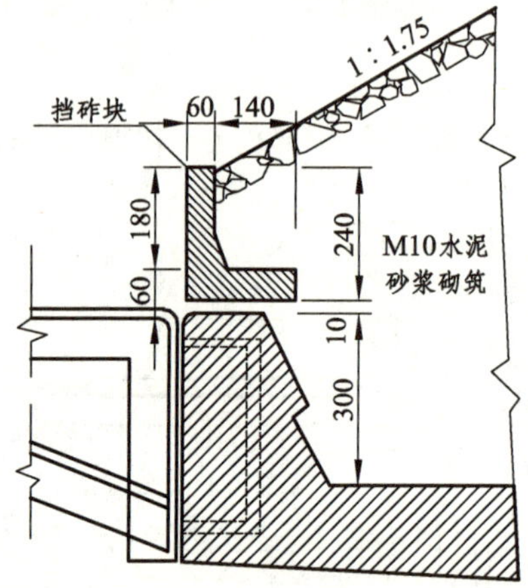

图 4-2-3　L 形挡砟块（尺寸单位：mm）

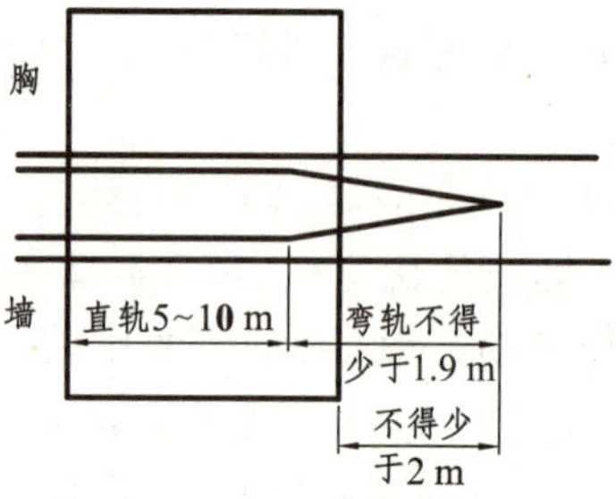

图 4-2-4　护轨布置图

双线桥各线均应铺设护轨。三线及以上的桥，当各线的桥面分别设于分离式的桥跨结构上时，各线均应铺设护轨；当各线铺于同一桥跨结构（如整体刚架桥）上时，可仅对两外侧线铺设护轨。

钢梁明桥面护轨一般应采用与基本轨同类型的钢轨；混合桥上明桥面护轨可采用比基本轨低一级的钢轨。

护轨顶面不应高出基本轨顶面 5 mm，也不应低于基本轨顶面 25 mm。

护轨伸出桥台挡砟前墙以外的直轨部分长度不应小于 5 m，弯轨部分沿线路中心线的长度不小于 1.9 m，然后弯曲交会于铁路中心，并将轨端切成斜面联结。轨端超出台尾的长度不应少于 2 m。

二、高速铁路桥面

桥上轨道可根据具体情况采用有砟轨道或无砟轨道。有砟轨道轨下枕底道砟厚度不应小于 0.35 m（当设置砟下胶垫层时含胶垫层厚度）。直线、曲线上的桥面采用相同的布置。

（1）有砟桥面布置见图 4-2-5。采用高挡砟墙，直线、曲线上挡砟墙高度等高，其高度应根据最小曲线半径时墙顶不低于外轨顶面计算确定。双线桥面道砟槽宽 9.40 m，线间距 5.0 m，线路中心至挡砟墙净距 2.2 m。桥上不设护轮轨。

（2）无砟桥面布置见图 4-2-6。无砟桥面布置原则上与有砟桥面相同。

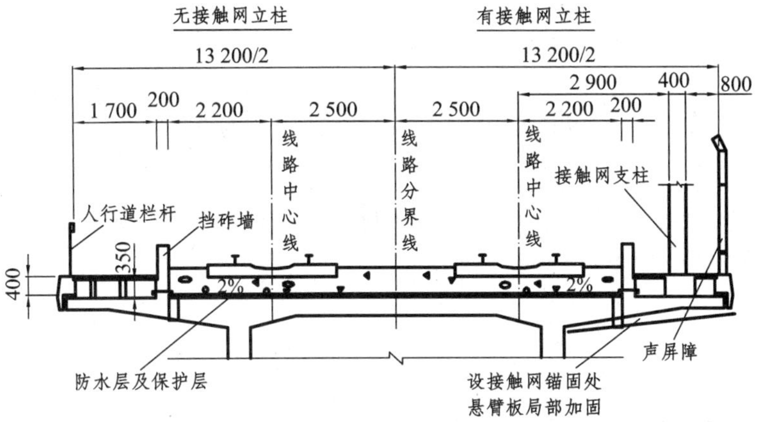

图 4-2-5　有砟桥面布置图（尺寸单位：mm）

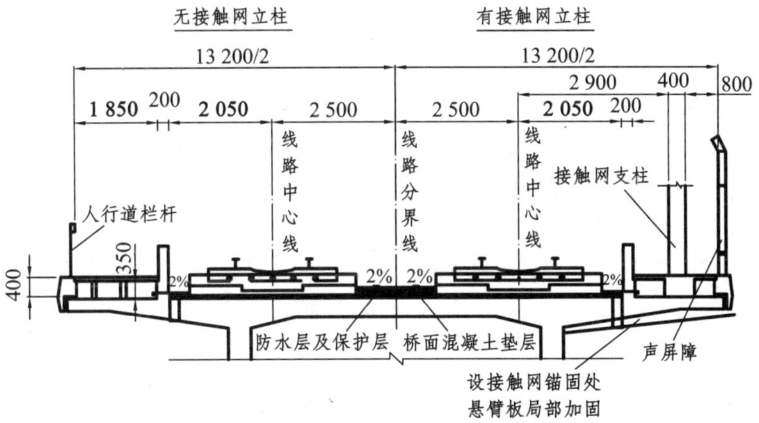

图 4-2-6　无砟桥面布置图（尺寸单位：mm）

（3）其他规定：

① 曲线地段桥上建筑限界加宽按《高速铁路设计暂行规定》办理。

② 桥面应为主要设备的安装预留位置。

③ 桥面两侧应设置维修作业通道。维修作业通道宽应不小于 0.8 m。作业通道外侧栏杆的高度应为 1.0 m，栏杆扶手内侧至线路中心的距离不得小于 3.75 m。桥面宜采用整体结构。

④ 接触网支柱顺线路方向跨距不应超过 63 m，也不应小于 48 m。支柱可设在桥墩上，也可设在桥面上。曲线地段接触网支柱内侧边缘至线路中心净距应满足建筑限界加宽的要求。

当接触网支柱必须设置在桥面上时，支柱沿桥纵向的布置，32 m 简支梁宜设在梁跨的 1/4 或 3/4 处，其他简支梁跨宜设在梁跨的 1/2 处。

⑤ 主梁翼缘悬臂板端部应设钢筋混凝土遮板以保护横向预应力锚具，并能防止雨水流经梁体。

⑥ 桥面必须设置性能良好的防、排水设施。

桥面上铺设的防水层应密闭有效，在桥梁纵向伸缩缝处应设防水伸缩缝；防水层上应覆盖致密、耐磨、耐冲击的保护层。有砟桥面防水保护层厚度不应小于 6.0 cm；桥面横向应采用双侧排水坡，坡度不得小于 2%；排水管道内径不得小于 150 mm。

任务 4.3　公路桥面构造

桥面部分通常包括桥面铺装、防水及排水设备、伸缩缝、人行道（或安全带）、缘石、栏杆和灯柱等构造，如图 4-3-1 所示。

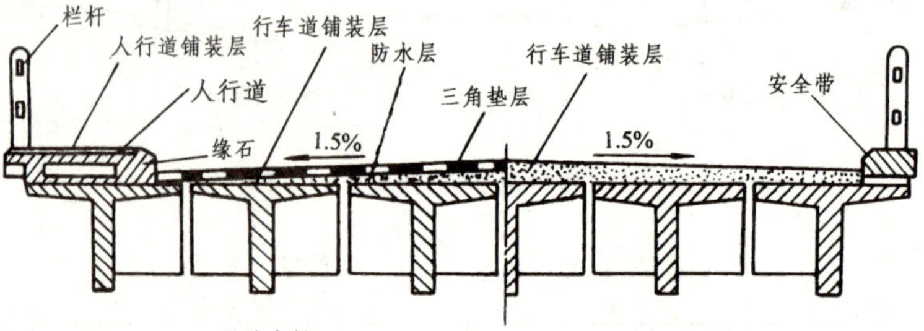

图 4-3-1　桥面的一般构造

桥面构造直接与车辆、行人接触，它对桥梁的主要结构起保护作用，使桥梁能正常使用。同时，桥面构造多属外露部位，其选择是否合理、布置是否恰当直接影响桥梁的使用功能、布局和美观。特别是现代化高速交通体系的迅猛发展，更显示了它的重要性。由于桥面构造工程量小，项目繁杂，往往施工中得不到应有的重视。

1. 桥面布置

桥面的布置应在桥梁的总体设计中考虑，它根据道路的等级、桥梁的宽度、行车要求等条件确定。对混凝土梁式桥的桥面布置有双向车道布置、分车道布置和双桥面布置等。

双向车道布置是指行车道的上下行交通布置在同一桥面上。上下行交通由画线分隔，没有明显的界线；分车道布置可在桥面上设置分隔带，用以分隔上下行车辆，或者直接采用主梁分离式布置，然后在主梁间设置分隔带。

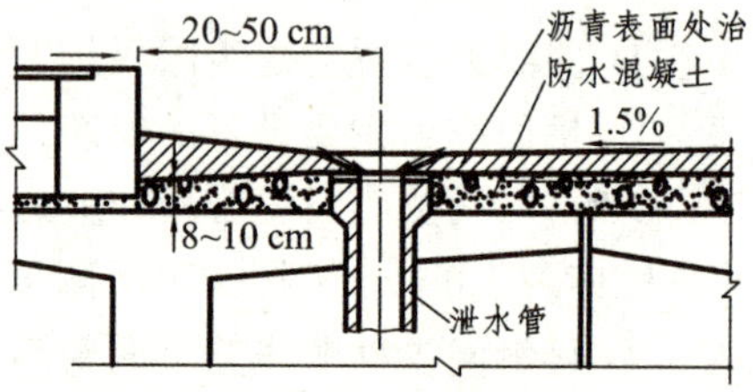

图 4-3-2　桥面铺装构造

2. 桥面铺装（见图 4-3-2）

桥面铺装即行车道铺装，也称桥面保护层，它是车轮直接作用的部分。桥面铺装的功能是保护属于主梁整体部分的桥面板，防止车辆直接磨耗主梁行车道板，保护主梁免受雨水侵蚀，并对车辆轮重的集中荷载起分布作用。

因此，行车道铺装要求有抗车辙、行车舒适、抗滑、不透水、刚度好等性能。行车道铺装可采用水泥混凝土、沥青混凝土、沥青表面处治和泥结碎石等各种类型材料。水泥混凝土和沥青混凝土桥面铺装用得较广，能满足各项要求。水泥混凝土铺装的耐磨性能好，适合重载交通，但养生期长，以后修补较麻烦。沥青混凝土桥面铺装维修养护方便，但易老化和变形。沥青表面处治和泥结碎石桥面铺装，耐久性较差，仅在中级和低级公路桥梁上使用。

为使铺装层具有足够的强度和良好的整体性（能起联系各主梁共同受力的作用），一般宜在混凝土中设置直径为 4 ~ 6 mm 的钢筋网。

水泥混凝土桥面铺装是以水泥与水合成的水泥浆为结合料，碎（砾）石为集料，砂为细集料，经过拌和、摊铺、振捣和养护所修筑的桥面铺装。水泥混凝土桥面铺装直接铺设在防水层或桥面板上，层厚为 6 ~ 8 cm，其混凝土强度等级应尽量与桥面板的混凝土强度接近，铺设时应避免两次成型。

沥青混凝土桥面铺装是按级配原理选配原料，加入适量的沥青均匀拌和，并经摊铺与压实而成的桥面铺装，多由黏结层、防水层、保护层及沥青面层组成，其总厚度宜为 6 ~ 10 cm。铺设方式分为单层式和双层式两种。高速公路、一级公路的沥青桥面铺装为双层式，下层为 3 ~ 4 cm 中粒式沥青混凝土整平层，表面层的厚度与级配类型可与其相邻桥头引线相同，但不宜小于 2.5 cm。

沥青表面处治桥面铺装是用沥青和集料按层铺法铺筑而成的厚度不超过 3 cm 的沥青桥面铺装。

3. 桥面纵、横坡

桥面应该设置纵、横坡，以利雨水迅速排出，防止或减少雨水对铺装层的渗透，从而保护行车道板，延长桥梁的使用寿命。

桥面上设置纵坡有利于排水。同时，在平原地区，还可以在满足桥下通航净空要求的前提下，降低墩台高程，减少桥头引道土方量，从而节省工程费用。桥面的纵坡，一般都做成双向纵坡，在桥中心设竖曲线，纵坡一般以不超过 3% 为宜。

桥面的横坡有单向和双向横坡，一般采用 1.5% ~ 3%，桥面横坡通常有以下三种布置形式：

（1）对于板桥（矩形板梁或空心板梁）或就地浇筑的肋板式梁桥，为了节省铺装材料并减轻恒载，可以将横坡直接设在墩台顶部而使桥梁上部构造做成双向倾斜，此时铺装层在整个桥宽上做成等厚［见图 4-3-3（a）］。

（2）通常在装配式肋板式梁体中，为使主梁构造简单，架设与拼装方便，横坡不再设在墩台顶部，而直接设在桥面板上。先铺设一层厚度变

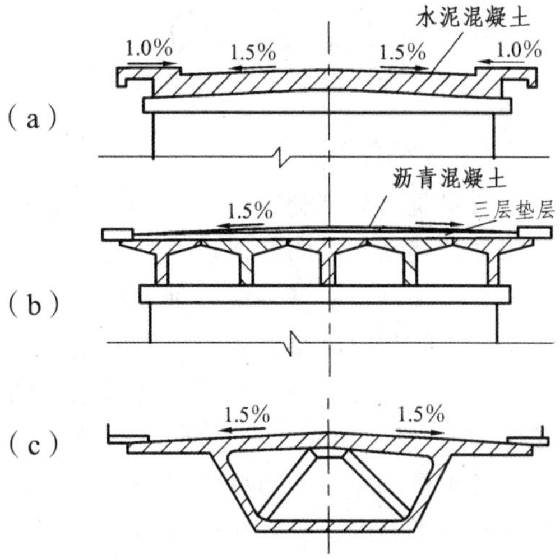

图 4-3-3　桥梁横坡的设置方法

化的混凝土三角垫层形成双向倾斜，再铺设等厚的混凝土铺装层［见图 4-3-3（b）］。

（3）在桥宽较大的桥梁中（如城市桥梁），用三角垫层设置横坡，将使混凝土用量与恒载增加太多。为此，可将桥面板做成倾斜的形成横坡［见图 4-3-3（c）］。它的缺点是主梁构造复杂、制作麻烦。

4. 防水与排水设备

桥面的防水层，设置在行车道铺装层下边，它将透过铺装层渗下的雨水汇集到排水设备（泄水管）排出。钢筋混凝土桥面板与铺装层之间是否要设防水层，应视当地的气温、雨量、桥梁结构和桥面铺装的形式等具体情况而定。防水层桥面伸缩缝处应连续铺设，不可切断且桥面纵向应铺过桥台背；桥面横向两侧，则应伸过缘石底面从人行道与缘石砌缝里向上叠起 0.10 m。如无须设防水层，但考虑桥面铺装长期磨损，如桥面排水不良等，仍可能漏水，故桥面在主梁受弯作用处应设置防水层。为了迅速排除桥面积水，防止雨水积滞于桥面并渗入梁体而影响桥梁的耐久性，在桥梁设计时要有一个完整的排水系统。在桥面上除设置纵、横坡排水外，常常需要设置一定数量的泄水管。

泄水管也可布置在人行道下面，见图 4-3-4。桥面水通过设在缘石或人行道构件侧面的进水孔流入泄水孔，并在泄水孔的三个周边设置相应的聚水槽，起到聚水、导流和拦截作用。为防止大块垃圾进入堵塞泄水道，在进水的入口处设置金属栅门。

金属与钢筋混凝土泄水管见图 4-3-5。

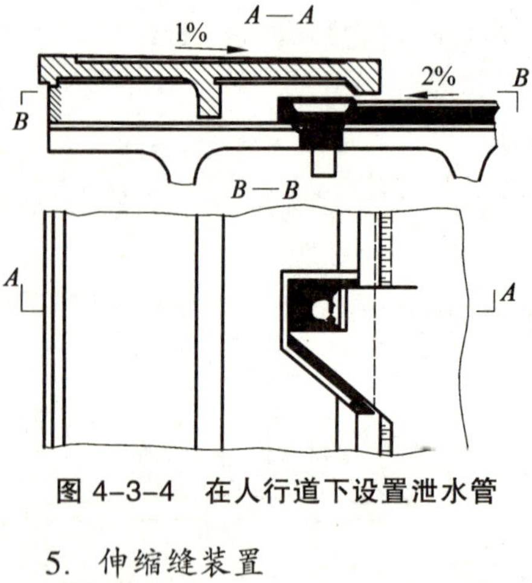

图 4-3-4 在人行道下设置泄水管

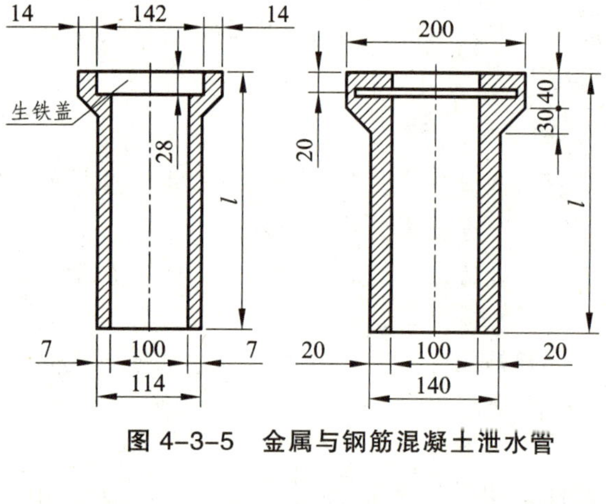

图 4-3-5 金属与钢筋混凝土泄水管

5. 伸缩缝装置

桥梁受气温变化、混凝土的收缩、徐变等影响，桥面会有纵向的变形，车辆荷载也将引起梁端的转动和纵向的位移。为使车辆平稳通过并满足桥面的变形，需要在梁端与桥台背墙、两相邻梁端间设置伸缩缝，伸缩缝处还要设置伸缩缝装置。在伸缩装置附近的栏杆、桥面铺装是断开的，以满足梁体的自由变形。对桥面伸缩缝的设计与施工，应全面考虑下述要求：

（1）能够适应桥梁温度变化所引起的伸缩。除了考虑年最高温差变化所引起的伸缩外，还必须考虑施工时温度变化所需调整的量，以便在全部的预期温度范围内都能可靠地工作。

（2）桥面平坦，行驶性良好。伸缩缝装置与前后桥面必须取平，包括伸缩缝装置在内的前后桥面平整度，在 3 m 长范围内，必须保证误差在 ± 3 mm 内。在桥墩、桥台与桥头引道沉降结束后，上述误差应在 ± 8 mm 以内。

（3）施工安装方便，且与桥梁结构连为整体。

（4）具有能够安全排水和防水的构造，同时能有效防止垃圾阻塞。

（5）承担各种车辆荷载的作用，应耐受冲击。伸缩缝装置之所以易于破损和寿命短，一般认为不全是由于交通量引起的，而往往是由重型车辆引起的。因此重型车交通量大的道路，应选择耐久性好的伸缩缝装置。

（6）养护、修理与更换方便。

（7）经济廉价。

6. 桥面连续

桥梁运营的实践经验指出，桥面上的伸缩缝在使用中很容易损坏。因此，为了提高行车的舒适性，减轻桥梁的养护工作和提高桥梁的使用寿命，就应该力求减少伸缩缝的数量。近年来，对于多孔简支体系的桥梁，减少桥梁伸缩缝的做法主要是采用桥面连续。桥面连续构造的实质，是将简支上部结构在伸缩缝处实行铰接，使伸缩缝处的桥面部分成为连续体，而主梁仍能满足简支体系的受力特征（见图 4-3-6）。

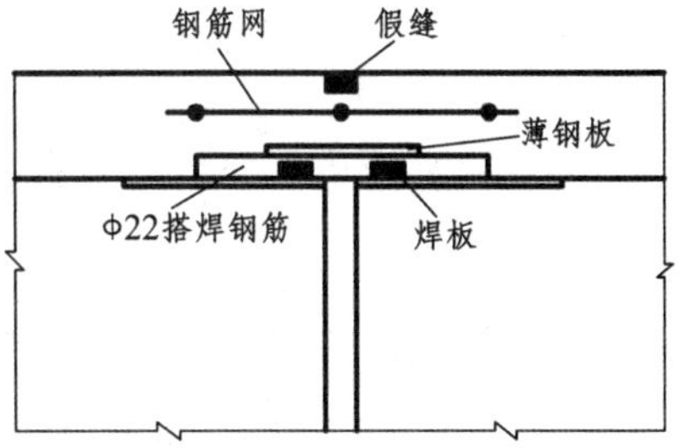

图 4-3-6　简支板桥桥面连续构造

7. 安全带、人行道、灯柱、栏杆和护栏

位于城镇和近郊的桥梁应该设置人行道，根据人行交通量可以选用 0.75 m、1 m，大于 1 m 时，按 0.5 m 倍数递增。

在行人稀少地区可以不设置人行道，为保障行车安全在行车道边缘设置高出行车道的安全带。

公路桥梁的栏杆是桥梁上的一种安全防护设施，公路与城市道路的桥梁上均需设置栏杆或护栏。栏杆给行人和车辆以视觉上的安全感，可以保障行人的安全，但不能抵挡机动车辆的冲撞；护栏则既能保障行人的安全，又能抵挡车辆的冲撞，使车辆不致冲出桥外。护栏适用于高速公路或汽车专用公路上的桥梁，它应具有一定的强度，坚实而牢固。

近年的高速公路桥梁还采用将栏杆和安全带结合的防撞护栏。防撞护栏的设计要求具有良好的吸收车辆碰撞能量的特性，并尽量减少对车轮以上部位的碰撞。

在城市及城郊行人和车辆较多的桥梁上，要有照明设施，一般采用柱灯在桥面上照明。照明用灯一般高出行车道 5 m 左右。灯柱的设计要经济合理，要确实能起到照明作用，同时也要符合桥梁的风格。

任务 4.4　桥梁附属设备

一、检查设备

为保证维修养护人员的正常工作及操作安全，桥涵应设必要的检查设备。

高速铁路、城际铁路墩台顶面至地面的高度大于 6 m，客货共线、重载铁路墩台顶面至地面的高度大于 4 m，或经常有水的桥梁，当不具备其他检修条件时，墩台顶应设围栏、吊篮（桥墩设双侧），如图 4-4-1 所示；桥面至墩台顶应设置梯子，并在人行道或避车台上设有能开闭的出入口。

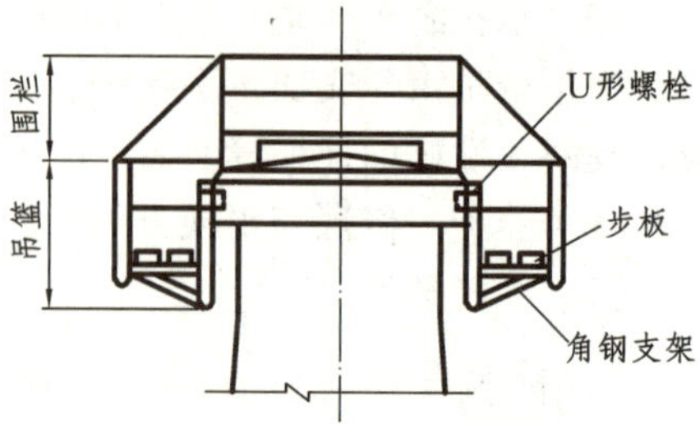

图 4-4-1 围栏、吊篮示意图

钢梁、混凝土梁拱应根据结构形式分别安装检查架、栏杆和梯子，配备钢桁梁检查维修车、钢筋混凝土梁拆装式检查小车或升降式检查汽车等。

河道可航行的桥梁应配备检修船只，常年有水桥梁应配备水下检查设备，以便于对墩台及基础进行检查。

当桥涵处路堤高度超过 3.0 m 时，应在路堤边坡上设置简易台阶（见图 4-4-2）。

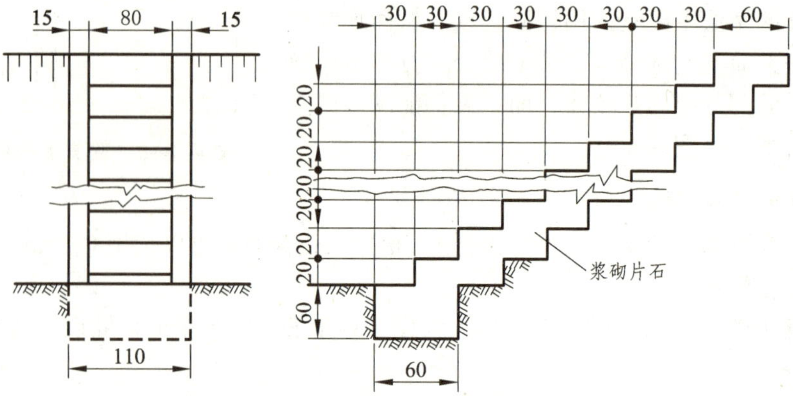

图 4-4-2 检查台阶（尺寸单位：cm）

二、桥面人行道及避车台

客货共线、重载铁路桥面应设双侧带栏杆的人行道，明桥面应在轨道中心铺设步行板。直线桥梁线路中心至人行道栏杆内侧的最小净距应按表 4-4-1 确定。

表 4-4-1 直线桥梁线路中心至人行道栏杆内侧的最小净距　　单位：m

铁路类型	桥面形式	线路中心至人行道栏杆内侧的最小净距
高速铁路	有砟轨道桥面	3.75
	无砟轨道桥面	3.45
城际铁路	—	3.25
设计速度 200 km/h 客货共线铁路	—	3.25
设计速度 160 km/h 及以下客货共线铁路、重载铁路	混凝土桥面	3.00
	钢梁明桥面	2.45

高速铁路、城际铁路、设计速度 200 km/h 客货共线铁路上可不设避车台。

设计速度 160 km/h 及以下客货共线铁路、重载铁路，线路中心至人行道栏杆内侧的最小净距小于 3.25 m 时，单线桥应在两侧人行道上按间隔 30 m 左右交错设置避车台；双线及多线桥应在每一侧各相距 30 m 左右设置避车台。

设置避车台线路中心至避车台内侧的净距不小于 3.75 m。

有砟桥面人行道宜优先采用整体桥面，并根据桥位具体情况和养护维修不同要求考虑维修通道的设置。

采用大型养路机械的铁路桥梁可不设养路机械作业平台。

三、桥上通信和供电设备

通信、信号线路可采用在桥上设置通信、信号电缆槽的方式过桥。

电力线路过河，当河流水面不宽时，可采用架空明线过河；当河流水面较宽时，可采用桥上设置电力电缆槽的方式过桥。

在预定为电力牵引的铁路上，当桥长在 40 m 以上时，应在墩台上设置或预留设置接触网支架的位置，曲线地段一般设在外侧，直线地段可根据桥梁两端连接情况确定设在左或右侧。线路中心线距接触网支柱内侧最小距离不应小于 2.8 m。

四、防火设备及动力设备

1. 防火设备

采用木枕明桥面钢桥应按表 4-4-2 的规定设置防火水桶或砂箱。

重要的桥梁可根据需要配备化学灭火器、水枪、抽水机等防火用具。

表 4-4-2　明桥面钢桥防火设备设置数量及安装位置

桥梁全长/m	水桶或砂箱数量及安装位置
30 ~ 60 以内	桥头设置一个
60 ~ 120 以内	桥两头各设置一个
120 及以上	除桥两头各设置一个外，并每隔约 60 m 交错设置一个

2. 动力设备

全长大于 500 m 的钢梁桥和多线并行总长大于 500 m 的钢梁桥，应在桥头设动力设备，并在桥上安装风管、水管、电力动力线以及相应的设备，必要时配备船只。

五、锥体填土及护坡

锥体填土的作用是加强桥台与路基的连接并包裹桥台，增加桥台的稳定性。锥体填土宜用渗水土填筑。锥体护坡的作用是保护锥体填土和桥头路堤免被水流冲刷以保证线路的稳定。

一般以全高防护，并根据水流流速、流冰、流木等情况决定防护标准，其坡脚埋入深度应考虑一般冲刷的影响。

六、新建铁路的过渡段

与桥梁连接处的路堤一直是铁路路基的一个薄弱环节。由于路堤与桥梁刚度差别较大而引起轨道刚度的突变，同时路堤与桥台的沉降不一致，导致轨面不平顺，因而引起列车与线路结构的相互作用增加，影响线路结构的稳定，影响列车高速、安全、舒适运行。

根据国外高速铁路、公路的经验，在路堤与桥梁间设置一定长度的过渡段，以控制轨道刚度的逐渐变化，并最大限度地减少路堤与桥梁的沉降不均匀而引起的轨面变形，以保证列车高速、安全、舒适运行。

过渡段长度：根据国内“八五”研究成果及国外资料，过渡段长度不宜小于 10 m。设置长度可按台尾路堤高度确定，一般可按路堤高度的 2 倍加 3 ~ 5 m 设置。

路堤与桥台连接处应设置过渡段（见图 4-4-3），并应符合下列规定：

L 为过渡段长度（m）；a、b 为常数（3 ~ 5 m）。

过渡段长度不足 20 m 时，按 20 m 设置。

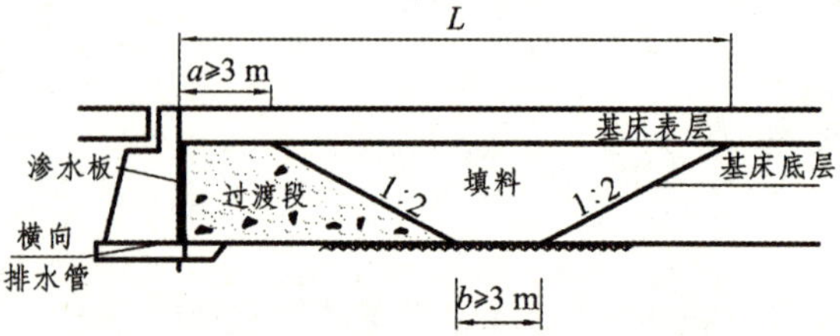

图 4-4-3　台尾路堤过渡段的设置方式

【项目训练】

4.1　铁路简支梁在曲线上的布置方式有哪些？

4.2　简述铁路及公路桥梁的桥面类型。

4.3　桥梁附属设备包括哪些？

项目 5　其他类型桥梁

【项目描述】

桥梁是技术比较复杂、施工难度比较大的土工建筑物，其设计和施工都有其特殊的规定和要求。桥梁按结构体系还可分为拱桥、悬索桥、斜拉桥和刚架桥，本项目重点介绍各种桥梁的基本构造特点。

【项目目标】

（1）能按照结构体系对桥梁进行划分；

（2）能对各式桥梁进行基本受力分析。

任务 5.1　拱　桥

一、概　述

拱桥是我国最常用的一种桥梁形式，其样式之多，数量之大，为各种桥型之首。拱桥是指在竖向荷载作用下，两铰支承处除有竖向反力外，还产生水平推力的桥梁结构。正是因为水平推力的存在，使拱内产生轴向压力，并大大减小了跨中弯矩，增大了桥的跨越能力。

二、拱桥的组成

同其他桥梁一样，拱桥也是由桥跨结构（即上部结构，包括拱圈和拱上结构）及下部结构（包括墩台、基础）组成。图 5-1-1 为一座单跨铁路石拱桥。

拱圈是桥跨结构的主要受力部分。拱圈最高处横向截面称为拱顶，拱圈和墩台连接处的横向截面称为拱脚（或起拱面）。拱圈各横向截面形心的连线称为拱轴线。拱圈的上曲面称为拱背，下曲面称为拱腹。起拱面与拱腹相交的直线称为起拱线。两起拱线间的水平距离称为拱圈的净跨度（L_0）。拱腹最高点至起拱线之间的垂直距离称为拱圈的净矢高（f_0）。拱轴线与两拱脚交点之间的水平距离称为拱圈的计算跨度（又称计算跨径）（L）。拱轴线顶点至计算跨度间的垂直距离称为拱圈的计算矢高（f）。计算矢高 f 与计算跨度 L 之比称为矢跨比。

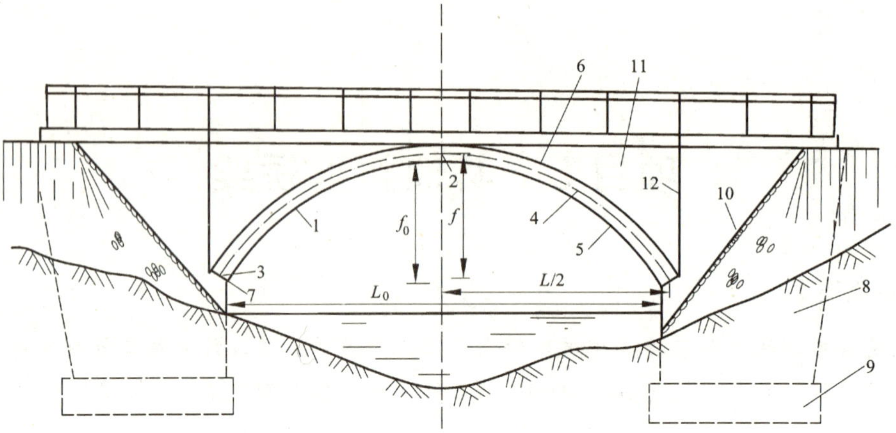

1—主拱圈；2—拱顶；3—拱脚；4—拱轴线；5—拱腹；6—拱背；7—起拱线；
8—墩台；9—基础；10—桥头锥体；11—拱上建筑；12—断缝；
L_0—净跨径；L—计算跨径；f_0—净矢高；
f—计算矢高；f/L—矢跨比。

图 5-1-1　石拱桥的组成

三、拱桥的分类

1. 按主拱圈的建筑材料分类

按主拱圈的建筑材料不同，拱桥可分为圬工拱桥（石拱桥及混凝土拱桥）、钢筋混凝土拱桥、钢管混凝土拱桥、钢拱桥。

（1）石拱桥。

石拱桥可就地取材，养护费用少，外形美观，缺点是自重较大，施工繁重复杂。石拱桥适用于地基良好、石料来源近而且工期较长的情况。现在已很少被采用。

（2）混凝土拱桥。

混凝土拱桥适合机械化施工，如采用预制混凝土块砌筑拱桥，可与墩台平行作业，大大提高建桥速度；还可以采用无支架悬砌拱桥的施工方法，使圬工拱桥向预制装配式发展。它的主要缺点是：由于混凝土自身收缩，温度变化和墩台位移会引起拱圈产生相当大的附加应力，以致可能出现裂缝，而且水泥及模板用量较大。

（3）钢筋混凝土拱桥。

用钢筋来承受拱内拉力，与石拱桥相比，重量较轻，截面较小，承载力较大，矢跨比可以较小，也适应机械化施工，适用于石料缺乏、桥基土质不良、跨度较大、工期较短、桥下净空受限制等情况。其跨越能力也比一般钢筋混凝土梁大，是大跨度钢筋混凝土桥的良好形式之一。

（4）钢管混凝土拱桥。

钢管混凝土拱桥是一种新型的拱桥结构，其主要特点是：在钢管拱合龙后，在其内填充混凝土，使两者共同工作，钢管壁对混凝土的套箍作用，提高了混凝土的抗压强度和延性，而内填的混凝土又提高了钢管壁受压时的稳定性及其抗腐蚀性。其具有省材、轻便、美观的特点。在施工方面，空心钢管作为劲性骨架和模板，施工吊装重量轻，进度快，便于无支架吊装或转体施工，解决了大跨径拱桥施工问题，因而适用跨径可以增大。目前在公路桥梁中得到推广和应用。

（5）钢拱桥。

钢拱桥只在特大跨度时才应用。

2. 按主拱圈的静力图式分类

按主拱圈的静力图式不同，拱桥可分为三铰拱、两铰拱和无铰拱（见图 5-1-2）。

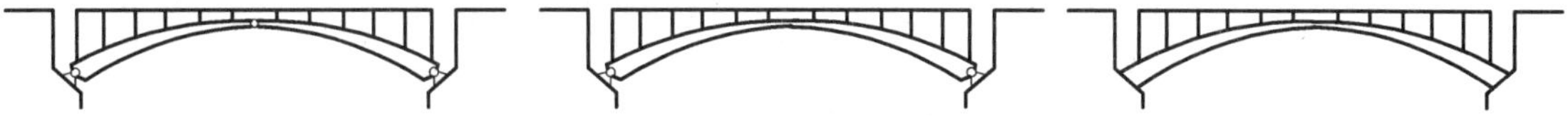

（a）三铰拱　（b）两铰拱　（c）无铰拱

图 5-1-2　按主拱圈静力图式划分拱桥

（1）三铰拱。

三铰拱是静定结构，其整体刚度较低，尤其是挠曲线在拱顶铰处产生折角，致使活载对桥梁的冲击增强，对行车不利，一般不用做主拱圈。

（2）两铰拱。

两铰拱取消了拱顶铰，属超静定结构。构造简单，结构整体刚度较三铰拱好，维护也较三铰拱容易，而支座沉降等产生的附加内力较无铰拱小，因此在地基条件较差和不宜修建无铰拱的地方，可采用两铰拱桥。

（3）无铰拱。

无铰拱属超静定结构，虽然支座沉降等引起的附加内力较大，但在荷载作用下拱的内力分布比较均匀，且结构的刚度大，构造简单，施工方便，因此无铰拱是拱桥中，尤其是圬工拱桥和钢筋混凝土拱桥中普遍采用的形式。

3. 按主拱圈的构成形式分类

按主拱圈的构成形式不同，拱又可分为板拱、肋拱、双曲拱、箱形拱（见图 5-1-3）。

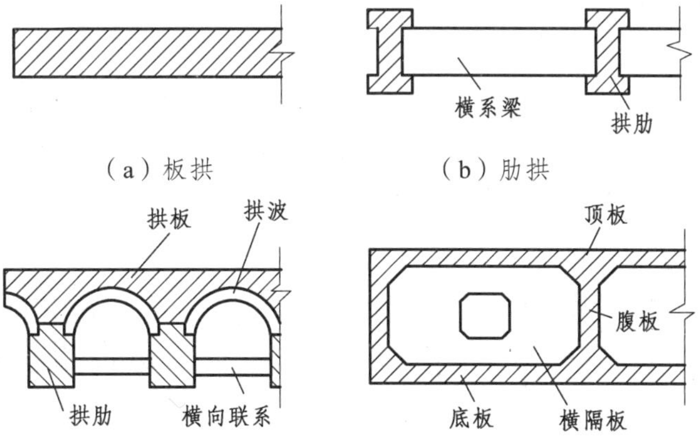

（a）板拱　（b）肋拱

（c）双曲拱　（d）箱形拱

图 5-1-3　主拱圈横截面形式

（1）板拱。

拱圈横截面呈矩形实体截面，它横向整体性较好，拱圈截面高度小，构造简单，但抗弯矩能力较差，一般用于圬工拱桥。

（2）肋拱。

拱圈是由两条或多条拱肋组成，肋与肋之间用横系梁相联系，拱肋形状可以是矩形、工字形、箱形或圆管形（见图 5-1-4）。它的抗弯能力较板拱好，用料较省，但制作较板拱复杂，多用于钢筋混凝土拱桥或钢拱桥。

图 5-1-4　肋拱拱肋截面形式

（3）双曲拱。

双曲拱是 20 世纪 60 年代以后我国采用的一种拱式桥梁。它在横向除有拱肋外，还有由拱波、拱板等构成的小拱将整个拱圈连接成整体。它在施工时可以将拱肋、拱波预制，安装后再浇筑拱板，减轻吊装重量，并可以不用拱架，或只需用简单支架，为混凝土拱桥提供了一种新的结构形式和简便易行的施工方法，但需采取措施保证拱圈的整体性。

（4）箱形拱。

箱形拱的横截面可为整体多室箱形或分离箱形。混凝土或钢筋混凝土箱形拱也可采用无支架施工。它的整体性、横向稳定性和抗扭性能都较双曲拱的结构为好，但在中、小跨径时不如双曲拱简便和节省钢材。

4. 按拱上建筑的形式分类

按拱上建筑的形式不同，可分为实腹式和空腹式拱桥。

实腹式拱是将主拱圈以上至桥面间的空间全部用填料填实，一般用于小跨径的桥梁；空腹式拱则在主拱圈以上设有横桥向贯通的腹孔，一般用于中等以上跨径的桥梁。赵州桥是现存修建最早的空腹式拱桥。

5. 按桥面所在位置分类

按桥面所在位置的不同，拱桥可分为上承式、中承式、下承式 3 种（见图 5-1-5）。

上承式拱桥的桥面在拱肋的上方；中承式拱桥的桥面，一部分在拱肋上方，一部分在拱肋下方；下承式拱桥的桥面在拱肋下方。

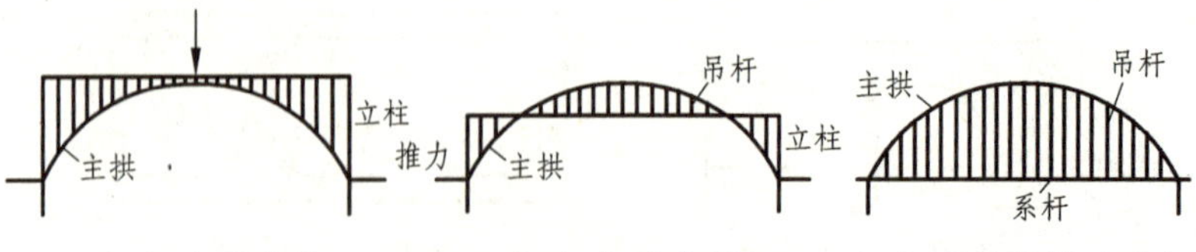

（a）上承式拱　（b）中承式拱　（c）下承式拱（系杆拱）

图 5-1-5　按桥面所在位置划分拱桥

下承式拱桥可做成系杆拱，即在拱脚处用一称为系杆的纵向水平受拉杆件将两拱脚连接来。此时作用于支座上的水平推力就由系杆来承受，支座不再承受水平方向的力。这样做可以减轻地基承受的荷载，特别是在地质状况不良时。

6. 按主拱圈所采用的拱轴线形式分类

按主拱圈所采用的拱轴线形式不同，可分为圆弧拱、悬链线拱和抛物线拱。从施工方面看，圆弧拱比悬链线拱简单。从力学性能方面来看，悬链线拱比圆弧拱好。大跨径拱桥，为了改善受力，也可以采用高次抛物线。

四、拱上结构

由于拱圈呈曲线形，一般情况下车辆都无法直接在弧面上行驶，所以在桥面系与拱圈之间需要有传递压力的构件或填充物，以使车辆能在平顺的桥面上行驶。桥面系和这些传力构件或填充物统称为拱上结构或拱上建筑。桥面系包括行车道、人行道及两侧的栏杆或砌筑的矮墙等构造。

拱圈以上的结构称为拱上结构（或拱上建筑）。拱上结构有实腹式和空腹式两种。

1. 实腹式拱上结构［见图 5-1-6（a）］

实腹式拱上结构构造简单，施工方便，但填料数量较多，恒载较重，一般为小跨度拱桥所采用。拱腹填料可用填充和砌筑两种方式。对于铁路桥，填充物的厚度（由轨底至拱圈顶面）在拱顶处不应小于 1.0 m，以减少列车活载对拱圈的冲击作用，在不得已时，最小不得小于 0.5 m（因桥上道砟厚度一般为 0.45 m，而轨枕下必须有 0.2 ~ 0.3 m 厚的道砟）。为了便于养护，也不宜过厚。

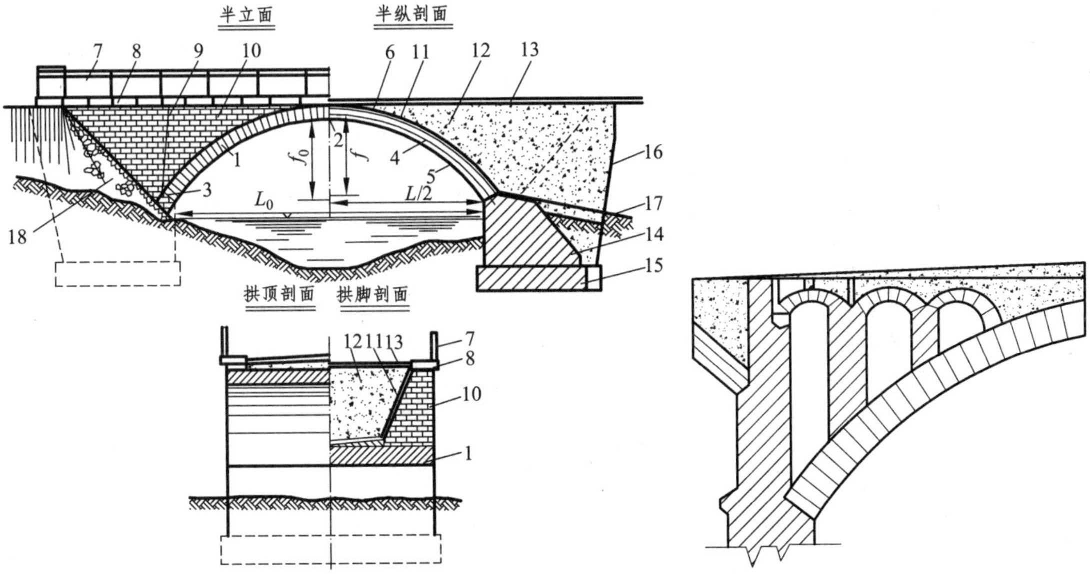

（a）实腹式拱上结构　　（b）空腹式拱上结构

1—拱圈；2—拱顶；3—拱脚；4—拱轴线；5—拱腹；6—拱背；7—栏杆；8—路缘石；9—变形缝；10—拱上侧墙；11—防水层；12—拱腔填料；13—桥面防水层；14—桥墩；15—基础；16—侧墙；17—盲沟；18—锥坡。

图 5-1-6　拱上结构

实腹式拱上结构有两道边墙，其间灌注低等级片石混凝土（即贫混凝土）或浆砌片石者，称为砌背；也可用经过挑选和冲洗的夯填粗砂、砾石、碎石等，称为填背。砌背便于形成道砟槽，铁路桥中用得较多。在车道两侧设有人行道，人行道外侧设有栏杆（或砌矮墙，称为雉墙）。

温度降低时会引起拱圈及拱上结构下降，并且拱上结构还会产生收缩，从而产生拉力，引起结构开裂。为避免这种现象，在拱上结构和墩台间应设一条横向贯通的伸缩缝，把拱上结构与墩台断开。

2. 空腹式拱上结构［见图 5-1-6（b）］

大、中跨度的拱桥，为了减轻自重，节省材料，也使桥梁显得轻巧美观，宜采用空腹式拱上结构。拱上结构的小拱称为腹拱，常采用等截面圆弧拱。为使拱上结构可随拱圈自由变形，位于拱脚上方的腹拱应做成三铰拱，铰上边墙应设伸缩缝。

五、墩　台

1. 重力式桥墩

如图 5-1-7 所示，拱桥是一种推力结构，上部荷载由拱圈传给桥墩，除了竖向力外，还有较大的水平推力，这是与梁桥的最大不同之处。从抵御恒载水平力的能力看，拱桥桥墩又分为普通墩和单向推力墩（也称制动墩或固定墩）两种。普通墩一般不承受恒载水平推力或者仅承受两侧不等跨结构相互作用后剩余的水平推力。单向推力墩的主要作用是，当其一侧的桥孔坍塌后，能承受住另一侧桥孔的单向恒载水平推力，以保证拱桥不致连续坍塌。多跨连续拱桥的单向推力墩一般 3～4 跨设置一个。由此可见，为了满足结构强度和稳定的要求，普通墩的墩身可以做得薄一些，单向推力墩则要求做得厚实一些。

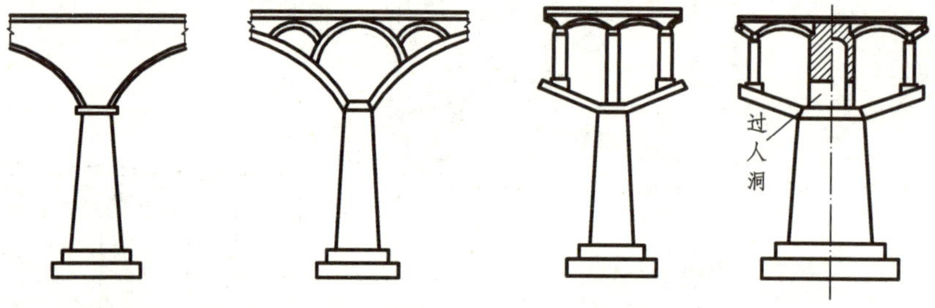

（a）　（b）　（c）　（d）

图 5-1-7　拱桥重力式桥墩

其次，与梁桥重力式桥墩相比较，拱挢桥墩在构造上还有以下特点。

（1）拱座。

拱桥桥墩与梁桥桥墩的一个不同点是，梁桥桥墩的顶面要设置传力的支座，且支座距顶面边缘保持一定的距离；而装配式拱桥桥墩则在其顶面的边缘设置呈倾斜面的拱座，直接承受由拱圈传来的压力。故无铰拱的拱座总是设计成与拱轴线呈正交的斜面。由于拱座承受着较大的拱圈压力，故一般采用 C25 以上的整体式混凝土、混凝土预制块或 MU50 以上的块石砌筑。肋拱桥的拱座由于压力比较集中，故应用高强度混凝土及数层钢筋网加固。装配式肋拱以及双曲拱桥的拱座，也可事先预留供插入拱肋的孔槽（见图 5-1-8），就位以后再浇筑混凝土连成整体。为了加强肋底与拱座的联结，底部可设 U 形槽浇筑混凝土，混凝土强度等级应不低于 C30。有时孔底或孔壁还应增设一些加强钢筋网。

（2）拱座的位置。

当桥墩两侧孔径相等时，拱座均设置在桥墩顶部的起拱线高程上，有时考虑桥面的纵坡，两侧的起拱线高程可以略有不同。当桥墩两侧的孔径不等且恒载水平推力不平衡时，则将拱座设置在不同的起拱线高程上。此时，桥墩墩身可在推力小的一侧变坡或增大边坡。从外形美观上考虑，变坡点一般设在常水位以下（见图 5-1-9）。墩身两侧边坡和梁桥两侧边坡一样，一般也为 20∶1～30∶1。

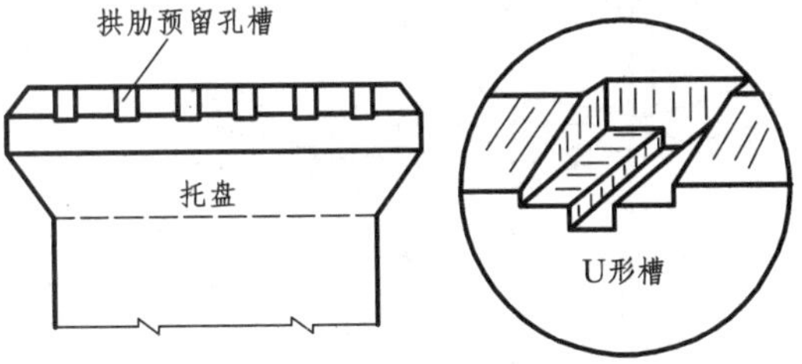

图 5-1-8　拱座构造图

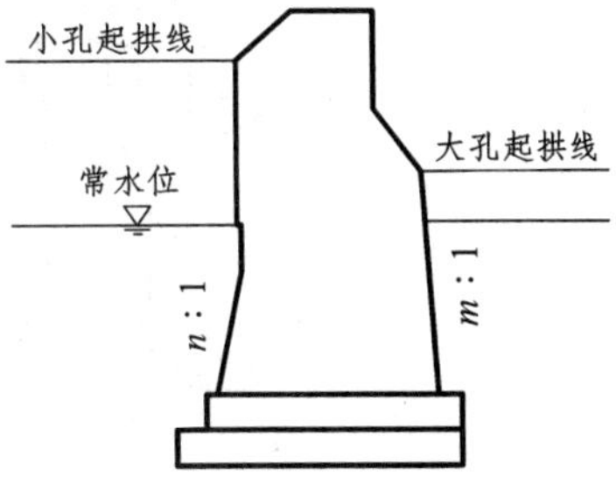

图 5-1-9　拱桥墩身边坡的变化

（3）墩顶以上构造。

由于上承式拱桥的桥面与墩顶顶面相距有一段高度，故墩顶以上结构常采用各种不同形式。对于实腹式石拱桥的墩顶以上部分通常做成与侧墙平齐的形式［见图 5-1-7（a）］。对于空腹式石拱桥或双曲拱桥的普通墩，常采用立墙式、立柱式或跨越式［见图 5-1-7（d）、（c）、（b）］。对于单向推力墩，常采用立墙式［见图 5-1-7（d）］。当采用立墙式时，为了检修的方便，墙中应设置过人孔；为了减小墩身截面长度，拱桥墩顶部分也可做成托盘形式，如图 5-1-7 所示。托盘可采用 C30 素混凝土圬工，或仅布置构造钢筋。墩身材料可以采用块石、片石或混凝土预制块砌筑，也可用片石混凝土浇筑。

公路拱桥墩顶构造与铁路基本相同，只是横向宽度较大。

2. 轻型桥墩

拱桥上所使用的轻型桥墩，一般为配合钻孔灌注桩的桩柱式桥墩。从外形上看，与梁桥的桩柱式桥墩非常相似，如图 5-1-10 所示。主要差别就是梁桥桥墩帽上设有支座，而在拱桥墩顶部分则设置拱座。

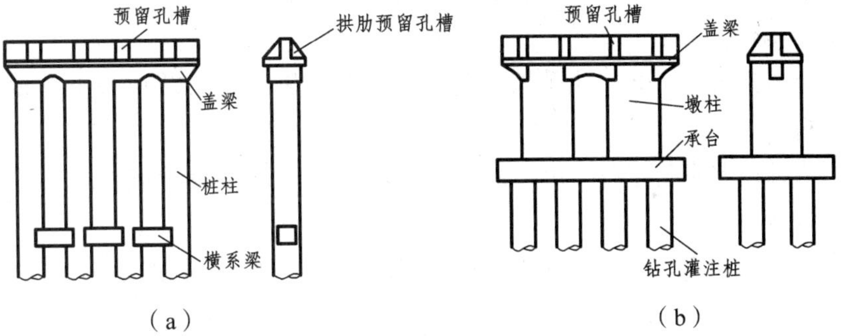

图 5-1-10　拱桥桩柱式桥墩

在采用轻型桥墩的多孔拱桥中，每隔 3 ~ 5 孔应设一个单向推力墩。当桥墩较矮或单向推力不大时，可以考虑一些轻型的单向推力墩，其优点是阻水面积小，并可节约圬工。轻型单向推力墩形式如下。

（1）带三角杆件的推力墩。

这种桥墩的特点是在普通墩的墩柱上，从两侧对称地增设钢筋混凝土斜撑和水平拉杆，用来提高抵抗水平推力的能力［见图 5-1-11（a）］。为了提高构件的抗裂性，可以采用预应力钢筋混凝土结构。这种墩只在桥不太高的旱地上采用。

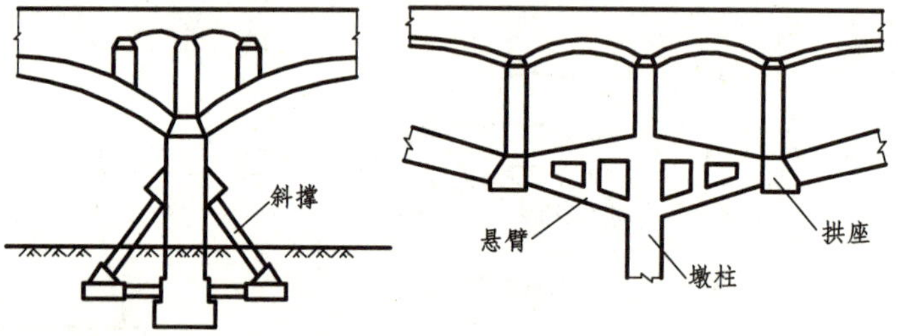

（a）　　（b）

图 5-1-11　拱桥轻型单向推力墩

（2）悬臂式单向推力墩。

悬臂式单向推力墩的工作原理是当该墩的一侧桥孔遭到破坏以后，可以通过另一侧拱座上的竖向分力与悬臂长度所构成的稳定力矩来平衡由拱的水平推力所导致的倾覆力矩，如图 5-1-11（b）所示。这种形式适用于两铰双曲拱桥。但由于墩身较薄，在受力后悬臂端会有一定位移，因而对无铰拱来说会有附加内力产生。

拱桥轻型桥墩一般在铁路上较少采用，主要用于公路桥。

3. 轻型桥台

轻型桥台适用于公路跨度 13 m 以下的小跨径拱桥和桥台水平位移量很小的情况。其工作原理是，当桥台受到拱的推力后，便发生绕基底形心轴而向路堤方向的转动，此时台后的土便产生抗力来平衡拱的推力，从而使桥台的尺寸大大地小于实体重力式桥台。常用的轻型桥台有八字形和 U 形桥台，以及由此派生出来的π形、E 形等背撑式桥台。此外，我国近年来在有些地区还修建了改进基础布置方式的靠背式框架桥台，下面将分别介绍。

（1）八字形桥台。

八字形桥台构造简单，台身由前墙和两侧的八字翼墙构成，如图 5-1-12（a）所示。

（2）U 形桥台。

U 形桥台由前墙和平行于行车方向的侧墙组成，构成 U 形的水平截面［见图 5-1-12（b）］。

（3）背撑式桥台。

当桥台较宽时，为了保证结构的强度和稳定性，可以在八字形或 U 形桥台的前墙背后加一道或几道背撑，构成π字形、E 字形等水平截面形式的前墙（见图 5-1-13）。

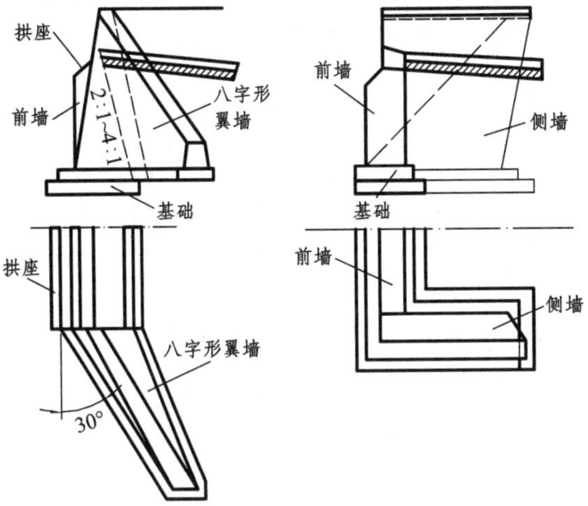

（a）八字形桥台　（b）U 形桥台

图 5-1-12　八字形和 U 形轻型桥台

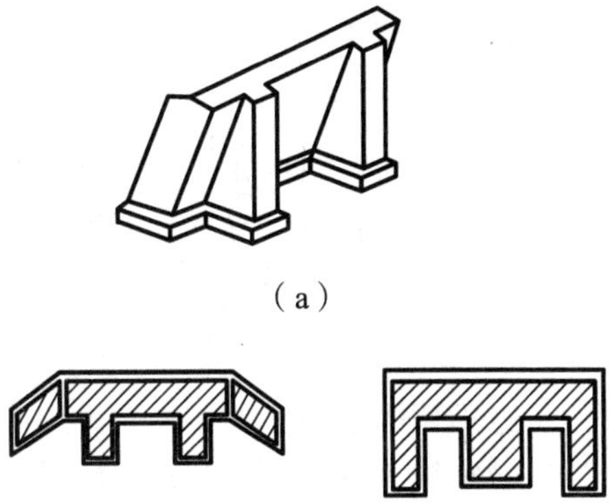

（a）

（b）　（c）

图 5-1-13　背撑式桥台

（4）靠背式框架桥台。

靠背式框架桥台是由三角形框架把台帽、前壁、耳墙和设置在不同高程且具有不同斜度的分离式基础连接而成的（见图 5-1-14）。

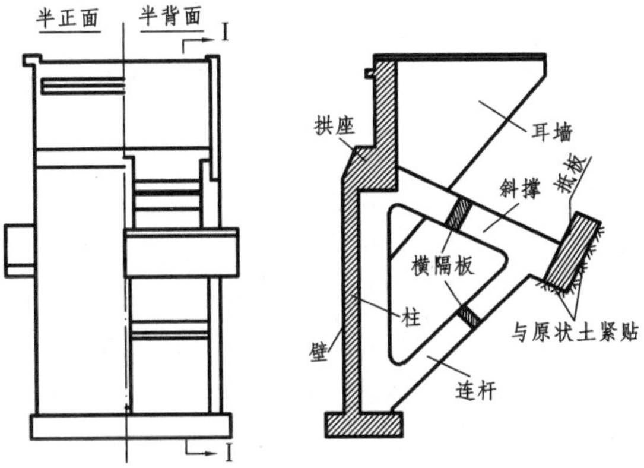

图 5-1-14　靠背式框架桥台

任务 5.2　悬索桥

一、概　述

悬索桥是以主缆为主要承重结构的桥梁结构，行车的加劲梁是用从主缆上垂吊下来的吊索扣系固定的，因此又称之为吊桥。

悬索桥的主要构造包括主缆、桥塔、锚碇、吊索、加劲梁及桥面。

从结构受力讲，悬索桥主缆所受的力是通过锚碇和桥塔传给地基的，主缆、塔和锚碇三者构成悬索桥受力的主体，传力途径简洁、明确。悬索桥的加劲梁承受交通活载，其作用很重要，用料也很多，但却不是主要受力构件，其自重全由主缆承担，它只是将活载传给主缆。

悬索桥其悬链线的曲线形状能够给人以舒缓柔和的美感。目前在桥梁设计中，桥梁跨度在 600 m 以上时，悬索桥这一经典桥型具有很强的竞争力。

悬索桥特点如下：

1. 优　点

（1）与其他桥梁结构相比，悬索桥可以使用比较少的材料来跨越比较长的距离。

（2）桥下净空较高，有利于通航。

（3）悬索桥更适合在深水或湍急的水流上建造。

2. 缺　点

（1）悬索桥的坚固性不强，在大风情况下必须暂时中断交通。

（2）悬索桥不宜作为重型铁路桥梁。

二、悬索桥的构造

悬索桥主要由主缆、吊索、索夹、加劲梁、桥塔、鞍座和锚碇组成（见图 5-2-1）。以悬索为主要支撑结构，悬索承受拉力。悬索桥为目前跨越能力最大的桥型，在跨度布置上通常做成单主跨并带两边跨的三跨悬索桥，也可做成具有一个以上主跨的多跨悬索桥。

（一）桥　塔

桥塔也称主塔，是支撑主缆的重要构件。塔主要承受压力，不论混凝土桥塔还是钢桥塔，塔的增高是有限的。

1. 桥梁顺桥向（桥轴方向）的结构形式

顺桥向的结构形式主要有以下三种：

（1）刚性塔，是指塔顶水平变位量相对较小的桥塔。

（2）柔性塔，是指塔顶水平变位量相对较大的桥塔，是相对刚性塔而言的。

（3）摇柱塔，是指下端做成铰接的单柱形式塔。它一般只用于跨度较小的悬索桥。

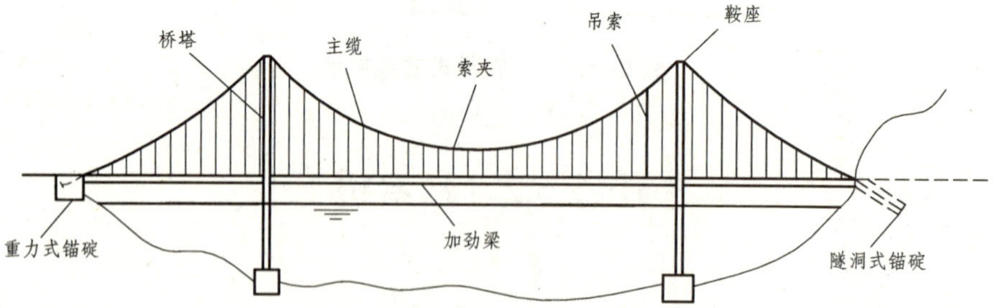

（a）地锚式悬索桥

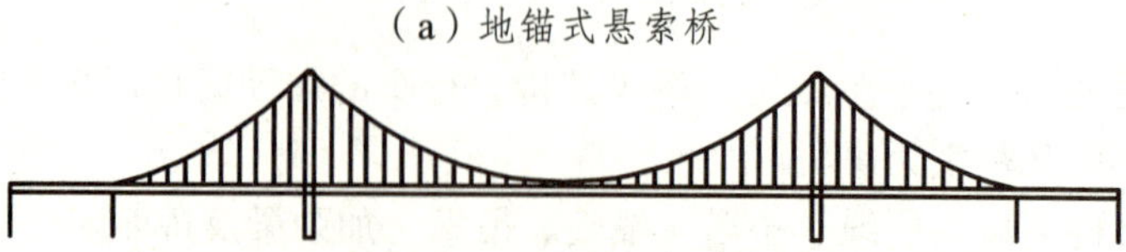

（b）自锚式悬索桥

图 5-2-1　悬索桥示意图

2. 桥梁横向的结构形式

横向的结构（塔架）形式一般也有以下三种：

（1）刚构式［见图 5-2-2（a）］。单层（横梁）或多层（横梁）的门架式，这种形式在外观上简洁明快，它既能适应钢桥塔，也能用于混凝土桥塔。

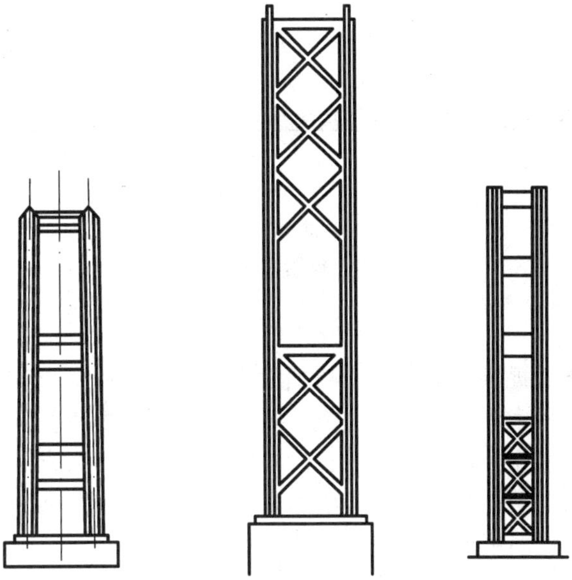

（a）刚构式　　（b）桁架式　　（c）混合式

图 5-2-2　塔身横向结构布置图

（2）桁架式［见图 5-2-2（b）］。在两根塔柱之间，除了有水平的横梁之外，还具有若干组交叉的斜杆，形成桁架式结构。

（3）混合式［见图 5-2-2（c）］。由以上的刚构式和桁架式可以组合成混合式桥塔。这种形式的桥塔一般在桥面以上不设交叉杆，以便在景观上保持刚构式的简洁明快，而在桥面以下设置少量交叉杆以改善受力。

（二）主　缆

主缆一般为一条近似于抛物线的曲线。它是通过塔顶鞍座悬挂在主塔上并锚固于两端锚固体中的柔性承重构件，主缆本身又通过索夹和吊索承受活载和加劲梁（包括桥面）的恒载。除此之外，它还承担一部分横向风荷载并将它直接传递到塔顶。现代大跨悬索桥的主缆都是由高强、冷拔、镀锌钢丝组成的。

悬索桥主缆的布置形式一般采用两根平行的主缆。

（三）吊　索

吊索是将活载和加劲梁（包括桥面）的恒载通过索夹传递到主缆的构件。它的上端与索夹相连，下端与加劲梁相连。一般情况下边跨和主跨均应布置吊索，但是有时在跨度较小，或边跨较小的情况下，边跨可以不设置吊索，而采用类似于简支梁的承重类型。

吊索的立面布置一般有斜置和竖直两种形式（见图 5-2-3），传统的悬索桥吊索都是竖直的。斜置索构造比较复杂，经济上不占优势，故应用较少。

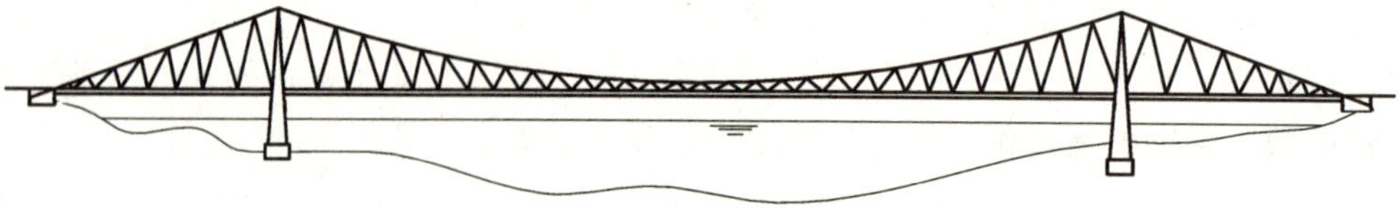

（a）斜置吊索布置图

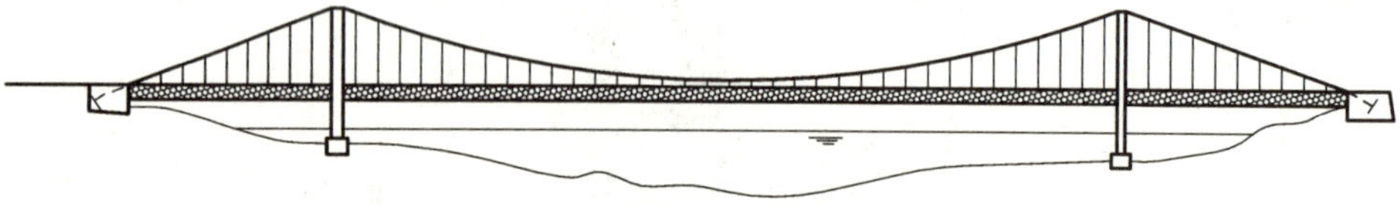

（b）竖直吊索布置图

图 5-2-3 斜置吊索与竖直吊索

（四）加劲梁

加劲梁的主要功能是提供桥面和防止桥面发生过大的挠曲变形和扭曲变形。桥面上的活载及加劲梁的恒载通过吊索和索夹传至主缆。加劲梁是悬索桥承受风荷载和其他横向水平力的主要构件。加劲梁的主要形式有钢板梁、桁架梁、钢箱梁和钢筋混凝土箱梁等。

目前最常见的加劲梁结构主要有桁架梁和扁平钢箱梁（见图 5-2-4）。前者由于刚性大并方便设置双层结构，所以多用于铁路桥和公铁两用桥；后者用于公路桥。

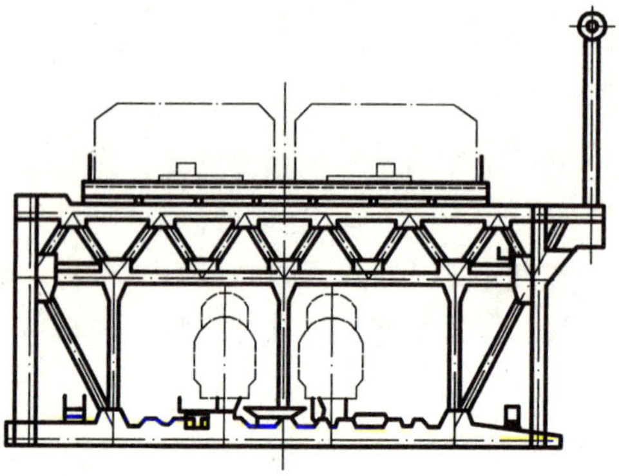

（a）桁架梁

（b）扁平钢箱梁

图 5-2-4 加劲梁

任务 5.3 斜拉桥与刚架桥

一、斜拉桥

斜拉桥由主梁、斜拉索及塔柱三部分组成（见图 5-3-1）。主梁除支承于墩台外，还支承于由索塔引出的斜拉索上。按主梁所用材料不同，斜拉桥可分为钢斜拉桥和预应力混凝土斜拉桥。本任务介绍预应力混凝土斜拉桥。

斜拉桥桥式具有结构轻巧、跨越能力大等一系列优点。但斜拉桥轻巧柔细的外形也使结构抗振动性能较差，刚度较小，挠度变形较大，同时斜索两端锚固处抗疲劳性能较差。

图 5-3-1 斜拉桥

斜拉桥是近几十年中发展起来的一种桥型。目前，斜拉桥已经成为大跨度桥梁中最有竞争力的一种桥型。

（一）斜拉桥的结构特点

斜拉桥是利用索塔引出的斜拉索悬吊跨越墩台间梁跨，这种悬吊作用相当于在梁跨下面设置若干弹性中间支墩。显然，斜拉索的设置可大大减少梁跨的弯矩，从而可提高梁的跨越能力。

斜拉索对梁的弹性支承作用，只有在斜拉索整个工作过程中始终保持“拉紧”状态才能得到充分发挥，因此在承受工作荷载前，必须对斜拉索进行预拉。斜拉索的预拉不仅能保证其在整个工作阶段处于拉紧状态，同时还能减少斜拉索的自重垂度，这些对于改善结构受力状况都是有利的。

斜拉桥具有如下优点：

（1）由于斜拉索的弹性支承作用，大大减小了梁的弯矩，从而减轻结构自重，降低梁高，提高桥梁跨越能力。

（2）索塔和斜拉索的设置有利于梁跨采用悬臂灌筑和悬臂拼装的施工方法。

（3）斜拉桥和悬索桥相比，前者刚度较大，比较容易满足铁路桥梁对刚度的要求。在各种类型桥梁的用料对比中，斜拉桥所需的单位面积桥面所用的混凝土体积最少，用钢量也是最经济的。因此斜拉桥具有节约材料和降低造价的优势。

（二）斜拉桥的结构形式

组成斜拉桥的主梁、斜拉索和索塔有各种不同的结构形式。它们之间的组合方式也有多种。因此，作为组合结构的斜拉桥其形式是多样的。

1. 主梁横截面

预应力混凝土斜拉桥常用的主梁有连续梁，带挂孔或设铰的悬臂梁和悬臂钢架等。铁路桥梁在一般情况下都采用整体性强的连续梁。

主梁截面形式通常采用抗弯和抗扭刚度大的箱形截面。箱形截面根据桥面宽度不同可采用单室、双室或分离式等（见图 5-3-2）。

2. 斜拉索

斜拉索宜采用抗拉强度高、抗疲劳性好、弹性模量大的钢材制成。弹性模量小的钢索变形大，影响结构刚度和梁的内力，不宜采用。目前国外斜拉桥常采用的钢索为厂制钢索。其中图 5-3-3（a）所示的封闭钢索由异形钢丝扎制而成，它具有表面封闭、防腐比较简便的优点。图 5-3-3（b）所示的预制平行钢索是由多根钢丝（或钢绞线）按六角形紧密排列而成。它的主要优点是弹性模量和抗疲劳强度都比封闭钢索高，而且比较容易按设计要求改变截面的大小，因此近年来应用较多；缺点是防护和安装较费时，同时费用也较高。

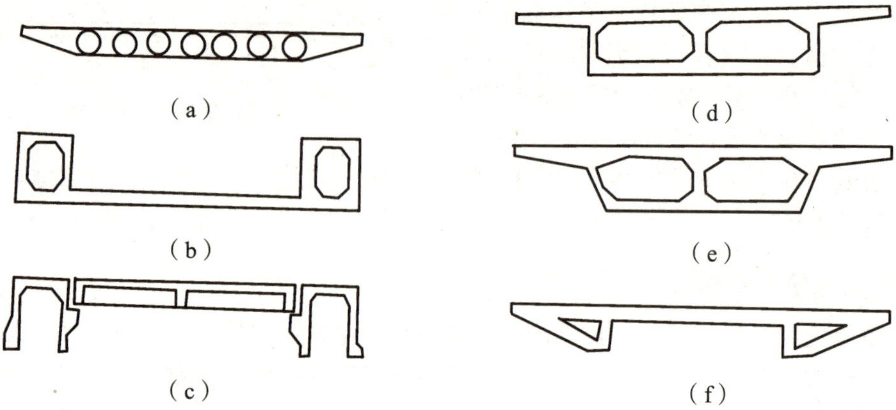

图 5-3-2　斜拉桥的截面形式

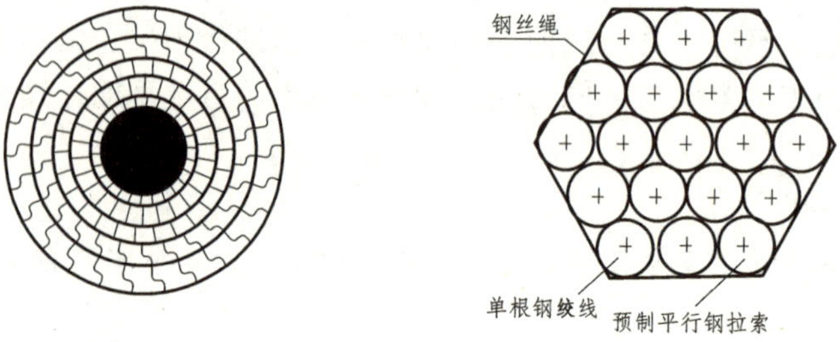

（a）封闭拉索　（b）预制平行钢拉索

图 5-3-3　拉索截面

斜拉索防护是斜拉桥至关重要的问题。一旦防护失当而发生锈蚀，必将危及全桥的安全使用。国外斜拉桥中因斜索锈蚀进行换索的教训不乏先例，因此拉索防护必须给予充分重视。

3. 斜拉索的布置

斜拉索在横桥方向的布置有单面索、双面索、三面索及空间索之分。其中单面索只用于公路桥；双面索又分为竖直双面拉索和倾斜双面拉索两种，前者是斜拉桥中最通用的一种，后者抗扭刚度好，适用于大跨度斜拉桥（见图 5-3-4）；三面索是由近几年的工程实践发展形成的一种布置形式。

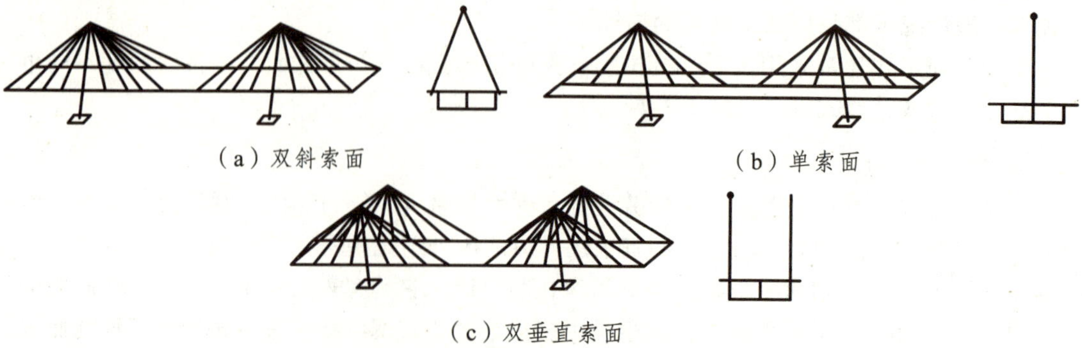

图 5-3-4　索面横桥方向的布置示意图

斜拉索顺桥方向的布置，常用的有竖琴形、辐射形、扇形等，如图 5-3-5 所示。

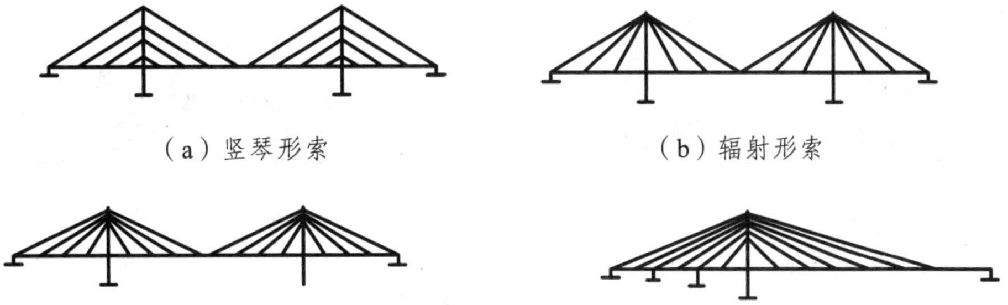

（a）竖琴形索　（b）辐射形索　（c）扇形索　（d）非对称形索

图 5-3-5　索面顺桥方向的布置示意图

4. 索塔的布置

索塔一般都是钢筋混凝土结构，但也可以根据需要做成预应力混凝土结构。索塔的结构形式应根据拉索布置、主梁跨度以及桥面宽度等因素决定。常用的索塔形式在顺桥方向有单柱形、A 字形及倒 Y 形等几种（见图 5-3-6）；在横桥方向的形式有单柱形、双柱形、门形、梯形、倒 V 形、钻石形、A 形及倒 Y 形等几种（见图 5-3-7）。

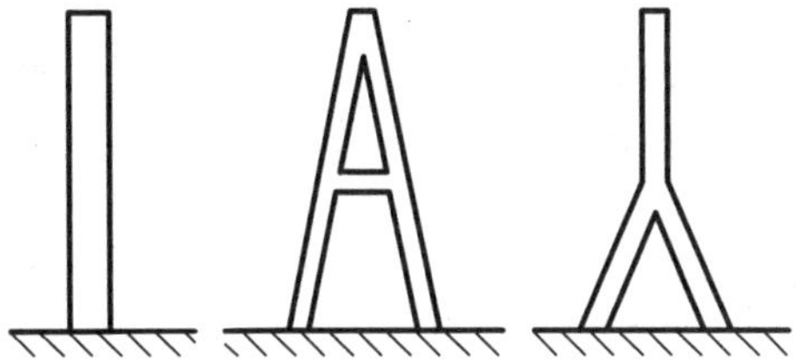

（a）单柱形　（b）A 形　（c）倒 Y 形

图 5-3-6　索塔的顺桥方向结构形式

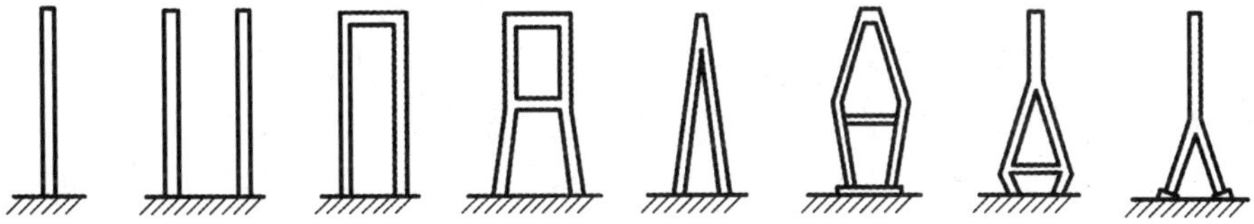

（a）单柱形　（b）双柱形　（c）门形　（d）梯形　（e）倒 V 形　（f）钻石形　（g）A 形（h）倒 Y 形

图 5-3-7　索塔的横桥方向结构形式

5. 孔跨布置

斜拉桥的桥式分孔应根据桥位地形、河床断面、通航要求和全桥经济指标进行综合比较考虑。斜拉桥可以采用独塔或双塔方案。在通航、排洪或流水不能满足要求需要加大孔径时，应考虑用双塔方案。但独塔比双塔方案经济指标有利，这是因为双塔方案的边孔总比引桥昂贵，比路堤更贵。因此，采用独塔方案可以缩短斜拉桥孔的总长而取得较好的经济效果。

双塔三孔方案一般均系对称布置。

独塔的两孔不一定做成对称，很多独塔桥以大孔跨越主河槽而边跨做成小孔。当边孔离地面不高、基础施工不很困难时，架设辅助墩将边孔再分成小孔。

现代斜拉桥最典型的孔跨布置有两种：双塔三跨式和独塔双跨式（见图 5-3-8）。

（a）双塔三跨式

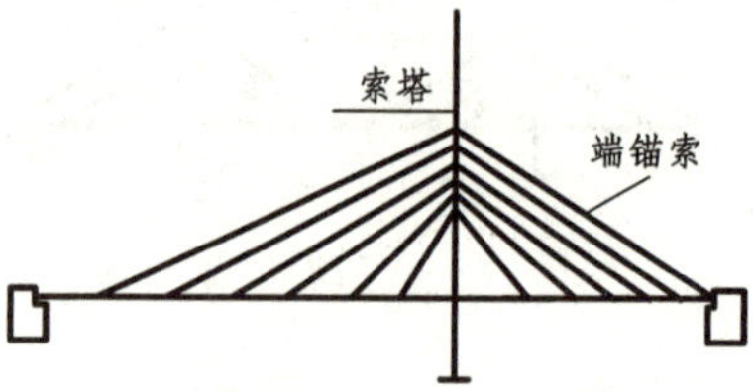

（b）独塔双跨式

图 5-3-8 斜拉桥典型孔跨布置

（1）双塔三跨式。

双塔三跨式最为常见。双塔三跨斜拉桥的中跨常用于跨越河流的主槽，是主要通航孔，边跨也可用于副通航孔，通行较小的船只，但多为依据主跨的受力而配置。从简化设计、方便施工考虑，两边跨可以是相同跨径。一般来说，主跨和边跨跨径之比常控制在 2.0 ~ 3.0。

当斜拉桥的边孔设在岸上或浅滩，边孔高度不大或不影响通航时，可在边孔设置辅助墩以改善结构的受力状态，增加施工期的安全。

（2）独塔双跨式。

独塔双跨斜拉桥是因跨越对象及其地形、地质特点而产生的。独塔双跨式斜拉桥可以布置成两跨跨径相等的对称布置或两跨跨径不等的非对称布置。通常将跨径较大的一侧称为主跨，较小的一侧称为边跨，主跨和边跨长度之比控制 1.2 ~ 2.0。

二、刚架桥（刚构桥）

刚架桥的梁和墩台（支柱）整体相连。由于两者之间的刚性连接，在梁端产生负的支承弯矩，减小了跨中正弯矩的数值，因此梁的跨中截面可比一般梁式桥小。刚架桥的支柱除承受压力外，还承受弯矩，故必须配置普通钢筋或预应力钢筋。

由于刚架桥中梁的建筑高度可以比一般梁式桥小，支柱设置钢筋后尺寸也可以较小。因为能节省混凝土的用量，并可提供较大的桥下净空，故刚架桥特别适宜用于跨线桥和栈桥。然而在有漂流物（如水流、木筏等）的河流中，单薄的支柱不利于抵抗漂流物的撞击，不宜采用刚架桥。此外，刚架桥施工一般比梁式桥复杂，用钢量也较多，因此刚架桥的采用要视具体条件和要求而定。

（一）刚架桥的种类

从受力特点看，刚架桥和拱桥相似，在垂直荷载作用下，产生垂直反力和水平推力。刚架桥可以是单跨结构，也可以是多跨结构。

刚架桥的主要类型有：门式刚架桥、斜腿刚架桥、带铰的 T 形刚构桥、带挂梁的 T 形刚构桥、连续式连续刚构桥、分离式连续刚架桥等。

1. 门式刚架桥

门形刚架在截面上特别是两肩处有较大的弯矩产生，不如拱桥有利。单跨刚架桥的支腿可设计成直柱式，称为门式刚架桥（见图 5-3-9）。

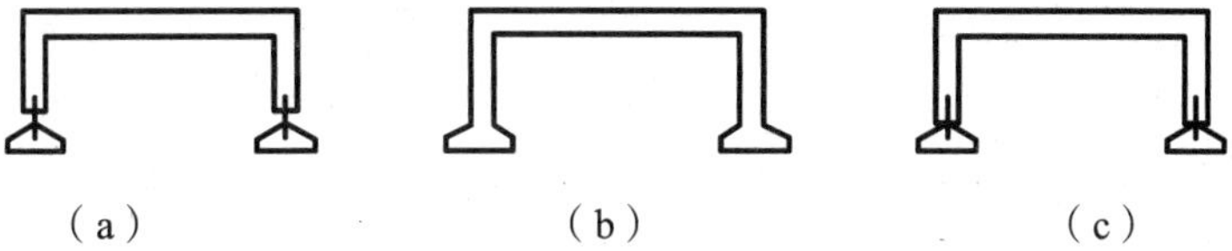

图 5-3-9　门式刚架桥

2. 斜腿刚架桥

设计成斜柱式，称为斜腿刚架桥（见图 5-3-10）。

在斜腿刚架桥中，两侧支承于桥台的伸出部分可以使梁的跨中弯矩进一步减小，因此预应力混凝土斜腿刚架桥的跨度可以做得比较大而依然经济。

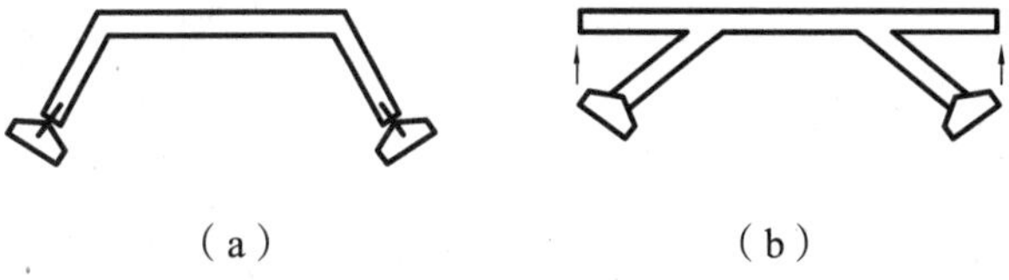

图 5-3-10　斜腿刚架桥

3. 带铰的或带挂梁的 T 形刚构桥

多跨刚架桥的主梁可以做成非连续式，即在主梁跨中设置剪力铰或悬挂简支梁，从而形成所谓带铰的 T 形刚构或带挂梁的 T 形刚构（见图 5-3-11）。

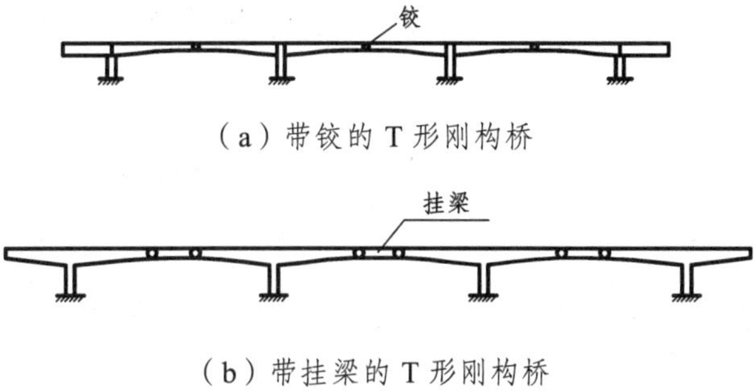

图 5-3-11　T 形刚构桥

图 5-3-11（a）所示带铰的 T 形刚构为一种超静定结构，它的上部结构全部是悬臂部分，相邻两悬臂通过剪力铰相连接。剪力铰是一种只传递竖向剪力而不传递纵向水平力和弯矩的连接构造。剪力铰不仅结构复杂，用钢量多，造成费用增加，而且铰和梁的刚度差异引起结构变形不协调，致使桥面不平顺，导致行车不舒适。上述种种缺点限制了带铰 T 形刚构桥的应用范围。

T 形刚构桥无论是带铰的还是带挂梁的，它与预应力混凝土连续梁桥相比，同样采用悬臂施工法，可节省墩梁固结和跨中合龙两道关键工序。虽然桥墩刚度较大，但可节省昂贵的支座，其综合用材和费用比连续梁经济。

4. 连续式连续刚构桥

多跨刚架桥也可以将主梁做成连续结构，形成所谓的连续刚构。

将 T 形刚构的粗厚桥墩减薄，形成柔性桥墩，并使墩梁固结、主梁连续，从而形成连续刚构桥。连续刚构桥实际上是一种墩梁固结的连续梁桥，这种体系利用主墩的柔性来适应结构由预应力、混凝土收缩徐变和温度变化所引起的纵向位移，当跨度大、桥墩高时采用这种体系最合适。

连续刚构桥跨中一般不设铰也不带挂梁，除桥面连续、行车平顺外，更重要的是梁体内的内力分布更加合理，能充分发挥高强材料的作用，有利于增大跨径。随着桥梁施工技术水平的提高，大跨度预应力混凝土连续刚构桥已成为目前主要采用的桥梁结构体系之一。

5. 分离式连续刚架桥

对于主梁连续式的多跨刚架桥，当桥梁全长太大时，宜设置伸缩缝，或做成数座分离式的连续刚架桥，如图 5-3-12 所示。分离式连续刚架桥主要用于城市高架桥。

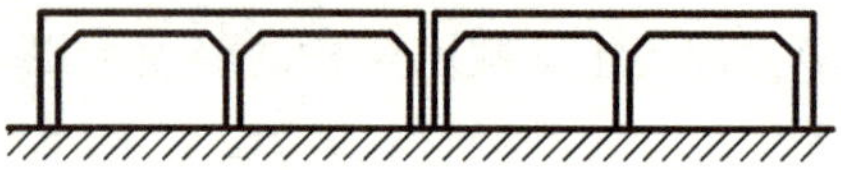

图 5-3-12 分离式连续刚架桥

（二）刚架桥的纵、横断面

刚架桥主梁截面形状与梁式桥相同，可以做成如图 5-3-13 所示的各种形式。

主梁在纵桥向可做成等截面、等高变截面、变高度截面三种形式。有时根据实际需要可将主梁做成几种不同的截面形式，以适应主梁内力的变化和方便施工。刚架桥的梁通常采用变高度的纵断面形式。

变高度主梁底部的线形可以是曲线形、折线形、曲线加直线形等，具体应根据主梁内力的分布情况，按等强度原则选定。

刚架桥中的梁承受正负弯矩，常采用箱形截面。在跨度不大的刚架桥中，为简化构造、降低梁高，也可采用板式截面。

（a）板式截面

（b）肋板式截面

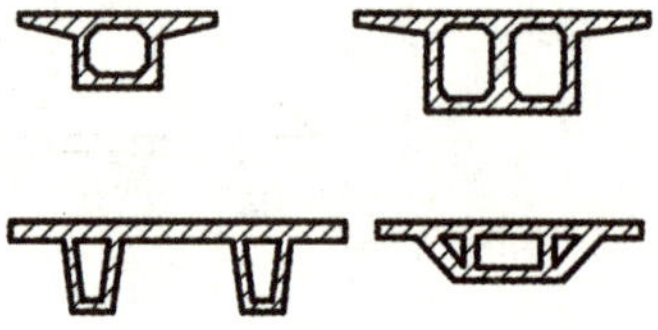

（c）箱形截面

图 5-3-13 刚架桥的主梁截面

【项目训练】

5.1 拱桥的分类有哪些？

5.2 简述悬索桥的构造。

5.3 简述斜拉桥的结构形式。

5.4 简述斜拉桥的组成及其各部分的受力特点。

5.5 简述刚构桥的构造特点。

项目 6　桥梁施工图的识读

【项目描述】

桥涵施工图是根据投影的原理，在绘图纸上按照国家规定的制图标准，根据设计师的精心构思，把已经建成的或计划建造的建筑构造物的图样画出，并加上图标和说明，用于指导施工的技术文件。桥涵施工图是工程设计人员和工程施工人员交流技术思想的重要工具，也是桥涵施工的主要技术文件。

梁式桥施工过程

【项目目标】

（1）能完成简支梁桥全桥施工图的识读；

（2）能完成圆端形桥墩构造与施工图识读；

（3）能完成 T 形桥台构造与施工图的识读；

（4）能完成 T 形截面预应力混凝土简支梁施工图的识读；

（5）能完成钻（挖）孔灌注桩施工图的识读。

施工中的桥梁全貌

任务 6.1　桥涵施工图的基本知识

一、相关规定

1. 比　例

图样的比例就是图形与实物相应的线性尺寸之比。为了清楚表达图样，应根据图面大小及图样复杂程度，并结合图面布置原则在适当范围内确定比例。

桥涵制图选用的比例有如下规定：

（1）桥址平面图、桥址工程地质图为 1∶500～1∶5 000。

（2）桥址工程地质纵断面图横为 1∶100～1∶5 000，竖为 1∶50～1∶500。

（3）全桥总布置图为 1∶100～1∶1 000。

（4）墩台及基础详图为 1∶50～1∶200。

（5）特殊结构、新技术、新结构设计图为 1∶10～1∶200。

（6）调节建筑物及其他附属工程设计图为 1∶50～1∶1 000。

（7）复杂的施工防护设计图为 1∶50～1∶200。

（8）桥梁照明、通信、信号、电力支架等有关设计图为 1：10～1：200。

（9）小桥涵设计图为 1：50～1：200。

2. 桥涵制图里程标注规定

（1）每座桥涵工点设计图的图标中，均应标注桥涵中心里程。

（2）桥中心、桥墩中心、桥台胸墙与台尾、涵洞中心线与线路中心线的交点及其他建筑物与线路的交点，均应标注线路里程，如图 6-1-1 所示。

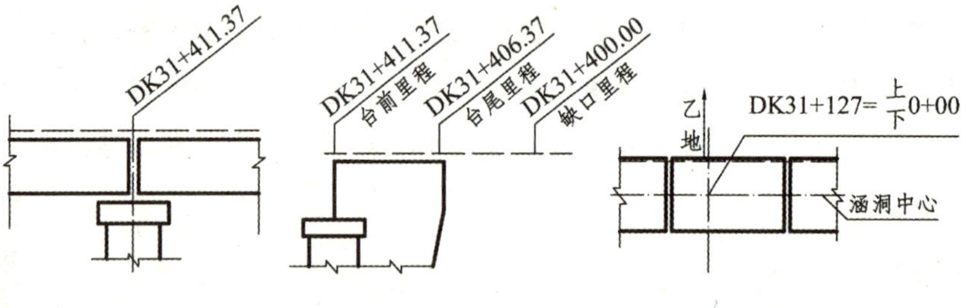

图 6-1-1 里程标注

（3）桥址工程地质纵断面图及特大桥、大中桥的总布置图中，凡有地面高程的点位，均应在点位下方标注线路里程。

（4）导流堤坝纵断面图及改沟（渠）、截水沟中心纵剖面图，均应在地面高程和设计沟底高程的点位下标注百米标和线路里程。

（5）桥涵址地形平面图上应绘出改沟（渠）、截水沟和导流堤坝的中心线，在这些工程的中心线上应标注百米标，线路中心线上应标注线路里程。当无地形平面图时，应在桥涵址平面示意图上标注百米标和线路里程。

（6）在涵洞中心纵剖面图的出入口翼墙基础襟边尺寸界线上及上下游铺砌末端尺寸界线上，均应标注百米标和线路里程。

3. 桥涵制图高程标注规定

（1）特大桥、大中小桥的全桥立面图中，在桥墩中心、桥台背墙及台尾处应标注轨底、墩台支承垫石顶面、基底及台尾路肩的高程；涵洞中心纵剖面图中应标注路肩、出入口沟底、每段涵洞沟底和出入口铺砌末端沟底的高程。

（2）导流堤坝应标注堤坝顶、基底和地面高程；改沟（渠）、截水沟应标注地面和设计沟底高程。

（3）桥下设计水位、涵前水位高程，均应标注符号 H，并需标注洪水频率。受水库影响的桥梁标注正常蓄水位高程，通航河流标注最高、最低通航水位高程。图 6-1-2 为水位高程的标注。

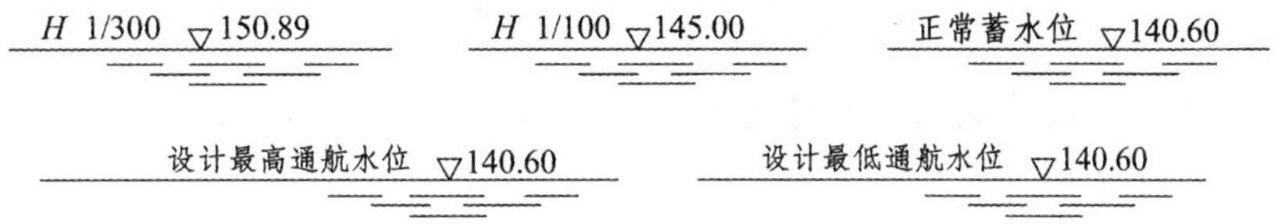

图 6-1-2　水位高程的标注

任务 6.2　钢筋混凝土梁桥施工图识读

一、桥梁施工图的图示特点

桥梁施工图是利用正投影的理论和方法并结合专业图的图示特点绘制的。建造一座桥梁需要的图纸很多，但一般可以分为桥位平面图、全桥布置图、构件图和大样图等几种。

二、桥梁施工图的内容

1. 桥位平面图

桥位平面图主要用来表明桥梁所在的平面位置，通过地形测量绘制出桥位的道路、河流、水准点、钻孔及附近的地形和地物（如房屋、老桥等），还表明线路的里程、水准点的位置、河水流向及洪水泛滥的情况。新建铁路中心线用粗实线绘制。

2. 全桥布置图

全桥布置图主要表明桥梁的形式、孔数、桥梁全长、跨度（梁长）、各主要构件的相互位置关系、桥梁各部分的高程、材料数量以及总的技术说明等，作为施工时确定墩台位置、安装构件和控制高程的依据。根据水文调查和钻探所得的地质水文资料，绘制出桥位所在河床位置的地质断面图，包括河床断面线、最高水位线、常水位线和最低水位线，以便作为施工时计算土石方工程数量的根据。

3. 构件施工图

在全桥布置图中，桥梁的构件都没有详细完整地表达出来，因此单凭全桥布置图是不能进行制作和施工的，为此还必须根据全桥布置图采用较大的比例把构件的形状、大小完整地表达出来，才能作为施工的依据，这种图也称为构件结构图，简称结构图，如桥台图、桥墩图、主梁图等。由于采用较大的比例，故又称为详图。

三、桥梁施工图的识读方法和步骤

1. 方　法

桥梁虽然是庞大而又复杂的建筑物，但它总是由许多构件所组成，只要了解了每一个构件的形状和大小，再通过全桥布置图把它们联系起来，弄清彼此之间的关系，就了解整个桥梁的形状和大小了。因此读图的过程即先由整体到局部，再由局部到整体的反复过程。看图时，绝不能单看一个投影图，而是要将其他有关的投影图联系起来，包括总图或详图、钢筋明细表、说明等，再运用投影规律，互相对照，弄清整体。

2. 步 骤

看图步骤可按下列顺序进行：

（1）先看图纸首页的说明书，了解桥梁名称、种类、主要技术指标、施工措施、比例、尺寸单位等。

（2）再看总体图，弄清各投影图的关系，如有剖、断面，则要找出剖切线的位置和观察方向。看图时，应先看立面图（包括纵剖面图），了解桥型、孔数、跨度大小、墩台数目、桥梁全长、总高，了解河床断面及地质情况，再对照看平面图和侧面、横剖面等投影图，了解人行道的尺寸和主梁的断面形式等。这样，对桥梁的全貌便有了一个初步的了解。

（3）分别阅读构件图和大样图，看的时候先看图纸右下角的标题栏和附注，以了解构件名称、比例、尺寸单位、技术说明等。

（4）了解桥梁各部分所使用的建筑材料，并阅读工程数量表、钢筋明细表及说明等。

（5）看懂桥梁图后，再看尺寸，进行复核，检查有无错误和遗漏。

（6）各构件图看懂之后，再回过头来阅读总体图，了解各构件的相互配置及装置尺寸，直到全部看懂为止。

四、算 例

全桥布置图是简化了的全桥主要轮廓的投影图，它由立面图和平面图组成。立面图是由垂直于线路方向向桥孔投影而得到的正面投影图，它反映了全桥的概貌。

全桥立面

从图 6-2-1 可知，该桥有 6 孔，跨度为 32.0 m 的预应力钢筋混凝土简支梁，梁全长 32.6 m，中心里程为 DK33 + 299.95。梁与梁之间及梁与台之间留有 10 cm 的缝隙。图中还标出了全桥各主要部位的高程，如 0 号台台尾处轨底高程为 233.13 m，路肩高程为 232.46 m，即轨底至路肩 67 cm；支承垫石顶高程 229.73 m，承台底高程 225.27 m，桩底高程 212.27 m。图中还画出了河床断面，这些都表示出桥梁各部分在竖直方向的位置关系。

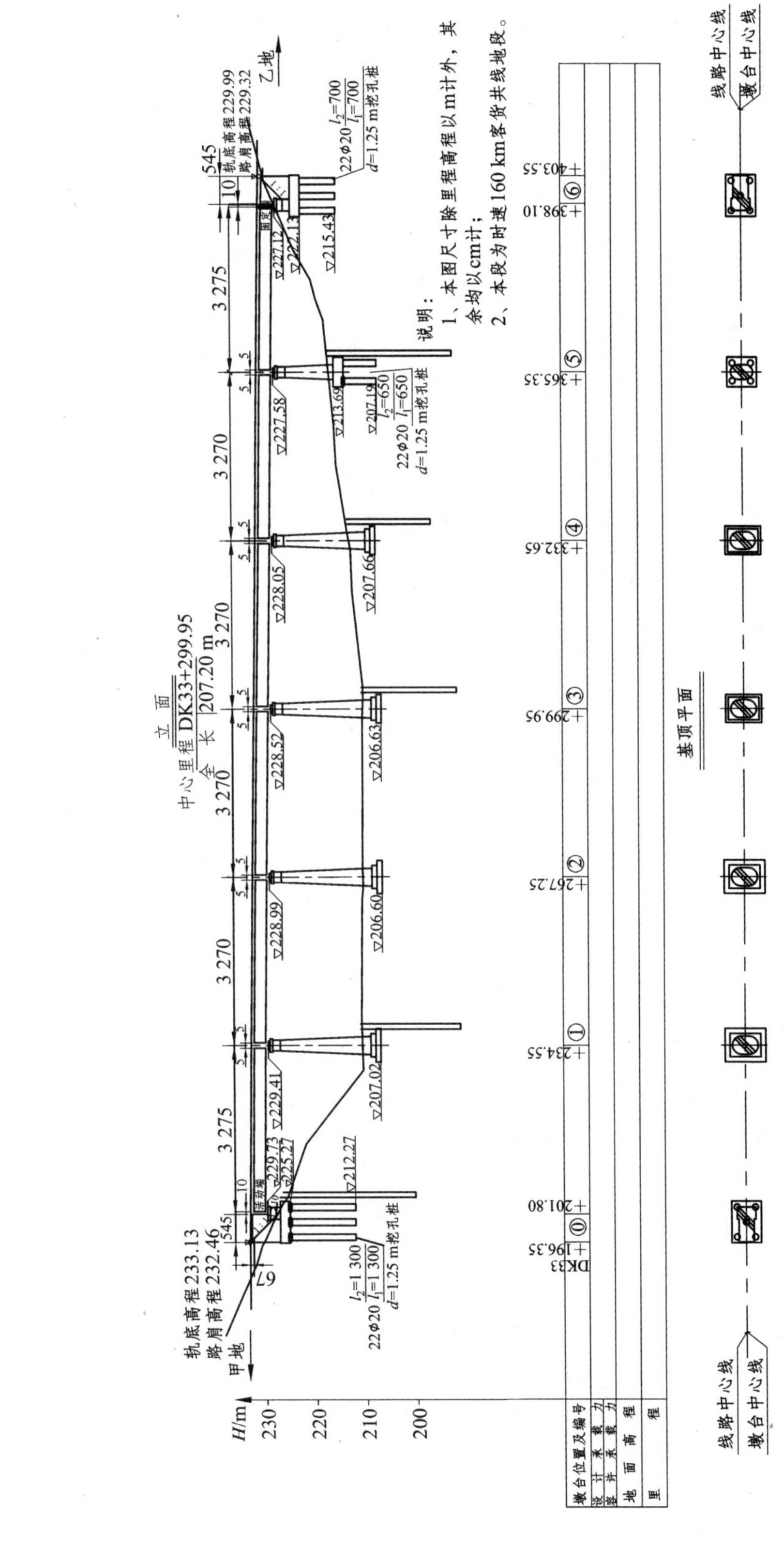
立　面
中心里程 DK33+299.95
全　长 207.20 m
说明：
1、本图尺寸除里程高程以m计外，其余均以cm计；
2、本段为时速160 km客货共线地段。
轨底高程 233.13
路肩高程 232.46
甲地
乙地
轨底高程 229.99
路肩高程 229.32
H/m
230
220
210
200
基顶平面
墩台位置及编号
设计承载力
容许承载力
地面高程
里程
DK33+196.35
+201.80
+234.55
+267.25
+299.95
+332.65
+365.35
+398.10
+403.55
线路中心线
墩台中心线

图 6-2-1　某全桥布置图

桥的全长是指两桥台尾间距离，立面图上所标的 207.20 m 即是桥梁全长。为了校核桥的全长，可用桥的终点里程 DK33 + 403.55 减去起点里程 DK33 + 196.35。

桥全长 = 403.55 – 196.35 = 207.20 m。

桥台长度（胸墙至台尾的水平距离）为 5.45 m。

桥梁中墩、台位置的命名，通常按下行方向顺序进行编号，如图 6-2-1 所示的 0 号台、1 号墩等，也有将桥台按其位置命名，但桥墩位置命名仍按顺序 1，2，3…编号。

由基顶平面图可知，该桥中墩、台的位置及类型。桥台为 T 形，桥墩为圆端形。墩台的基础为目前常采用的桩基础及明挖扩大基础，其中 1、2、3、4 号墩为明挖扩大基础，其余为桩基础（为挖孔桩）。桥位的地质资料是通过地质钻探得到的，所钻地质孔位及数量（有 5 个钻孔），是需根据设计、施工规范的规定及地质情况而定。

任务 6.3　圆端形桥墩构造与施工图识读

一、桥墩构造

（1）桥墩由基础、墩身和墩帽三部分组成。

基础在桥墩的底部，常埋在地面下。墩身是桥墩的主体。墩帽在桥墩的上部，一般由顶帽和托盘两部分组成。顶帽的顶面为斜面，做排水用。为了安放桥梁支座，其上有支承垫石。

（2）顶帽的类型有飞檐式和托盘式。

（3）墩身坡度一般采用 $n:1$（竖：横）表示；墩身较低时，为施工方便可设直坡表示为 1：0。

（4）墩身高是指托盘底（墩身顶）至墩身底的距离。

（5）墩高是指墩顶（垫石顶）至墩身底的距离。

（6）曲线桥墩的特点。

曲线桥的梁，常采用与直线上的梁相同的外形以简化设计和制造。但为了适应曲线的线路，各孔梁应按折线布置，这就使相邻两孔梁之间的缝隙内窄外宽（其内侧梁缝的最小值要求与直线桥相同），梁的端部和桥墩横向中心线不平行（见图 6-3-1），梁端支座斜放在支承垫石上。因此曲线上桥墩的垫石平面形状可做成梯形，但为便于施工，实际上仍将垫石按曲线布置要求适当加宽加长而做成矩形。支座中心和锚栓位置则要根据曲线桥的实际布置另行计算确定。

现行单线桥墩的标准设计中，曲线上都采用图 6-3-2 所示的横向预偏心桥墩。所谓预偏心，即是将桥墩中心线向曲线外侧移动一定距离，而桥跨中线和支承垫石位置不动。这样做的目的是使桥跨的自重和列车竖向活载对桥墩的压力产生向曲线内侧的力矩，以平衡一部分由于列车在曲线上行驶而产生的离心力所引起的向曲线外侧的力矩，从而改善桥墩的受力情况和节省圬工。

（7）不等跨桥墩的特点。

当桥墩上相邻梁的跨度不等时，为了减少桥墩在荷载作用下的偏心力矩，通常将大跨梁的支座中心布置在离桥墩中心线较近的地方，使桥墩中心线与梁缝中心线错开一定的纵向距离形成纵向预偏心，如图 6-3-3 所示。另外，为适应不同的梁高，在小跨梁一端应加高顶帽做成小支墩，并使小支墩背墙位于梁缝中线。顶帽（包括支墩加高部分）必须设置钢筋。

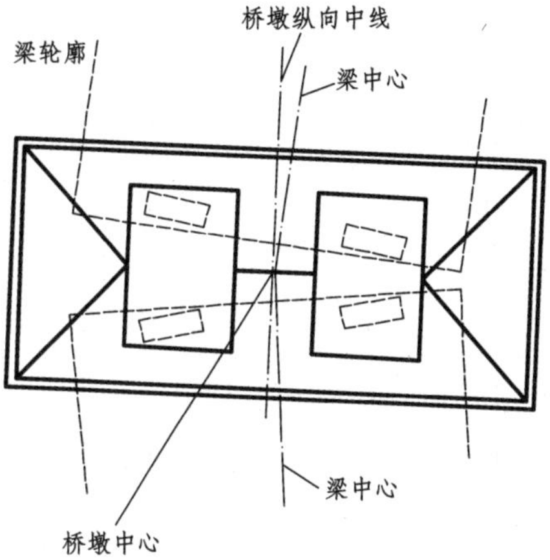

图 6-3-1　曲线上桥墩顶帽平面布置

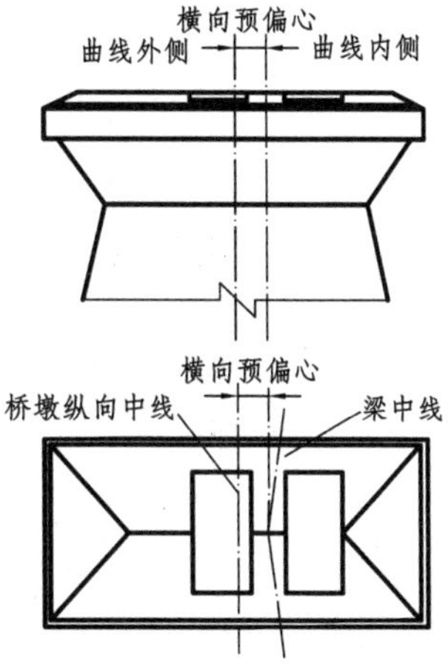

图 6-3-2　横向预偏心桥墩

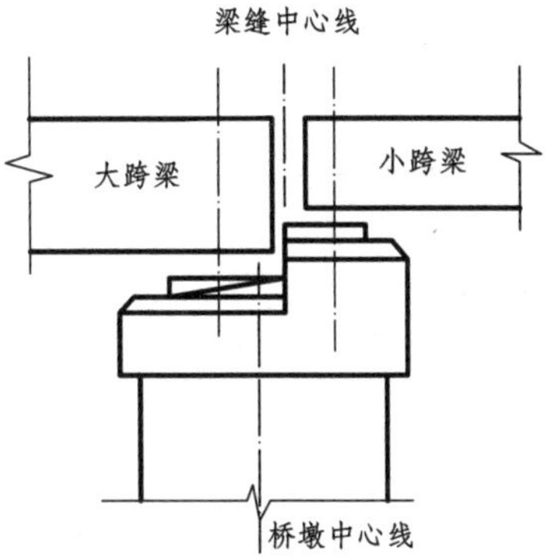

图 6-3-3　不等跨桥墩顶帽

二、桥墩的表达

表示桥墩的图样有桥墩构造图、桥墩顶帽及支承垫石钢筋布置图、桥墩墩身护面钢筋布置图。

（一）桥墩构造图

图 6-3-4 为道砟桥面预应力混凝土简支 T 梁双线圆端形桥墩构造图，由正面图、侧面图、半平面及半截面图组成。

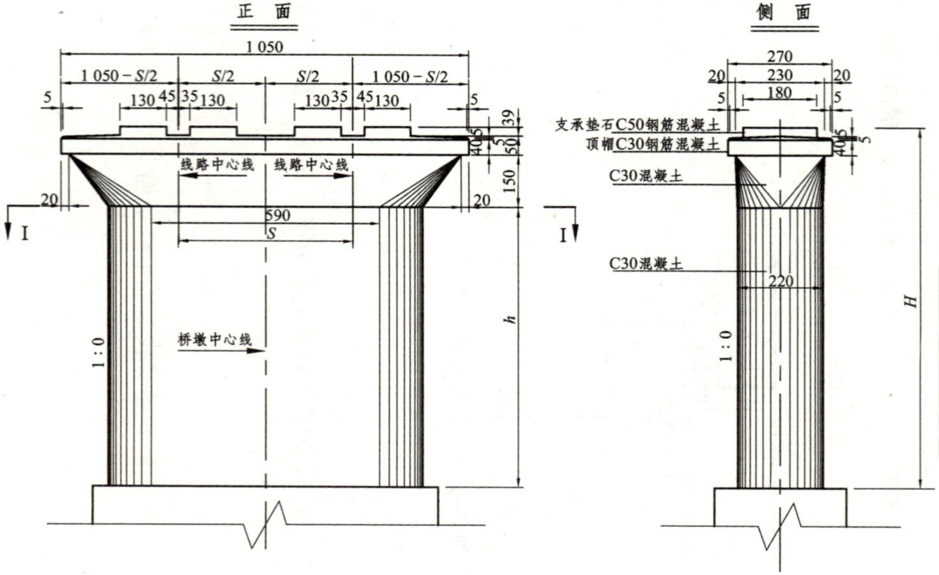

顶帽及托盘工程数量表

跨度(m)	支座类型	支承垫石数量(m^3)	顶帽(m^3)	托盘(m^3)	钢 筋(kg)	
					Q235	HRB335
32	圆柱面钢支座	4.2	14.2	30.3	149.2	1 935.7
	盆式橡胶支座	4.2				

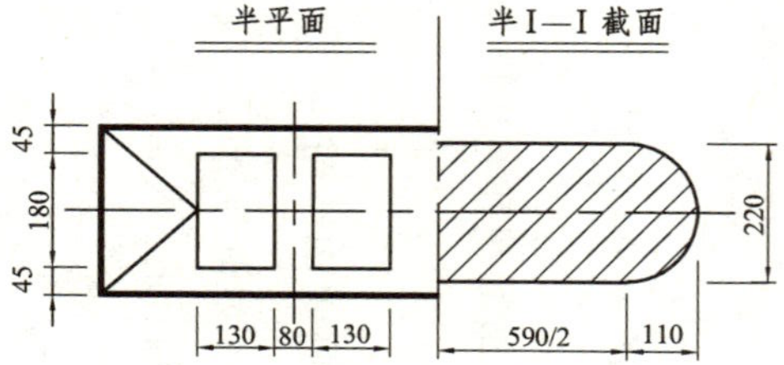

说明：

1、本图尺寸除注明者外，均以cm计；

2、本图配合使用的梁图号为通桥(2005)2101；

3、支承垫石按盆式橡胶支座、圆柱面钢支座设计【适用支座图号为通桥(2005)8056(TK2005-YZM)】；

4、本设计适用于直线墩身高2 m<h<15 m，线间距4.00 m<S<4.50 m，其中h是墩身高指托盘底到墩身底的距离，H是墩高指顶帽顶到墩身底的距离，S表示线间距；

5、施工时注意在顶帽处按照本设计图相关图纸预埋吊篮U形螺栓及预留围栏立柱孔；

6、桥墩检查设备详见<<墩台检查设备>>二设桥参(2005)6005。

图 6-3-4 道砟桥面预应力混凝土简支 T 梁双线圆端形桥墩构造图

1. 正面图

在桥墩构造图中，顺着线路方向投影而得的图形称为正面图。

正面图是桥墩的外形图，它表示桥墩的正面形状和尺寸，其中点画线是桥墩及线路中心线。

2. 平面图

平面图的左半部分是外形图，主要表示桥墩的平面形状和尺寸。右半部分是 I — I 剖视图，剖切位置和投影方向表示在正面图中，它表示墩身的顶面的平面形状和尺寸。

3. 侧面图

在桥墩构造图中，垂直于线路方向投影而得的图形称为侧面图。

侧面图表示桥墩侧面的形状和尺寸，以及桥墩各部分所用的材料。

桥墩构造图

（二）桥墩顶帽及支承垫石钢筋布置图

由于桥墩构造图比例较小，墩帽部分的细节及尺寸表示不清楚，所以用较大的比例画出桥墩顶帽及支承垫石钢筋布置图，如图 6-3-5 所示。

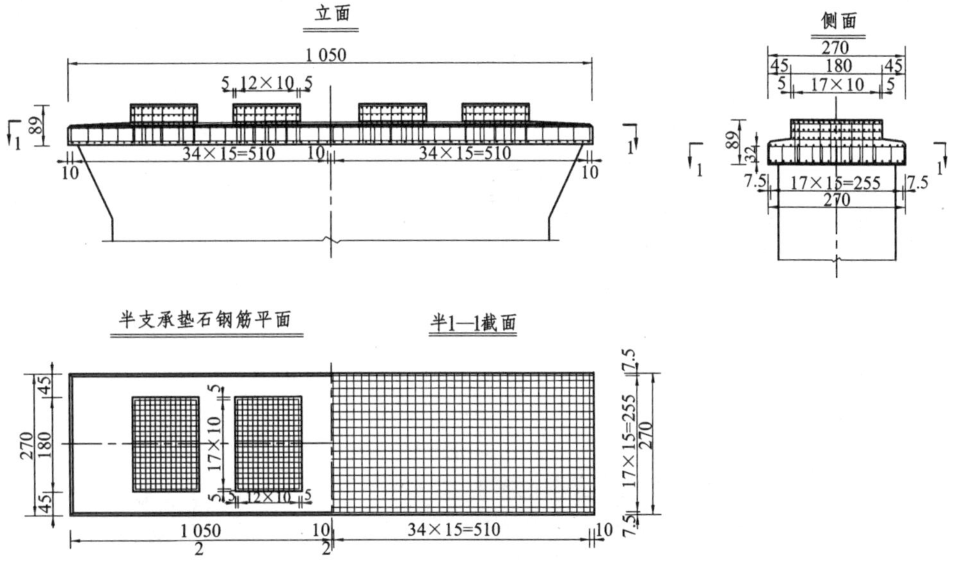

图 6-3-5　桥墩顶帽及支承垫石钢筋布置图（尺寸单位：mm）

桥墩顶帽及支承垫石钢筋布置图由三个投影组成，其中立面图、平面图、侧面图及截面图，主要表示顶帽的钢筋布置。顶帽及支承垫石为满足规范要求，布置有钢筋网，为钢筋混凝土构件。顶帽内布置有两层钢筋网，支承垫石内布置有三层钢筋网，钢筋均采用等间距布置。

（三）桥墩墩身护面钢筋布置图（见图 6-3-6）

沿整个墩身周边布置有竖向钢筋，同时设置有与之垂直的箍筋。护面钢筋分别深入托盘及明挖基础（或桩基础的承台）90 cm。护面钢筋主要起防裂作用。

墩顶钢筋配置　墩身护面钢筋

立 面

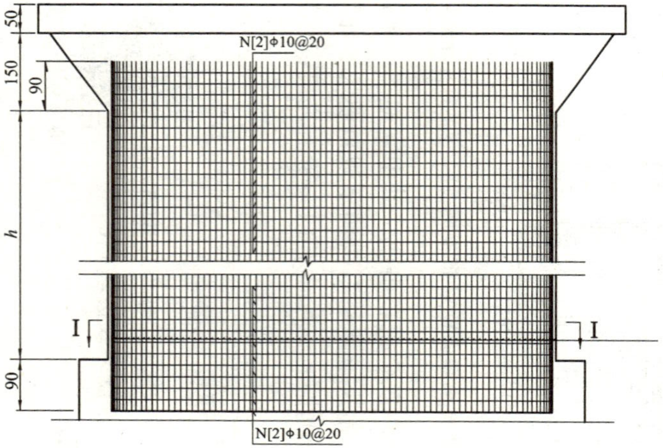

侧 面

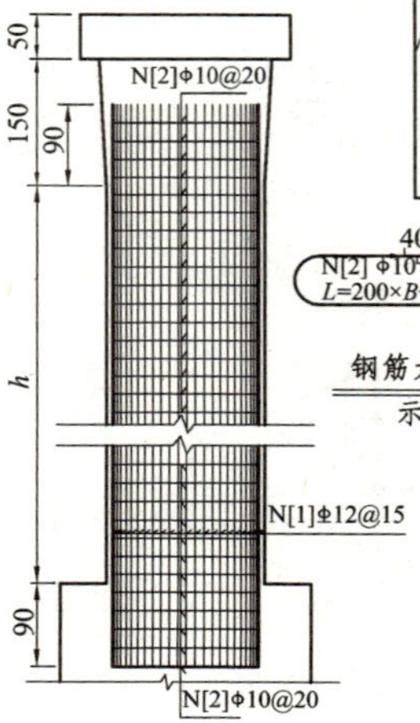

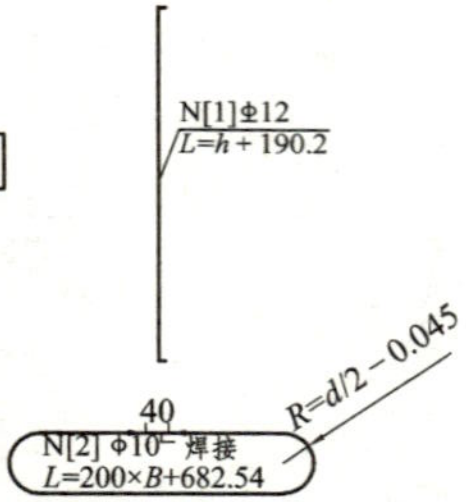

钢筋大样图

示意

钢筋数量表

线间距（m） 墩高（m）	4.00＜S≤4.50 m（B=5.9 m d=2.2 m）									
	N[1]Φ12					N[2]Φ10				
	长度（m）	根数	总长（m）	单位重（kg/m）	总重（kg）	长度（m）	根数	总长（m）	单位重（kg/m）	总重（kg）
2	3.902	124	483.85	0.888	759.99	18.625	20	372.500	0.617	229.8
3	4.902	124	607.85	0.888	759.99	18.625	25	465.625	0.617	287.3
4	5.902	124	731.85	0.888	759.99	18.625	30	558.750	0.617	344.7
5	6.902	124	855.85	0.888	759.99	18.625	35	651.875	0.617	402.2
6	7.902	124	979.85	0.888	870.11	18.625	40	745.000	0.617	459.7
7	8.902	124	1 103.85	0.888	980.22	18.625	45	838.125	0.617	517.1
8	9.902	124	1 227.85	0.888	1 090.33	18.625	50	931.250	0.617	574.6
9	10.902	124	1 351.85	0.888	1 200.44	18.625	55	1 024.375	0.617	632.0
10	11.902	124	1 475.85	0.888	1 310.55	18.625	60	1 117.500	0.617	689.5
11	12.902	124	1 599.85	0.888	1 420.67	18.625	65	1 210.625	0.617	747.0
12	13.902	124	1 723.85	0.888	1 530.78	18.625	70	1 303.750	0.617	804.4
13	14.902	124	1 847.85	0.888	1 640.89	18.625	75	1 396.875	0.617	861.9
14	15.902	124	1 971.85	0.888	1 751.00	18.625	80	1 490.000	0.617	919.3
15	16.902	124	2 095.85	0.888	1 861.11	18.625	85	1 583.125	0.617	976.8

说明：

1、钢筋数量未计搭接和损耗。
2、N[1]采用未经高压穿水处理的HRB335钢筋，
　　N[2]采用Q235钢筋。
3、本图适用于直线桥墩，墩高为2 m≤h≤15 m。

I—I 截面

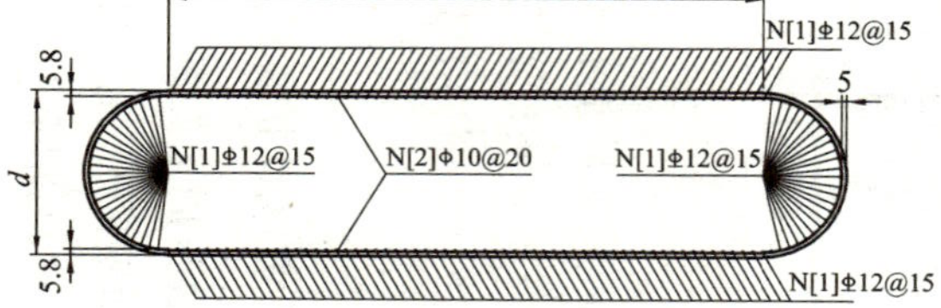

说明：

1、本图尺寸除钢筋直径以mm计和注明者外，其余均以cm计。
2、图中B、d单位以m计，B为墩身直线长度，d为计算截面墩身直径。
3、图中“Φ”为Q235钢筋，“Φ”为未经高压穿水处理过的HRB335钢筋。
4、钢筋连接应采用焊接按<<铁路混凝土与砌体工程施工规范>> TB10210-2001的规定办理。
5、在浇注顶帽混凝土时，应预埋好顶帽内的各种预埋件。
6、本图适用于直线桥墩墩高为2 m≤h≤15 m。
7、施工时，必须保证最外层钢筋的净保护厚度不小于40 mm。

图 6-3-6　桥墩墩身护面钢筋布置图

三、桥墩构造图的识读

从图 6-3-4 所示的桥墩图中，可以了解桥墩的形状和各部分尺寸大小。读图时首先要看标题栏和附注说明。从说明中可得知桥墩的尺寸单位、施工技术要求等；该图表示的是圆端形桥墩，图内尺寸单位是 cm。要弄清楚安排了哪些视图，按照投影关系及形体分析方法，逐步读懂各部分的形状、尺寸大小及所用材料等。

读图时，可把桥墩分为基础、墩身和墩帽三部分。

（一）基　础

目前常用的基础类型有明挖基础和桩基础。

（二）墩　身

墩身的顶面和底面都是圆端形，两圆端形的半圆圆心距均为 590 cm。由正面及侧面图得知：顶面和底面圆端直径为 220 cm，高为 200 ~ 1 500 cm。由上述各部分尺寸并结合视图可知，墩身是由两端半圆柱和中间的矩形柱组合而成的。墩身所用的材料为 C30 混凝土。

（三）墩　帽

由图中的正面图和侧面图可知，墩帽由托盘和顶帽两部分组成。顶帽是矩形的，垫石顶面高于顶帽的排水坡 39 cm。顶帽上设置不小于 3%的排水坡，且设 20 cm 飞檐。托盘和顶帽所用的材料为 C30 混凝土，支承垫石用 C50 的钢筋混凝土。

1. 托　盘

托盘的下表面为圆端形，上表面为矩形，下表面两个半圆圆心距为 590 cm，由正面可知托盘高度为 150 cm。由上述各部分尺寸并结合视图可知，托盘是从圆端形渐变至矩形，托盘是由两端的斜锥体和中间的梯形柱组合而成。

2. 顶　帽

由图 6-3-4 的正面图、平面图及侧面图可知，顶帽是矩形板，尺寸为 1 050 cm × 270 cm；上表面是四面排水的倾斜平面，中间最厚处为 50 cm，边缘有 5 cm 的抹角。其他详细尺寸都表示在三个基本的投影图内。

在顶帽上部有 4 块垫石，各长 130 cm、宽 180 cm，上表面高出顶帽 39 cm。单线顶帽形状如图 6-3-7 所示，顶帽材料为钢筋混凝土。

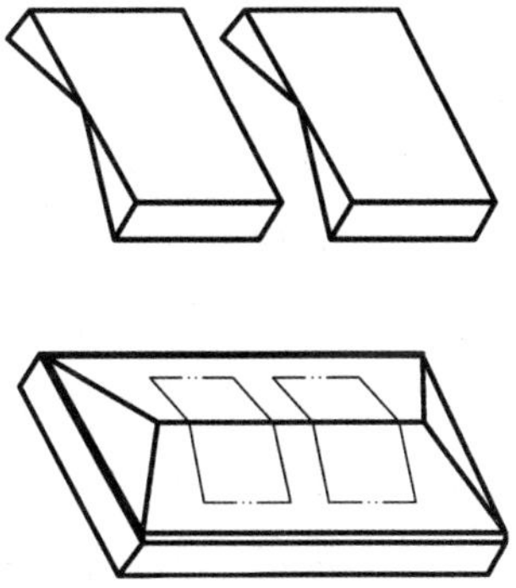

图 6-3-7　单线顶帽

桥墩的各组成部分在前后、左右方向是对称的。综合以上各部分，即可得出整个桥墩的形状。

目前，考虑到构造简单及施工方便，重力式双线圆端形桥墩墩身边坡采用一坡到底的形式：其中墩高 2 ~ 15 m 时，墩身边坡按直坡设计；墩高大于 10 m 时，直线墩墩身边坡 35 : 1；曲线墩墩身边坡 32 : 1（其中 10 ~ 15 m 设重叠段）。

四、桥墩钢筋图的识读

（一）桥墩顶帽及支承垫石钢筋布置图（见图 6-3-5）

（二）桥墩墩身护面钢筋布置图（见图 6-3-6）

护面钢筋工程数量见图中“钢筋数量表”。

任务 6.4　T 形桥台构造与施工图的识读

一、桥台的构造

虽然桥台的形式不同，但都是由基础、台身和台顶（包括顶帽、墙身和道砟槽）所组成。

1. 基　础

基础在桥台最下面。

2. 台　身

台身在基础上面，由前墙、后墙及托盘组成。托盘是用来承托台帽的。

3. 台　顶

台顶在桥台的上部，由顶帽、墙身和道砟槽三部分组成。顶帽是在前墙托盘上面，其顶面有支承垫石。墙身是后墙的延续部分。整个桥台最上部分为道砟槽。道砟槽两边最高的是挡砟墙，内侧有凹进去的防水层槽。两端是较低的端墙，其内侧也有凹进去的防水层槽。道砟槽中部是一个凹槽，在槽底的水平面上填有混凝土垫层，垫层做成中间向两边倾斜的平面，垫层上面铺设防水层，防水层四边嵌入防水层槽内。在挡砟墙内放置泄水管，以便将道砟槽内积水排出桥台以外。

4. 桥头引线及桥上线路

（1）特大桥和大中桥桥头引线的路肩高程，应高出桥梁设计洪水频率的水位（考虑水面坡度）加壅水高、波浪侵袭高、局部股流涌高、斜水流局部冲高、河弯超高、河床淤积等影响，至少 0.5 m。

小桥涵附近的路肩高程，应高出设计洪水频率水位加壅水高至少 0.5 m。

（2）锥体填方坡面应以全高防护，并根据水流流速，流冰、流木等情况合理选择防护方式。其坡脚垂裙顶面应位于一般冲刷线以下至少 0.25 m。

涵洞附近路堤坡面应铺砌防护。上、下游防护高度分别在设计洪水频率水位以上加 0.25 m，且不低于锥体高度。

（3）桥台与路基连接处应符合下列规定：

① 台尾上部伸入路肩最少 0.75 m。

② 锥体坡面距支承垫石顶面后缘不小于 0.3 m。

③ 锥体坡脚浸水时，锥体顺桥台坡脚不宜伸出台身前缘。

④ 锥体顺线路方向的坡度，在设防烈度小于等于 7 度时，路肩下 0 ~ 6 m 不陡于 1 : 1；6 ~ 12 m 不陡于 1 : 1.25，大于 12 m 不陡于 1 : 1.5。

⑤ 钢筋混凝土刚架桥的锥体坡面顺线路方向的坡度不陡于 1 : 1.5。

二、桥台的表达

桥台图一般有桥台构造图、台顶构造图及钢筋布置图等图样来表达。图 6-4-1 为 T 形桥台的构造图，它由侧面图、半平面和剖面图、半正面和半背面图所组成。

习惯上，在桥台构造图中，垂直于线路方向投影而得的图形称为侧面图，从桥孔顺着线路方向投影而得的图形称为桥台的正面图，从路基顺着线路方向投影而得的图形称为桥台的背面图。

（一）桥台构造图（以单线 T 形桥台为例）

1. 侧面图

桥台构造图

侧面图是从桥台侧面与线路垂直的方向投影而得到的，能较好地表达桥台的外形特征，并反映出钢轨底面及路肩的高程，因而将其安排在正立面图的位置。图中应注明轨底、路肩、地面线的高程，还应标注线路的中心里程（图中未示），从而确定桥台的位置。坡度为 1 : 1 及 1 : 1.25 的细实线表示桥台两侧锥体护坡与台身的交线。

2. 半平面及半剖面图

半平面主要表示道砟槽和顶帽的平面形状及尺寸。半剖面图是沿地面剖切而得到的剖面图，剖切位置在图中标注。它主要表示台身和基础的平面形状及尺寸。

3. 半正面图和半背面图

半正面图和半背面图是从桥台的正面和背面进行投影，两个方向所看到的情况不同。但同一桥台的正面或背面其桥台的高度，宽度总是相同的，所以各画一半，组合在一起，中间用点画线分开。这种图叫组合图，它们主要表示桥台正面和背面的形状和尺寸。半正面和半背面图上用虚线示出轨底高程。

（二）台顶构造图

台顶构造详图，简称台顶构造图。它主要表达桥台前墙顶部的顶帽和后墙上部的道砟槽的详细构造和尺寸。

图 6-4-2 所示的台顶构造图，台顶构造图共有四个基本视图，即侧面图、半正面、半 1—1 剖面图、半平面图。

1. 侧面图

侧面图主要表示道砟槽的形状、构造及泄水管的位置等。

2. 半正面

半正面图主要表示顶帽、台顶及道砟槽的正面形状。

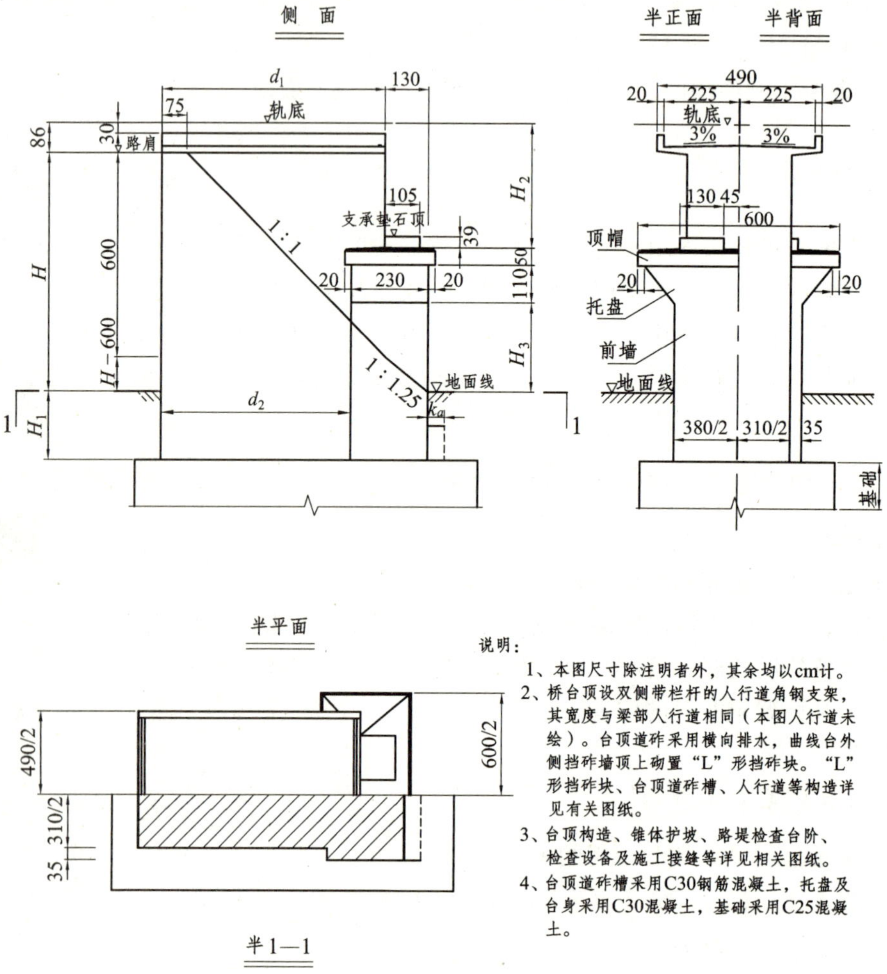

图 6-4-1 T 形桥台构造图

3. 半 1—1 剖面图

半 1—1 剖面图主要表示道砟槽内的构造和形状。

4. 半平面图

台顶的平面图考虑到桥台的前后对称，采用简化画法，即只画出平面投影的一半，中间用点画线并画上对称符号。它主要表示道砟槽的平面形状和尺寸、泄水管的平面位置及顶帽支承垫石的位置和尺寸。

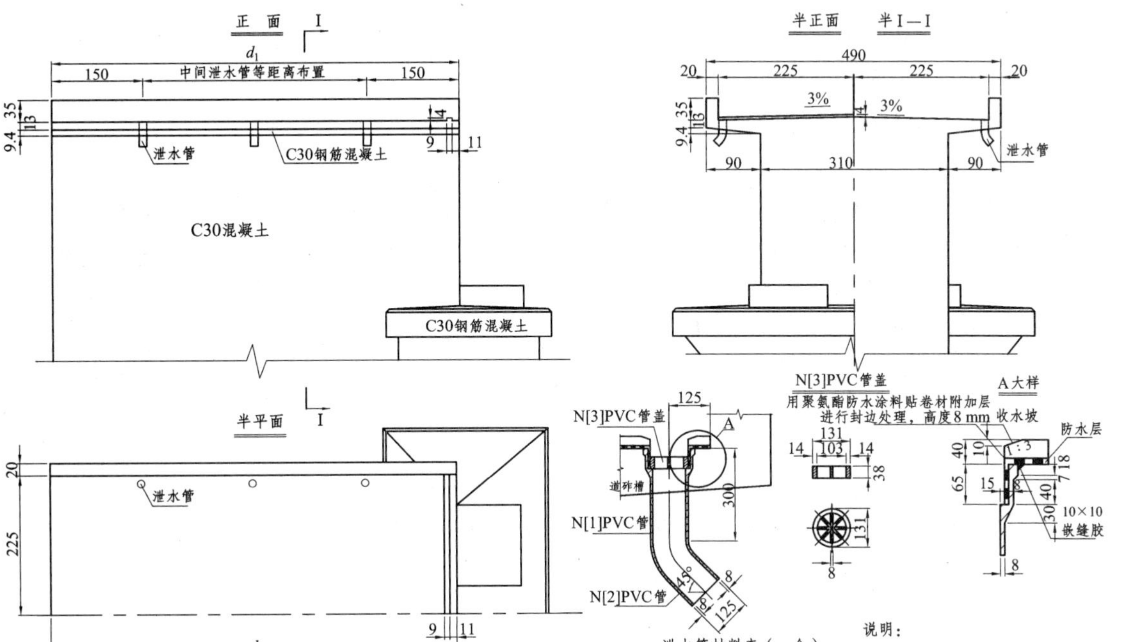

泄水管材料表（一个）

名称	直　径(mm)	数量	长　度(mm)	材质
N[1]	125	1	300	硬聚氯乙烯
N[2]	125	1	300	硬聚氯乙烯
N[3]	131	1	38	硬聚氯乙烯

说明：

1、本图尺寸除泄水管及管盖以mm计外，其余均以cm计。

2、曲线桥台曲线外侧设置“L”形挡砟块。

泄水管及管盖数量（一个桥台）

d_1（cm）	545～670	733～983	1045～1295
数量（个）	4	6	8

图 6-4-2　台顶构造图

三、桥台构造图识读

识读 T 形桥台构造图及台顶构造图的方法、步骤如下：

1. 看标题栏及附注说明

首先读标题栏、附注，从中了解桥台类型（支承梁跨度 32.0 m）、图样比例（示意）、尺寸单位（除注明者外，其余均以 cm 计）、各部分使用的材料（除基础外，C30 混凝土）等，然后根据各图形间的投影关系，分析研究桥台各部分的形状和大小。

2. 看桥台总图是由哪些视图组成及它们的表示方法、作用

图 6-4-1 是由侧面图、半平面图及半基顶剖面图、半正面和半背面图组成。

3. 分析桥台各部分结构形状

按照投影规律，并根据桥台的各组成部分，逐步分析并读出它们的形状和大小。

（1）基础：目前常用的基础类型同桥墩。

（2）台身：台身分为前墙、后墙和托盘三部分，前、后墙下表面形状可由半基顶剖面图看出，高度可由正面图和侧面图看出。如前墙的纵向尺寸为 230 cm，横向尺寸为 380 cm，高度为 $H_3 + H_1$，110 cm 为托盘高度。后墙的横向尺寸为 310 cm，底部纵向尺寸为 d_2。

4. 台顶构造图（见图 6-4-2）

台顶：台顶由顶帽、墙身、道砟槽三部分组成。

台顶构造图共有四个基本视图和两个详图，即侧面图、半正面、半 1—1 剖面图、半平面图和泄水管详图、A 详图。

道砟槽在桥台的最上面，该部分的结构形状比较复杂。由图 6-4-2 中的半 1—1 剖面图，并结合侧面图和半平面图得知，左右两边最高部分是道砟槽的挡砟墙外形，在挡砟墙下部设有泄水管，泄水管距离两端外表面各为 150 cm，中间排水管等距离布置。道砟槽底中间高，两边低，形成两面坡，坡度为 3%，以便排水。

泄水管（包括管盖）用硬聚氯乙烯材料。

台顶帽钢筋

任务 6.5　T 形截面预应力混凝土简支梁施工图的识读

一、T 形截面简支梁施工图概述

速度 160 km/h 客货共线铁路预制后张法简支 T 梁通桥（2005）2101。

1. 概述（角钢支架方案）

本梁图为速度 160 km/h 客货共线铁路预制后张法简支 T 梁通用参考图，结构类型为有砟轨道后张法预应力混凝土 T 形梁。

2. 适用范围与适用环境

（1）适用范围：适用于旅客列车设计行车速度 160 km/h、货物列车设计速度小于或等于 120 km/h（转 8A 货车设计速度小于或等于 80 km/h）客货共线标准轨距的铁路。最小曲线半径 1 200 m，双线线间距 4.2 m。既有线增建第二线时，最小线间距为 4.45 m（既有梁顶宽 3.9 m）。

（2）适用环境：一般大气条件下无防护措施的地面结构，环境类别为碳化环境作用等级 T1、T2 级。

3. 梁的构造

（1）本设计为后张法预应力混凝土多片式 T 形梁，单线采用两片梁，双线采用四片梁。多片 T 形梁采用桥面板及横隔板连接的措施连成整体，在隔板处施加横向预应力。

（2）单线铁路桥面宽 4.9 m，双线铁路桥面宽 9.1 m。

（3）本设计按双线间距 4.2 m 设计，当线间距大于 4.2 m 小于 5.0 m 时调整中间梁湿接缝宽度，以满足实际线间距的需要；当线间距大于 5.0 m 时采用并置线布置；当线间距为 4.0 m 时，中间梁湿接缝由 0.5 m 缩小至 0.3 m。线路设备轨枕为Ⅲ型枕，正线钢轨采用 60 kg/m 轨，轨底枕下道砟最小为 300 mm，轨底至梁顶的设计计算高度取 650 mm。

（4）轨底至梁底建筑高度为 3.15 m。预制单线梁及双线边梁顶宽为 2.3 m，双线中梁顶宽 1.7 m，下缘宽均为 0.88 m。

（5）为防止施加预应力时发生斜弯曲，边梁桥面板外侧设断缝，断缝宽 10 mm。断缝末端应为圆弧状，以防应力集中。

（6）桥面板上横向设 2.0%的排水坡。边梁外侧悬臂板下缘设置滴水槽。

（7）挡砟墙高 350 mm，曲线桥外侧挡砟墙高 250 mm，挡砟块用于砂浆砌于挡砟墙上。

（8）电缆槽可挂在角钢支架上。

（9）桥面铺设防水层和保护层。

（10）两孔梁梁缝间铺设三元乙丙橡胶止水带，并用钢盖板覆盖。

（11）接触网支柱均设于桥墩上。

（12）桥上线路铺设护轨。

4. 混凝土材料

（1）梁体混凝土强度等级为 C55。

（2）封锚混凝土采用补偿收缩混凝土，强度等级同梁体。

（3）现场浇筑横隔板及桥面板连接湿接缝混凝土采用补偿收缩细石混凝土，强度等级同梁体。

（4）人行道板混凝土强度等级为 C30。

（5）L 形挡砟块混凝土强度等级为 C30。

5. 钢筋布置

（1）预应力筋。

纵向预应力筋、横向预应力筋均采用直径为 15.2 mm 的钢绞线，抗拉强度为 1 860 MPa，弹性模量为 1.95×10^5 MPa。

（2）普通钢筋。

普通钢筋采用 Q235 钢筋及 HRB335 钢筋。

6. 其　他

（1）泄水管采用外径 125 mm、壁厚 8 mm 的 PVC 管。

（2）支座采用盆式橡胶支座，竖向承载力为 2 600 kN，顺桥向位移 10 mm。

（3）纵向预应力管道用抽拔式橡胶管成孔，横向预应力用预埋金属波纹管成孔。

（4）横隔板联结钢板、预埋 T 形钢、支架角钢、两孔梁间缝钢盖板均采用 Q235 钢料。

二、T 形截面简支梁施工图的识读

1. 桥面布置图（见图 6-5-1）

有砟轨道后张法预应力混凝土 T 形梁，单线采用两片梁，双线采用四片梁。本设计按双线间距 4.2 m 设计，单线铁路桥面宽 4.9 m，双线铁路桥面宽 9.1 m。

2. 梁概图（见图 6-5-2）

预制单线梁及双线边梁顶宽为 2.3 m，双线中梁顶宽 1.7 m，下缘宽均为 0.88 m。梁体混凝土强度等级为 C55。

梁内非预应力钢筋中采用光圆钢筋 Q235 和螺纹钢筋 HRB335。梁的跨度 32.0 m，梁长 32.6 m，梁高 2.5 m，挡砟墙高 0.35 m，预埋 T 钢、泄水管的位置，桥面板上横向设 2.0%的排水坡。边梁外侧悬臂板下缘设置滴水槽。横隔板的间距 4.0 m、位置及个数（9 处）。

梁截面主要尺寸，跨中截面上翼缘宽 2.30 m，外侧最小厚度 0.13 m。为了使梁体截面重心接近腹板中心线，同时使梁顶具有横向排水斜坡，内侧的翼缘板较厚 0.24 m。每片梁在跨中大部分范围内腹板厚度较薄，考虑钢筋的合理布置和施工方便，端部腹板厚为 0.44 m，下翼缘宽度为 0.88 m，下缘顶面设的斜坡，以便于混凝土的灌注。力筋束集中布置在下翼缘，以降低预应力筋的重心，增大偏心，提高预加力的效果，下翼缘保持一定的宽度可提高单片 T 形梁的稳定性。为防止施加预应力时发生斜弯曲，边梁桥面板外侧设断缝，断缝宽 10 mm。断缝末端应为圆弧状，以防应力集中。

中间横隔板厚度较端横隔板厚度小，主要是考虑到维修或更换支座时，需在端横隔板下放置千斤顶，因此端横隔板又称顶梁。为了便于维修检查，所有横隔板中间留有方孔。

单线曲线上梁桥面布置图

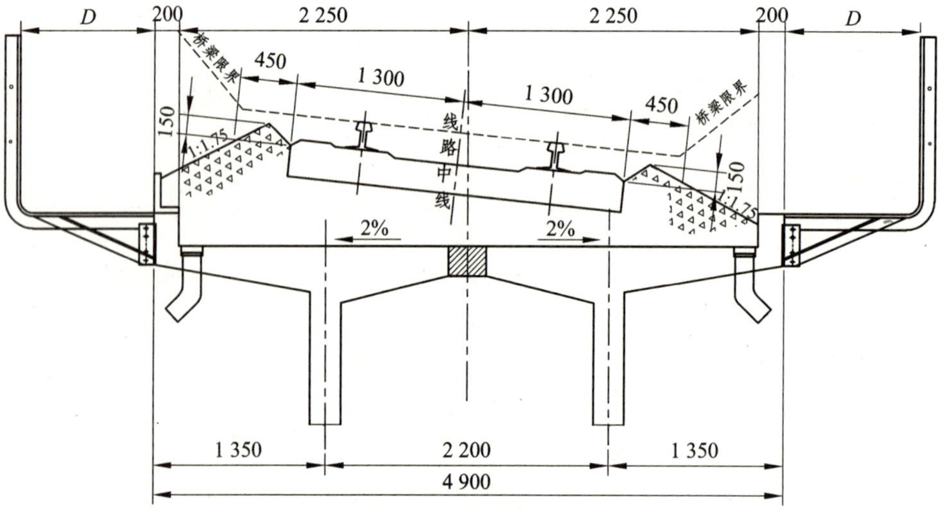

单线直线上梁桥面布置图

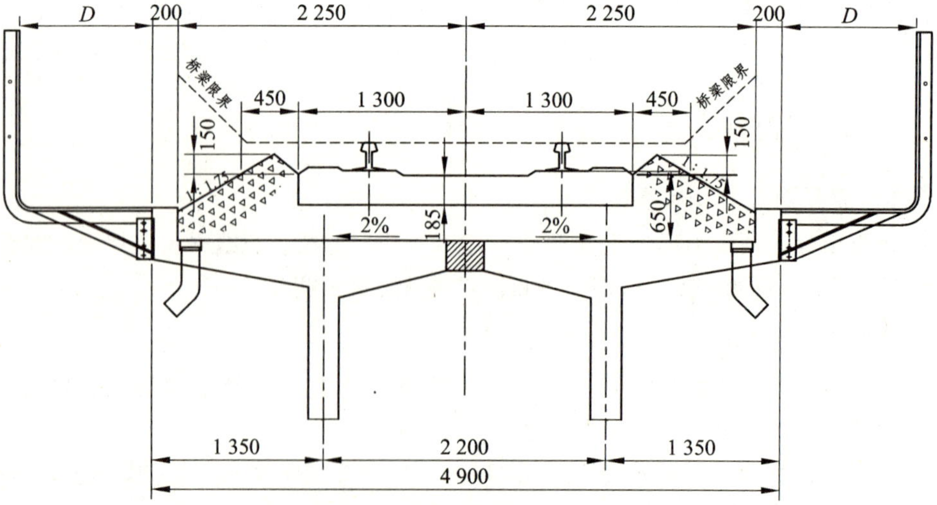

（a）单线

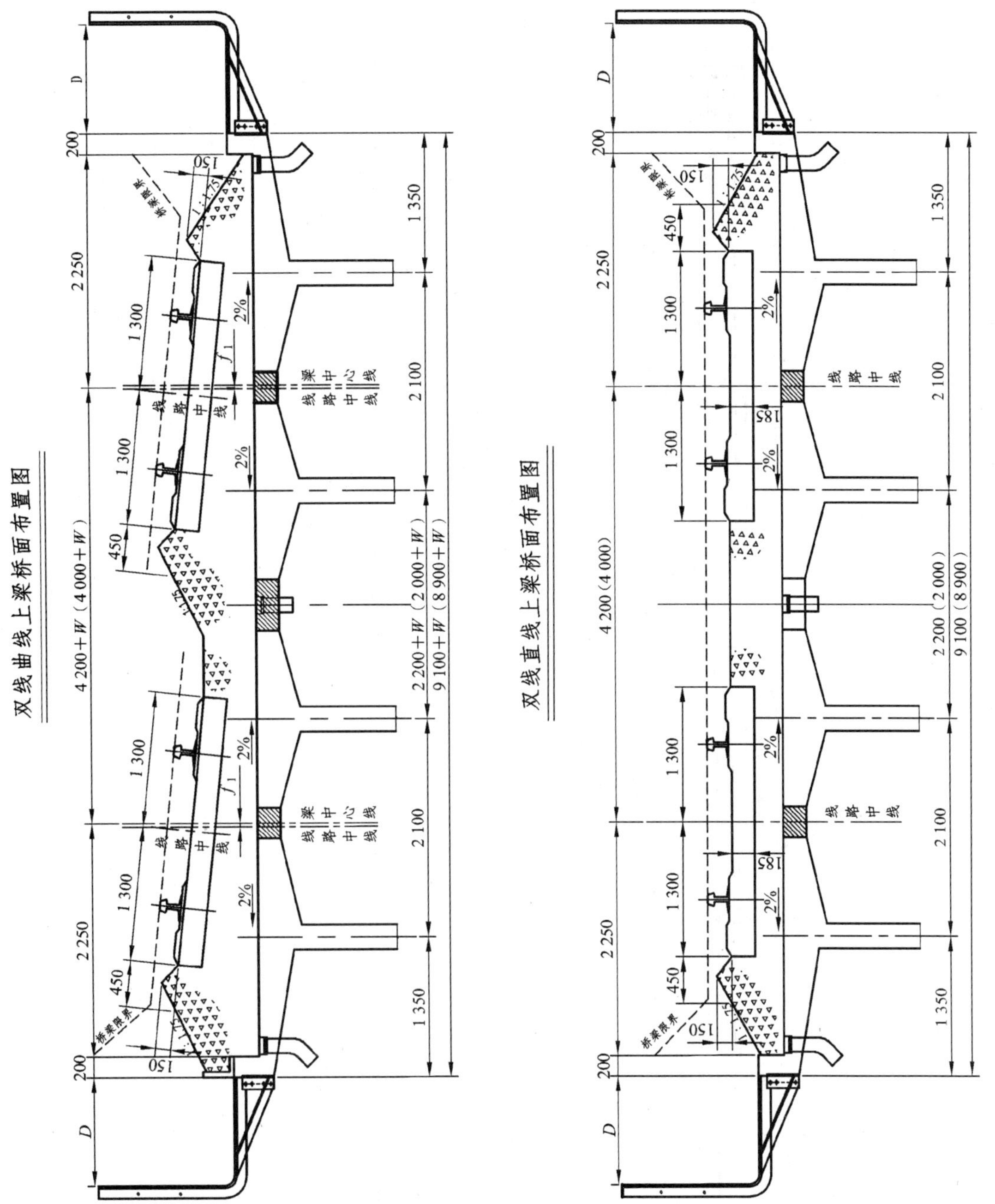

（b）双线

图 6-5-1　桥面布置图（尺寸单位：mm）

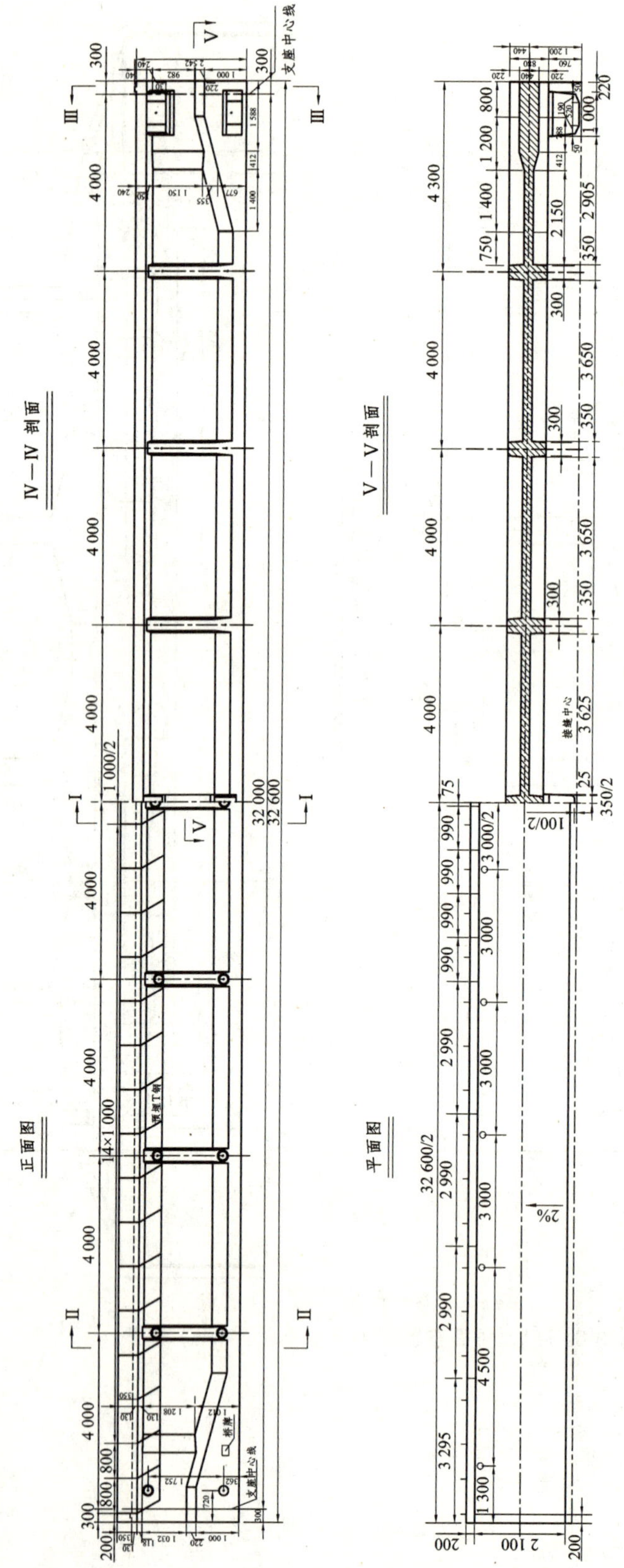

（a）

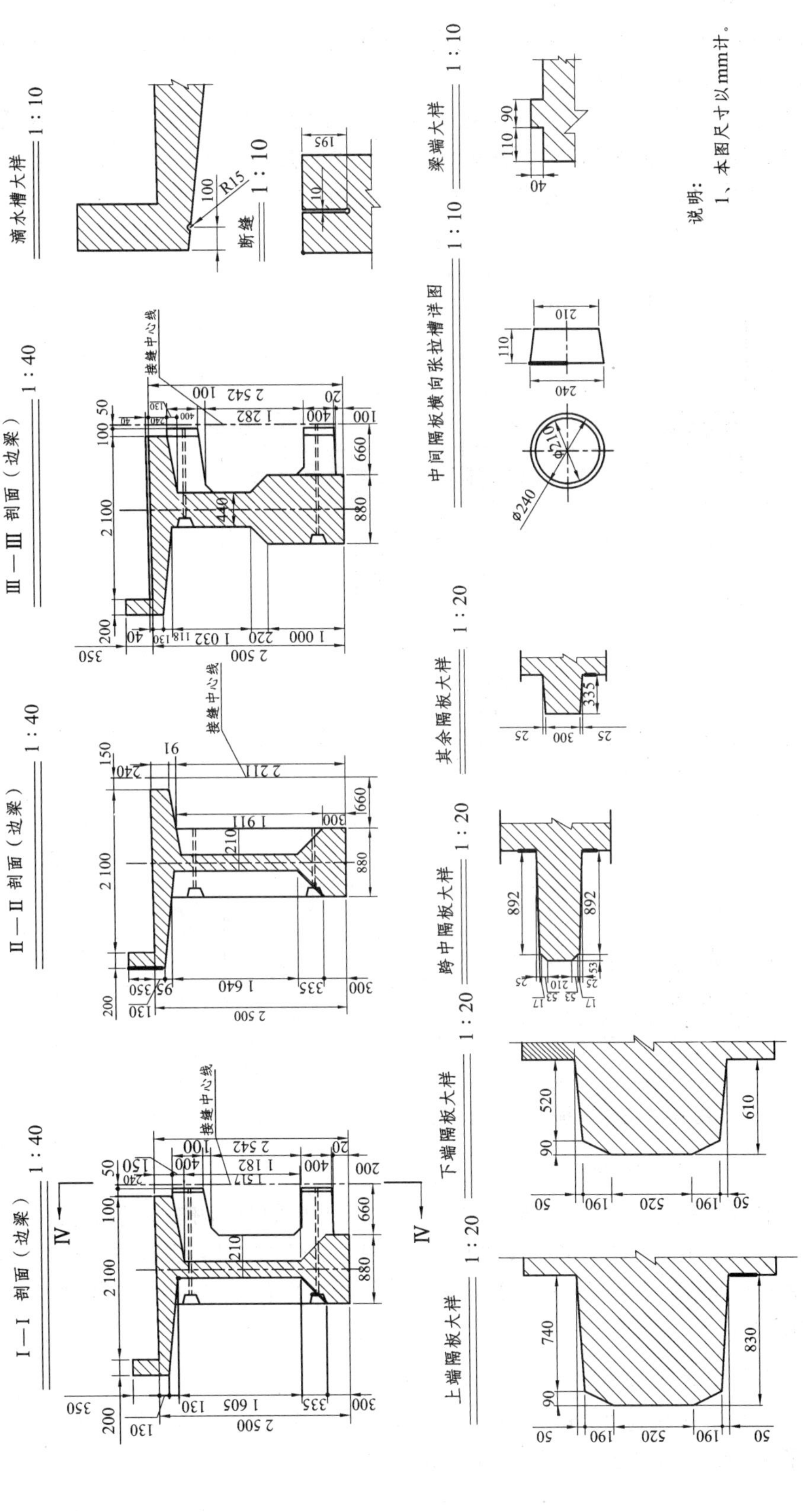

Ⅰ—Ⅰ 剖面（边梁）　1 : 40
Ⅱ—Ⅱ 剖面（边梁）　1 : 40
Ⅲ—Ⅲ 剖面（边梁）　1 : 40
滴水槽大样　1 : 10
断缝　1 : 10
接缝中心线
上端隔板大样　1 : 20
下端隔板大样　1 : 20
跨中隔板大样　1 : 20
其余隔板大样　1 : 20
中间隔板横向张拉槽详图　1 : 10
梁端大样　1 : 10
说明：
1、本图尺寸以mm计。

（b）

图 6-5-2　梁概图

3. 梁横向布置示意图（见图 6-5-3）

多片 T 梁采用桥面板及横隔板连接的措施连成整体，在隔板处施加横向预应力。桥面两侧设人行道，人行道宽 D（分为 0.8 m、1.05 m 两种）。

现场湿接缝的位置，设有与梁一起灌筑的横隔板。横隔板的作用不仅在于使两片梁连成整体，保持横向稳定性，更重要的是使两片梁在列车荷载下能很好地分担荷载共同工作和防止梁受扭转变形。两片梁架好后，应先将横隔板连接好才能通车。

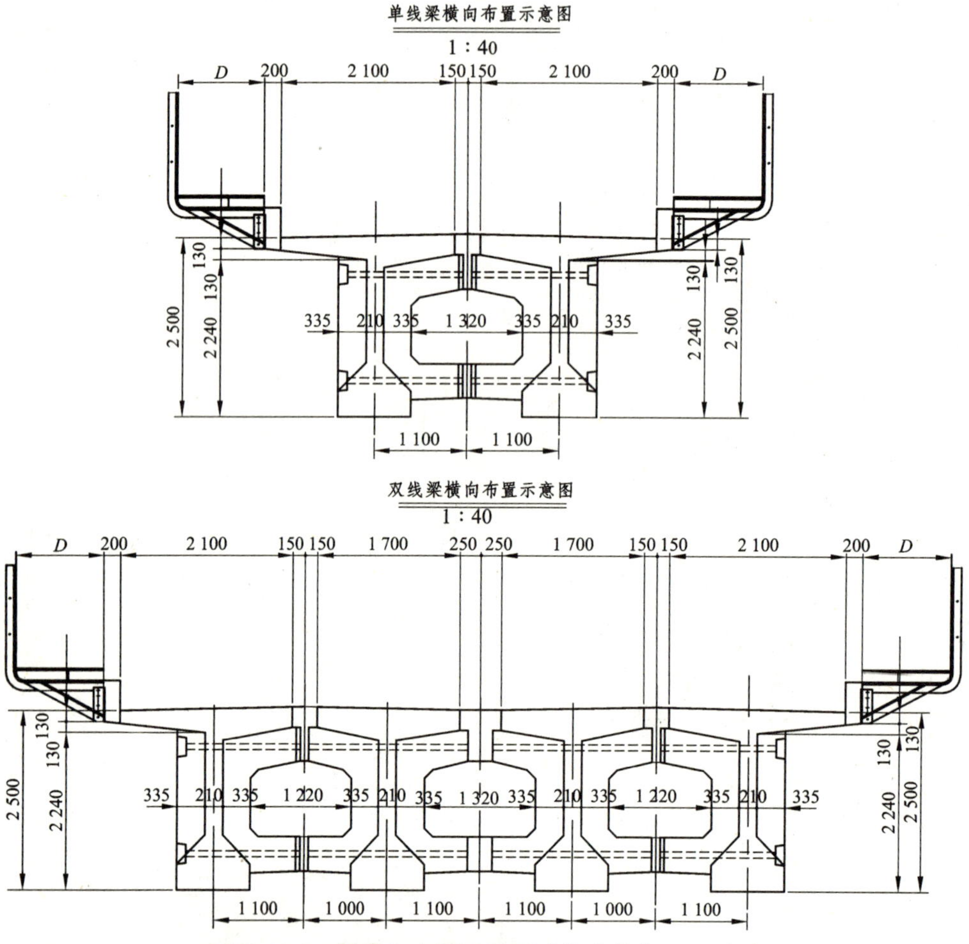

图 6-5-3 梁横向布置示意图（尺寸单位：mm）

4. 预应力筋束布置图（见图 6-5-4）

每片梁中布置预应力钢绞束 9 束，编号 $N1 \sim N7$，由跨中间两端相继弯起锚固在梁的受压区，并和箍筋一起承受主拉应力。$N4 \sim N7$ 每束钢绞束由 7 根 7Φ5 钢绞线组成，钢绞线的极限抗拉强度为 1 850 MPa。力筋束管道用抽拔式橡胶管或波纹管形成。图中详细绘制了半跨范围内钢绞束的定位尺寸。

5. 梁顶排水设施图（见图 6-5-5）

泄水管的位置由端部依次为 1.3 m + 4.5 m + 3.0 m（中间等间距），桥面板上横向设 2.0% 的排水坡。泄水管采用外径 125 mm、壁厚 8 mm 的 PVC 管。

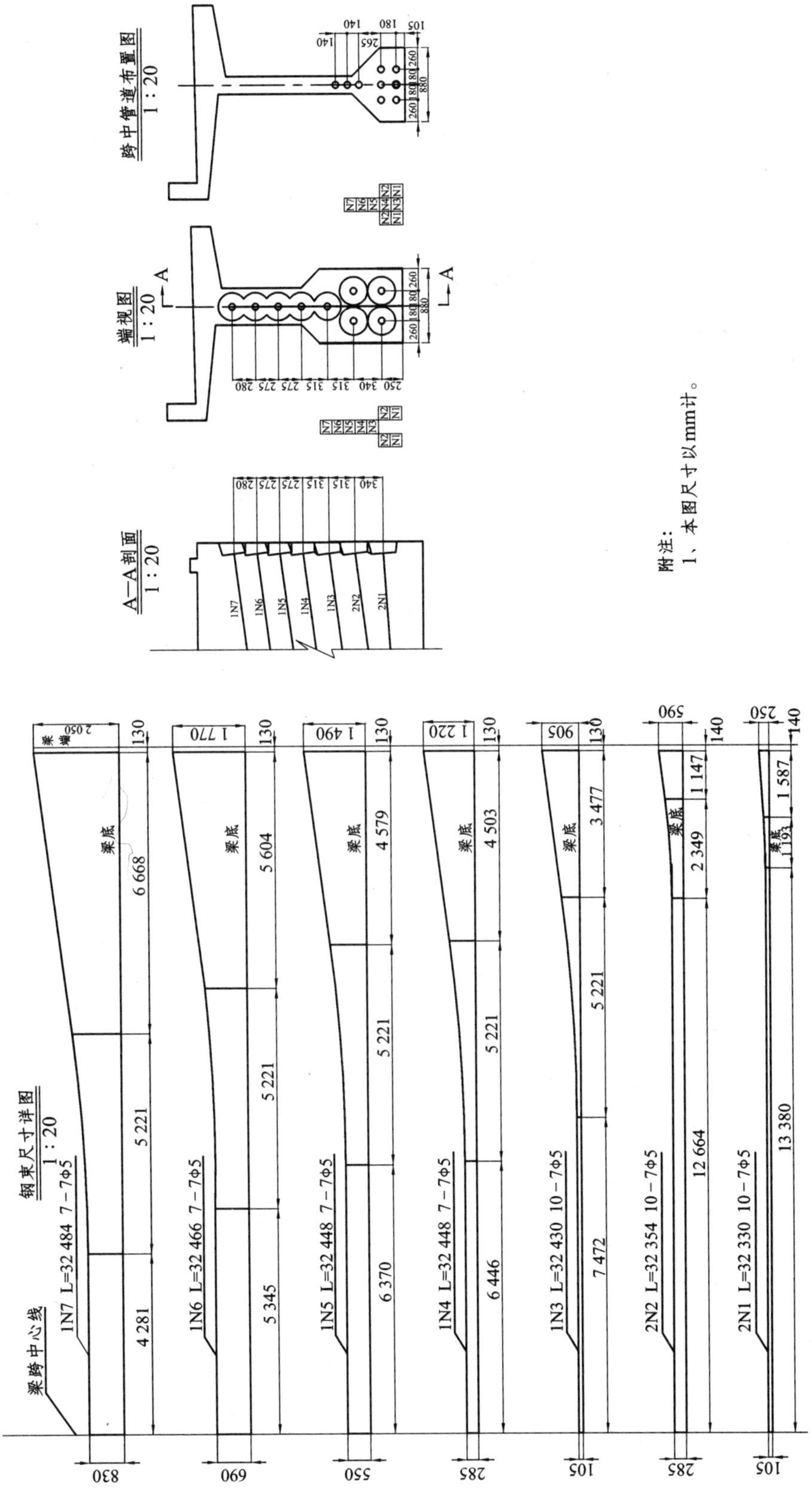

附注：
1、本图尺寸以mm计。

图 6-5-4　预应力筋束布置图

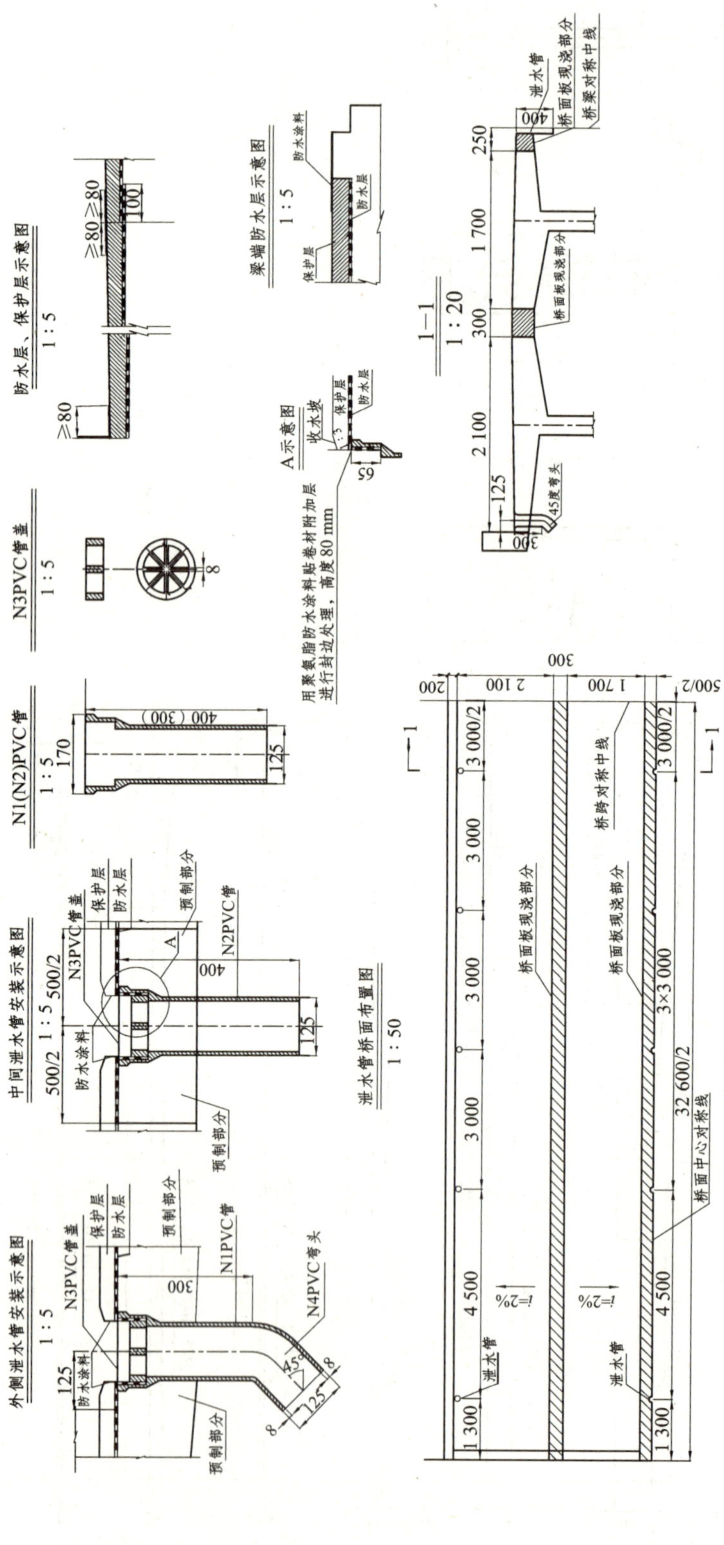

图 6-5-5　梁顶排水设施图（尺寸单位：mm）

6. 人行道支架构造、人行道步板布置与构造图（见图 6-5-6）

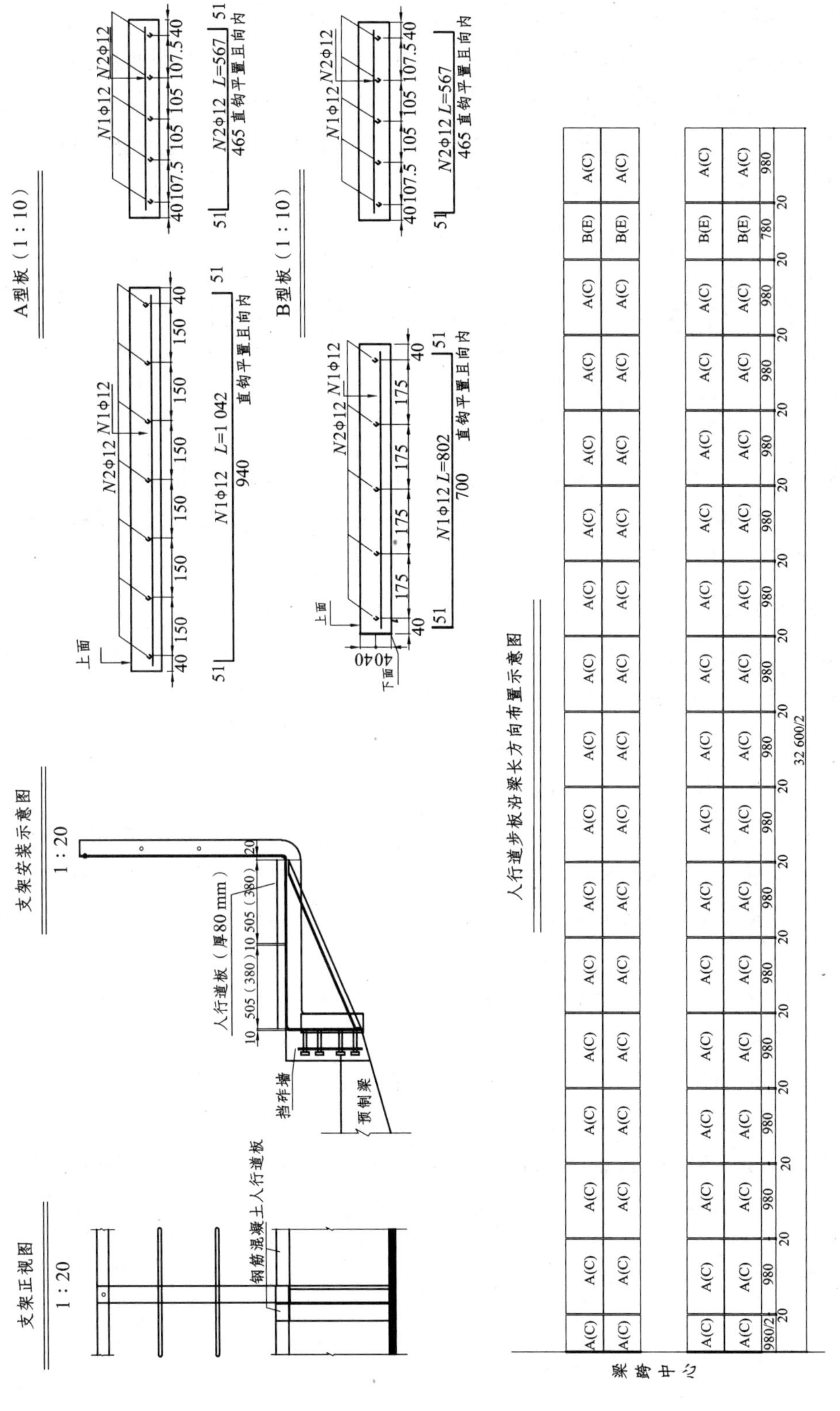

图 6-5-6　人行道支架构造、人行道步板布置与构造图（尺寸单位：mm）

桥面两侧设人行道，人行道宽分为 0.8 m、1.05 m 两种。人行道角钢支架与预埋在挡砟墙处 T 形钢拴接。挡砟墙高 350 mm，挡砟块用于砂浆砌于挡砟墙上。

人行道步板混凝土强度等级为 C30。每孔梁共用 124 块 A（C）型人行道步板，8 块 B（E）型人行道步板。人行道步板预制时应注明上下面，铺设时不能倒置。

括号外数字及编号适用于人行道 1.05 m 宽方案。括号内数字及编号适用于人行道 0.8 m 宽方案。

任务 6.6　钻孔灌注桩施工图的识读

一、钻孔灌注桩概述

本图适用于铁路桥梁实体墩台及底部具有实体过渡段的空心墩台的钻（挖）孔灌注桩基础，包括钻（挖）孔灌注桩的细部构造、承台与桩身的连接、承台钢筋布置以及桩身钢筋布置。本图为矩形承台，圆形截面桩身。

1. 承台构造及其与桩身的连接

桩身伸入承台座板内的长度为 10 cm，承台按构造配置的单层钢筋网置于桩身的顶面之上，直径不得小于 20 mm，其纵、横向的间距采用 t 表示。

2. 桩身钢筋布置

（1）桩身主筋根数及配筋范围根据桩身内力计算确定。

（2）钻孔灌注桩应采用 Q235 钢筋，挖孔灌注桩也可采用未经高压穿水处理过的 HRB335 钢筋。主筋直径本图按 16 mm、20 mm、22 mm、25 mm 四种设计，工点设计时可按不同受力情况选用。主筋一般按单根钢筋布置，当主筋根数较多，相邻主筋净距离小于 8 cm 时，可按束筋布置，但每束不宜多于 2 根。

（3）在桩身配筋范围内，可根据受力情况及主筋根数分段配筋，当分段配筋时，下段主筋根数为上段（控制截面）根数的一半，分段点位置视桩身内力分布确定。

（4）桩顶伸入承台的主筋长度，无论是 Q235 钢筋，还是未经高压穿水处理过的 HRB335 钢筋，均按 45 倍直径设置，其顶部向外弯成与竖直倾斜 15°的喇叭形。主筋下端不设弯钩。

（5）箍筋采 8 mm Q235 筋，间距 20 cm，并在整个桩长范围内自承台座板底向下每 2 m 设置一道直径与主筋相同的加劲箍筋，以增大钢筋笼的刚度。

二、钻孔灌注桩施工图识读

1. 桩基构造

桩基构造见图 6-6-1。

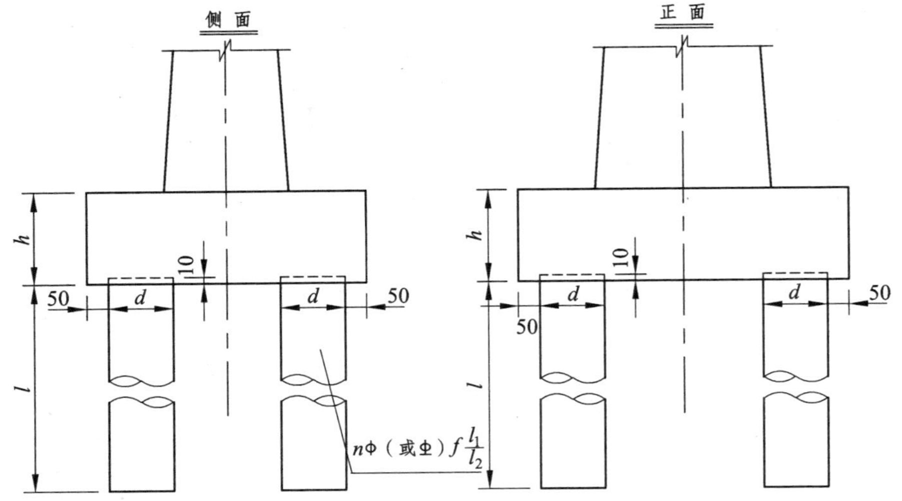

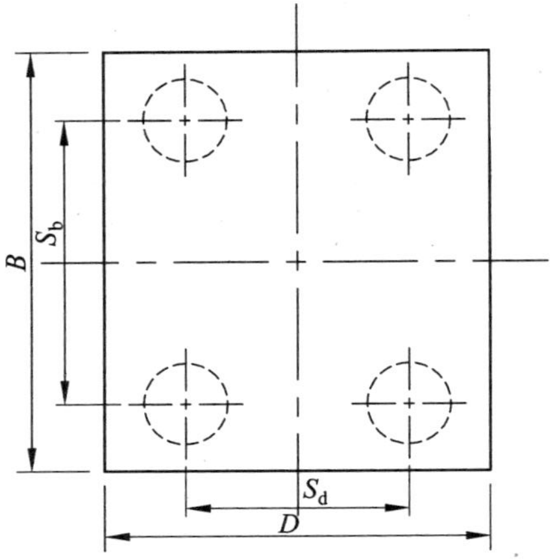

工程数量表

项　　目	单位	数　　量
承台混凝土	m^3	$B\times D\times h$
桩身钢筋混凝土	m^3	$m\frac{\pi}{4}d_1^2l_1$
桩身混凝土	m^3	$m\frac{\pi}{4}d_1^2(l-l_1)$

说明：

1、本图除钢筋直径以mm计及标明者外，其余均以cm计。

2、本图仅表示桩身与承台的连接关系以及桩基构造在工点设计中的标注方法，桩的根数及其布置详见工点设计图。

3、使用本参考图时，在设计工点的立面图中，以“ nΦ（或Φ）$f\frac{l_1}{l_2}$”进行钢筋标注，图中：

n——一根桩身控制截面的主钢筋根数；

Φ——Q235钢筋；

Φ——HRB335钢筋；

f——主筋直径，以mm计；

l_1——承台底座底板以下桩身按钢筋混凝土配筋区段的钢筋长度，以cm计；

l_2——承台底座底板以下桩身按控制截面配筋区段的钢筋长度，以cm计。

4、工程数量表中：

B——承台横向（垂直线路方向）长度，以m计；

D——承台纵向（顺线路方向）长度，以m计；

h——承台高度，以m计；

m——桩的根数；

d_1——成孔桩径，以m计，对于挖孔桩与设计桩径（d）同；

l——桩长，以m计；

l_1——同前说明，但以cm计。

5、工程数量表中未列挖孔护壁数量。

图 6-6-1　桩基构造

桩身伸入承台座板内的长度为 10 cm。

2. 承台座板钢筋布置图（见图 6-6-2）

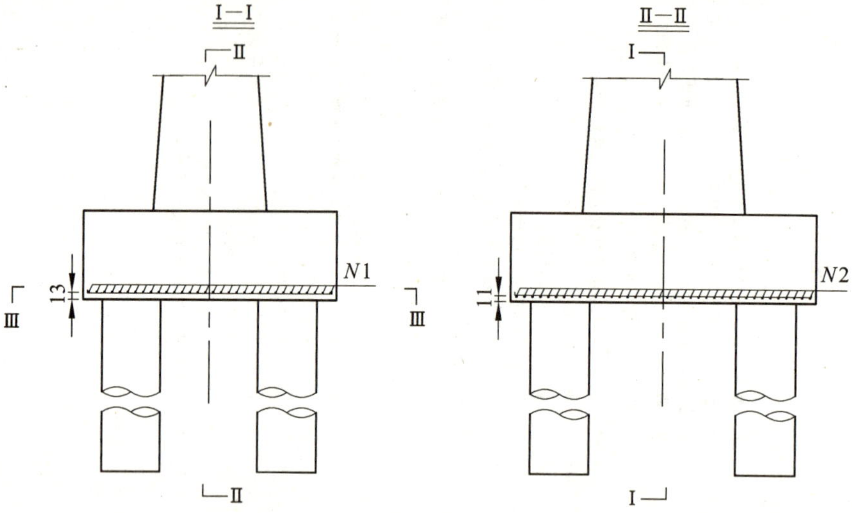

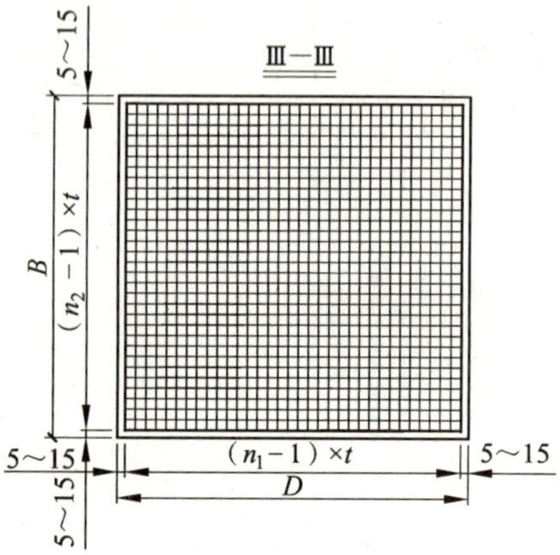

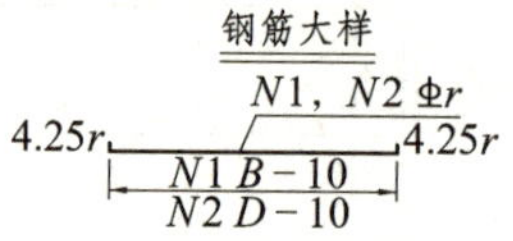

承台钢筋数量表

编号 N	每根长度 (cm)	根数 n	总长 (m)	总重量 (kg)
N1	$B+8.5r-10$	n_1=INT($D/t+0.5$)	$n_1(B+0.085r-0.1)$	$\pi\times r^2/4\times 78.5\times n_1(B+0.085r-0.1)$
N2	$D+8.5r-10$	n_2=INT($B/t+0.5$)	$n_2(D+0.085r-0.1)$	$\pi\times r^2/4\times 78.5\times n_2(D+0.085r-0.1)$
总重合计：	$\pi\times r^2/4\times 78.5\times[n_1B+n_2D+(0.085r-0.1)\times(n_1+n_2)]$			

图 6-6-2 承台座板钢筋布置图

承台按构造配置的单层钢筋网置于桩身的顶面之上。

桩钢筋

（1）本图尺寸除 B、D 在数量表总长、总重量及总重合计栏内以 m 计外，其余均以 cm 计。需改变钢筋布置时，可另绘图。

（2）当桩顶外缘（按设计桩径）位于自承台座板顶面处墩台外缘向下扩散的 45°角范围内，且相邻桩中心距不大于 5 倍设计桩径时，按本图配置承台构造钢筋。

（3）图中 t 表示承台钢筋 $N2$、$N1$ 的间距。本图统一取 t=10 cm，且纵、横向间距相等，钢筋直径 d 采用不小于 20 mm 的未经高压穿水处理过的 HRB335 钢筋。

（4）本图未示桩身顶部伸入承台座板内的钢筋，当桩身钢筋与承台钢筋有抵触时，可以适当调整承台座板钢筋间距，但承台座板钢筋网不得截断。

（5）数量表中 INT 为取整函数符号（即舍去小数部分），π取 3.14。

3. 桩身钢筋布置（见图 6-6-3）

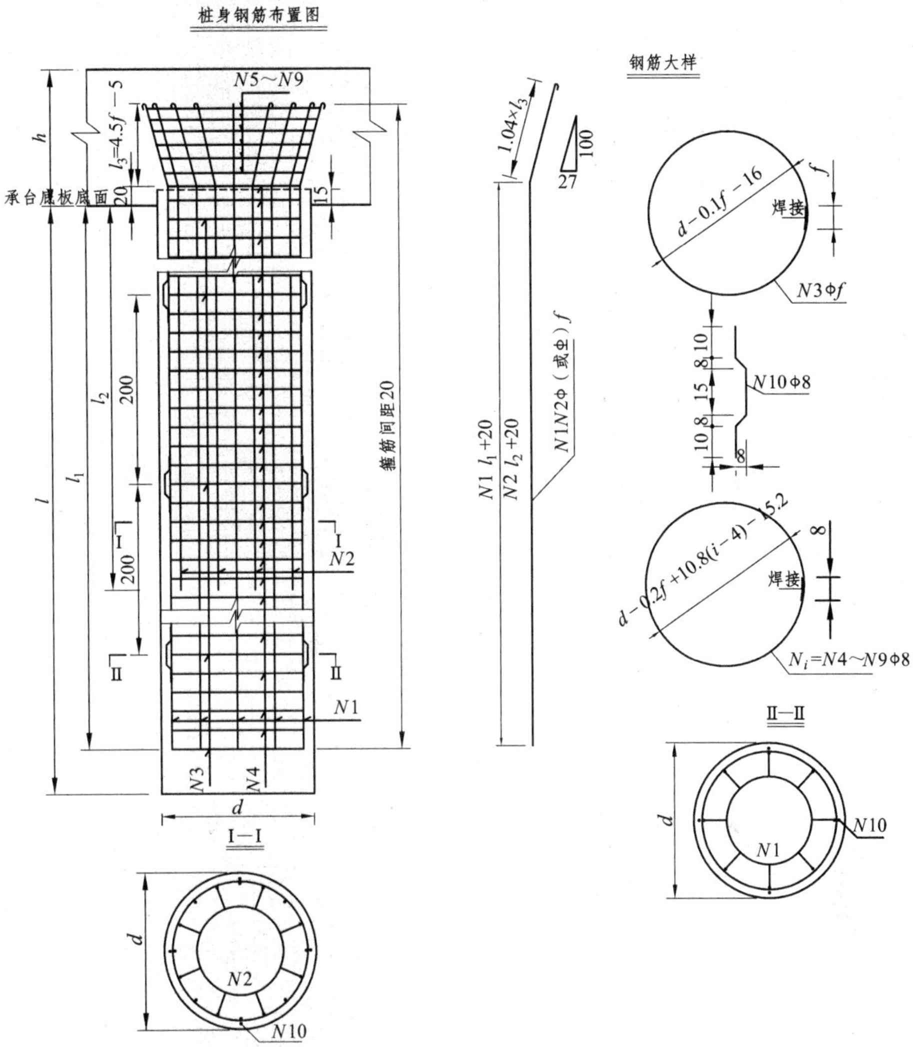

图 6-6-3　桩身钢筋布置

主筋顶部向外弯成与竖直方向倾斜 15°的喇叭形，下端不设弯钩。箍筋采 8 mm Q235 筋，间距 20 cm，并在整个桩长范围内自承台座板底向下每 2 m 设置一道直径与主筋相同的加劲箍筋，以增大钢筋笼的刚度。主筋直径本图按 16 mm、20 mm、22 mm、25 mm 四种设计。钢筋数量见图 6-6-4。

桩身钢筋

（1）本图尺寸除钢筋直径以 mm 计外，其余均以 cm 计。

（2）图中桩身主筋 N1、N2 之间钢筋种类及其直径 d、桩身顶部控制截面主筋总根数 n（本图按 n =16 绘制）、桩身（承台座板底面算起）配筋长度 l_1 以及控制截面配筋长度 l_2 均在工点设计总布置图中标注。

（3）本图在桩身配筋范围内，分两段配筋绘制，下段主筋根数为上段（控制截面）根数的一半，分段点位置视桩身内力分布在工点设计中确定。当控制截面主筋根数较少，下部采用半数配筋根数少于 8 根或其他由于受力情况需要时，也可按等段配筋，此时 $l_1=l_2$。

桩径d=1.00 m桩身钢筋数量表

主筋直径(mm)	编号N	钢筋直径(mm)	每根长度(cm)	根数	总长(m)
16	1	16	l_1+100	$n/2$	$n/(l_1+1.00)/2$
	2	16	l_2+100	$n/2$	$n/(l_2+1.00)/2$
	3	16	275	$\mathrm{INT}(l_1/2+0.5)+1$	$2.75\times[\mathrm{INT}(l_1/2+0.5)+1]$
	Φ16合计	总重（kg）$1.578\times[n(l_1/2+l_2/2+1.00)+2.75\times\mathrm{INT}(l_1/2+0.5)+1)]$			
	4	8	264	$\mathrm{INT}(5l_1)-\mathrm{INT}(l_1/2+0.5)+1$	$2.64\,[\mathrm{INT}(5l_1)-\mathrm{INT}(l_1/2+0.5)+1]$
	5	8	298	1	2.98
	6	8	332	1	3.32
	7	8	366	1	3.66
	10	8	58	$4\times\mathrm{INT}(l_1/2)$	$2.32\times\mathrm{INT}(l_1/2)$
	Φ8合计	总重（kg）$0.395\times\{9.96+2.64[\mathrm{INT}(5l_1)-\mathrm{INT}(l_1/2+0.5)+1]+2.32\times\mathrm{INT}(l_1/2)\}$			
20	1	20	l_1+121	$n/2$	$n(l_1+1.21)/2$
	2	20	l_2+121	$n/2$	$n(l_2+1.21)/2$
	3	20	278	$\mathrm{INT}(l_1/2+0.5)+1$	$2.78\times[\mathrm{INT}(l_1/2+0.5)+1]$
	Φ20合计	总重（kg）$2.466\times\{n(l_1/2+l_2/2+1.21)+2.78\times[\mathrm{INT}(l_1/2+0.5)+1]\}$			
	4	8	262	$\mathrm{INT}(5l_1)-\mathrm{INT}(l_1/2+0.5)+1$	$2.62\times[\mathrm{INT}(5l_1)-\mathrm{INT}(l_1/2+0.5)+1]$
	5	8	296	1	2.96
	6	8	330	1	3.3
	7	8	364	1	3.64
	8	8	398	1	3.98
	10	8	58	$4\times\mathrm{INT}(l_1/2)$	$2.32\times\mathrm{INT}(l_1/2)$
	Φ8合计	总重（kg）$0.395\times\{13.88+2.62\times[\mathrm{INT}(5l_1)-\mathrm{INT}(l_1/2+0.5)+1]+2.32\times\mathrm{INT}(l_1/2)\}$			

主筋直径(mm)	编号N	钢筋直径(mm)	每根长度(cm)	根数	总长(m)
22	1	22	l_1+132	$n/2$	$n/(l_1+1.32)/2$
	2	22	l_2+132	$n/2$	$n/(l_2+1.32)/2$
	3	22	279	$\mathrm{INT}(l_1/2+0.5)+1$	$2.79\times[\mathrm{INT}(l_1/2+0.5)+1]$
	Φ22合计	总重（kg）$2.984\times\{n(l_1/2+l_2/2+1.32)+2.79\times[\mathrm{INT}(l_1/2+0.5)+1]\}$			
	4	8	261	$\mathrm{INT}(5l_1)-\mathrm{INT}(l_1/2+0.5)+1$	$2.61\times[\mathrm{INT}(5l_1)-\mathrm{INT}(l_1/2+0.5)+1]$
	5	8	295		2.95
	6	8	328		3.28
	7	8	362		3.62
	8	8	396		3.96
	10	8	58	$4\times\mathrm{INT}(l_1/2)$	$2.32\times\mathrm{INT}(l_1/2)$
	Φ8合计	总重（kg）$0.395\times\{13.81+2.61\times[\mathrm{INT}(5l_1)-\mathrm{INT}(l_1/2+0.5)+1]+2.32\times\mathrm{INT}(l_1/2)\}$			
25	1	25	l_1+148	$n/2$	$n(l_1+1.48)/2$
	2	25	l_2+148	$n/2$	$n(l_2+1.48)/2$
	3	25	281	$\mathrm{INT}(l_1/2+0.5)+1$	$2.81\times[\mathrm{INT}(l_1/2+0.5)+1]$
	Φ25合计	总重（kg）$3.850\times\{n(l_1/2+l_2/2+1.48)+2.81\times[\mathrm{INT}(l_1/2+0.5)+1]\}$			
	4	8	259	$\mathrm{INT}(5l_1)-\mathrm{INT}(l_1/2+0.5)+1$	$2.59\times[\mathrm{INT}(5l_1)-\mathrm{INT}(l_1/2+0.5)+1]$
	5	8	293	1	2.93
	6	8	327	1	3.27
	7	8	360	1	3.6
	8	8	394	1	3.94
	9	8	428	1	4.28
	10	8	58	$4\times\mathrm{INT}(l_1/2)$	$2.32\times\mathrm{INT}(l_1/2)$
	Φ8合计	总重（kg）$0.395\times\{18.02+2.59\times[\mathrm{INT}(5l_1)-\mathrm{INT}(l_1/2+0.5)+1]+2.32\times\mathrm{INT}(l_1/2)\}$			

说明：

1、表中L_1、L_2除在每根长度栏中以cm计外，其余栏内均以m计。

2、表中INT为取整函数，即舍去小数部分。

图 6-6-4　钢筋数量

（4）桩顶伸入承台的主筋长度均按 45 倍直径设置，其箍筋 *N*5 ~ *N*9 按间距 20 cm 随 l_3 的长度取用，钢筋大样图中 *i* 为钢筋号数，如 *N*5 钢筋 *i*=5 等。

（5）箍筋 *N*4 采用 8 mm 的 Q235 筋，间距 20 cm，*N*3 为加劲箍筋，自钢筋笼在承台座板底面处设起，自下而上每 2 m 及钢筋笼底部设置，其零数可在最下两段内调整，但其间距不大于 2.5 m。*N*3 钢筋外缘至设计桩径混凝土表面的保护层厚度采用 8 cm。

（6）*N*10 为定位钢筋（耳环），在桩身配筋范围内每 2 m 沿圆周等距焊接 4 根。

（7）*N*1、*N*2 采用螺纹钢筋时其顶部的半圆形弯钩可改为直钩。

（8）桩身主筋与加劲箍筋务必焊牢，主筋与箍筋连接处宜点焊。若主筋较多时，可交错点焊或绑扎。

【项目小结】

桥墩构造识读　　桥台的组成　　桥台顶防水层

【项目训练】

试识读每个施工图。

项目7 地道桥及框构桥的顶进施工

【项目描述】

当水渠（或者行人车辆）在与铁路或公路相交时，为了不妨碍交通，在路堤下要修筑便于过人和通行车辆的涵洞。涵洞是铁路和公路的重要组成部分，涵洞要遵循安全、经济、美观、有利于环保的原则进行设计。设计时要注意满足行车、排水、净空等要求。

横穿铁路路基的钢筋混凝土箱形框架结构，称为地道桥或框构桥。一般采用顶进法施工，即在既有线限速行车（或者正常行车）的条件下，用顶、拉或顶拉结合的方法，将预制的框架结构送入铁路路基。顶进孔数由单孔、双孔、三孔到四孔连续框架；由横向分解顶进、纵向分节顶进到四孔连续框架整体顶进。各种刚构桥、圆涵、整体拱涵等都可以顶进就位。近年来还运用了气垫技术和向四壁压注膨润土泥浆来减少顶进阻力，以及采用激光导向自动纠偏等先进技术。这种方法占地少，对行车干扰少，施工进度快，同时亦可用于圆管涵的施工。

【项目目标】

（1）能够对涵渠进行分类；
（2）能根据现场的地形、地质、线路条件，选择合适的顶进作业工艺；
（3）能根据既有线路的运营要求，选择合适的线路加固方法；
（4）能根据顶进工艺，选择合适的减少阻力的方法；
（5）能根据顶进现场情况，控制顶进的方向和高程；
（6）能根据顶进工艺，合理组织现场施工。

任务7.1 涵洞及框构桥的构造

一、涵洞的构造

涵洞是一种埋设在路堤下面，用来排泄小量水流或通过小型车辆和行人的建筑，涵洞上面有回填土，涵洞顶至轨底的填方厚度不应小于1.2 m。涵洞与小桥相比，具有施工容易、养护方便等优点。

（一）涵洞的孔径

涵洞的标准孔径为1.0 m、1.25 m、1.5 m、2.0 m、2.5 m、3.0 m、3.5 m、4.0 m、4.5 m、5.0 m、5.5 m和6.0 m。泄水隧洞的孔径不宜小于2.0 m。

排洪涵洞的最小孔径不应小于 1.25 m。

各式涵洞的长度应视其净高（或内径）h 而定，并符合下列规定：

（1）$h = 1.0$ m，长度不宜超过 15 m。

（2）$h = 1.25$ m，长度不宜超过 25 m。

（3）$h \geqslant 1.5$ m，长度不受限制。

当采用 0.75 m 孔径，且 $h < 1.0$ m 时，长度不宜超过 10 m。

城市或者车站范围内涵洞的孔径，需酌情加大。如有涵洞不符合上述规定者，应结合具体情况逐步改造。

（二）涵洞的其他规定

1. 涵洞出入口

涵洞出入口应设端墙或翼墙,其式样和尺寸应使涵洞具有相应的过水能力和保证涵洞处路堤的稳定。

2. 涵洞孔数

涵洞宜采用框架涵、圆涵、盖板涵。涵洞可设单孔或双孔，如技术上和经济上均属适宜，可多于两孔。

3. 沉降缝

置于非岩石地基上的涵洞，每隔 2 ~ 5 m 应设置一道沉降缝。岩石地基上的涵洞可不设沉降缝。

4. 斜坡涵洞

两节间错台的高度不宜超过涵顶结构厚度的 3/4。错台高度不宜大于 0.7 m，错台处涵内净高不小于 1.0 m，且应满足涵内水力条件和运营养护的要求。

5. 涵洞基础

有基涵洞的基础应根据涵洞的构造、地质条件及地基处理情况设计为整体式或非整体式。设置路涵过渡段的涵洞基础，其工后沉降（工后沉降是指铺轨工程完成后，基础设施产生的沉降量）限值应与相邻过渡段工后沉降限值一致;不设过渡段的涵洞基础，其工后沉降限值不应大于 100 mm。

（三）涵洞的洞口和沟床铺砌

水流经涵洞压缩后流速甚大，往往超过土壤的容许不冲刷流速。为保证涵洞及建筑物的安全，必须在涵洞上下游一定范围内作铺砌防护。

涵洞出入口一定范围内的沟床、路基坡面、锥体填方均须铺砌加固。出入口铺砌的平面形式应根据沟形确定，对无显著沟槽者，出口平面宜采用等腰梯形，其水流扩散角 α 取为 20°。铺砌材料按铺砌层上最大流速确定。铺砌末端应设垂裙，并宜为直裙。

如沟床系岩石或为不能被水冲移的大块石、漂石所覆盖，则可不做铺砌。

此外，为防止水流进入涵洞时冲刷路堤边坡，对入口顶部及两侧一定范围内的路堤边坡需用干砌片石铺砌防护，防护高度为最大流量的涵前积水深加 0.25 m。

目前采用的铺砌办法如下:

1. 铺砌种类

涵洞的铺砌种类见表 7-1-1。

表 7-1-1 涵洞的铺砌种类

出口流速 $v_{出}$/（m/s）	≤1.0	1.0～2.0	2.0～6.0	>6.0
铺砌种类	无铺砌	干砌片石	浆砌片石	混凝土

2. 铺砌厚度

不论浆砌或干砌片石一般均采用 0.35 m。对于流速较小者，干砌片石厚可酌情减薄，但不得小于 0.20 m。浆砌片石下设 0.10 m 厚碎石垫层。干砌片石下设碎石反滤层。其厚度在渗水土上铺设的不小于 0.10 m，在普通土上铺设的不小于 0.15 m。

3. 铺砌长度

出口部分：拱涵和板涵铺至路基坡脚线外 2.0 m；圆涵铺至路基坡脚线外 1.0 m。

入口部分：均铺至路基坡脚线外 0.40 m。

4. 铺砌宽度

（1）平原无沟形或沟宽大于两锥体出口宽度 b 的浅河沟，铺砌宽度为 $b+2\times0.5$ m，坡脚以外则按 20°扩散角放宽至铺砌边缘为止。

沟宽小于 b、洪水出槽者，铺砌宽度可适当加大，最大为 b；较深沟形、沟宽小于 b、洪水不出槽者，铺砌宽度与沟宽相同，但河床两侧须作护岸。

（2）所有入口铺砌宽度，一般均铺至锥体入口的宽度外每边加 0.5 m。

5. 垂裙埋置深度

涵洞出口铺砌末端的垂裙埋置深度见表 7-1-2，入口垂裙埋置深度可取出口垂裙埋置深度的 1/2，但不小于 0.85 m。

表 7-1-2 出口垂裙埋置深度

出口流速/（m/s）	1.0	2.0	3.0	4.0	5.0	6.0
出口垂裙埋置深度/m	0.5	0.7	1.32	1.7	2.0	2.2

6. 垂裙厚度（见表 7-1-3）

表 7-1-3 垂裙厚度

垂裙埋置深度/m	<1.2	1.2～1.5	1.5～1.8	1.8～2.1	≥2.2
垂裙厚度/m	0.4	0.5	0.6	0.7	0.8

二、框构桥

由桥梁上、下部结构构成闭合箱形框架，再由单孔或多孔箱形框架形成桥梁，这种结构形式的桥梁称为箱形桥（或框架桥）。箱形桥用在公路与铁路立交且公路下穿时，又称为框架式地道桥，简称地道桥。因此，地道桥是一种被广泛应用于公路与铁路交叉、车站过人通道的桥梁结构形式。

1. 地道桥的主要优点

（1）占地少，拆迁少，对城市交通干扰小。城市的平交道口，特别是位于城市中心的道口，周围空地较少，且附近大都修建了许多高大建筑，如采用修建施工便线修建立交桥，必然占地多，拆迁量大，同时市区取土困难，采用顶进法施工，则能克服上述缺点。

（2）可以保证铁路不间断运行。

（3）结构轻巧，适宜于配合城市建筑。

2. 地道桥的缺点

（1）公路行车视线受一定干扰。

（2）与简支梁相比，地道桥在设计与施工技术上比较复杂。

（3）地道桥内在地下水位比较高的地区或降水量较大时，易形成集水，从而影响交通，需采取排水措施。

3. 框构桥的构造特点

箱形框架地道桥一般为钢筋混凝土结构，有时也采用预应力混凝土结构，见图 7-1-1。

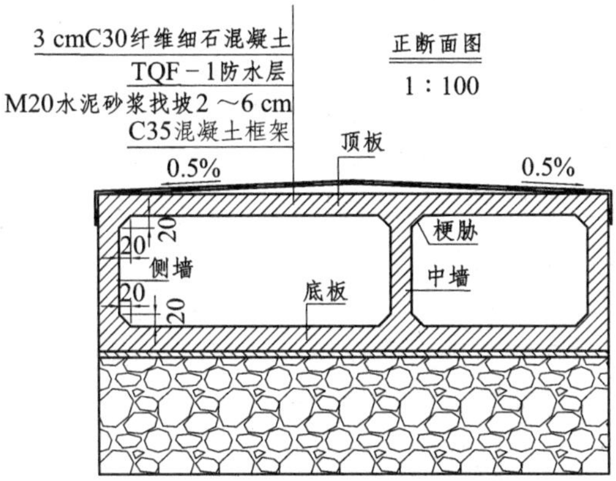

图 7-1-1　箱形框架地道桥

箱形框架地道桥是超静定结构，在使用荷载作用下，顶、底板由于在与立墙交叉处有负弯矩的作用，跨中弯矩较简支板要小得多，因此顶、底板的高度也比简支板薄，这样既能减小整个框架的建筑高度以缩短两侧引道长度，又可减轻自重而便于顶进施工。箱形框架桥的顶板主要承受来自板顶的自重、道砟、线路设备重及活载，根据大量成桥设计实例，顶板一般做成直线、等厚。

通常，当跨度在 10 m 以下时，顶板高度与跨度比为 1/15 ~ 1/12，否则顶板高度与跨度比为 1/20 ~ 1/15。

一般单孔框架的底板所承受的内力比顶板小，而多孔时，中墙处的底板所承受的弯矩及剪力均较大，有时会超过顶板，因此底板常取成与顶板同样厚或稍厚。在底板与立墙交叉处，通常设置高 10 ~ 30 cm，坡度为 1：1 的梗肋以减缓应力集中。

箱形框架地道桥的立墙（包括中墙及侧墙）以承受轴力和弯矩为主，受力均匀，厚度一般取 30 ~ 60 cm。当侧墙较高时，在框架两侧砌筑片石砌体并与侧墙间预留 2 ~ 3 cm 的缝隙以改善侧墙的受力。

任务 7.2 顶进前的准备工作

一、工作坑

工作坑是为顶进桥涵而设置的临时性建筑物，是预制箱身和进行顶进的工作基地。工作坑的前端紧靠铁路，后端一般布置运土车道及后背工程等，工作坑内设有工作底板，其上铺设润滑隔离层，箱身主体结构在隔离层上预制。

顶进作业应在工作坑水位降至基底以下 0.5 ~ 1.0 m 后进行，并避免在雨季施工。如无法避开雨季施工时，应切实做好防洪、排水、降水等安全措施。

（一）开挖工作坑的基本原则

（1）开挖工作坑应根据线路平面、现场地形地物条件以及施工需要，在保证排水和安全的前提下，尽量减少挖填土数量，并应缩短顶进长度。

（2）工作坑两侧边坡视土质情况决定，一般土质宜为 1∶0.75 ~ 1∶1.5，而靠铁路路基一侧的边坡可缓于 1∶1.5，工作坑顶边距最外侧铁路中心线不得小于 3.2 m。当工作坑处在雨季施工时，对路基边坡应防护加固或放缓坡度。顶进时箱体刃脚入土后方可拆除防护设施。

（3）顶进桥涵穿越多股线路时，工作坑一般避免设在靠近铁路正线一侧，以减少对铁路运输的干扰。在穿越铁路曲线时，工作坑最好设在曲线外侧。

（4）工作坑的尺寸除根据桥涵结构尺寸和工作坑底板尺寸确定外，宜在桥身底板前留适当的空顶长度，以备启动后调整顶进方向及解决设备出现的问题；在桥身底板后部宜留适当空间，以便布置后背梁及其他顶进设施。桥身两侧可视结构高度、模板支搭方法、排水方法等情况预留适当宽度。总之，工作坑的大小，一般以工作底板两侧以外各加宽 1 m 为宜，前端底板边距开槽坡脚 0.5 ~ 2 m，后端边距后背梁 3 ~ 5 m。

（5）开挖工作坑应与修筑后背一并考虑，当采用钢板桩后背时，应先打好板桩再开挖工作坑。

（6）工作坑应密实平整，并有足够的承载力，否则应加固处理。

（二）工作坑底板（滑板）

1. 结构形式

结构形式按组成材料有混凝土、钢筋混凝土、浆砌片石、3∶7 灰土、钢轨滑道底板等。

（1）混凝土。用 C15 混凝土浇筑底板，厚度一般为 20 cm。为增加底板下的抗滑能力，在浇筑混凝土前，在坑内布置片石并插入土中，经夯实处理后，浇筑混凝土成为整体。也可直接在基底挖槽浇筑混凝土锚梁。

（2）钢筋混凝土。地质条件不佳的基底，可采用 C15 钢筋混凝土底板，厚为 20 cm。在底板顶面以下 5 cm 处设 $\phi8@200$ 钢筋网。在采用钢板桩后背填土时，可将底板钢筋直径增加至 14 mm 以上，并与后背梁连成整体。

（3）浆砌片石。采用浆砌片石或利用河床铺砌工程作为底板时，基底土层与碎石垫层均应夯实，底板顶面抹 1∶3 或 1∶4 厚 2 cm 的水泥砂浆，力求表面平整。

（4）3∶7 灰土。土质坚硬，不受地下水影响的地基，可采用 3∶7 灰土为底板，底板顶面铺设厚 2 cm 的粗砂。

（5）钢轨滑道底板。钢轨滑道底板（见图 7-2-1），在夯填砂夹碎石层上，铺设方木，把钢轨用道钉固定在方木上，钢轨接头用鱼尾板螺栓联结并与后背梁相连接，钢轨面以下的空隙用河砂或三合土填充并捣固。

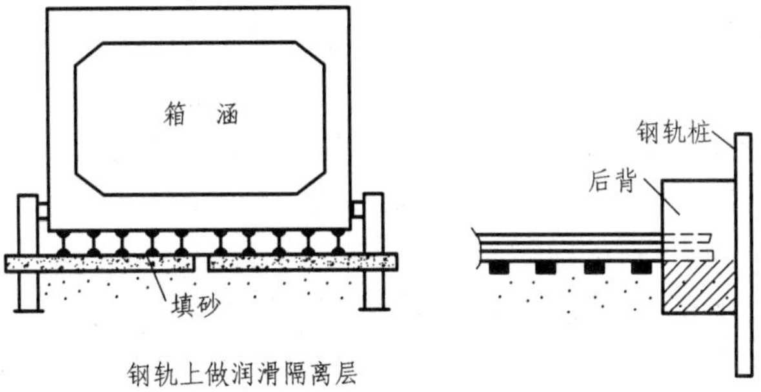

图 7-2-1　钢轨滑道底板示意图

2. 一般要求

（1）底板中心线与桥涵设计中心线一致。底板长度，其前端应比箱身长 1 m，后端与后背相连，两侧比箱身各宽 1.0 m。

（2）底板与原基底接触部分应有适当的防滑措施，必要时在底板下设锚梁，如图 7-2-2 所示。锚梁应与底板前缘平行，其尺寸及数目应按启动顶力进行抗剪检算。

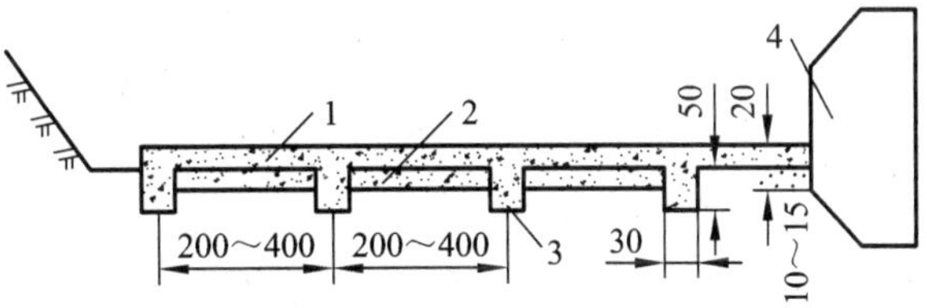

1—C15 混凝土；2—碎石垫层；3—锚梁；4—后背。

图 7-2-2　底板锚梁示意图

（3）底板顶面的平整度要求。2 m 长度范围内凹凸差不超过 5 mm。顶面平整方能使铺设在顶面上的润滑隔离层减少阻力，使箱身顺利启动。

（4）底板顶面的坡度要求。在箱身顶进过程中，由于启动趋势、自重偏心、基础土质、顶进工艺等因素影响，往往会产生“扎头”或“抬头”的现象，造成箱身就位高程不符合设计要求。在顶进中把箱身口前沿的土方每次都挖尽，并达到需要高程，可以消除“抬头”的现象。在预制桥涵箱身前，把底板顶面做成前（靠路基侧）高后低的上坡，可以消除“扎头”的现象。其坡度大小应根据地质条件、箱身孔径及埋置深度确定如下：

① 土质为砂黏土、黏砂土时，设 1‰～2‰ 的坡度；埋置较深，孔径较大时，设 2‰～5‰ 的坡度。

② 粉砂有地下水，可塑性土，地下水位高时，设 5‰～7‰ 的坡度；土质干燥坚硬，孔径较小时，可设成平坡。

（5）方向墩。为了消除空顶阶段（即桥涵箱身启动后至进入路基前）的方向偏差，可在底板两侧设方向墩。方向墩一般为钢筋混凝土结构，与底板同时浇筑，每隔 3～4 m 立一个，横断面为 0.3～0.4 m 见方，高出底板约 0.4 m，深入底板下约 0.5～0.8 m，墩与箱身间留 5～10 cm 的空隙，以便导向。也可立短钢轨作方向墩。

箱身较短，且紧靠路基时，可不设置。

（三）润滑隔离层

为防止工作坑底板与预制桥涵箱身底板相粘连，减少首次启动顶力，需在工作坑底板顶面铺设润滑隔离层。

润滑隔离层由润滑层和塑料薄膜组成，夏季施工时做法如下：

（1）当工作坑底板顶面干燥后，先浇一层柴油，然后浇一层石蜡油，或不浇柴油，直接浇一层石蜡油，厚约 3 mm。石蜡油凝固后，撒一层 0.2～1.0 mm 厚的滑石粉，接着铺上 1 层或 2 层塑料薄膜（或油毛毡）。薄膜接缝处压茬 0.2 m，并使接茬口朝路基方向。

（2）滑石粉浆。在滑石粉中掺废机油，一般废机油与滑石粉按体积比 1∶1.5 加热均匀后，按上述方法铺设。

（3）3∶7 灰土底板，只铺设 1 或 2 层油毛毡。

二、箱身预制

顶进桥涵的箱身，一般均就地在工作坑底板润滑隔离层上预制。

施工中要做好测量定位工作，使箱身中心线、工作坑底板中心线和顶进桥位的中心线三者均在一条直线上。

单孔箱身预制的施工顺序是：在工作坑底板上安好箱身底模板→绑扎底板钢筋→浇筑底板混凝土→养护→安装内模→绑扎侧墙及顶板钢筋→安装外模→浇筑侧墙及顶板混凝土→养护→拆模→安装钢刃脚→做箱身防水层及润滑设施。

三孔连续箱形框架预制的施工顺序是：绑扎箱身底板钢筋、浇筑混凝土并养护→安装中柱、侧墙内模→绑扎中柱、侧墙及顶板钢筋→安装外模→浇筑中柱、侧墙混凝土及顶板混凝土→养护→拆模→安装钢刃脚→做箱身防水层及润滑设施。

（一）绑扎钢筋注意事项

（1）桥涵箱身、墙身部位的水平钢筋宜先间隔绑扎，随混凝土浇筑再逐一绑上，这样便于混凝土的振捣。

（2）钢筋不应粘有油污及石蜡，以免影响钢筋与混凝土的黏结力。

（3）焊接箱身底板钢筋时，应在施焊地点铺设一块约 0.5 m^2 的石棉板，并随焊接位置移动，以免烧坏塑料薄膜隔离层。

（二）浇筑混凝土

桥涵箱身主要受力部位一般用 C30 混凝土，要求抗渗性等级达到 S6。浇筑混凝土时除应符合《铁路混凝土及砌体工程施工及验收规范》外，还应注意下列事项：

（1）在桥涵两侧前端 2 m 范围内的外模，可向外放宽 1 cm，不得出现前窄后宽的楔形现象。浇筑前除检查模板与钢筋外，还应详细检查刃脚、千斤顶托盘、钢护套、施工平台、车道拖板、钢搭榫、插销等预埋铁件的位置与数量，以及电线管道。并注意预留工作缝。

（2）在浇筑抗渗、防冻混凝土时，可掺入外加剂，并增加水泥用量，加强振捣，以保证达到各项质量指标。

（3）当浇筑的混凝土量较大，两阶段施工有困难时，也可分三阶段施工，但顶板或底板混凝土必须一次浇筑。各侧墙施工缝中，宜预埋连接短钢筋，以利于承受剪力。同时各侧墙施工缝不得在同一平面上。

（4）桥涵箱身浇筑混凝土后，其外形尺寸容许误差，应符合表 7-2-1 的规定。

表 7-2-1　桥涵箱身外形尺寸容许误差

序号	箱身部位	容许误差
1	宽度	±50 mm
2	轴向长度	±50 mm
3	顶、底板厚度	+20 mm，−5 mm
4	中、侧墙厚度	+20 mm，−5 mm
5	梗肋	±3%

（三）船头坡

在预制箱身时在箱底前端作船头坡，如图 7-2-3 所示，以便顶进时将高出箱底的土压入箱底，增加其承载能力，防止扎头。

船头坡的制作方法有两种：一种是在浇筑箱身混凝土前，在箱身前端底面用木板制成船头坡形，浇筑混凝土后拆除木板即形成船头坡；另一种是用黄土坯制成船头坡形，铺上油毛毡，浇筑混凝土后即成。

当地质条件不好，箱身孔径较大，顶程较长时，都应设置船头坡。基底坚硬，箱身短，顶程不长时，可不设。

（四）刃　脚

刃脚安设在箱身前端，其作用为切土，减少开挖高度，支护开挖坡，导向和施工安全防护。根据其安设部位不同，有上（或顶板）刃脚、侧刃脚、中刃脚和底刃脚 4 种。

上刃脚和侧刃脚安设在箱身顶板和侧墙前端，一般在孔径 4 m 以上的桥涵顶进时，均应设置。无覆盖土的桥涵顶进时，一般不设上刃脚。土质较好时，侧刃脚可简化，改用角钢代替。

中刃脚安设在工作平台的支承梁上，切土前进时起保护开挖坡，减少塌方的作用。多在土质松散时安设，在密实的或坚硬的土质中顶进时，土质稳定性较好，可免去。

底刃脚安设在箱身底板前端，箱身顶进时，有压实土促使箱身抬头的作用，采用与否视具体情况而定。

制作刃脚可用钢材或钢筋混凝土。刃脚的安装如图 7-2-4 所示。

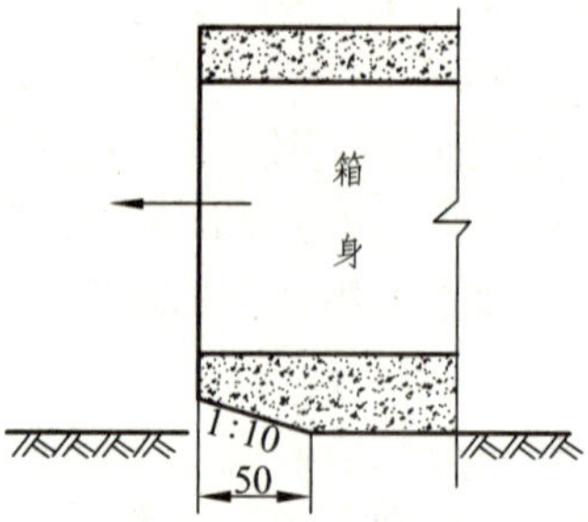

图 7-2-3 箱底船头坡示意图（单位：cm）

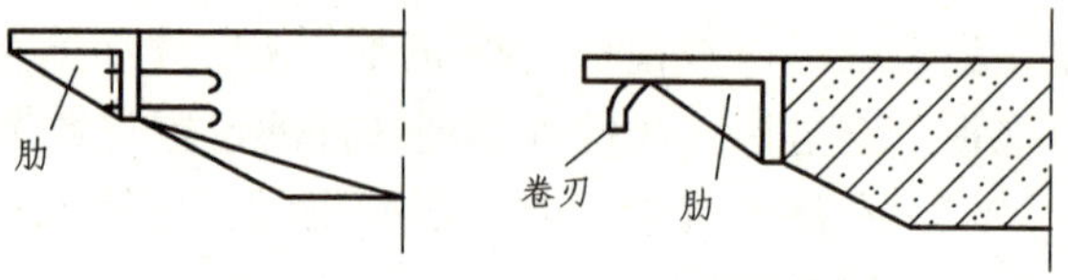

（a）正确刃脚 （b）错误刃脚

图 7-2-4 钢刃脚安装图

（五）箱身防水层

箱身顶面防水层一般采用“三油两毡”或“三油一毡一麻”的做法，再铺设 8 ~ 10 cm 豆石混凝土保护层，并做成排水坡，强度达到设计要求后方可进行顶进。

箱身侧面防水多采用涂刷两道沥青或石蜡的方法，后者效果更好。

三、减少顶进阻力的方法

1. 铺设润滑层

具体方法见本任务前述内容。

2. 钢板脱壳法

当覆盖土在 3 m 以上时，在涵顶上铺设钢板，并使钢板与涵身一起前进。在顶进阻力大到涵身顶不动或路基随涵身移动而变形时，解除钢板与涵身的联结，借助涵顶隔离层阻力小的特点，由钢板托着路基土体不再前移，而涵身在钢板下“轻装”顶进。

其做法是：涵身预制完成后，在涵顶喷一层机油石蜡或机油滑石粉，形成隔离层，然后在其上顺涵身顶进方向满铺或间隔铺设钢板条。

钢板前端与涵身前端或刃脚用螺栓连在一起，螺母在涵身内侧，如图 7-2-5 所示。解除时卸下螺母，把螺杆顶到路基土体内，顶进后两者即可脱离。钢板尾部还应焊铁环，以便完工后将其抽出。如穿越股道较多，桥涵身较长时，可设双层条形钢板，钢板宽 200 ~ 500 cm，厚 5 ~ 10 mm，长为涵身长度的 2/3，并不短于 3 m。

3. 气垫法

在预制桥涵箱身时，把直径 20 ~ 50 mm 的钢管焊制成喇叭形，预埋在箱身底板内，形成充气孔。其下端喇叭口与箱身底平，上端伸出箱身底板面 150 mm 以便连接风管路。为避免充气孔喇叭口被堵，施工时采用铺设双层塑料布的办法，防止混凝土进入孔口，即先铺双层塑料布，按充气孔的位置割开上面一层塑料布，插放好充气孔钢管，把上面一层塑料布翻压在喇叭口四周，再套一圈塑料管，如图 7-2-6 所示。浇筑混凝土时，先浇筑充气孔四周的混凝土，将其固定妥当。

充气孔的布置：箱身单孔孔径 3 m 及以下时，可沿箱身中线布置一排，其间距为 2.6 ~ 3.0 m；孔径 3 m 以上时，或者是双孔、三孔连续框架，可布置 2 ~ 4 排交错布孔，亦可按梅花形布孔，孔距 2.6 ~ 4 m，孔位至箱身边缘距离宜不少于 4 m。

充气孔上端用高压胶管与供风管路相连接，打开阀门，输风至箱身底板充气孔，在箱身底板与坑底或土接触面之间，形成稳定气压所构成的气垫，使箱身微量浮起，从而减少顶进阻力。箱身侧墙不设充气设备。

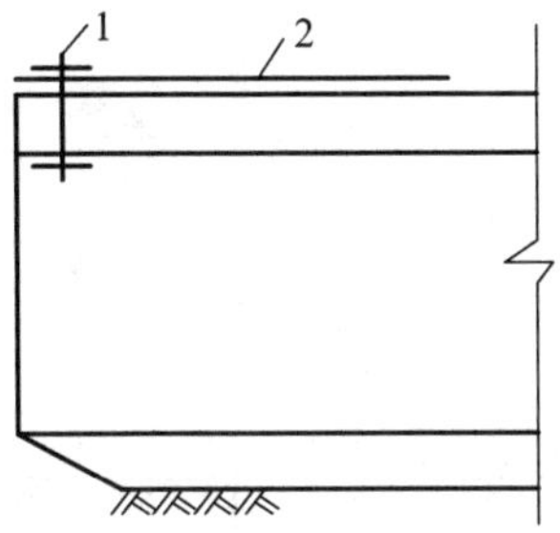

1—螺栓；2—钢板。

图 7-2-5　钢板脱壳法示意图

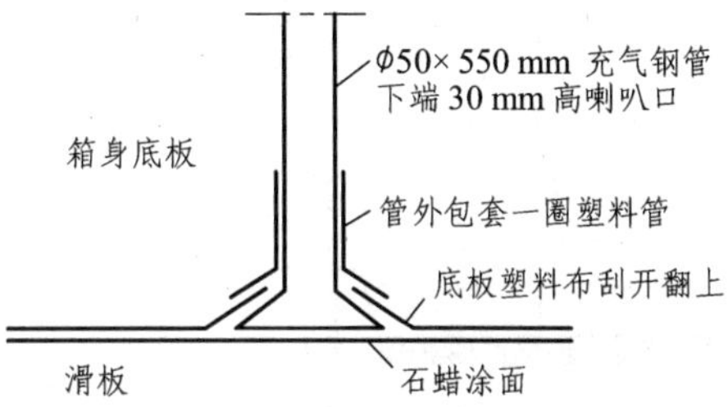

图 7-2-6　充气管塑料布封口示意图

4. 触变性泥浆

触变性泥浆是经过处理的一种膨润土水溶液，如膨润土的含量足够多，溶液呈固体状态，一经触动（摇晃、搅拌、振动等），溶液就随之变为流体状态。如果外界因素停止作用，溶液又变作固体状态，该特性称作触变性。这种具有触变性的溶液称为触变泥浆。

用顶入法施工穿越覆盖土较厚的涵管，由于土压力大，所需的顶力亦大，因此涵管往往被顶碎，不能前进，或是涵管顶覆盖土随涵管移动，致使工程中断，造成困难。使用触变性泥浆顶管，可以减少顶进阻力，其所需顶力只有一般顶管法顶力的 1/5 ~ 1/6。

四、后　背

采用顶进法施工，后背是重要的施工组成部分，它承受顶进时的水平顶力。如果后背不牢靠，在顶进时发生较大移动，箱身可能出现偏差甚至无法继续顶进。后背占整个工程投资的比重较大，如果建造得太大也会造成浪费，且拆除困难。所以，要求后背既能保证安全，又经济合理。

后背的形式有板桩式、重力式和拼装式 3 种。

1. 板桩式后背

如图 7-2-7 所示，板桩式后背主要由板桩（钢板桩、钢轨、槽钢或工字钢等）、后背梁和后背填土 3 部分组成。如果采用打桩后再挖工作坑的方法，则既能节省后背大量填土，又可保证桩后土的密实。如果打桩工作有困难，也可改用埋桩的方法，此时挖桩槽宜用三合土回填夯实。

后背梁的作用主要是将顶力均匀传递到板桩及后背土上。后背梁通长为钢筋混凝土梁，其长度与板桩宽相同。浇筑后背梁时，应在它与板桩接触处隔以油毛毡，并在梁与桩间加灌一层厚 15 cm 的 C15 混凝土垫层。

2. 重力式后背

一般采用浆砌片石后背，如图 7-2-8 所示，多在挖好工作坑后修筑。浆砌片石后背施工简便，造价低，常用于后背单位长度上顶力不超过 800 kN/m 的单孔顶进桥。其组成为分配梁（后背梁）、后背墙以及后背填土 3 部分。后背填土应分层夯实压密。

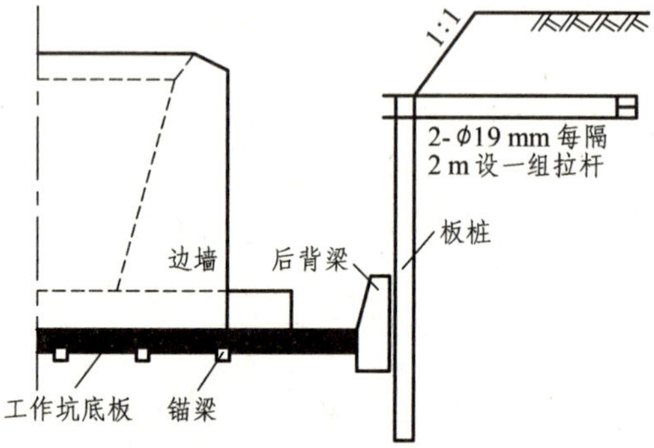

图 7-2-7　板桩式后背示意图

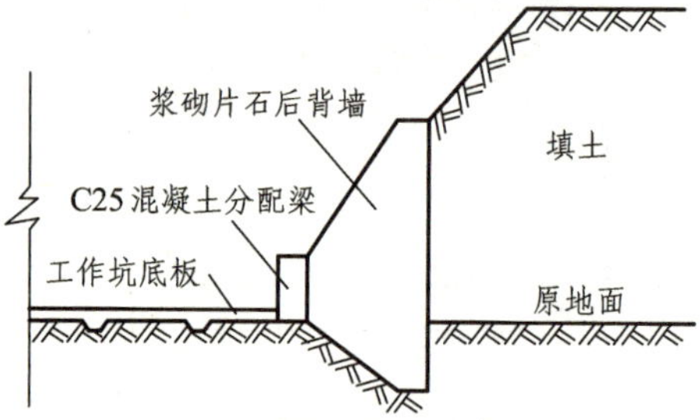

图 7-2-8　浆砌片石重力式后背示意图

3. 拼装式后背

这种后背由预制的钢筋混凝土底座、垫层及后背填土组成，如图 7-2-9 所示，具有造价低，施工方便，可重复使用等优点。垫层可采用砂、片石（浆砌或干砌），起均匀分布压力的作用。

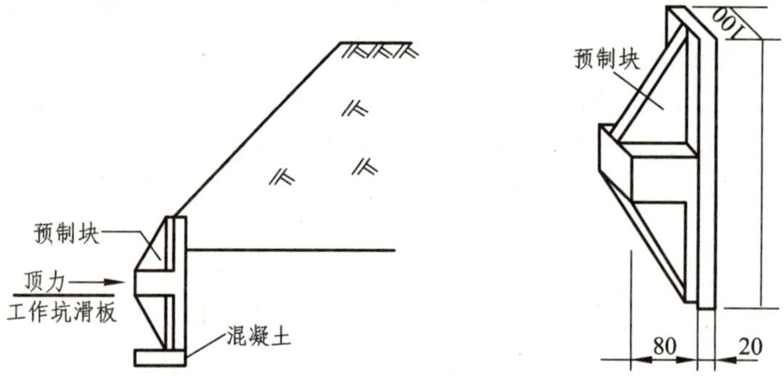

图 7-2-9　拼装式后背（单位：cm）

五、线路加固

为确保顶进线路的行车安全，防止路基塌方和横移，必须在顶进作业之前对既有线路进行加固。

在选择线路加固形式时，要求对铁路运输干扰较小，能确保铁路运输安全，同时施工应简易可行。另外，还应根据路基土质、箱顶覆土厚度、被顶进桥涵结构尺寸、施工季节、地下水变化和行车密度等情况综合考虑。

1. 吊轨（扣轨吊梁）加固法

吊轨由 3 根及以上钢轨正反扣组成。一般适用于建筑高度受限制时，有时也与其他线路加固方法配合使用。其构造是将钢轨束（扣轨）分布在线路基本轨的两侧轨枕上，其位置和高度应注意不要侵入限界。必要时可抬高线路基本轨，其下加垫片。支承线路基本轨的枕木是利用ϕ22U 形螺栓与角钢或扣板悬挂在吊轨梁上，如图 7-2-10 所示。吊轨端应安装临时木梭头，以防列车底部零件刮上吊轨。

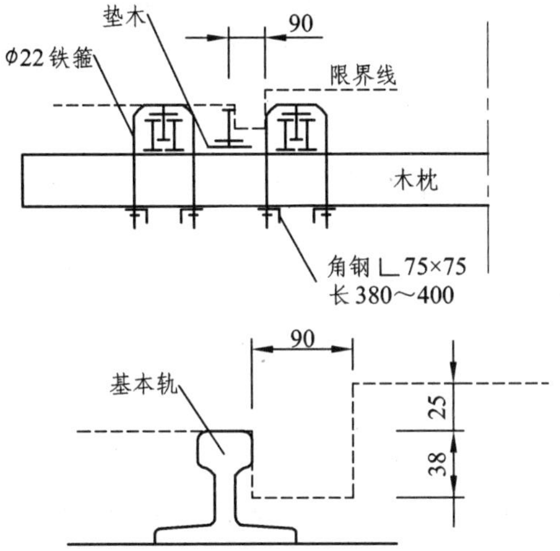

图 7-2-10　吊轨梁与基本轨附近限界（单位：mm）

2. 吊轨纵横梁加固法

此法适用于大型顶进桥，顶进方向与线路正交或斜交均可，能可靠地保证行车安全。

具体做法如下：

（1）铺设吊轨。用 3-3-3-3 或 3-5-3 扣设吊轨，为保证行车安全，在吊轨端头加设临时木梭头。

（2）铺设横梁。横梁可由高 300 mm 左右的工字钢与作滑道的槽钢组成，铺设间距一般取 1.5 m 左右。在道岔区需加密。横梁可与枕木相贴或直接放在枕木间，以争取下面净空。横梁长度在预制桥体的一侧距钢轨外侧 3 ~ 5 m，另一侧距钢轨外侧 2 ~ 4 m 为宜，并用ϕ22U 形螺栓及扣板将横梁与吊轨联牢。横梁的一端支承在预制的顶进桥前端，另一端支承在路基枕木垛上，如图 7-2-11 所示。

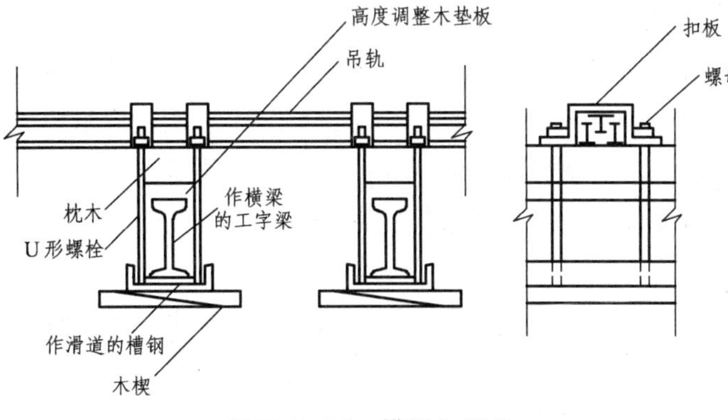

图 7-2-11　横梁加固法

（3）铺设纵梁。当净宽较大时，在线路两侧加铺工字钢纵梁，一般用工字钢（工 50），并用 U 形螺栓与横梁联牢，如图 7-2-12 所示。

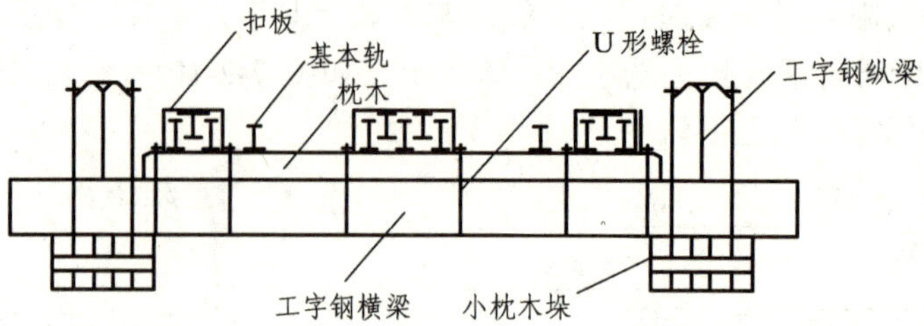

图 7-2-12 纵梁加固法

六、传力设备

顶进桥涵的传力设备是随着顶进方法、孔跨数量和大小、穿越铁路股道数目而决定的。通常情况下，传力设备有：顶铁、顶柱、分配横梁和顶柱横梁等。

（一）顶 铁

按照每次千斤顶的顶程量更换顶铁，使箱体能连续不断顶进。顶程短的千斤顶，则需配备较多不同长度的顶铁，反之，使用顶程长的千斤顶，顶铁的长度种类可简化。顶铁的横断面如图 7-2-13 所示。

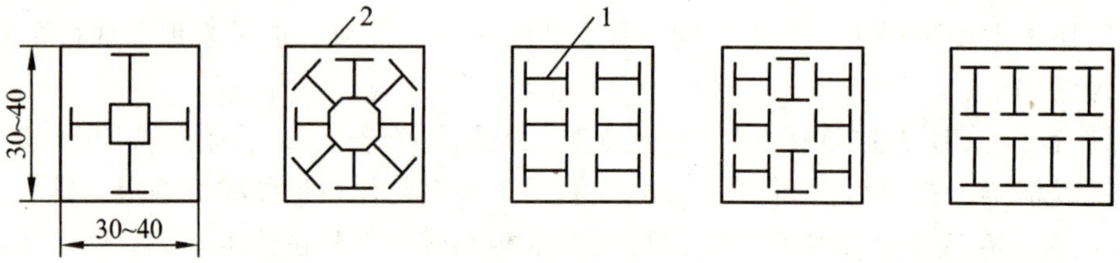

1—旧钢轨；2—钢板。

图 7-2-13 顶铁横断面图（单位：cm）

（二）顶 柱

顶铁超过 1 m 者称为顶柱，又名传力柱。桥涵顶进过程中，箱身逐渐远离后背，就必须用顶柱将顶力传给箱身。顶柱的长度分 1 m，2 m，4 m，在起吊设备齐全的情况下，也可使用 8 m 长的顶柱。顶柱的制造可采用钢轨、钢板组焊，或采用型钢组焊成 30 ~ 40 cm 的方形断面，也可以用钢筋混凝土预制成外方内圆的顶柱，以及利用工程中直径 40 ~ 50 cm 的钢筋混凝土管桩，桩的两端安装法兰盘。对于钢筋混凝土顶柱的预制工作，要充分注意到构件端部的接缝要密合。

顶铁和顶柱经过多次使用后，两端支承面会出现坑洼不平，如继续使用，受力后其纵向会弯曲变形，严重时会崩起飞出，危及安全，故应及时检查修整。安放时，顶柱的方向应与顶力轴线一致，支承面要密贴。顶进时如发现有变形（如拱起、弯曲等），要立即停止顶进，进行调整。顶柱应做到平、顺、直，并与横梁垂直。

（三）分配横梁

为使千斤顶的作用力均匀传递到后背与箱身上，在后背与千斤顶，箱身尾底板与顶柱（或顶铁）之间各设置分配横梁一道。分配横梁用 55 号工字钢上下两层平卧安放，并将上下层工字钢焊在一起。箱尾处的下层工字钢位置要适当提高，离开隔离层，以免影响顶进。

（四）顶柱横梁

为保持顶柱的稳定，一般 4 ~ 8 m 设置一道用型钢制成的顶柱横梁。顶柱横梁安设在已换成长顶柱的固定区段内。

任务 7.3　顶进组织及工艺

顶进作业开始前应组织有关人员，全面检查顶进前必须做好的准备工作，经检查合格后，再进行试顶工作。试顶的目的是检查顶进设备、后背及箱身受力后有无异状，并使箱身与工作坑底板分离。当试顶后经检查一切正常，方可进行正式顶进作业。

顶进施工的作业程序及劳动组织包括以下内容:

一、顶　进

顶进即开动高压油泵，使千斤顶受液压压力而产生顶力，推动箱身前进。每镐的顶程，通常的情况下为 190 ~ 800 mm。箱身前进后将千斤顶的活塞回复原位，在空当处填放顶铁，以待下次开镐，如此循环往复，直至箱身就位。

（一）注意事项

（1）箱身在工作坑底板上空顶时，应特别注意箱身的轴线方向，刃脚一经吃土，应组织加快挖土、出土速度，实行三班倒连续作业，保持箱身不断顶进。如由于某种原因迫使暂时停止箱身顶进时，亦应间续地顶动箱身，以防止箱身阻力增大。

（2）每班交接前，要对千斤顶、油泵液压系统、顶铁、顶柱、后背、刃脚和平台等设备进行检查，保证设备状态良好，掌握箱身当时的方向及高程状况后，才能开始操作，继续顶进。在顶进过程中，要始终做好记录，并随班交接，以有利于箱身顶进。一般采用的记录格式如表 7-3-1 所示。

表 7-3-1　记录表

日期	开镐次数	进尺/m	累计进尺/m	油压/MPa	顶力设备	箱身方向及高差状况		备注
						方向/cm	高差/cm	

（3）顶进箱身时为了保证安全，洞内和线路防护人员之间应保持联系，使洞内外密切配合，步调一致。

（4）顶进时，顶柱和后背上不准站人，以防止顶柱弓起崩出或后背意外伤人。

（5）顶进时如发现线路横向变形，应及时纠正，并加强养护。

（6）桥涵顶进最终容许误差：

① 中线误差：两端顶进时不得大于 10 cm，一端顶进时不得大于 20 cm。

② 高程误差：不得大于顶程的 1%，偏高不得超过 15 cm，偏低不得超过 20 cm。

（二）顶进程序

当箱身在工作坑底板上移动时，无论孔跨多少，其程序相同（见图 7-3-1）。

当箱身与路基接触后，增加挖运土方工序，其程序见图 7-3-2。

箱身开始顶进时，对单孔、双孔或三孔连续框架结构，没有顶进的先后次序问题。

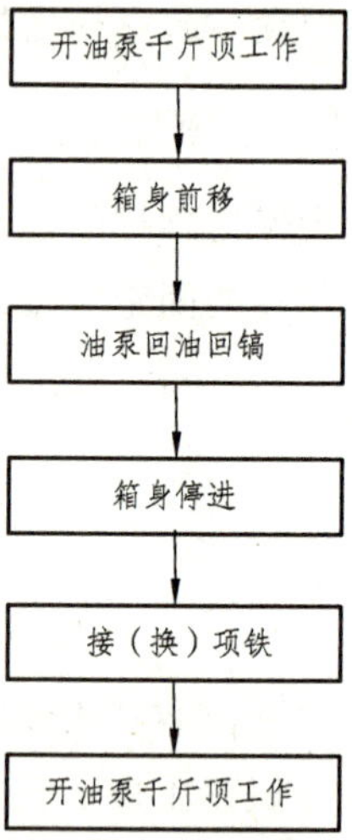

图 7-3-1 顶进程序（一）

对双孔不连续结构，只要顶进过程中两箱身保持一定的搭接长度即可；对三孔不连续结构应在顶进之前对箱身的顶进次序做出适当安排，一般按下列原则进行：

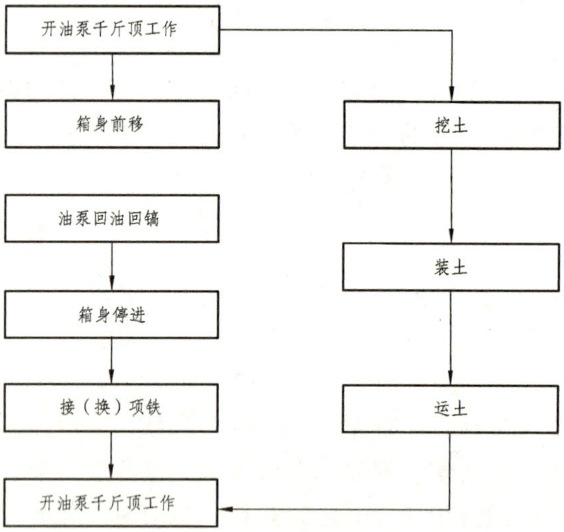

图 7-3-2 顶进程序（二）

（1）箱身在工作坑底板上顶进时，阻力小，可以三孔同时顶进，亦可以中孔先进或边孔先进。如果是三孔并进，应先启动边孔，再启动中孔，然后一起前移。

（2）箱身进入路基后，应先顶进中孔。顶进就位或前移一段距离之后，再顶进边孔。这样中孔可起导向作用，线路加固的范围也小（中孔就位后，即可恢复其上线路）。

（3）中孔、边孔先后顶进时，箱身应保持有 3 m 以上的搭接长度，以便于控制方向。

（4）在路基内顶进时，应以中孔领先顶进，如两边孔在前，方向掌握不好，就会使两边孔箱身的前端向中孔箱偏移，其间距小于中孔箱身宽度。待中孔顶到时，受两侧边孔的挤压，中孔两壁钢筋混凝土会被挤酥而脱落，造成质量事故。故一般不安排两边孔领先顶进。

二、挖土及出土

箱身的顶进速度主要取决于洞内出土速度。箱身净高在 4 m 以上时，为了减少路基挖坡面的高度，保证顶进时的路基稳定，人工挖土可在中部设置挖土平台，如图 7-3-3 所示，分上下两层开挖。平台前端安装中刃脚，顶进时插入土内切土，后部为挖土的工作平台，宽 2 m 左右，其上铺好脚手板再铺上 2 mm 厚钢板，便于铲土并可防止漏土影响下层作业。平台中刃脚应切土顶进，使路基上下两层隔开，不得挖通，平台上不得存土。

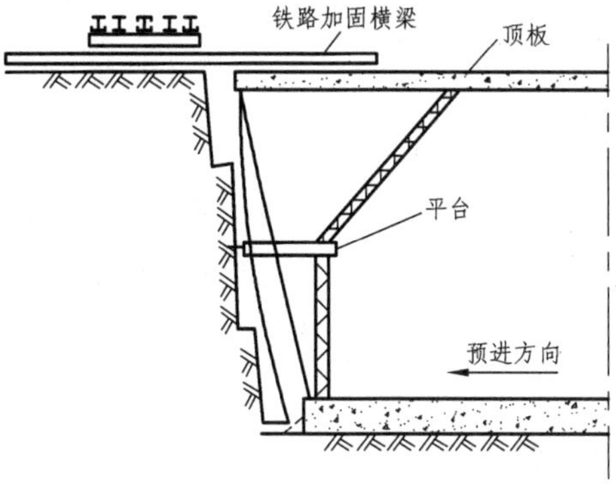

图 7-3-3　挖土平台示意图

平台需承受一定的荷载，要求平台本身应有足够的强度和刚度，一般可采用型钢支架，固定在箱身的预埋铁件上，箱身跨径较大时，平台下需设中柱或支架增加平台的刚度。

挖土进尺及坡度应根据土质和线路加固情况确定，不宜超挖。一般情况下每次挖掘进尺约 0.5 m 左右为宜。土质不好时，则应按千斤顶的顶程挖掘，即挖一个顶程的土方，立即顶进箱身，使箱身紧贴开挖面。开挖面的坡度一般控制在 1∶0.8 ~ 1∶1.2 之内，如土质稳定，坡度可以适当放陡。开挖面的宽度亦根据土质确定，但应预留 10 cm 厚的土层，即比箱身外轮廓小 10 cm。开挖底面应高于箱身底面 5 ~ 10 cm，如土质松软，开挖面应适当提高。

挖土过程要严格控制刃脚切入土内的深度，一般不小于 10 cm。在松散的或塑性土质中顶进，中刃脚是保证土稳定的关键，应保持切入土内。保证开挖面不发生坍塌，是施工中的重要环节，故在施工前还要制定相应预防坍塌的技术措施。

开挖时必须做到“四不挖土”，即：

（1）列车通过时不挖土，避免列车通过时震动大，造成塌方；挖土人员应离开挖土面 1 m 以外。

（2）机械设备发生故障时不挖土。

（3）较长时间不顶进时不挖土。

（4）交接班前不挖土。

三、测量工作

要准确掌握箱身顶进的方向和高程，应在顶进的后方设置观测站及时观测。

观测站的设置，应离后背一定距离，以免后背变形而影响观测仪器的稳定。观测站设经纬仪及水准仪各 1 台，一般需要设 2 个纵向观测站。在箱身顶板的 4 个角上，各用环氧树脂粘贴水平及方向标尺各一根，用于顶进中的高程测量和方向偏差的观测，如图 7-3-4 所示。

要掌握顶进中的后背变形情况，可在后背一侧设置一横向观测站，设经纬仪 1 台，在后背梁两端设立标尺，用于后背变形的观测。

在顶进过程中，箱身每前进一顶程，即应对箱身的轴线和高程进行观测，并要详细做好记录。如发现偏差应及时通知顶进指挥人员采取措施，纠正偏差。

四、顶进方向和高程的调整

箱身如在土质较为松软的地基中顶进时，一般开始时，箱身是沿着工作坑底板的坡度上升（工作坑底板面的坡度，一般为上坡），当箱身前端顶出工作坑底板 1/3 后，由于箱身自重，造成工作坑底板前端的土压缩，而此时箱身端部已往往进入正线，由于活载作用，使工作坑底板端部下沉并出现裂纹，箱身开始低头（扎头）。在箱身重心移出工作坑底板后，低头更为显著。而当箱身继续前进，在尾部即将脱离底板时，往往工作坑底板断裂，箱尾下沉，使坡度逐渐回升，然后方能比较平稳地前进，直到就位。在顶进过程中，为了防止过大的方向及高程误差，除加强观测，认真预防外，还必须及时校正。倘若造成过大偏差后，再进行校正则较为困难。

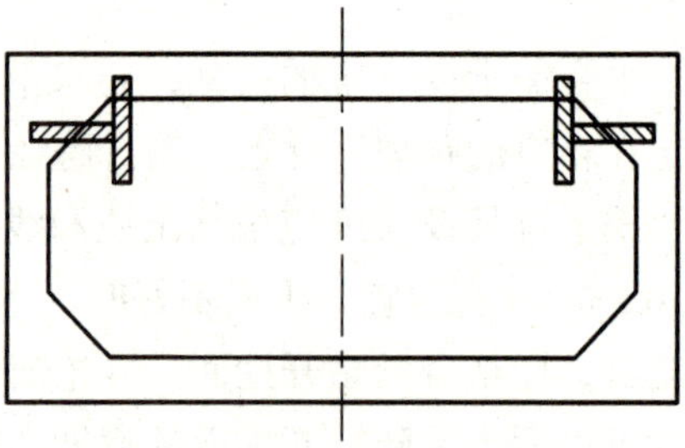

图 7-3-4　顶进观测标尺图

常用的校正方法有下列几种：

（1）箱身在空顶阶段容易发生方向偏差，可充分利用方向墩设专人加换左右两侧与方向墩间的滚楔铁板，一镐一调整。

（2）箱身入土后，应注意挖土断面务求正确，使顶入挖成的土孔要与箱身方向一致，如多孔箱桥，则各孔挖土要步调一致，挖土均匀。

（3）箱身方向左右偏差调整的方法：

① 用千斤顶调整。增减一侧千斤顶的顶力，即开或关一侧千斤顶阀门，增加或减少千斤顶顶力。如向左偏，即关闭或减少右侧千斤顶顶力，如向右偏则反之。

② 用后背顶铁（柱）调整。在加换顶铁时，可根据偏差的大小，将一侧顶铁楔紧，另一侧顶铁楔松或留 1 ~ 3 cm 的间隙。如箱身前端向右偏，则将右侧顶铁楔紧，左侧顶铁预留间隙。开泵后，右侧先受力顶进，左侧不动。调整时应摸索掌握规律性，并注意箱身受力不均时产生的变化状况。

③ 挖土调整。在前端两侧刃脚前，一侧超挖，另一侧少挖土或不挖来调整方向。如箱身前端向右偏，即在右侧刃脚前超挖 20 ~ 50 cm，左侧保持刃脚吃土 20 cm，利用顶进中的两侧刃脚阻力差别达到纠偏目的。

（4）纠正箱身“抬头”的方法：

① 检查底刃脚安装是否向上翘起过大，侧刃脚是否向里翘起过大。可以适当调整刃脚的角度，来纠正箱身“抬头”现象。

② 两侧挖土不够宽，易造成箱身“抬头”，故可在两侧适当多挖。

③ 箱身“抬头”量不大时，可把开挖面挖到与箱底面平。如“抬头”量较大，则在底刃脚前超挖 20 ~ 30 cm，宽度与箱身相同，同时使上刃脚不吃土，在顶进中逐步调整，在未达到设计高程时，便应酌情停止超挖以免又造成箱身“扎头”。

（5）纠正箱身“扎头”的方法：

① 适当增加抬头力矩，即增加上刃脚的阻力，使上刃脚和中刃脚多吃土，侧刃脚稍加吃土量，底刃脚前不得超挖，逐步顶进调整。

② 吃土顶进。挖土时，开挖面基底保持在箱身底面以上 8 ~ 10 cm，利用船头坡将高出部分的土压入箱底，纠正“扎头”。

③ 调整刃脚角度。边刃脚应增加向里翘的角度，底刃脚应增加向上翘的角度。

④ 如基底土质松软时，可换铺 20 ~ 30 cm 厚的卵石、碎石、混凝土碎块，或混凝土板，也可用浇筑速凝混凝土、打入短木桩、砂桩等方法加固地基，增加承载力，以纠正“扎头”。

⑤ 木支撑支顶。对小孔径涵可以在涵身前端加木支撑，支撑顶在涵顶两侧。经过几次顶换，“扎头”可以得到纠正。

⑥ 用增加箱身后端平衡重的办法，改变箱身前端土受力状态，达到纠正“扎头”的目的。但应注意增加重量后的逐步卸载问题，否则会出现“抬头”现象。同理该法亦可用于纠正“抬头”现象。

任务 7.4　各种顶进方法

一、整体顶进法

整体顶进法是最早使用的桥涵顶进施工方法。在路堤的一侧设置工作坑，在工作坑底板上整体预制桥身，借助事先修筑好的后背，利用高压油泵带动千斤顶，连续将桥身一次顶入就位，如图 7-4-1。

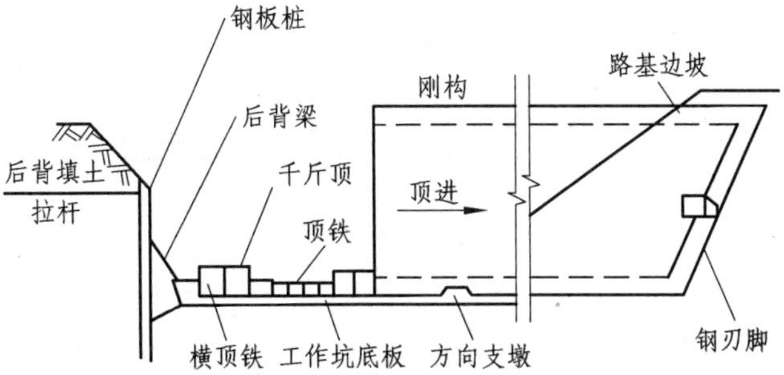

图 7-4-1　整体顶进法

此法特点是桥身结构整体一次预制完成，整体顶进，工序简单，但所需顶进设备及施工机具较多，而且还需要有一个强大的后背来承受顶力。由于整体顶进可连续完成，施工期较短，对运输干扰时间短，所以目前仍被广泛采用，是一个基本的施工方法。

二、分箱多次顶进法

大型钢筋混凝土框架地道桥，如设计成三孔连续框架，则一次顶进所需顶力大。同时，线路一次加固地段长，难度大。另外，往往边孔为非机动车道与人行道，净空要求低，三孔净高设计不一。所以有时将三孔连续框架设计为三个单孔分离的顶进桥，分次顶入。这一方法对于分期投资、分期通行启用的地道桥尤为适用。

分箱多次顶进，设计时各单箱（单孔）之间应保持一定净距，且一般都是先顶进中孔，然后顶边孔。

三、中继间法

中继间是指长距离顶管中用于分段顶进而设在管段中间的封闭的环形小室。一般用钢材制作，沿管环设置千斤顶。

当顶进桥桥身较长时，可将其分成数节，在节间设中继间，安放千斤顶，前节箱体利用后节箱体作后背，用中继间千斤顶顶进，当该千斤顶达到最大顶程后，则前节箱体暂停前进，顶进后一节箱体。前节中继间的千斤顶是随着后节箱体的前进而被压缩（回镐）的。这样依次接力顶进，最后一节箱体仍靠后背顶进，但这样后背工程可大为减少，如图 7-4-2 所示。

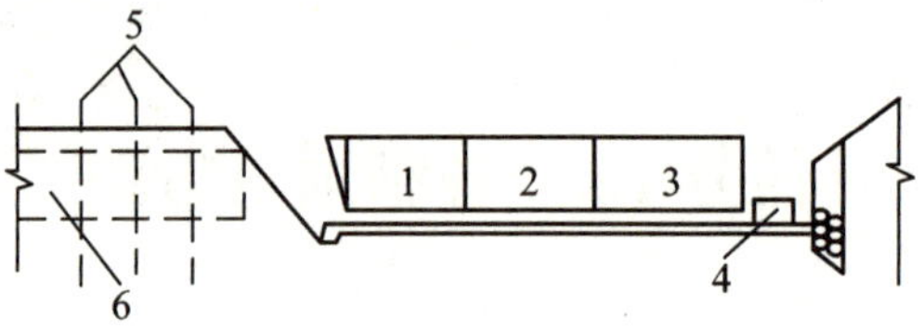

（a）预制桥身

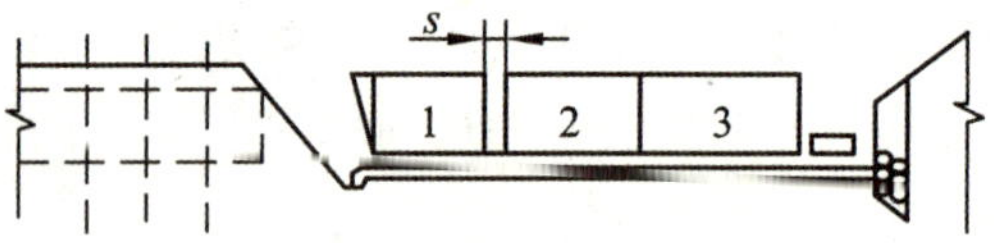

（b）顶进第一节

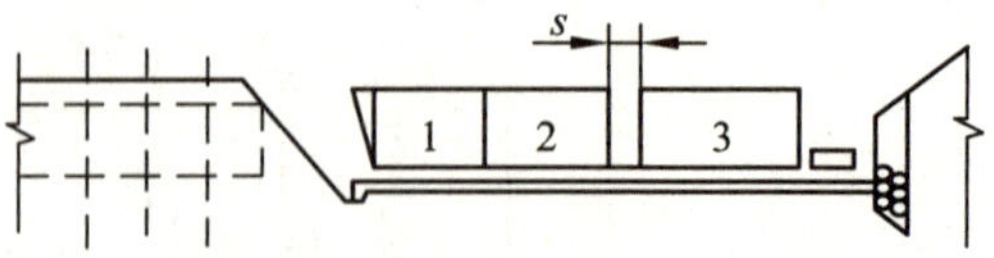

（c）顶进第二节

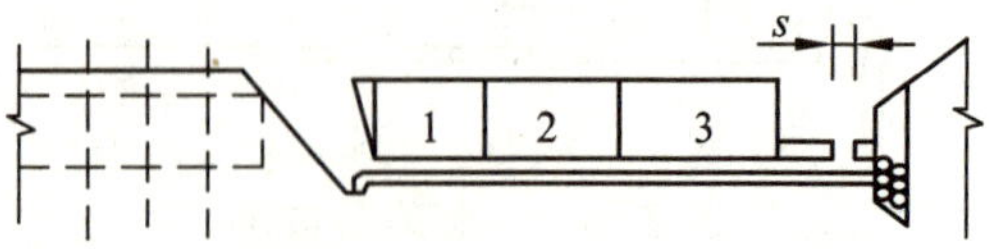

（d）顶进第三节

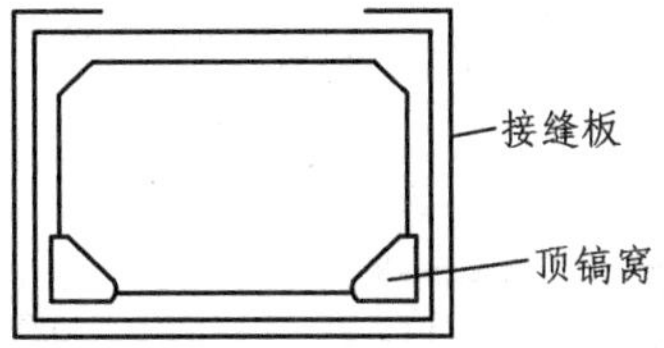

1～3—桥涵身；4—顶镐；5—线路中线；
6—桥涵身设计位置；7—顶铁；s—顶程。

图 7-4-2　中继间法顶进示意图

中继间法顶进时，为防止各节箱体相互错牙，常在节间设置剪力楔及钢搭榫。同时，中继间千斤顶的顶程应小一些，这样可使剪力楔等设施能发挥较大的抗剪能力，同时便于抗剪设施的安装。

另外，中继间外表周围必须设置钢护套，这样不仅可防止漏土进入，也可使千斤顶不与土面接触，而且可防止后节箱体在顶进时其端头底板刮土而造成错牙。钢护套底板需在预制箱体时设置。节间缝应采取妥善的防水措施，可预留缺口，顶进就位后装设内贴式止水带。

四、对顶法

当地道桥穿越股道较多，顶进距离很长时，整体顶进需要顶力较大，后背工程也庞大，同时顶进传力设备（顶铁、顶柱、横梁）连接较长，增大了弹性压缩量，所以每次顶进（千斤顶顶程）的实际有效距离就相应较小，甚至可能出现弹性压缩量与千斤顶顶程相等而无法顶进的现象。此外，过长的顶进传力设备也容易失稳崩起伤人。此时，如采用中继间法有困难时，则可采用对顶法，如图 7-4-3 所示。

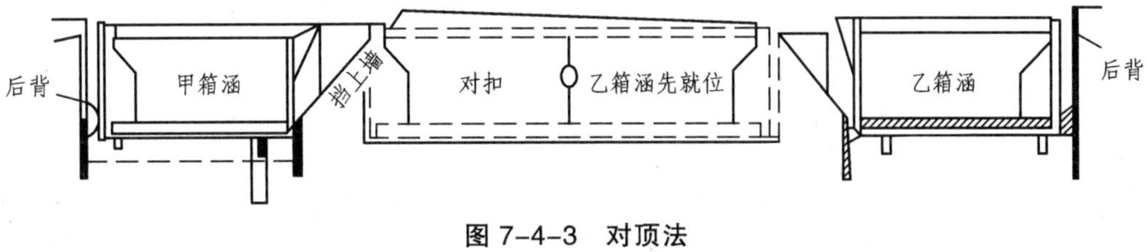

图 7-4-3　对顶法

对顶法是在铁路两侧各挖一个工作坑，将地道桥分成两段，分别在两侧工作坑内预制，并分别修筑后背，两侧可同时顶入，也可先顶一侧，然后再将顶进设备移至铁路另一侧进行顶进，使之与先顶进的另一半桥身对接。对接位置应选择在两股线路间距较大处。对顶法要特别注意控制顶进偏差。对接时拆除钢刃脚，并设置止水沉降缝。拆除钢刃脚时，应注意避免发生坍方，最好将刃脚分块安装，分块拆除。

五、对拉法

当后背修筑困难或不经济时，可采用对拉法，如图 7-4-4 所示。此法不需后背，它是先在铁路两侧工作坑内各预制一节桥身，然后利用小口径顶管法或水平钻机穿越铁路路基，穿入高强钢丝束或顶入钢轨作为拉杆，如图 7-4-5 所示，使两节桥身沿拉杆对拉前进，直至对接，由于是对拉前进，便于控制方向。目前对拉法主要用于地道桥不长的情况。

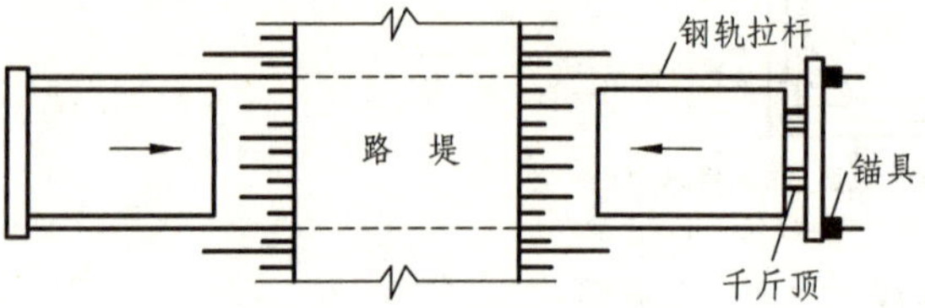

图 7-4-4 对拉法

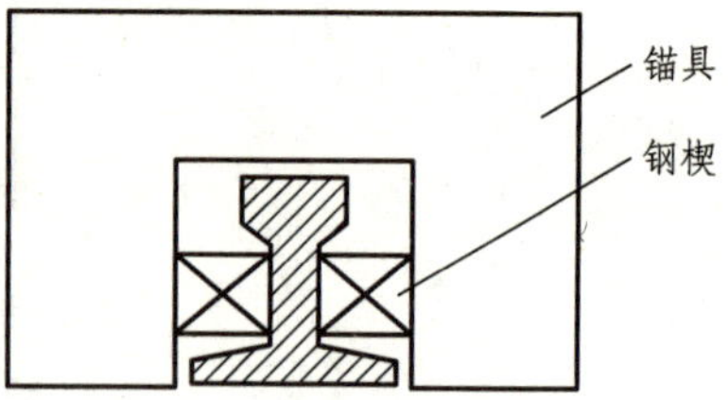

图 7-4-5 钢轨拉杆钢楔卡具

六、牵引法

牵引法是在铁路一侧预制地道桥桥身，在另一侧设置张拉千斤顶，用千斤顶拉动穿过路基水平钻孔的钢绞线，将桥身拉入路基，如图 7-4-6 所示。一般顶入法是在桥身后面设置千斤顶，而牵引法是将千斤顶设置在桥身的前方，所以此法又称为前置千斤顶法。牵引法不需要建造后背，它是利用原路基等建筑物（如挡土墙）做为后背，由于是牵引前进，所以方向性较好。

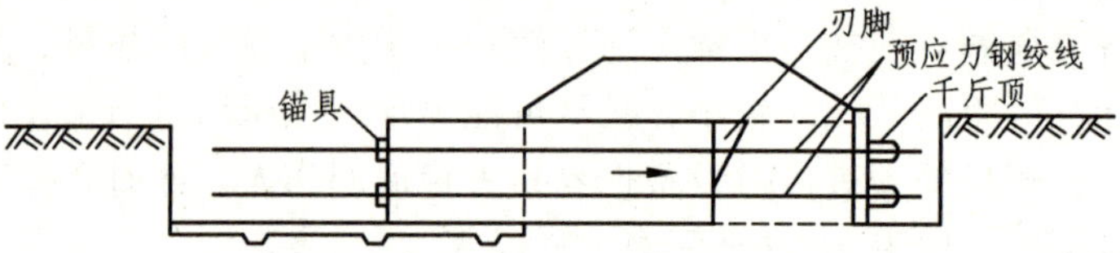

图 7-4-6 牵引法

七、顶拉法

顶拉法施工如同蚯蚓爬行，在修建较长地道桥时，在铁路一侧将顶进桥分成至少 3 节，分节长度最好为高度的 1.5 倍以上，使之具有一定的稳定性以免倾覆。用通长的拉杆穿过各节底预留的管孔，将各节串联起来。拉杆前端锚固在顶进桥最前面的底板端头，后端锚固在钢横梁上，后端钢横梁距顶进桥最后端的净距为千斤顶活塞伸出后的总长度（即千斤顶长度加一个顶程）。每节桥身后端（节间）均安放千斤顶，千斤顶安放在中继间内。顶进时是利用顶进桥中的两节（或两节以上）产生的静止摩擦力，借助千斤顶和串联拉杆（钢筋束或高强度钢丝），克服另一节的前进摩阻力，这样由前到后，逐节顶进，互为后背，有顶有拉，如此循环，直至就位。所以无须后背，有如自动爬行，如图 7-4-7 所示。

顶拉法在“扎头”严重时还可退回原位，以便对地基进行处理。顶拉法是逐节顶拉，每节所需顶力较小，所以千斤顶易于布置。同时，对滑板表层润滑要求也不高，只铺一层油毡或涂一层黄油再铺一层油毡便可。但分节多，增加了接缝防水处理。

采用顶拉施工时，应根据顶进中的各种情况对各节的摩阻力进行检算，避免发生倒退现象，即做为后背的各节总摩阻力应大于被顶进节的摩阻力。

在顶进中为了防止发生上下错动，在各节接缝处两侧侧墙上设置钢插销。为了防止土从外面进入接缝，底板与两侧铺设钢护套，顶板铺设木盖板。

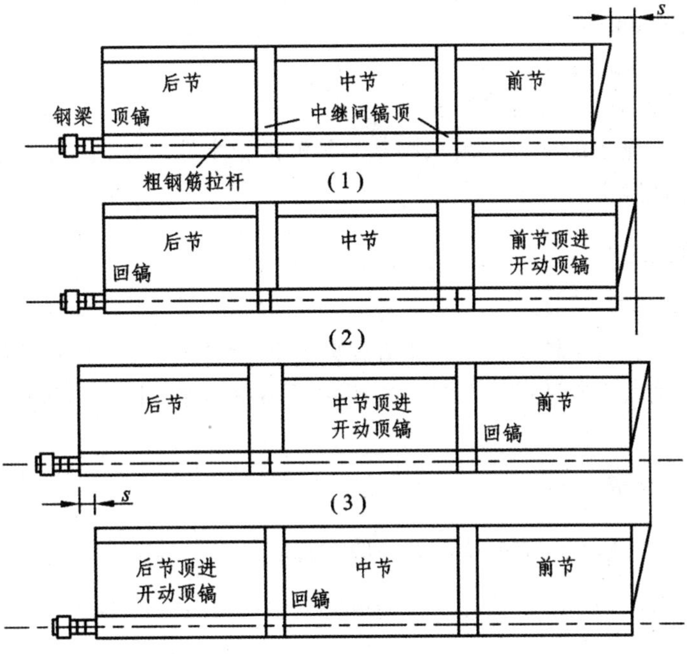

图 7-4-7　顶拉法

八、圆涵顶进施工

在运营线中为解决农田灌溉与排涝，以及农运交通与厂矿排污等问题，往往需要增建涵洞。采用顶进法施工，可避免或减少对行车的影响。目前，不仅钢筋混凝土圆管涵洞已普遍采用顶进法施工，而且圆管带基础、拱涵、盖板箱涵等也采用顶进法施工。

在顶进方法方面，除采用一般顶入法外，还可采用对拉法、对顶法、顶拉法等。

（一）一般规定与要求

（1）圆形涵洞内径小于 1.5 m 时，因不便于开挖出土，不宜用顶进法施工。

（2）顶涵均应铺设导轨，导轨应固定牢靠。导轨一般使用钢轨，轨下铺满枕木，以道钉固定。为保证轨道平稳，枕木下铺 15 cm 厚的碎石。

（3）圆涵一般每节长 2 m，首节管节安放在导轨上，应测量管节的中线以及前后端的管底高程，合格后方可顶进。首节管节应每顶进 20 ~ 30 cm，便对中心线及高程测量一次。在正常顶进中每顶进 40 ~ 60 cm，测量一次。

（4）顶进应昼夜不停施工，每次先挖后顶。

（5）挖土应遵守下列规定：

① 涵前挖土长度，在铁路道床下不宜超过涵端前 10 cm，在道床以外部分不得超过 30 cm，并应随挖随顶。

② 圆涵周围上部容许超挖 1.5 cm，下部 135°圆弧范围内不得超挖。

（6）圆涵顶进容许误差：

① 高程：偏高 20 mm，偏低 50 mm；

② 中心线：50 mm；

③ 管节错口：10 mm；

④ 对顶法接头的管节错口：30 mm。

（7）采用顶进法施工的涵洞，要求路基有足够的稳定性。砂夹卵石、弃砟路堤、风干砂等则不宜采用顶进法施工。

（二）一般顶入法

1. 断面形式的选择

如路基土质较好，填土较高，受列车活载影响小，则可顶入无基钢筋混凝土圆涵；否则，以顶入带基础圆涵为宜。在改建工程中，如老涵管不易拆除，则应另选地点顶入，并堵塞原涵管。

2. 千斤顶顶点位置

顶进管节时，千斤顶对管节的施力点一般在管底以上 $\frac{D}{4} \sim \frac{2D}{5}$（$D$ 为管节外径）。若施力点不当，顶进时将引起管端抬头或扎头，造成管节错口与高低不平。

3. 钢涨圈

钢涨圈的作用是防止涵管在顶进过程中管节之间上下左右错动，以保持涵管沿直线前进。钢涨圈宽 100 ~ 150 mm，厚 8 ~ 11 mm，直径较管节内径小 100 ~ 150 mm，用木块打进塞紧，如图 7-4-8 所示。其底部要与管内壁贴紧。顶进完毕后，打掉木块取出钢涨圈。

4. 管节接缝处理

接缝处理要特别强调质量，因为质量不好或处理不当会影响日后接缝漏水，造成线路翻浆冒泥、冻害、沉陷及管节本身不均匀下沉。

（1）企口式接口。要求尺寸正确，否则容易破裂，缝间填料如图 7-4-9 所示。石棉水泥必须严密捣实，石棉与水泥的重量配合比为 3∶7，用水量为水泥的 10% ~ 20%，水泥用 42.5 号，石棉不得低于 4 号，企口缝间也可填 9 mm 厚沥青麻筋，顶压后为 5 mm 厚。

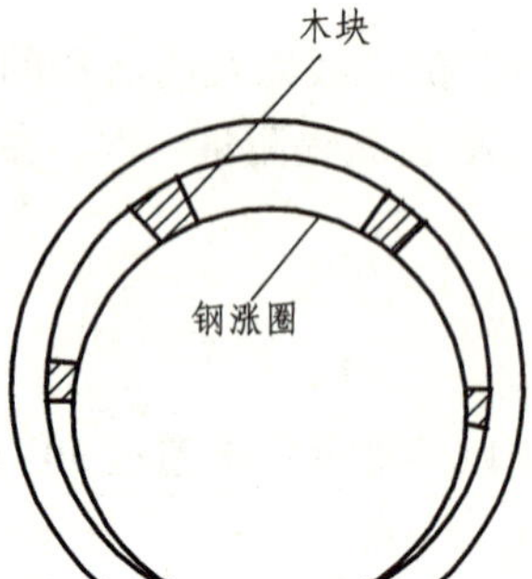

图 7-4-8　钢涨圈

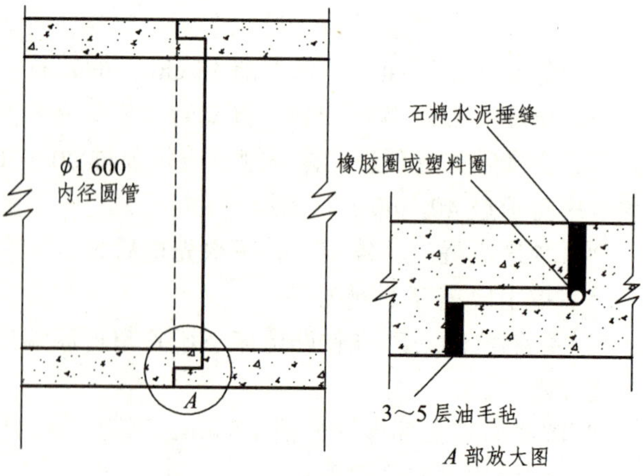

图 7-4-9　企口管接口示意图

（2）钢板内套环。如图 7-4-10 所示，用 10 mm 厚 200 mm 宽的钢板弯成圆环，直径较管节内径小 40 mm，焊接后装在接缝处，用石棉水泥捶缝，外面用 M10 水泥砂浆抹面。

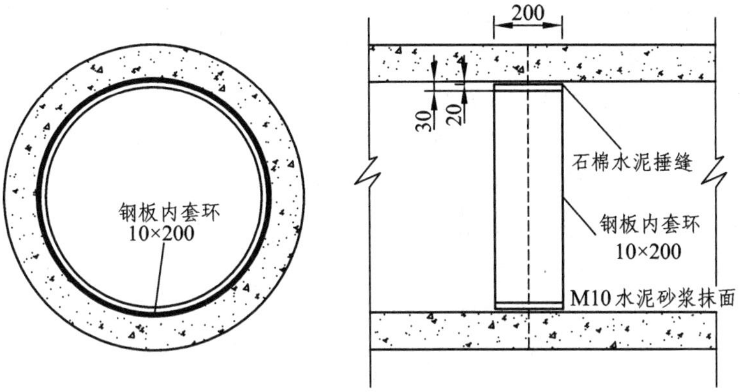

图 7-4-10　钢板内套环接口示意图

5. 出入口防护

无基涵管顶进就位后，为保持管节稳定和防止冲刷，应对进出口管节砌筑圬工基础。其长度一般为从洞口向内 2 m，深度为冻结深度加 0.25 m，出入口端翼墙等按设计要求办理。

九、顶进施工的相关规定

（1）无砟轨道区段路基不应顶进桥涵。

（2）高速铁路有砟轨道区段有可能破坏地基加固效果的路基地段、各种过渡段，不应顶进桥涵。

（3）在运输较繁忙的营业线上修建涵洞或立交桥（地道），当路基稳定无下沉情况时，结合地质、地形和铁路运营条件进行技术经济比较，可选择顶进法施工。

（4）顶进桥涵除应按荷载组合计算外，还应检算顶力作用，并以此作为设计后背和顶进设施的依据。设计时还应满足顶进过程中承受列车荷载时的安全要求。

（5）较长的框架式立交桥宜分段顶进。分段顶进的桥涵，其分段端部应预留支顶位置。

（6）顶进完成后，两侧应注浆填缝加固。

（7）顶进桥涵的顶面及侧墙应做防水层，顶面防水层外应设保护层。

【项目小结】

顶进涵施工

盖板涵施工

【项目训练】

7.1 常见涵洞类型有哪些？

7.2 铁路涵洞常见的孔径有哪些？

7.3 简述框构桥的概念。

7.4 顶进施工前的准备工作有哪些？

7.5 减少顶进阻力的基本方法有哪些？

7.6 顶进法施工后背的形式有哪些？

7.7 顶进法施工线路常见加固方法有哪些？

7.8 简述调整顶进方向和高程的基本方法。

7.9 简述各种顶进方法的基本步骤。

模块 2　桥涵施工

项目 8　桥涵施工基本知识

【项目描述】

桥涵工程是现代高速铁路、公路、城市道路常用的构造物，可以说自从有了路就有了桥。桥涵工程由跨度小、结构简单的古代桥梁发展到今天的超大跨度、各种现代组合体系桥梁，桥梁的设计理论和施工技术取得了飞速的发展，其建筑材料向轻质化和高强度发展，高性能混凝土和钢材广泛应用到现代桥梁工程之中，并成为现代桥梁建设的主要材料。本项目简要介绍桥梁常用施工方法，重点介绍施工准备内容以及支架、模板、高性能混凝土、钢筋的有关规定。

【项目目标】

（1）能理解施工准备内容；
（2）能掌握支架类型及模板类型、模板要求；
（3）能掌握高性能混凝土的性能要求；
（4）能掌握钢筋施工工序及其质量要求。

任务 8.1　桥梁施工方法的分类

桥梁施工可分为基础工程施工、下部结构工程施工和上部结构工程施工。

一、基础工程

在桥梁工程中，基础大致可分为明挖基础、桩基础、沉井基础、地下连续墙等。

明挖基础

（一）明挖基础

明挖基础施工的顺序是开挖基坑，对基底进行处理（当地基的承载力不满足设计要求时需对地基进行加固），然后砌筑圬工或立模、绑扎钢筋、浇筑混凝土。其中，开挖基坑是施工中的一项主要工作，而在开挖过程中，必须解决挡土与止水的问题。当土质坚硬时，对基坑的坑壁可不进行支护，仅按一定坡度要求进行开挖。在采用土、石围堰（或土质疏松的情况下），一般应对开挖后的基坑坑壁进行支护加固，以防止坑壁坍塌。支护的方法有挡板支护加固、混凝土及喷射混凝土加固等。

明挖基础施工的难易程度与地下水处理的难易有关。当地下水位高于基础的设计底面较高时，施工时则必须采取止水措施，如打钢板桩或考虑采用集水坑用水泵排水、深井排水及井点法等使地下水位降低至开挖面以下，以使开挖工作能顺利进行。还可采用化学灌浆法及帷幕法进行止水或排水。但明挖基础的各种施工方法都有各自特有的制约条件，因此在选择时应特别注意。

桩基础

（二）桩基础

桩是深入土层的桩形构件，其作用是将作用于桩顶以上的荷载传递到土体中的较深处。

根据不同情况，桩可以有不同的分类法。按成桩方法分类如下：

1. 沉入桩

沉入桩是将预制桩用锤击打或振动法沉入地层至设计要求高程的一种桩基础。

沉入桩的主要施工方法有：

（1）锤击沉桩法。锤击沉桩是以桩锤（落锤、柴油锤、气动锤、液压锤等）锤击预制桩的桩头而将桩沉入地下土层中的施工方法。

（2）振动沉桩法。振动沉桩法是采用振动沉桩机（振动锤）将桩沉入地层的施工方法。

（3）静力压桩法。静力压桩法是借助专用桩架自重、配重或结构物自重，通过压梁（或压桩）将整个桩架自重、配重（或结构物反力），以卷扬机滑轮组（或电动油泵液压方式）施加在桩顶（或桩身）上，当施加给桩的静压力与桩的入土阻力达到动态平衡时，桩在自重和静压力作用下逐渐沉入地基土中。

（4）辅助沉桩法：

① 射水辅助沉桩法。射水辅助沉桩是利用在桩尖处设置冲射管喷出高压水，冲刷桩尖处的土体，在桩尖周围地基松动、摩擦阻力减少的同时，使桩受自重以及锤击、振动、静压等作用而下沉的施工方法。这种施工方法只能作为锤击、振动和静力压桩的辅助手段，而不允许单独使用。

② 预钻孔辅助沉桩法。预钻孔辅助沉桩是预先在桩位进行钻孔取土，然后以锤击、振动、静压等方法进行沉桩的一种施工方法。

（5）沉管灌注法。沉管灌注法是采用锤击或振动法将钢管沉入土内，然后在管内灌注混凝土，边灌边拔管而形成桩的一种施工方法。

2. 灌注桩

灌注桩，是在现场采用钻孔机械（或人工）将地层钻挖成预定孔径和深度的孔后，将预制成一定形状的钢筋骨架放入孔内，然后在孔内灌入流动的混凝土而形成桩基。

灌注桩通常有以下几种成孔施工方法：

（1）螺旋钻机成孔法。此法利用长螺旋（或短螺旋）钻机成孔，不采用任何护壁措施。这种施工方法基本没有噪声和振动的污染。因不采取护壁措施，故仅适用于无地下水的地层，且桩长有一定限制。螺旋钻孔机一般不能穿过卵石、砾石地层。

（2）潜水钻机成孔法。采用潜水钻机钻进成孔，钻孔作业时，钻机主轴连同钻头一起潜入水中，由轴底动力直接带动钻头钻进。

（3）冲击钻机成孔法。此法是采用冲击式钻机或卷扬机带动一定重量的冲击钻头，在一定的高度内将钻头提升，然后突放使钻头自由降落，利用冲击功能冲挤土层或破碎岩层形成桩孔，再用掏渣筒或其他方法将钻渣岩屑排出。

（4）正循环回转法。此法是由钻机回转装置带动钻杆和钻头回转切削破碎岩土，钻进时用泥浆护壁、排渣。泥浆由泥浆泵输进钻杆内腔后，经钻头的出浆口射出，带动钻渣沿钻杆与孔壁之间的环状空间上升到孔口，溢进沉淀池后，返回泥浆池中净化，再供使用。这样，泥浆在泥浆泵、钻杆、钻孔和泥浆池之间反复循环运行。

（5）反循环回转法。反循环回转是在桩顶处设置比桩径大 15% 左右的护筒，护筒内的水位要高出地下水位 2 m 以上，以确保孔壁的任何部位均保持 0.02 MPa 以上的静水压力，防止孔壁坍塌，然后用旋转钻头连续削孔；与此同时，通过循环水将所削出的岩土钻渣由钻杆内部排至孔外。

（6）冲抓钻机成孔法。冲抓钻机成孔是利用钻机冲抓锥张开的锥瓣向下冲击切入土石中，收紧锥瓣将土石抓入锥中，然后提升至孔外卸去土石，再向孔内冲击抓土，如此循环钻进成孔，孔中泥浆起护壁作用。

（7）人工挖孔法。此法是用人力挖土形成桩孔。在向下挖进的同时，对孔壁进行支护，以保证施工安全，然后在孔内安放钢筋骨架，灌注混凝土而形成桩基。

（三）沉井基础

沉井基础是一种断面和刚度均比桩大得多的筒状结构。施工时在现场重复交替进行构筑和开挖井内土方，使之沉落到预定支承地基上。在岸滩或浅水中建造沉井时，可采用“筑岛法”施工；在深水中建造时，则可采用浮式沉井，先将其浮运至预定位置，再进行下沉施工。按材料、形状和用途的不同，可将沉井分成很多种类型，但各种沉井基础有以下共同特点：

（1）沉井基础的适宜下沉深度一般为 10 ~ 40 m。

（2）与其他基础形式相比，沉井基础的抗水平力作用能力及竖直支承力均较大，且由于刚度大，其变位较小。

沉井基础施工的难点在于沉井的下沉，主要是通过从井孔内除土，清除刃脚正面阻力及沉井内壁摩阻力后，依靠其自重下沉。沉井下沉的方法可分为排水开挖下沉和不排水开挖下沉，但其基本施工方法应为不排水开挖下沉，只有在稳定的土层中，而且渗水量不大时，才采用排水开挖法下沉。

（四）地下连续墙

地下连续墙是用膨润土泥浆进行护壁，在防止开挖壁面坍塌的同时在设计位置开挖出一条狭长端圆的深槽，然后将钢筋骨架放入槽内并灌注水下混凝土，从而在地下形成连续墙体的一种基础形式。

二、下部结构工程

（一）承　台

位于旱地、浅水河中采用土石筑岛施工桩基的桥梁，其承台的施工方法与明挖基础的施工方法类似，可采取明挖基坑、简易板桩围堰后开挖基坑等方法进行施工。

对深水中的承台，可供选择的施工方法通常有：钢板桩围堰、钢管桩围堰、双壁钢围堰及套箱围堰等。不论何种围堰，其目的都是为了止水，以实现承台在较干的环境中施工。钢板桩和管桩围堰实际上是同一类型的围堰形式，只不过所用材料不同；双壁钢围堰通常是将桩基和承台的施工一并考虑，即先在堰顶设钻孔平台，桩基施工结束后拆除平台，在堰内进行承台施工；套箱现多采用钢材制作，分有底和无底两种类型，根据受力情况不同又可设计成单壁或双壁。

（二）墩（台）身

墩（台）身的施工方法根据其结构形式的不同而各异。对结构形式较简单、高度不大的中小桥墩（台）身，通常采取传统的方法，立模（一次或几次）现浇施工。但对高墩及斜拉桥、悬索桥的索塔，则有较多的可供选择的方法。而施工方法的多样化主要反映在模板结构形式的不同。近年来，滑升模板、爬升模板和翻升模板等在高墩及索塔上应用较多，其共同的特点是：将墩身分成若干节段，从下至上逐段进行施工。

采用滑升模板（简称滑模）施工，对结构物外形尺寸的控制较精确，施工进度平稳、安全，机械化程度较高，但因多采用液压装置实现滑升，故成本较高，所需的机具设备也较多；爬升模板（简称爬模）一般要在模板外侧设置爬架，因此，这种模板相对而言需耗用较多的材料，体积也较庞大，但不需设另外的提升设备；翻升模板（简称翻模）结构较简单，施工亦较方便，不过需设专门用于提升的起吊设备。

三、上部结构工程

桥梁上部结构的形式是多种多样的，其施工方法的种类也较多，但除一些比较特殊的施工方法之外，大致可分为现浇和预制安装两大类。

（一）现浇法

1. 固定支架法

这是在桥跨间设置支架、安装模板、绑扎钢筋、现场浇筑混凝土的施工方法，特别适用于旱地上的钢筋混凝土和预应力混凝土中小跨径连续梁桥的施工。支架按其构造的不同可分为满布式、柱式、梁式和梁柱式几种类型；按连接和组合方式有门式支架、扣件式支架、碗扣式支架、贝雷桁片、万能杆件及各种型钢组合构件等。在这种施工方法中，支架虽为临时结构，但施工中需承受梁体的大部分自重，因此必须有足够的强度和刚度，同时支架的地基要可靠，必要时需对地基进行加固处理。固定支架法施工的特点是：梁的整体性好，施工平稳、可靠，不需大型起重设备；施工中无体系转换的问题；需要大量施工支架，并需要有较大的施工场地。

2. 逐孔现浇法

（1）在支架上逐孔现浇施工。

这是一种与前述的固定支架法相似的施工方法，其区别在于逐孔现浇施工仅在梁的一孔（或二孔）间设置支架，完成后将支架整体转移到下一孔进行连续施工，因此，这种方法可仅用一孔（或二孔）的支架和模板周转使用，所需施工费用较少。支架可用落地式、梁式和落地移动式。落地式支架多用于旱地桥梁或桥墩较低的情况；梁式支架的承重梁则可支承在位于桥墩承台的立柱上或锚固于桥墩的横梁上；落地移动式支架可在地面设置轨道，支架在轨道上（或其他滑动、滚动装置上）进行转移。

逐孔现浇施工的接头通常设在距桥墩中心约 $L/5$ 弯矩较小的部位，这种施工方法适用于中小跨径及结构构造比较简单的预应力混凝土桥梁。

（2）移动模架逐孔现浇施工。

这种方法是使用不着地移动式的支架和装配式的模板进行连续地逐孔现浇施工。此法自 20 世纪 50 年代末开始使用以来，得到了较广泛的应用，特别对于多跨长桥如高架桥、海湾桥，使用十分方便，施工快速，安全可靠，机械化程度高，节省劳力，减轻劳动强度，少占施工场地，不会受桥下各种条件的影响，能周期循环施工，同时也适用于弯、坡、斜桥。

3. 悬臂浇筑法

这种方法最常用的是采用挂篮悬臂浇筑施工，在桥墩两侧对称逐段就地浇筑混凝土，待混凝土达到一定强度后张拉预应力筋，移动挂篮继续进行施工，使悬臂不断接长，直至合龙。挂篮悬臂浇筑施工是 1959 年首先由德国迪维达克创造和使用的，因此又称迪维达克施工法。

4. 顶推法

顶推施工是在桥台的后方设置施工场地，分节段浇筑梁体，并用纵向预应力筋将浇筑节段与已完成的梁体连成整体，在梁体前端安装长度为顶推跨径 0.7 倍左右的钢导梁，然后通过千斤顶施力，将梁体向前方顶推出施工场地。重复这些工序即可完成全部梁体的施工。

顶推法最早是在 1959 年奥地利的阿格尔桥上使用的。其特点是：由于作业场所限定在一定范围内，可设置制作顶棚而使施工不受天气影响，可以全天候施工。连续梁的顶推跨径以 30 ~ 50 m 最为经济有利，若竣工跨径大于此值，则需采用临时墩等辅助手段。逐段顶推施工宜在等截面的预应力混凝土连续梁桥中使用，也可在结合梁和斜拉桥的主梁上使用。用顶推法施工，设备简单、施工平稳、噪声低、施工质量好，可在深谷和宽深河道上的桥梁、高架桥上采用。

（二）预制安装法

1. 自行式吊车吊装法

这种吊装法多用于公路桥梁，采用汽车吊、履带吊和轮胎吊等机械，有单吊和双吊之分。此法一般适用于跨径在 30 m 以内的简支梁板的安装作业。在现场吊装孔跨内或引道上应有足够设置吊车的场地，同时应确保运梁道路畅通，吊车的选定应充分考虑梁体的重量和作业半径后方可决定。

2. 跨墩龙门安装法

在墩台两侧顺桥向设置轨道，在其上安置跨墩的龙门吊，将梁体在吊起状态下运至架设地点而安装在预定位置。此法一般可将梁的预制场地安排在桥头引道，以缩短运梁距离。

3. 架桥机安装法

目前架桥机的种类甚多，有专用的架桥机设备，也有应用常备构件（万能杆件和贝雷桁片等）自行拼装而成的。

4. 逐孔拼装法

逐孔拼装法一般适用于节段式预应力混凝土连续梁的施工。在施工的孔跨内搭设落地式支架或采用悬吊式支架，将节段预制块件按顺序吊放在支架上，然后在预留孔道内穿入预应力筋，对梁施加预应力使其成为整体。这种方法形象的通俗名称为“穿糖葫芦”。

5. 悬臂拼装法

悬臂拼装法现多用于预应力混凝土梁体的施工，其他类型的桥梁亦可选用。这是一种将梁体分节段预制，墩顶附近的块件用其他架设机械安装或现浇，然后以桥墩为对称点，将预制块件沿桥跨方向对称起吊、安装就位后，张拉预应力筋，使悬臂不断接长，直至合龙的施工方法。悬臂拼装法施工速度快，桥梁上、下部结构可平行作业，预制块件的施工质量易控制，但预制节段所需的场地较大，且拼装精度在大跨径桥梁的施工中要求较高，因此此法可在跨径 100 ~ 200 m 的大桥中选用。这种施工方法可不用或少用支架，施工时不影响通航或桥下交通，宜在跨深水、山谷和海上进行施工，并适用于变截面预应力混凝土梁桥。悬臂拼装可用的机具设备较多，有移动式吊车、移动桁式吊、缆索吊、汽车吊和浮吊等，可根据不同的桥梁结构和地形条件进行选择。

（三）转体施工法

转体施工法多用于拱桥的施工，亦可用于连续梁桥、斜拉桥和刚构桥。这种施工方法是在岸边立支架（或利用地形）预制半跨桥梁的上部结构，然后借助上、下转轴偏心值产生的分力使两岸半跨桥梁上部结构向桥跨转动，用风缆控制其转速，最后就位合龙。该法适用于峡谷、水深急流、通航河道和跨线桥等地形特殊的情况，具有工艺简单、操作安全、所需设备少、成本低、速度快等特点。

转体法分平转和竖转两种施工方法，施工中又分为有平衡重和无平衡重两种方式。

（四）劲性骨架法

该法以钢骨架作为拱圈的劲性拱架，采用现浇混凝土包裹骨架，最后形成钢筋混凝土拱桥。

任务 8.2　桥梁施工准备

开工前，应组织专业人员对施工环境、地形地貌、水电供应、征地拆迁、当地地材、民俗风情进行实地调查，掌握较为详尽的工程环境、施工技术、材料资源、交通状况等资料。

进场后，项目部根据施工设计资料，并结合调查结果进行详细施工调查，以彻底摸清管段的地质、地形、水文、水电供应、地材供应情况，为工程的顺利开工和各项施工管理工作做好准备。对位于煤气管道（输气管道、电缆、光缆）、公路、铁路、河堤附近的工程，施工时应制定相应的防护措施，确保其安全。

一、施工现场准备

项目部选派人员尽快与业主、地方政府、主管部门和相关的协作单位进行沟通，建立密切联系，消除施工障碍，疏通施工渠道，为施工创造一个和谐、融洽的内外部环境。

1. 与业主或业主代表的协调

项目部将向业主代表汇报工作情况，与业主或业主代表协商工作事项、商定议事规则及程序；同时协助业主办理开工前的各项审批手续及落实现场施工条件。

2. 与地方有关部门的协调

项目部还应积极主动地与当地公安、国土、交通、林业、环保、通信、水利、电力等部门取得联系，向他们通报情况，听取他们的意见，了解政府及主管部门的最新管理信息，按要求办理相关手续，制定相应的规章制度，取得当地政府及主管部门的支持、信任与配合。

3. 施工环境的协调

做好施工现场周围环境的调查研究工作，掌握真实情况，增强工作的预见性、针对性和实效性，尽可能减少自然或人为不利因素的影响，为施工顺利进行创造条件。

4. 征地拆迁

进场后项目部积极协助业主进行永久性用地的征地、拆迁及施工临时占地的征地、拆迁工作，为工程的顺利开工做好准备。

征地拆迁根据总体施工进度全线推进，优先保障区间拌和站等项目大量用地。其次分重点工程、先架梁区段依次安排进行。

征地拆迁以保证控制工程按时开工为首要工作，解决影响线下工程（即道砟以下工程）施工的迁改问题。拆迁工作要突出顺序、统一、一次到位的原则，杜绝二次拆迁、重复拆迁。

二、施工技术准备

1. 施工测量

项目部组织精测队，主管工程师应按业主提供的施工设计资料，对平面控制网进行复测，并将复测成果按规定时间报送监理工程师。复测结果报经监理和业主批复后，组织定位放线，布设精密导线网、水准网，埋设永久桩和护桩，确保测量桩位准确无误，满足标准的精度要求，并测量建设征地界；制订测量计划和测量管理制度。

2. 组建工地试验室

试验、检测是保证工程质量的重要手段，在施工全过程中应严格执行现行的施工规范、质量检验评定标准、试验规程，并按照有关程序文件进行检测。由项目部试验室对混凝土进行质量跟踪检测，及时反馈信息，指导施工。

3. 核对设计文件

在设计单位分批下发施工图后，项目部按照设计单位提供的图纸，详细调查沿线周围建筑物和地上、地下管线的情况，并组织技术人员进行施工图纸现场核对，复核设计图纸。通过业主组织的技术交底会，掌握设计思路。随着施工进展情况的不断深入，可能会存在现场与设计不符的情况，项目部应通过上级部门及时与设计单位联系，同时抄报监理与业主。

核对设计文件时应注意以下两点：

（1）施工前应将桥梁各部分高程同线路详细纵断面图核对。

（2）梁缝、桥墩纵向偏心：全桥布置图中桥墩里程为梁缝分界线里程，不等跨桥墩中心线的预偏值为墩中心线里程与梁缝分界线里程的差值。下部结构施工放样时，应对线路里程、桩位坐标、预偏心大小及方向等进行相互校核，确认无误后，方可开始施工。

4. 技术交底及人员培训

在总工程师组织下对投标书施工组织设计进行优化、完善、修正，编制实施性施工组织设计、年度施工计划等，下发给各执行部门。对跨既有铁路、跨航道、跨公路施工的安全事项做出书面的指导文件，并对施工中每道工序下达详细的技术交底书。

针对工程特点，组织技术人员和相关专家对质检员、安全员等管理人员和技术工人进行培训。培训内容包括国家、行业、地方现行的有关工程质量、施工安全、环境保护等法律法规。例如：高性能混凝土试验培训、跨既有铁路安全施工培训、客运专线桥涵主要技术标准和施工关键技术、客运专线施工与运营中的环境保护技术措施、客运专线施工组织设计和实施、新颁铁路工程质量验收标准等。

三、劳动组织准备和物资准备

1. 劳动力组织准备

根据工程的特点，加强内部劳动力结构的调整，选派专业化施工队伍进场施工；对进场工人进行技能培训考核，施工工艺和操作规程交底，确保施工队伍的有效投入；建立健全劳动纪律和规章制度，形成“交底–施工–验收”的组织监控体系；加强各专业工种的穿插流水，使施工队伍处于最佳工作状态，提高工作效率。

2. 机械设备准备

遵循先进性和技术性能相匹配及确保选用设备可靠性的原则进行机械设备配备。

针对工程特点，组织多作业面平行施工，配备的机具及运输车辆保证按时进场，对机械及早调试、彻底检修，保证上场机具性能完好。对于重型和大型机械选择合理的便道运输到现场。同时，落实好设备专项资金并抓好材料的组织与管理，确保机具设备的高效率运转。

3. 施工材料准备

尽早与厂家签订自购料采购合同或意向，确定材料的运输和交付方式，确保施工准备及正式工程的材料供应；对于甲供材料（甲方供应的材料），及时提供供料计划，保证按时供应。

四、开工报告

各项施工准备工作结束并满足开工要求后，及时向监理工程师按程序提交开工报告，一经批准立即开工。开工报告的内容包括：设计文件、施工图纸的审查核对情况；管段导线、中线、高程的复测情况；对原材料鉴定、混凝土和砂浆配合比的选定情况；机具、人员进场情况；现场四通一平（路通、水通、电通、通信通及平整场地）、完成征地拆迁情况，以及技术交底情况。

任务 8.3　支架及模板工程

现场浇筑桥梁结构时，需要模板支撑；采用预制安装法架设桥梁时，也经常需要操作架、操作台、运输马道等辅助结构，这些结构都可以称为脚手架。在现代桥梁施工中，脚手架的作用已不仅仅局限于作为施工人员的操作平台，而且还可以作为各种承重支架。

一、支架（脚手架）

桥梁施工中常用于脚手架的主要构件是钢管。钢管架根部必须采用底座以保证立杆不会插入土中。为了微调支架高度，底座一般做成可调节高度的。对于模板支撑架，钢管顶部需设置顶托。为了方便拆模板，顶托一般也采用可调节高度的。有时，竖向钢管的接长也用调节螺杆，如图 8-3-1 所示。

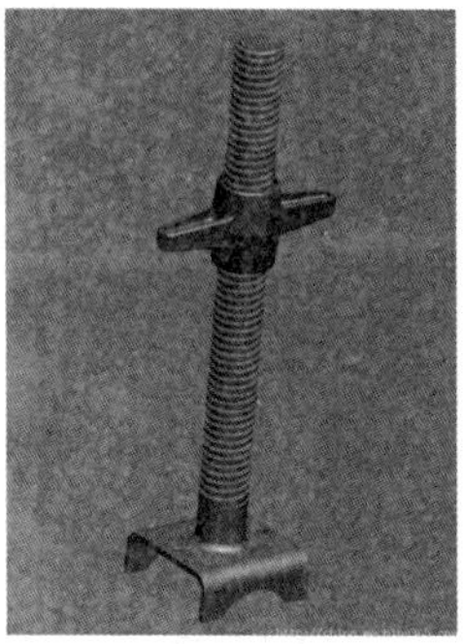

图 8-3-1　调节螺杆

脚手架的常见分类有：

（一）按钢管的连接、组合方式不同分类

脚手架的主要类型有扣件式、碗扣式、门式脚手架等；还有万能杆件、贝雷梁等。

1. 扣件式

扣件式钢管架是木质脚手架金属化的发展结果，以钢管代替木材。扣件代替铅丝及扎巴绳。其主要作用是将钢管连接成结构的“扣件”。

钢管架常为$\phi 48 \times 3.5$ 钢管。脚手架立杆、横杆、斜杆的连接由扣件完成。其连接点的传力依靠拧紧螺栓之后的摩擦作用。

连接扣件主要有 3 种：① 横、立杆连接的“直角扣件”；② 斜杆连接采用的“旋转扣件”；③ 杆件接长用的“对接扣件”。如图 8-3-2 所示。

扣件式钢管脚手架的优点是：不用加工（$\phi 48$ 钢管截成所需长度即可）；可任意搭设；具有较大通用性。

其缺点是：横、立、斜杆之间有偏心，对结构有不利影响。节点处的连接力受螺丝拧紧程度的影响，因而其搭设质量有人为因素。

2. 碗扣式

碗扣式脚手架是对扣件式脚手架的重大改进。该脚手架主要杆件仍然是$\phi 48$ 钢管。但是，钢管的连接点采用“碗扣”。

碗扣由上、下碗扣构成，如图 8-3-3 所示。下碗扣焊接在立杆上，上碗扣套在立杆上。水平杆两端焊有“插头”，该插头下插入下碗扣，上插入上碗扣。上碗扣利用上端之螺旋形与立杆上焊的“锁销”别住楔紧而连接。碗扣式脚手架采用了中心线连接，因而大大提高了承载能力。此外，承受横杆垂直力的下碗扣与立杆采用焊接，因而改善了“节点”的受力性能，提高了安全度。

（a）直角扣件　　（b）旋转扣件　　（c）对接扣件

图 8-3-2　连接扣件

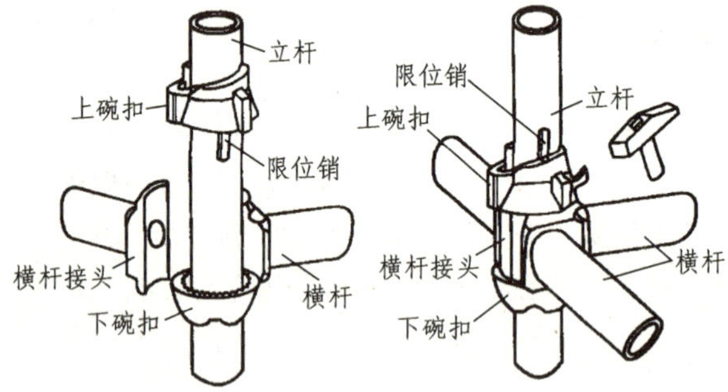

图 8-3-3　碗扣式

3. 门式（钢管装配框架式）

门式脚手架是由美国 Bcatty 脚手架公司首创，于 20 世纪 80 年代初引入我国。这种脚手架打破了单根杆件组合脚手架的模式，而以单个式刚架作为主要结构构件，是很大的创新。门式脚手架的主要结构构件有门形架、十字撑、平行架或专用钢脚手板，辅助件有连接销、锁臂等，其构造如图 8-3-4 所示。

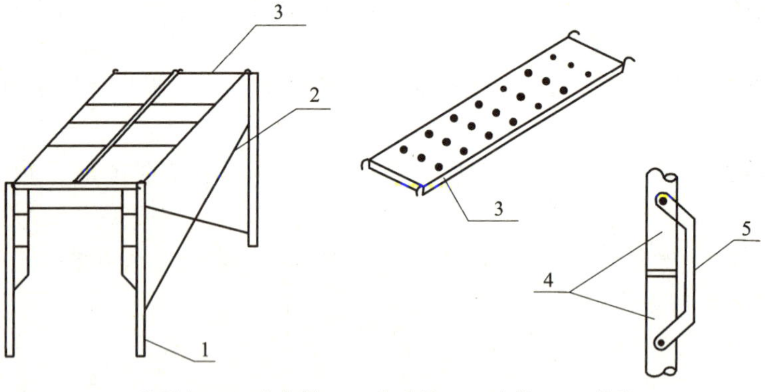

1—门形架；2—十字撑；3—脚手板；4—立柱；5—锁臂。

图 8-3-4　门式脚手架示意图

除此以外，还有可调底座与托座等配件。

门形架的优点是：重量轻，每一组脚手架自身可形成稳定的结构体系。

缺点是：体形和尺寸单一，只能构成双排脚手架，而且其平面尺寸是固定的；薄壁构件坚固性较差，对拆装过程有较高要求，否则会造成过度变形。

4. 万能杆件

万能杆件是由角钢和连接板组成，用螺栓连接的桁架杆件。其弦杆、腹杆及连接板等均为标准件，具有装拆方便、运输方便、通用性强、利用率高等优点，可以拼装成桁架、墩架、塔架、龙门架等形式，还可以作为墩台、索塔施工脚手架等，如图 8-3-5 所示。

图 8-3-5　万能杆件龙门吊

5. 贝雷（贝雷梁）

贝雷是一种由桁架拼装而成的钢桁架结构。贝雷常拼成导梁作为承载移动支架，再配置部分起重设备与移动机具来实现架梁，如图 8-3-6 所示。

图 8-3-6　贝雷梁

（二）按构造分类

支架按其构造分为支柱式、梁式和梁柱式支架等。

1. 支柱式支架

支柱式支架构造简单，可用于陆地或不通航河道以及桥墩不高的小跨径桥梁施工。支架通常由排架和纵梁等构件组成。排架由枕木或桩、立柱和盖梁组成，如图 8-3-7（a）所示。

支柱式支架也可采用ϕ48 mm、壁厚 3.5 mm 的钢管搭设，水中支架需先设置基础、排架桩，钢管支架在排架上设置。陆地现浇桥梁，可在整平的地基上铺设碎石层或砂砾石后，其上浇筑混凝土作为支架的基础，钢管排架纵、横向密排，下设槽钢支承钢管，钢管间距依据桥高及现浇梁自重、施工荷载的大小而定，通常为 0.4 ~ 0.8 m。钢管由扣件接长或搭接，上端用可调节的槽形顶托固定纵、横木龙骨，形成立柱式支架。搭设钢管支架要设置纵、横向水平杆加劲，桥较高时还需加剪刀撑，水平加劲杆与剪刀撑均需用扣件与立柱钢管联结成整体。排架顶高程应考虑设置预拱度。

2. 梁式支架

根据跨径不同，梁可采用工字钢、钢板梁或钢桁梁，如图 8-3-7（b）所示。一般跨径小于 10 m 时用工字钢，跨径小于 20 m 时用钢板梁，跨径大于 20 m 时用钢桁梁。梁可以支承在墩旁支柱上，也可支承在桥墩上预留的托架上或支承在桥墩处的横梁上。

3. 梁柱式支架

当桥梁较高、跨径较大或必须在支架下设通航孔或排洪时，可用梁柱式支架，如图 8-3-7（c）所示。梁支承在桥墩台以及临时支柱或临时墩上，形成多跨的梁柱式支架。

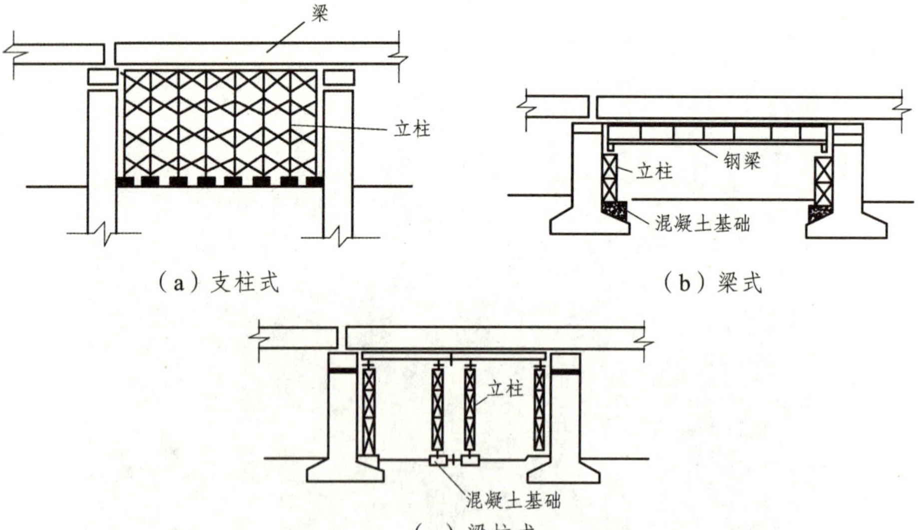

（a）支柱式　（b）梁式　（c）梁柱式

图 8-3-7　支架构造类型

（三）按材料不同分类

按材料不同可分为木支架、钢支架、钢木混合支架等。

二、模板工程

（一）对模板的基本要求

模板的作用是控制混凝土构件的造型，因此它直接影响到混凝土工程的质量。一般使用的模板按材料分有：木模、钢模、胶合板模板、钢木结合模、钢框胶合板模板、充气橡胶芯模、土模。现代桥梁施工的总趋势是快速、轻型、拼装化，因此，模板工程势必朝着标准定型、以钢代木、整体吊装和自动滑升等方面发展。

对模板的要求主要有以下几点：

（1）保证混凝土结构和构件各部分设计形状、尺寸和相互间位置正确。

（2）模板必须具有足够的刚度、强度和稳定性，施工中不允许有较大的变形或移位。

（3）模板接缝严密不漏浆、板面光滑平整，以确保混凝土构件的质量。

（4）模板应力求结构简单，利于施工，要便于制造、安装、拆卸和倒用，达到节约的目的。

（二）模板的类型

1. 按使用材料分类

（1）木模。木模板主要由紧贴于混凝土表面的面板（又称壳板）、支承面板的肋木和立柱或横挡组成，基本构造如图 8-3-8 所示。木模制作容易，但木材耗损大，成本较高。

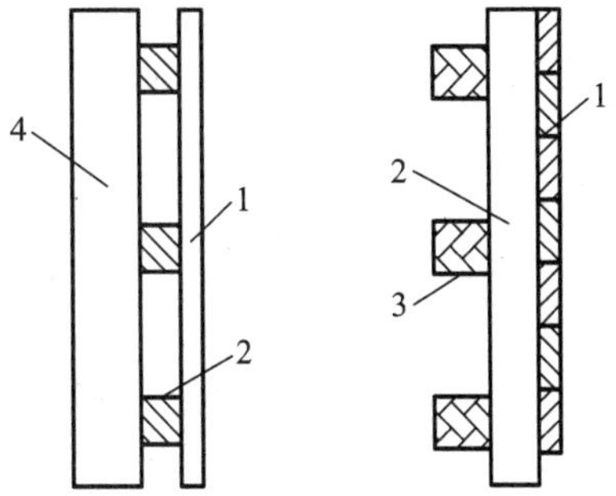

1—木面板；2—肋木；3—横挡；4—立柱。

图 8-3-8 木模构造

壳板可以竖直拼装或水平拼装，壳板的接缝可做成平缝、搭接缝或企口缝（见图 8-3-9）。当采用平缝拼接时，应在拼缝处衬压塑料薄膜或水泥袋纸以防漏浆。

为了增加木模的周转次数并方便脱模，往往在壳板面上加钉一层薄铁皮。壳板的厚度一般为 20 ~ 50 mm，宽 150 ~ 180 mm，不宜超过 200 mm，过薄与过宽的板容易变形。肋木、立柱或横挡的尺寸可根据经验或计算确定。肋木的间距一般为 0.7 ~ 1.5 m。

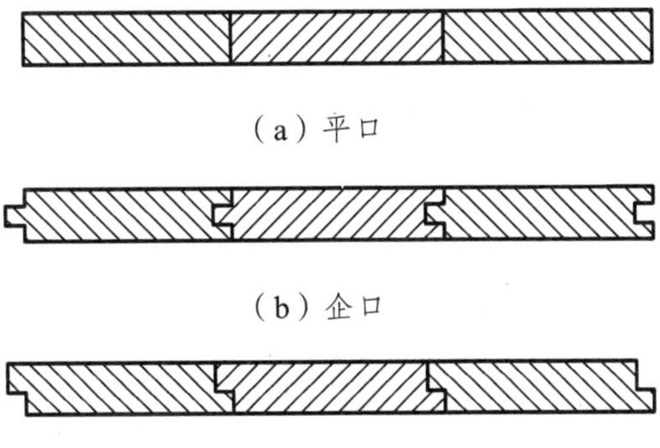

（a）平口

（b）企口

（c）偏搭

图 8-3-9 壳板的接缝

（2）钢模。钢模是用钢板代替木板，用角钢代替肋木和立柱。钢板厚度一般为 4 mm。角钢尺寸应根据计算确定。

钢模虽然一次投入资金较多，但由于钢模板具有通用性强、装拆方便、周转次数多等特点，所以实际成本较低。施工时可事先按设计要求将钢模组拼成主梁或墩柱的大型模板，整体吊装就位，也可散装散拆。

钢模由于结实耐用，接缝严密，能经受强力振捣，浇筑的构件表面光滑，所以目前已被广泛应用。

组合式定型钢模是目前使用较广泛的一种通用性组合模板，主要由钢壳板、连接件和支承件等部分组成。它是以标准钢模构件，用定型的连接件将钢模拼成结构的模板。它具有体积小、重量轻、运输方便、装拆简单、接缝紧密等优点。它由具有一定模数的若干类型的板块、角模、支撑和连接件组成，用它可以拼出多种尺寸和几何形状，以适应建筑物的梁、柱、板、墙和基础等施工的需要。施工时可以在现场直接组装，亦可以预拼装成大块模板或构件模板用起重机吊运安装。

① 钢壳板。钢壳板采用 Q235 钢材制成，钢板厚度 2.5 mm，对于 400 mm 以上宽面钢模板，钢板厚度应采用 2.75 mm 或 3.0 mm 钢板。主要包括平面模板、阴角模板、阳角模板和连接角模等，如图 8-3-10 所示。

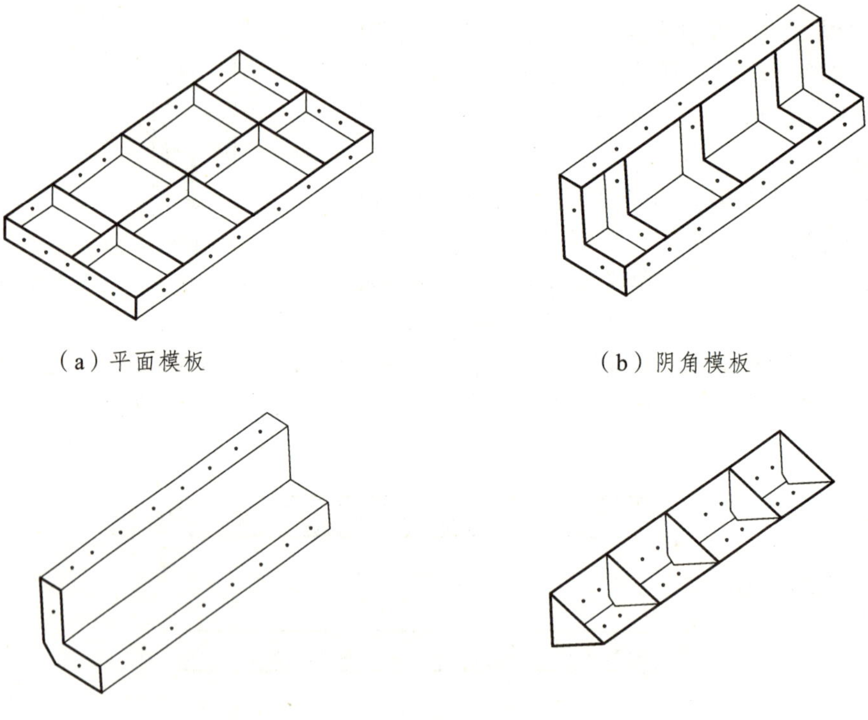

（a）平面模板　　（b）阴角模板

（c）阳角模板　　（d）连接角模

图 8-3-10　组合钢模板钢壳板类型

每种模板又有不同的规格可供选用。

不同类型的钢壳板有不同的用途。其中：阴角模板用于浇筑混凝土构件阴角；阳角模板用于浇筑混凝土构件阳角；连接角模用于平面模板作垂直连接构成阳角，如图 8-3-11 所示。

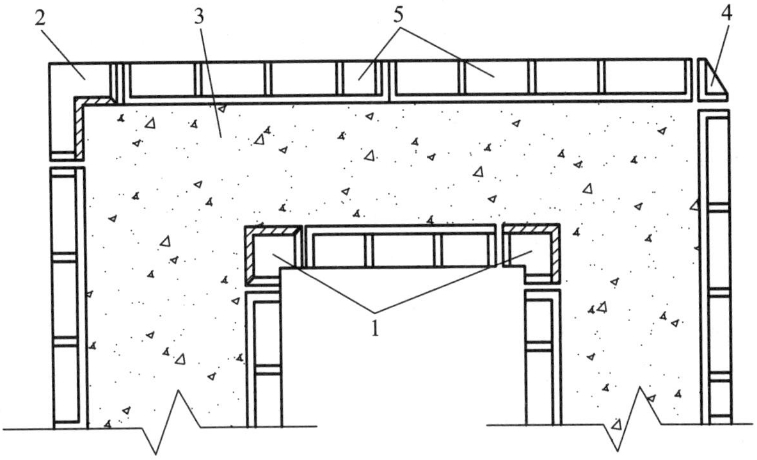

1—阴角模；2—阳角模；3—混凝土构件；4—连接角模；5—平面模板。

图 8-3-11　组合钢模板钢壳板用途

② 连接件。连接件用来连接钢模，使之成为一个整体，常用的连接件主要有钩头螺栓、L 形插销、U 形卡和紧固螺栓等，如图 8-3-12 所示。

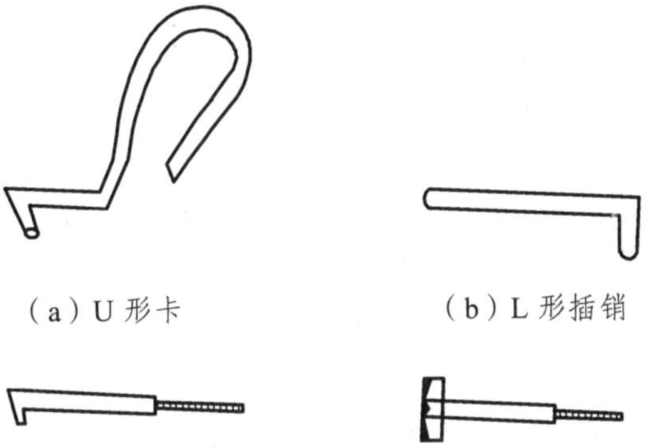

（a）U 形卡　（b）L 形插销

（c）钩头螺栓　（d）紧固螺栓

图 8-3-12　钢模连接件

③ 支承件。支承件包括支承梁、模板的托架、支撑桁架和顶撑及支撑墙模板的斜撑。这些支撑多为工具式支撑，在高度或宽度上均可调整。这些工具式支撑必要时可按有关规定进行验算，以确保模板体系的强度、刚度和稳定性。

（3）胶合板模板。胶合板模板可分为木胶合板模板和竹胶合板模板，现已成为我国模板工程的主材，广泛应用于现浇混凝土结构工程中。用于面板的竹胶合板是用竹片或竹帘涂胶黏剂，纵横向铺放，组坯后热压成型，板面光滑平整，便于脱模和增加周转次数。竹胶合板表面一般采用涂料或浸胶纸复面处理，以利于防水。

（4）钢木结合模板。如果将钢模板中的钢制壳板换成水平拼装的木壳板，用沉头螺栓连接在角钢竖肋上，在木壳板上再钉一层薄铁皮，这样就做成钢木结合模板。这种模板可以节约木材，降低成本，而且具有较大的刚度和紧密稳固性，是一种较好的模板结构。

（5）钢框胶合板模板。钢框胶合板模板是由钢框和防水胶合板组成，防水胶合板平铺在钢框上，用沉头螺栓与钢框连牢。这种模板在钢边框上可钻有连接孔，用连接件纵横连接，组装各种尺寸的模板。它们也具备定型组合钢模板的某些优点，而且质量比组合钢模板轻，施工方便。

钢框竹胶板模板是由钢框和竹胶板组成，竹胶板构造与胶合板模板相同。

（6）充气橡胶芯模。充气橡胶芯模是由橡胶与纤维加强层硫化而制成的产品，具有很高的抗张强度、弹性和气密性，充入高压空气后，能代替原有的木模、竹模、钢模，可以多次重复使用，是一种降低成本和加快施工进度的混凝土制品配套产品，可做空心板的内模。

（7）土模。

土模的优点是节约木料和铁件。缺点是用工较多，制作要求严格，预埋构件较难固定，雨季施工困难。土模按其位置高低可分为下列三种：

① 地下式土模：在已平整的地坪上就地放样，挖槽成形，构件大部分埋入地坪下，外露 5 cm 左右；

② 半地下式土模：构件半埋入地坪下，所挖出的土作为两边侧模；

③ 地上式土模：构件全部外露在地坪上，侧模由填土夯筑而成。

2. 按施工方法分类

（1）拼装式模板。常备拼装式模板主要为钢模板。按照模板块件的大小又可分为小钢模和整体式钢模。小钢模主要用在对表面质量要求不高的情况下，它的主要优点是造价低，如图 8-3-13 所示。

（2）整体吊装模板。将模板水平或竖直分成若干段，每段模板组成一个整体，在地面拼装后吊装就位。分段高度可视起吊能力而定，整体吊装模板的优点是：安装时间短，无须设施工接缝，加快施工进度，提高了施工质量；将拼装模板的高空作业改为平地操作，有利于施工安全；模板刚性较强，可少设拉筋或不设拉筋，节约钢材；可利用模外框架作简易脚手架，不需另搭施工脚手架；结构简单，装拆方便，如图 8-3-14 所示。

图 8-3-13 拼装式模板

图 8-3-14 整体吊装模板

（3）滑升钢模板。滑升钢模板简称滑模，是一种能随混凝土的浇筑自行向上滑升的模板装置。用于现场浇筑高耸的建筑物，尤其适于浇筑桥塔、高桥墩和沉井等截面变化较小的混凝土结构。滑模可节省大量模板和脚手架，加快施工进度，降低工程费用，但滑模设备一次性投资较多，耗钢量较大，只适宜用来浇筑混凝土结构的竖向结构，对建筑物截面变化频繁者施工起来比较麻烦。

滑升模板可以使工程机械化，施工时先在墩位组装好模板，灌注一定高度的混凝土后，用人力或机械传动（液压或电力），使模板沿导杆向上滑升，即可随滑升随灌注混凝土。

（4）爬升模板。爬升模板（即爬模），是一种适用于现浇钢筋混凝土竖直或倾斜结构施工的模板。它与滑动模板一样，在结构施工阶段依附在建筑竖向结构上，随着结构施工而逐层上升，这样模板可以不占用施工场地，也不用其他垂直运输设备。另外，它装有操作脚手架，施工时有可靠的安全围护，故可不需搭设外脚手架，特别适用于在较狭小的场地上建造多层或高层建筑。

（三）模板的制作与安装

1. 钢模板制作

（1）钢模板宜采用标准化的组合模板。组合钢模板的拼装应符合现行国家标准《组合钢模板技术规范》。各种螺栓连接件应符合国家现行有关标准。

（2）钢模板及其配件应按批准的加工图加工，成品经检验合格后方可使用。

2. 木模板制作

（1）木模可在工厂或施工现场制作，木模与混凝土接触的表面应平整、光滑，多次重复使用的木模应在内侧加钉薄铁皮。

（2）重复使用的模板应始终保持其表面平整、形状准确，不漏浆，有足够的强度和刚度。

3. 模板安装的技术要求

（1）模板与钢筋安装工作应配合进行，妨碍绑扎钢筋的模板应待钢筋安装完毕后安设。模板不应与脚手架联结（模板与脚手架整体设计时除外），避免引起模板变形。

（2）安装侧模板时，应防止模板移位和凸出。基础侧模可在模板外设立支撑固定，墩、台、梁的侧模可设拉杆固定。浇筑在混凝土中的拉杆，应按拉杆拔出或不拔出的要求，分别采取相应的措施。

（3）模板安装完毕后，应对其平面位置、顶部高程、节点联系及纵横向稳定性进行检查，相关人员签认后方可浇筑混凝土。

（4）模板在安装过程中，必须设置防倾覆设施。

（5）当结构自重和车辆荷载产生的向下挠度超过规定时，钢筋混凝土梁、板的底模板应设预拱度，纵向预拱度常做成抛物线形。

（6）后张法预应力混凝土梁、板，应注意预应力、自重和车辆荷载等综合作用下所产生的上拱或下挠，应设置适当的预挠或预拱。

4. 芯模安装的技术要求

中小跨径的空心板制作时所使用的芯模应符合下列要求：

（1）充气胶囊在使用前应经过检查，不得漏气，安装时应有专业人员检查钢丝头，钢丝头应弯向内侧，胶囊涂刷隔离剂。每次使用后，应妥善存放，防止污染、破损及老化。

（2）从开始浇筑混凝土到胶囊放气时止，其充气压力应保持稳定。

（3）浇筑混凝土时，为防止胶囊上浮和偏位，应采取有效措施加以固定，并应对称平衡地进行浇筑。

（4）胶囊的放气时间应经试验确定，以混凝土强度达到能保持构件不变形为宜。

（5）充气胶囊芯模在工厂制作时，应规定充气变形值，保证制作误差不大于设计规定的误差要求。

（6）钢管芯模应由表面匀直、光滑的无缝钢管制作，混凝土终凝后，即可将芯模轻轻转动，然后边转动边拔出。

任务 8.4 高性能混凝土施工

为满足工程结构耐久性要求，桥梁需采用高性能混凝土时，桥梁结构所用工程材料，必须符合国家和部门的有关标准和要求。用于混凝土结构的高性能混凝土，利用具有自动计量装置的拌和站进行集中拌和，搅拌运输车运送至施工地点，混凝土采用泵送。

一、混凝土结构施工控制需遵循的原则

混凝土配合比的设计采用优化设计原则，除满足规定的强度等级、弹性模量、最大水胶比、最小胶凝材料用量、含气量、工作度等技术要求外，同时应满足抗渗性、抗氯离子渗透性能、抗碱–骨料反应、抗冻性、抗裂性、护筋性等具体参数指标要求。

在混凝土中必须掺加优质矿物掺合料，满足混凝土的耐久性要求。大体积混凝土选用低水化热矿渣水泥，掺加优质粉煤灰。

对有特殊防腐蚀要求的混凝土，应在混凝土中加入防腐剂，并经专门试验论证后方可实施。拌和物中原材料引入的氯离子总质量不超过胶凝材料总量的 0.1%。

为满足泵送要求，所有高性能混凝土的配制全部运用正交试验法进行配合比的优化设计试验。

连续梁混凝土应重视对收缩、徐变特性的把握，通过优化混凝土的配合比，尽量减小混凝土的收缩徐变终极值，并通过试验掌握其发展规律，为施工监控提供依据。

防止结构开裂，保证结构耐久性最重要的技术措施如下：

配制满足耐久性指标及工作性能要求的高性能混凝土，严格遵守相关的技术要求，控制混凝土的原材料质量及搅拌、运输、浇筑和振捣作业程序，强化混凝土的保湿保温养护过程，加强搬运、储存及防护管理。

保证保护层混凝土的致密性，所有钢筋头严禁侵入混凝土保护层，严格控制保护层的厚度，是保证耐久性的第一道屏障。

水泥中应掺加粉煤灰、矿渣粉等矿物掺合料，降低拌和水量和水胶比，限制胶凝材料最高用量。水泥、砂石料、拌和用水、外加剂等应符合相应的质量标准和规范要求。最大水胶

比≤0.5，胶凝材料最小用量≥300 kg/m^3，最大用量≤450 kg/m^3。

加强施工管理，通过对耐久性混凝土的试配试制，检验合格后开工。施工过程中，从原材料采购、混凝土搅拌、运输、浇筑、捣固到养护等各个环节进行严格把关，严格按照施工程序和质量标准操作，规范施工，切实保证施工质量。

二、原材料选择

1. 水　泥

水泥选用硅酸盐水泥或普通硅酸盐水泥，水泥的掺合料宜为矿渣粉或粉煤灰。有耐硫酸盐侵蚀要求的混凝土也可选用中抗硫酸盐硅酸盐水泥或高抗硫酸盐硅酸盐水泥，不宜使用早强水泥。水泥的技术要求除应满足相关国家标准的规定外，还应满足表 8-4-1 的规定。

表 8-4-1　水泥的技术要求

序号	项目	技术要求
1	比表面积	≤350 m^2/kg（硅酸盐水泥、抗硫酸盐硅酸盐水泥）
2	80 μm 方孔筛筛余	≤10.0%（普通硅酸盐水泥）
3	游离氧化钙含量	≤1.0%
4	碱含量	≤0.80%
5	熟料中的 C_3A 含量	非氯盐环境下不应超过 8%； 氯盐环境下不应超过 10%
6	氯离子含量	不宜大于 0.20%（钢筋混凝土）； ≤0.06%（预应力混凝土）

2. 细骨料

细骨料应选用级配合理、质地均匀坚固、吸水率低、空隙率小的洁净天然中粗河砂。

细骨料的颗粒级配（累计筛余百分数）应满足表 8-4-2 的规定。

表 8-4-2　细骨料的累计筛余百分数　　单位：%

筛孔尺寸/mm	级配区		
	Ⅰ区	Ⅱ区	Ⅲ区
10.0	0	0	0
5.00	10～0	10～0	10～0
2.50	35～5	25～0	15～0
1.25	65～35	50～10	25～0
0.63	85～71	70～41	40～16
0.315	95～80	92～70	85～55
0.160	100～90	100～90	100～90

采用天然河砂配制混凝土时，砂中有害物质的含量应符合表 8-4-3 的规定。

表 8-4-3 砂中有害物质限值

质量指标	混凝土强度等级		
	<C30	C30 ~ C45	≥C50
含泥量/%	≤3.0	≤2.5	≤2.0
泥块含量/%	≤0.5		
云母含量/%	≤0.5		
轻物质含量/%	≤0.5		
硫化物及硫酸盐含量（折算成 SO_3）/ %	≤0.5		
有机物含量（用比色法试验）	颜色不应深于标准色，如深于标准色，则应按水泥胶砂强度试验方法进行强度对比试验，抗压强度比不应低于 0.95		

当砂中含有颗粒状的硫酸盐或硫化物杂质时，应进行专门检验，确认能满足混凝土耐久性要求时，方能采用。

3. 粗骨料

粗骨料应选用级配合理、粒形良好、质地均匀坚固、线膨胀系数小的洁净碎石，也可采用碎（卵）石，不宜采用砂岩碎石。

粗骨料的最大公称粒径不宜超过钢筋混凝土保护层厚度的 2/3，且不得超过钢筋最小间距的 3/4。配制强度等级 C50 及以上预应力混凝土时，粗骨料最大公称粒径不应大于 25 mm。

粗骨料采用两级或多级级配，其松散堆积密度大于 1 500 kg/m^3，紧密空隙率宜小于 40%，吸水率应小于 2%（用于干湿交替或冻融环境下的混凝土应小于 1%）。

当粗骨料为碎石时，碎石的强度用岩石抗压强度表示，且岩石抗压强度与混凝土强度等级之比不小于 1.5。施工过程中碎（卵）石的强度可用压碎指标值进行控制，且应符合表 8-4-4 的规定。

表 8-4-4 粗骨料的压碎指标

混凝土强度等级	<C30			≥C30		
岩石种类	沉积岩（水成岩）	变质岩或深成的火成岩	火成岩	沉积岩（水成岩）	变质岩或深成的火成岩	火成岩
碎石	≤16%	≤20%	≤30%	≤10%	≤12%	≤13%
卵石	≤16%			≤12%		

粗骨料的坚固性用硫酸钠溶液循环浸泡法进行检验，试样经 5 次循环后，其重量损失率应符合表 8-4-5 的规定。

表 8-4-5　粗骨料的坚固性指标

结构类型	混凝土结构	预应力混凝土结构
重量损失率/%	≤8	≤5

粗骨料中的有害物质含量应符合表 8-4-6 的规定。

表 8-4-6　粗骨料中有害物质限值

<table>
<tr><td rowspan="2">项目</td><td colspan="3">强度等级</td></tr>
<tr><td><C30</td><td>C30 ~ C45</td><td>≥C50</td></tr>
<tr><td>含泥量/%</td><td>≤1.0</td><td>≤1.0</td><td>≤0.5</td></tr>
<tr><td>泥块含量/%</td><td colspan="3">≤0.25</td></tr>
<tr><td>针、片状颗粒总含量/%</td><td>≤10</td><td>≤10</td><td>≤8</td></tr>
<tr><td>硫化物及硫酸盐含量（折算成 SO_3）/ %</td><td colspan="3">≤0.5</td></tr>
<tr><td>碎（卵）石中有机质含量（用比色法试验）</td><td colspan="3">颜色不应深于标准色。当深于标准色时，应配制成混凝土进行强度对比试验，抗压强度比不应小于 0.95</td></tr>
</table>

对于长期处于水中或土中、干湿交替区、水位变化区以及年平均相对湿度大于 75% 的潮湿环境中的混凝土结构，粗骨料应采用岩相法检验其矿物组成。不得使用具有碱-碳酸盐反应活性的骨料。

4. *矿物掺合料*

矿物掺合料应选用品质稳定的产品。矿物掺合料的品种宜为粉煤灰、磨细粉煤灰或磨细矿渣粉。

粉煤灰的技术要求应满足表 8-4-7 的规定。

表 8-4-7　粉煤灰的技术要求

<table>
<tr><td rowspan="2">序号</td><td rowspan="2">名称</td><td colspan="2">技术要求</td></tr>
<tr><td>C50 以下混凝土</td><td>C50 及以上混凝土</td></tr>
<tr><td>1</td><td>细度/%</td><td>≤20</td><td>≤12</td></tr>
<tr><td>2</td><td>Cl^- 含量/%</td><td colspan="2">≤0.02</td></tr>
<tr><td>3</td><td>需水量比/%</td><td>≤105</td><td>≤100</td></tr>
<tr><td>4</td><td>烧失量/%</td><td>≤5.0</td><td>≤3.0</td></tr>
<tr><td>5</td><td>含水率/%</td><td colspan="2">≤1.0</td></tr>
<tr><td>6</td><td>SO_3 含量/%</td><td colspan="2">≤3</td></tr>
</table>

磨细矿渣粉的技术要求应满足表 8-4-8 的规定。

表 8-4-8 磨细矿渣粉的技术要求

序号	名称	技术要求
1	MgO 含量/%	≤14
2	SO_3 含量/%	≤4
3	烧失量/%	≤1
4	Cl^- 含量/%	≤0.02
5	比表面积/（m^2/kg）	350～500
6	需水量比/%	≤100
7	含水率/%	≤1.0
8	28 d 活性指数/%	≥95

5. 水

拌和用水可采用饮用水。当采用其他来源的水时，水的品质应符合表 8-4-9 的要求。

表 8-4-9 拌和用水的品质指标

项目	预应力混凝土	钢筋混凝土	素混凝土
pH	>4.5	>4.5	>4.5
不溶物/（mg/L）	<2 000	<2 000	<5 000
可溶物/（mg/L）	<2 000	<5 000	<10 000
氯化物（以 Cl^- 计）/（mg/L）	<500	<1 000	<3 500
硫酸盐（以 SO_4^{2-} 计）/（mg/L）	<600	<2 000	<2 700
碱含量（以当量 Na_2O 计）/（mg/L）	<1 500	<1 500	<1 500

用拌和用水（或符合国家标准的生活饮用水）进行水泥净浆试验所得的水泥初凝时间差及终凝时间差均不得大于 30 min，其初凝和终凝时间尚应符合国家标准的规定。

用拌和用水配制的水泥砂浆或混凝土的 28 d 抗压强度不得低于用蒸馏水（或符合国家标准的饮用水）拌制的对应砂浆或混凝土抗压强度的 90%。

当混凝土处于氯盐环境时，拌和用水中 Cl^- 含量应不大于 200 mg/L。

6. 外加剂

外加剂应采用减水率高、坍落度损失小、适量引气、能明显改善或提高混凝土耐久性能的质量稳定产品。外加剂与水泥之间应有良好的相容性。

采用适宜的专用复合外加剂或超塑化剂、高效减水剂、缓凝剂、膨胀剂等以达到高流态、低水胶比、可泵性、低坍落度损失、低泌水性、少裂缝、高抗渗性的高性能。外加剂的性能应满足表 8-4-10 的要求。

表 8-4-10　外加剂的性能

序号	项目		指标
1	水泥净浆流动度		≥240 mm
2	硫酸钠含量		≤10.0 %
3	氯离子含量		≤0.2 %
4	碱含量（$Na_2O + 0.658K_2O$）		≤10.0 %
5	减水率		≥20 %
6	含气量	用于配制非抗冻混凝土时	≥3.0 %
		用于配制抗冻混凝土时	≥4.5 %
7	坍落度保留值	30 min	≥180 mm
		60 min	≥150 mm
8	常压泌水率比		≤20 %
9	压力泌水率比		≤90 %
10	抗压强度比	3 d	≥130 %
		7 d	≥125 %
		28 d	≥120 %
11	对钢筋锈蚀作用		无锈蚀
12	收缩率比		≤135 %
13	相对耐久性指标（200 次）		≥80 %

三、原材料储存与管理

混凝土原材料进场后，应对原材料的品种、规格、数量以及质量证明书等进行验收核查，并按有关标准的规定取样和复验，经检验合格的原材料方可进场。对于检验不合格的原材料，按有关规定清除出场。

混凝土原材料进场后，应及时建立“原材料管理台账”，台账内容包括进货日期、材料名称、品种、规格、数量、生产单位、供货单位、“质量证明书”编号、“试验检验报告”编号及检验结果等。“原材料管理台账”填写应正确、真实、项目齐全。

（一）水　泥

混凝土用水泥、矿物掺合料等采用散料仓分别存储。袋装粉状材料在运输和存放期间用专用库房存放，不得露天堆放，且应特别注意防潮。水泥储运过程中，还应符合下列规定：

装运水泥的车、船应有棚盖。

储存水泥的仓库应设在地势较高处，周围应设排水沟。

在装卸、搬移过程中不得抛掷袋装水泥。

按品种、强度等级分批堆垛水泥，堆垛高度不宜大于 1.5 m。堆垛架离地面 0.2 m 以上，并距离四周墙壁 0.2 ~ 0.3 m，或预留通道。

不宜露天堆放水泥，临时露天堆放时上盖下垫。

在储存散装水泥过程中，应采取措施控制水泥的温度，防止水泥升温。

（二）粗骨料

混凝土用粗骨料应按要求分级采购、分级运输、分级堆放、分级计量。

不同混凝土原材料应有固定的堆放地点和明确的标志，标明材料名称、品种、生产厂家、生产日期和进厂（场）日期。原材料堆放时应有堆放分界标志，以免误用。骨料堆场地面应事先进行硬化处理，并设置必要的排水设施。

四、配合比设计

（一）拌和物性能设计

混凝土的配合比根据混凝土设计强度等级、混凝土耐久性以及施工工艺对工作性的要求，通过计算、试配、调整等步骤选定。配制的混凝土拌和物应满足施工要求，配制成的混凝土应满足设计强度、耐久性等质量要求。

混凝土的坍落度宜按表 8-4-11 选用。

表 8-4-11　混凝土坍落度

结构类型		坍落度/mm
无配筋或配筋稀疏的混凝土结构（基础、墩台）		30～50
普通配筋率的钢筋混凝土结构（板、梁、柱等）		50～70
配筋较密的钢筋混凝土结构（墙、梁、柱等）		70～90
配筋特密不便捣实的钢筋混凝土结构		100～140
泵送混凝土	入泵坍落度	≥80
	泵送高度大于 100 m	≥180
水下混凝土		180～220

拌和物性能详见表 8-4-12，2 h 内坍落度损失≤10%。

表 8-4-12　高性能混凝土拌和物性能指标

序号	结构名称	入模温度/ °C	入模坍落度/mm	入模含气量/%	泌水率
1	基础	5～30	≤220	5.0±1.0	≤1%
2	承台、墩台、涵洞	5～25	≤180	5.0±1.0	不泌水
3	支承垫石	5～25	≤120	5.0±1.0	不泌水
4	预应力混凝土梁	5～25	≤180	3.0±0.5	不泌水
5	梁面纤维混凝土	5～25	≤90	5.0±1.0	不泌水

注：负温条件下施工时，混凝土的入模温度不宜低于 12 °C。

（二）试验配合比设计方法

1. 混凝土配合比参数限值

混凝土适宜配合比参数范围见表 8-4-13，高性能外加剂掺量按产品推荐值试配。

表 8-4-13　混凝土配合比参数限值

结构类型	最大水胶比	最小水泥用量 /（kg/m^3）	最低胶材用量 /（kg/m^3）	最大胶材用量 /（kg/m^3）
基础	0.42	225	380	420
承台、墩台、涵洞	0.40	225	360	400
支承垫石、梁面纤维混凝土	0.40	250	380	450
预应力混凝土梁	0.35	300	450	500

2. 混凝土配合比设计步骤

混凝土配合比按下列步骤计算（以干燥状态骨料为基准，矿物掺合料和外加剂的掺量均以胶凝材料总量百分率计）、试配和调整：

（1）基准配合比设计。

根据设计要求，初步选定混凝土的水泥、矿物掺合料、骨料、外加剂、拌和水的品种以及水胶比、胶凝材料总用量、矿物掺合料和外加剂的用量。事先对水泥供应商提供的水泥熟料的化学成分和矿物组成、掺合料种类和数量进行核实。

参照《普通混凝土配合比设计规程》的规定计算各原材料组分单位体积用量。

采用施工实际使用的原材料和搅拌方法，按计算的配合比进行试拌，以检查拌和物的性能。当试拌得出的混凝土拌和物的坍落度、含气量、泌水率、表观密度不合格时，在保证水胶比不变的条件下相应调整外加剂用量或砂率，直到符合要求为止。该配合比作为基准配合比。

（2）优化基准配合比设计。

进一步调整基准配合比中水泥、矿物掺合料、外加剂以及砂率等参数，优化基准配合比。

当混凝土中只掺加一种矿物掺合料时，至少采用 3 个不同的配合比进行试拌：其中一个是基准配合比，另两个分别为增加或减少水泥用量 20 kg，并同时减少或增加 20 kg 矿物掺和料。所有配合比的用水量、砂石用量均保持不变。

当混凝土中掺加粉煤灰、磨细矿渣粉两种矿物掺和料时，至少采用 5 个不同的配合比进行试拌：其中一个是基准配合比，两个配合比增加或减少水泥用量 20 kg，并同时减少或增加 20 kg 矿渣粉，另两个配合比保持水泥用量不变，在减少或增加磨细矿渣粉 20 kg 的同时增加或减少同量的粉煤灰。所有配合比的用水量、砂石用量均保持不变。

（3）理论配合比。

采用工程实际使用的原材料和搅拌方法，对上述配合比进行试拌，观察不同水泥用量、不同矿物掺合料掺量情况下拌和物的工作性能与要求值的偏差，当偏差太大时，可通过增减外加剂进行适当调整。

试拌结束后，采用工程实际使用的原材料，按要求检验不同配合比混凝土的坍落度、坍落度损失、含气量、泌水率及拌和物表观密度，并以此结果作为代表相应配合比混凝土的拌和物性能。

按要求对每种混凝土制作力学性能和抗裂性能对比试件，养护至规定龄期时进行试验。其中，抗压强度试件每种配合比宜制作 4 组试件，标准养护至 1 d、3 d、28 d、56 d 时试压。

从上述配合比中，优选出拌和物性能以及抗裂性优良、抗压强度适宜的一个或多个配合比，各成型一组或多组耐久性试件，养护至规定龄期时进行试验。

根据上述不同配合比对应混凝土拌和物的性能、抗压强度、抗裂性以及耐久性能试验结果，按照工作性能优良、强度和耐久性满足要求、经济合理的原则，从不同配合比中选择一个最适合的配合比作为理论配合比。

采用工程实际使用的原材料拌和混凝土，测定混凝土的表观密度。根据实测拌和物表观密度，求出校正系数，对理论配合比进行校正（即以理论配合比中每项材料用量乘以校正系数后获得的配合比作为混凝土配合比）。校正系数按下式计算：

校正系数＝实测拌和物表观密度/理论配合比拌和物表观密度

当混凝土的力学性能或耐久性能试验结果不满足设计或施工的要求时，则重新选择水胶比、胶凝材料用量或矿物掺合料用量，并按照上述步骤重新试拌和调整混凝土配合比，直至满足要求为止。

五、施工配合比调整

批量生产前，根据试验室配合比和大堆料的级配、含水率换算施工生产配合比。根据拌和站计量精度允许波动值确定施工生产配合比的允许波动值。

批量施工生产过程中，拌和站操作手根据砂石料含水量和允许施工配合比波动值实时调整投料数量。

六、混凝土拌和

1. 拌和设备

采用具有自动计量功能的拌和站，配置 3 ~ 4 只粉料储料罐，分别储存水泥、粉煤灰等。配置 4 组骨料配料仓，料仓出料口由气动阀控制，并安装在线含水量检测仪器，可随时连续检测砂石实际含水率，及时对混凝土配合比进行调整。

2. 投料方法

粉煤灰采用罐装，螺旋送料器自动计量送料。

粉体外加剂和液体外加剂均采用罐装自动计量添加，禁用人工投料。

3. 搅拌投料顺序

（1）外加剂为粉/粒状时的搅拌投料顺序：

（细骨料 + 水泥 + 超细掺合料 + 粉/粒状外加剂）→搅拌均匀→加入所需用水量→砂浆充分搅拌→投入粗骨料→继续搅拌至均匀。

（2）外加剂为液体时的搅拌投料顺序之一：

（细骨料 + 水泥 + 超细掺合料）→搅拌均匀→（加入所需用水量 + 液体外加剂）→砂浆充分搅拌→投入粗骨料→继续搅拌至均匀。

（3）外加剂为液体时的搅拌投料顺序之二：

（细骨料 + 水泥 + 超细掺合料）→搅拌均匀→加入所需用水量→砂浆充分搅拌→投入粗骨料→液体外加剂→继续搅拌至均匀。

混凝土原材料应严格按照施工配合比要求进行准确称量，称量最大允许偏差应符合下列规定（按重量计）：胶凝材料（水泥、矿物掺合料等）± 1%；外加剂 ± 1%；粗、细骨料 ± 2%；拌和用水 ± 1%。

搅拌混凝土前，严格测定粗细骨料的含水率，准确测定因天气变化而引起的粗细骨料含水率变化，以便及时调整施工配合比。一般情况下，含水率每班抽测 2 次，雨天应随时抽测，并按测定结果及时调整混凝土施工配合比。

搅拌时，先向搅拌机投入细骨料、水泥、矿物掺合料和外加剂，搅拌均匀后，再加入所需用水，待砂浆充分搅拌后再投入粗骨料，并继续搅拌至均匀为止。上述每一阶段的搅拌时间≥30 s，总搅拌时间不宜少于 2 min，也不宜超过 3 min。

炎热季节搅拌混凝土时，控制水泥的入搅拌机温度≤40 °C。采取在骨料堆场搭设遮阳棚、采用低温水搅拌混凝土等措施降低混凝土拌和物的温度，以保证混凝土的入模温度满足规定要求。

七、混凝土运输

尽量采用混凝土运输车运送混凝土，确保浇筑工作连续进行。

保证混凝土在运输过程中保持均匀性，运到浇筑地点时不分层、不离析、不漏浆，并具有要求的坍落度和含气量等工作性能。

运输混凝土过程中，对运输设备采取保温隔热措施，防止局部混凝土温度升高（夏季）或受冻（冬季）。采取措施防止水分进入运输容器或蒸发，严禁在运输过程中向混凝土内加水。

减少混凝土的转载次数和运输时间，从搅拌机卸出混凝土到混凝土浇筑完毕的延续时间以不影响混凝土的各项性能为限。

当混凝土运输车到达浇筑现场时，使其高速旋转 20 ~ 30 s，再将混凝土拌和物喂入受料斗。

采用混凝土泵输送混凝土时，除应按《混凝土泵送施工技术规程》规定进行施工外，还应特别注意以下事项：

在满足泵送工艺要求的前提下，泵送混凝土的坍落度应尽量小，以免混凝土在振捣过程中产生离析和泌水。当浇筑层的高度较大时，控制拌和物的坍落度，并且使用串筒浇筑；一般情况下，泵送下料口应能移动；当泵送下料口固定时，固定的间距不宜过大，一般不大于 3 m。

泵送管路起始水平管段长度不小于 15 m。除出口处可采用软管外，管路的其他部位均不得采用软管。管路用支架、吊具等加以固定，不与模板和钢筋接触。高温或低温环境下，管路分别用湿帘和保温材料覆盖。

向下泵送混凝土时，管路与垂线的夹角不宜小于 12°，以防止混入空气引起管路阻塞。

混凝土在搅拌后 60 min 内泵送完毕，且在 1/2 初凝时间前入泵，并在初凝前浇筑完毕。

由于各种原因导致停泵时间超过 15 min，每隔 4 ~ 5 min 开泵一次，使泵机进行正转和反转两个方向的运动，同时开动料斗搅拌器，防止斗中混凝土离析。如停泵时间超过 45 min，将管中混凝土清除，并用压力水或其他方法冲洗管内残留的混凝土。

八、混凝土浇筑

浇筑混凝土前，检查钢筋保护层垫块的位置、数量及其紧固程度。构件侧面和底面的垫块至少为 4 个/m^2，绑扎垫块和钢筋的铁丝头不得伸入保护层内。

混凝土入模前，测定混凝土的温度、坍落度和含气量等工作性能，只有拌和物性能符合设计或配合比要求的混凝土方可入模浇筑。

当设计无要求时，混凝土的入模温度宜控制在 5 ~ 30 °C。

当混凝土有抗冻性设计要求时，混凝土的入模含气量根据配合比规定的 0.5 h 含气量进行控制，控制偏差为 ± 1.0%。

混凝土入模坍落度按设计的规定值进行控制，控制偏差为 ± 20 mm。

混凝土浇筑时的自由倾落高度不得大于 2 m；当大于 2 m 时，采用滑槽、串筒、漏斗等器具辅助输送混凝土，保证混凝土不出现分层离析现象。

混凝土的浇筑采用分层连续推移的方式进行，泵送混凝土的一次摊铺厚度不宜大于 600 mm，间隙时间不得超过 90 min，不得随意留置施工缝。

浇筑竖向结构的混凝土前，底部应先浇入 50 ~ 100 mm 厚的水泥砂浆（水灰比略小于混凝土）。

炎热季节浇筑混凝土时，避免模板和新浇混凝土直接受阳光照射，保证混凝土入模前模板和钢筋的温度以及附近的局部气温均不超过 40 °C。尽可能安排在傍晚而避开炎热的白天浇筑混凝土。

在低温条件下（当昼夜平均气温低于 5 °C 或最低气温低于 − 3 °C 时）浇筑混凝土时，采取适当的保温防冻措施，防止混凝土提前受冻。

在相对湿度较小、风速较大的环境下浇筑混凝土时，采取挡风措施，防止混凝土失水过快，避免浇筑有较大暴露面积的构件。

新浇混凝土与邻接的已硬化混凝土或岩土介质间的温差不大于 15 °C。

预应力混凝土梁浇筑过程中，随机取样制作混凝土强度和弹模试件，试件制作数量应符合相关规定。例如箱梁混凝土试件应从底板、腹板及顶板分别取样。

九、混凝土振捣

采用插入式高频振动棒、附着式振捣器、表面平板振捣器等振捣设备振捣混凝土。振捣时避免碰撞模板、钢筋及预埋铁件。

按事先规定的工艺路线和方式振捣混凝土，在混凝土浇筑过程中及时将浇筑的混凝土均匀振捣密实，不得随意加密振点或漏振，每点的振捣时间以表面泛浆或不冒大气泡为准，一般不宜超过 30 s，避免过振。

采用插入式高频振捣棒振捣混凝土时，应采用垂直点振方式振捣。若需变换振捣棒在混凝土拌和物中的水平位置，首先竖向缓慢将振捣棒拔出，然后再将振捣棒移至新的位置，不得将振捣棒放在拌和物内平拖，也不得用插入式振捣棒平拖驱赶下料口处堆积的混凝土拌和物。

预应力混凝土梁采用侧振并辅以插入式振捣器振捣的方式振捣。

振捣混凝土过程中，应加强检查模板支撑的稳定性和接缝的密合情况，以防漏浆。混凝土浇筑完成后，仔细将混凝土暴露面压实抹平，抹面时严禁洒水。

十、混凝土养护

混凝土振捣完成后，尽量减少暴露时间，并用塑料薄膜紧密覆盖混凝土暴露面，防止表面水分蒸发。

暴露面保护层混凝土初凝前后，卷起塑料薄膜，用抹子搓压表面至少 2 遍，使之平整后再次覆盖，注意覆盖物不要直接接触混凝土表面，直至混凝土终凝为止。

混凝土带模养护期间，采取带模包裹、浇水或喷淋洒水等措施进行保湿、潮湿养护。

去除表面覆盖物或拆模后，对混凝土采用蓄水、浇水或覆盖洒水等措施进行潮湿养护。也可在混凝土表面处于潮湿状态时，迅速采用麻布、草帘等材料将暴露面混凝土覆盖或包裹，再用塑料布或帆布等将麻布、草帘等保湿材料包覆（裹）完好。包覆（裹）期间，包覆（裹）物应完好无损，彼此搭接完整，内表面应具有凝结水珠。有条件地段应尽量延长混凝土的包覆（裹）养护时间。

混凝土养护期间注意采取保温措施，防止混凝土表面温度受环境因素影响（如暴晒、气温骤降等）而发生剧烈变化。大体积混凝土施工前应制定严格的养护方案，控制混凝土内外温差满足设计要求。当设计无要求时，大体积混凝土内外温差不宜超过 20 °C。

十一、混凝土拆模

混凝土拆模时的强度应符合设计要求。当设计未提出要求时，应符合下列规定：

混凝土的拆模时间除需考虑拆模时的混凝土强度外，还应考虑到拆模时的混凝土温度（由水泥水化热引起）不能过高，以免混凝土接触空气时降温过快而开裂，更不能在此时浇筑凉水养护。侧模在混凝土强度达到 2.5 MPa 以上，且其表面及棱角不因拆模而受损时，方可拆除。

芯模或预留孔洞的内模应在混凝土强度能保证构件和孔洞表面不发生塌陷和裂缝时，方可拆除。

底模在混凝土强度符合表 8-4-14 的规定后，方可拆除。

表 8-4-14 拆除底模时所需混凝土强度

结构类型	结构跨度/m	达到混凝土设计强度的百分率/%
板、拱	≤2	50
	2～8	75
	>8	100
梁	≤8	75
	>8	100
悬臂梁（板）	≤2	75
	>2	100

拆模宜按立模顺序逆向进行，不得损伤混凝土，并减少模板破损。当模板与混凝土脱离后，方可拆卸、吊运模板。

拆模后的混凝土结构应在混凝土达到 100% 的设计强度后，方可承受全部设计荷载。

炎热和干燥季节，应采取逐段拆模、边拆边盖、边拆边浇水或边拆边喷涂养护剂的拆模工艺。

十二、质量检验

1. 施工前检验

对混凝土用水泥、骨料、矿物掺合料、外加剂、水等主要原材料的产品合格证及出厂质量检验报告进行进场核查。

对混凝土用水泥、骨料、矿物掺合料、外加剂、水等主要原材料进行复检。复检结果应满足现行行业和国家标准、招标技术规范载明的其他标准的相关要求。

按设计及施工要求复检施工配合比混凝土的拌和物性能，核查配合比试拌过程以及相关混凝土力学性能、抗裂性能以及耐久性能试验结果。其中，混凝土的耐久性应由经国家、行业认可或业主指定的权威部门检验，检验结果应满足相关要求。

2. 施工过程检验

对混凝土用水泥、骨料、外加剂、矿物掺合料、水等主要原材料的品质进行日常检验，检验结果应满足相关要求。

对混凝土拌和物性能进行日常检验，检验结果应满足设计、施工以及经批准的施工配合比要求。

对混凝土的力学性能进行日常检验，检验结果应满足设计和施工要求。

对混凝土的耐久性进行抽检，检验结果应满足设计要求。

在混凝土施工过程中，如更换水泥、外加剂、矿物掺合料等主要原材料的品种及规格，应重新进行混凝土配合比选定试验，并对试验配合比混凝土的拌和物性能、力学性能和耐久性能进行检验，检验结果应分别满足相关要求。

对用于施工过程控制或质量检验的混凝土强度和耐久性抽检试件，应从同一盘混凝土或同一车运送的混凝土中取出，并在与施工现场相同的条件下成型和养护。

对采用自然养护的混凝土，试件应在标准养护条件下养护到规定龄期再进行试验；对采用蒸汽养护的混凝土，试件应先在与实际蒸养条件相同的条件下养护，再在标准条件下养护到规定龄期后再进行试验。

3. 施工后检验

采用下述方法对实体混凝土质量进行检验。

用肉眼或放大镜观察实体混凝土结构表面是否存在非外力裂缝。当混凝土表面出现非外力裂缝时，普通混凝土结构表面的裂缝最大宽度不得大于 0.20 mm，预应力混凝土结构不得出现结构性裂缝。

采用无损检测方法进行混凝土保护层厚度的检测（当对混凝土保护层厚度检测结果有怀疑时，可采用局部破损的方法进行复核，复核结束后对破损部位进行及时修复），检验结果应满足设计要求。

任务 8.5　钢筋工程

钢筋混凝土和预应力混凝土构件中的钢筋品种，必须符合现行国家标准，如《钢筋混凝土用钢》《预应力混凝土用钢绞线》等。

一、钢筋的检验与保管

用于工程的钢筋，应具有出厂质量证明书和试验报告单。在加工前应通过抽样试验进行质量鉴定，应注意试验的取样要求和取样代表性，确保不合格的钢筋不能进场。抽样试验主要包括抗拉极限强度、屈服点和冷弯试验。

钢筋必须按不同钢种、等级、牌号、规格及生产厂家分批验收，分别堆存，不得混杂，且应设立识别标志。钢筋在运输过程中，应避免锈蚀和污染。钢筋宜堆置在仓库（棚）内，露天堆置时，应垫高并加遮盖。

预制构件的吊环，必须采用未经冷拉的 I 级热轧钢筋制作。由于吊环的质量关系到安装的安全，因此施工中应严格按规范要求去做。

二、钢筋加工

钢筋加工主要包括钢筋调直、除锈、下料、弯制、焊接或绑扎成形等。

（一）钢筋的调直和除锈

设置在构件中的钢筋应平直，无局部弯折，成盘的钢筋和弯曲的钢筋均应调直。调直方法分为机械和人工两种方法。一般用钢筋调直机调直。

钢筋在使用前应将表面油渍、漆皮、鳞锈等清除干净。可用钢丝刷或喷砂枪除锈去污。也可用大木箱或桶盛入干燥的粗砂砾石，于木箱两端开槽穿孔，将钢筋插入槽孔穿过砂砾来回拉擦，就可以把锈除去。这种砂盘除锈法效果好，而且设备制作简单。

钢筋代换应用案例

（二）钢筋的下料

钢筋经调直、除锈后，即可按图纸要求进行画线下料加工。

当施工图中采用的钢筋品种或规格与库存材料不一致时，可以用另一种强度、牌号或直径的钢筋代替设计中所规定的钢筋。钢筋代换时应了解设计意图和代用材料性能，并须符合现行行业的有关规定。代换时，应按钢筋受拉承载力设计值相等的原则进行，结构构件受裂缝控制时，需进行裂缝验算。重要结构中的主钢筋在代用时，应由原设计单位做变更设计。

（三）钢筋的切断与弯制成形

切断钢筋时通常视钢筋直径的大小，用錾子、手动剪切机和电动剪切机来进行。常用的电动剪切机如图 8-5-1 所示，该机械适用于切断各种普通碳素钢，冷、热轧圆钢，螺纹钢，亦可切断扁钢、方钢和角钢，具有润滑性能好、功耗少、移动方便等优点。

图 8-5-1　电动剪切机

下料后的钢筋可在工作平台上用手工或电动弯筋器，按规定的弯曲半径及角度弯制成形，钢筋的两端亦应按图纸弯成所需的标准弯钩。如钢筋图中对弯曲半径未作规定时，则宜按钢筋直径的 15 倍为半径进行弯制。对于需要较长的钢筋，最好在接长以后再弯制，这样较易控制尺寸。

如图 8-5-2 所示的钢筋弯曲机配有 2 挡不同转速，可作箍筋制造和钢筋弯曲，使用速度适中，同时设有 90°和 135°两种特定角度，变动孔位插销可达到所需角度，变换角度快、易操作。配有脚踏开关控制各自角度，单人操作、工作效率高、结构牢固、维修方便。另外还配置 4 个行走轮，移动方便。该机械可以将材质为 Q235 的 $\phi 6 \sim \phi 40$ 圆钢或 $\phi 8 \sim \phi 36$ 的螺纹钢加工成工程所需要的各种几何形状。

图 8-5-2　钢筋弯曲机

（四）钢筋接长

钢筋接长的方式有焊接、绑扎和机械连接 3 种。轴心受拉和小偏心受拉杆件中的钢筋接头，不宜绑扎。普通混凝土中直径大于 25 mm 的钢筋，宜采用焊接。

1. 焊　接

焊接主要有闪光接触对焊和电弧焊两种，钢筋的纵向焊接应采用闪光对焊（HRB500 钢筋必须采用闪光对焊）。当缺乏闪光对焊条件时，可采用电弧焊、电渣压力焊或气压焊。

各种预埋件 T 形接头钢筋与钢板的焊接，也可采用预埋件钢筋埋弧压力焊。钢筋的交叉连接，无电阻点焊机时，可采用手工电弧焊。电渣压力焊只适用于竖向钢筋的连接，不能用作水平钢筋和斜筋的连接。钢筋接头采用搭接或帮条电弧焊时，宜采用双面焊缝，双面焊缝困难时，可采用单面焊缝。

焊接时，对施焊场地应有适当的防风、雨、雪、严寒设施，冬期施焊时按施工规范对冬期施工的要求进行，低于 – 20 °C 时，不得施焊。

（1）闪光接触对焊。钢筋的接头应以闪光接触对焊为宜，这种接头的传力性能好，且省钢料。

（2）电弧焊。在不能进行闪光接触对焊时，可采用电弧焊（如搭接焊、帮条焊、坡口焊、熔槽焊等）。电弧焊系将一根导线接在被焊钢筋上，另一根导线接在夹有焊条的焊钳上，合上开关，将接触焊件接通电流，此时立即将焊条提起 2 ~ 3 mm，产生电弧。电弧温度高达 4 000 °C，将焊条和钢筋熔化并汇合成一条焊缝，至此焊接过程结束。在搭接焊中，采用单面焊缝或双面焊缝，应视施工情况而定。在预制钢筋骨架中多采用双面焊缝；在模板内焊合的钢筋，多采用单面焊缝。

钢筋对焊完毕，应对接头进行外观检查，并按批切取部分接头进行机械性能试验。抗拉试验时，其抗拉极限强度不能小于该种钢筋抗拉极限强度；外观检查应满足相关要求。

2. 绑　扎

受力钢筋焊接或绑扎接头应设置在内力较小处，并错开布置，对于绑扎接头，两接头间距离不小于 1.3 倍搭接长度。对于焊接接头，在接头长度区段内，同一根钢筋不得有两个接头。电弧焊接和绑扎接头与钢筋弯曲处的距离不应小于 10 倍钢筋直径，也不宜位于构件的最大弯矩处。

受拉区内光圆钢筋绑扎接头的末端应做弯钩，带肋钢筋绑扎接头末端可不做弯钩。直径 ≤12 mm 的受压光圆钢筋的末端，可不做弯钩，但搭接长度不应小于钢筋直径的 30 倍。钢筋搭接处，应在中心和两端用铁丝扎牢。

3. 机械连接

（1）基本要求。

① 钢筋连接套材料宜用 45 号优质碳素结构钢或其他经试验确认符合要求的钢材。连接套的屈服承载力和抗拉承载力的标准值应不小于被连接钢筋屈服承载力和抗拉承载力标准值的 1.10 倍。

② 接头的性能应符合《钢筋机械连接通用技术规程》I 级接头性能的规定。

③ 对直接承受动荷载的结构，其接头应满足设计要求的抗疲劳性能。当无专门要求时，其疲劳性能应符合《钢筋机械连接通用技术规程》的规定。

（2）机械接头类型。

① 带肋钢筋套筒挤压接头（简称挤压接头）。适用直径为 16 ~ 40 mm 的 HRB 335 和 HRB 400 牌号带肋钢筋的径向挤压连接。用于挤压连接的钢筋应符合现行国家标准的要求。不同直径的带肋钢筋可采用挤压接头连接，当套筒两端外径和壁厚相同时，被连接钢筋直径相差不应大于 5 mm。当混凝土结构中挤压接头部位的温度低于 – 20 °C 时，宜进行专门的试验。

② 螺纹套管连接。螺纹套管连接分锥螺纹连接与直螺纹连接 2 种。它是把钢筋的连接端加工成螺纹（简称丝头），通过螺纹连接套把两根带丝头的钢筋，按规定的力矩值连接成一体的钢筋接头，如图 8-5-3 所示。

工程上常用的钢筋直螺纹滚压机，是实现钢筋连接的关键设备。可加工直径 16 ~ 40 mm 的 HRB 335 和 HRB 400 级带肋钢筋。可一次装夹完成从剥肋到滚轧螺纹的加工过程。加工螺纹的牙形饱满，尺寸精度高，机械强度高。既可加工正扣螺纹，也可加工反扣螺纹。

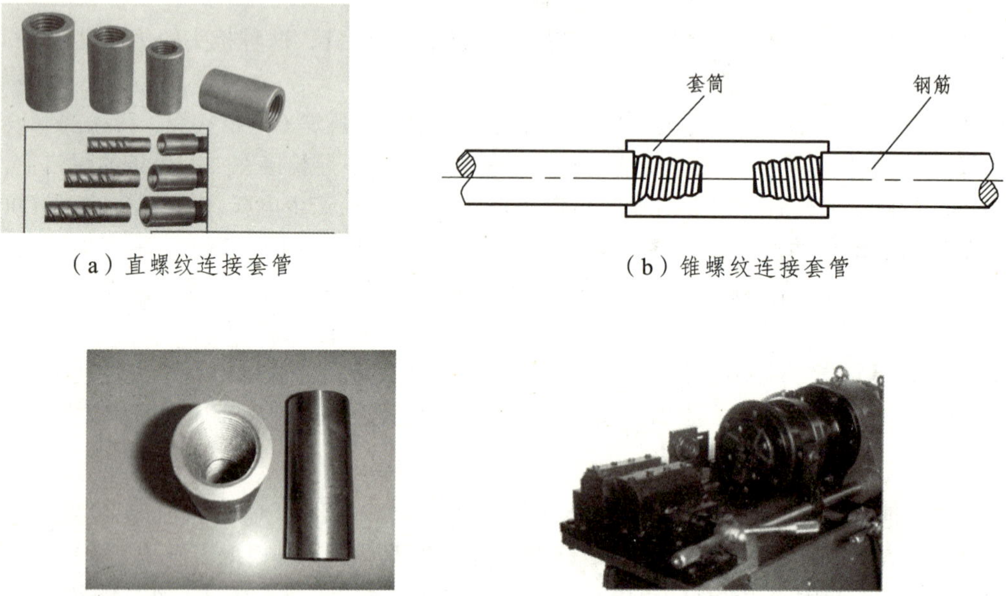

（a）直螺纹连接套管　（b）锥螺纹连接套管

（c）锥螺纹连接工艺示意　（d）直螺纹滚压机

图 8-5-3　钢筋的螺纹连接

任务 8.6　钢筋下料长度计算

一、下料长度

在钢筋配料计算中，关键是算出下料长度。计算时根据设计图纸上的设计长度，加上由于弯钩增加的长度，再减去钢筋弯曲伸长值（由于弯曲而产生的），即

$$\begin{aligned}\text{下料长度}\ l &= \text{直段长度}\ l_{\text{直}} + \text{斜段长度}\ l_{\text{斜}} + \text{弯钩增加长度}\ l_{\text{弯}} + \\ &\quad \text{搭接长度}\ l_{\text{搭}} - \text{弯曲伸长值}\ s - \text{弯起减短长度}\ l_{\text{短}} \end{aligned} \tag{8-6-1}$$

一般情况下，受拉的光面圆钢筋的末端应弯成 180°半圆形弯钩。设计图纸上标注钢筋尺寸时，对于有弯钩的钢筋，都是注明至钢筋端点（外切点）的尺寸，如图 8-6-1 所示。因此，计算下料长度时，必须算出钢筋弯钩增加的长度 $l_{\text{弯}}$。由图可以看出，$l_{\text{弯}}$ 值包括 180°弧长和末端直线段，但还需扣除外切点至弯点的距离（即 $2.25d$）。则 $l_{\text{弯}}$ 值的计算如下：

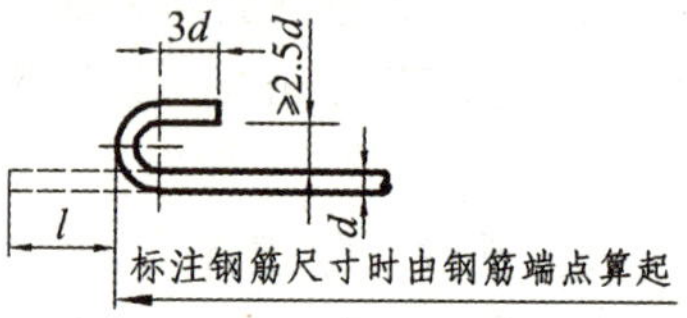

图 8-6-1　标准弯钩

$$l_{弯}=\frac{\pi}{2}(3.5d)+3d-2.25d=6.25d \qquad (8\text{-}6\text{-}2)$$

钢筋经过弯曲，因塑性变形而引起长度增加，增加的长度称为钢筋弯曲伸长值（s），可按表 8-6-1 第五栏估算。但伸长值与钢筋材质、直径、弯曲度及加工方式有关，采用时宜通过试验校核。

表 8-6-1　各种形状弯曲钢筋下料长度计算（参考）

序号	有关数值	项目					
		钢筋弯钩			弯起钢筋		
		180° 半圆钩	135° 斜钩	90° 直钩	60° 弯起	45° 弯起	30° 弯起
1	弯曲形状简图	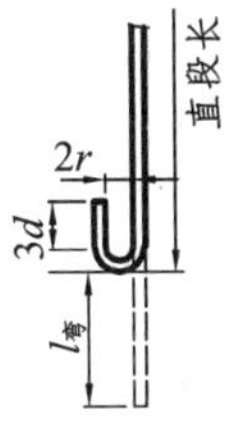	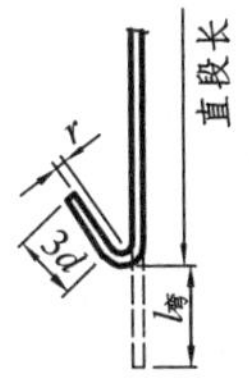	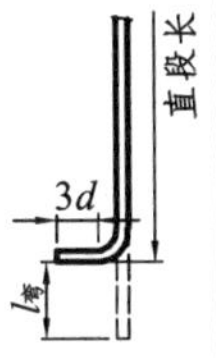	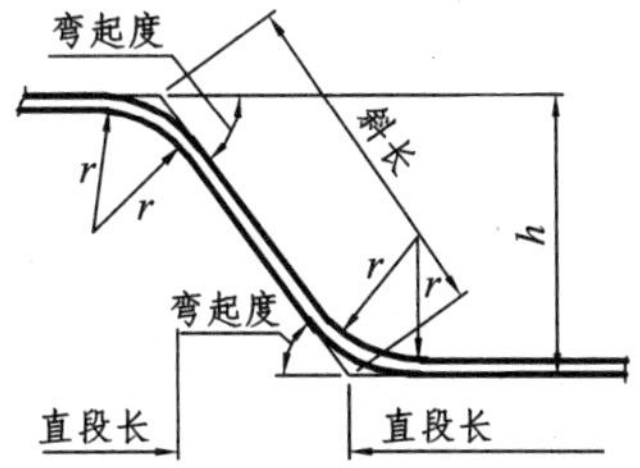		
2	弯曲最小半径 r	1.25d	1.25d	2.50d	光面钢筋 10d，螺纹钢筋 12d		
3	工作段长度 L	约 3d	约 3d	约 3d			
4	弯钩增加长度 $l_{弯}$	6.25d	4.87d	4.21d			
5	弯钩弯曲伸长值 s	1.5d	1.25d	1.0d			
6	弯起钢筋斜长				1.15h	1.41h	2.0h
7	弯起减短长度 $l_{短}$				0.85d	0.50d	0.35d
钢筋下料长度 l= 直段长度 $l_{直}$ +（斜段长度 $l_{斜}$）+ 弯钩增加长度 $l_{弯}$ +（搭接长度 $l_{搭}$）− 弯曲伸长值 s −（弯起减短长度 $l_{短}$）							

注：① d 为钢筋直径，h 为弯起高度；

② 弯钩伸长值，应通过试验校核加以修改，表列数值供参考用；

③ 算式内有（　）者为弯起钢筋用。

二、算　例

现举一例来说明钢筋下料长度的计算方法。如图 8-6-2（a）所示，梁中钢筋编号为①~⑤，按其形式分有直钢筋、弯起钢筋、箍筋三种。这三种形式的钢筋下料长度计算方法如下。

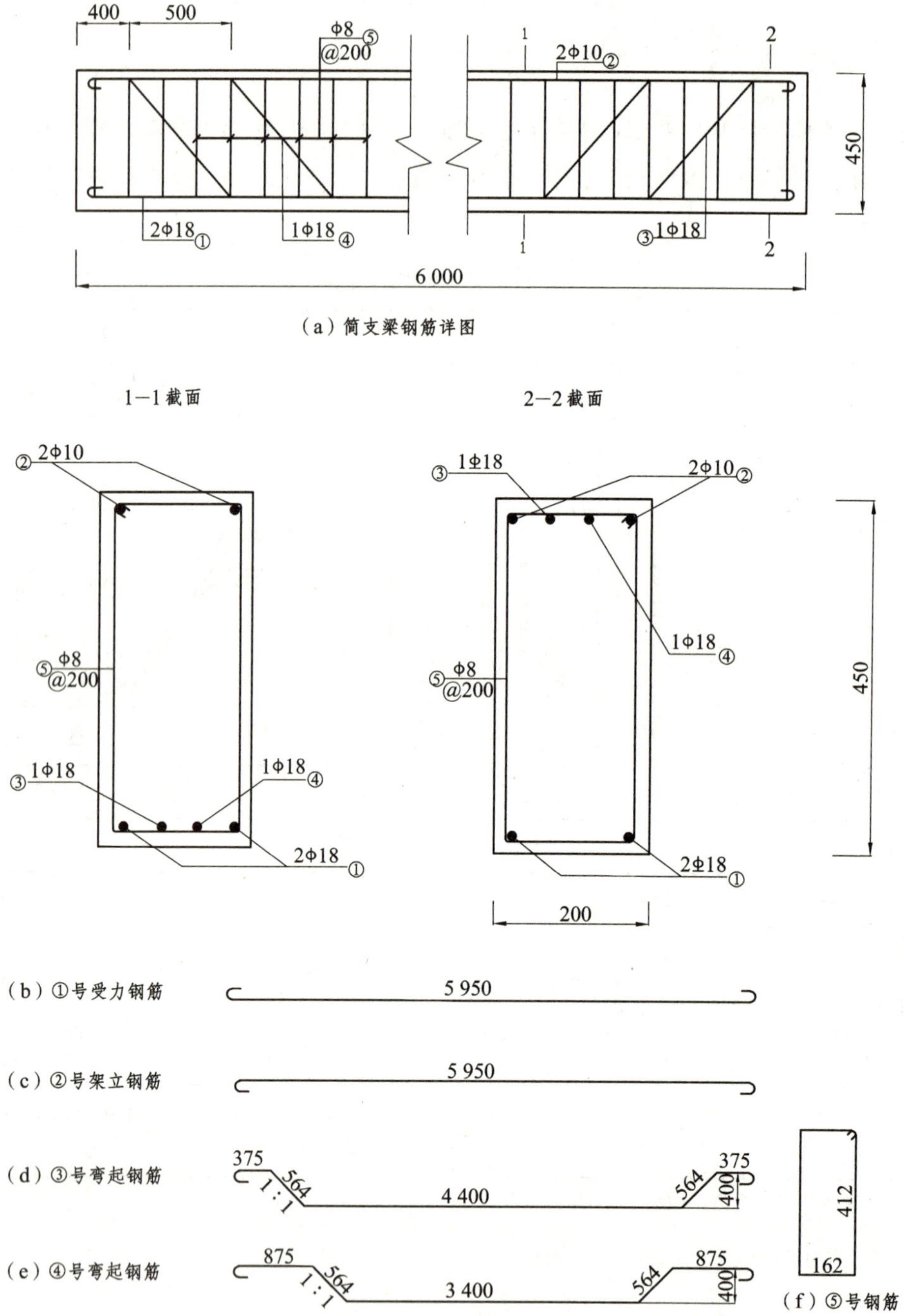

图 8-6-2　钢筋下料长度的计算（尺寸单位：mm）

1. 直钢筋

① 号钢筋是 2 根Φ18 的受拉钢筋，其钢筋简图见图 8-6-2（b）。钢筋长度为构件长度减去两端保护层。受拉钢筋采用光面钢筋，两端应设有弯钩，因此①号钢筋下料长度为

$$钢筋下料长度\ l_1 = 构件长 - 两端保护层 + 两端弯钩长\ l_{短} - 弯曲伸长值\ s$$

$$= 6\,000 - 2\times25 + (6.25\times18)\times2 - (1.5\times18)\times2 = 6\,121\ \text{mm}$$

② 号钢筋是 2 根Φ10 的架立钢筋，其钢筋简图见图 8-6-2（c）。②号钢筋下料长度 l_2 为

$$l_2 = 6\,000 - 50 + (6.25 \times 10) \times 2 - (1.5 \times 10) \times 2 = 6\,045\ \text{mm}$$

2. 弯起钢筋

③ 号钢筋是 1 根Φ18 的弯起钢筋，上保护层为 20 mm，下保护层为 30 mm，其钢筋简图见图 8-6-2（d），弯起钢筋的斜长按表 8-6-1 计算。

$$l_{斜} = (450 - 50) \times 1.41 = 564\ \text{mm}$$

③ 号钢筋下料长度 $l_3 = l_{直} + l_{斜} + l_{弯} - s - l_{短}$

$$= (375 \times 2 + 4\,400) + 564 \times 2 + (6.25 \times 18) \times 2 - (1.5 \times 18) \times 2 - (0.5 \times 18) \times 4 = 6\,413\ \text{mm}$$

④ 号钢筋也是 1 根Φ18 的弯起钢筋，其外形见图 8-6-2（e），下料长度 l_4 为

$$l_4 = (875 \times 2 + 3\,400) + (400 \times 1.41) \times 2 + (6.25 \times 18) \times 2 - (1.5 \times 18) \times 2 - (0.5 \times 18) \times 4 = 6\,413\ \text{mm}$$

3. 箍　筋

⑤ 号钢筋为Φ8 箍筋，每 200 mm 放一个，见图 8-6-2（f）。箍筋的开口处要设弯钩，弯钩部分的圆弧大小和主筋的粗细有关。根据主筋和箍筋直径不同，箍筋弯钩增加长度参考见表 8-6-2，其形状如图 8-6-3 所示。

表 8-6-2　用圆钢筋弯制的箍筋末端的弯钩增加长度　单位：mm

弯钩增加长度 \ 受力钢筋 / 箍筋直径	≤25	28～40
6	50～60	65
8～10	70～75	75～90
12	90	105

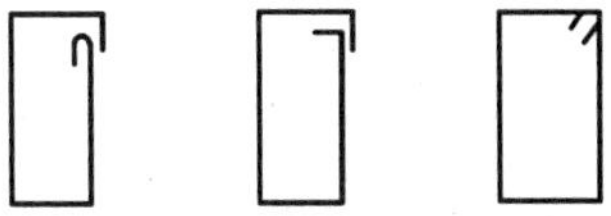

图 8-6-3　箍筋末端弯钩

箍筋下料长度可用下式计算：

箍筋下料长度 ＝ 箍筋周长 ＋ 弯钩增加长度 − 弯曲伸长值

以⑤号箍筋为例，下料长度 l_5 为

$$l_5 = (412 \times 2) + (162 \times 2) + 70 \times 2 - (1.25 \times 8) \times 2 - 3 \times 8 = 1\,244\ \text{mm}$$

式中：3×8 为 3 处 90°弯曲伸长值，按 90°直钩计算。

箍筋个数可用下式计算：

箍筋个数 ＝（主筋长度÷箍筋间距）＋1

⑤号箍筋个数 n 为

$$n = (5\,950 \div 200) + 1 = 31\ 个$$

在实际工作中以上算式可以省略，一般可在钢筋配料单上，按编号画上简图，标注上扣除混凝土保护层厚度的钢筋各段尺寸，然后进行运算。

钢筋配料计算是一项既细致而又重要的工作，因为钢筋加工以钢筋配料单作为唯一的依

据，并且还是提出钢筋材料计算、签发工程任务单和限额领料单的依据。另外，钢筋加工数量往往很大，如果配料发生差错，就可能造成钢筋加工错误，其后果是浪费人工、材料，误工期，造成很大损失。因此一定要认真对待，在配料计算前要认真看懂图纸，在计算中要仔细运算。配料计算完成以后还要认真进行复核，填写配料单，作为钢筋工人进行钢筋加工的依据。

三、钢筋配料计算

钢筋的加工是以配料计算为依据的，因此加工前须编制钢筋配料单，以免发生差错。钢筋配料单的格式见表 8-6-3。

表 8-6-3 钢筋配料单

构件部位	钢筋编号	钢筋弯起简图或说明	钢筋型号	直径/ mm	下料/ mm	接头情况	总计根数	合计质量

注：配料中有绑扎接头的钢筋，除计算搭接长度外，还应在接头情况栏内加以说明。

四、接 头

出厂的钢筋，为了便于运输，除小直径的盘钢外，每条长度多为 10 ~ 12 m。在实际工程中，往往会遇到钢筋长度不足的情况，这时就需要把钢筋接长到设计长度。钢筋接头有绑扎搭接与焊接两种方法。

1. 绑扎接头［见图 8-6-4（a）］

绑扎接头是在钢筋搭接处用铁丝绑扎而成。要使搭接处接头强度可靠，必须有足够的搭接长度。钢筋绑扎接头应符合下列规定：

（1）受拉区内的光圆钢筋末端应作成彼此相对的弯钩。绑扎接头的搭接长度由两钩端部切线算起。在钢筋搭接部分的中心及两端共三处，应采用铁丝绑扎结实。

（2）受压光圆钢筋的末端，以及轴心受压构件中任意直径的纵向钢筋末端，可不作弯钩，但钢筋的搭接长度不应小于 30*d*（*d* 为钢筋直径）。

（3）对直径大于 25 mm 的光圆钢筋以及所有带肋钢筋的接头均不得采用搭接。直径较小的光钢筋可采用搭接。此时钢筋端部应弯成半圆形弯钩。两钩切点间的距离对受拉钢筋不得小于 30*d*，对受压钢筋不得小于 20*d*。在搭接范围内应用铁丝捆扎。

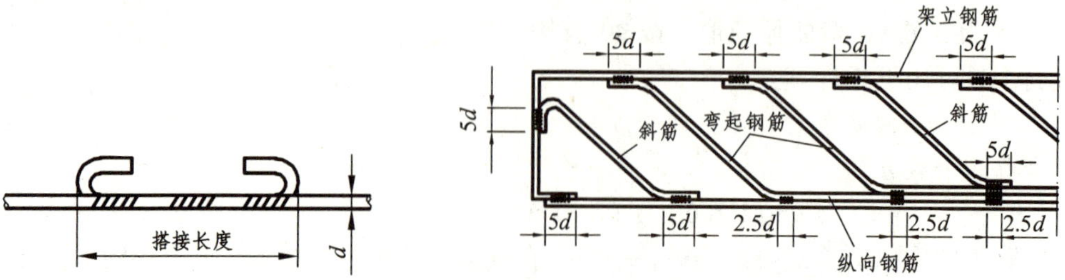

（a）绑扎接头　　（b）焊接接头

图 8-6-4 钢筋接头

2. 焊接接头［见图 8-6-4（b）］

焊缝焊接需要一定的搭接长度，在 2 根钢筋接头处采用焊接，可以大大缩短接头长度。热轧钢筋的焊接接头应采用闪光对焊或电弧焊连接，并以闪光对焊为主。仅在无条件施行焊接时，对直径 25 mm 及以下的钢筋，方可采用绑扎搭接。

钢筋混凝土梁采用多层焊接钢筋时，可用侧面焊缝使之形成骨架。侧面焊缝设在弯起钢筋的弯折点处，并在中间直线部分适当设置短焊缝。由于构造上的要求需要增设斜钢筋时，可以加焊专门的斜钢筋，斜钢筋与纵向钢筋之间的焊缝搭接焊，易用双面焊缝，其长度为 $5d$。纵向钢筋之间的短焊缝，其长度为 $2.5d$，当采用单面焊缝时，其长度加倍，此处的 d 为主筋直径。焊接接头的抗拉强度不应低于钢筋本身的强度。

钢筋接头应设置在钢筋承受应力较小处，并应分散布置。配置在“同一截面”内受力钢筋接头的截面面积，占受力钢筋总截面面积的百分率，应符合下列规定：

（1）闪光对焊的接头在受弯构件的受拉区，不得超过 50%；在轴心受拉构件中不得超过 25%；在受压区可不受限制。

（2）电弧焊接的接头可不受限制，但也应错开。

（3）绑扎接头在构件的受拉区，不得超过 25%；在受压区不得超过 50%。

（4）钢筋接头应避开钢筋弯曲处，距弯曲点不应小于 $10d$。

注：① 两钢筋接头相距在 $30d$ 以内，或两焊接接头相距在 50 cm 以内，或两绑扎接头的中距在绑扎长度以内，均视为同一截面，并不得小于 50 cm；② 在同一根钢筋上应少设接头，“同一截面”内同一根钢筋上接头不得超过 1 个。

五、钢筋骨架和钢筋网的组成及安装

（一）一般要求

（1）钢筋骨架或钢筋网必须具有足够的刚度和稳定性，以便在搬运、安装和灌筑混凝土过程中不致变形、松散。

（2）钢筋骨架的焊接一般采用电弧焊，先焊成单片平面骨架，再将它组拼成立体骨架。

钢筋在焊接过程中由于温度变化，骨架将会发生翘曲变形，使骨架的形状和尺寸不能符合设计要求，同时会在焊缝内产生收缩应力而使焊缝开裂。因此，为了防止施焊过程中骨架的变形，在施工工艺上要采取一定的措施。

钢筋骨架的焊接拼装应在坚固的工作台上进行，采用先点焊后跳焊（即错开焊接次序）的方法进行焊接，另外采用双面焊缝使骨架的变形尽可能均匀对称。操作时应首先按设计图纸放大样，放样时应考虑焊接变形和预留拱度。

（3）拼装钢筋前，对有焊接接头的钢筋应检查每根接头是否符合焊接要求。拼装时，在需要焊接的位置用楔形卡卡住，防止电焊时局部变形。待所有焊接点卡好后，先在焊缝两端点焊定位，然后进行焊缝施焊。

（4）骨架焊接时，不同直径的钢筋的中心线应在同一平面上。为此，较小直径的钢筋在焊接时，下面宜垫以厚度适当的钢板。

（5）施焊顺序宜由中到边对称地向两端进行，先焊骨架下部，后焊骨架上部。相邻的焊缝采用分区对称跳焊，不能顺方向一次焊成。

（二）焊接钢筋网相关规定

钢筋网焊点应符合设计规定，当设计无规定时，应按下列要求焊接：当焊接网的受力钢筋为Ⅰ级或冷拉Ⅰ级钢筋时，如焊接网只有一个方向为受力钢筋，网两端边缘的两根锚固横向钢筋与受力钢筋的全部相交点必须焊接；如焊接网的两个方向均为受力钢筋，则沿网四周边缘的两根钢筋的全部相交点均应焊接，其余的交叉点，可根据运输和安装条件决定，一般可焊接或绑扎一半交叉点。当焊接网的受力钢筋为冷拔低碳钢丝，而另一方向的钢筋间距小于100 mm时，除网两端边缘的两根钢筋的全部相交点必须焊接外，中间部分的焊点距离可增大至250 mm。

（三）绑扎钢筋网相关规定

现场绑扎钢筋网时，钢筋接头的布置，应符合有关规定。钢筋的交叉点应用铁丝绑扎结实，必要时，亦可用点焊焊牢。除设计有特殊规定外，柱和梁中的箍筋应与主筋垂直。

墩、台身和柱中的竖向钢筋搭接时，转角处的钢筋弯钩应与模板成45°，中间钢筋的弯钩应与模板成 90°。如采用插入式振捣器浇筑小型截面柱时，弯钩与模板的角度最小不得小于15°，在浇筑过程中不得松动。

箍筋弯钩的叠合处，在梁中应沿梁长方向置于上面并交错布置，在柱中应沿柱高方向交错布置，若是方柱则必须位于箍筋与柱角竖向钢筋交接点上。但有交叉式箍筋的大截面柱，其接头可位于箍筋与任何一根中间纵向钢筋的交接点上。圆柱或圆管涵螺旋形箍筋的起点和终点应分别绑扎在纵向钢筋上。

（四）安　装

施工时一般通过在钢筋与模板间设置垫块来保证钢筋混凝土保护层厚度，垫块应与钢筋扎紧，并互相错开。非焊接钢筋骨架的多层钢筋之间，应用短钢筋支垫，保证位置准确。

当钢筋全部绑扎（焊接）完毕，在浇筑混凝土前，应根据设计图纸检查钢筋规格、形状、数量和位置是否正确，接头布置是否合理，绑扎点是否牢固，保护层是否符合要求，并对预埋件（钢板、锚固钢筋等）的数量和位置进行检查。

【项目训练】

8.1　脚手架的常见分类有哪些？

8.2　模板的类型有哪些？

8.3　混凝土工程施工的基本程序是什么？

8.4　钢筋代换的原则是什么？

8.5　钢筋接长的方式有哪些？

项目 9　桥梁基础施工

【项目描述】

桥梁基础通常可分为浅基础和深基础两大类，不同类型施工方法有明显的差异。浅基础往往采用放坡开挖的方式施工，因而也称为明挖基础；为了提高地基承载力，一般将浅基础分层设置，逐层扩大，所以也称为扩大基础。深基础的施工，往往需要特殊的施工方法和专用的机具设备，如需要打桩或钻孔设备等。下面就常用的两种桥梁基础的施工方法进行介绍。

【项目目标】

（1）能掌握明挖基础施工的工艺方法；
（2）能掌握钻孔灌注桩的成孔工艺；
（3）能掌握钻孔灌注桩的水下混凝土灌注工艺；
（4）能掌握承台的施工工艺。

任务 9.1　明挖基础施工

明挖基础（亦称扩大基础），是将基础设在直接承载的地基上，来自上部结构的荷载通过基础直接传递给地基。其施工通常是采用明挖的方式进行的。

明挖基础施工的主要内容包括基础的定位放样、基坑开挖、基坑排水、基底处理以及砌筑（浇筑）基础结构物等。图 9-1-1 为明挖基础施工流程图。

扩大基础施工

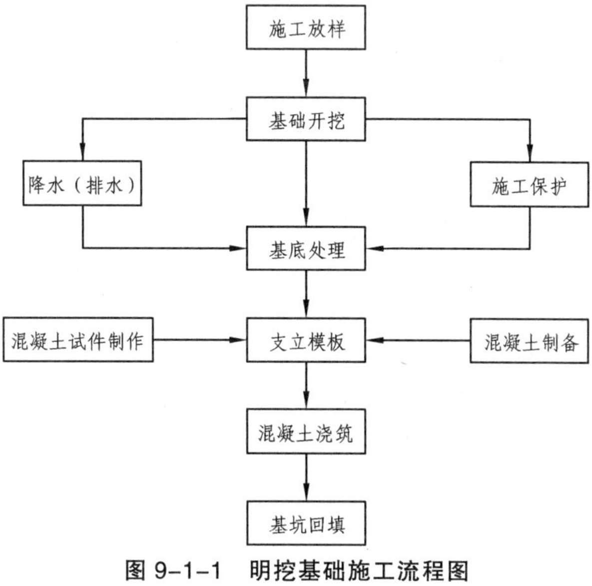

图 9-1-1　明挖基础施工流程图

一、基础的定位放样

为基础施工而开挖的临时性坑井称为基坑。基坑属于临时性工程，其作用是提供一个空间使基础的砌筑（浇筑）作业得以按照设计所指定的位置进行。

在基坑开挖前，先进行基础的定位放样工作，以便正确地将设计图上的基础位置准确地设置到桥址上。放样工作先根据桥梁中心线与墩台的纵横轴线，推算出基础边线的定位点，再放线画出基坑的开挖范围。

二、陆地基坑开挖

基坑尺寸应满足基础施工要求，对有渗水土质的基坑坑底开挖尺寸，需按基坑排水设计（包括排水沟、集水井、排水管网等）和基础模板设计而定，一般基底应比基础的平面尺寸各边增宽：无水土质基坑不小于 50 cm；有水基坑底面不小于 80 cm。

基坑可采用垂直开挖、放坡开挖、支撑加固或其他加固的开挖方法，具体开挖方法应根据地质条件、基坑深度、施工期限与经验，以及有无地表水或地下水等现场因素来确定。

（一）坑壁无支撑的基坑

对于在干涸无水的河滩、河沟中，或有水经改河（或筑堤）能排除地表水的河沟中；在地下水位低于基底，或渗透量少，不影响坑壁稳定以及基础埋置不深，施工期较短，挖基坑时，不影响邻近建筑物安全的施工场所：可考虑选用坑壁不加支撑的基坑。

1. 基坑的形式（图 9-1-2）

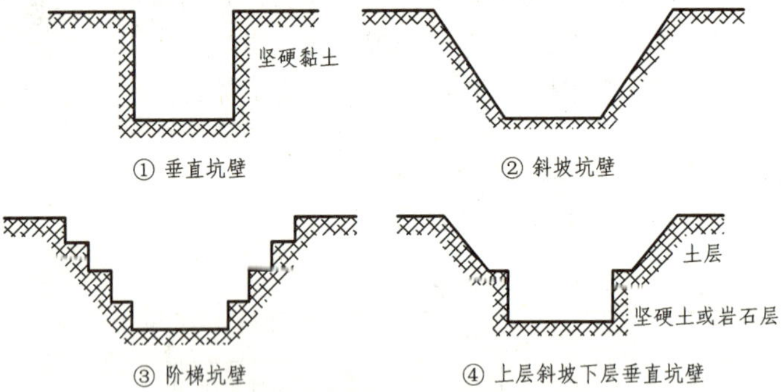

基坑的形式

图 9-1-2 坑壁不加支撑的基坑形式

（1）垂直坑壁基坑。黏性土在半干硬或硬塑状态，基坑顶缘无动载，稍松土质基坑深度不超过 0.50 m；中等密实（锹挖）土质基坑深度不超过 1.25 m；密实（镐挖）土质基坑深度不超过 2.00 m 时：均可采用垂直坑壁基坑。

（2）斜坡坑壁基坑（阶梯坑壁基坑）。基坑深度在 5 m 以内，土的湿度正常时，基坑可采用斜坡坑壁开挖或按坡度比值挖成阶梯形坑壁，每梯高度为 0.5 ~ 1.0 m 为宜，可作为人工运土出坑的台阶，见表 9-1-1。

如土的湿度有可能使坑壁不稳定而引起坍塌时，基坑坑壁坡度应缓于该湿度下的天然坡度。

当基坑的上层土质适合敞口斜坡坑壁条件，下层土质为密实黏性土或岩石可用垂直坑壁开挖，在坑壁坡度变换处，应保留有至少为 0.5 m 的平台。当基坑有地下水时，地下水位以上部分可以放坡开挖，地下水位以下部分，若土质易坍塌或水位在基坑底以上较深时，应加固开挖。

表 9-1-1　基坑坑壁坡度

坑壁土类	坑壁坡度		
	基坑顶缘无载重	基坑顶缘有静载	基坑顶缘有动载
砂类土	1∶1	1∶1.25	1∶1.5
碎石类土（卵石、砾类土）	1∶0.75	1∶1	1∶1.25
黏性土、粉土（粉质土、黏质土）	1∶0.33	1∶0.5	1∶0.75
极软岩、软岩（极软岩）	1∶0.25	1∶0.33	1∶0.67
较软岩（软质岩）	1∶0	1∶0.1	1∶0.25
极硬岩、硬岩（硬质岩）	1∶0	1∶0	1∶0

注：① 挖基通过不同土层时，边坡坡度可分层选用，并酌留平台；
② 坑壁土类（括号内）为按现行《公路土工试验规程》划分；
③ 当基坑深度大于 5 m 时，基坑坑壁坡度可适当放缓或加设平台。

2. 无水基坑的开挖方法

对于一般小桥涵的基础，基坑工程量不大，可用人工开挖；大、中桥基础工程，基坑深，基坑平面尺寸较大，挖方量多，可用机械开挖。

3. 基坑施工过程中的注意事项

（1）基坑顶面应设置防止地面水流入基坑的设施，如在基坑顶缘四周适当距离处设置截水沟，并防止水沟渗水，以避免地表水冲刷坑壁，影响坑壁稳定性；

（2）坑顶有动荷载时，坑顶边与动荷载之间应留有不小于 1 m 宽的护道，如动荷载过大，宜加宽护道；如工程地质和水文地质不良，应采取加固措施；

（3）应经常注意观察坑边缘顶面有无裂缝，坑壁有无松散塌落现象发生，以确保安全施工；

（4）挖基施工宜安排在枯水或少雨季节进行，开工前应做好计划和施工准备工作，开挖后应连续快速施工；

（5）如用机械开挖基坑，挖至坑底时，应保留不小于 30 cm 厚度的底层，在基础浇筑圬工前，用人工挖至基底高程，应避免超挖。

（二）坑壁有支撑的基坑

当基坑壁坡不易稳定并有地下水影响，或放坡开挖场地受到限制，或基坑较深、放坡开挖工程数量较大，不符合技术经济要求时，应根据设计要求进行支护。设计无要求时，施工单位应结合实际情况选择适宜的支护方案。

1. 常用的坑壁支撑形式

常用的坑壁支撑形式包括：直衬板式坑壁支撑（见图 9-1-3）、横衬板式坑壁支撑（见图 9-1-4）、框架式支撑（见图 9-1-5）及其他形式的支撑（如锚桩式、斜撑式、锚杆式等，见图 9-1-6）。

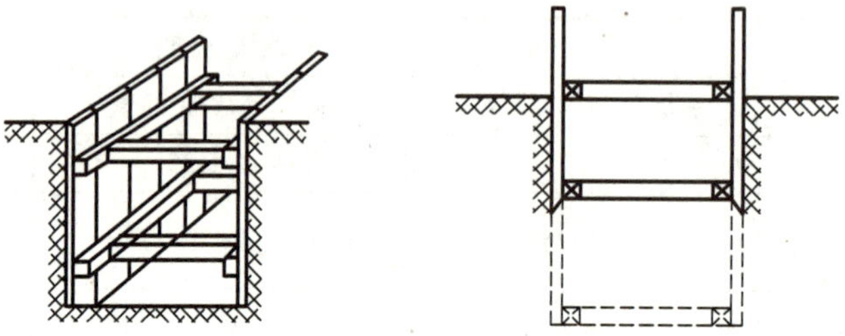

（a）直衬板　支撑一次完成　　（b）直衬板　支撑分段完成

图 9-1-3　直衬板式支撑

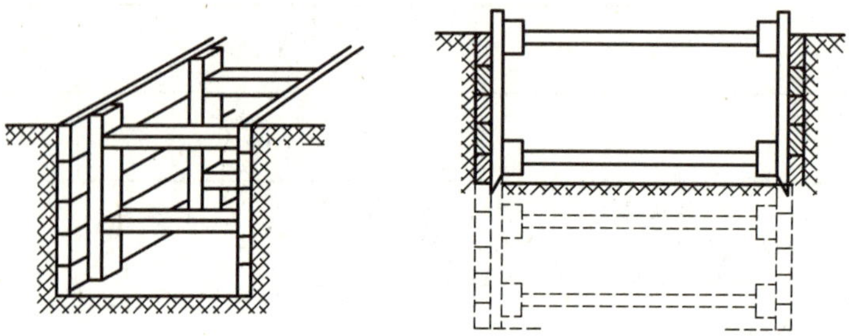

（a）横衬板　支撑一次完成　　（b）横衬板　支撑分段完成

图 9-1-4　横衬板式支撑

（a）框架人字形支撑　　（b）横架八字形支撑

图 9-1-5　框架式支撑

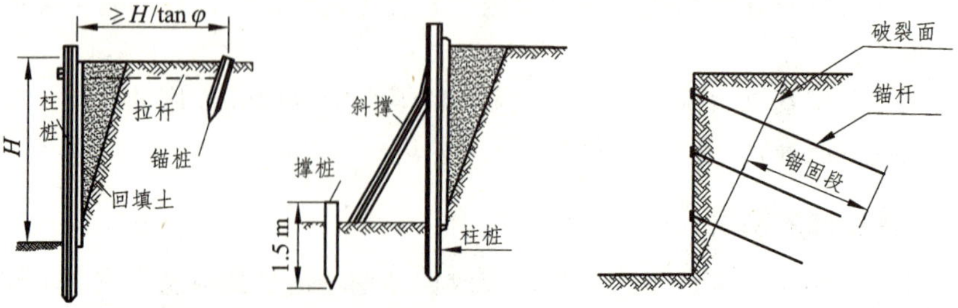

（a）锚桩式支撑　　（b）斜撑式支撑　　（c）锚杆式支撑

图 9-1-6　其他形式支撑

坑壁有支撑的施工，按土质情况不同，可一次挖成或分段开挖，每次开挖深度不宜超过 1.5 m。

混凝土护壁的施工方法

2. 混凝土护壁的施工方法

混凝土护壁适用于除流砂及呈流塑状态的黏土外的各类土的开挖防护，对较大直径、较深基坑的圆形或椭圆形土质基坑更宜采用。

（1）喷射混凝土护壁。根据经验，一般喷护厚度为 5 ~ 8 cm，一次喷护约需 1 ~ 2 h。一次喷护如达不到设计厚度，应等第一次喷层终凝后再补喷，直至达到要求厚度为止。喷护的基坑深度应按地质条件决定，一般不宜超过 10 m。

（2）现浇混凝土护壁。基坑开挖视地质稳定情况，一般挖深 1.0 ~ 1.8 m，即应立模浇筑混凝土。拆模时间应根据掺速凝剂数量、气温条件、混凝土达到支撑强度等要求来决定，通常在 24 h 以上便可拆模。挖一节浇一节直至基底。每次安装模板时，在上下节之间留有高 0.2 m 的浇注口，最后用混凝土堵塞；浇筑护壁厚度视基坑大小及土质条件而定，一般厚度取 8 ~ 15 cm，必要时可采用钢筋混凝土护壁。对于圆形基坑，开挖面应均匀分布，对称施工，及时灌注，无支护总长度不得超过 1/2 周长。

三、水中基坑开挖

桥梁墩台基础大多位于地表水位以下，有时水流流速还比较大。桥梁水中基础最常用的施工方法是围堰法。围堰的作用主要是防水和围水，有时还起着支撑施工平台和基坑坑壁的作用。

（一）基本要求

围堰的结构形式和材料要根据水深、流速、地质情况、基础形式以及通航要求等条件进行选择。任何形式和材料的围堰，均必须满足下列要求：

（1）围堰高度应高出施工期间可能出现的最高水位（包括浪高）0.5 m。

（2）围堰外形应考虑河流断面被压缩后，流速增大引起水流对围堰河床的集中冲刷及影响通航、导流等因素，并应满足堰身强度和稳定的要求，使基坑开挖后，围堰不致发生破裂、滑动或倾覆。

（3）堰内平面尺寸应满足基础施工的需要，并留有适当的工作面。

（4）围堰要求防水严密，应尽量采取措施防止或减少渗漏，以减轻排水工作。对围堰外围边坡的冲刷和筑围堰后引起河床的冲刷均应有防护措施。

（二）常用围堰形式

1. 土围堰

水深 2 m 以内、水流流速 0.3 m/s 以内，河床土质渗水较小时，可筑土围堰。

土围堰的断面一般为梯形（见图 9-1-7），堰顶宽度不应小于 1.5 m，当采用机械挖基时，应视机械的种类确定，但不宜小于 3 m。堰外边坡迎水流冲刷的一侧，边坡坡度不陡于 1：2（宜为 1：2 ~ 1：3），背水冲刷的一侧的边坡坡度不陡于 1：1（宜在 1：2 之内），堰内边坡宜为 1：1 ~ 1：1.5，内坡脚与基坑的距离根据河床土质及基坑开挖深度而定，但不得小于 1 m。

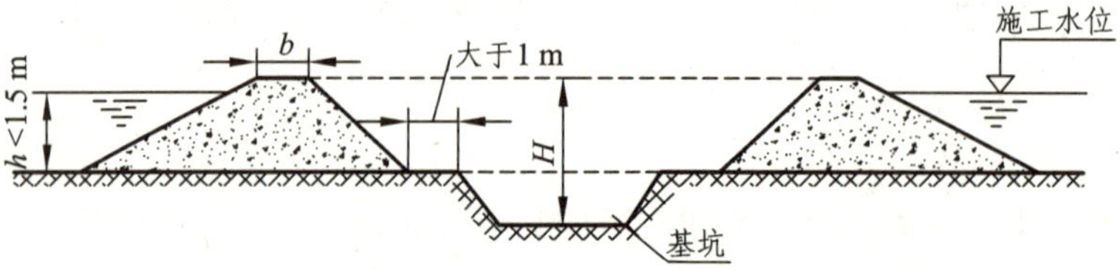

图 9-1-7　土围堰

筑堰材料宜用黏性土或砂夹黏土。填出水面之后应进行夯实。填土应自上游开始至下游合龙。

在筑堰之前，必须将堰底下河床底的树根、石块及杂物清除干净。

因筑堰引起流速增大而使堰外坡面有受冲刷的危险时，可在外坡面用草皮、柴排、片石、草袋或土工织物等加以防护。

2. 土袋围堰

水深在 3 m 以内，流速在 1.5 m/s 以内，河床土质渗水性较小时，可筑土袋围堰，见图 9-1-8。

土围堰

围堰中心部分可填筑黏土及黏性土芯墙。堰外边坡为 1∶0.5～1∶1，堰内边坡为 1∶0.2～1∶0.5，坡脚与基坑顶边缘的距离、堰顶的宽度、堰底河床处理、堆码方向同土围堰。堆码的土袋的上下层和内外层应相互错缝，尽量堆码密实平整。

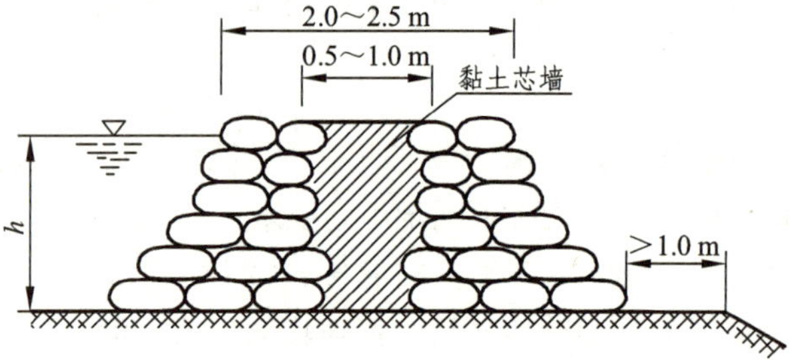

图 9-1-8　土袋围堰

3. 钢板桩围堰

钢板桩本身强度大，防水性能好，打入土层时穿透能力强，不但能穿过砾石、卵石层，也能切入软岩层内，因此钢板桩的适用范围相当广。10～30 m 深的围堰，用钢板桩是适当的。

钢板桩是碾压成型的，断面形式多种多样。我国常用的是德国拉森式槽型钢板桩。钢板桩之间用锁口连接，图 9-1-9 为常见的 3 种锁口形状。锁口既能加强连接，又能防渗，还可做适当的转动以适应弧形围堰的需要。

在施打钢板桩前，应在围堰上下游一定距离及两岸陆地设置经纬仪观测点，用以控制围堰长、短边方向的钢板桩的施打定位。施打前，钢板桩的锁口应用止水材料（黄油、沥青、干锯末、干黏土粉按 1∶1∶1∶0.5 的质量比混合所得）捻缝，以防漏水。插打钢板桩时必须备有可靠的导向设备，以保证钢板桩的垂直沉入。一般先将全部钢板桩逐根或逐组插打到稳定深度，然后依次打入至设计深度。插打的顺序一般为自上游分两头插向下游合龙。

钢板桩顶达到设计高程时的平面位置偏差，在水上打桩时不得大于 20 cm，在陆地打桩时不得大于 10 cm。在插打过程中，应随时检查其平面位置是否正确，桩身是否垂直，发现倾斜应立即纠正或拔起重插。

当水深较大时，常用围囹（以钢或钢木构成的框架）作为钢板桩的定位和支撑（图 9-1-10）。即先在岸上或驳船上拼装围囹，运至墩位定位后，在围囹内插打定位桩，把围囹固定在定位桩上，然后在围囹四周的导框内插打钢板桩。

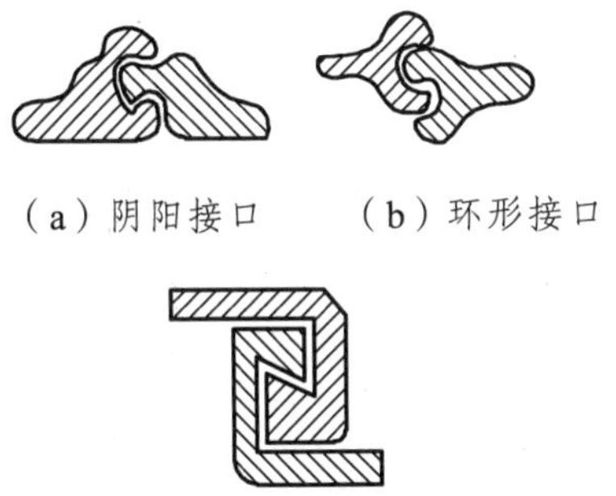

（a）阴阳接口　（b）环形接口

（c）套形接口

图 9-1-9　钢板桩锁口形式

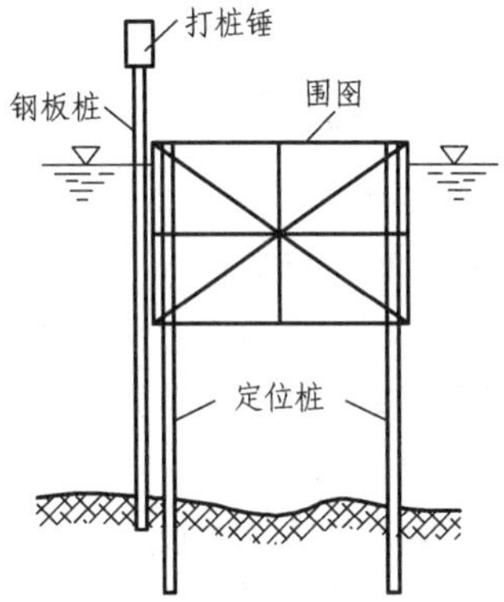

图 9-1-10　钢板桩围堰

桥梁墩台施工完毕后，可将钢板桩拔出。拔桩前，宜向堰内灌水使内外水位持平，从下游侧开始拔，拔桩时宜用射水、锤击等松动措施，并尽可能采用震动拔桩法。拔出来的钢板桩应进行检修涂油，堆码保存。

4. 竹、铅丝笼围堰

竹、铅丝笼围堰适用于流速较大而水深在 1.5 ~ 4 m 的情况，如图 9-1-11。

竹笼用竹片编成长圆形，直径 80 ~ 100 cm，笼长视围堰高度而定，笼内用十字对拉铁丝拉紧，以防竹片变形。缺乏适用的竹片时，也可采用 8 号铅丝编成铅丝笼代替竹笼。笼的构造、形式及尺寸应适应水深、流速、基坑大小及防渗要求可以用单层或双层，单层时在围堰内填土袋，在外侧堆土袋，双层时在两层之间填土，防止渗漏。竹、铅丝笼的宽度为水深的 1.5 ~ 1.8 倍。

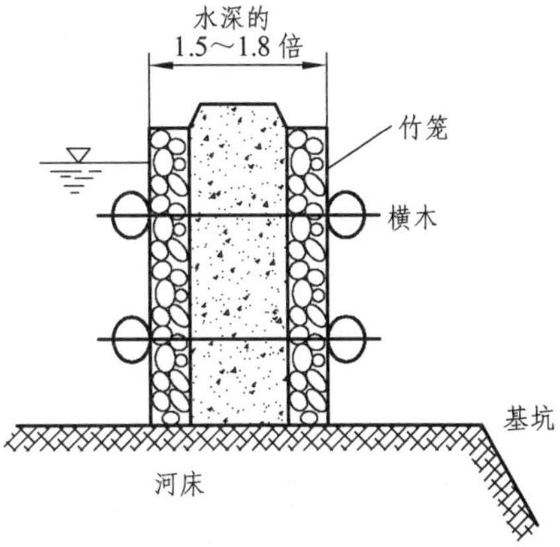

图 9-1-11　竹笼围堰

竹、铅丝笼可用浮运、吊装或滑移就位，就位后填石（装土）下沉，在堰底外围堆土袋，以防堰底渗漏。

此外，对于黏性土、砂类土及碎石类河床，可以采用钢筋混凝土板桩；对于埋置不深的水中基础，可以采用套箱围堰，深水基础施工可采用双壁钢围堰。

钢板桩围堰

四、基坑排水

基坑坑底一般多位于地下水位以下，地下水会经常渗进坑内，因此必须设法把坑内的水排除，以便施工。要排除坑内渗水，首先要估算涌水量，方能选用相当的排水设备。

常用基坑排水方法有以下三种：

1. 集水坑排水法（亦称汇水井排水法）

除严重流砂外，一般情况下均可适用。集水坑（沟）的大小，主要根据渗水量的大小而定，排水沟底宽不小于 0.3 m，纵坡为 1%～5%。如排水时间较长或土质较差时，沟壁可用木板或荆笆支撑防护。集水坑一般设在下游位置，坑深应大于进水笼头高度，并用荆笆、竹篾、编筐或木笼围护，以防止泥砂阻塞吸水笼头。排水设备的能力宜大于总渗水量的 1.5～2.0 倍，如图 9-1-12 所示。

集水坑排水法

2. 井点降水法

井点法降水适用于粉砂、细砂、地下水位较高、有承压水、挖基较深、坑壁不易稳定的土质基坑。在无砂的黏质土中不宜使用。井点类别的选择，宜按照土壤的渗透系数、要求降低地下水位的深度及工程特点等，选择适宜的井点降水法和所需设备。各种井点法的适用范围参见表 9-1-2。井点法排水示意图见图 9-1-13。

应尽可能将过滤管埋设在透水性较好的土层中。应在水位降低的范围内，设置水位观测孔；对整个井点系统应加强维修和检查，以保证不间断地进行抽水；还应考虑到水位降低区域构筑物受其影响而可能产生的沉降。为此要做好沉降观测，必要时应采取防护措施。

井点降水法因需要设备较多，施工布置较复杂，费用较大，应进行技术经济比较后采用。

表 9-1-2 各种井点法的适用范围

井点类别	土壤渗透系数/（m/d）	降低水位深度/m	井点类别	土壤渗透系数/（m/d）	降低水位深度/m
一级轻型井点法	0.1～80	3～6	电渗井点法	<0.1	5～6
二级轻型井点法	0.1～80	6～9	管井井点法	20～200	3～5
喷射井点法	0.1～50	8～20	深井泵法	10～80	>15
射流泵井点法	0.1～50	<10			

注：① 降低土层中地下水位时，应将滤水管埋设于透水性较大的土层中；
② 井点管的下端滤水长度应考虑渗水土层的厚度，但不得小于 1 m。

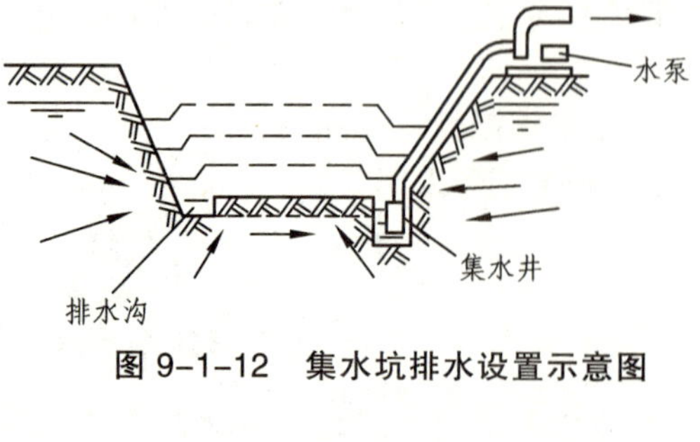

图 9-1-12 集水坑排水设置示意图

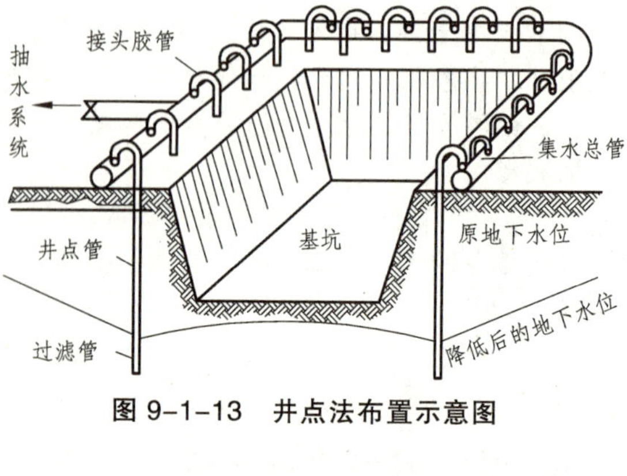

图 9-1-13 井点法布置示意图

3. 帷幕法排水

帷幕法是在基坑边线外设置一圈隔水幕，用以隔断水源，减少渗流水量。方法有深层搅拌桩隔水墙、压力注浆、高压喷射注浆、冻结帷幕法等。

五、地基处理与检验

（一）地基处理

明挖基础是直接靠地基土来承担荷载的，故地基土状态的好坏，对基础及墩台、上部结构的影响极大，不能仅检查其名称与容许承载力大小，还应为地基土更有效地承担荷载创造条件，因此要进行基底处理工作。地基处理的范围应至少宽出基础 0.5 m。基底处理方法视基底土质而异，表 9-1-3 汇总了一般的处理方法，可供参考。

表 9-1-3　地基处理方法

基底地质	处理办法
岩层	① 未风化的岩层基底，应清除岩面碎石、石块、淤泥、苔藓等； ② 风化的岩层基底，开挖基坑尺寸要少留或不留富余量，浇筑基础圬工时，同时将坑底填满，封闭岩层； ③ 岩层倾斜时，应将岩面凿平或凿成台阶，使承重面与重力线垂直，以免滑动； ④ 砌筑前，岩层表面用水冲洗干净
碎石及砂类土壤	承重面应修理平整夯实，砌筑前铺一层 2 cm 厚的浓稠水泥砂浆
黏土层	① 铲平坑底时，不能扰动土壤天然结构，不得用土回填； ② 必要时，加砌一层 10 cm 厚的夯填碎石，碎石面不得高出基底设计高程； ③ 基坑挖完处理后，应在最短期间砌筑基础，防止暴露过久土质变差
湿陷性黄土	① 基底必须有防水措施； ② 根据土质条件，使用重锤夯实、换填、挤密桩等措施进行加固，改善土层性质； ③ 基础回填不得使用砂、砾石等透水土壤，应用原土加夯封闭
软土层	① 基底软土小于 2 m 时，可将软土层全部挖除，换以中、粗砂、砾石、碎石等力学性质较好的填料，分层夯实； ② 软土层深度较大时，应布置砂桩（或砂井）穿过软土层，上层铺砂垫层
冻土层	① 冻土基础开挖宜用天然或人工冻结法施工，并应保持基底冻层不融化； ② 基底设计高程以下，铺设一层 10～30 cm 粗砂或 10 cm 的贫混凝土垫层作为隔热层
溶洞	① 暴露的溶洞应用浆砌片石、混凝土填充，或填砂、砾石后，压水泥浆充实加固； ② 检查有无隐蔽溶洞，在一定深度内钻孔检查； ③ 有较深的溶沟时，也可用钢筋混凝土盖板或梁跨越，亦可改变跨径避开
泉眼	① 插入钢管，引出泉水使其与圬工隔离，以后用水下混凝土填实； ② 在坑底凿成暗沟，上放盖板，将水引出至基础以外的汇水井中抽出，圬工硬化后，停止抽水

（二）地基检验

基础是隐蔽工程。基坑施工是否符合设计要求，在基础浇筑前应按规定进行检验。检验的目的在于：确定地基的容许承载力大小、基坑位置与高程是否与设计文件相符，以确保基础的强度和稳定性，不致发生滑移等病害。

1. 基底检验的主要内容

检查基底平面位置、尺寸大小，基底高程；检查基底土质均匀性，地基稳定性及承载力等；检查基底处理和排水情况；检查施工日志及有关试验资料，等等。按《客货共线铁路桥涵工程施工技术指南》或《公路桥涵施工技术规范》的要求，应保证基底平面周线位置不小于设计要求，基底高程允许偏差为：土质 ± 50 mm；石质 + 50 mm， − 200 mm。

2. 基底检验的主要方法

基底检验根据桥涵大小、地基土质复杂情况（如溶洞、断层、软弱夹层、易溶岩等）及结构对地基有无特殊要求等，按以下方法进行：

① 小桥涵的地基，一般采用直观或触探方法，必要时进行土质试验；

② 大、中桥和地基土质复杂、结构对地基有特殊要求的地基检验，一般采用触探和钻探（钻深至少 4 m）取样做土工试验，或按设计的特殊要求进行荷载试验；

③ 特大桥按设计要求处理。

六、基础混凝土浇筑

明挖基坑中的基础施工，有的基坑渗漏很小，易于排水施工，有的渗漏严重，不易将水排干。为了方便施工和保证施工质量，应尽可能地使基底处于无水的情况下浇筑基础。

通常的基础施工可分为无水浇筑、排水浇砌及水下灌注三种情况。基础结构物的用料应在挖基完成前准备好，以保证及时浇筑基础，避免基底土质变差。

排水浇砌的施工要点是：禁止带水作业及用混凝土将水赶出模板的灌注方法；基础边缘部分应严密隔水；水下部分圬工必须待水泥砂浆或混凝土终凝后才允许浸水。

水下灌注混凝土一般只有在排水困难时采用。基础圬工的水下灌注分为水下封底和水下直接灌注基础两种。前者封底后仍要排水再砌筑基础，封底只是起封闭渗水的作用，其混凝土只作为地基而不作为基础本身，适用于板桩围堰开挖的基坑。水下混凝土的灌注方法一般采用导管法，将在下一任务介绍。

七、基坑回填

基础混凝土施工完成并达到规定强度后，进行人工回填。回填土必须分层夯实，回填土质必须符合规定要求。

任务 9.2　钻（挖）孔灌注桩施工

桩基础按承受荷载的工作原理不同分为摩擦桩、柱桩。按施工方法不同又可分为钻孔灌注桩、挖孔灌注桩、打入桩等。这里就桩基础的两种常见类型进行详细的介绍。

一、钻孔灌注桩施工

钻孔灌注桩由于其施工速度快，质量稳定，受气候、环境影响小，因而被普遍采用。

钻孔灌注桩的施工程序主要为：施工准备（平整场地、测定桩位、埋设护筒、泥浆制备及制作钢筋骨架等），钻孔，终孔检查及清孔，安放钢筋骨架及导管吊装，灌注水下混凝土。

钻孔灌注桩施工流程如图9-2-1所示。

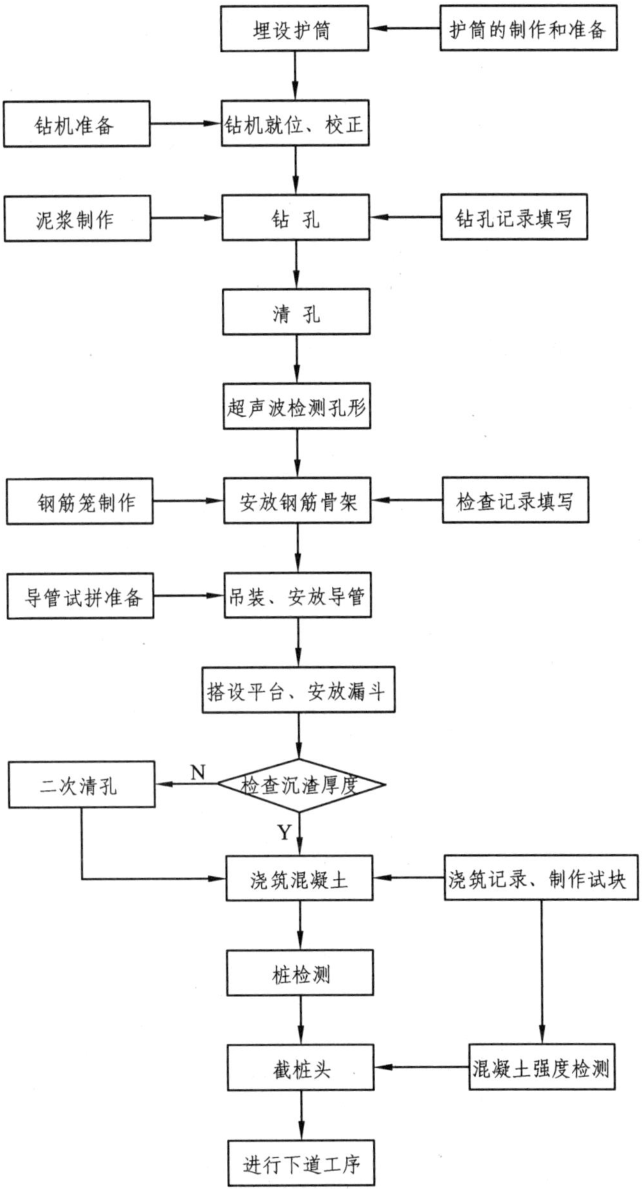

图9-2-1　钻孔灌注桩施工流程图

（一）施工准备工作

为了确保施工顺利进行，应做好施工前的准备工作：

1. 平整场地，测定桩位

施工前先对桥址处的场地进行平整，用全站仪准确放出各桩位中心，用骑马桩固定位置，用水准仪测量地面高程，确定钻孔深度。

2. 埋设护筒

可以采用钢护筒，也可以采用现场预制的钢筋混凝土护筒。在放好样的桩位处，开挖基坑将护筒打入。护筒应坚实，不漏水，护筒内径应比桩径稍大 20 ~ 40 cm。

（1）护筒的作用：

① 固定桩位：护筒的圆心即为钻孔桩的中心。

② 钻头导向：开孔阶段，钻头全靠护筒导向，并限制其活动范围，以免开孔过大或方向不正。

③ 保护孔口：施工中，由于钻机振动，孔口积水或钻头等影响，容易使孔口坍塌，护筒对保护孔口有明显的作用。

④ 防止孔壁坍塌：埋设护筒可以保持钻孔内水位，增加孔内静水压力，有利于防止孔壁坍塌。

（2）护筒埋置规定。护筒顶宜高出施工水位或地下水位 2.0 m，并高出施工地面 0.5 m，其高度尚应满足孔内泥浆面高度的要求。

护筒埋置深度应符合下列规定：

① 在岸滩上，黏性土、粉土不小于 1 m，砂类土不小于 2 m，当表面土层松软时，宜将护筒埋置在较坚硬密实的土层中至少 0.5 m。

② 水中筑岛，护筒宜埋入河床面以下 1.0 m 左右。在水中平台上设置护筒，可根据施工最高水位、流速、冲刷及地质条件等因素确定。必要时打入不透水层。

③ 在岸滩上埋设护筒，应在护筒四周回填黏土，并分层夯实。可用锤击、加压、振动等方法下沉护筒。

在水中平台上下沉护筒，应有足够高度的导向设备，控制护筒位置。

④ 护筒允许偏差：护筒顶面中心与设计桩位偏差不得大于 5 cm，倾斜度不得大于 1%。

3. 制备泥浆

泥浆由水、黏土（或膨润土）和添加剂组成。在砂类土、碎石类土或黏土砂土夹层中钻孔应用泥浆护壁。

开工前应准备数量充足和性能合格的黏土（或膨润土）。调制泥浆时，先将土加水浸透，然后用搅拌机或人工拌制，按不同地层情况严格控制泥浆浓度，正确选用正、反循环转机钻孔。为了回收泥浆原料和减少环境污染，应设置泥浆循环净化系统。

在钻孔桩施工过程中，对沉淀池中沉渣及浇筑混凝土时溢出的废弃泥浆随时清理，严防泥浆溢流，并用汽车弃运至指定地点倾倒，禁止就地弃渣，污染周围环境。

钻进过程中随时捞取钻渣，判断土层性质并检验泥浆指标；根据土层变化情况，采用不同钻速、钻压；适时调整泥浆性能，并始终保持孔内液面高于孔外水位 1.5 ~ 2.0 m；加强护壁，保持孔壁稳定。

在黏性土中钻孔，当塑性指数大于 15，浮渣能力能满足施工要求时，可利用孔内原土造浆护壁。

冲击钻机钻孔，可将黏土加工后投入孔中，利用钻头冲击造浆。

泥浆在钻孔中的作用：

① 固壁作用：泥浆在钻头冲击或挤压下，渗入孔壁四周形成一层泥浆保护层，隔断孔内外水流，防止孔壁受冲刷而坍塌。且泥浆密度大于水，孔内泥浆浆位又高于孔外水位，故在孔内有一向外的压力，也有利于防止孔壁坍塌。

② 浮渣作用：因泥浆密度大，与钻渣混合一起，可使钻渣悬浮起来，便于出渣。

③ 冷却钻头：使钻头保持一定硬度，减少钻头磨损。

4. 钢筋骨架制作

在钻孔之前或者钻孔的同时要制作好钢筋骨架（现场亦称钢筋笼），以便清孔后尽快灌注混凝土，防止塌孔事故发生。

钢筋骨架应按图纸尺寸要求，按吊装和钢筋单根定长确定下料长度，将每根桩的钢筋骨架按设计长度分节并编号，保证相邻节段可在胎架上对应配对绑扎。注意主筋在 50 cm 范围内接头数量不得超过截面主筋根数总数的 50%，加强筋直径要准确。

箍筋要预先调直，布置在主筋外侧，通常采用螺旋筋形式；定位筋应均匀对称地焊接在主筋外侧。下钢筋骨架前应对其进行质量检查，保证钢筋根数、位置、净距、保护层厚度等满足要求。

声测管的安装，除在底节钢筋骨架安装时焊接在钢筋骨架上外，其余各节均预先绑扎在钢筋骨架内。

钢筋骨架吊装时配备专用托架，平板车运至现场，在孔口利用汽车吊吊放。下放前检查钢筋骨架垂直度，确保上、下节钢筋骨架对接时中心线保持一致，主筋对位后采用搭接焊连接。为防止混凝土浇筑过程中钢筋骨架上浮，可在钢筋骨架安装就位后，将其中 4 根加长主筋与钢护筒顶部焊接固定。

（二）钻　孔

1. 一般要求

（1）钻孔就位前，应对钻孔的各项准备工作进行检查，包括场地与钻机坐落处的平整和加固，主要机具的检查与安装。

（2）必须及时填写施工记录表，交接班时应交代钻进情况及下一班应注意事项。

（3）钻机底座和顶端要平稳，在钻进中不应产生位移和沉陷。回转钻机顶部的起吊滑轮缘、转盘中心和桩位中心两者应在同一铅垂线上，偏差不超过 2 cm。

（4）钻孔作业应分班连续进行，经常对钻孔泥浆性能指标进行检验，不符合要求时要及时改正。

（5）群（排）桩钻孔时采用跳桩法施工，即要等到已浇筑钻孔桩的混凝土强度达到 2.5 MPa 以上时，方可对周围邻近桩位进行钻孔。

2. 常用钻孔方法

（1）冲抓钻孔。

冲抓锥是一种最简单的钻孔机械，由三脚立架、钻头、卷扬机 3 部分组成，如图 9-2-2 所示。施工时使三脚立架固定滑轮，绕过滑轮的钢丝绳下端吊着由 3 块钢锥片组成的钻头，钻头张开的最大外围尺寸与桩孔直径相同。钻头对准桩孔中心。放开制动，钻头在自重作用下下落，打入孔内土层中，卷扬机将其向上提升时，通过拉索使钻头合龙，砂土被封闭在锥体内提升至井外。等锥体提升至孔口以上时，工人及时在井口放置一块钢盖板，将手推车或其他运输工具放于其上。打开钻头控制栓，使钻头张开，土体落入运输车中运走。移走钢板，即进行下一轮冲抓作业，如此循环钻进。

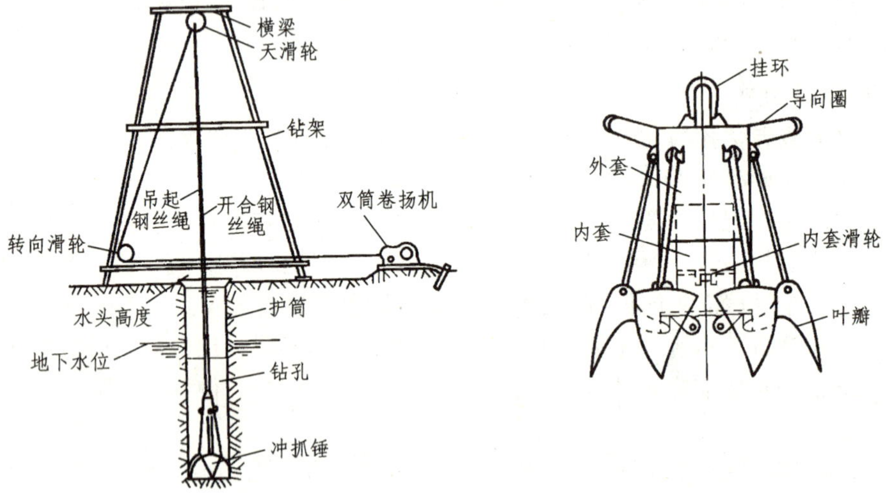

图 9-2-2 冲抓钻孔

该方法的优点是所需机械简单，成本较低；但施工自动化程度低，需人工操作，清运渣土，劳动强度大，施工速度较慢。该方法适用于砂砾石和砂土地层。

注意：应以小冲程稳而准地开孔，待锥具全部进入护筒后，再松锥进行正常冲抓。提锥应缓慢，冲击高度一般为 1.0 ~ 2.5 m。

冲击钻孔

（2）冲击钻孔。

设备由冲击钻头、三脚立架、卷扬机三部分组成，如图 9-2-3 所示。该方法适用于砂砾石和岩石地层。其工作原理是：用卷扬机钢丝绳通过三脚立架上的滑轮将钻头提起，然后放开卷扬机，使钻头自然下落，钻头的冲击作用将砂砾石或岩石砸成碎末、细渣，靠泥浆将其悬浮起来排出孔外。锥体一般为圆柱形，用钢材制成，钻头呈“十”字形，利于破碎岩石。

一般可先用直径 60 ~ 80 cm 的细钻头钻进，然后再用大钻头扩孔至设计孔径。这样既可以保证孔壁稳定，防止塌孔，又可以提高功效。卷扬机可以人工操作，也可以选用自动操作设备，因而该方法节省人力。可以 24 h 连续作业，施工效率较高，在工程中普遍适用。

施工时应注意以小冲程开孔，使初成孔坚实、竖直、圆顺并起向导作用，钻进深度超过钻锥全冲程后才能施行正常冲击。若遇坚硬漂石（卵石）层，可采用中、大冲程，但最大冲程不宜超过 4 ~ 6 m，钻进过程中及时排除钻渣，并添加黏土造浆，防止塌孔和沉积，使钻锥经常冲击新鲜地层。冲击表面不平整的漂石、硬岩时，应先投入黏土夹小片石，将表面垫平后再钻进，防止出现偏孔、斜孔。

（3）旋转钻孔。

① 正循环钻孔。正循环成孔时，泥浆及渣土自孔口溢出，依靠重力流入沉淀池；也可借助泥浆泵，将就近池内的泥浆泵送至更远的沉淀池内。重新稀释后的泥浆再注入孔内，以维

持孔内泥浆面的高程。即用钻头旋转切削土体钻进，泥浆泵将泥浆压进钻杆顶部泥浆笼头，通过钻杆中心从钻头喷入钻孔内，泥浆携带钻渣沿钻孔上升，如图 9-2-4 所示。

该方法适用于淤泥、黏性土、砂土以及砾石（卵石）粒径小于 10 cm，含量少于 20% 的碎石土。其优点是钻进与排渣同时连续进行，在适合的土层中钻进速度较快，但需设置泥浆槽、沉淀池等，施工占地较多且机具设备较复杂。

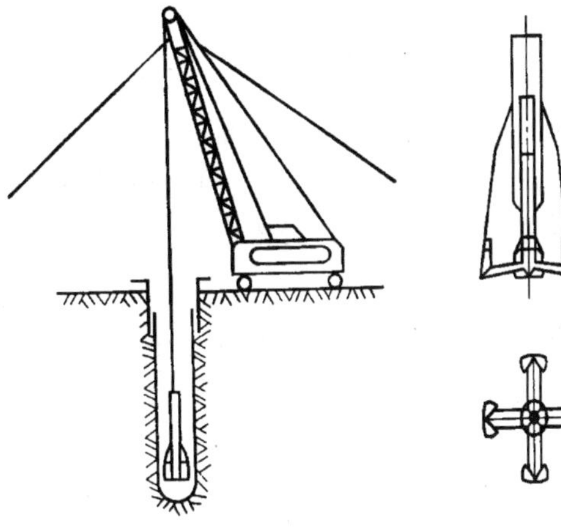

图 9-2-3　冲击钻孔

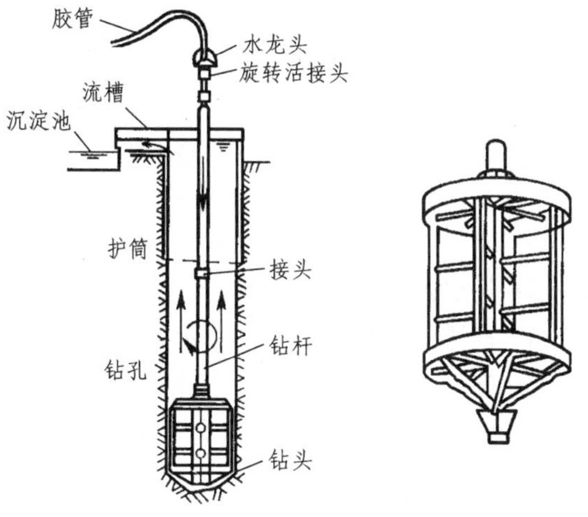

图 9-2-4　正循环钻机钻孔

② 反循环钻孔。泥浆从孔壁与钻杆间的孔隙注入，带渣土的泥浆由泵经钻杆排出孔外，直至沉淀池，废浆经处理后，重新注入孔内使用，如图 9-2-5 所示。即与正循环法不同，泥浆输入钻孔内，然后从钻头的钻杆下口吸进，通过钻杆中心排出至沉淀池内。该方法适用于黏性土、砂土以及砾卵石粒径小于钻杆内径 2/3，含量少于 20% 的碎石土或软岩。其钻进与排渣效率较高，但接长钻杆时装卸麻烦，钻渣容易堵塞管路。另外，因泥浆是从下向上流动，孔壁坍塌的可能性较正循环法大，为此需用较高质量的泥浆。

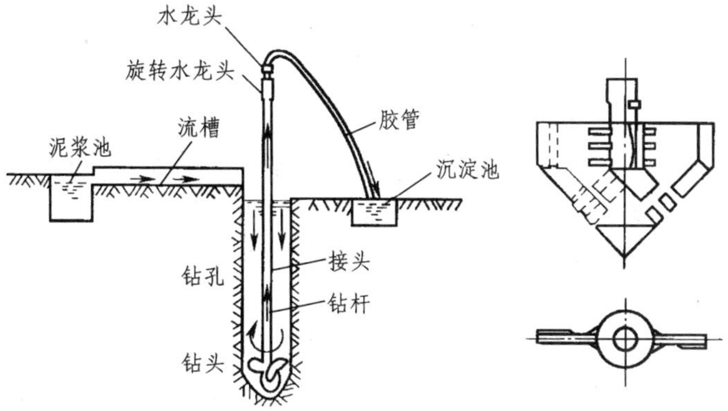

图 9-2-5　反循环钻机钻孔

采用正反循环回转法或其他方法钻孔时，均应设置泥浆循环净化使用系统。

（三）清　孔

当钻孔深度达到设计要求时，应立即用探孔器和测绳对孔径、孔形、孔深和孔底沉渣量进行检查，确认满足设计要求后，报请监理工程师批准，监理工程师认可后，立即进行清孔。在清孔的同时，将附着于护筒壁的泥浆清洗干净。

常用的清孔方法包括掏渣清孔法、吸泥清孔法、换浆清孔法等几种。

（1）抽渣法（掏渣法）。用抽渣筒抽掏孔底沉渣，边抽边加水，保持一定的水头高度。抽渣后，用一根水管插到孔底注水，使水流从孔口溢出。在溢水过程中，孔内的泥浆相对密度逐渐降低，达到所要求的标准后停止。此法适用于冲抓、冲击成孔的各类土质摩擦桩的初步清孔。

（2）吸泥法。吸泥法清孔用吸泥机或简易吸泥机进行，清孔时由风管将高压空气输进排泥管，使泥浆形成密度较小的泥浆空气混合物，在水柱压力下沿排泥管向外排出泥浆和孔底沉渣，同时向孔内注水，保持孔内水位不变，直至喷出的泥浆指标符合规定时为止。此法适用于不易坍塌的柱桩和摩擦桩清孔。

（3）换浆法。正循环旋转钻孔在终孔后，停止进尺，保持泥浆正常循环，以中速压入符合规定标准的泥浆，把孔内相对密度大的泥浆换出，使含砂率逐步减少，最后换成纯净的稠泥浆，这种泥浆短时间不会沉淀，使孔底沉淀层在允许范围内。

（四）钢筋骨架加工与吊放

1. 钢筋骨架

钢筋骨架由主筋、加强筋、螺旋箍筋、定位筋 4 部分组成。其构造应满足设计要求，经检查合格后，用吊车吊起垂直放入孔内，相邻节端应焊接牢靠，定位准确。下到设计位置后应在顶部采取相应措施反压并固定其位置，防止在混凝土灌注过程中产生上浮。

2. 导　管

导管是灌注水下混凝土的重要工具，一般选用刚性导管。刚性导管用钢管制成，内径一般为 20 ~ 35 cm，用端头法兰盘螺栓连接，接头间夹有橡胶垫防止泌水。导管上口一般设置储料槽和漏斗，导管使用前应进行必要的水密承压和接头抗拉等试验。吊装前应进行试拼，接口连接应严密、牢固。吊装时，导管应位于井孔中央，并在混凝土灌注前进行升降试验。

（五）水下混凝土灌注

灌注混凝土之前，应先探测孔底泥浆沉淀厚度。如果大于规定，要再次清孔，但应注意孔壁的稳定，防止塌孔。运至桩位的混凝土应检查均匀性和坍落度，如不符合要求，应进行第二次拌和，二次拌和仍达不到要求时不能使用。

1. 首批灌注混凝土的一般要求（见图 9-2-6）

（1）导管下口至孔底的距离一般为 25 ~ 40 cm；

（2）导管埋入混凝土中的深度不宜小于 1 m，并不宜大于 3 m。首批灌注混凝土的数量应能满足导管初次埋置深度（≥1.0 m）和填充导管底部间隙的需要，并按下式进行计算

$$V \geqslant \pi d^2 h_1/4 + \pi D^2 H_c/4 \qquad (9\text{-}2\text{-}1)$$

式中　V—— 首批混凝土所需数量（m^3）；

h_1—— 井孔混凝土高度达到 H_c 时，导管内混凝土柱需要的高度（m），$h_1 \geqslant H_w \gamma_w / \gamma_c$；

H_c—— 灌注首批混凝土所需井孔内混凝土面至孔底的高度（m），$H_c = h_2 + h_3$；

D—— 井孔直径（m）；

d—— 导管内径（m）；

其中　H_w—— 井孔内混凝土面以上水或泥浆深度（m）；

γ_w—— 井孔内水或泥浆的重度（kN/m^3）；

γ_c—— 混凝土拌和物的重度（kN/m^3）；

h_2—— 导管初次埋置深度，$h_2 \geqslant 1.0$ m；

h_3—— 导管底端至钻孔底间隙，约为 0.4 m。

2. 灌注方法

当钢筋骨架就位，导管下至设计深度，首批混凝土已拌和完毕运送至桩位处时，即可开始灌注混凝土（俗称灌桩），如图 9-2-7 所示。

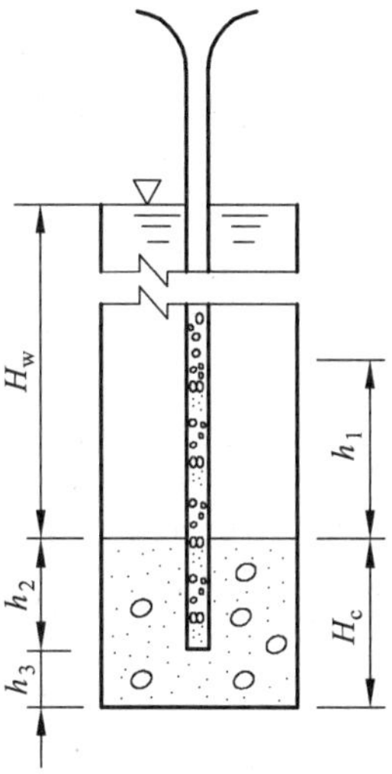

图 9-2-6　首批混凝土的数量计算图示

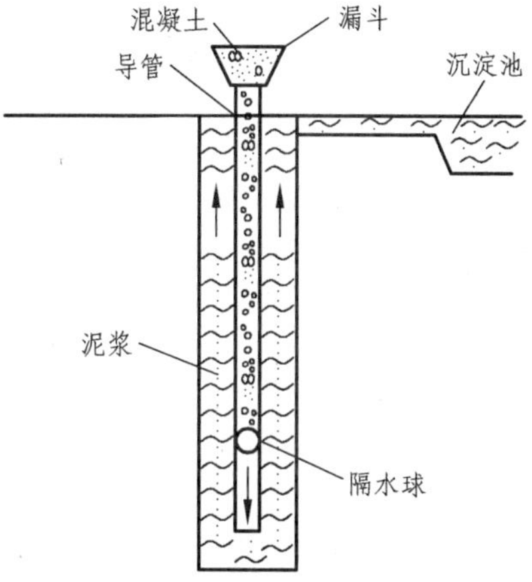

图 9-2-7　水下混凝土灌注

首批灌注时应在导管漏斗底口处设置可靠的防水设施（一般放置一个直径与管内孔完全吻合的木球）。混凝土倒入漏斗，压住木球向下运动，导管中水从管底压出，从井口逐渐排向井外，混凝土靠自重和向下冲力压至孔底。随着混凝土不断灌入，孔内混凝土面逐渐升高，井内积水不断上升，直至混凝土灌满全孔，水全部被排出。

3. 注意事项

（1）首批灌注混凝土的初凝时间不得早于灌注桩全部混凝土灌注完成时间，必要时要加入缓凝剂，每灌一段时间，就要及时抽拔导管，且导管埋入混凝土中的深度不能大于 6 m，但也不能小于 2 m，要根据混凝土的灌入量计算灌注高度，从而确定提升导管时间。导管提升太快，若超过已灌混凝土表面，就会形成断桩；若抽拔不及时，埋入过深，则有可能因为混凝土初凝，使导管不能拔除，造成工程事故。因此必须严格控制导管提升时间。

（2）灌注开始后，必须连续进行，无论白天黑夜、刮风下雨都必须连续作业，提升拆除导管的时间要尽可能缩短。在灌注过程中，应将井孔内溢出的泥浆引流至适当位置，防止污染环境及河流。

（3）灌注的桩顶高程应比设计高程高出 0.5 ~ 1.0 m，目的是将孔内泥浆全部排除，待开挖基坑浇筑承台时凿除（俗称破桩头），保证桩体成桩质量。

（4）混凝土灌完后要拔除护筒，处于地面及桩顶以下的井口整体式刚性护筒，应在灌注完混凝土后立即拆除；处于地面以上，能拆卸的护筒，须待混凝土抗压强度达到 5 MPa 后才能拆除。

（六）事故处理

由于地质构造的复杂性和施工期间各种因素的影响，钻孔事故常发生。及时确认事故类型，采取补救措施，才能减少损失，保证质量。

1. 塌　孔

遇钻孔坍塌时，应仔细分析，查明原因和位置，然后再进行处理。

塌孔不严重时，可回填至塌孔位置以上，采取改善泥浆性能、加高水头、埋深护筒等措施继续钻进。

若塌孔严重，应立即将钻孔全部用砂或小砾石夹黏土回填，暂停一段时间使其性能稳定后，再采取相应措施（加大泥浆浓度快速钻进等）重钻。

2. 孔身偏斜、弯曲

一般可在偏斜处吊挂钻锥反复扫孔，使钻孔正直。偏斜严重时应回填黏性土到偏斜处，待沉淀密实后再重钻。

3. 扩孔、缩孔

孔径较大称为扩孔，孔径过小称为缩孔。遇此情况要采取防止塌孔和防止钻锥摆动过大的措施。缩孔是钻锥磨损过大焊补不及时或因地层中有遇水膨胀的软土、黏土泥岩造成的。前者应及时补焊钻锥，后者则应选用失水率小的优质泥浆护壁。

4. 钻孔漏浆

若发现护筒内水头不能保持，水位下降，证明有漏浆现象。宜采用将护筒周围填土筑实，增加护筒埋置深度，适当减小水头高度或采取加稠泥浆，加入黏土慢速转动等措施。用冲击法钻孔时，还可填入片石、碎卵石土，反复冲击以增强护壁。

5. 梅花孔或十字槽孔

多见于冲击钻孔，因钻锥的转向装置失灵，泥浆太稠，钻锥旋转阻力过大或冲程太小，钻锥来不及旋转而形成的。应采用片石或卵石与黏土的混合物回填钻孔，重新冲击钻进。

6. 糊钻、埋钻

常出现于正反循环回转钻进和冲击钻进中，遇此情况应对泥浆稠度、钻渣进出口、钻杆内径大小、排渣设备进行检查计算，并控制适当进尺。若已严重糊钻，应停钻提出钻锥，清除钻渣。遇到塌方或其他原因造成埋钻时，应使用空气吸泥机吸走埋钻的泥砂，提出钻锥。

7. 卡　钻

常发生在冲击钻孔时。卡钻后不能强提，只宜轻提，轻提不动时，可以用小冲击锥或用冲、吸的方法将钻锥周围的钻渣松动后再提出。

掉钻或落物时，宜迅速用打捞叉、钩、绳套等工具打捞，若落体已被泥砂埋住，应先清除泥砂，使打捞工具接触落体后再进行打捞。应特别注意的是，在任何情况下，严禁施工人员进入没有护筒或其他防护设施的钻孔中处理故障。当人员必须下入护筒或其他防护设施的钻孔时，应检查孔内有无有害气体，并备齐防毒、防溺、防塌埋等安全设施后，才能行动。

二、挖孔灌注桩施工

挖孔灌注桩多用人工开挖和小型爆破、配合小型机具成孔，采用与钻孔灌注桩相同的方法灌注混凝土，形成桩基。适用于无水或极少水的较密实的各类土层，桩径不小于 1.2 m，孔深不宜大于 15 m。

其特点是设备投入少、成本低，成孔后可直观检查孔内土质状况，基桩质量有可靠保证，缺点是施工速度较慢。

位于无水地层的桩基，埋好护筒后，可人工直接开挖，遇岩石采用浅层小药量电雷管爆破，人工清渣掘进，用辘轳将渣石吊运出井，手推车运送弃渣。位于有水地基时要边开挖边用水泵排水。

在过深的井孔中作业时，要用鼓风机通过传风管向孔底吹入新鲜空气，保障施工安全。在孔壁可能坍塌、有渗水的情况下，应及时增加护壁。

护壁方法有安装木框架、竹篱、柳条、荆笆、预制混凝土井圈或钢井圈支护、现浇或喷射混凝土护壁等，应根据实际情况慎重选用。

夜间停工时，要在井口设置标志或覆盖物，防止人员不慎坠入。无水空气中灌注的桩，如为摩擦桩，应在灌注过程中逐步由下至上拆除支护；井中有水时，要采用水中灌桩法先向孔中灌水，至少与地下水位相同，用导管灌注混凝土。随着灌注混凝土升高，孔内水位上升时逐层拆除支护。当为柱桩时，混凝土护壁可以不拆除。

三、基桩的检验

桩基础属隐蔽工程，对其质量检验标准必须严格掌握。

钻（挖）孔桩在终孔和清孔后应使用仪具对成孔的孔位、孔深、孔形、孔径、竖直度、泥浆相对密度、孔底沉淀厚度、有否缩孔、坍塌等进行检验，应满足各项技术指标。

钻孔桩水下混凝土的质量应符合以下要求：

（1）强度不低于设计强度。除用预留试块做抗压强度外，还应凿平桩头，并取桩头试块做抗压试验。

（2）桩身混凝土不能有断层或夹层。应仔细检查分析混凝土记录，并用无破损方法检验桩身，对质量可疑的桩，要钻芯取样进行试验。

（3）桩头凿除预留部分时，不能有残余松散层和薄弱混凝土层。嵌入承台或盖梁内的桩头及锚固钢筋长度要符合规范要求。

任务 9.3　承台施工

一、承台施工工艺

承台施工

1. 施工程序

基坑支护→基坑开挖→凿除桩头→打混凝土垫层→绑扎钢筋→支立模板→浇筑混凝土→养生→基坑回填。其施工工艺流程如图 9-3-1 所示。

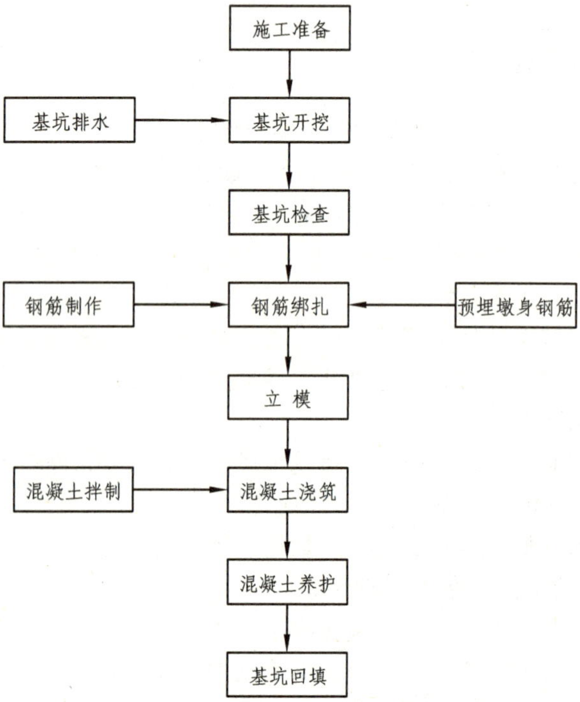

图 9-3-1　承台施工工艺流程

2. 放线、准备工作

（1）承台施工前应进行钻孔桩位置、高程等的复测，由监理工程师签认后，方可进行承台的施工。

（2）复核基坑中心线、方向、高程，按地质水文资料结合现场情况，决定开挖坡度和支挡方案。如承台埋深较大，可根据实际情况提高坡度，并制定支挡措施，做好地面防排水工作。

3. 支　护

承台开挖必须要有可靠的基坑支护措施，并且有安全防护和降水措施。

4. 基坑开挖与排水

（1）基坑开挖。

常用挖掘机开挖，人工配合，并加强坑内的排水。挖掘时注意抽水，挖至距承台底设计高程约 30 cm 厚的最后一层土，采用人工挖除修整，以保证土结构不受破坏。

在开挖过程中根据拟定基坑支护措施，边开挖，边进行支护，并随时观察地下水和边坡情况，及时采取加固和应急措施。防止泡槽和边坡坍塌。

（2）基坑排水。

一般采用汇水井排水，在基坑内承台范围外低处挖汇水井，并在周围挖边沟，使其低于基坑底面 30～40 cm。汇水井井壁要加以支护，井底铺一层粗砂，抽水采用抽水机。抽水时需有专人负责汇水井的清理工作。当承台底面位于细砂土层时，可采用井点法降低地下水位，在基坑周围一定距离处打入或沉入井管，周围填以砂石作过滤层，上用黏土填封，地面上通过总管与抽吸设备相连。井点降水时应注意开始后不宜中途停止，否则易造成过滤管堵塞。

5. 桩头处理、桩基检测

钻孔桩采用人工凿除桩头，先由人工将桩头上的钢筋凿出，并沿桩顶设计高程凿出一个槽子，再用风镐将桩头除去。凿除桩头后将破除杂物全部清除，对基坑底面进行平整。随即进行桩基检测，合格后方可进行下道工序施工，若不合格，应立即上报，及时采取措施处理。

6. 验槽、浇混凝土垫层

检查桩顶高程和预留钢筋能否满足设计要求；检查基坑的开挖尺寸、基底高程是否符合要求，即验槽。根据控制桩定出承台垫层边线，并支立模板。基坑验收合格后，浇筑承台混凝土垫层。

7. 绑扎钢筋、立模板

（1）钢筋加工和绑扎。钢筋加工应严格按照施工图纸和规范要求进行。特别注意预埋钢筋的位置及加固，防止浇筑混凝土时移位。底部设置的钢筋网，在越过桩顶处不得截断。

承台钢筋绑扎时，应调整好其主筋与钻孔桩主筋的位置，在钢筋外侧绑扎与混凝土同级别的砂浆垫块，以确保保护层厚度满足要求。钢筋绑扎按顺序进行，从下而上，从内向外，逐根安装到位，避免混乱。若采用点焊固定时，不得烧伤主筋。安装成型的钢筋应做到整体性好，尺寸、位置、高程符合验收标准。同时还应避免混凝土施工过程中踩踏钢筋。

（2）立模板。承台模板常采用竹胶板和定型钢模板两种形式。机械配合人工安装，并加固牢固。

8. 混凝土浇筑

混凝土采用搅拌站集中拌和，混凝土输送车运输，用滑槽、串筒送混凝土至灌筑部位。

为确保施工质量，采用斜向水平推进法或分层浇筑法施工。从承台一侧按等宽搭设滑槽，混凝土自由下落高度不得超过 2 m，保持水平分层，且分层厚度不超过 30 cm。

采用插入式振捣棒振捣，应插入下层混凝土 8 cm 左右，插入间隔小于其 1.5 倍作用半径，不得漏振和重振。每一层应边振动边逐渐提高振捣棒，并避免碰撞模板。

浇筑过程中，应设专人负责检查支架、模板及钢筋和墩柱预埋钢筋的稳定情况，发现问题，立即处理。

浇至设计高程后，振捣时观察到混凝土不再下沉，表面泛浆、水平、有光泽，即可缓慢抽出振捣棒，以防止混凝土内产生空洞。

9. 拆模和养生

混凝土浇筑完成后，对承台顶面进行修整。抹平定浆后，再一次收面压光（墩位处应拉毛），表面用草袋覆盖，进行养护。

当混凝土达到拆模强度要求后方可拆模。

10. 基坑土方回填、拆除支护设施

承台施工完毕，模板拆除后，采用原土及时、对称、分部回填基坑，用冲击夯实机械进行分层夯实。

回填完成后，当基坑周围有钢板桩时，采用拔桩机将钢板桩拔出。为避免对周围土层产生扰动，应严格控制拔桩速度，严禁将土层带出，拔出一根立即用素土回填桩孔，夯实后再拔下一根钢板桩。

11. 沉降观测

承台施工完成后，设沉降观测点观测承台的初始高程，然后随着施工进程，观测不同施工阶段、不同加载条件下承台的沉降，并做好详细记录。

二、钢板桩围堰施工

钢围堰主要有钢套箱围堰、钢板桩围堰、钢管桩围堰等几种。钢套箱围堰主要用于深水基础施工，防水效果比较好，但其施工周期较长。钢管桩围堰的自身强度较高，可以节省围堰内支撑，但其防水性能较差，合龙对接不易，施工难度大，完工后钢管桩不容易拔除。而钢板桩的防水效果好，施工简单，拔桩容易，施工周期短。

下面介绍某桥钢板桩围堰的施工方法。

钢板桩为拉森Ⅳ型，单根长度 12 m，采用长度为 24 m，双根拼接。定位桩采用 2 工 40a 型钢。围堰为圆形，围堰结构形式见图 9-3-2。

1. 钢板桩整理、接长

钢板桩首先在加工场内整理、校正、接长，使其截面尺寸和垂直度满足要求。由于该桥钢板桩定尺为 12 m，接长时，除断面全焊接外，按等强度原则贴焊钢板进行加强。

2. 钢板桩插打

钢板桩插打之前，首先插打围堰定位框 I40a，使其分布于钢板桩围堰内侧，然后于定位桩外围焊接导围框（[20a 制作），保证钢板桩围堰的平面位置和垂直度，如图 9-3-3 所示。

施工注意事项：

（1）导向桩打好之后，以槽钢焊接牢固，确保导向桩不晃动，以便打桩时提高精确度。

（2）板桩插打，钢板桩起吊后人力将桩插入锁口，动作缓慢，防止损坏锁口，插入后可稍松吊绳，使桩凭自重滑入。

（3）钢板桩振动插打到设计高程以上 40 cm 时，小心施工，防止超深发生。

（4）封口时，精确计算异形钢板桩的尺寸，确保止水质量。

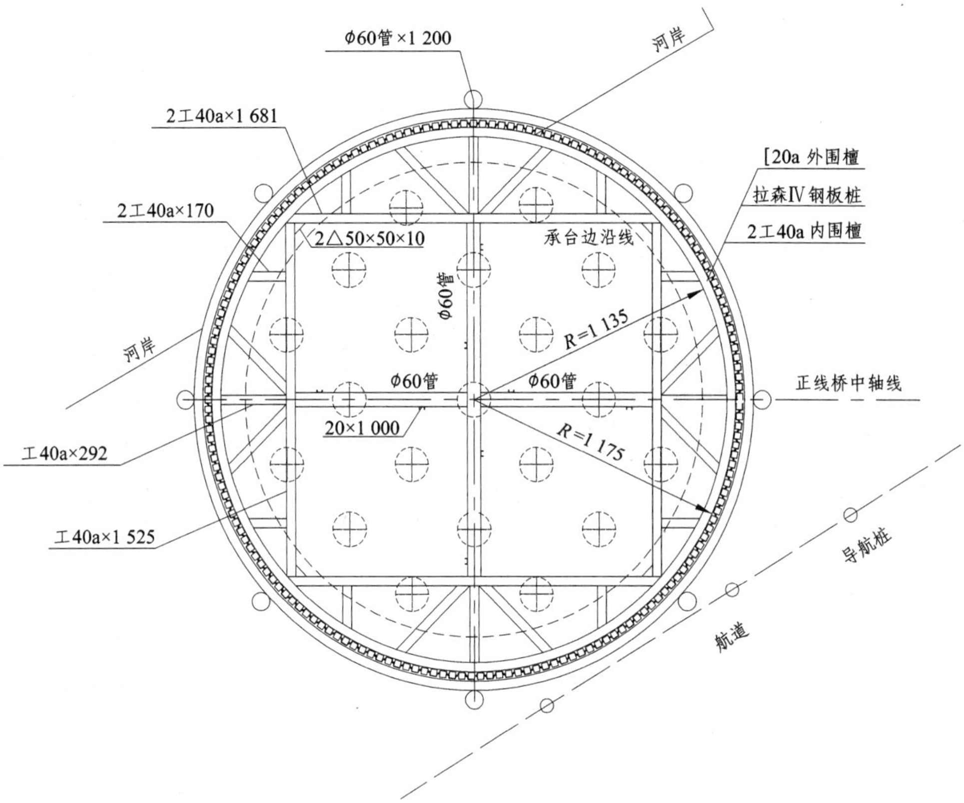

图 9-3-2　某钢板桩围堰结构形式

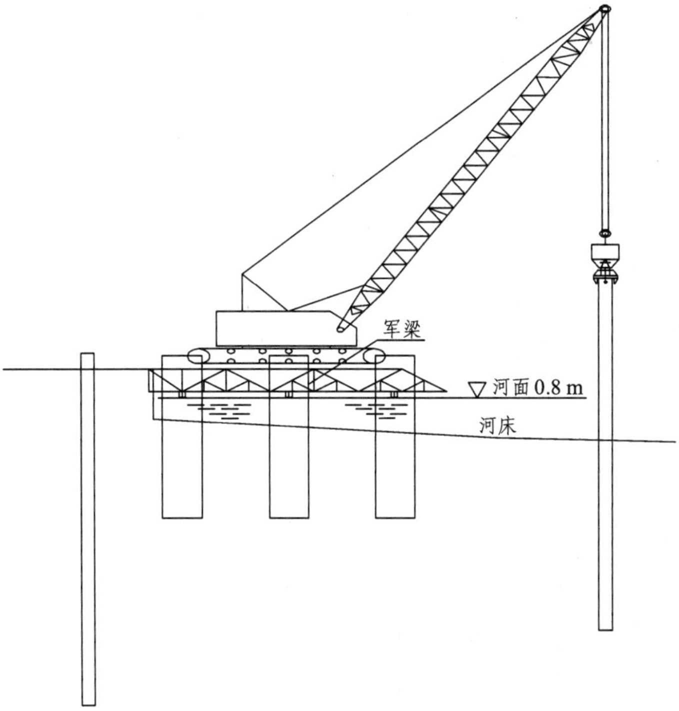

图 9-3-3　钢板桩插打示意图

3. 围堰抽水与支撑

钢板桩围堰封闭后进行抽水，抽水过程中应严格控制抽水速度和抽水高度，并在围堰顶端设置一道安全支撑。

当抽水达到预定的深度后，应及时加支撑防护。钢板桩全部牢固焊接到导向槽钢上。内部利用型钢做成骨架进行支撑，以保证安全，考虑到有 1.5 m 厚封底混凝土，故内部支撑共分 4 层，以确保钢板桩围堰的稳定性。两端采用双拼 I36 工字钢做成斜撑。

4. 清　淤

在抽水及进行内部支撑的过程中用泥浆泵配合高压射水将围堰内的淤泥清除，清除过程中同时使用抽水机对围堰内进行清淤补水，保证内外水头差不大于 50 cm，以保证围堰安全。

清淤时及时测量坑底高程，如达到设计底高程，停止高压射水。如果抽水后发现清淤不到位，用人工清除剩余淤泥。

5. 混凝土封底浇筑

由于采用水下封底可能造成钢板桩无法拔出，所以采用先抽水、支撑，后封底。当清淤达到要求后，即可按常规进行干封底施工。封底时在钢板桩围堰内侧支模，封底混凝土强度等级采用 C20，厚度计算校核后方可实施。

6. 防渗与堵漏

钢板桩打入之前一般应在锁口内涂以黄油、锯末等混合物。当锁口不紧密漏水时，用棉絮等在内侧嵌塞，外侧包裹一层防水彩条布，起到防水和减小水压力的双重效果。抽水时同时在外侧水中漏缝处撒大量木屑或谷糠和炉渣的混合物，使其由水夹带至漏水处自行堵塞。在桩脚漏水处，采用局部混凝土封底等措施，若漏水严重，堵漏困难时，在钢板桩外侧补打木桩围堰，木桩围堰内侧铺设彩条布，在彩条布与钢板桩围堰间填筑黏土进行封堵。

【项目训练】

9.1　明挖基础施工的基本流程是什么？

9.2　陆地基坑开挖的基本方式有哪些？

9.3　围堰的作用是什么？基本要求有哪些？

9.4　常用围堰形式有哪些？各种围堰的适用条件？

9.5　常用基坑排水方法有哪些？

9.6　钻孔灌注桩施工的基本程序是什么？

9.7　护筒的作用有哪些？

9.8　泥浆在钻孔中的作用有哪些？

9.9　常用钻孔方法有哪些？

9.10　水下混凝土灌注注意事项有哪些？

9.11　钻孔常见事故及处理方法有哪些？

9.12　承台施工工艺的基本流程是什么？

项目 10　桥梁墩台施工

【项目描述】

墩台施工在桥梁施工中占有重要的比例，因其伴有高空作业，所用材料和设备较多，有时会成为控制工期的关键工程。

桥梁墩台施工方法有两大类：一类是就地灌注混凝土墩台和砌石墩台（或混凝土块墩台），该方法工序简便，机具较少，技术操作难度较小，但是施工期限较长，需耗费较多的人力物力；另一类是预制杆件拼装式墩台。

混凝土灌注墩台应用最广泛。

近年来，随着施工机械（如起重机械、混凝土泵送机械及运输机械）的发展，采用预制装配构件建造桥梁墩台的施工方法有新的进展。其特点是不仅可以保证施工质量，减轻工人劳动强度，又可加快工程进度，提高工程效益，对施工场地狭窄，尤其对缺少砂石地区或干旱缺水地区等建造墩台更有重要意义。

【学习目标】

（1）能掌握普通混凝土墩台的施工技术；

（2）能掌握高墩台的施工技术；

（3）能掌握桥面及附属工程施工技术。

任务 10.1　混凝土墩台施工

就地浇筑的混凝土墩台施工有两个主要工序：一是制作与安装墩台模板；二是浇筑混凝土。

一、墩台模板

模板一般用木材、钢料或其他符合设计要求的材料制成。木模重量轻，便于加工成结构物所需要的尺寸和形状，但装拆时易损坏，重复使用次数少。对于大量或定形的混凝土结构物，则多采用钢模板。钢模板造价较高，但可重复多次使用，且拼装拆卸方便。

常用的模板类型有固定式模板、拼装式模板、组合钢模板、整体吊装模板及滑升模板等。

1. 固定式模板

固定式模板也称零拼模板，它是采用预先在场地制备好的模板构件，到工地就地安装而成的。模板由紧贴混凝土的面板（壳板）、支承面板的肋木、立柱、拉杆、铁件等组成，如图 10-1-1 所示。

固定式模板安装时，先拼骨架（见图 10-1-2），后钉壳板。

具体做法是先将立柱安装在承台顶部的枕梁（底肋木）上，肋木固定在立柱上，在立柱两端用钢拉条拉紧并加强连接（可临时加横撑和斜撑），形成骨架。若桥墩较高，应加设斜撑、横撑和抗风拉索等（见图 10-1-3）。

模板骨架拼成后，即可将面板钉在肋木上。为防止面板翘曲，每块面板宽度最好不超过 200 mm，厚度为 30 ~ 50 mm。与混凝土接触的面板，一般应刨光，拼缝应严密不漏浆，可用搭口缝、企口缝等，目前多在模板表面铺塑料薄膜，钉胶合板或薄铁皮等。

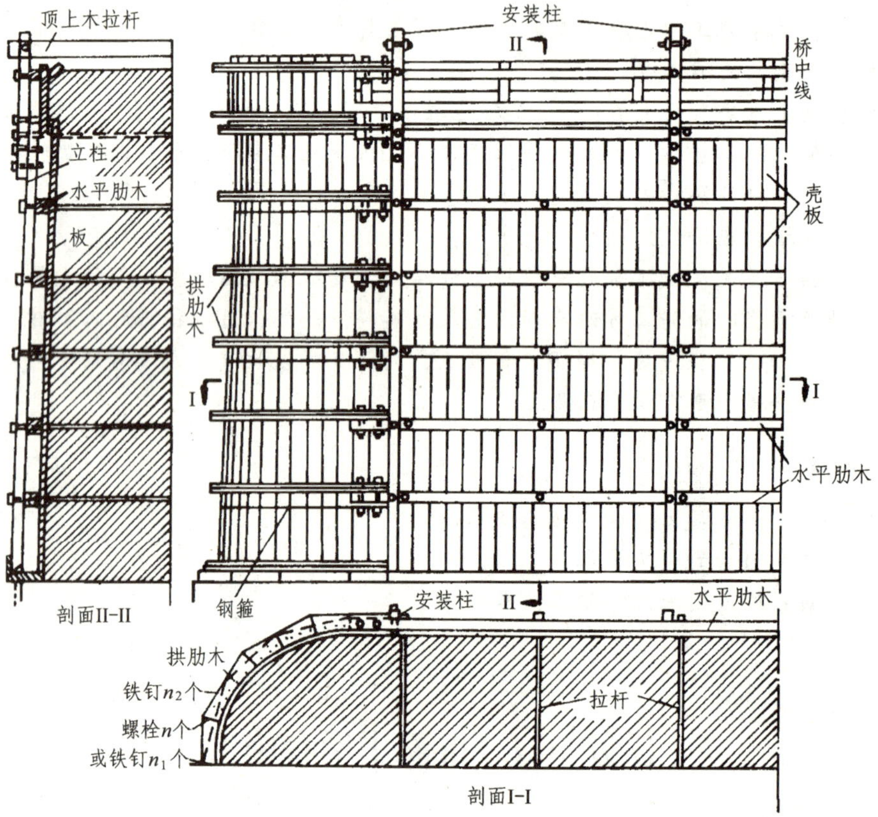

图 10-1-1 圆端形桥墩固定式模板

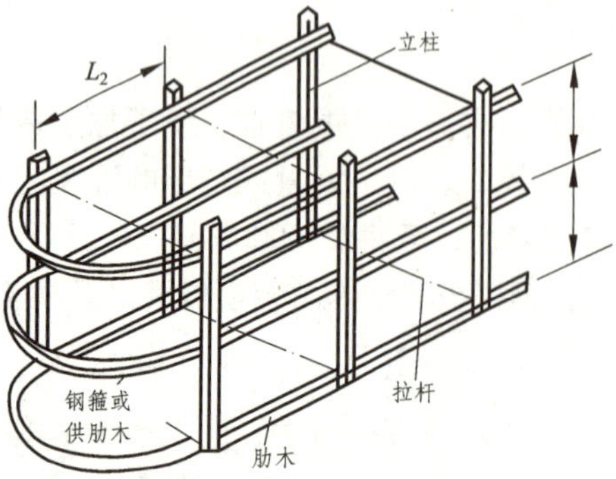

图 10-1-2 模板骨架

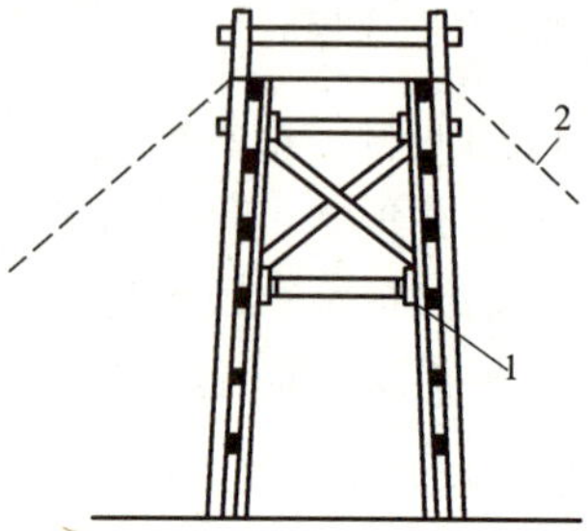

1—撑杆；2—拉索。

图 10-1-3 稳定桥墩模板

2. 拼装式模板

拼装式模板是将墩台表面划分成若干尺寸相同的板块，按板块尺寸预先将模板制成板扇，然后由各种尺寸的板扇利用销钉连接并与拉杆、加劲构件等组成墩台所要求的模板。拼装模板适宜在高大桥墩或同类型墩台较多时使用，其特点是当混凝土达到拆模强度后，可整块拆下，直接或略加修整后即可重复周转使用。

拼装式模板在划分板块时，应尽量使板扇尺寸相同，以减少板扇类型（见图 10-1-4）。板扇高度可与墩台分节灌注的高度相同，约 3 ~ 6 m，宽可为 1 ~ 2 m，可依墩台尺寸与起吊条件而定，务必使立模方便、施工安全。

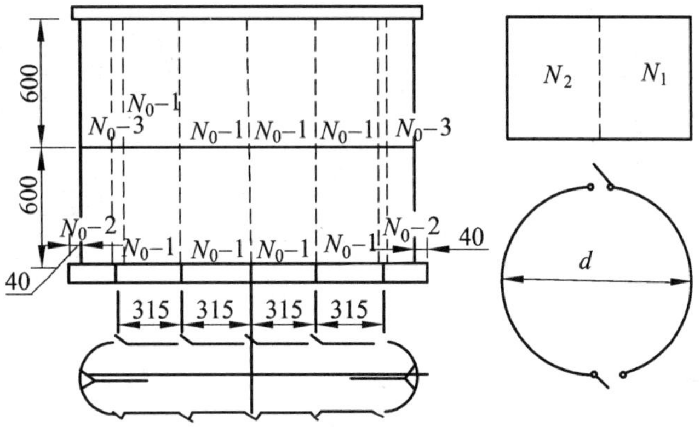

（a）圆端形桥墩　　（b）圆形桥墩

图 10-1-4　板扇划分示意图

3. 组合式定型钢模板

组合式定型钢模板是桥梁施工中常用的模板之一。铁路、公路施工部门均颁布过有关组合钢模板技术规则，为桥梁墩台的施工中应用组合钢模板提供了技术依据。还可以按照常见的墩台形式按一定模数设计制造组合钢模板。组合式定型钢模板可以进行常规尺寸的拼装，具有强度高、刚度大、拆装方便、通用性强、周转次数多、能大量节约材料等优点。在实际使用中，组合钢模板可预拼成大的板块后安装使用，这样可提高安装模板的速度。

4. 整体吊装模板

整体吊装模板是将墩台模板沿高度水平分成若干节，每一节的模板预先组装成一个整体，在地面拼装后吊装就位。节段高度可视墩台尺寸、模板数量、起吊能力及灌注混凝土的能力而定，一般为 3 ~ 5 m。模板安装完后在灌注第一层混凝土时，应在墩、台身内预埋支承螺栓，以支承第二层模板和安装脚手架。

图 10-1-5 为整体吊装模板，图中的钢框架由型钢或万能杆件组成，间距 0.8 ~ 1.0 m，上下节模板可利用型钢上的孔眼用螺栓连接。圆形模板在外侧用铁箍扣牢，内部则应增加临时撑杆加固，以防止模板变形。

吊装模板的优点为：大大缩短工期，灌注完下节混凝土后，即可将已拼装好的上节模板整体吊装就位，继续灌注而不留工作缝；模板拼装可在地面进行，有利于施工安全；利用模板外框架作简易脚手架，不需另搭施工脚手架；模板刚性大，可少设或不设拉筋；结构简单，装拆方便。

缺点是起吊重量较大。

整体吊装模板常用钢板和型钢加工而成。

模板安装前应对模板尺寸进行检查；安装时要坚实牢固，以免振捣混凝土时引起跑模漏浆；安装位置要符合结构设计要求。

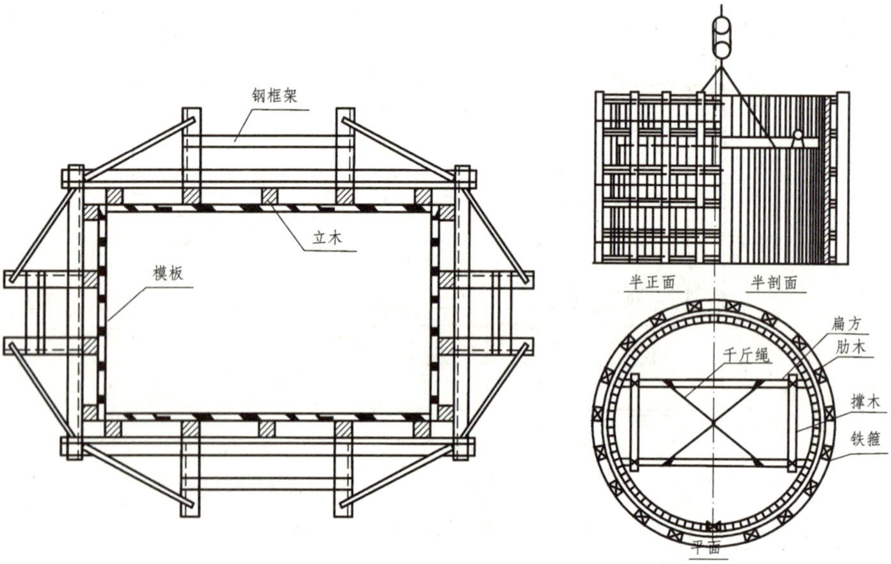

图 10-1-5 整体吊装模板

二、混凝土浇筑施工要点

灌注混凝土时，应经常检查模板、钢筋及预埋件的位置和保护层的尺寸，确保位置正确，不发生变形。混凝土施工中，应切实保证混凝土的配合比、水灰比和坍落度等技术性能指标满足规范要求。

1. 混凝土的运送

混凝土的水平和垂直运输应相互配合，如混凝土的数量大，浇筑振捣速度快时，可采用混凝土输送泵。

2. 混凝土的灌注速度

为保证灌注质量，混凝土的配制、运送及灌注的速度不得小于

$$v \geq Sh/t \tag{10-1-1}$$

式中 v——混凝土配料、输送及灌注容许的最小速度（m^3/h）；

S——灌注的面积（m^2）；

h——灌注层的厚度（m）；

t——所用水泥的初凝时间（h）。

如混凝土的配制、运送及灌注需较长时间，则采用下式计算

$$v \geqslant Sh/(t-t_0) \qquad (10\text{-}1\text{-}2)$$

式中　t_0—— 混凝土的配制、运送及灌注所消耗的时间（h）。

混凝土灌筑层的厚度 h，可根据使用捣固方法，按规定数值采用。

墩台是大体积圬工，为避免水化热过高，导致混凝土因内外温差引起裂缝，可采取如下措施：

（1）用改善集料级配、降低水灰比、掺加混合材料与外加剂等方法减少水泥用量；

（2）采用 C_3A、C_3S 含量小、水化热低的水泥，如大坝水泥、矿渣水泥、粉煤灰水泥；

（3）减小浇筑层厚度，加快混凝土散热速度；

（4）混凝土用料应避免日光暴晒，以降低初始温度；

（5）在混凝土内埋设冷却管通水冷却；

（6）当浇筑的平面面积过大，不能在前层混凝土初凝前浇筑完成次层混凝土时，为保证结构的整体性，宜分块浇筑。

3. 混凝土浇筑

为防止墩台基础第一层混凝土中的水分被基底吸收或基底水分渗入混凝土，对墩台基底处理除应符合天然地基的有关规定外，一般在基础顶面浇筑一层 5 ~ 10 cm 厚的 C15 混凝土垫层，并使之湿润。

墩台身混凝土施工前，应将基础顶面冲洗干净，凿除表面浮浆，整修连接钢筋。

墩台身钢筋的绑扎应和混凝土的灌注配合进行。在配置第一层垂直钢筋时，应有不同的长度，同一断面的钢筋接头应符合施工规范的规定，水平钢筋的接头，也应内外、上下互相错开。钢筋保护层的净厚度，应符合设计要求。墩台身混凝土宜一次连续灌注，否则应按桥涵施工规范的要求，处理好连接缝。墩台身混凝土未达到终凝前，不得泡水。

三、墩身施工

桥墩施工工艺流程如图 10-1-6 所示。

1. 承台顶面清理

将承台顶面冲洗干净，凿除混凝土结合面表面浮浆，整修连接钢筋。

2. 钢筋绑扎

钢筋在加工场地集中加工，现场人工绑扎成形。钢筋骨架外侧绑扎同级混凝土垫块，满足钢筋保护层要求。

钢筋接头所在截面按规范要求错开布置。经自检及监理工程师检验合格后，方可进行下道工序施工。

3. 模板拼装

应严格控制模板加工质量，做到表面平整，尺寸偏差符合设计要求，具有足够的强度、

刚度、稳定性，拆装方便，接缝采用楔口缝确保严密不漏浆。

模板拼装前，先将表面用磨光机打磨平，清扫干净，涂刷脱模剂。模板安装好后，检查其位置、尺寸、高程符合要求后进行加固，保证模板在浇筑混凝土过程中受力后不变形、无移位。模板内干净无杂物，拼装平整严密，支架结构立面、平面均安装牢固，支架立柱在两个互相垂直的方向加以固定，支架支承部分应安置于稳固地基上。

钢筋骨架应绑扎、焊接牢固，保证在灌注混凝土过程中不发生任何松动。检查模板的位置和尺寸，确保其位置正确且不发生变形。

4. 混凝土浇筑

浇筑前，对支架、模板、钢筋及预埋件进行检查。混凝土集中拌制，混凝土搅拌车运至现场，泵送或吊车料斗入模。

混凝土浇筑过程中应检查模板、支架等工作情况，出现变形、移位或沉陷，立即校正、加固，处理好后继续浇筑。随时检查预埋螺栓、预留支座锚栓孔及其他预埋件的位置是否移位，发现移位及时校正。

5. 混凝土养护

混凝土浇筑完毕后，及时抽拔或转动预留孔的模芯，墩身周围、顶部分别采用塑料薄膜、土工布或麻袋遮盖、覆盖，并洒水养护。确保混凝土按照规范要求进行潮湿养护，时间应满足规范要求。

6. 混凝土拆模

当混凝土达到拆模强度要求后方可拆模。拆模后仍按规定要求继续养护，直至达到要求。

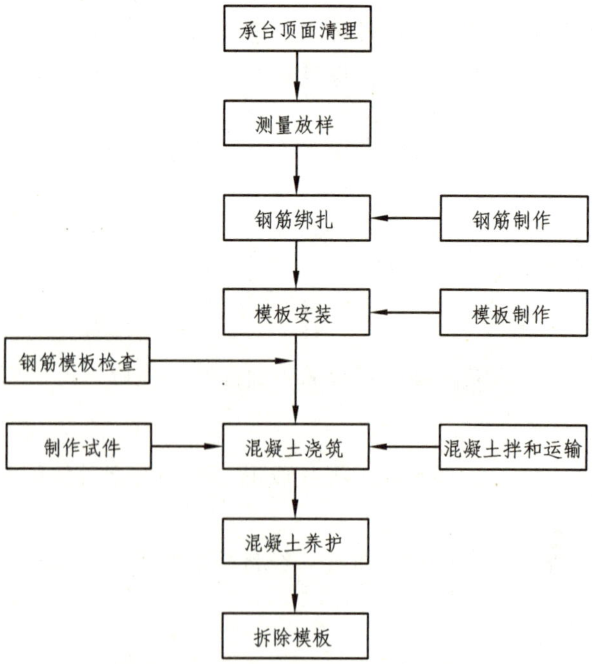

图 10-1-6　墩身施工流程框图

四、墩台顶帽施工

墩台顶帽位置、高程及垫石表面平整度等，均应符合设计要求，以避免桥跨结构安装困难；或使顶帽、垫石等出现裂缝，影响墩台的正常使用功能与耐久性。墩台支承垫石和墩顶预埋件位置应严格控制。墩台顶帽与支承垫石一般分开浇筑，浇筑支承垫石混凝土时，注意预留孔的位置。顶帽排水坡在混凝土初凝前应人工抹平压光，之后进行覆盖洒水养护。

墩台顶帽施工的主要工序为：

1. 墩台顶帽放样

墩台混凝土（或砌石）灌注至离墩台顶帽 30 ~ 50 cm 高度时，即需测出墩台纵横中心线，并开始竖立墩台顶帽模板，安装锚栓孔或安装支座垫板、绑扎钢筋等。墩台顶帽放样时，应反复核实，以确保墩台顶帽中心、支座垫石等位置与水平高程等不出差错。

2. 墩台顶帽模板

墩台顶帽系支撑上部结构的重要部分，其尺寸和水平高程的准确度要求较严，浇筑混凝土应从墩台顶帽下约 30 ~ 50 cm 处至墩台顶帽顶面一次浇筑，以保证墩台顶帽底有足够厚度的紧密混凝土。

图 10-1-7 为混凝土桥墩墩帽模板图，墩帽模板下面的一根拉杆可利用墩帽下层的分布钢筋，以节省铁件。桥台顶帽背墙模板应特别注意纵向支撑或拉条的刚度，防止浇筑混凝土时发生鼓肚，侵占梁端空间。

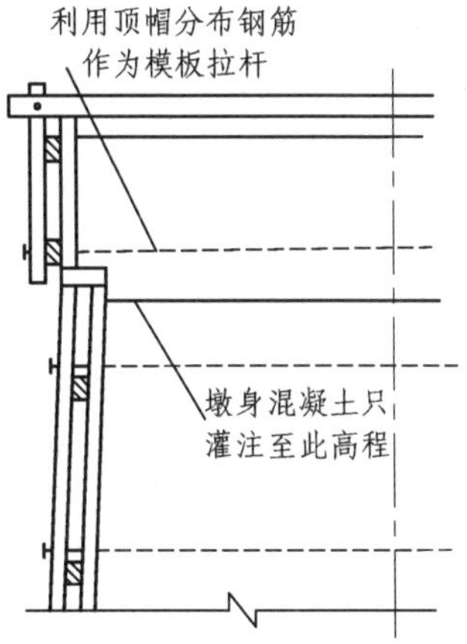

图 10-1-7　混凝土桥墩墩帽模板

3. 钢筋和支座垫板的安设

墩台顶帽钢筋绑扎应遵循有关规定。支座垫板的安设一般采用预埋支座垫板和预留锚栓孔的方法。

前者须在绑扎墩台顶帽和支座垫石钢筋时，将焊有锚固钢筋的钢垫板安设在支座的准确位置上，即将锚固钢筋和墩台顶帽骨架钢筋焊接固定，同时，用木架将钢垫板固定在墩台顶帽上，此法在施工时垫板位置不易准确，应经常校正；后者须在安装墩台顶帽模板时，安装好预留孔模板，在绑扎钢筋时注意将锚栓孔位置留出，此法安装支座施工方便，支座垫板位置准确。

任务 10.2 高桥墩施工

桥梁通过深沟宽谷或大型水库时采用高桥墩，能使桥梁更为经济合理，不仅可以缩短线路，节省造价，而且可以提高营运效益，减少日常维护工作。高桥墩可分为实体墩、空心墩与刚架墩。目前，较高的桥墩一般均采用空心墩。

高桥墩的特点是：墩高、圬工数量多而工作面积小，施工条件差，因此需要有独特的高墩施工工艺。

高桥墩的施工设备与一般桥墩虽大体相同，但其模板却另有特色，一般有滑升模板、翻升模板、爬升模板等几种。这些模板都是依附于已灌注的混凝土墩壁上，随着墩身的逐步加高而向上升高。

一、滑升模板施工

滑升模板是用一节模板，连同工作脚手架以整体形式安装在基础顶面，依靠自身的支承和提升系统，在灌注混凝土的同时，模板也慢慢向上滑升，这样可连续不断地灌注混凝土。

滑升模板由一节模板（约 1.2 m）、配套钢结构平台吊架、支撑圆钢、多台液压穿心式千斤顶和提升设备组成。

滑升模板适用于较高的墩台和悬索桥、斜拉桥的索塔施工。

施工时充分利用混凝土初期（4～8 h）强度，脱模后在混凝土保持自立而不发生塑性变形的情况下使滑模得以连续滑升。

滑模的连续滑升能加快施工进度、缩短工期、节省劳力，从而可以取得较好的效果。但由于滑模是在混凝土强度还较低的情况下脱模，因而使混凝土表面出现变形或环向沟缝，有时会因水平力的作用使得滑模产生旋转。滑模在动态下灌注混凝土，提升操作频繁，因而对中线的水平控制要求严格，施工中稍有不当就会发生中线水平偏差。由于滑模脱模快，对混凝土防冻十分不利，故一般不适宜冬季施工。

（一）滑升模板的构造

模板挂在工作平台的围圈上，沿着所施工的混凝土结构截面的周边组拼装配，并随着混凝土的灌注由千斤顶带动向上滑升。滑升模板的构造，由于桥墩和提升工具的类型不同，模板构造也稍有差异，但其主要部件与功能则大致相同。一般可分为顶架、辐射梁、内外围圈、内外模板、内外支架、平台及吊篮等。

1. 顶 架

顶架的作用是将模板重量及施工临时荷载传递到千斤顶上，并用以固定内外模板。顶架轮廓尺寸应按墩壁厚度、坡度、提升千斤顶类型等因素决定。千斤顶一般多固定在下横梁上。带有坡度的桥墩，顶架应设计成能在辐射梁上滑动的结构。

2. 辐射梁与内外围圈

辐射梁为滑动模板的平面骨架，从滑模中心向四周辐射，与顶架或支架组合起来承受荷载，又作为施工操作平台。内外围圈用来固定辐射梁两端的相对位置。

3. 内外支架

支架一般固定在辐射梁上，用调模螺栓来移动模板，模板上端则吊在辐射梁上移动，也可设计成能在辐射梁上用调径螺栓来移动的支架。

4. 内外模板

滑动模板用 2 ~ 3 mm 钢板制作，高度一般为 1.1 ~ 1.5 m，每块内模宽约 0.5 m，外模宽约 0.6 m，以适应不同尺寸的桥墩。收坡桥墩模板分固定模板与活动模板。

5. 工作平台及吊篮

工作平台是供施工人员操作、存放小工具及混凝土分配盘用，即在辐射梁上安设钢制或木制盖板。吊篮设在顶架或支架下面，供调节收坡螺丝杆、修补混凝土表面及养护等需要，宽度约为 0.6 ~ 0.8 m。

图 10-2-1 为滑模构造示意图。

（二）滑升模板提升设备

滑升模板提升设备主要有提升千斤顶、液压控制装置及支承顶杆等部分。

提升千斤顶常用的有螺丝杆千斤顶（见图 10-2-1）和液压千斤顶。液压控制装置是用来控制液压千斤顶提升和下降的机械。支承顶杆一端埋置于墩、台结构的混凝土中，一端穿过千斤顶心孔，承受滑模及施工过程中平台上的全部荷载。

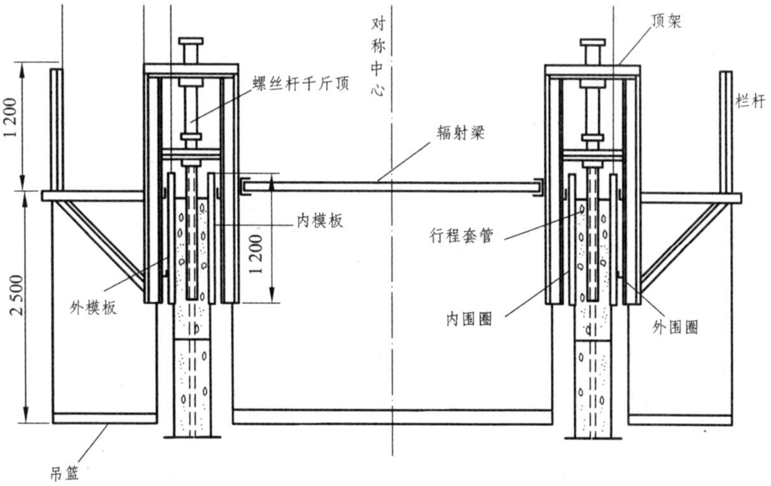

图 10-2-1　无坡度空心墩滑升模板构造示意图（尺寸单位：mm）

（三）井　架

混凝土的垂直运输多采用井架提升混凝土，或者以井架为杆，另安装扒杆来吊送混凝土，如图 10-2-2、图 10-2-3 所示。井架可用型钢或万能杆件组装。

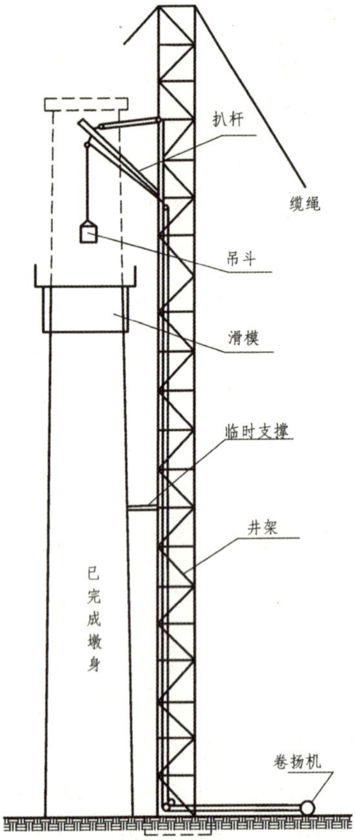

图 10-2-2 墩外井架布置

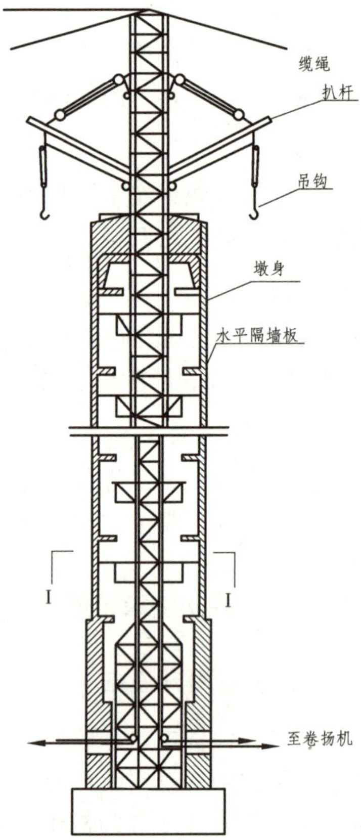

图 10-2-3 墩内井架布置

（四）滑升模板的设计要点

滑升模板整体结构是混凝土成型的装置，也是施工操作的主要场地，必须具有足够的整体刚度、稳定性及合理的安全度。

为了保证施工质量与安全，滑升模板各组成部件，必须按强度和刚度要求进行设计与验算。

模板设计荷载及模板结构设计，与普通模板的设计思路相同。

根据滑升模板提升时全部静荷载和垂直活荷载，通过计算确定支承顶杆和千斤顶的数量。提升过程中支承顶杆实际受力情况比较复杂，其容许承载能力应根据工程实践的经验选用。上述计算确定的支承顶杆数量，还应根据结构物的平面和局部构造加以适当的调整。

支承顶杆和千斤顶的布置方案一般有均匀布置、分组集中布置以及分组集中与均匀布置相结合等几种。

在筒壁结构中多采用均匀布置方案，在平面较为复杂的结构中则宜采用分组集中与均匀相结合布置方案。千斤顶在布置时，应使各千斤顶所承受的荷载大致相同，以利于同步提升。当平台上荷载分布不均匀时，荷载较大的区域和摩阻力较大的区段，千斤顶布置的数量要多些。考虑到平台荷载内重外轻，在数量上内侧应较外侧布置多些，以避免顶升架提升时向内倾斜。

（五）滑模浇筑混凝土施工要点

1. 滑模就地组装

滑模组装完毕后，必须按设计要求及组装质量标准进行全面检查，并及时纠正偏差。

2. 灌注混凝土

滑模施工要求混凝土早强，所以宜灌注低流动性或半干硬性混凝土，以便及早脱模，加快提升速度；灌注时应分层分段对称地进行，分层厚度 20 ~ 30 cm 为宜，并及时进行捣固。不得漏捣或重捣，不得碰顶杆、钢筋或模板；脱模时，混凝土应达到拆模强度，为缩短脱模时间，可根据气温掺用速凝剂，以便使混凝土早强；脱模后，立即对混凝土表面的缺陷进行修饰。

灌注后混凝土表面距模板上缘宜有不小于 10 ~ 15 cm 的距离。脱模后 8 h 左右开始养护，用吊在下吊架上的环绕墩身的带小孔的水管来进行。养护水管一般以设在距模板下缘 1.8 ~ 2.0 m 处效果较好。

3. 提升与收坡

整个桥墩灌筑过程可分为初次滑升、正常滑升和最后滑升 3 个阶段。

从开始灌注混凝土到模板首次试升为初次滑升阶段，初灌混凝土的高度一般为 50 ~ 70 cm，分 3 次灌注，在底层混凝土强度达到 0.2 ~ 0.4 MPa 时即可试升。将所有千斤顶同时缓慢起升 3 ~ 5 cm，以观察底层混凝土的凝固情况。检查提升设备和模板各部分是否正常工作，发现问题及时处理，还应检查脱模混凝土强度增长是否正常。认为符合要求时，方可进入正常提升阶段。

现场鉴定可用手指按刚脱模的混凝土表面，基本按不动，但留有指痕，砂浆不沾手，用指甲划过有痕，滑升时能耳闻“沙沙”摩擦声，这些表明混凝土已具有必要的脱模强度，可以再缓慢提升 20 cm 左右。

初升后，经全面检查设备，即可进入正常滑升阶段。即每灌注一层混凝土，滑模提升一次，使每次灌注的厚度与每次提升的高度基本一致。

在正常气温条件下，提升时间不宜超过 1 h。最后滑升阶段是混凝土已经灌注到需要高度，不再继续灌注，但模板尚需继续滑升的阶段。灌完最后一层混凝土后，每隔 1 ~ 2 h 将模板提升 5 ~ 10 cm，滑动 2 ~ 3 次后即可避免混凝土与模板黏合。滑模提升时应做到垂直、均衡一致，顶架间高差不大于 20 mm，顶架横梁水平高差不大于 5 mm。

随着模板提升，应转动收坡丝杆，如图 10-2-4 所示，调整墩壁曲面的半径，使之符合设计要求的收坡坡度。

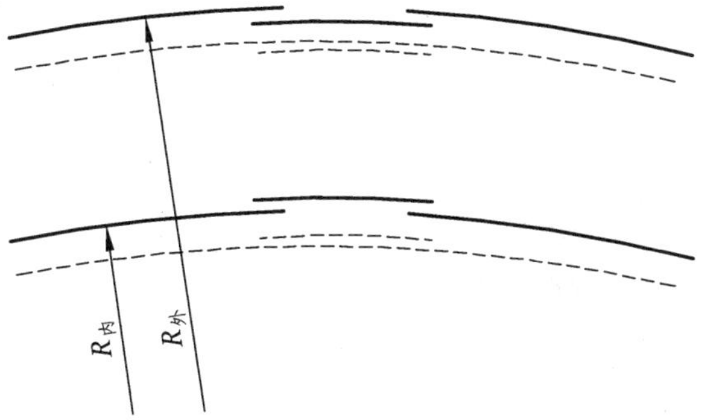

图 10-2-4　收坡原理

4. 接长顶杆、绑扎钢筋

模板每提升至一定高度后，就需要穿插进行接长顶杆、绑扎钢筋等工作。为不影响提升的时间，钢筋接头均应事先配好，并注意将接头错开。对预埋件及预埋的接头钢筋，滑模抽离后，要及时清理，不使之外露。

5. 混凝土停工后的处理

在整个施工过程中，由于工序的改变，或发生意外事故，使混凝土的灌注工作停止较长时间，即需要进行停工处理。例如，每隔 0.5 h 左右稍微提升模板一次，以免黏结；停工时在混凝土表面要插入短钢筋等，以加强新老混凝土的黏结；复工时按施工缝处理规定办。

二、翻板式模板施工

翻模由滑模演变而来（滑模在桥梁高墩施工中存在顶杆回收率低、设备重量大、投资多等缺陷），将翻模技术引入后，经实际使用，效果良好。翻模由上、中、下三节模板组成，随着混凝土的连续灌注，下层混凝土达到拆模强度后，由下向上将模板拆除，连续支立，如此循环往复，完成桥墩的灌注施工。翻模施工技术适用于圆形、矩形等各种截面形式的高墩施工。

翻板式模板施工的特点是一般配置多节模板（2 节或 3 节）组成一个基本单元，每节为 1.5 ~ 3 m。当浇筑完上节模板的混凝土后，将最下节模板拆除翻上来，拼装成即将浇筑部分混凝土的模板。以此类推，循环施工。翻板式模板施工根据模板翻升的工艺不同又可分为滑升翻模和提升翻模等。

1. 滑升翻模（见图 10-2-5）

滑升翻模近年来在一些高桥墩和斜拉桥、悬索桥的索塔施工中使用较多。此种模板既保留了滑模的优点，又克服了滑模的不足，主要用于不变坡的方形高墩和索塔。

滑升翻模是在塔柱的一个大面模板的背面上设置竖向轨道，轨距 2 m，作为竖向桁架的爬升轨道。竖向桁架滑升带动水平桁架摇头扒杆及作业平台整体上升。桁架由万能杆件组拼，竖向桁架作为起重扒杆的中心立柱，与摇头扒杆共同受力。

一个配 3 节模板的滑升翻模的施工程序为：

（1）灌注完两节混凝土并安装桁架及起重设备。

（2）用起重设备安装第 3 节模板并灌注混凝土。

（3）混凝土强度达到 10 ~ 15 MPa 后，安装提升桁架设备，并将桁架及起重设备滑升 1 层高度（2.5 m）。

（4）把竖向桁架固定在第 2、第 3 节模板背面的竖向轨道上，锁定后即可拆除第 1 节模板。

（5）用扒杆起吊安装第 4 节模板。

至此，便完成了一个滑升翻模的施工循环。

滑升翻模兼有滑升模板施工与普通模板施工的优点，既像滑升模板那样有提升平台和模板提升系统，又像普通模板那样分节分段进行安装定位，可根据模板的安装能力制定模板的分块尺寸。

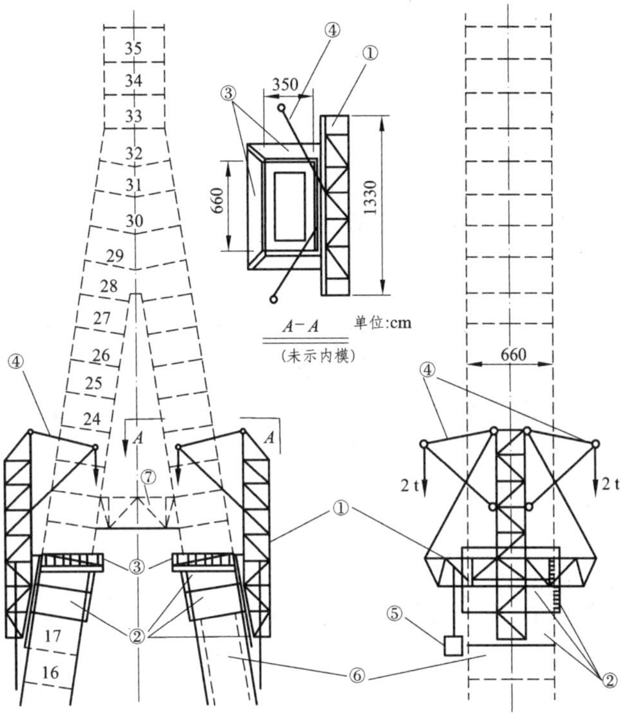

1—竖向桁架；2—模板；3—工作平台；4—扒杆；5—吊斗；6—已灌节段；7—横向支撑。

图 10-2-5 滑升翻模构造示意图

2. 提升翻模（见图 10-2-6）

对于变坡的或者弧形截面的塔墩，用提升翻模可能更为方便。

提升翻模的特点是模板没有滑升架，模板也可由大板改成小块模板，以适应墩身变坡和随着墩高变化而引起的直径曲率变化。模板和物料的提升依靠其他起重运输机械协同工作，如缆索吊车、塔吊等。

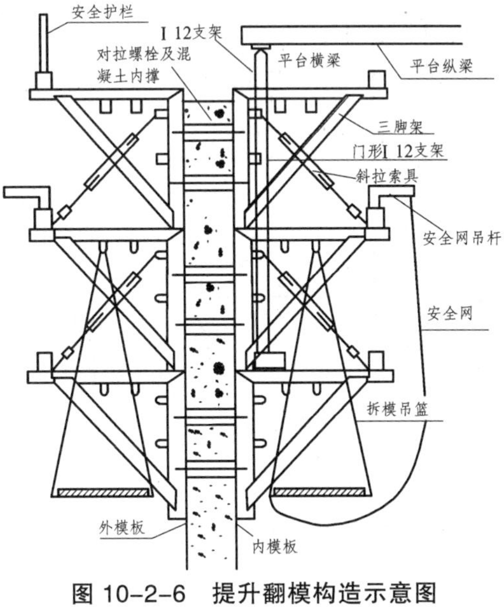

图 10-2-6 提升翻模构造示意图

三、爬升模板施工

滑升模板存在一定的局限性，如墩、台施工必须昼夜进行，需要劳动力较多，混凝土表面及内部质量不稳定，支承杆件用钢量大，滑升高度受到限制，施工精度较低等。20 世纪 70 年代初出现了一种新型模板体系—— 爬升模板，特别适宜于空心高桥墩的施工。此种模板具有设备投资较省、节约劳动力、降低劳动强度、适用范围较广和易于保证质量等优点。

1. 工艺原理

以空心墩已凝固的混凝土墩壁为承力载体，以上下爬架及液压顶升油缸为爬升设备主体。通过油缸活塞与缸体间一个固定，一个上升；上下爬架间一个固定，一个做相对运动，从而达到上爬架和外套架，下爬架和内套架交替爬升，最后形成爬模结构整体的上升（见图 10-2-7）。

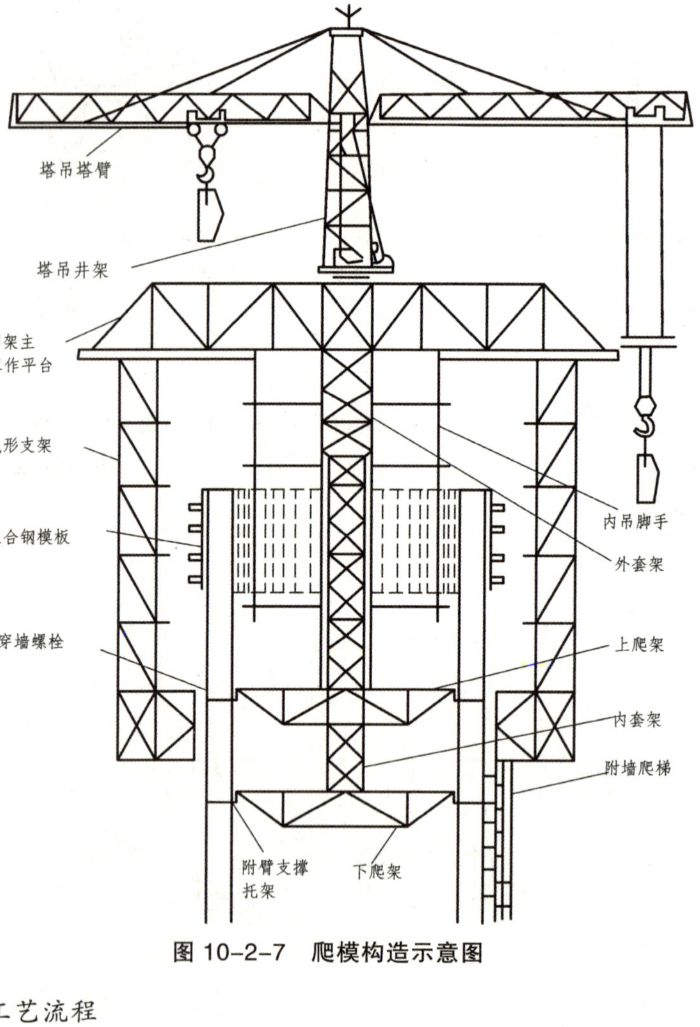

图 10-2-7 爬模构造示意图

2. 爬模施工工艺流程

（1）爬模组装。可在地面拼装成几组大件，利用辅助起重设备在基础上进行组拼，也可将单构件在基础上拼装。

（2）爬升工艺。配置两层大模板或组合钢模，一个循环施工一节模板。当上一节模板灌筑完毕，经过 10 h 左右养护，便可开始爬升，爬升就位后拆除下一节模板，同时进行钢筋绑扎，并把拆下的模板立在上节模板之上，再进行混凝土灌筑、养护、爬模爬升等工序。按此循环，两节模板连续倒用，直到浇筑完整个墩身。

（3）墩帽施工。当网架工作平台的上平面高于墩顶 30 cm 时停止爬升。在墩壁的适当位置预埋连接螺栓，将墩壁内模拆除，并把 L 形外挂支架顶部杆件连接在预埋螺栓上，以此搭设墩帽外模板。将内爬井架的外套架的一节杆件嵌入桥墩帽里，并利用空心墩顶端内爬井架结构以及墩壁预埋螺栓支设墩顶实心段的底模，仍用爬模本身的塔吊完成墩顶实心段和墩帽的施工。

（4）爬模拆卸。

四、Y 形墩的施工

V 形、X 形及 Y 形桥墩，具有外形美观匀称，能与桥址处山水环境相映衬，给人们增添美的享受等优点；同时，其结构新颖轻巧，可以增大主跨的跨度，提高桥梁整体刚度，因此近几年来得到了广泛的应用。这类桥墩施工的主要特点表现在墩顶的 V 形部分上，并且其施工方法与桥梁结构体系有密切关系。

下面以某桥 Y 形墩刚构连续梁组合体系主墩为例说明 Y 形墩施工要点：

Y 形墩类桥梁属刚架桥体系，其施工方法除了具有连续梁桥的施工特点外，还有着本身结构的施工特点。Y 形墩结构的施工方法与斜腿刚构相类似，它由 2 个斜腿和其顶部的主梁组成倒三角形结构（见图 10-2-8）。Y 形墩可做成劲性混凝土或劲性预应力混凝土结构。

根据该类型桥梁的结构特点，可将 Y 墩分为 Y 墩下直线段、斜腿及斜腿间的主梁三部分，分别施工。施工顺序如图 10-2-8 所示。

（1）灌注 Y 墩下直线段混凝土，并将第一节劲性骨架一起安装于斜腿位置处［图 10-2-8（a）］；

（2）安装平衡架、角钢拉杆及后续节劲性骨架［图 10-2-8（b）］；

（3）分段对称灌注斜腿部分混凝土［图 10-2-8（c）］；

（4）张拉斜腿间临时预应力拉杆，拆除角钢拉杆及部分平衡架构件［图 10-2-8（d）］；

（5）拼装 Y 形腿间膺架，灌注主梁 0 号节段混凝土［图 10-2-8（d）］，张拉斜腿及主梁钢束，最后拆除临时预应力拉杆与墩旁膺架，使其形成 Y 形墩结构［图 10-2-8（e）］。

斜腿内采用劲性骨架和在斜腿间顶部采用临时预应力拉杆的作用：其一是吊挂斜腿模板及承受其他施工荷载；其二是在结构中替代部分主筋和箍筋；第三是可减小施工时的斜腿截面内力。

为保证施工中结构自身的稳定和刚度，将两侧劲性骨架用角钢拉杆联结在平衡架上。施工中应十分重视斜腿混凝土的灌注与振捣，以确保其质量。两斜腿间主梁的施工，是在墩旁膺架上分三段灌注，其大部分重力由膺架承受并传至承台上，只有在 Y 形墩顶主梁合龙时，合龙段有部分重量由斜腿承受。

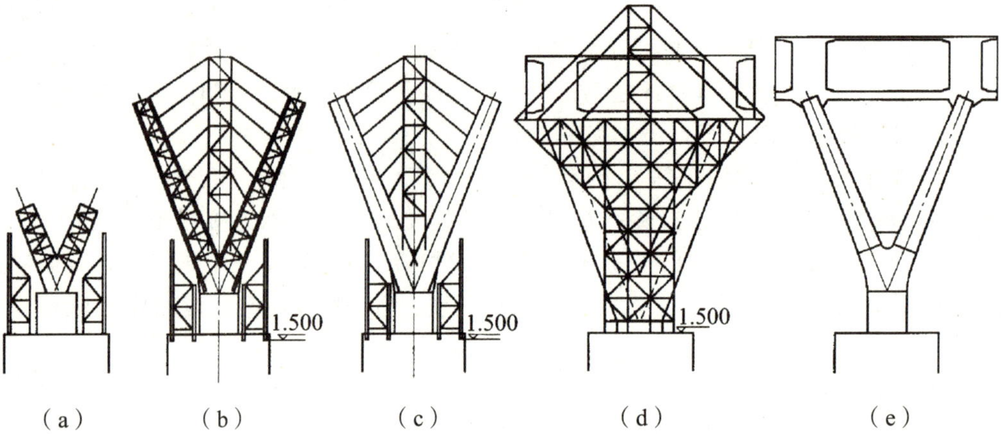

图 10-2-8 Y 形墩施工步骤

任务 10.3 桥面及附属工程

一、桥面系工程

桥面系工程施工包括：湿接缝施工，泄水孔，防水层，保护层，防撞墙，电缆槽的竖墙、遮板，人行道板的栏杆、立柱和挡板，接触网支柱，伸缩缝等项目。

1. 桥面系施工工艺流程

（1）桥面系施工工艺流程。

湿接缝施工（组合梁才有）→安装竖向泄水管→防撞墙施工→安装横向泄水管→预制与安装遮板→边、竖墙及接触网支柱施工→防水层铺设→保护层施工→伸缩缝安装→预制与安装栏杆→预制与铺设人行道板。

（2）注意事项。

① 为减轻梁体吊重、保障结构的整体性，同时，为避免架梁时运梁车、架桥机行走破坏防水层及保护层，防撞墙、电缆槽的边竖墙、接触网支柱及防水层、保护层等桥面系工程，待桥架梁完成后进行现场施工；

② 在梁体预制时，按图纸要求预埋接触网锚固螺栓、预留泄水孔等；

③ 电缆槽盖板、遮板、人行道挡板在梁场预制，所有钢筋、混凝土等施工按设计和现行规范要求施工；

④ 构件安装前逐块检查，安装时采用挂线控制，保证构件安装位置正确、外轮廓清晰、线条优美。

2. 桥面防水层施工

为保证防水层的铺设质量和节省防水涂料，在梁体施工时，加强梁体桥面的质量控制，桥面基层表面质量符合规定要求。

（1）防水层施工前准备工作。

① 采用凿除或用水泥砂浆进行找平，使其表面平整，无凹凸不平、蜂窝及麻面。

② 用水泥砂浆找平时，基底应清洁、湿润，在水泥砂浆中添加适量类似 107 胶的水溶性胶粘剂，以增强水泥砂浆与基底的连接。

③ 平整度用 1 m 长的靠尺检查，空隙只允许平缓变化且不大于 5 mm。

④ 防水层施作前须清除基层表面的浮碴、浮灰和积水。

（2）防水涂料。

① 防水涂料组成按使用要求配制，搅拌时不得加水并采用机械方法搅拌。

② 防水涂料要随配随用，配好的涂料在 45 min 内用完，并在使用过程中间断搅拌以防沉淀。

③ 防水涂料涂刷均匀，不得漏刷，一边涂刷一边铺贴防水卷材，防水涂料涂刷厚度为 2 mm。

（3）防水卷材。

① 防水卷材搭接时，搭接宽度不小于 8 cm。

② 铺贴时，应用刮板将防水卷材推压平整，并使防水卷材的边缘和搭接处无翘起，其他部分无空鼓。

③ 防水卷材铺贴完毕并符合各项要求后，用防水涂料进行封边。

④ 防撞墙、内边墙、端边墙内侧，以及防水卷材的周边往里 8 cm 应涂刷防水涂料的部位均进行封边，其涂刷厚度均不得低于 2 mm。

（4）泄水管。在进行封边工序的同时，对泄水管的进水口涂刷防水涂料，并与封边涂层接好茬，防水涂料应涂刷到进水口往里不低于 3 cm。涂刷厚度为 2 mm，涂刷均匀。

（5）其他。

① 防水层施工完后铺保护层前，避免人员在桥面上走动、抛掷重物。涂刷后 24 h 内须防止霜冻、雨淋及暴晒，不得使用风扇或类似工具来缩短干燥时间。

② 四级以上强风天气不宜进行桥面防水层施工。环境温度低于 0 °C 时，采取保温措施。

③ 为改善涂料的稠度，可在搅拌的同时加入聚氨酯防水涂料重量的 3%～8% 的二甲苯或邻苯二甲酸二丁酯或采用间接蒸汽预热，严禁采用明火加热。

3. 桥面保护层施工

防水层完全凝固后，进行保护层施工。保护层施工要避开高温和大风天气，以防止失水太快，致使表面无法及时收光形成早期裂纹。

保护层纤维混凝土所用原材料应符合技术条件要求，配合比由试验确定。搅拌纤维混凝土时，各种材料按重量计，并且计量偏差控制在允许偏差范围内；搅拌时间不少于 3 min，并应搅拌均匀。

纤维混凝土随拌随铺，在一个区段内的铺设连续进行，不得中断。拌和料从搅拌机中卸出到浇灌完毕，所需时间不超过 30 min，在浇注过程中严禁因拌和料干涩而加水。铺设过程中采用平板式振动器进行振捣，注意捣固密实并无可见空洞，压平表面竖起的纤维；为保证桥面排水畅通，在保护层施工时，注意桥面排水坡的设置，同时根据泄水孔的位置设置一定的汇水坡。

保护层进行二次收光，对纤维混凝土进行早期潮湿养护，并保持一定的养护温度，避免冻融、过冷、过热。保护层断缝设置符合设计、规范要求，并用聚氨酯防水涂料将断缝垫实、垫满。

保护层施工时，其施工用具、材料必须轻吊轻放，严禁碰伤已铺设好的防水层。

4. 电缆槽施工

电缆槽由竖墙和盖板组成，电缆槽盖板在梁场预制后现场安装。箱梁预制时在电缆槽竖墙部位预埋钢筋，采用混凝土现浇。

5. 钢筋绑扎

桥面现浇部分混凝土钢筋采取胎架绑扎，胎架由型钢制作，按照钢筋位置作纵横向分布筋定位卡具，绑扎时通过间隔器和定型垫块控制钢筋相对位置及保护层厚度。

6. 混凝土浇筑

模板采用定型钢模板。立模时，先调整基层高程，用水泥砂浆抹平，模板接缝用橡胶条密封，保证不漏浆；模板设对拉杆，保证不斜不歪，满足垂直度和线形要求。

预留泄水孔，位置准确，保证质量。

断缝采用抽拔钢板模型预留，混凝土浇筑后 4 ~ 5 h 抽拔，保证其线形。

混凝土在拌和站集中拌和，混凝土运输车运输，采取分层分段进行浇筑，以插入式振动棒进行振捣。混凝土浇筑完成后，予以覆盖，并洒水养护。

遮板、盖板采用现场预制施工后运抵桥跨安装成形，遮板、盖板模板严格按照尺寸进行加工，并密封保证混凝土浇筑时不漏浆，拆模时保证棱角分明，并满足工程技术规范对预制构件的质量要求。

7. 接触网支柱

一般的铁路桥是在墩顶设置，而高速铁路桥梁是在梁上设置。具体方法：在需要设置接触网支柱的地方预埋接触网基础螺栓即可。

8. 人行道立柱、挡板、遮板和盖板

在梁预制场定点预制，运到现场进行安装。

9. 桥梁综合接地装置

随着科技的发展，现今的电气化铁路和客运专线（高速铁路）列车运行速度高、牵引电流大、短路电流大、行车密度高，导致钢轨电位急剧升高，从而造成钢轨电位要比既有的电气化铁路高得多，并对旅客及某些电气设备的安全构成威胁，因而采用梁体钢筋、墩（台）顶实体段钢筋、墩（台）身钢筋、承台（或扩大基础）钢筋、桩基础钢筋等焊接成一电流通路，将电流引入大地。综合接地钢筋一般采用直径 16 mm 的圆钢，钢筋混凝土内直径大于或等于 16 mm 的结构钢筋可以替代作为综合接地钢筋，形成梁体→墩（台）身→基础→地基的电流通路。

二、附属工程

1. 支架及检查设备

墩台上的附属设备有通信支架、围栏、吊篮、空心墩进人孔、检查梯等，这些设备大部分在浇筑混凝土时需预先埋设螺栓、型钢、钢管等，待墩台施工完毕后，再安装各种附属设

备。因此，对预埋的铁件，要按设计位置埋设，并要求左右位置、水平高度、垂直方向正确无误。捣固混凝土时要对预埋铁件加以保护，不得因振动而产生位移或倾斜。各种墩台附属设备预埋件要避免在建成后凿孔安装。

2. 桥台锥体护坡的施工

（1）桥台锥体护坡的形状（见图 10-3-1）。

锥体护坡坡脚在平面上投影为 1/4 个椭圆曲线，如图 10-3-2 所示。可根据锥体护坡高度及纵坡（顺线路方向）、横坡（顺河流流水方向）的规定，计算出椭圆曲线长半轴 a 及短半轴 b，计算公式如下：

长半轴：

$$a = mH + (W_b - W_t) \qquad (10\text{-}3\text{-}1)$$

短半轴：

$$b = nH + 0.75 \qquad (10\text{-}3\text{-}2)$$

式中　m—— 锥体护坡边坡横向坡度；

H—— 锥体护坡高度（m）；

W_b—— 半个标准路基顶面宽度与加宽值之和（m），当在直线上或曲线内侧时，加宽值等于零；

W_t—— 半个桥台宽度（m）；

n—— 锥体护坡边坡纵向坡度；

0.75—— 加强桥台与路基连接，桥台上部应伸入路堤的长度（m）。

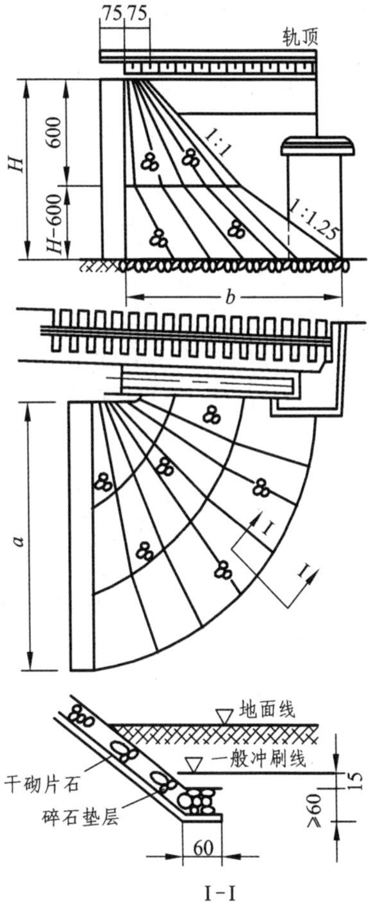

图 10-3-1　桥台锥体护坡（单位：cm）

（2）桥台锥体护坡填土坡度的规定。

① 纵坡。路肩高程以下 0 ~ 6 m 不陡于 1∶1；6 ~ 12 m 不陡于 1∶1.25；大于 12 m，不陡于 1∶1.5。

② 横坡。路肩高程以下 0 ~ 8 m 不陡于 1∶1.5；8 ~ 20 m 不陡于 1∶1.75。

3. 锥体护坡放样方法

桥头锥体护坡，一般是顺线路方向为 1∶1 的坡，垂直线路方向为 1∶1.5 的坡，锥体底部为 1/4 的椭圆形。所以其放样较圆锥体复杂，但方法基本相同。

（1）切线支距法。

因锥体底部为 1/4 椭圆形，首先根据椭圆形方程进行支距计算。计算公式为

$$a^2 \cdot y^2 + b^2 \cdot x^2 = a^2 \cdot b^2 \qquad (10\text{-}3\text{-}3)$$

或

$$\frac{y^2}{b^2} + \frac{x^2}{a^2} = 1 \qquad (10\text{-}3\text{-}4)$$

式中　a—— 椭圆的长轴（垂直线路方向）；

b—— 椭圆的短轴（顺线路方向）；

y—— 纵坐标；

x—— 横坐标。

如图 10-3-2 所示，计算出各点的 y 值后，其对应点的支距 z 值为

$$z_i = b - y_i \tag{10-3-5}$$

根据计算出的支距 z 值，在切线上直接量取定出圆周上各点，最后进行挂线放坡。

椭圆锥体的放坡，不能用坡度尺进行，因为各地点的坡度都不一样。其坡度放样一般采用椭圆板的方法，即做一个缩小的椭圆板的 1/4，固定在路肩上，其椭圆板长轴为 1.1 m，是由路基的半宽减去桥台的半宽而得；其短轴为 0.75 m，是由长轴的 1.1 m 乘以坡脚椭圆的长短轴之比，如图 10-3-2 所示的 6.75/9.9 × 1.1 = 0.75 m。然后在椭圆板上与坡脚各点挂线，即实际需要的坡度线。

当锥体高度大于 6 m 而小于 12 m 时，则需在向下超过 6 m 处变坡，顺线路方向由 1∶1 变为 1∶1.25，原垂直线路方向由 1∶1.5 变为 1∶1.75。只需要在变坡处再用切线支距法放一次支距点，分成两层挂线即可。当锥体高度超过 12 m 时，以此类推，以 6 m 倍数设变坡点，分层挂线便可。变坡一次变坡点可以不设平台，但第二次变坡时，需要考虑设平台，以改善受力状态。

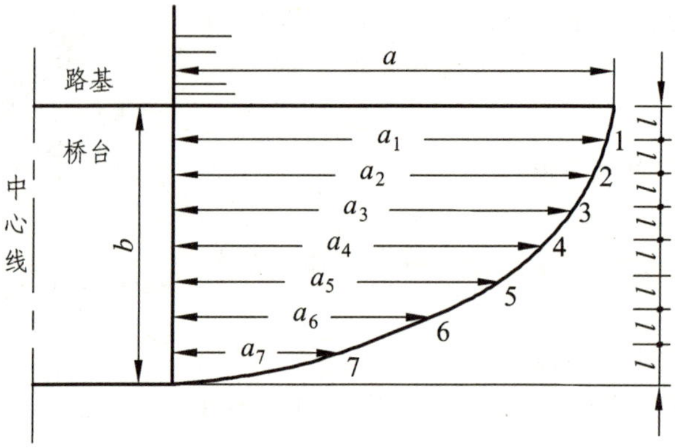

图 10-3-2　锥体护坡支距放样

利用表 10-3-1 可计算出垂直线路方向的各支距数，具体放样见图 10-3-2，图中将 b 等分为 8 份。$H \leqslant 6$ m 时，$b = H$；$H = 6 \sim 12$ m 时，$b = 1.25H - 1.5$；$H > 12$ m 时 $b = 1.5H - 4.5$。

表 10-3-1　锥体护坡放线支距表

支距	护坡高度	
	$H \leqslant 6$ m	$H = 6 \sim 12$ m
a	$1.5H$	$1.75H - 1.5$
a_1	$1.49H$	$1.73H - 1.5$
a_2	$1.45H$	$1.69H - 1.45$
a_3	$1.39H$	$1.62H - 1.4$

续表

支距	护坡高度	
	$H \leqslant 6$ m	$H = 6 \sim 12$ m
a_4	$1.30H$	$1.51H - 1.3$
a_5	$1.17H$	$1.37H - 1.2$
a_6	$0.99H$	$1.16H - 1.0$
a_7	$0.73H$	$0.85H - 0.75$

（2）纵横等分线相交法。

这是桥头锥体护坡放样最简单方便的方法。有了锥体高度和顺线路方向与垂直方向的坡度，直接可以放出锥体的坡脚线。具体放线方法是：如图 10-3-3 所示，以桥台尾部为准，按锥体需要的宽度，在垂直线路方向量取 OA，按照锥体前端需要的长度，由 A 点量取 AC，即短轴长度。然后将 OA 和 AC 等分相同的等份，并将各等分点如图示编号，再用两根线交会，如图示：接 $A-7$ 线和 $1'-6$ 线交会于Ⅰ点，$2'-5$ 线和 $1'-6$ 线交会于Ⅱ点，以此类推，直到 $1-6'$ 与 $B-7'$ 交会出Ⅶ点。依次定出Ⅰ，Ⅱ，…，Ⅶ各点，即为锥体护坡的坡脚点，将各点相连即为坡脚线。

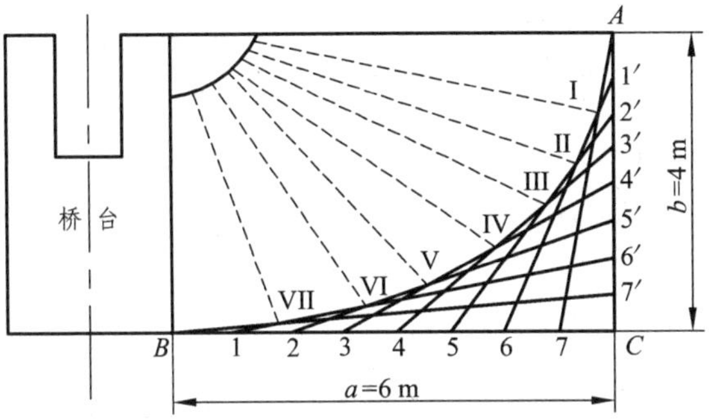

图 10-3-3　纵横等分线相交法放样

纵横等分线相交法-桥头锥体护坡放样

4. 锥体护坡施工注意事项

（1）在锥体护坡砌石拉线时，坡顶应预先放高 2 ~ 3 cm，使护坡能随同锥体填土沉陷后坡度仍符合规定。

（2）锥体应以渗水性土壤填筑，确有困难时，除严寒地区外，可用一般黏性土填筑。各类土均要严格夯实。采用一般黏土作填料时，应达到最佳密实度的 90%。锥体填土应按高程及坡度一次填足，砌筑片石厚度不够时，再将土挖去，不允许填土不足或临时边砌石边补填土。

（3）锥体护坡片石下面一定要按规定做碎石反滤层（垫层），以防止锥体土方被水侵蚀变形。根据土质情况，在护坡表面适当位置设泄水孔。

（4）护坡基础与坡脚的接面应与护坡坡面垂直，以防滑走。

（5）锥体护坡坡脚处地基如发现有不良情况或陷穴时，必须彻底进行处理，保证护坡稳定。

（6）锥体护坡与路肩或地面的连接必须平顺，以利排水，并避免砌体背后受冲刷或渗透坍塌。

三、台后渗水土壤的填筑

桥台顶道砟面应做好排水坡度，使道床的水能顺利排出。桥台后，上方不小于桥台高度加 2 m，下方不小于 2 m 长的一段范围内的路基填方，在严寒地区必须用渗水土填筑，并不得使用冻土；在非严寒地区，渗水土源确有困难时，可用一般黏性土，但应夯实达到最佳密实度的 90%，并须加强排水措施。以往台后排水曾采用盲沟，但易发生阻塞或冻胀等病害现象，故目前多采用预埋水管向台外排水，如图 10-3-4 所示。但防水层与泄水管必须衔接良好。

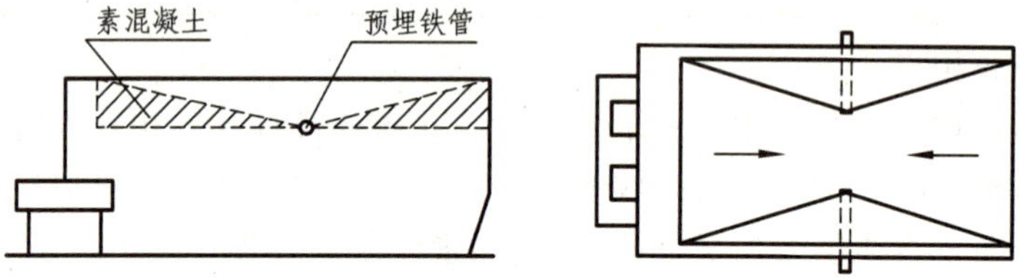

（a）T 形桥台两侧排水

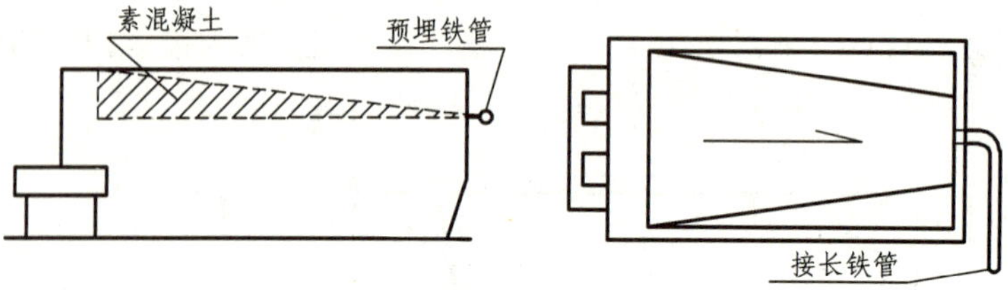

（b）T 形桥台台后排水

图 10-3-4　T 形桥台从两侧和台后排水的方式

四、桥下河床加固

为防止桥下河床冲刷，可对河床进行浆砌或干砌加固，砌体的厚度和长度可根据水力、水文、地质、地形等条件决定。

下面将常用的干砌施工介绍如下：

1. 特　点

干砌由于没有砂浆的胶结，坚固程度和整体性较差，在砌筑技术上要比浆砌困难一些。

干砌的种类有：干砌片石、栽砌漂石、干砌混凝土砌块等。

2. 铺砌反滤层（垫层）

当有水通过砌体缝隙时，为防止水将土的颗粒带出，在设计上要求铺设反滤层。所用的滤层材料宜就地取材，可采用碎石、小卵石、角砾或粗砂作为反滤层，铺时应厚薄均匀。

当不考虑反滤作用，只是为了使河床表面平顺时，也铺设上述材料，则称为垫层。

3. 片石的砌筑

先将已挖好的基底进行夯实，铺设反滤层。砌筑时宜将较大的石块置于底层，石块间应交错咬接不得松动，所有空隙应用碎石填实，石块外露面应稍加修整。

4. 漂石长轴应与铺砌面相垂直

漂石栽砌要求断面整齐，栽砌紧密，互相错缝，且同层（排）漂石应大小一致。

栽砌漂石护坡应选用扁形和易衔接的石料，栽砌时漂石长轴必须垂直于斜坡。不易衔接时，上下邻层应向相反方向略微倾斜，如图 10-3-5 所示。

栽砌漂石铺底有两种砌法，一种是横砌，一种是纵砌。目前多采用横砌法。横砌时漂石应略向下游倾斜，同排漂石应互相夹紧，如图 10-3-6 所示。

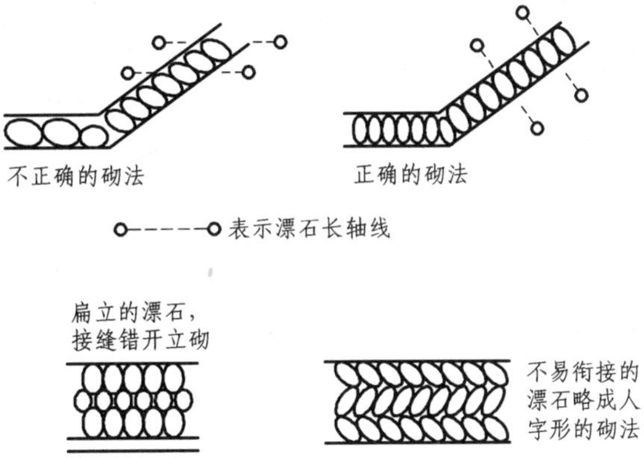

图 10-3-5　栽砌漂石护坡视图

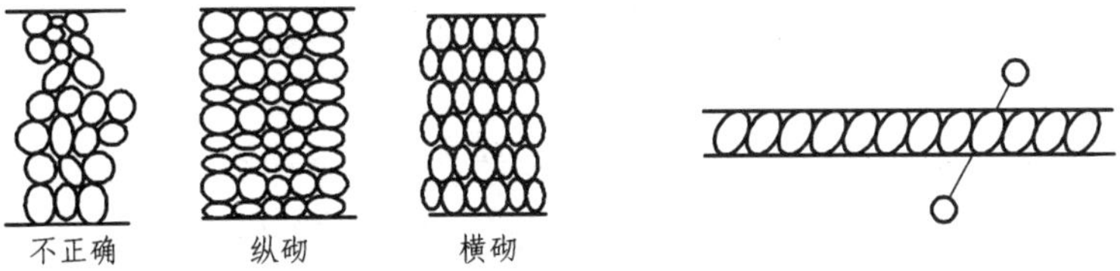

（a）平面图　　（b）纵断面图

图 10-3-6　栽砌漂石铺底

【项目小结】

桥墩施工　　桥台施工　　桥面施工

【项目训练】

10.1　常用墩台模板类型有哪些？

10.2　桥墩墩身施工工艺流程有哪些？

10.3　高桥墩施工模板的常见类型有哪些？

10.4　桥面系工程施工的内容有哪些？

10.5　桥梁附属工程施工有哪些？

项目 11 混凝土简支梁的施工

【项目描述】

简支梁桥构造简单，使用广泛。较小跨径时采用钢筋混凝土梁（或板），较大跨径时采用预应力混凝土梁。其施工方法有两种：一种是整体现浇，即全桥在纵向和横向都是在现场整体浇筑；另一种方法是上部结构在预制工厂或工地预制场分块预制，然后再把预制件连接成整体。本项目就简支梁桥就地浇筑施工、先张梁和后张梁的预制、简支梁的架设进行介绍。

【项目目标】

（1）掌握普通简支梁的制造工艺；
（2）掌握预应力混凝土先张梁的预制方法；
（3）掌握预应力混凝土后张梁的施工工艺；
（4）掌握预制混凝土梁的安装方法。

任务 11.1 简支梁的制造

就地浇筑施工是一种传统的施工方法，即在桥孔位置搭设支架，并在支架上安装模板，绑扎及安装钢筋骨架，然后浇筑混凝土。由于施工需要大量的模板和支架，曾在小跨径或交通不便的边远地区采用。随着桥跨结构形式的发展，在公路工程中出现了大量较宽的异形桥、弯桥等复杂的混凝土结构，加之近年来临时钢构件和万能杆件的大量应用，在其他施工方法都比较困难时，或经过比较，施工方便、费用较低时，也常在中、大跨径桥梁中采用就地浇筑的施工方法。

就地浇筑钢筋混凝土简支梁的施工工序如图 11-1-1 所示。

一、模板与支架工程

在浇筑混凝土之前应对支架和模板进行全面、严格的检查，核对设计图纸的要求。支架必须有足够的强度和刚度以保证梁体在设计高程位置，支架的接头位置应准确、可靠，卸落设备要符合要求。应检查模板的尺寸，制作是否密贴，螺栓、拉杆、撑木是否牢固，是否已涂抹脱模剂。

在支架上浇筑梁体混凝土时，会产生一定的下沉和挠度，因此需在支架上设置预拱度。为获取支架弹性和非弹性变形量及地基沉降量，以便更准确地确定预拱度的数值，应对支架进行预压。预压前应设计好预压平面位置、荷载大小及分布、测点位置，预压时分级加载、卸载，分别测得各级荷载下的模板下沉量及地面下沉量，并在卸载后全面测得各测点的回弹量。

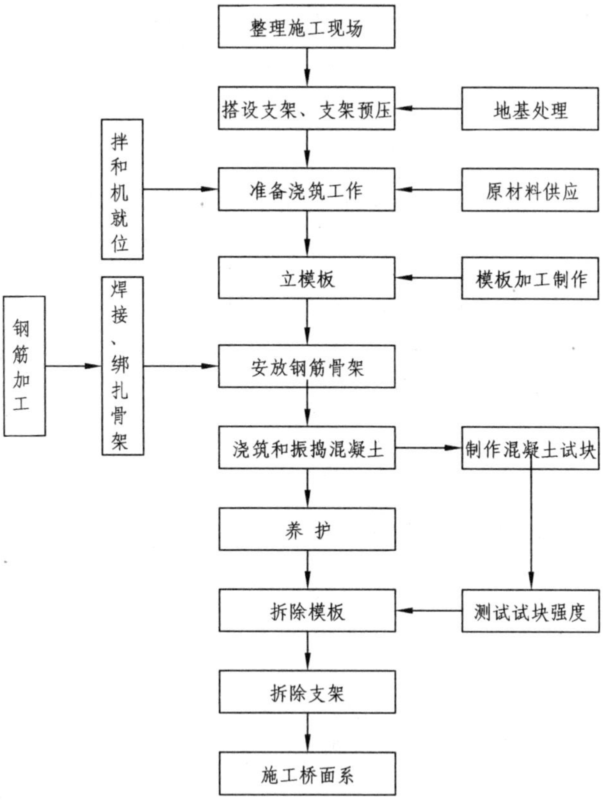

图 11-1-1 就地浇筑钢筋混凝土简支梁施工工序

二、钢筋骨架的安装

钢筋混凝土结构中，常用钢筋的直径一般为 6 ~ 40 mm。钢筋一般先在钢筋车间加工，然后运至现场安装或绑扎。钢筋的加工过程一般有调直、除锈、下料、弯钩、焊接、绑扎等工序。

三、混凝土工程

关于混凝土搅拌、运输、浇筑及养护的基本要求已在项目 8 做了介绍，下面将重点介绍梁体混凝土工程须注意的内容。

（一）混凝土的运输

混凝土应以最少的转运次数、最短的距离迅速地从拌制地点运往灌注地点，避免发生离析、泌水和灰浆流失现象，混凝土运输时间不宜超过时间限制允许值。

1. 在桥面上运输

对于跨径不大的桥梁，可在上部结构模板上运送混凝土。用手推车或小型机动斗车运送时，需在模板上铺跳板和马凳，并随着浇筑工作的推进逐一撤除。用轻轨斗车运送时，模板上需放置混凝土短柱或铁支架，上搁纵梁、横木、面板，再铺铁轨。混凝土短柱和铁支架可留在混凝土体内。

2. 索道吊机和运输

索道吊机一般沿顺桥方向跨越全部桥跨设置，可设 1 条或 2 条索道，在桥的横向可用牵引的方法或搭设平台分送混凝土。此法适用于河谷较深或水流湍急的桥梁。

3. 在河滩上运输

当桥下为较平坦的河滩时，可用汽车或轻轨斗车进行水平运输，用吊机进行垂直和横向运输。进行水平运输（顺桥向）和垂直运输（上、下方向）时，宜用同一活底吊斗装载混凝土并将其送入模板，避免倒料。如不得已需要先将料放在平台上，然后进行分送时，应经过重新拌和后再分送与浇筑。

4. 水上运输

在通航的河流上，可在浮船上设置水上混凝土工厂和吊机，以供应混凝土并将其运送到浇筑部位。当需另用小船运送混凝土时，应尽可能使用同一装载混凝土的工具。

（二）混凝土的浇筑

在正式浇筑前，应对浇筑使用的各种机具设备进行试运转，以防在使用中发生故障。要规划好浇筑顺序，布置好振捣设备，检查螺帽紧固的可靠程度。对大型就地浇筑施工结构，必须准备备用的机械、动力。

浇筑前应会同监理工程师对模板、钢筋以及预埋件的位置进行检查，检查内容包括以下几点：

1. 混凝土的浇筑速度

为了保证浇筑混凝土的整体性，防止在浇筑上层混凝土时破坏下层混凝土，浇筑层次的增加需有一定的速度，需使次一层的浇筑能在先浇筑的一层混凝土初凝以前完成。

2. 混凝土的浇筑顺序

在考虑主梁混凝土的浇筑顺序时，不应使模板和支架产生有害的下沉；为了使混凝土振捣密实，应采用相应的分层浇筑；当在斜面或曲面上浇筑混凝土时，一般应从低处开始。可根据具体情况采用水平分层、斜层和单元浇筑的方法。

（1）水平分层浇筑。对于跨径不大的简支梁桥，可在钢筋全部绑扎（或焊接）完成以后，将梁和板沿一跨全长内水平分层浇筑，在跨中合龙，如图 11-1-2（a）所示。分层的厚度视振捣器的能力而定，一般为 0.15 ~ 0.3 m；当采用人工振捣时可采用 0.15 ~ 0.2 m。为避免支架不均匀沉陷的影响，浇筑工作应尽量快速进行，以便在混凝土失去塑性以前完成。

（2）斜层浇筑。跨径不大的简支梁桥，还可用斜层法从主梁两端对称向跨中进行，并在跨中合龙，如图 11-1-2（b）所示。T 梁和箱梁采用斜层浇筑的顺序如图 11-1-3（a）所示。当采用梁式支架，且支点不设在跨中时，应在支架下沉量大的位置先浇混凝土，使应该发生的支架变形及早完成。其浇筑顺序如图 11-1-3（b）所示。采用斜层浇筑时，混凝土的倾斜角与混凝土的稠度有关，一般为 20° ~ 25°。

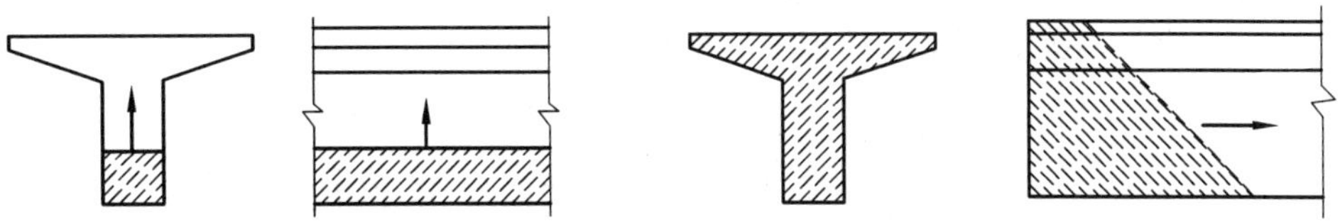

（a）水平分层浇筑　　（b）斜层浇筑

图 11-1-2　分层浇筑混凝土

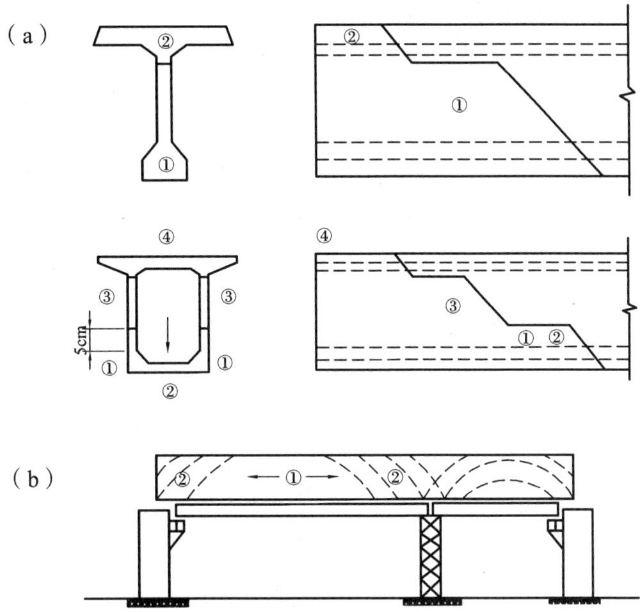

图 11-1-3　混凝土浇筑顺序示意图

较大跨径的简支梁桥，可用水平分层或斜层法先浇筑纵横梁，待纵横梁浇筑完毕后，再沿桥的全宽浇筑桥面板混凝土。在桥面板与纵横梁间应按设置施工缝（工作缝）处理。

（3）单元浇筑。当桥面较宽且混凝土数量大时，可分成若干纵向单元分别浇筑。每个单元的纵横梁可沿其长度方向水平分层浇筑或用斜层法浇筑，在纵梁间的横梁上设置工作缝，并在纵横梁浇筑完成后填缝连接。此后桥面板可沿桥全宽全面积一次浇筑完成，不设施工缝。桥面板与纵横梁间设置水平施工缝。

3. 施工缝

在施工缝处开始继续浇筑混凝土的时间不能过早，以免已凝固的混凝土受到振动而破坏，必须待已浇筑混凝土的抗压强度不小于 1.2 MPa 时才可进行。

在施工缝处继续浇筑前，为解决新旧混凝土的结合问题，应按规定对已硬化的施工缝表面进行处理，主要包括：

（1）清除表层的水泥薄膜和松动石子及软弱混凝土层，必要时还要加以凿毛；
（2）清除钢筋上的油污、水泥砂浆及浮锈等杂物；
（3）用水将施工缝处冲洗干净，并保持充分湿润，且不得积水；
（4）在浇筑前，宜先在施工缝处铺一层水泥砂浆。

任务 11.2 预应力混凝土先张梁

预应力混凝土先张梁的制梁工艺是在浇筑混凝土前张拉预应力筋，并将其临时锚固在张拉台座上，然后立模浇筑混凝土，待混凝土达到规定的强度后，逐渐将预应力筋放松。预应力筋的回缩力通过其与混凝土之间的黏结作用传递给混凝土，从而使混凝土获得预压应力。

先张法预应力混凝土空心板梁预制工艺

图 11-2-1 为先张法预应力混凝土空心板梁预制工艺流程。

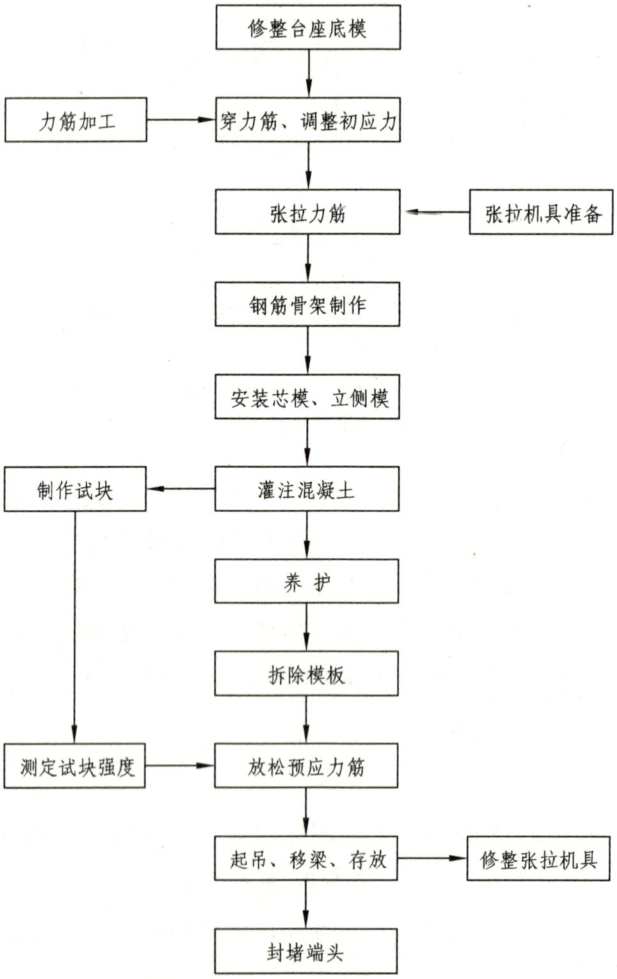

图 11-2-1 先张法预应力混凝土空心板梁预制工艺流程

一、台　座

1. 台座的组成

（1）底板：有整体式混凝土台面和装配式台面两种，作为预制构件的底模。

（2）承力架或支承架：是台座的主要受力结构。其形式很多，如框架式、墩式、槽式等。

（3）横梁：是将预应力筋的张拉力传给承力架的横向构件。常用型钢或钢筋混凝土制作。

（4）定位板：用来固定预应力筋的位置。一般是用钢板制成的，定位板上的孔位按梁体预应力筋的位置设置，孔径比力筋大 2 ~ 4 mm，以便穿筋。

（5）固定端装置：用于固定预应力筋位置并在梁预制完成后放松预应力筋。它设在非张拉端，仅用于一端张拉的先张台座。

2. 台座的类型

（1）框架式台座。由纵梁（压柱）、横梁、横系梁组成框架承受张拉力，一般采用钢筋混凝土在现场整体浇筑，其图示见附录 C。

（2）墩式台座。墩式台座如图 11-2-2（a）所示。横梁直接和墩或桩基连成整体共同承受张拉力。墩式台座构造简单、造价较低，缺点是稳定性较差、变形较大，设计时必须保证具有足够的强度、刚度。

（3）槽式台座。如图 11-2-2（b）所示。

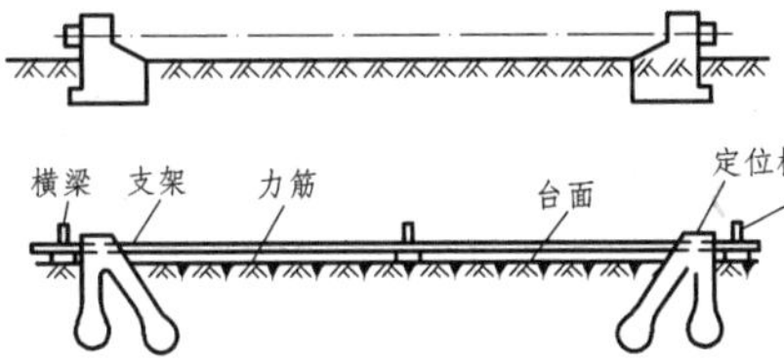

（a）墩式台座

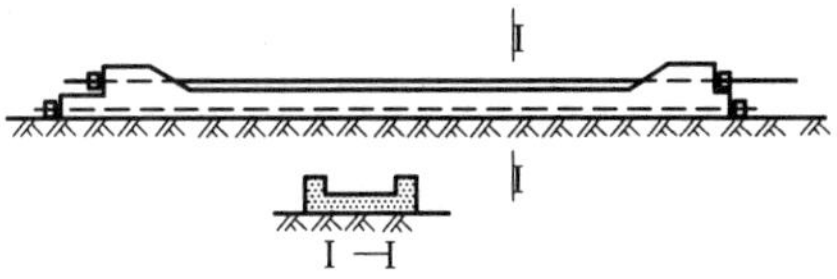

（b）槽式台座

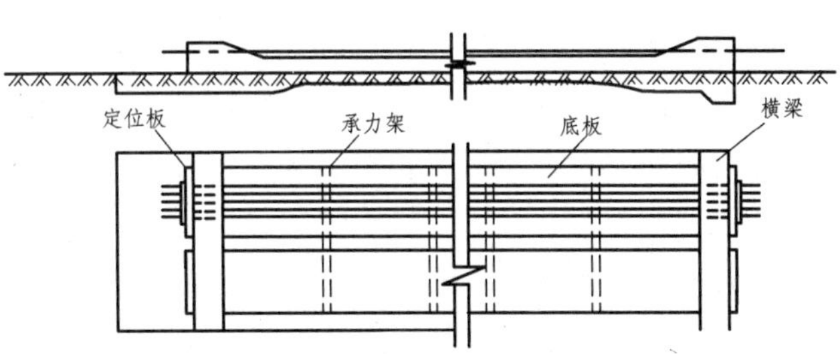

（c）台座平面构造示意

图 11-2-2　墩式台座及槽式台座

（4）拼装式钢管混凝土台座。以钢管混凝土作为压柱，压柱两端采用型钢立柱和型钢框架装片石压重的平衡体，与压柱连接组成台座承力架。此类台座具有施工迅速方便、可重复使用、造价低的特点，常用于铁路桥梁。台座构造如图 11-2-3 所示。该台座长度可满足每次预制两片 16 m 梁的需要。

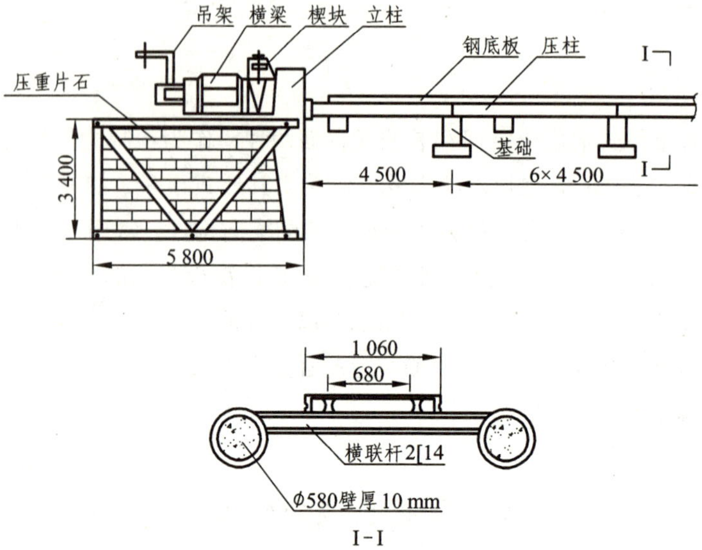

图 11-2-3 拼装式钢管混凝土台座（单位：cm）

二、模板与预应力筋制作要求

1. 模板制作要求

（1）将先张台座的混凝土底板作为预制构件的底模，要求地基不产生不均匀沉陷，底板制作必须平整光滑、排水畅通。梁位端部的底模应满足强度要求和重复使用的要求。

（2）端模预应力筋孔的位置要准确，安装后与定位板上对应的力筋孔要求均在一条中心线上。

（3）考虑到预应力筋放松后梁体的压缩量，为保证梁体外形尺寸，侧模制作要增长 1‰。

2. 预应力筋制作要求

（1）预应力筋下料长度按计算长度、工作长度和原材料试验数据确定。长度不大于 6 m 的先张构件，当钢丝成组张拉时，同组钢丝下料长度的相对误差不得大于 2 mm。

（2）先张法预应力的粗钢筋，在冷拉或张拉时，通过连接器和锚具进行，可采用镦头钢筋和开孔的垫板，代替锚具或夹具。

（3）先张法镦头锚的钢丝镦头强度不应低于钢丝标准抗拉强度的 90%。

（4）当预应力筋为粗钢筋时，该粗钢筋可在绑扎钢筋骨架的同时放入梁体。

三、预应力筋张拉程序与操作

（一）张拉前的准备工作

张拉前先安装定位板，检查定位板的力筋孔位置和孔径大小是否符合设计要求，然后将定位板固定在横梁上。在检查预应力筋数量、位置、张拉设备和锚具后，方可进行张拉。张拉布置如图 11-2-4 所示。

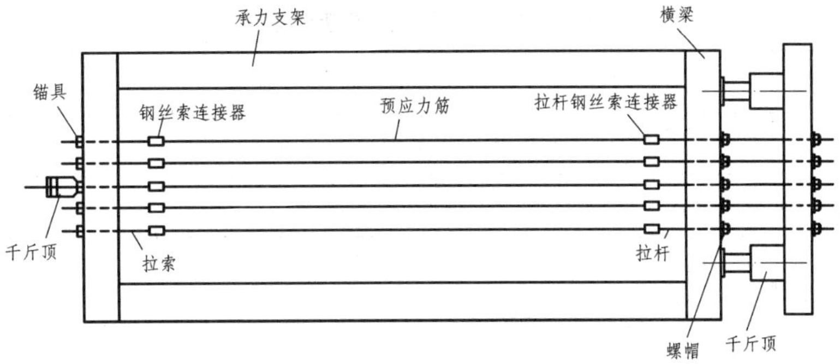

图 11-2-4　先张法的张拉布置图

（二）张拉工艺

先张法张拉预应力筋，分单根张拉和多根张拉，单向张拉和双向张拉。

单根张拉设备比较简单，吨位要求小，但张拉速度慢，张拉的顺序应不致使台座承受过大的偏心力。多根张拉一般需有 2 个大吨位千斤顶，张拉速度快。多根张拉必须使 2 个千斤顶与预应力筋对称布置，2 个千斤顶油路串通，同步顶进。多根预应力筋张拉时，必须使它们的初始长度一致，张拉后每根力筋的应力均匀。

单向张拉时，可在预应力筋的一端选用螺丝端杆锚具和横梁、千斤顶组成张拉端；另一端选用镦粗夹具为固定端，这样可以利用螺丝端杆的螺帽调整各根力筋的初始长度。如果力筋直径较小，在保证每根力筋下料长度精确的情况下，可两端采用镦粗夹具。

将多根张拉固定端的镦粗夹具改为夹片锚具，用张拉千斤顶先单根施加部分拉力，同时使每根预应力筋均匀受力，然后在另一端多根张拉到位，就是双向张拉，如图 11-2-4。双向张拉速度快，预应力筋拉力均匀。

（三）张拉程序

预应力筋的张拉应符合设计要求，设计无规定时，其张拉程序可按表 11-2-1 的规定进行。

表 11-2-1　先张法预应力筋张拉程序

预应力筋种类	张拉程序
钢筋	0 → 初应力 → 1.05% σ_{con} 持荷 2 min → 0.9 σ_{con}→σ_{con}（锚固） 0 → 初应力 → 1.05% σ_{con} 持荷 2 min → 0 →σ_{con}（锚固）
钢丝、钢绞线	对于夹片式等具有自锚性能的锚具： 低松弛力筋：0→初应力→σ_{con} 持荷 2 min（锚固）

注：① 表中σ_{con}为张拉时的控制应力值，包括预应力损失值。
② 超张拉数值超过施工规范规定的最大超张拉应力限值时，应按规范规定的限制张拉应力进行张拉。
③ 张拉钢筋时，为保证施工安全，应在超张拉放张至 0.9σ_{con}时安装模板、普通钢筋及预埋件等。

（四）断丝、断筋数量限制

张拉时，预应力筋的断丝数量不得超过表 11-2-2 的规定。

表 11-2-2 预应力筋断丝限制

类别	检查项目	控制数
钢丝、钢绞线	同一构件内断丝数不得超过钢丝总数的比例	1%
钢筋	断筋	不容许

（五）一般操作

1. 调整预应力筋长度

采用螺丝端杆锚具，拧动端头螺帽，调整预应力筋长度，使每根预应力筋受力均匀。

2. 初始张拉

一般施加 10% 的张拉应力，将预应力筋拉直，锚固端和连接器处拉紧，在预应力筋上选定适当的位置刻画标记，作为测量延伸量的基点。

3. 正式张拉

（1）一端固定，一端单根张拉。张拉顺序由中间向两侧对称进行，如横梁、承力架受力安全也可从一侧进行。单根预应力筋张拉吨位不可一次拉至超张拉应力。

（2）一端固定，一端多根张拉。千斤顶必须同步顶进，保持横梁平行移动，预应力筋均匀受力。分级加载拉至超张拉应力。

（3）一端单根张拉，一端多根张拉。先张拉单根预应力筋，由延伸量和油表压力读数双控制，施加 30%~40% 的张拉力，同时使预应力筋受力均匀，先顶锚固一端，再张拉多根预应力筋至超张拉应力。

同时张拉多根预应力筋时，应预先调整其初应力，使相互之间的应力一致；张拉过程中，应使活动横梁与固定横梁始终保持平行，并应抽查力筋的预应力值，其偏差的绝对值不得超过按一个构件全部力筋预应力总值的 5%。

预应力筋张拉完毕后，其实际位置与设计位置的偏差不得大于 5 mm，同时不得大于构件最短边长的 4%。

4. 持　荷

按预应力筋的类型选定持荷时间，使预应力筋完成部分徐舒，以减少钢丝锚固后的应力损失。

5. 锚　固

补足或放松预应力筋的拉力至控制应力。测量、记录预应力筋的延伸量，并核对实际伸长值与理论伸长值，其差值应符合设计要求，设计无规定时，其差值应控制在 6%以内，否则应暂停张拉，找出原因及时处理。张拉满足要求后，锚固预应力筋，千斤顶回油至零。

四、预应力混凝土配料与浇筑

（一）预应力混凝土配料

（1）混凝土胶凝材料总量不应超过 500 kg/m^3。水胶比不超过 0.45。

（2）拌和料中可掺入适量的减水剂，但不得掺入氯化钙、氯化钠等氯盐。从各种组成材料引进混凝土中的氯离子总含量（折合氯化物含量），不宜超过水泥用量的 0.06%，当超过 0.06% 时，宜采取掺加阻锈剂、增加保护层厚度、提高混凝土密实度等措施；对于干燥环境中的小型构件，氯离子含量可提高 1 倍。

（二）预应力混凝土浇筑

浇筑前除应检查台座受力夹具、预应力筋数量、位置及张拉吨位是否符合要求外，还应注意以下事项：

（1）尽量采用侧模振捣工艺。

（2）使用振捣棒振捣时应避免触及力筋，防止发生受振滑移和断筋伤人事故，并不得触及充气胶管。

（3）浇筑混凝土时防止充气胶管上浮和偏位，随时检查定位箍筋固定情况。

（4）采用蒸汽养护时，温度应按设计执行，不得任意提高，以免造成不可补救的预应力损失。

五、放张（即放松受拉预应力筋）

（一）放张方法

1. 砂箱放松法

放松装置应在预应力筋张拉前放置在非张拉端。张拉前将砂箱（见图 11-2-5）活塞全部拉出，箱内装满干砂，让其顶住横梁。张拉时箱内砂被压实，承受横梁反力。放松预应力筋时，打开出砂口让砂慢慢流出，活塞缩回，逐渐放松预应力筋。

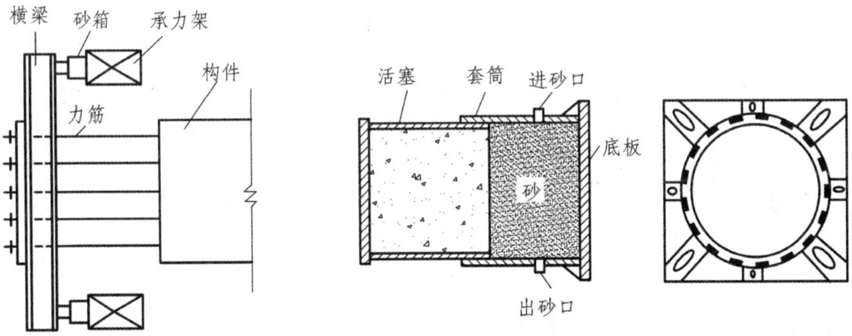

图 11-2-5　砂箱放松法

2. 千斤顶放松法（见图 11-2-6）

在台座固定端的承力架与横梁之间，张拉前即安放两个千斤顶，待混凝土达到规定放松强度后，即可让两千斤顶同步回程，使拉紧的力筋慢慢回缩，将力筋放松。

3. 张拉放松法

（1）张拉端。在张拉端利用连接器、拉杆、双螺帽放松预应力筋，如图 11-2-7 所示。施加应力不应超过原张拉时的控制应力，之后将固定在横梁定位板前的双螺帽慢慢旋动，同一组放松的预应力筋螺帽旋动的距离应相等，然后再将千斤顶回油。张拉，放松螺帽，回油，反复进行，慢慢放松预应力筋。

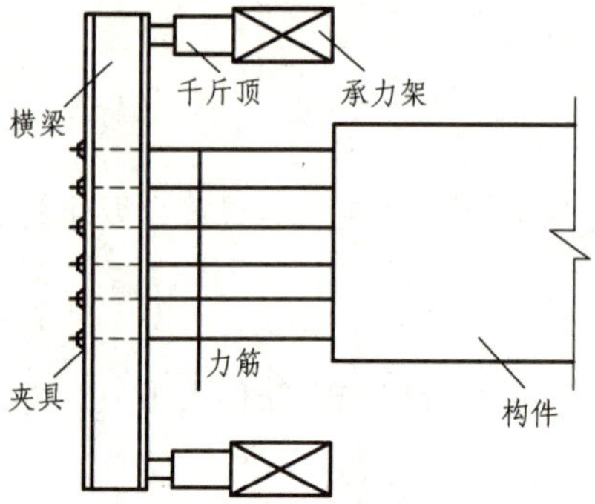

图 11-2-6 千斤顶放松法

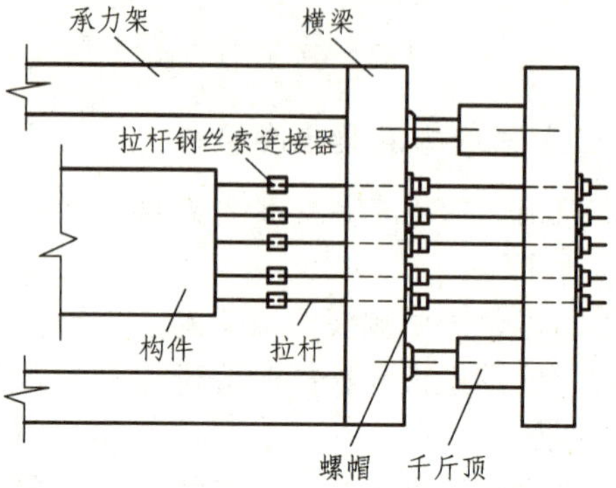

图 11-2-7 张拉端张拉放松示意

（2）固定端。在台座固定端设置螺杆和张拉架，张拉架顶紧横梁让预应力筋锚固在张拉架上，如图 11-2-8 所示，放松时，再略微拉紧力筋，让其伸长一些，然后拧松螺帽，再将千斤顶回油，力筋就慢慢回缩，张拉力即被释放。

4. 滑楔放松法

张拉前将三块钢制 U 形滑楔放在台座横梁与螺帽之间，如图 11-2-9 所示，在中间滑楔上设置螺杆、螺丝顶住预应力筋。张拉完成后，旋松螺丝，因反力作用，而使中间滑楔向上滑动，将预应力筋慢慢放松。

5. 手工法

即采用各种手工机具将预应力筋沿构件端部锯断或剪断，此法费工费时。

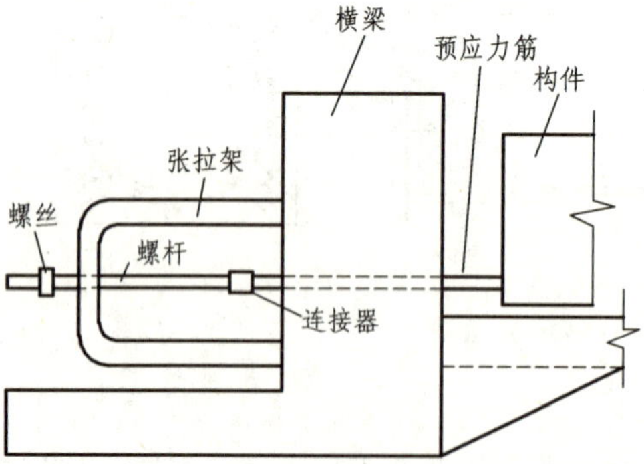

图 11-2-8 固定端张拉放松示意图

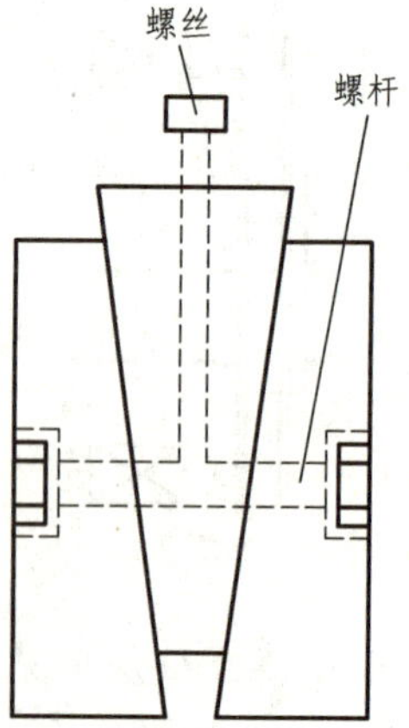

图 11-2-9 滑 楔

（二）放张规定

（1）预应力筋放张时的混凝土强度需符合设计规定，设计未规定时，不得低于设计混凝土强度等级值的 75%。

（2）预应力筋的放张顺序应符合设计要求，设计未规定时，应分阶段、对称、相互交错地放张。在力筋放张之前，应将限制位移的侧模、翼缘模板或内模拆除。

（3）多根整批预应力筋的放张，可采用砂箱法或千斤顶法。用砂箱放张时，放砂速度应均匀一致；用千斤顶放张时，放张宜分数次完成。单根钢筋采用拧松螺母的方法放张时，宜先两侧后中间，并不得一次将一根力筋放松。

（4）钢筋放张后，可用乙炔-氧气切割，但应采取措施防止烧坏钢筋端部。钢丝放张后，可用切割、锯断或剪断的方法切断；钢绞线放张后，可用砂轮锯切断。

（5）切割后的外露端头，应用砂浆封闭或涂刷防蚀材料，防止生锈。

任务 11.3　预应力混凝土后张梁

预应力混凝土后张梁的制梁工艺是先浇筑留有预应力筋孔道的梁体，待混凝土达到规定的强度后，再在预留孔道内穿入预应力筋进行张拉锚固（有时预留孔道内已事先穿束，待混凝土达到规定的强度后，再进行预应力筋张拉锚固），最后进行孔道压浆并浇筑梁端封锚混凝土。

T 梁施工工艺

后张法公路预应力混凝土空心梁预制工艺

图 11-3-1 为后张法预应力混凝土简支 T 梁施工工艺流程图。

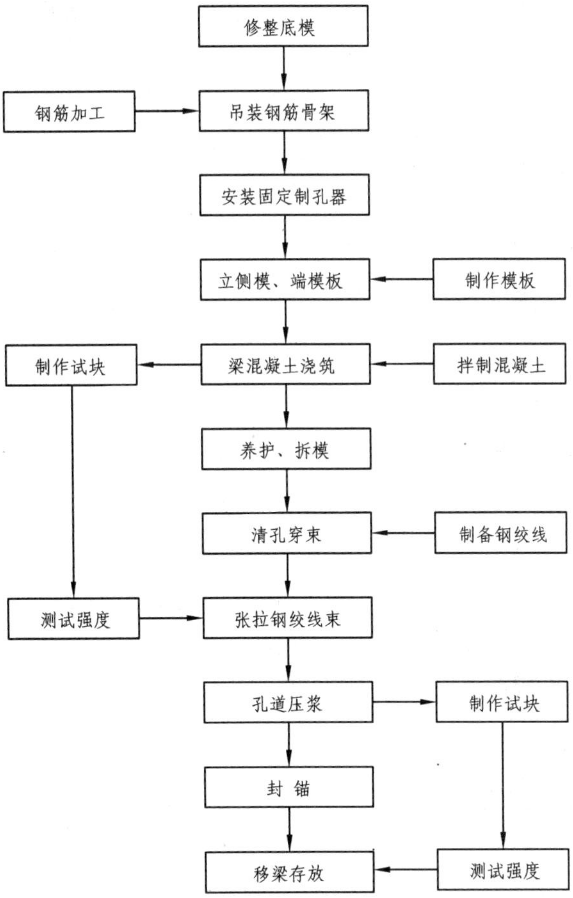

图 11-3-1　后张法预应力混凝土简支 T 梁施工工艺流程

一、预应力筋加工

后张法预应力混凝土梁可采用钢丝、钢绞线、热处理钢筋、冷拉Ⅳ级钢筋、冷拔低碳钢丝及精轧螺纹钢筋作为预应力筋，其中钢绞线和钢丝应用较为广泛。

（一）预应力粗钢筋的加工

直径 12 ~ 32 mm 的预应力粗钢筋要经过下料、对焊、冷拉、时效、端头镦粗或轧丝等工序。

（1）下料：应按钢筋的计算长度、工作长度和原材料的试验数据确定下料长度。

（2）对焊：目前多采用二次闪光对焊，对焊的轴线偏差不得大于 2 mm 或钢筋直径的 1/10。

（3）冷拉：即在常温下，对钢筋进行拉伸，使其拉伸控制应力超过屈服强度，但小于抗拉极限强度。冷拉可以提高钢材的屈服强度。冷拉时可采用“控制应力或控制冷拉率”的方法。

（4）时效：即冷拉后的钢筋在一定温度条件下放置一段时间，使其性能得到提高。有条件时可采用人工时效，人工时效是将冷拉后的钢筋在 100 °C 的恒温下保持 2 h 左右，条件不具备时可采用自然时效。自然时效需要将冷拉后的钢筋在 20 ~ 30 °C 的恒温下至少放置 15 ~ 20 d。

（5）端头镦粗或轧丝。当使用镦头锚或轧丝锚时，需先将预应力筋镦粗头或轧丝，该工序在冷拉之前或之后进行均可。

直径为 6 ~ 10 mm 的高强钢筋，以盘圆供应，施工中可免去冷拉工序和对焊接长等加工工作，有利于施工。

（二）高强钢丝的加工

高强钢丝的来料一般为盘圆，打开后基本呈直线，一般无须整直即可下料。

编束时，应逐根理顺，绑扎牢固，防止互相缠绕。

（三）钢绞线的加工

钢绞线的下料长度由孔道长度和工作长度决定。

钢绞线的切割宜采用切割机和砂轮锯，不得使用电弧焊下料。

二、预留孔道

（一）孔道的形成

在浇筑梁体混凝土前，按梁内预应力筋的设计位置先安放制孔器，待梁体混凝土达到一定强度时，抽拔出制孔器（当用抽拔式制孔器时），即形成孔道。

（二）制孔器分类

无论采用何种制孔器，所有管道均应设压浆孔，还应在最高点设排气孔及需要时在最低点设排水孔。

1. 埋置式制孔器

埋置式制孔器在梁体制成后留在梁内，形成孔道壁，对预应力筋的摩阻力小，但加工成本高，不能重复使用，金属材料耗用量大。埋置式制孔器主要有铁皮管式和铝合金波纹管式 2 种。

2. 抽拔式制孔器

抽拔式制孔器在梁体混凝土浇筑前安放在力筋的设计位置上，等初凝后将其拔出，梁体内即形成孔道。该种制孔器能够周转使用，省料而经济，抽拔式制孔器主要有橡胶抽拔管、金属伸缩抽拔管、钢管 3 种。

（1）抽拔顺序：先拔下层管，后拔上层管；先拔早浇筑端的管，后拔晚浇筑端的管；抽拔时先拔芯棒，后拔管。

（2）抽拔时间。在混凝土初凝之后与终凝之前，待其抗压强度达到 4 ~ 8 MPa 时方可抽拔制孔器。抽拔过早，混凝土容易塌陷而堵塞孔道；如抽拔过迟，则可能拔断管。

根据经验，抽拔式制孔器的抽拔时间可参考表 11-3-1。

表 11-3-1　抽拔式制孔器的抽拔时间

环境温度/ °C	抽拔时间/h
30 以上	3
20 ~ 30	3 ~ 5
10 ~ 20	5 ~ 8
10 以下	8 ~ 12

三、穿　束

预应力筋可在浇筑混凝土之前或之后穿入管道，穿束前应检查锚垫板和孔道，锚垫板应位置准确，孔道内应畅通，无水和其他杂物。采用的方法有：

（1）人工直接穿束。

（2）机械穿束。

① 卷扬机穿束。

② 穿束机穿束。将钢绞线从盘架上拉出后从孔道的一端快速地（速度为 3 ~ 5 m/s）推送入孔道，当带有护头的束前端穿出孔道另一端时，留出必要的工作长度，然后用电动切线机予以截断，再将新的端头戴上护头穿第二束，直至完成所有穿束工作。

四、力筋的张拉

（一）张拉前的准备工作

对力筋施加预应力之前，必须对千斤顶和油压表进行校验，计算与张拉吨位相应的油压表读数和钢丝伸长量，确定张拉顺序和清孔、穿束等工作，应对构件进行检验，外观和尺寸应符合质量标准要求。张拉时，构件的混凝土强度应符合设计要求，设计未规定时，应符合相关规范规定。

（二）张拉程序

预应力筋的张拉应符合设计要求，设计无规定时，其张拉程序可参照表 11-3-2 进行。

表 11-3-2　后张法预应力筋张拉程序

预应力筋		张拉程序
钢筋、钢筋束		0→初应力→1.05 σ_{con}（持荷 2 min）→ σ_{con}（锚固）
钢绞线束	对于夹片式等具有自锚性能的锚具	低松弛力筋　0→初应力→ σ_{con}（持荷 2 min 锚固）
	其他锚具	0→初应力→1.05 σ_{con}（持荷 2 min）→ σ_{con}（锚固）
钢丝束	对于夹片式等具有自锚性能的锚具	低松弛力筋　0→初应力→ σ_{con}（持荷 2 min 锚固）
	其他锚具	0→初应力→1.05 σ_{con}（持荷 2 min）→0→ σ_{con}（锚固）
精轧螺纹钢筋	直线配筋时	0→初应力→ σ_{con}（持荷 2 min 锚固）
	曲线配筋时	0→ σ_{con}(持荷 2 min)→ 0(上述程序可反复几次)→初应力→ σ_{con}（持荷 2 min 锚固）

注：① 表中 σ_{con} 为张拉时的控制应力值，包括预应力损失值；
② 两端同时张拉时，两端千斤顶升降压、划线、测伸长、插垫等工作应基本一致；
③ 梁的竖向预应力筋可一次张拉到控制应力，然后于持荷 5 min 后测伸长和锚固；
④ 超张拉数值超过施工规范规定的最大超张拉应力限值时，应按规范规定的限制张拉应力进行张拉。

（三）两次张拉工艺

（1）预应力混凝土梁在混凝土强度达到设计强度之前，先张拉一部分力筋，对梁体施加较低的预压应力，使梁体能承受自重荷载，将梁移出生产梁位。

（2）预制梁移出生产台座后，继续进行养护，待达到混凝土设计强度后，进行其他力筋的张拉工作。

（四）张拉要点

（1）预应力筋的张拉顺序应符合设计要求，当设计未规定时，可采取分批、分阶段对称张拉。

（2）对曲线预应力筋或长度大于等于 25 m 的直线预应力筋，宜在两端张拉；对长度小于 25 m 的直线预应力筋，可在一端张拉。

（五）滑丝和断丝处理

后张预应力筋断丝及滑移不得超过表 11-3-3 中的控制数。

表 11-3-3 后张预应力筋断丝、滑移限制

类别	检查项目	控制数
钢丝束和钢绞线束	每束钢丝断丝或滑丝	1 根
	每束钢绞线断丝或滑丝	1 丝
	每个断面断丝之和不超过该断面钢丝总数的比例	1%
单根钢筋	断筋或滑移	不容许

注：① 钢绞线断丝是指单根钢绞线内钢丝的断丝；

② 超过表列控制数时，原则上应更换，当不能更换时，在许可的条件下，可采取补救措施，如提高其他束预应力值，但需满足设计上各阶段极限状态的要求。

为避免滑丝和断丝，应加强对设备、锚具、预应力筋的检查，严格执行张拉工艺，防止滑丝、断丝。

出现滑丝或断丝时，可以采取以下措施：

① 钢丝束放松。

② 单根滑丝单根补拉。

③ 人工滑丝放松钢丝束。

（六）安全操作要求

（1）张拉现场应有明显标志，无关人员严禁入内。

（2）张拉或退楔时，千斤顶后面不得站人，以防预应力筋拉断或锚具、楔块弹出伤人。

（3）油泵运转有不正常情况时，应立即停车检查。在有压情况下，不得随意拧动油泵或千斤顶各部位的螺丝。

（4）作业应由专人负责指挥，操作时严禁摸踩及碰撞力筋，在测量伸长及拧螺母时，应停止开动千斤顶或卷扬机。

（5）冷拉或张拉时，螺丝端杆、套筒螺丝及螺母必须有足够长度，夹具应有足够的夹紧能力，以防锚具夹具不牢滑出。

（6）千斤顶支架必须与梁端垫板接触良好，位置正直对称，严禁多加垫块，以防支架不稳或受力不均倾倒伤人。

（7）在高压油管的接头应加防护套，以防喷油伤人。

（8）已张拉完而尚未压浆的梁，严禁剧烈振动，以防预应力筋断裂而酿成重大事故。

五、孔道压浆

（一）压浆目的

压浆的目的是使梁内预应力筋免于锈蚀，并使力筋与混凝土梁体相黏结而形成整体。

（二）水泥浆的技术要求

《客货共线铁路桥涵工程施工技术规程》中对管道压浆做下列规定：

（1）管道压浆宜在预应力筋张拉完成后 48 h 内进行。压浆前应使用密封罩或高等级水泥

浆封闭锚具孔隙。

（2）管道压浆用水泥浆应按设计要求强度配制，水胶比不大于 0.33，且不应泌水。水泥浆初凝时间不小于 4 h，终凝时间不大于 24 h。压浆材料中不得含有高碱膨胀剂或铝粉为膨胀源的膨胀剂，严禁掺加氯盐类、亚硝酸盐类或其他对预应力钢绞线有腐蚀作用的外加剂。

水泥浆应随拌随用，置于储浆罐的浆体应持续搅拌，从拌制到压入管道的时间间隔一般不应超过 40 min。水泥浆拌制均匀后，应经孔格不大于 3 mm × 3 mm 筛网过滤后方可压入孔道。

（3）管道压浆顺序应自下而上进行。

（4）同一管道压浆应连续进行，一次完成。同一管道压浆因故中断时，应立即用压力水将孔道冲洗干净。

高速铁路桥梁的预应力构件管道压浆时应符合《高速铁路桥涵工程施工技术规程》的规定。

（三）压浆工艺

压浆是用压浆机（拌和机加水泥泵）将水泥浆压入孔道，并使孔道从一端到另一端充满水泥浆，且不使水泥浆在凝结前漏掉。为此需在两端锚具上或锚具附近的预制梁上设置接口（连接带阀压浆嘴）和排气孔。

压浆工艺应符合设计要求。设计对压浆工艺无要求时，应优先采用真空辅助压浆。真空辅助压浆是指将预应力孔道密封，一端用真空机将孔道内大部分的空气抽出，并保证孔道真空度维持在规定值，同时在另一端压入专用水泥浆，当水泥浆从抽真空端流出且稠度与压浆端基本相同，再经两端排气（排水及微沫浆）、保压程序，从而保证孔道内水泥浆体饱满。

真空辅助压浆工艺能有效地保证灌浆的密实度、提高压浆饱满度、加强混凝土与预应力筋的黏结，从而有效地防止预应力筋的腐蚀，提高结构的耐久性。

真空辅助压浆应符合下列规定：

（1）真空泵性能应能达到 0.1 MPa 的负压力。

（2）压浆前应用真空泵将管道抽到真空度 – 0.08 ~ – 0.06 MPa 之间，并应在真空度稳定后，立即开启进浆口阀门，同时开启压浆泵进行连续压浆。压浆的最大压力不宜超过 0.6 MPa。压浆充盈度应达到管道另一端饱满并于排气孔排出与规定流动度相同的浆体为止。关闭出浆口后，应保持不小于 0.5 MPa 且不少于 3 min 的稳压期。

（3）水泥浆终凝后，方可卸拔压浆阀门。

（四）压浆注意事项

（1）浇筑之前应对孔道进行清洁、润湿处理，并用吹风机排除积水，保证管道畅通、不塌陷、不堵塞。

（2）拌和水泥浆应注意检查配合比、计量的准确性、材料往拌和机掺放的顺序、拌和时间和水泥浆的流动性。

（3）水泥浆进入压浆泵之前应过筛，压浆应缓慢进行，检查排气孔的水泥浆浓度，尤其在排气孔关闭之后，泵压应达到 0.5 MPa 以上，不宜超过 0.6 MPa，并要保持一定时间。

（4）压浆时，对曲线孔道和竖向孔道应从最低点的压浆孔压入，由最高点的排气孔排气和泌水。压浆顺序上宜先压注下层孔道。

（5）比较集中和附近的孔道，宜尽量连续压浆完成，以免窜到邻孔的水泥浆凝固堵塞孔道。

（6）压浆作业不能中断，应连续地进行，不能连续压浆时，后压浆的孔道应在压浆前用压力水冲洗畅通。

（7）寒冷季节压浆时，做到压浆前管道周围的温度在 5 °C 以上，水泥浆的温度在 10～20 °C，尽量减小水灰比。夏季为了避免高温引起水泥浆的温度上升和硬化，应掺加缓凝剂并尽快结束压浆作业，一般气温超过 35 °C 不进行压浆施工。

（8）压浆过程中及压浆后 3 d 内，结构混凝土的温度不应低于 5 °C，否则应采取保温措施。当气温高于 35 °C 时，压浆宜在夜间进行。

（9）压浆后应从检查孔抽查压浆的密实情况，如有不实，应及时处理和纠正。

六、封　锚

压浆后应先将其周围冲洗干净并对梁端混凝土凿毛，然后设置钢筋网浇筑封锚混凝土。封锚混凝土的强度应符合设计规定，一般不宜低于构件混凝土强度等级值的 80%。必须严格控制封锚后的梁体长度。长期外露的锚具，应采取防锈措施。

七、锚具、夹具、连接器

锚具是后张法结构或构件中为保持预应力筋拉力并将其传递到混凝土上用的永久性锚固装置。夹具是先张法构件施工时为保持预应力筋拉力并将其固定在张拉台座（或钢模）上用的临时性锚固装置。后张法张拉用的夹具又称工具锚，是将千斤顶（或其他张拉设备）的张拉力传递到预应力筋的装置。连接器是先张法或后张法施工中将预应力从一根预应力筋传递到另一根预应力筋的装置。

工程用锚（夹）具、连接器应符合国家标准《预应力筋用锚具、夹具和连接器》的要求。

锚具的选择应根据结构的用途和要求，设计所需施加的预应力大小、预应力钢材的规格、品种及根数而定。目前常用的锚具品种有：钢丝束镦头锚具、钢绞线束夹片锚具、精轧螺纹钢筋锚具等。

1. 钢丝束镦头锚具

钢丝束镦头锚具是利用钢丝的镦粗头来锚固预应力钢丝的一种支承式锚具。这种锚具的加工简单、张拉方便、锚固可靠，但对钢丝的下料的要求严格，也较费人工。

（1）张拉端锚具。

张拉端镦头锚具按照其构造不同可分为锚杯型、锚环型与锚板型 3 种锚具。

锚杯型镦头锚具由锚杯与螺母组成。锚孔布置在锚杯的底部，灌浆孔或排气孔设在杯底的中部。张拉前，锚杯缩在预留孔道内，张拉时利用工具式拉杆拧在锚杯的内螺纹上，将钢丝束拉出来用螺母固定。这种锚具最为常用，其型号为 DM5A—××（5 表示钢丝直径，××表示钢丝根数），锚杯型锚具的构造如图 11-3-2 所示。

锚环型镦头锚具由锚环与螺母组成。这种锚具与锚杯型锚具不同之处是：锚孔布置在锚环上，且内螺纹穿通，以便孔道灌浆，主要用于张拉小吨位钢丝束。

锚板型镦头锚具由带外螺纹的锚板和半圆环垫片组成。张拉前，锚板位于构件端头。张拉时，利用工具式连接头拧在锚板的外螺纹上，将钢丝束拉出来用半圆环垫片固定。这种锚具多用于短束。

（2）固定端锚具。

固定端镦头锚具有镦头锚板、带锚芯的镦头锚板和半黏结锚具 3 种类型。其中镦头锚板最简单、最常用。其型号为 DM5B—××，镦头锚板锚具的构造如图 11-3-3 所示。

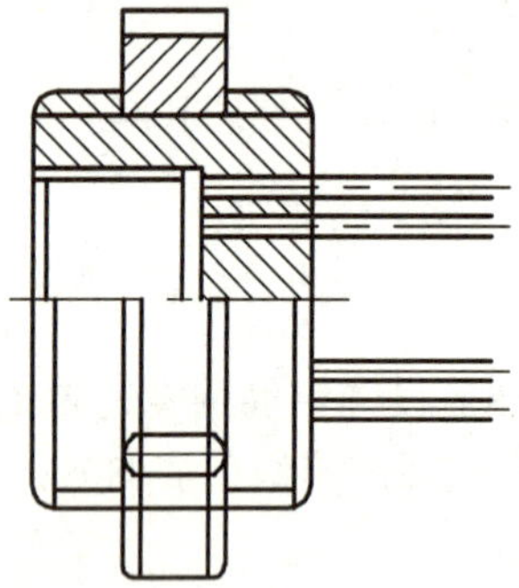

图 11-3-2　DMA 型锚具构造示意图

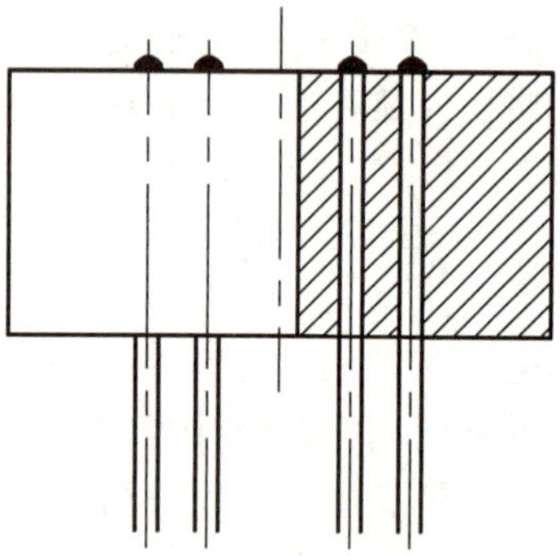

图 11-3-3　DMB 型锚具构造示意图

带锚芯的镦头锚板又称活动锚板。将锚板分为锚芯与螺母两部分，以便镦头穿束。

半黏结锚具是埋在混凝土中部分靠黏结、部分靠锚板的锚具。

（3）连接器。

钢丝束的接长，可采用连接器。连接器是一个带内螺纹的套筒或带外螺纹的连杆，其型号为 DM5C—××。DMC 型连接器的构造见图 11-3-4。

2. 钢绞线束夹片锚具

钢绞线束夹片锚具是利用夹片来锚固预应力钢绞线的一种楔紧式锚具。由于钢绞线强度高、硬度大、接触面小，因此对锚具夹片的夹持能力要求较高。

（1）张拉端锚具。

张拉端锚具常用的型号有：JM 型锚具、XM 型锚具、QM 型锚具、OVM 型锚具、YM 型锚具和 BM 型锚具等。

JM 型锚具由锚环和楔块（夹片）组成。楔块的两个侧面设有带齿的半圆槽，每个楔块卡在两根钢绞线之间，这些楔块与钢绞线共同形成组合式锚塞，将钢绞线束楔紧。JM 型锚具构造如图 11-3-5 所示。这种锚具的优点是钢绞线相互靠近，构件端部不扩孔。缺点是如果有一个楔块损坏会导致整束钢绞线的锚固失败。

XM 型锚具由多孔的锚板与夹片组成。锚具的夹片采用三片式，按 120°均分的开缝沿轴向有偏转角。由于偏转角的方向与钢绞线的扭角相反，因此对钢绞线的锚固有益无损，对钢绞线的锚固比较可靠，另外，由于夹片为斜开缝，还可用于锚固钢丝束。XM 型锚具构造如图 11-3-6 所示。

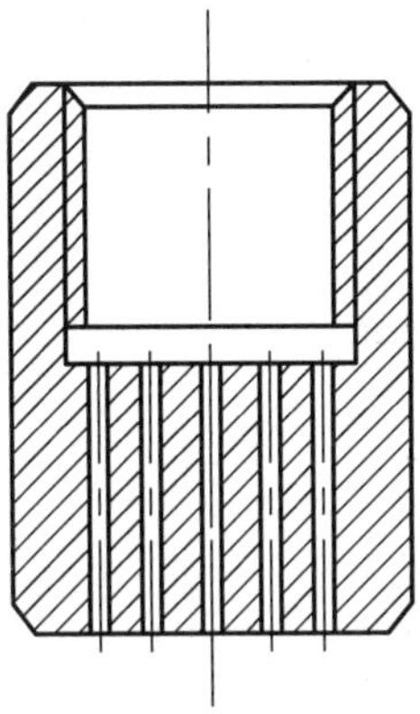

图 11-3-4　DMC 型连接器构造示意图

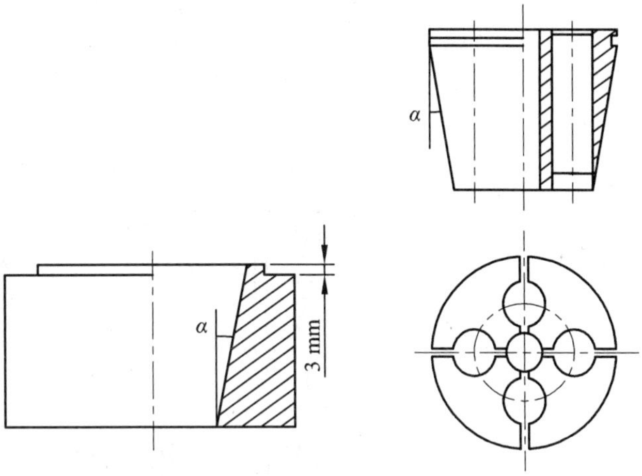

（a）锚环　（b）楔块

图 11-3-5　JM 型锚具构造示意图

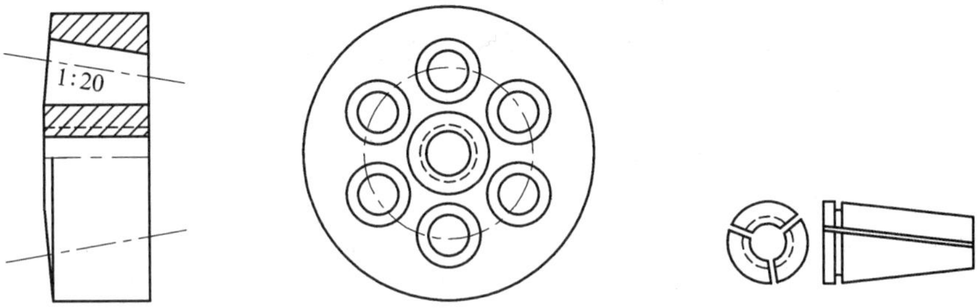

（a）锚板　（b）夹片

图 11-3-6　XM 型锚具构造示意图

XM 型锚具的工具锚与工作锚通用。用于工具锚时，使用次数不宜超过 3 次，然后该锚具可转为工作锚使用。XM 型锚具下设钢垫板、喇叭管与螺旋筋等。钢垫板表面上开有锚环对中用的凹槽。喇叭管由薄钢板制成，焊在钢垫板上。

QM 型锚具也是由多孔的锚板和夹片组成，但与 XM 型锚具不同之处是 QM 型锚具的锚板顶面为平面，锚孔为直孔；夹片为直开缝，倒锯形细齿。

OVM 型锚具是在 QM 型锚具的基础上，将夹片改为二片式，并在夹片背面上部锯有一条弹性槽，以提高锚固性能。OVM 型锚具构造如图 11-3-7 所示。

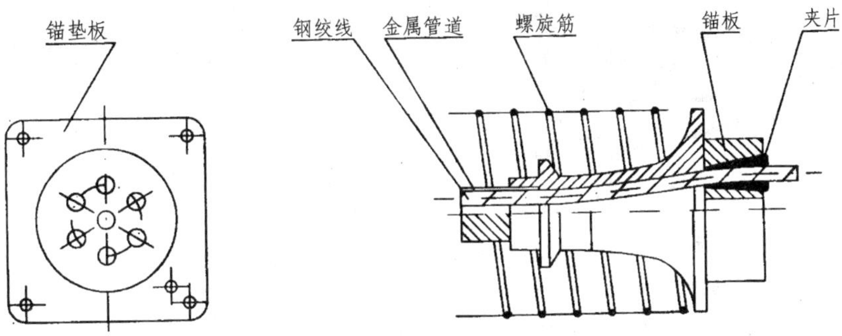

图 11-3-7　OVM 型锚具构造示意图

YM锚具与OVM锚在结构、性能上基本相同，仅孔的分布不同。

BM 型锚具是一种新型的夹片式扁形群锚，简称扁锚。它由扁锚头、扁形垫板、扁形喇叭管及扁形管道等组成。扁锚构造如图 11-3-8 所示。

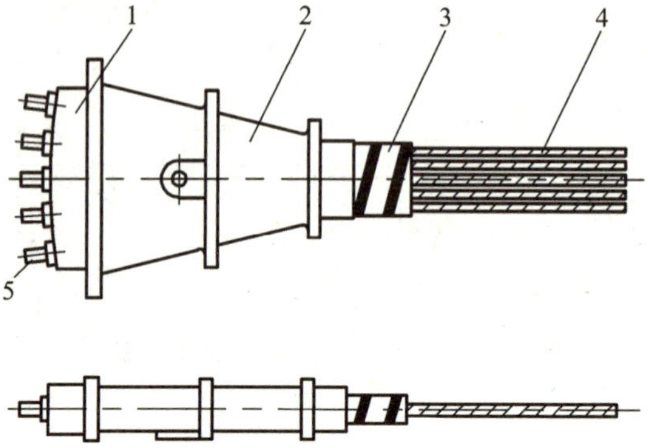

1—扁锚板；2—扁形垫板与喇叭管；3—扁形波纹管；4—钢绞线；5—夹片。

图 11–3–8　扁锚构造图

扁锚的优点是：张拉槽口扁小，可减小混凝土板厚，便于梁的预应力筋按实际需要切断后锚固，有利于减少钢材；钢绞线单根张拉，施工方便。这种锚具特别适用于空心板、低高度箱梁以及桥面横向预应力筋等张拉。

（2）固定端锚具。

钢绞线束固定端锚具，除了可以采用与张拉端相同的锚具外，还可以选用挤压锚具和压花锚具。

挤压锚具是利用液压压头机将套筒挤紧在钢绞线端头上的一种支承式锚具。套筒内衬有硬钢丝螺旋圈，在挤压后硬钢丝全部脆断，一半嵌入外钢套，一半压入钢绞线，从而增加钢套筒与钢绞线之间的摩阻力。锚具下设有钢垫板与螺旋筋。这种锚具适用于构件端部的设计力大或端部尺寸受到限制的情况。挤压锚具构造如图 11-3-9 所示。

压花锚具是利用液压压花机将钢绞线端头压成梨形散花状的一种黏结式锚具，如图 11-3-10 所示。多根钢绞线梨形头应分排埋置在混凝土内。为提高压花锚四周混凝土及散花头根部混凝土抗裂强度，在散花头的头部配置构造筋，在散花头的根部配置螺旋筋。

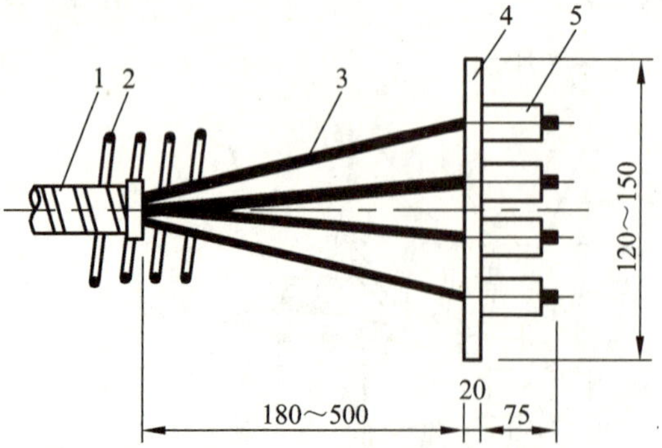

1—波纹管；2—螺旋筋；3—钢绞线；4—钢垫板；5—挤压锚具。

图 11–3–9　挤压锚具构造图（尺寸：mm）

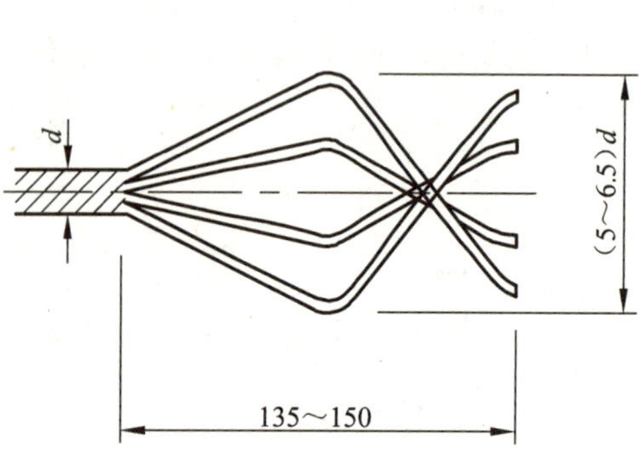

图 11–3–10　压花锚具构造图（尺寸：mm）

（3）连接器。

钢绞线束连接器，按使用部位不同可分为锚头连接器与接长连接器。

锚头连接器设置在构件端部，用于锚固前段钢绞线束，并联结后段束。其联结体是一块增大的锚板。锚板中部的锥形孔用于锚固前段束，锚板外周边的槽口用于挂住后段束的挤压头。连接器外包喇叭形白铁护套，并沿联结体外圆绕上打包钢条一圈，用打包机打紧钢条固定挤压头。

接长连接器设置在孔道的直线区段，用于接长预应力筋。接长连接器与锚头连接器的不同处是将锚板上的锥形孔改为孔眼，两段钢绞线的端部均用挤压锚具固定。张拉时连接器应有足够的活动空间。

3. 精轧螺纹钢筋锚具

精轧螺纹钢筋锚具是利用特制的螺母直接锚固精轧螺纹钢筋的一种支承式锚具。由于这种钢筋整根都轧有规则的非完整的外螺纹，因此可在钢筋纵长的任意截面处拧上连接器进行接长或在两端拧上螺母进行锚固，这种锚固体系具有联结与锚固简单、安全可靠、施工方便等优点，并避免了高强钢筋焊接难的问题。

（1）锚具。精轧螺纹钢筋锚具由螺母和垫板组成。螺母分为平面螺母和锥形螺母两种，垫板也相应地有平面垫板和锥形垫板。锥形螺母可通过锥体与锥形垫板的锥孔配合，便于预应力筋正确对中和螺母上开缝，其作用是增强螺母对预应力筋的夹持能力。锚具及垫板的构造如图 11-3-11 所示。

（2）连接器。精轧螺纹钢筋的连接器用于联结钢筋，使之成为一体共同受力。

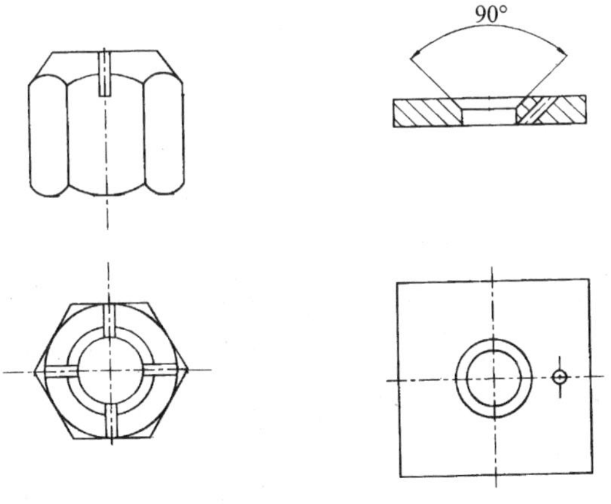

图 11-3-11　YGM 精轧螺纹钢筋锚具及 YGD 垫板构造图

八、张拉设备

预应力筋用张拉设备由液压张拉千斤顶、高压油泵和外接油管等组成。张拉设备应装有测力仪表，以准确建立预应力值。张拉设备应有专人使用和保管，并定期维护与标定。张拉设备的发展趋向：大吨位、小型化和轻量化。

（一）千斤顶

现代预应力张拉，一般都采用以高压油泵为驱动力的液压千斤顶，完成对预应力束的张拉、锚固和千斤顶的回程动作。

千斤顶有单作用千斤顶、双作用千斤顶、三作用千斤顶和连续顶推千斤顶等。单作用千斤顶只完成张拉一个动作，双作用千斤顶能完成张拉、顶压两个动作，三作用千斤顶能完成张拉、顶压、退楔三个动作，连续顶推千斤顶用于连续梁顶推工艺中不间断顶推工作。

预应力用液压千斤顶的机型分类和代号见表 11-3-4。

表 11-3-4 预应力用液压千斤顶分类和代号

机型	拉杆式	穿心式			锥锚式	台座式
		双作用	单作用	拉杆式		
代号	YDL	YDCS	YDC	YDCL	YDZ	YDT

例如：YDCS650-200 型是一种双作用穿心式液压千斤顶，其公称张拉力为 650 kN，公称行程为 200 mm。

（二）高压油泵

高压油泵的作用是向液压千斤顶的各个油缸供油，使它们按照所需速度伸出或回缩。高压油泵按驱动方式可分为手动或电动两种。目前施工中常用的油泵，都选用工作效率高、操作方便、劳动强度小的电动油泵，完成张拉、冷拉、提升、顶推、起重、钢筋压接接头等工作。

压力表选用国家定型标准产品，常用 Y-60 型大表面压力表。压力表上的读数反映出张拉油缸工作活塞上单位面积所受的压力。

任务 11.4 梁的安装

跨度 40 m 及以下的混凝土梁，可利用铁路运输的有利条件，在制梁厂（场）预制成“成品梁”，运到铺轨架梁基地或专设的存梁场存放，待铺轨工程接近桥头时，再装运到桥头，用架桥机或其他设备架到桥位上。由工厂制造的预制梁受运输条件的限制，一般分片制造，待梁架到桥位上后再连接成整体。

在某些情况下，也可在桥头或其附近预制厂浇制，并就近用适当的机具架到桥位上。在现场预制时运输条件的限制较少，既可分片制造，也可整孔制造。整孔梁的梁体较宽，自重较大，对架设机具要求较高。

我国新建公路的中、小跨度混凝土梁，也多采用工厂预制、现场架设的方法。

架设重量不大的预制梁，早期曾经采用以人力为主的架设方法。但随着施工技术的发展，陆续出现了一些机械化程度高、架设能力大的方法，如架桥机架梁、跨墩龙门架架梁。

预制混凝土简支梁的架设，包括起吊、纵移、横移、落梁等工序。铁路梁更多地采用专用架桥机架设；公路梁由于重量相对轻一些，除采用专用架桥机外，另有多种灵活、简便的架设方法，如自行式吊车架梁。

预制梁（板）的安装是预制装配式混凝土梁桥施工中的关键工序，应结合施工现场条件、工程规模、桥梁跨径、工期条件、机械设备等具体情况，以安全可靠、经济简单和施工快速为原则，合理选择架梁的方法。

下面主要介绍目前经常使用的几种预制梁的架设方法。

一、铁路架桥机架梁

随着预制梁跨度的不断提高，铁路架桥机的架设能力日益发展。跨度由 16 m 发展至 20 m、24 m 和 32 m；由单线双片 T 梁发展到双线整孔箱梁，架桥机的架设能力由 160 t 发展到 600 t、900 t。

铁路架桥机有走行设施，可以通过铁路线路转移使用。长途挂运时可解体，到达桥头后可以迅速组拼。这种架梁方法的优点是机动性大，架梁效率高，省人工，费用低，不受墩高、水深等条件的限制。但它也有自己的缺点，即在线路未铺设到桥头时，不能使用，对预制梁的体积、形状及重量都有一定的限制。使用铁路架桥机架梁应遵守《铁路架桥机架梁技术规程》的规定。

下面介绍几种目前经常使用的铁路架桥机。

架桥机架梁

（一）单梁式架桥机

1. 组　成

目前在我国使用的单梁式架桥机只有胜利型一种。该架桥机由 3 大部分组成：1 号车（主机）、2 号车（机动平车）及倒装龙门架，如图 11-4-1 所示。

1 号车是进行架梁或铺轨作业的主机。

2 号车是移运梁或轨排的机动车，可自行运转。

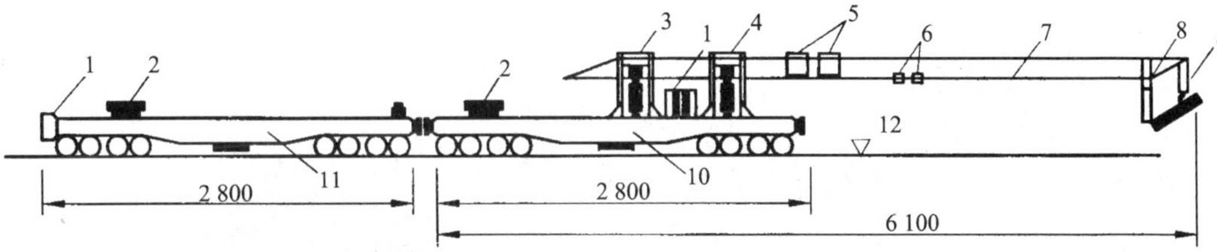

1—司机室；2—拖梁小车；3—2 号柱；4—1 号柱；5—吊梁小车；6—铺轨小车；7—机臂；8—0 号柱；9—吊钩；10—1 号平车；11—2 号平车；12—轨平面。

图 11-4-1　单梁式架桥机结构示意图（尺寸单位：cm）

倒装龙门架由两台龙门式起重机组成。由预制厂运来的梁车（或轨排车），通过该设备将梁（或轨排）起吊，换装到 2 号车上。在进行架梁（铺轨）作业时，应将其支起，回送时可以解体成若干部件叠合装运。

这种形式的架桥机实质上等于先在桥孔上架设一根高架式箱形简支便梁，再用吊梁小车吊架。

2. 优缺点

其优点是：

（1）从架桥机后端拖进桥梁，不需铺设岔线，不需吊梁行走对位，对桥头路基质量的要求较低，一般只需用机车压道。

（2）重心较低，机臂受力状态好，比较稳定安全。

（3）可以通过大臂摆头架设曲线上的梁。

它的最大缺点是必须通过拔道或墩顶移梁，或者拔移兼施，桥梁才能落在正位上。

3. 架梁过程

组装架桥机和倒装龙门架→组装以后的走行地段用单机压道→1 号车运行至桥头对位→2 号车、运梁车运行至倒装龙门架将梁倒装到 2 号车上→2 号车运行至主机尾部联挂→拖梁、捆梁、吊梁→对位落梁→横移就位、安装支座→电焊连接板、铺桥面。

（二）双梁式架桥机

双梁式架桥机目前有红旗型和长征型两种。

双梁式架桥机与单梁式不同之处是：将支放在高位的单根大臂分开为左右两片箱梁，并支放在较低的位置上。采用横跨两根箱梁的龙门式吊梁小车，从后端吊起桥梁在两片箱梁之间穿行，到达桥位后，还可通过吊梁小车上的横移设施，在机上作横向移动以便正确落位。

这种形式的架桥机除具单梁式的优点外，还有以下优点：

（1）可以实现机上横移，无须在墩上移梁。

（2）两端对称，不用掉头即可双向架梁。

（3）梁可以直接送进架桥机后大臂内起吊，不需要倒装龙门架和 2 号车。

其最大缺点是：架完一片梁后，需要将送梁的空平车拉回车站，再从车站送来另一片的梁车，影响架梁效率，在行车速度很慢的新铺线路上尤为突出。此外，铺设桥面轨排也很不便。

（三）下导梁式架桥机

下导梁式架桥机由下梁、上梁、前支腿、后支腿、喂梁支腿、起重小车等组成。专为铁路客运专线上整孔预制预应力混凝土简支箱梁架设而研究开发的 JQ600 和 JQ900 型架桥机均属此类，其额定起重量分别为 600 t 和 900 t，如图 11-4-2 所示。该架桥机下梁为导梁，上梁为吊装梁（主梁）。架设时，运梁车从后部行驶至两梁之间，此时上梁的后支腿先向上折起，然后落下后支腿于已架好的梁体上。利用钢下导梁作运输通道，用运梁车将混凝土梁运到被架桥跨上方，通过靠近支腿位置的起重小车将混凝土梁提离运梁车，运梁车退出后将下导梁往前纵移一跨，让出梁体位置，上梁吊梁小车再将梁准确落到正式支座上。

图 11-4-2　JQ900 型架桥机架设整孔箱梁

（四）桥头作业

1. 压　道

为了防止架桥机因路基松软而发生倾覆事故，以及避免架桥机结构和机械设备因线路变形发生严重超载现象而受到损害，无论使用哪种架桥机，除非有绝对可靠的根据，都应根据不同情况采取适当的方式进行压道，并应符合《铁路架桥机架梁技术规程》的规定。

2. 桥头线路加固

桥头线路加固方式：

① 单穿加固：每个枕木空加穿枕木 1 根。

② 对穿加固：每个枕木空对穿枕木 2 根。

③ 特别加固：

甲种—— 路基面密排人字枕木。

乙种—— 路基面密排人字枕木加扣轨 3 ~ 5 组。

丙种—— 用吊轨梁或扣轨梁两端支托在路面上或枕木垛上。

④ 增加轨道加强设备：增添轨距拉杆、轨撑和护轨等。

各种架桥机应根据架梁的轴重，结合路基质量、压道情况和轨道标准等，采取不同的加固方式，并应符合《铁路架桥机架梁技术规程》的规定。

二、轮胎运架一体式架桥机架梁

轮胎运架一体式架桥机是集吊、运、架梁为一体的多功能桥梁施工设备。它主要由运架梁机和导梁两大部分组成。运架梁机的两组轮胎可以纵横向移动，解决了在预制场内将箱梁从存梁场（或直接从制梁台座）吊出横行的问题。轮胎运架一体式架桥机架梁情况如图 11-4-3 所示。

图 11-4-3　轮胎运架一体式架桥机

秦沈客运专线建设施工时，引进了意大利 NICOLA 公司生产的 YJ550 型轮胎运架一体式架桥机，用于架设双线整孔箱梁，其架梁过程如下：

运架梁机在制梁场取梁→运架梁机运梁→运架梁机前行走轮组驶到导梁滚动小车上托梁→导梁与桥墩锚固，运架梁机携梁沿导梁前行就位→稳固运架梁机，导梁前行至下一墩位→腾出落梁位置→安装桥梁支座→落梁就位→导梁后移一段距离→运架梁机前轮组驶下导梁→

运架梁机退出→进行下一个循环。

三、双导梁架桥机架梁

这种形式的架桥机，目前广泛用于架设路面很宽、每孔片数很多的公路桥梁，较少用于架设铁路桥。但在预架和架设整孔式桥梁方面也有应用。

双导梁架桥机的架梁原理与双梁式架桥机基本相同。

这种方法是在桥孔上架设两片导梁，中间隔一定距离，前端用支腿支到桥墩上，后面部分支托在后方桥墩上，或已经架好的桥面、路基上，总的长度根据悬臂过渡的方式决定。导梁顶面设龙门轨，横跨导梁设龙门吊车两台。吊车顶上的卷扬设施可作横向移动。

架梁时运梁台车将梁送入架桥机后端，两台龙门吊车同时吊起梁进到桥孔对位（仅指长导梁架桥机）；或者先用前一台龙门吊车吊起前端，让后端继续托在运梁台车上前进，待梁后端进到后一台龙门吊起吊范围内时，再一同吊梁前进（仅指短导梁架桥机）。

这种方法不仅继承了龙门吊机架梁的优点，而且还可以在有水流通过的地带以及很高的桥墩上架梁。其缺点是临时组拼的工作量大，费工费时，工效不够高。

四、跨墩龙门架架梁

龙门架架梁

利用龙门架架梁的情况，在我国比较普遍。凡是桥孔众多，桥墩高度不大，地形较为平坦又需铺轨到达桥头前架好桥梁的工点都可以采用。

我国用于吊架铁路 32 m 分片式混凝土梁的龙门架，其一般布置如图 11-4-4 所示。龙门吊架梁之前，先在紧靠桥墩一侧铺设运梁便线，或就地现浇混凝土的台座，跨过便线或台座及桥墩铺设龙门轨道（一般是标准轨距线路）。安放走行台车，然后在走行台车上组拼与预制梁重量、宽度、高度相应的龙门架，顶上设横移轨道和吊重设备，下垂滑轮组、铁扁担和吊杆等吊梁工具，当运梁车辆送来梁片后，先将两台龙门架对好位置，然后从梁车上吊起桥梁横移到墩台顶面落梁就位。

龙门架多采用万能杆件组拼，各种不同吊重、不同跨度和不同高度的组拼方法及所需杆件总重详见有关万能杆件手册。走行台车、吊重设施等，因吊重不同各有不同的设计方法。

这种架设方法需要使用大量的万能杆件，并要补充制造约占总重量 5%的新制特型杆件，同时组拼工作量也大。但一般桥梁施工单位，多存有大量常备式万能杆件，工人对组拼龙门架也很熟练，故在某种条件下也是经济可行的。

采用龙门吊机法架梁应注意以下几点：

（1）走行轨道的基础应填平夯实，铺一定厚度的道砟，采用 43 kg/m 以上钢轨，枕木中心距 50 cm（钢轨接头处 30 cm），两股钢轨平直，轨距误差不大于 3 mm，并设专人经常检查。

（2）龙门架起吊重物应垂直起吊，不允许斜吊。吊重走行时，重物应在龙门架的跨中。

（3）两台龙门架抬吊梁的起落速度，纵向走行和横向移梁速度均应保持一致，不使梁发生立面上倾斜或平面上偏斜现象。

（4）有超过五级的风时停止使用。停用时要安放止轮器，如是多风季节还应系好缆风绳。

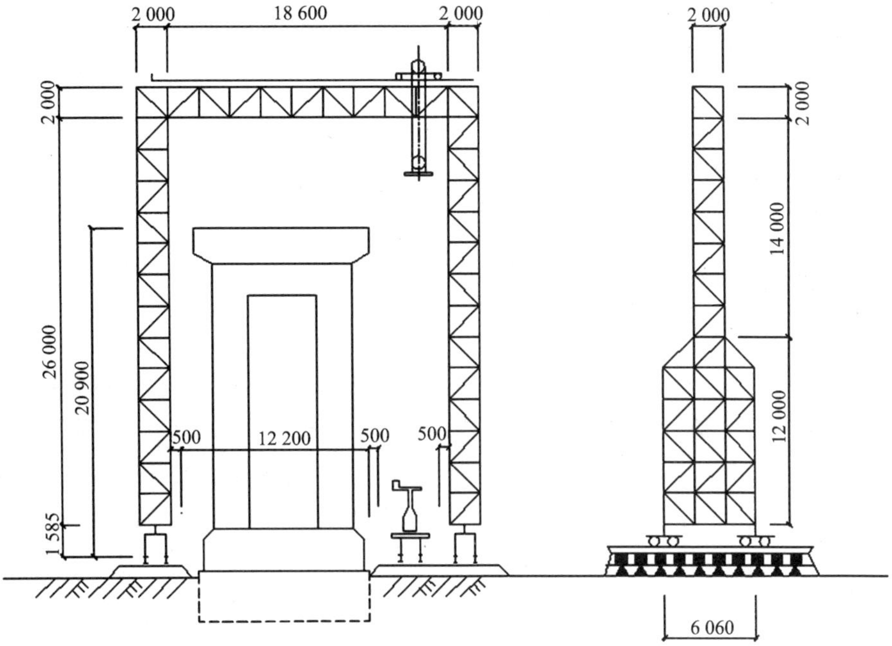

图 11-4-4　跨墩龙门架架梁（尺寸单位：mm）

五、自行式吊车（吊机）架梁

在桥不高，场内又可设置行车便道的情况下，用自行式吊车（汽车吊车或履带吊车）架设中、小跨径的桥梁十分方便。

大型的自行式吊机逐渐普及，且自行式吊机本身有动力，架设迅速、可缩短工期，不需要架设桥梁用的临时动力设备，因此，一般中小跨径的公路预制梁（板）的架设安装越来越多地采用自行式吊机。此法视吊装重量不同，可以采用一台吊机架设、二台吊机架设、吊机和绞车配合架设等方法。

预制梁重量不大，而吊机又有相当的起重能力，河床坚实无水或少水，允许吊机行驶、停搁时，可用一台吊机架设安装，如图 11-4-5 所示。

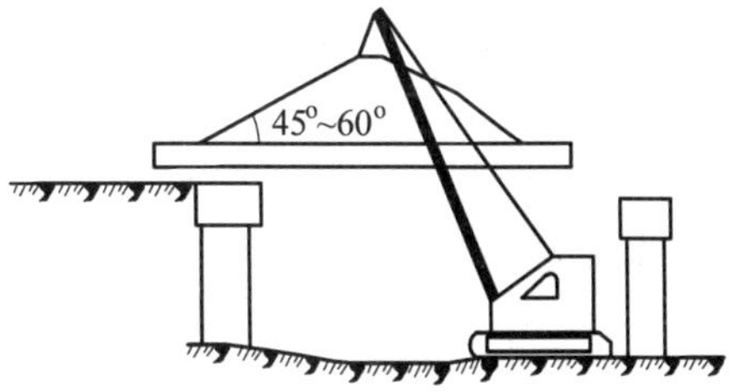

图 11-4-5　自行式吊车架梁

用二台吊机架梁，是用二台自行式吊机各吊住梁（板）的一端，将梁（板）吊起并架设安装。此法应注意两吊机的互相配合。

吊机和绞车配合架梁时，预制梁一端用拖履、滚筒支垫，另一端用吊机吊起，前方用绞车或绞盘牵引预制梁前进。梁前进时，吊机起重臂随之转动。梁前端就位后，吊机行驶到后端，提起后端取出拖履、滚筒，再将梁放下就位。

六、公路装配式混凝土简支梁（板）的横向连接

公路装配式混凝土简支梁（板）桥横向一般由多片主梁（板）组成，为了使多片装配式

主梁（板）能连成整体共同承受桥上荷载，必须使多片主梁（板）间有横向连接，且有足够的强度。

（一）简支板的横向连接

装配式混凝土板桥的横向连接，常用企口混凝土铰接和钢板连接等形式。板与板之间的连接应牢固可靠，在各种荷载作用下不松动、不解体，以保证各预制装配式板通过企口混凝土铰接缝或焊接钢板连接成整体，共同承受车辆荷载。

1. 企口混凝土铰接

企口混凝土铰接缝是在板预制时，在板两侧（边板为一侧）按设计要求预留各种形状的企口（如菱形、漏斗形、圆形等），预制板安装就位后，在相邻板间的企口中浇筑纵缝混凝土，铰缝混凝土应采用 C30 以上细集料混凝土，施工时注意插捣密实。实践证明，这种纯混凝土铰能保证传递竖向剪力，使各预制板共同参与受力。有的还从预制板中伸出钢筋相互绑扎后填塞铰缝混凝土，并浇筑在桥面铺装混凝土中，如图 11-4-6 所示。

2. 焊接钢板连接

由于企口混凝土铰接需要现场浇筑混凝土，并需待混凝土达到设计强度后才能作为整体板桥承受荷载，为了加快施工进度，可以采用焊接钢板的横向连接形式（见图 11-4-7）。板预制时，在板两侧相隔一定距离预埋钢板，待预制板安装就位后，用一块钢板焊在相邻两块预埋钢板上形成铰链构造，焊接钢板的连接构造沿纵向中距通常为 0.8 ~ 1.5 m，在桥跨中间部分布置密，向两端支点逐渐减疏。

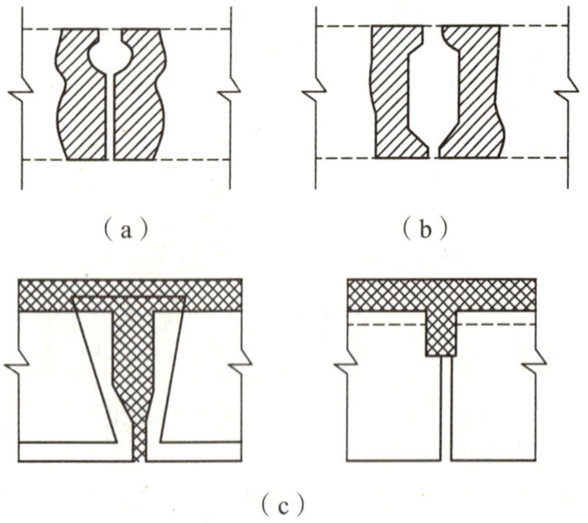

图 11-4-6 企口混凝土铰接缝

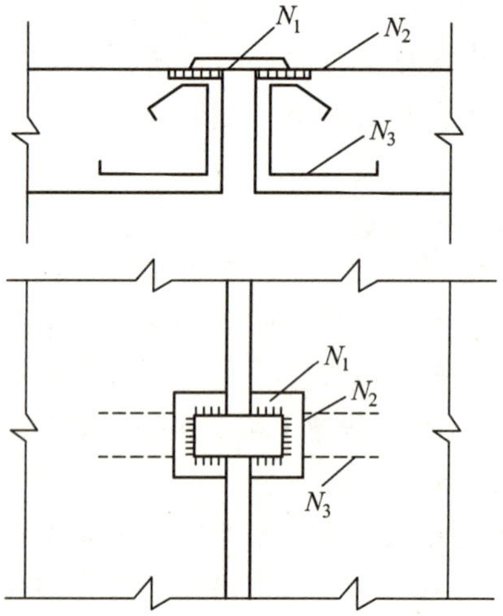

图 11-4-7 焊接钢板连接

（二）简支梁的横向连接

预制装配式混凝土简支梁桥，待各预制梁在墩台安装就位后，必须进行横向连接施工，把各片主梁连成整体梁桥，才能作为整体桥梁共同承担荷载。实践证明，横向连接刚度越大，各主梁共同受力性能越好，因此必须重视横向连接施工。

装配式桥的横向连接可分成横隔梁的连接和翼缘板的连接两种情况。

1. 横隔梁的横向连接

通常在设有横隔梁的简支梁桥中，均通过横隔梁的接头把所有主梁连接成整体。接头要有足够的强度，以保证结构的整体性，并在运营过程中不致因荷载反复作用和冲击作用而发生松动。横隔梁接头通常有扣环式、焊接钢板和螺栓接头等形式。

（1）扣环式接头。

扣环式接头是在梁预制时，在横隔梁接头处伸出钢筋扣环 A（按设计计算要求布置），待梁安装就位后，在相邻构件的扣环两侧安装上腰圆形的接头扣环 B，再在形成的圆环内插入短分布筋后现浇混凝土封闭接缝，接缝宽度约为 0.2 ~ 0.6 m。通过接缝混凝土将各主梁连成整体，如图 11-4-8（a）所示。

随着装配式混凝土梁主梁间距的加大，为了缩减预制梁的外形尺寸和吊装重，T 梁的翼缘板和横隔梁都采用这种扣环式横向连接形式，以达到既经济，施工吊运又较简单的目的。1983 年我国编制的装配式钢筋混凝土和预应力混凝土 T 形简支梁桥标准图，主梁间距均采用 2.2 m，而预制主梁的翼缘板和横隔梁宽仅为 1.6 m，0.6 m 就是采用扣环式连接的接缝宽度。

（2）焊接钢板接头。

在横隔梁接头处下端两侧和顶部的翼缘内预埋接头钢板（应焊在横梁主筋上），当 T 梁安装就位后，在横隔梁的预埋钢板上再加焊盖接钢板，将相邻 T 梁连接起来，并在接缝处灌水泥浆封闭，如图 11-4-8（b）所示。

这种接头强度可靠，焊接后立即能承受荷载，但现场要有焊接设备，而且有时需在桥下仰焊，施工较困难。

（3）螺栓接头。

为简化接头的现场施工，可采用螺栓接头，如图 11-4-8（c）所示。预埋钢板同焊接钢板接头，钢盖板不是用电焊，而是用螺栓与预埋钢板连接起来，然后用水泥砂浆封闭。为此，钢板上要预留螺栓孔。

这种接头不需特殊机具，施工迅速，但在运营中螺栓易松动，挠度较大。

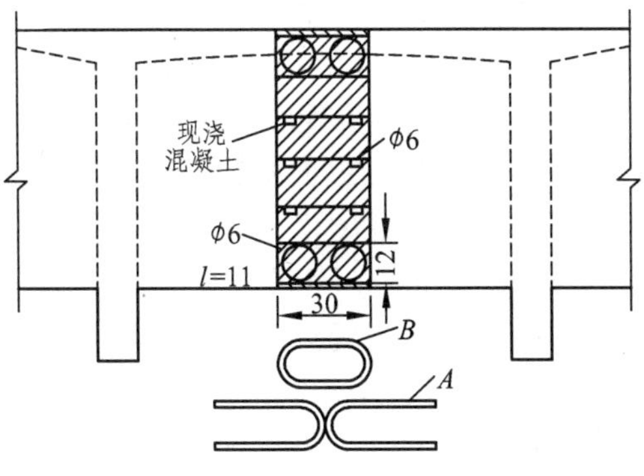

（a）扣环式接头

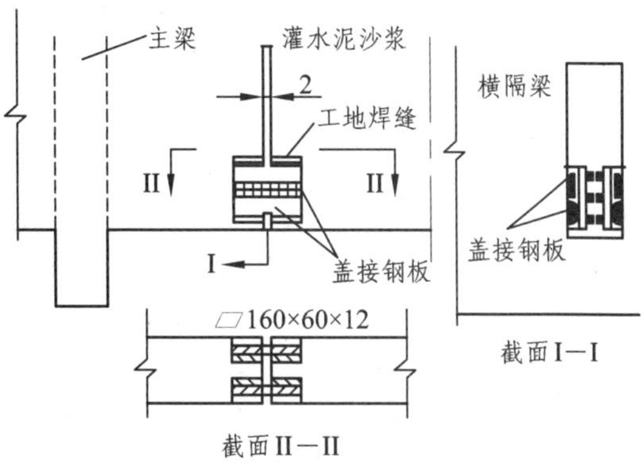

（b）焊接钢板接头

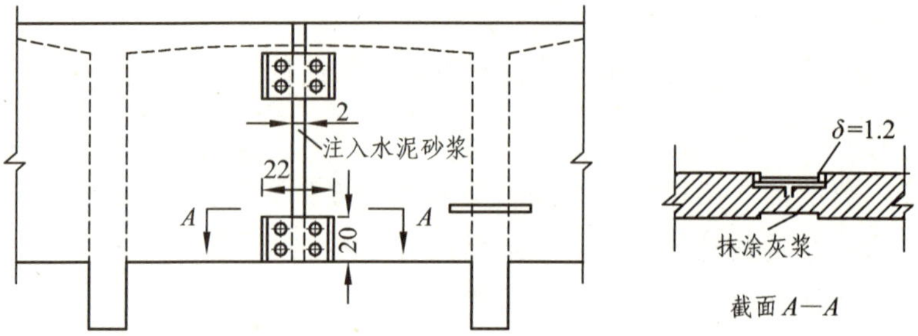

（c）螺栓接头

图 11-4-8 横隔梁的横向连接（尺寸单位：cm）

2. 翼缘板的横向连接

为改善翼缘板的受力状态，翼缘板之间也要进行横向连接。另外，无横隔梁的装配式 T 梁桥，主梁是通过相邻翼缘板之间的横向连接连成整体梁桥的。

翼缘板之间通常做成企口铰接式的连接，如图 11-4-9 所示。由主梁翼缘板内伸出连接钢筋，横向连接施工时，将此钢筋交叉弯制，并在接缝处再安放局部的ϕ6 钢筋网，然后将它们浇筑在桥面混凝土铺装层内，如图 11-4-9（a）所示。也可将主梁翼缘板内的顶层钢筋伸出，连接施工时将它弯转并套在一根纵向通长的钢筋上，形成纵向铰，然后浇筑在桥面铺装混凝土中，如图 11-4-9（b）所示。接缝处的桥面铺装层内应安放单层钢筋网，计算时不考虑铺装层受力，由于这种连接构造的连接钢筋较多，给施工增加了一些困难。

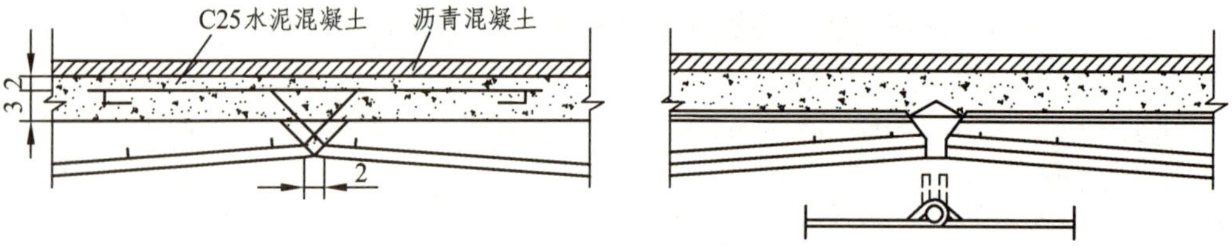

（a） （b）

图 11-4-9 主梁翼缘板连接构造（尺寸单位：cm）

（三）装配式混凝土梁（板）桥横向连接施工注意事项

横向连接施工是将单个预制梁（板）连成整体使其共同受力的关键工序，施工时必须保证质量，并应注意以下几点：

（1）相邻主梁（或板）间连接处的缺口填充前应清理干净，接头处应湿润。

（2）填充的混凝土和水泥浆应特别注意质量。在寒冷季节，要防止较薄的接缝或小截面连接处填料热量的损失，这时应采取保温和蒸气养护等措施以保证硬化。在炎热天气，要防止填料干燥太快，黏固不牢，以致开裂。若接缝处很薄（约 5 mm），可灌入纯水泥浆。

（3）横向连接处有预应力筋穿过时，接头施工时应保证现浇混凝土不致压扁或损坏力筋套管。套管内的冲洗应在接头混凝土浇筑后进行。

（4）钢材及其他金属连接件，在预埋或使用前应采取防腐措施，如刷油漆或涂料等，也可用耐腐蚀材料制造预埋连接件。焊接时，应检查所用钢筋的可焊性，并应由熟练焊工施焊。

【项目训练】

11.1 就地浇筑钢筋混凝土简支梁的施工工序是什么?

11.2 钢筋混凝土简支梁混凝土浇筑顺序是什么?

11.3 简述先张法预应力混凝土空心板梁预制工艺流程。

11.4 简述先张法预应力筋张拉程序。

11.5 简述后张法预应力混凝土简支 T 梁施工工艺流程。

11.6 简述孔道压浆的目的、压浆工艺、压浆注意事项。

11.7 何谓封锚?

11.8 简述预制梁的架设方法。

11.9 公路装配式混凝土简支梁(板)桥横向连接方式有哪几种?

项目 12 混凝土连续梁的施工

【项目描述】

预应力混凝土连续梁桥由于结构刚度大、抗震能力强、通车平顺性好以及造型美观等特点，目前在世界各地得到广泛应用。

回顾混凝土连续梁的发展，可以清楚地看到：施工技术的发展对桥梁的跨径、线形、截面形式等方面起着重要作用。

初期的混凝土连续梁桥采用搭设支架就地浇筑的施工方法，跨径多为 30～40 m，由于施工工期长，并耗用大量木材，因而建造连续梁桥数量很少。

20 世纪 60 年代初期，悬臂施工方法使预应力混凝土连续梁桥得到了迅速发展。它可以不用或少用支架，不影响河道通航，将桥梁逐段悬臂施工，其跨越能力已达到 200 m 以上，因而扩大了混凝土连续梁桥的适用范围。

连续梁桥因具有跨径大、造型协调、行车条件优越等特点，使预应力混凝土连续梁桥在近 20 年来在桥梁方案的竞争中常常取胜。

随着桥梁结构的发展，对施工方法提出了各种不同的要求，出现了逐孔架设法、移动模架法等施工方法。逐孔架设法，既有分节段拼装的逐孔施工，又有整孔预制吊装的逐孔施工。

【项目目标】

（1）能掌握有支架就地浇梁体的施工工艺；

（2）能掌握悬臂施工法的工艺原理及方法；

（3）能掌握顶推法施工原理及基本工序；

（4）掌握悬臂浇筑法的工艺方法及质量控制原理；

（5）能掌握逐孔施工的基本方法及工艺特点。

任务 12.1 有支架就地浇筑

有支架就地浇筑施工就是在连续梁桥的一联各跨全部搭设支架，在一联桥施工完成后，各跨同时卸落支架，一次形成设计要求的一联连续梁结构，因此施工过程不会产生体系转换。

这种方法的优点是桥梁整体性较好，与预制装配式梁相比，不需大型起吊设备，并可采用强大预应力体系，施工简便可靠。缺点是需要的支架和模板数量多，费用昂贵，施工工期长，要求有一定的场地，并且受通航的影响。20 世纪 50 年代初期我国建造的梁桥，主要采用这种施工方法；目前多用于桥墩较低的中、小跨连续梁桥。近年来随着大量标准钢制脚手架的采用，也用于建造长大跨复杂桥梁中。

一、支　架

就地浇筑施工应首先设计好支架。支架按其构造分为支柱式、梁式和梁柱式 3 种。对于陆地或不通航的河道，或桥墩不高的小跨径连续梁可采用支柱式支架；有通航要求的中小跨径桥梁可采用梁式支架；桥梁较高、跨径较大的桥梁则可采用梁柱式支架，使梁支承在支架或临时墩上形成多跨连续支架。

支架虽为临时结构，但它要承受桥梁的大部分恒重，因此必须有足够的强度、刚度，同时支架的基础要可靠，构件结合要紧密，并要有足够的纵、横、斜向的连接杆件，使支架成为整体。若支架处于河道中，则要充分考虑洪水和漂流物的影响。设计时要考虑到支架在受荷后有变形和挠度，因此在安装前要进行计算，设置预拱度，使结构的外形尺寸和高程符合设计要求。另外，支架上要设置落架设备，落架时要对称、均匀，不应使主梁发生局部受力状态。

二、施工方法

有支架就地浇筑施工需采用一联同时搭设支架，按照一定的顺序一次完成浇筑工作，待张拉预应力筋、压浆后移架。小跨径板梁桥一般采用从一端向另一端浇筑的施工顺序，先梁身，后支点依次进行（图中数字表示浇筑的先后次序，以下相同）。图 12-1-1 表示一座 5 跨连续空心板梁桥的施工顺序。

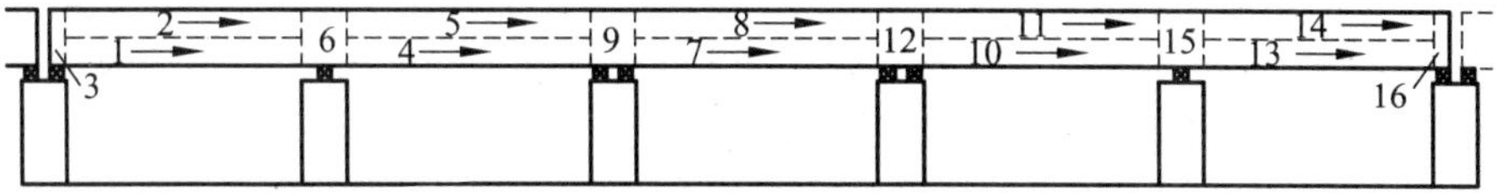

图 12-1-1　五跨一联连续空心板梁桥的施工顺序

大跨径桥通常采用箱形截面，施工时常分段进行。一种是水平分层施工法，即先浇筑底板，待达到一定强度后进行腹板施工，最后浇筑顶板。某两跨径单箱单室连续梁桥，其施工程序如图 12-1-2 所示。在浇筑混凝土时两跨对称进行，这样支架受力较小，变形也容易控制。其中 10、11 两部分是在力筋张拉完成后再灌注的。另一种是分段施工法，根据施工能力每隔 20 ~ 45 m 设置连接缝，连接缝一般设在弯矩较小的区域，接缝长 1 m 左右，待各段混凝土浇筑完成后，最后在接缝处施工合龙。

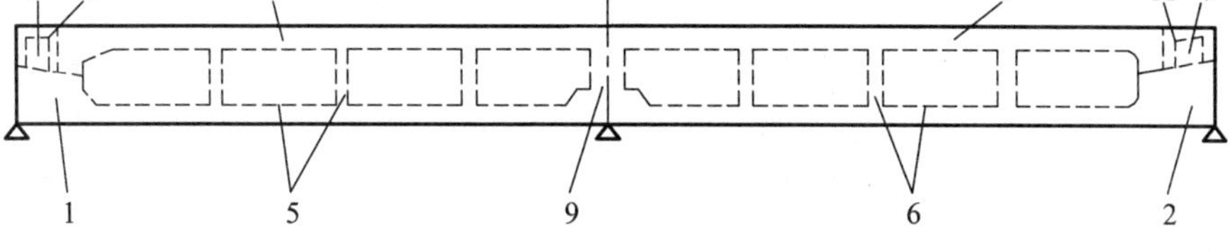

图 12-1-2　箱梁桥灌注混凝土的施工顺序

当工程量较大时，各部分亦可分数次浇筑，如图 12-1-3 所示。为使接缝处混凝土结合紧密，该处梁的腹板常做成齿形或企口缝，同时采用腹板与底板不在同一竖立面内接头的措施。

分段施工法是在大部分混凝土重量作用在支架上后才合龙的，形成连续梁前支架变形大部分已经发生，这样可以避免由于支架的沉降引起的混凝土开裂，有利于提高质量。

预应力混凝土连续梁桥在支架上施工，其预应力筋可一次布置，集中张拉。因此便于采用大型力筋。

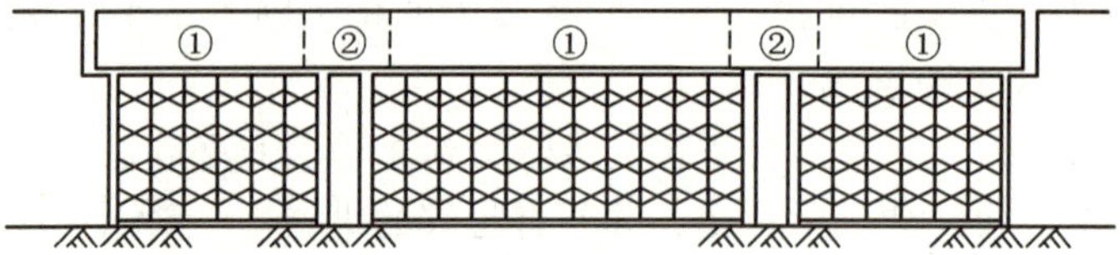

（a）

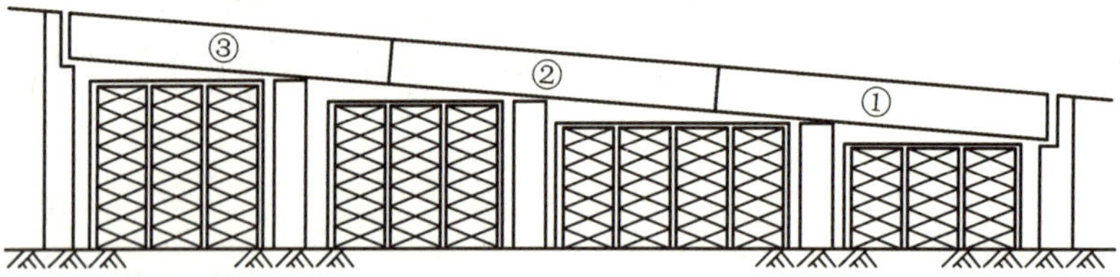

（b）

图 12-1-3　连续梁桥在支架上灌注混凝土的施工顺序

三、预应力筋的布置方式

预应力混凝土连续梁中预应力筋的布置分为纵向、横向及竖向 3 种。同时布置有 3 种预应力筋的称为三向预应力体系；同时布置有纵向及竖向（或横向）的称为双向预应力体系。沿桥跨方向布置的纵向预应力筋，称为主筋。横向预应力筋一般施加在横隔梁或箱梁顶板内（见图 12-1-4 和图 12-1-5），以加强桥梁的横向联系及箱梁顶板的抗弯能力。竖向预应力筋布置在箱梁肋板内，其主要作用是：提高梁截面的抗剪能力；与纵向预应力筋共同抵抗斜截面主拉应力。

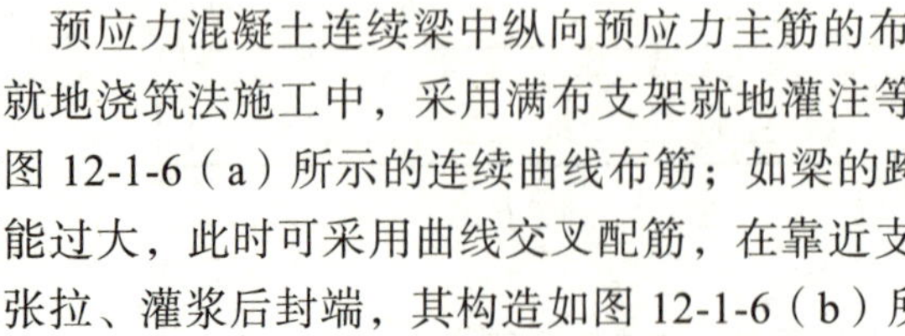

图 12-1-4　横隔梁处的横向预应力筋构造

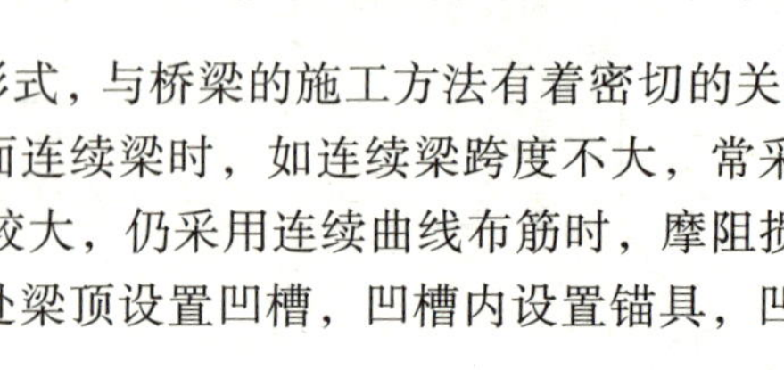

图 12-1-5　箱梁顶板的横向预应力筋的构造

预应力混凝土连续梁中纵向预应力主筋的布置形式，与桥梁的施工方法有着密切的关系。在就地浇筑法施工中，采用满布支架就地灌注等截面连续梁时，如连续梁跨度不大，常采用如图 12-1-6（a）所示的连续曲线布筋；如梁的跨度较大，仍采用连续曲线布筋时，摩阻损失可能过大，此时可采用曲线交叉配筋，在靠近支点处梁顶设置凹槽，凹槽内设置锚具，凹槽在张拉、灌浆后封端，其构造如图 12-1-6（b）所示。

如就地浇筑变高度连续梁，跨度较小时可采用在下缘按直线布筋，在支点截面上布置帽筋的布筋方式，如图 12-1-7（a）所示；若连续梁跨度较大，可采用曲线布筋，其构造如图 12-1-7（b）所示。

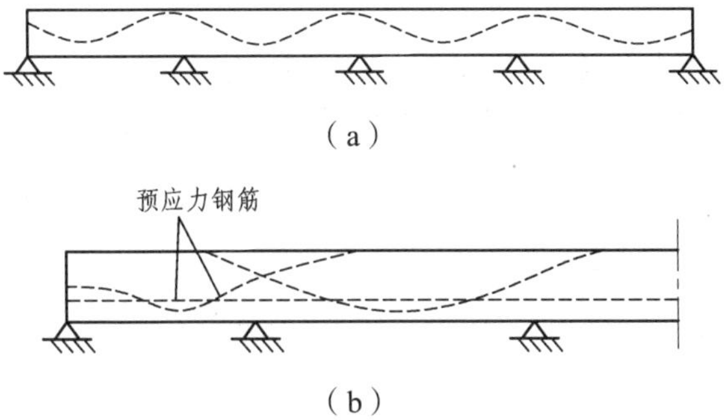

图 12-1-6　等截面连续梁配筋方式

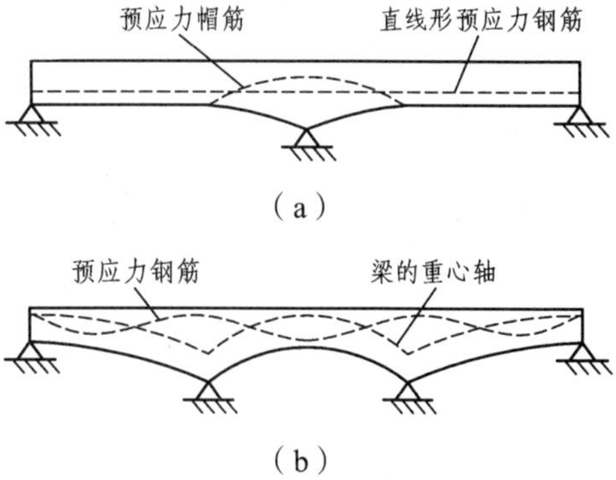

图 12-1-7　变高度梁布筋形式

任务 12.2　悬臂施工及顶推安装法

一、悬臂施工法

悬臂施工就是从已建桥墩开始，对称逐段地向两边延伸施工，并通过张拉预应力筋将新建节段与已有节段联结成为整体。悬臂施工过程中不需满设支架，为了承受施工荷载产生的不平衡弯矩，需首先将墩和梁临时固结，施工时先形成两端带悬臂的 T 形刚架，待合龙后才成为连续梁，因此施工过程中存在体系转换。

悬臂施工法建造预应力混凝土梁桥时，如果将悬伸的梁体与墩柱体做成刚性固结，这样构成了能最大限度地发挥悬臂施工优越性的预应力混凝土 T 形刚架桥。鉴于悬臂施工时梁体的受力状态，与桥梁建成后使用荷载下的受力状态基本一致，即施工中所施加的预应力，也是使用荷载下所需预应力的一部分，这就既节省了施工中的额外耗费，又简化了工序，使得这类桥型在设计与施工上达到完满的协调和统一。

用悬臂施工法来建造悬臂梁桥和连续梁桥，要比建造 T 形刚架桥复杂一些。因为在施工中需要采取临时措施使梁体与墩柱保持固结，而待梁体自身达到稳定状态时，又要恢复梁体与墩柱的铰接性质，对此尚需调整所施加的预应力以适应这种体系的转换。

(一) 体系转换基本工序

悬臂施工工序不同，体系转换的方式也不一样。

基本工序有如下 3 种：

第一种：逐跨连续悬臂施工，如图 12-2-1 所示。

此方法的步骤是：

(1) 首先从 B 墩开始进行悬臂施工；

(2) A 端边跨合龙，B 墩临时固结释放后形成单悬臂梁；

(3) 从 C 墩开始进行悬臂施工；

(4) BC 跨中间合龙，释放 C 墩临时固结，形成带悬臂的两跨连续梁；

(5) 从 D 墩开始进行悬臂施工；

（6）CD 跨中间合龙，释放 D 墩临时固结，形成带悬臂的 3 跨连续梁；

（7）E 端边跨合龙，完成 4 跨一联的连续梁施工。

逐跨连续悬臂施工可以利用已建结构在桥面上运输，故机具设备、材料、预制节段的运输简捷。此外，每完成一个新的悬臂并在跨中合龙后，结构稳定性和刚度不断加强，因此常在多跨连续梁或较长的大跨桥上使用。

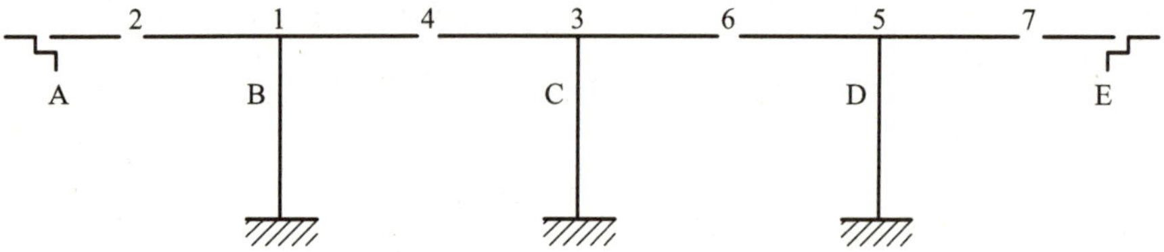

图 12-2-1 逐跨连续悬臂施工的程序

第二种：T 构–单悬臂梁–连续梁施工，如图 12-2-2 所示。

此方法的步骤是：

（1）首先从 B 墩开始进行悬臂施工；

（2）A 端边跨合龙，释放 B 墩临时固结，形成单悬臂梁；

（3）C 墩进行悬臂施工；

（4）D 端边跨合龙，释放 C 墩临时固结，形成单悬臂梁；

（5）BC 跨中段合龙，完成 3 跨连续梁的施工。

此方法可使结构稳定，受力对称，并便于结构内力调整，常在 3 跨、5 跨的连续梁中采用。

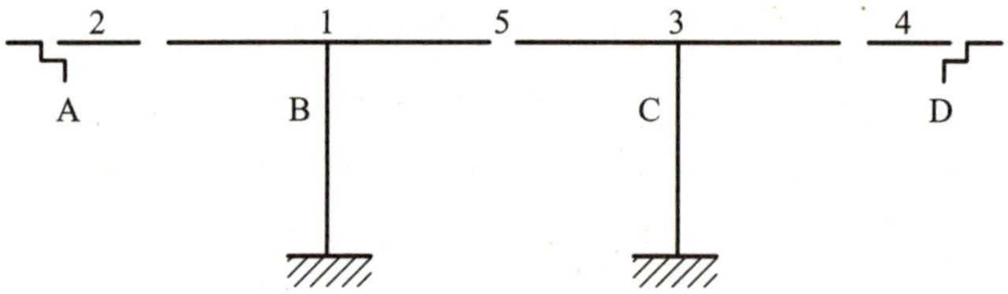

图 12-2-2 T 构-单悬臂梁-连续梁施工程序

第三种：T 构 – 双悬臂梁 – 连续梁施工，如图 12-2-3 所示。

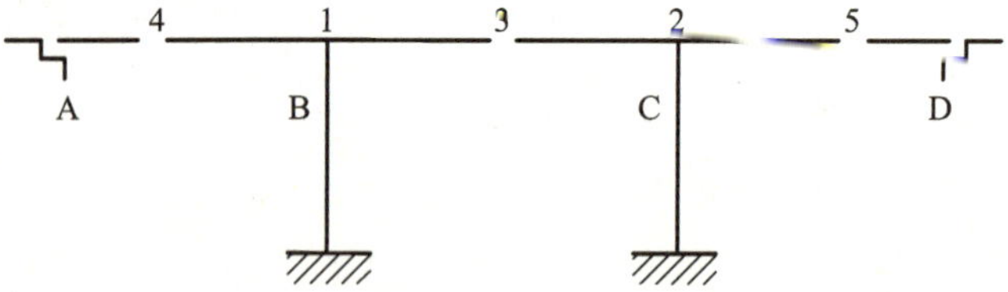

图 12-2-3 T 构-双悬臂梁-连续梁施工程序

此方法的步骤是：

（1）首先从 B 墩开始进行悬臂施工；

（2）再从 C 墩开始进行悬臂施工；

（3）BC 跨中间合龙，并释放 B、C 墩的临时固结，形成双悬臂梁；

（4）A 端边跨合龙；

（5）D 端边跨合龙，完成 3 跨连续梁的施工。

此方法在结构呈双悬臂状态时，一端施力将引起另一端产生较大的位移，因此稳定性差，且费用昂贵，故较少采用。

上述 3 种悬臂施工的顺序是施工的基本方法，对于某一具体桥梁的施工顺序，可选择其中的一种，也可兼顾各自优点，综合选用合适的顺序。无论采用哪种工序，都需要悬臂施工前首先将桥墩与墩顶处梁段（称为 0 号块）临时固结，以承受施工过程中产生的不平衡弯矩。

悬臂施工法最大的优点是施工不受季节、河道水位的影响，不影响桥下通航，不需大量的支架和临时设备，因此这种施工方法在国内外得到广泛的应用。

（二）悬臂施工基本分类

悬臂施工方法是大跨径连续梁桥的主要施工方法。悬臂对称施工，根据施工方法的不同，可分为悬臂浇筑（简称悬浇）和悬臂拼装（简称悬拼）两类。悬臂浇筑是在桥墩两侧利用挂篮对称浇筑混凝土，待混凝土达到张拉强度后，张拉预应力筋，而后移动挂篮继续下一段的悬臂浇筑。悬臂拼装是利用吊机将预制块在桥墩两侧对称吊装，张拉预应力筋后使悬臂不断接长。

（三）悬臂浇筑施工程序

悬臂浇筑施工利用悬吊式的活动脚手架（或称挂篮）在墩柱两侧对称平衡地浇筑梁段混凝土（每段长 2 ~ 5 m），每浇筑完一对梁段，待达到规定强度后就张拉预应力筋并锚固，然后向前移动挂篮，进行下一梁段的施工，直到悬臂端为止。但梁体部分不能与墩柱平行施工，施工周期较长，而且悬臂浇筑的混凝土加载龄期短，混凝土收缩和徐变影响较大。

梁体一般要分为四部分浇筑，如图 12-2-4 所示。A 为墩顶梁段（又称 0 号块），B 为由 0 号块两侧对称分段悬臂浇筑部分，C 为边孔在支架上浇筑部分，D 为主梁在跨中合龙段。主梁各部分的长度视主梁形式和跨径、挂篮的形式及施工周期而定。0 号块一般为 5 ~ 10 m，悬浇分段一般为 3 ~ 5 m，支架现浇段一般为 2 ~ 3 个悬臂浇筑分段长度，合龙段一般为 1 ~ 3 m。

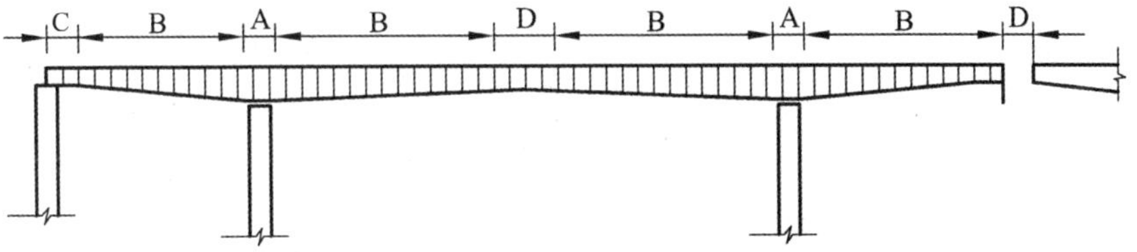

图 12-2-4　悬臂浇筑分段示意图

悬浇中各独立 T 构的梁体处于负弯矩受力状态，随着各 T 构的依次合龙，梁体也依次转化为成桥状态的正负弯矩交替分布形式，这一转化就是连续梁的体系转换。因此，连续梁悬浇施工的过程就是其应力体系转换的过程，也就是悬浇时实行支座临时固结、各 T 构的合龙、固结的适时解除、预应力的分配以及分批依次张拉的过程。

（四）悬臂拼装施工

悬臂拼装法是利用移动式悬拼吊机将预制梁段起吊至桥位，然后采用环氧树脂胶和预应力筋连接成整体。采用逐段拼装，一个节段张拉锚固后，再拼装下一节段。悬臂拼装的分段，主要决定于悬拼吊机的起重能力，一般节段长 2 ~ 5 m。节段过长则自重大，需要悬拼吊机起重能力大，节段过短则拼装接缝多，工期也延长。一般在悬臂根部，因截面面积较大，预制长度比较短，以后逐渐增长。悬拼施工适用于预制场地及运吊条件好，特别是工程量大和工期较短的工程。

悬拼和悬浇均利用悬臂原理逐段完成全联梁体的施工，悬浇是以挂篮为支承进行逐段浇筑，悬拼是以吊机逐段完成梁体拼装。实践表明，悬拼和悬浇与支架施工等方法相比除有许多共同优点外，悬拼还有以下特点：

（1）进度快。传统的悬浇法灌注一节段梁周期，在天气好时也需要 1 个星期左右；而采用悬拼法，梁体节段的预制可与桥梁下部构造施工同时进行，平行作业缩短了施工工期，且拼装速度快。

（2）制梁条件好，混凝土质量高。悬拼法将大跨度梁化整为零，在地面施工，预制场或工厂化的梁体节段预制有利于整体施工的质量，操作方便、安全。悬浇的混凝土有时会因达不到强度而造成事故，处理起来较麻烦，延误了工期，损失较大。采用悬拼法，节段梁在地面有足够的预制时间，可以设法弥补工程施工中的不足。

（3）收缩、徐变变形小。预制梁段的混凝土龄期比悬浇成梁的长，从而减少了悬拼成梁后混凝土的收缩和徐变。

（4）线形好。节段预制采用长线法，长线法是在按梁底曲线制作的固定底模上分段浇筑混凝土的方法，能保证梁底线形。

（5）适合多跨梁施工。当桥梁跨度越大、桥跨越多，则越能体现悬拼法的优越性，也就越经济。悬拼的核心是梁的吊运与拼装，梁体节段的预制是悬拼的基础。

悬拼施工工序主要包括：梁体节段的预制、移位、堆放、运输；梁段起吊拼装；悬拼梁体体系转换；合龙段施工。具体见相关施工手册。

二、顶推安装法

顶推法施工的构思，源于钢桥架设中普遍采用的纵向拖拉法。但由于混凝土结构自重大，滑道设备过于庞大，而且配置承受施工中变号内力的预应力筋也比较复杂，因而这种方法未能很早实现。随着预应力混凝土施工技术的发展和高强低摩阻滑道材料（聚四氟乙烯塑料）的问世，至 20 世纪 60 年代初，联邦德国首创用此法架设预应力混凝土桥梁获得成功。目前，顶推法施工已作为架设连续梁桥的先进工艺，在世界各国得到了广泛的应用。

（一）顶推法施工原理及基本工序

顶推法的施工原理是：沿桥纵轴方向的台后开辟预制场地，分节段预制混凝土梁身，并用纵向预应力筋连成整体，然后通过水平液压千斤顶施力，借助不锈钢板与聚四氟乙烯模压板（亦称四氟板）特制的滑动装置，将梁逐段向对岸顶进，就位后落架，更换正式支座完成桥梁施工。

顶推法施工的基本工序为：在桥台后面的引道上或在刚性好的临时支架上设置制梁场，集中制作（现浇或预制装配）等高度的箱形梁段（约 10 ~ 30 m 一段），待有 2 ~ 3 段后，在上、下翼板内施加能承受施工中变号内力的预应力，然后用水平千斤顶等顶推设备将支承在四氟板与不锈钢板滑道上的箱梁向前推移，推出一段再接长一段，这样周期性地反复操作直至最终位置，进而调整预应力（通常是卸除支点区段底部和跨中区段顶部的部分预应力筋，并且增加和张拉一部分支点区段顶部和跨中区段底部的预应力筋），以满足后加恒载和活载内力的需要，最后将滑道支承移置成永久支座，至此施工完毕。

由于四氟板与不锈钢板间的摩擦系数小，仅为 0.02 ~ 0.05，故梁重即使达 1×10^5 kN，也只需 5 000 kN 以下的力即可推出。

（二）顶推施工方法及特点

1. 顶推方法

顶推法施工的关键是顶推工作，核心问题在于应用有限的顶力将梁顶推就位。聚四氟乙烯的问世，为我们提供了摩擦系数很小的材料，使施工水平有了很大的提高。

顶推的施工方法很多，依照顶推的施力方法、顶推的方向和支承系统等可以分为很多类：按施力方法分为单点顶推和多点顶推；按顶推方向分为单向顶推和双向顶推；按支承系统分为临时滑动支承和使用与永久支承兼用的滑动系统。

（1）单点顶推。

单点顶推水平力的施加位置，一般集中设置于主梁预制场附近的桥台或某一桥墩，其他墩台支点只设置滑道支承。

图 12-2-5（a）表示一般单向单点顶推的情况。顶推设备只设在一岸桥台处。在顶推中为了减少悬臂负弯矩，一般要在梁的前端安装一节长度约为顶推跨径 0.6 ~ 0.7 倍的钢导梁，导梁应自重轻而刚度大。单向顶推最宜于建造跨度为 40 ~ 60 m 的多跨连续梁桥。当跨度更大时，就需在桥墩间设置临时支墩，国外已用顶推法修建了跨度达 168 m 的桥梁。至于顶推速度，当水平千斤顶行程为 1 m/h 时，一个顶推循环需 10 ~ 15 min。国外最大速度已达到 16 m/h。

（2）多点顶推。

在每个墩台上设置一对小吨位（400 ~ 800 kN）的水平千斤顶，将集中的顶推力分离到各墩上。由于利用水平千斤顶传给墩台的反力来平衡梁体滑移时在桥墩上产生的摩阻力，而使桥墩在顶推过程中承受较小的水平力，因此多在柔性墩上采用多点顶推施工。

对于特别长的多联多跨桥梁也可以应用多点顶推的方式，使每联单独顶推就位，如图 12-2-5（b）所示。在此情况下，在墩顶上均可设置顶推装置，且梁的前后端都应安装导梁。如图 12-2-5（c）所示为三跨不等跨连续梁采用从两岸双向顶推施工的图式。用此法可以不设临时墩而建中跨跨径更大的连续梁桥。

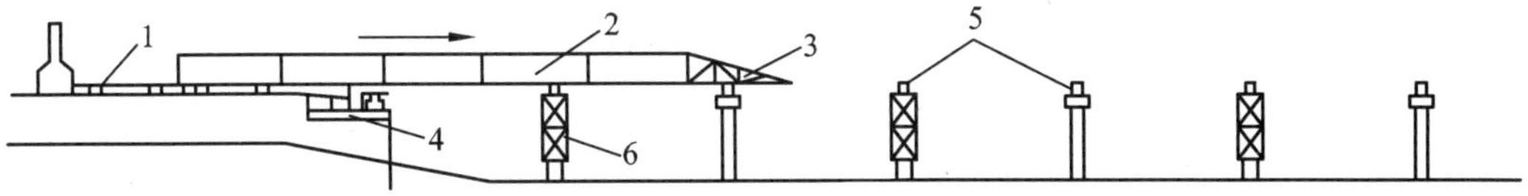

（a）单向单点顶推

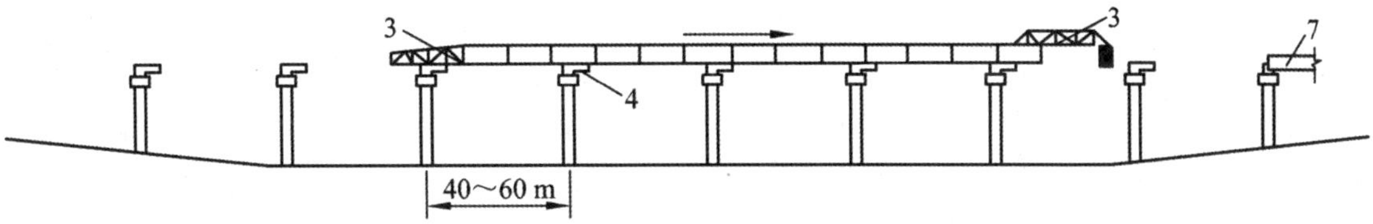

（b）按每联多点顶推

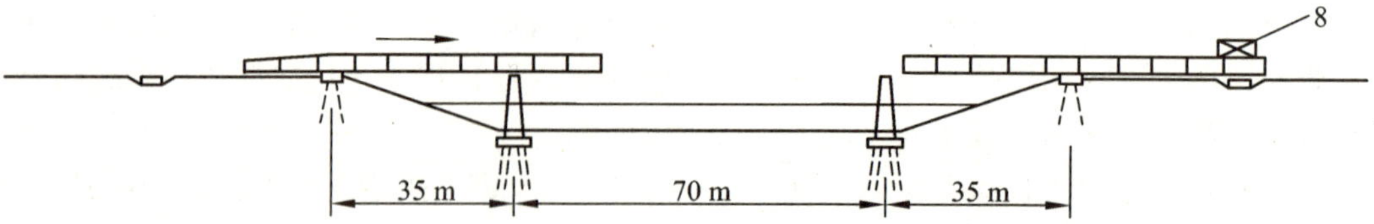

（c）双向顶推

1—制梁场；2—梁段；3—导梁；4—千斤顶；5—支座；6—临时墩；7—建成梁段；8—平衡重。

图 12-2-5 连续梁顶推法施工示意图

2. 顶推装置和滑道装置

顶推施工中采用的主要设备是千斤顶和滑道。根据不同的传力方式，顶推工艺又有推头式或拉杆式 2 种。

图 12-2-6 表示推头式顶推装置。图 12-2-6（a）是设置在桥台上进行顶推的装置，利用竖向千斤顶将梁顶起后，启动水平千斤顶推动竖顶（推头），由于推头与梁底间橡胶垫板（或粗齿垫板）的摩擦力显著大于推头与桥台间滑板的摩擦力，这样就能将梁向前移动。一个行程推完后，降下竖顶使梁落在支承垫板上，水平千斤顶退回，竖顶返回原位置，然后又重复上述循环将梁推进。图 12-2-6（b）为多点顶推时安装在桥墩上的顶推装置。顶推时梁体压紧在推头上，水平顶拉动推头使其沿钢板滑移，这样就将梁推动前进。水平顶走完一个行程后，用竖顶将梁顶起，水平顶活塞杆带动推头退回原处，再落梁并重复将梁推进。推头式顶推工艺的主要特点是在顶推循环中必须有竖向千斤顶顶起和放落的工序。

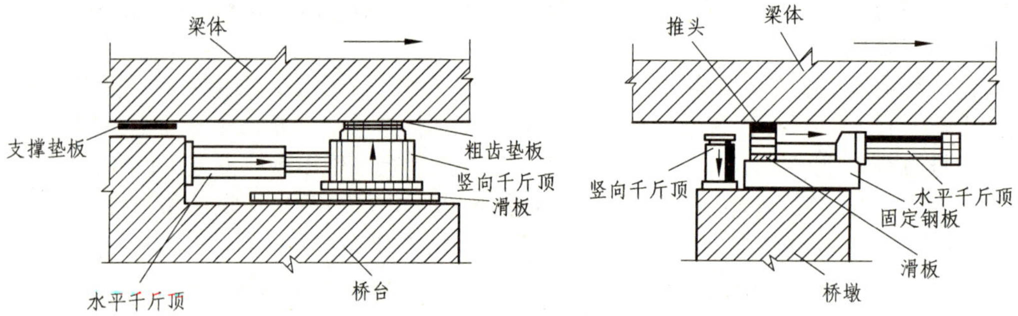

（a）　（b）

图 12-2-6 推头式顶推装置

图 12-2-7 表示拉杆式顶推装置的布置。图 12-2-7（a）的顶推工艺为：水平千斤顶通过传力架固定在桥墩（台）顶部靠近主梁的外侧，装配式的拉杆用连接器接长后与埋固在箱梁腹板上的锚固器相连接，驱动水平千斤顶后活塞杆拉动拉杆，使梁借助梁底滑板装置向前滑移，水平顶每走完一个行程后，就卸下一节拉杆，然后水平顶回油使活塞杆退回，再连接拉杆并进行下一顶推循环。也可以用图 12-2-7（b）中所示穿心式水平千斤顶来拉梁前进，在此情况下，拉杆的一端固定在梁的锚固器上，另一端穿过水平顶后用夹具锚固在活塞杆尾端，水平顶每走完一个行程，活塞杆退回，夹具自动放松，然后重新用夹具锚固拉杆并进行下一顶推循环。采用拉杆式顶推装置的主要优点是：在顶推过程中不需要用竖顶作反复顶梁和落梁的工序，这就简化了操作并加快了推进速度。

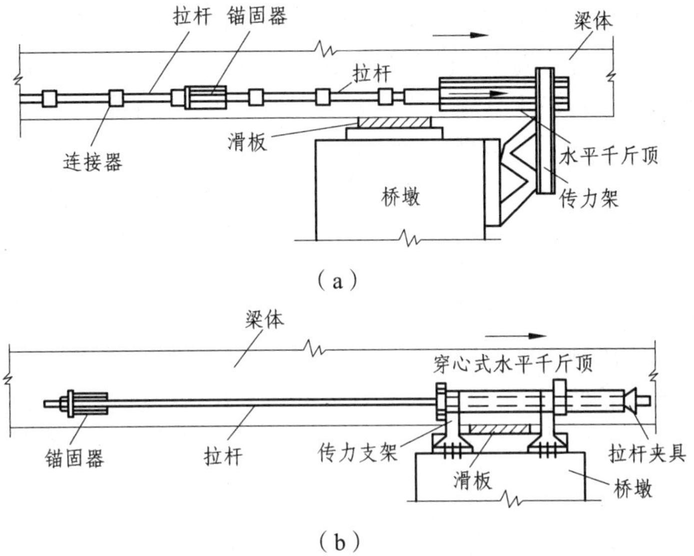

图 12-2-7　拉杆式顶推装置

在顶推过程中要严格控制梁体两侧千斤顶同步运行。为了防止梁体在平面内发生偏移(特别是单点顶推)，通常在墩顶梁体旁边设置横向导向装置。

图 12-2-8（a）和（b）为顶推法常用的滑道装置，它由设在墩顶的混凝土滑台、铬钢板和滑板组成。滑板由上层氯丁橡胶和下层聚四氟乙烯板镶制而成，橡胶板与梁体接触以增大滑板与梁体的摩擦力，而聚四氟乙烯板与铬钢板接触使摩擦力减至最小。滑板的外形尺寸有 420 mm × 420 mm，200 mm × 400 mm，500 mm × 200 mm 等数种，厚度有 21 mm、31 mm、40 mm 几种。

图 12-2-8（a）所示的滑道，当滑板从铬钢板的一侧滑移至另一侧时须停止前进，而用竖向千斤顶将梁顶起，将滑板移至原来位置，然后再使竖向千斤顶回油，将梁落在滑板上，重复顶推过程。

图 12-2-8（b）所示的滑道，在滑道顶推时，应连续喂入滑板，可节省竖向千斤顶的操作工序，加快顶进速度，但应注意滑板进出口处要做成顺畅的弧面，以免损坏昂贵的滑板。

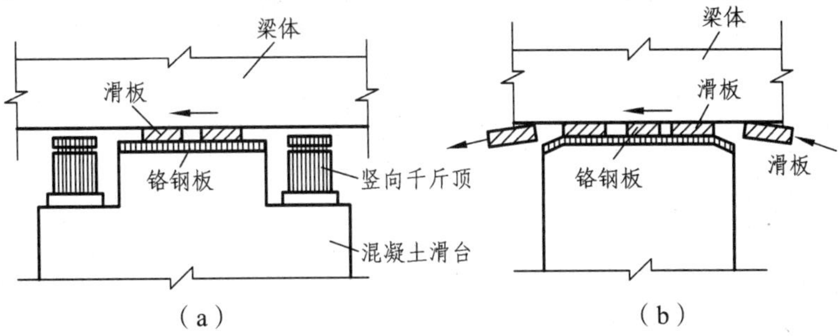

图 12-2-8　滑道构造

3. 顶推施工中预应力筋的布置

采用顶推施工的连续梁预应力筋，分为满足顶推阶段受力要求的前期力筋和满足使用阶段受力要求的后期力筋。

顶推法施工的连续梁，施工过程中梁各截面都会出现最大的正负弯矩。为保证顶推过程中各截面有足够的抗弯强度，前期力筋常沿梁顶、梁底通长布置，使之产生中心的预加压力最为有效。锚头可采用吨位较小且便于接长和拆除的墩头锚、轧丝锚等，根据施工受力要求可随意拆装；待顶推完毕后，在跨中底部和支点的顶部增加局部后期力筋，以满足使用荷载作用下的内力要求（见图 12-2-9）。有时除顶推时在上、下缘布置前期通长直线筋外，顶推完毕后也可在腹板内设置并张拉后期弯筋，在支点的顶部及跨中的底部设置后期直线短筋（见图 12-2-10）。由于顶推施工的连续梁施工阶段内力包络图与设计内力包络图很不一致，因而有些前期力筋在最后形成连续梁后需予以拆除。

顶推法施工采用逐段预制、逐段顶推、分段张拉力筋的施工方法，前期通长力筋常采用逐段接长张拉，力筋接长使用连接器，接长长度一般选用两个梁段，间隔排列，即在每个施工面上有半数力筋通过，半数力筋接长，这样可减少连接器数量，改善主梁受力，简化施工（见图 12-2-11）。

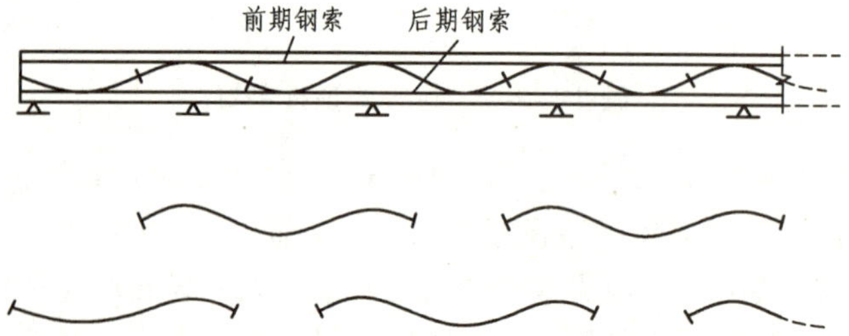

图 12-2-9　顶推法施工时连续梁的纵筋布置形式之一

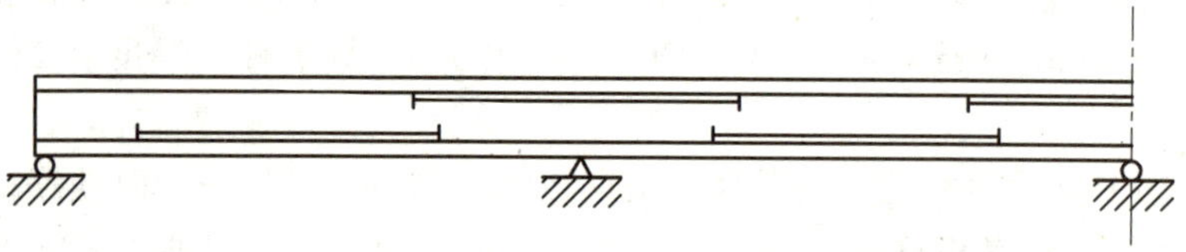

图 12-2-10　顶推法施工时连续梁的纵筋布置形式之二

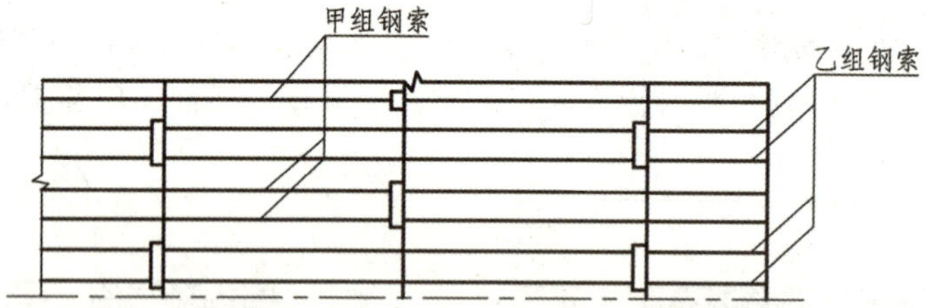

图 12-2-11　逐段接长力筋的布置

4. 顶推施工法的特点

（1）顶推法施工时，主梁节段预制，连续作业，结构整体性较好。由于不需大型起重设备，所以节段长度可根据预制场地条件选用，一般取 10 ~ 20 m。

（2）梁节段在预制场预制，避免高空作业，同时模板和设备可多次周转使用。

（3）顶推法宜在等截面梁上使用，但当桥跨过大时，选用等截面会造成材料的不经济，也增加施工难度，因此顶推法应以中等跨径的连续梁为宜，推荐的顶推跨径为 40 ~ 50 m，桥梁的总长也以 500 ~ 600 m 为宜。

（4）顶推施工平稳、安全、无噪声，可以在深水、山谷中采用，也可在曲率相同的弯桥上使用。

（5）顶推时，梁的受力状态变化较大，施工时的应力状态与运营时的应力状态相差较大，因此在截面设计和预应力筋布置时要同时满足施工与运营荷载的要求。在施工时也可采取加设临时墩、导梁或其他措施，以减少施工应力。

任务 12.3　悬臂浇筑施工

用挂篮悬臂浇筑施工的主要工作内容包括：在墩顶浇筑起步梁段（0 号块）；在起步梁段上拼装悬浇挂篮并依次分段悬浇梁段；分阶段及总体合龙。

一、施工挂篮的结构构造

挂篮是一个能沿梁顶滑动或滚动的承重构架，其锚固悬挂在已施工的前端梁段上，在挂篮上可进行下一梁段的模板、钢筋、管道的安设，混凝土灌注和预应力张拉，灌浆诸作业。完成一个节段的循环后，挂篮即可前移并固定，进行下一节段的悬浇，如此循环直至悬臂浇筑完成。

挂篮按构造形式可分为桁架式（包括平弦无平衡重式、菱形、弓弦式等，如图 12-3-1 所示）、斜拉式（见图 12-3-2）、型钢式及混合式 4 种；挂篮按抗倾覆平衡方式可分为压重式、锚固式和半压重半锚固式 3 种；挂篮按走行方法可分为一次走行到位和两次走行到位 2 种；而按其移动方式可分为滚动式、滑动式和组合式（见图 12-3-3）3 种。

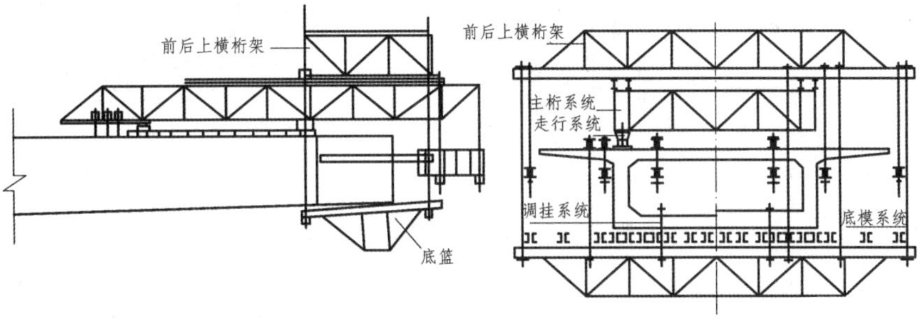

（a）平弦无平衡重挂篮

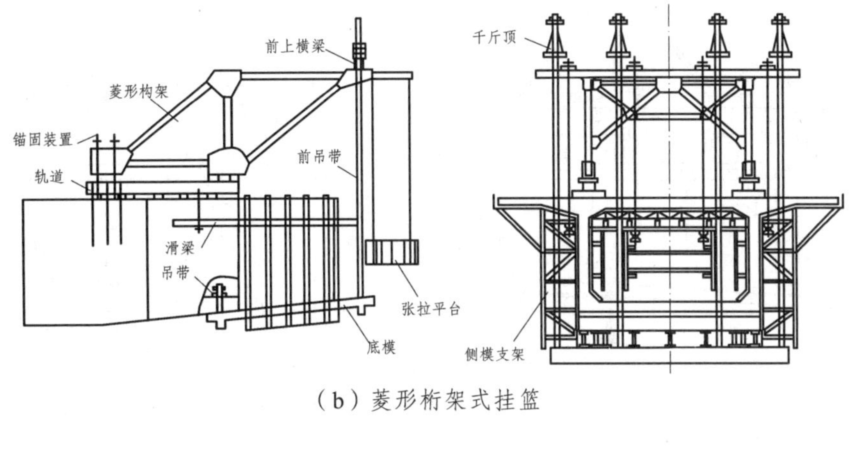

（b）菱形桁架式挂篮

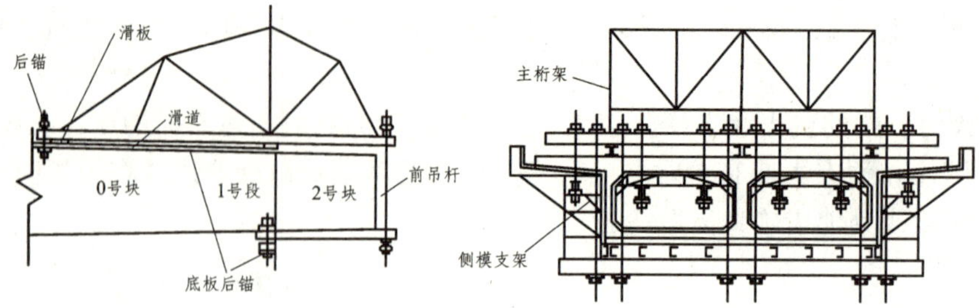

（c）弓弦式挂篮

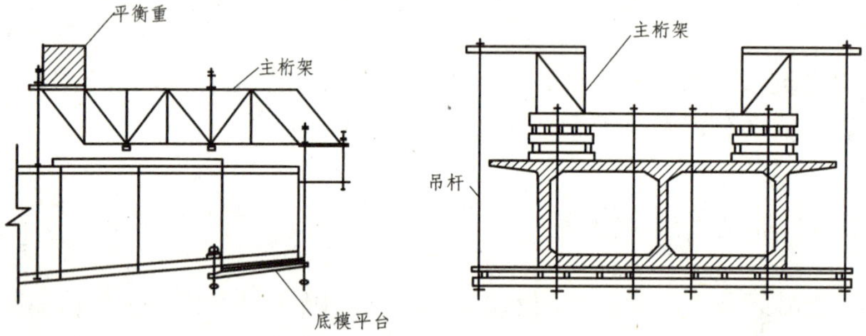

（d）平行桁架式挂篮

图 12-3-1 桁架式挂篮

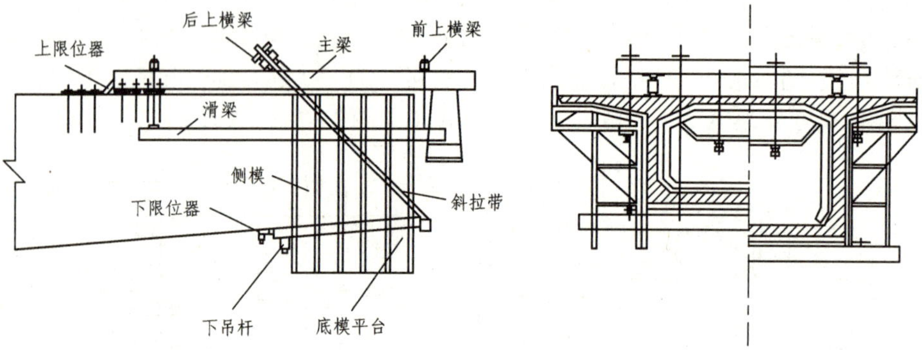

图 12-3-2 滑动斜拉式挂篮

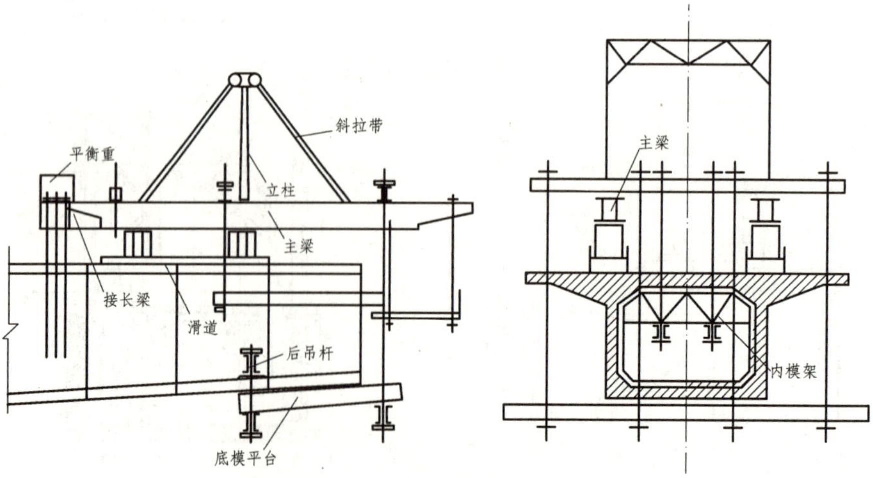

图 12-3-3 三角形组合梁式挂篮

二、施工案例（高速铁路箱梁制造）

（一）本桥施工流程（见图 12-3-4）

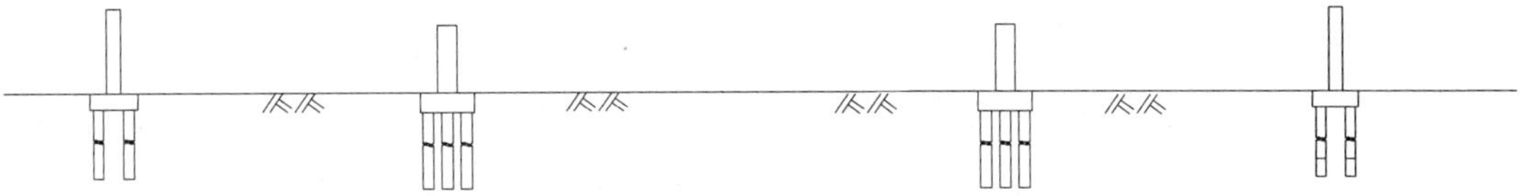

（a）步骤一：桥梁基础、墩身工程施工完毕

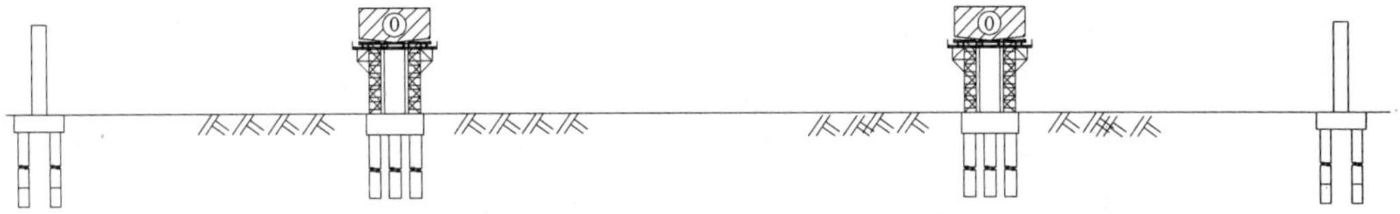

（b）步骤二：安装墩旁托架，安装永久支座和临时支墩（座），施工 0 号块

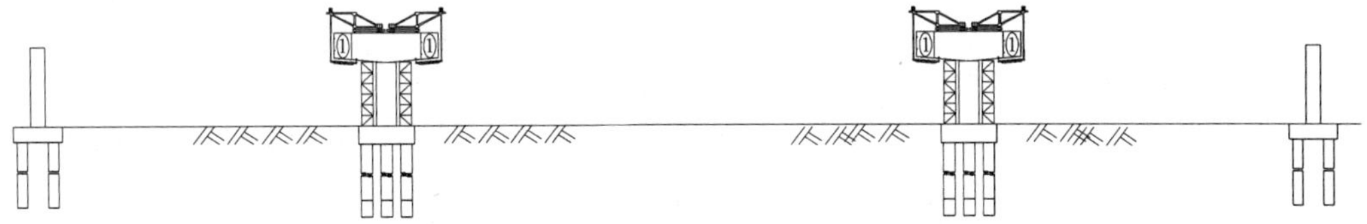

（c）步骤三：安装施工挂篮，对称悬浇施工 1 号块

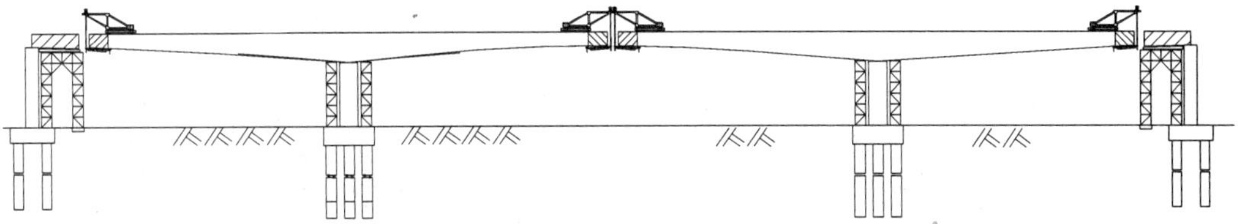

（d）步骤四：连续对称悬浇施工箱梁至最后一个对称节段

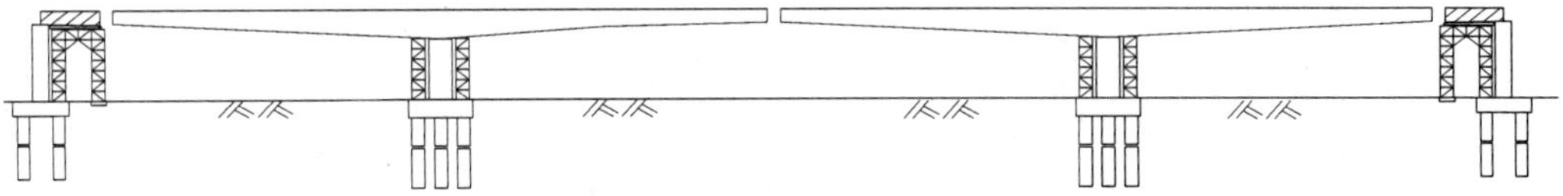

（e）步骤五：边跨现浇段施工，拆除挂篮

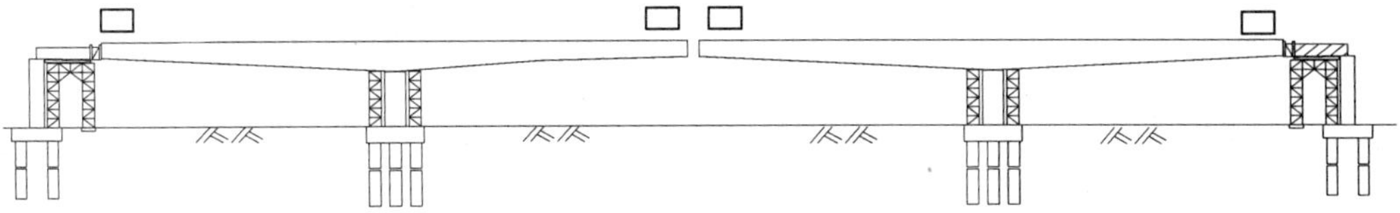

（f）步骤六：安装吊架，边跨合龙施工

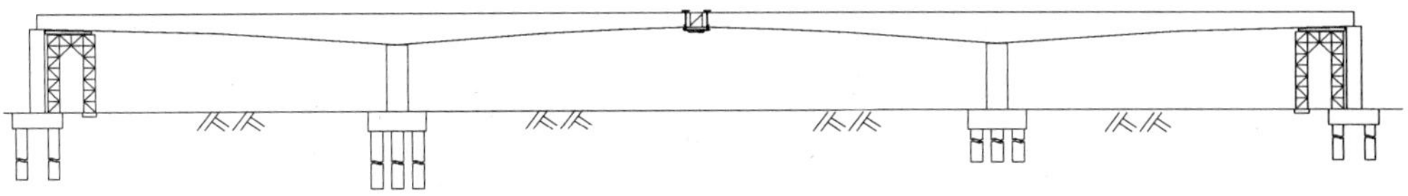

（g）步骤七：安装吊架，中跨合龙施工，拆除临时支座。全面成桥

图 12-3-4　施工流程图

（二）墩顶现浇段（0 号块）施工

0 号块施工方案有 2 种，墩身不高时采用落地支架方法施工；墩身较高时采用附着支架方法施工。

1. *落地支架法*

连续箱梁 0 号块的临时固结通过设置临时支墩和临时支座的方式来实现。临时支墩设硫黄砂浆临时支座，电阻丝内通电融化硫黄砂浆，即可解除临时支墩。在临时支墩顶设塑料薄膜隔离层。

具体施工程序如下：

（1）地基处理。连续箱梁 0 号块支架施工前，首先将桥墩处场地推平、碾压，压实度达到 95% 以上（软弱地基采用换填块石和碎石，分层夯实的方法），然后浇筑混凝土基础，同时做好地基排水，防止雨水或混凝土浇筑和养生过程中滴水对地基的影响。

水中墩连续梁 0 号块支架可直接搭设在承台上。

（2）支架设计。支架设计应考虑支架强度、刚度、稳定性、地基承载力和地基沉降的验算，各项验算指标符合规范要求后按设计图进行支架搭设。

（3）支架搭设。在墩身不高情况下，连续箱梁 0 号块支架采用万能杆件拼装而成。翼板及箱室内支架采用门式或碗扣式脚手支架。0 号块支架结构如图 12-3-5 所示。

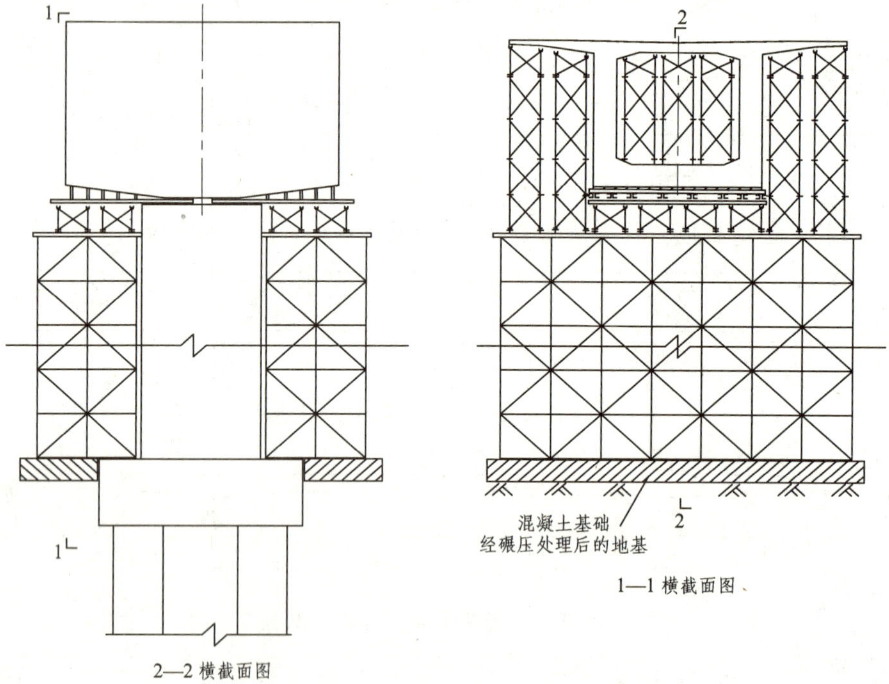

图 12-3-5　0 号段支架施工方案示意图

（4）支架预压。在搭设底模时，按估算预留拱度支好后，按设计或规定要求进行加载预压。预压荷载按箱梁重的 1.1 倍计。采用砂袋作加载物，使加载的荷载强度与梁的荷载强度分布一致。

当试压沉降稳定后，记录各测点的最终沉降值，从而推算出底模各测点的高程，然后卸载。卸载后，精确测出底模各测点的高程，此高程减去加载终了时的高程，即为支架支撑的回弹值，余下的沉降值为支架系统不可恢复的塑性变形值。根据计算结果，对底模高程进行调整，使预留拱度值更加准确，同时也是对支架的强度、刚度和稳定性的检验。

（5）模板。

梁底模板：两端悬臂部分采用大块钢模板（挂篮底模），两悬臂端梁底纵坡的调整，利用调模装置调整坡度，从而使底模达到坡度要求。

外侧模：采用大块钢模板，在梁变宽部分利用调模装置调整立模宽度，当内外侧模板拼装后用ϕ18 对拉螺杆对拉。翼板底模与外侧模连接处镶橡胶条塞紧，以防漏浆。

隔墙模板及腹板内模板：均采用定型组合钢模板现场拼装，内模板的紧固主要用对拉螺杆，并用脚手架连接。倒角模板采用木模。

过人洞模板及支架：隔墙过人洞采用木模板、木支架，顶板临时过人洞模板采用钢板焊接，支撑用ϕ12 钢筋与梁顶板钢筋网片焊接。

端模：端模用自行加工的钢模板，与内外模及其骨架连接牢固。

2. 墩身附着托架法

托架采用槽钢加工成三角桁架，墩身每侧设 4 片，通过预埋钢板同墩身连为一体。托架各节点均采用焊接连接，以减少托架的非弹性变形。上铺设型钢立柱和方木纵梁托架，搭设完毕后采用吊挂水箱法，进行等载预压，0 号块托架设计如图 12-3-6 所示。

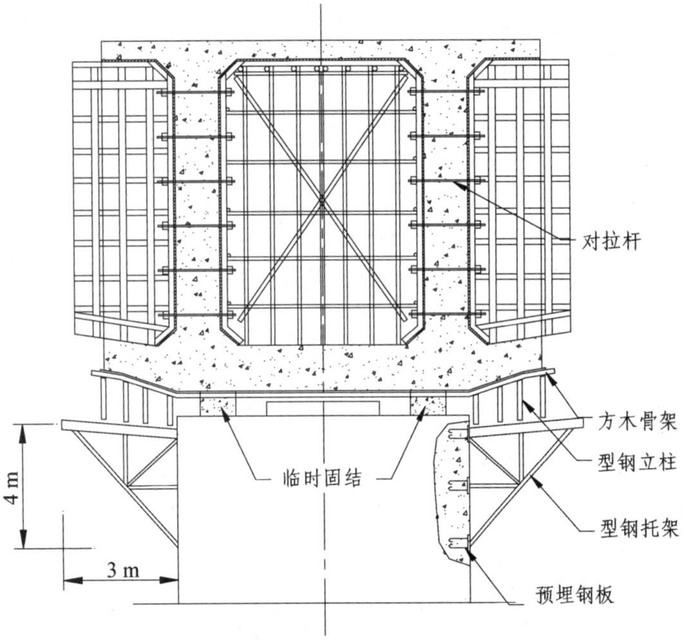

图 12-3-6　0 号块托架设计图

3. 墩旁支架法

可直接利用承台作基础，0 号块应在初凝时间内全部浇筑完成。支架应根据各桥具体情况进行结构设计和检算。支架拼装完成后，按设计受力大小、受力分布对其进行预压，预压重为箱梁恒载的 120%～130%。根据支架的弹性变形设置底模的预拱度。0 号块与墩身采取临时固结措施，临时固结措施需满足悬浇施工中出现的最大不平衡弯矩和相应竖向反力。

0 号块纵向顶板束管道预埋时，每隔 50 cm 以φ 8 定位钢筋焊于梁体钢筋骨架上，以保证管道定位准确牢固。为防止水泥浆渗入波纹管，堵塞预应力管道，混凝土浇筑前在纵向管道内插入 PVC 管。

0 号块混凝土水平分 2 层浇筑，第一次浇筑底板及腹板，第二次浇筑顶板及翼缘板，由中间向两边浇筑。混凝土浇筑完后及时进行覆盖养护，特别是加强箱内混凝土的养生，避免因养生不当造成混凝土开裂。

（三）挂篮施工

施工挂篮采用自行设计制作的液压轻型菱形挂篮，主要由主桁架、行走及锚固系统、吊带系统、底平台系统、模板系统五大部分组成。挂篮利用率系数一般采用 0.4 左右。本挂篮承载能力和刚度大，机械化程度高，操作方便快捷、安全可靠，挂篮结构如图 12-3-7 所示。

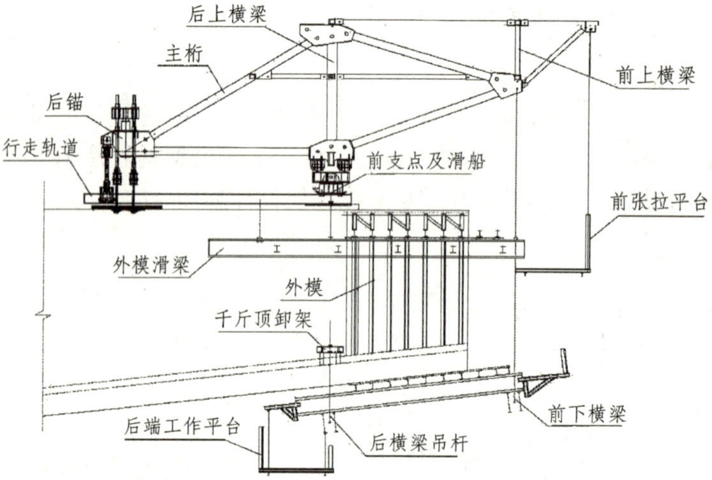

挂篮纵断面图

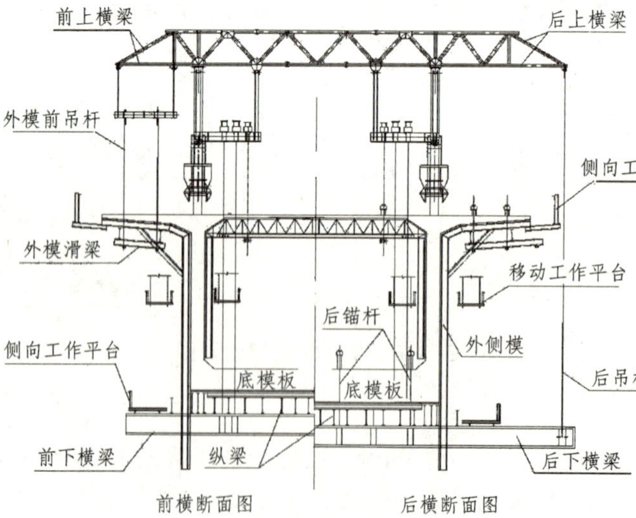

挂篮横断面图

图 12-3-7 挂篮结构示意图

挂篮结构构件运达施工现场后，利用机械吊至已浇梁段顶面，在已浇好的 0 号梁段顶面拼装，拼装完毕后，对挂篮施加梁段荷载进行预压，充分消除挂篮产生的非弹性变形，悬浇施工过程中，将挂篮的弹性变形量纳入梁段施工预拱度计算。

（四）挂篮悬臂浇筑施工

悬臂浇筑施工工艺流程详见图 12-3-8。

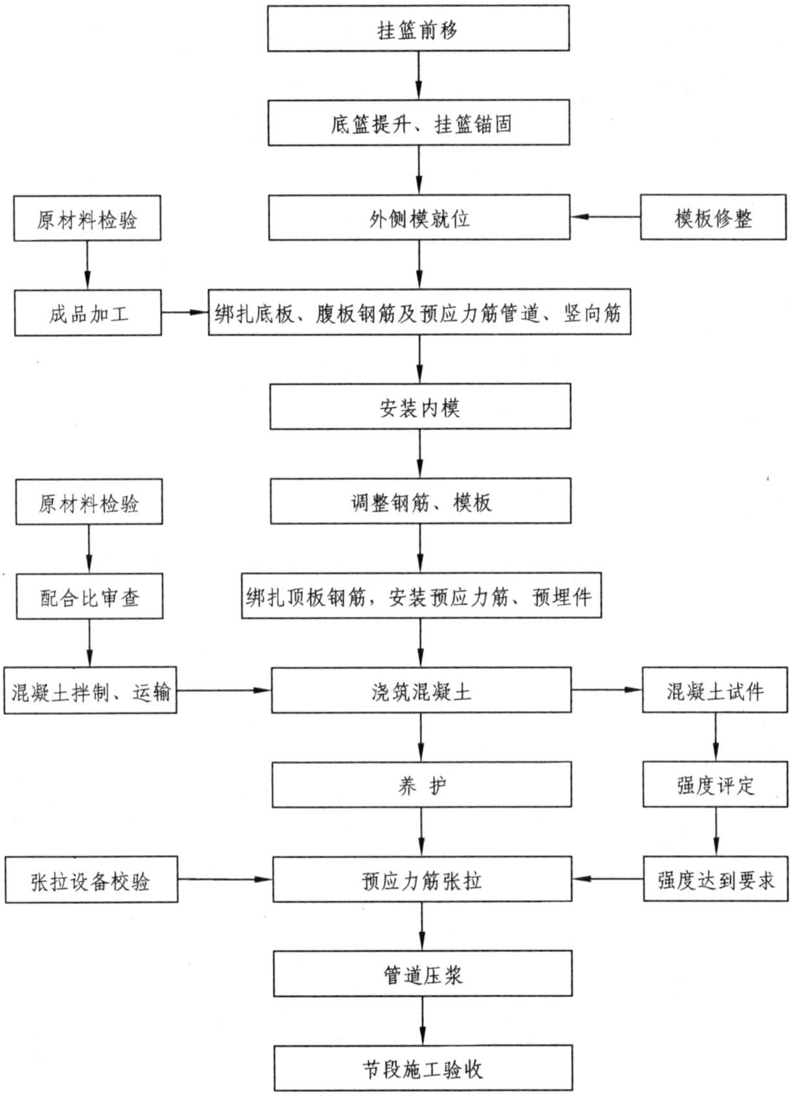

图 12-3-8　悬臂浇筑施工工艺流程图

悬臂浇筑施工主要包括挂篮前移、挂篮调整及锚固、钢筋及孔道安装、混凝土灌注及养护、预应力施加、孔道压浆 6 个工序循环进行。悬浇梁段施工长度 3 ~ 4.5 m，当混凝土强度和弹性模量达到设计要求后进行预应力张拉，根据梁体情况具体调整。

梁段悬浇时，桥墩两侧悬臂浇筑梁段对称、平衡施工，实际不平衡重量不得大于设计允许数值。梁段混凝土采用水平分层一次浇筑成型，混凝土材料及配合比的选定及施工工艺满足高性能混凝土的要求。

预施应力采用对称张拉逐次完成。张拉应在梁体混凝土强度、弹性模量达到设计要求后进行，且必须保证张拉时梁体混凝土龄期大于 5 d。预施应力采用张拉力、伸长值双指标控制，各节段先张拉纵向束、再张拉竖向筋、最后张拉横向束。

张拉完成后在 2 d 之内进行管道压浆，压浆材料和工艺需满足《铁路后张法预应力混凝土梁管道压浆技术条件》的各项规定。

（五）边跨现浇段施工

边跨直线段采用支架法浇筑。支架拼装完毕，需按直线段梁体自重的 120%～130% 荷载进行预压，以消除支架的非弹性变形，并测定其弹性变形，检验支架的承载能力、强度、刚度、稳定性等情况。

① 地基处理。

② 支架设计。

③ 支架搭设。

搭设型钢支架进行边墩现浇段施工。支架基础采用ϕ800 钢管桩，并在钢管桩上设置型钢及底模，箱梁内模支承系为脚手架，一次性连续浇筑箱梁。支架分水中和陆上两种，如图 12-3-9 和图 12-3-10 所示。支架搭设后，需设纵、横向斜杆，以确保支架结构稳定。

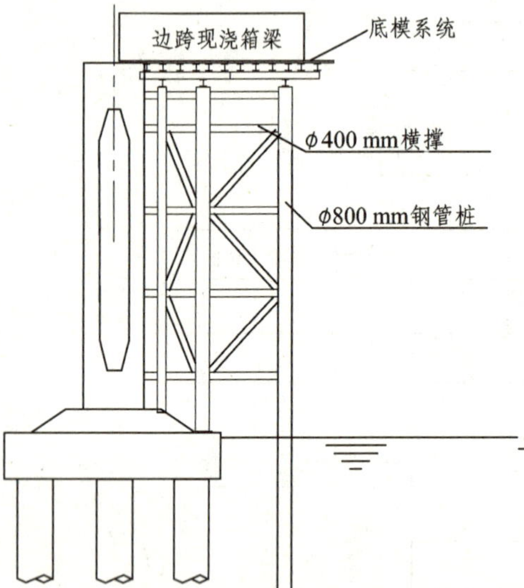

图 12-3-9　水中边跨现浇段示意图

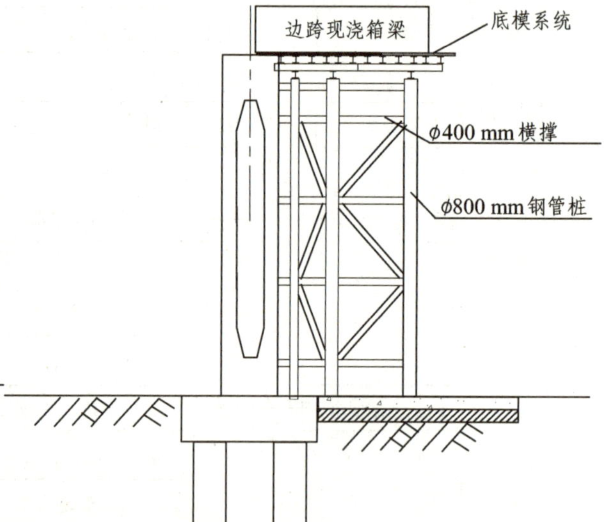

图 12-3-10　陆地边跨现浇段支架示意图

铺设底模时，在底模与分配梁间设置圆钢管作为滑动层，以确保边跨合龙前，临时束张拉时梁体与支架之间的相对滑动；但在边跨合龙锁定前，采取临时措施限制底模的纵向移动。

④ 支架预压。

搭设底模时，应预留拱度，并按设计或规定要求进行加载预压。预压荷载按箱梁重的 1.1 倍计。采用砂袋作加载物，使加载的荷载强度与梁的荷载强度分布一致。

⑤ 模板。

底模、外模采用大块钢模板，内、外侧模板拼装后用ϕ18 的对拉螺杆对拉；内模采用组合钢模，箱梁内顶板采用钢管支架支模。

采用泵送混凝土浇筑，混凝土施工顺序由悬浇端向支架支点位置进行，以减少支架沉降的影响。

（六）合龙段施工及结构体系的转换

全桥 3 个合龙段，先合龙 2 个边跨，再合龙中跨。合龙段采用吊架施工。合龙段混凝土浇筑时间应在一天中温度最低时进行，并使混凝土浇筑后温度开始上升为宜，宜使在受压的状态下达到终凝，以防混凝土开裂。

为切实保证浇筑质量，在边跨、中跨合龙段应设置可靠的临时刚接措施。

合龙段施工工艺详见图 12-3-11，合龙温度应符合设计要求，合龙段两端悬臂高程及轴线偏差应符合设计或规范要求。

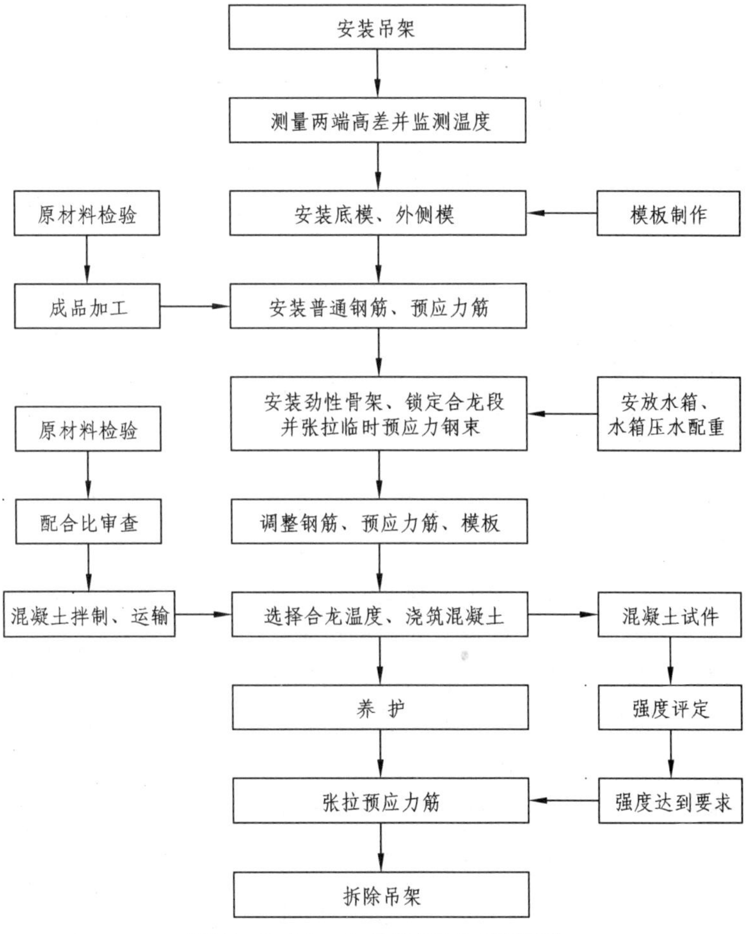

图 12-3-11　合龙段施工工艺框图

1. 边跨合龙

（1）施工准备。悬臂梁段浇筑完毕，后移拆除悬臂挂篮；清除箱顶、箱内的施工材料、机具，以堆放合龙段施工的材料、设备；在“T 构”两悬臂端预备配重水箱；了解近期气温变化规律并测量记录。

（2）边跨合龙段吊架及模板。边跨合龙段采用挂篮底篮改吊架的方法进行施工。悬臂梁段浇筑完毕，挂篮主桁后移，将挂篮的底篮整体前移，使底篮前端支撑于合龙段另一端的现浇段的支架上，后端通过锚杆锚固于悬臂梁段，以此作为边跨合龙段施工的吊架。边跨合龙段的外模及底模采用挂篮模板，内模采用组合钢模。

（3）设平衡重。采用在悬臂端的水箱中加水的方法设平衡重，近端及远端所加平衡重吨位由施工平衡设计确定，配重工况如图 12-3-12 所示。

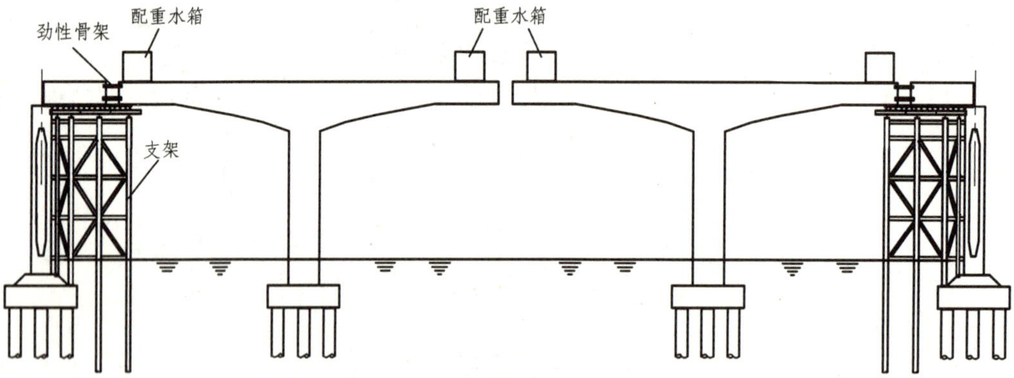

图 12-3-12 边跨合龙施工配重示意图

（4）普通钢筋及预应力管道安装。普通钢筋在地面集中加工成型，运至合龙段绑扎安装，绑扎时将劲性骨架安装位置预留，待劲性骨架锁定后补充绑扎。底板束管道安装前，应试穿所有底板束，发现问题及时处理。合龙段底板束管道采用钢管（或双层波纹管替代），管道内穿入钢绞线，以保证合龙段混凝土浇筑后底板束管道的畅通。其余预应力束及管道安装同箱梁悬浇梁段。

（5）合龙锁定。合龙前使悬臂端与边跨等高度现浇段临时连接，尽可能保持相对固定，以防止合龙段混凝土在浇筑及早期硬化过程中产生裂缝，锁定时间按合龙段锁定设计执行。临时锁定是合龙的关键，合龙锁定遵循又拉又撑的原则，即锁定包括焊接劲性骨架和张拉临时预应力束。劲性骨架采用“预埋槽钢 + 连接槽钢 + 预埋槽钢”三段式结构，其断面面积及支承位置根据锁定设计确定。合龙时，在两预埋槽钢之间设置连接槽钢，并由联结钢板将连接槽钢与预埋槽钢焊接成整体，同时注意焊缝应设在不同截面处。临时预应力束按设计布置，临时预应力张拉吨位按锁定设计确定，劲性骨架顶紧后进行张拉，临时束张拉锚固后不压浆，合龙完毕后将其拆除，合龙锁定布置如图 12-3-13 所示。

（6）浇筑合龙段混凝土。合龙段混凝土浇筑过程中，按新浇筑混凝土的重量分级卸去平衡重（即分级放水），保证平衡施工。

（7）预应力施工。合龙段永久束张拉前，采取覆盖并洒水降温的措施以减小箱梁悬臂端的日照温差。底板预应力束管道安装时要采取措施保证管道畅通，待合龙段混凝土达到设计规定强度和相应龄期后，先张拉边跨顶板预应力束，再张拉底板第一批预应力束，按照设计要求的张拉吨位及顺序两端对称进行张拉。横向、竖向及顶板纵向预应力施工同悬浇梁段，合龙段施工完毕后，拆除临时预应力束并对其管道压浆。

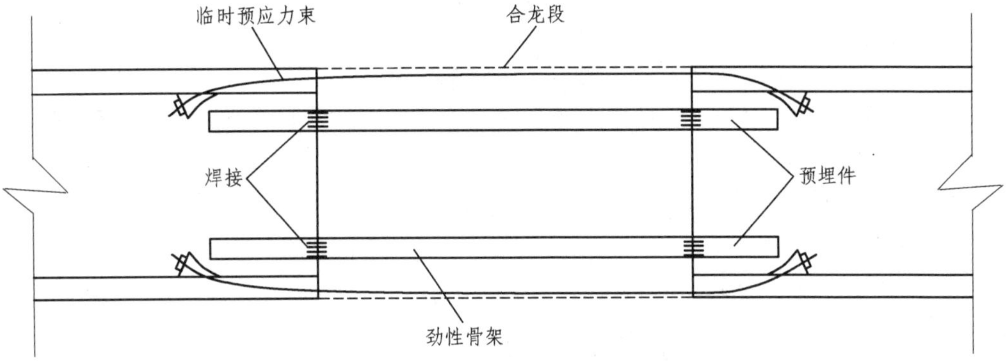

图 12-3-13　合龙段合龙锁定布置示意图

（8）合龙段吊架下落，拆除模板及支架。

2. 中跨合龙

（1）合龙步骤：施工挂篮后移→中跨合龙吊架安装→加配重水箱→钢筋绑扎→预应力管道安装→合龙锁定→选择当天最低温度时间浇筑混凝土→逐级卸除配重水箱→合龙段预应力筋张拉、锚固、压浆→拆除合龙吊架→边跨合龙→中跨合龙。

（2）吊架及模板安装。中跨合龙梁段采用合龙钢吊架施工，合龙吊架和模板采用施工挂篮的底篮及模板系统，施工吊架如图 12-3-14 所示。

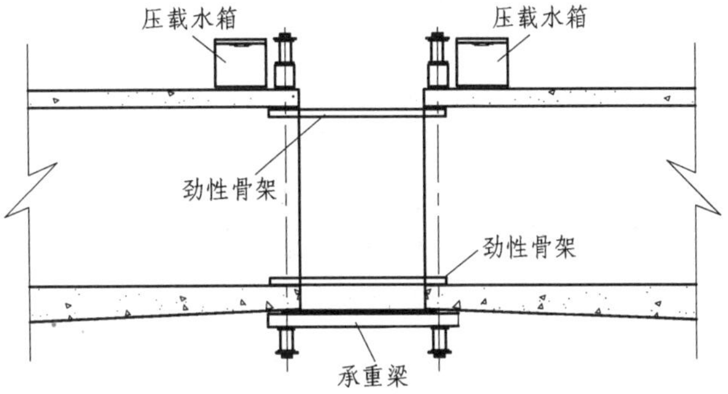

（a）中跨合龙段剖面图

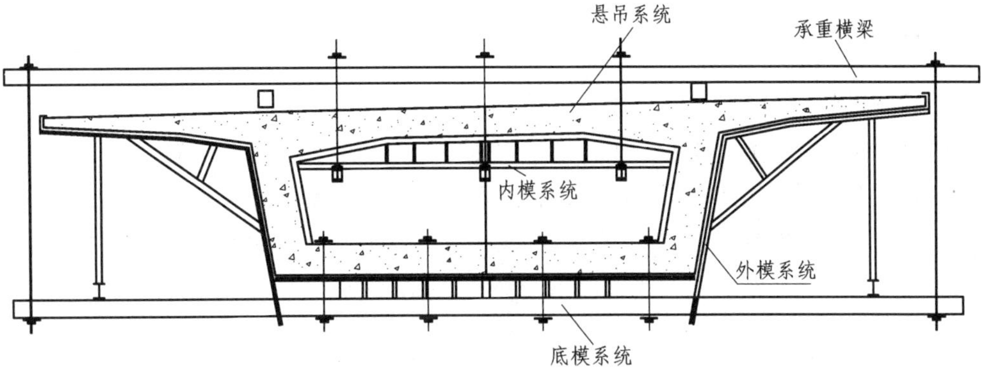

（b）中跨合龙段断面图

图 12-3-14　中跨合龙段吊架布置示意图

安装步骤为：

① 将挂篮的底篮整体前移至合龙段另一悬臂端。

② 在悬臂端预留孔内穿入钢丝绳，用几组滑车吊起底篮前横梁及内外滑梁的前横梁。

③ 拆除挂篮前吊杆。

④ 用卷扬机调整所有钢丝绳，使底篮及内外滑梁移到相应位置，安装锚杆、吊杆和连接器将吊架及模板系统锚固稳定。

⑤ 将主桁系统退至 0 号块后拆除。

（3）设平衡重。采用在悬臂端的水箱中加水的方法设平衡重，近端及远端所加平衡重吨位由施工平衡设计确定。

（4）钢筋安装。普通钢筋及预应力管道安装与边跨合龙段相同。

（5）合龙锁定。合龙前使合龙段两端悬臂端临时连接，应尽可能保持相对固定。合龙前除“T 构”悬臂端按平衡要求设置平衡重外，如施工控制有要求，还将对合龙段处采取调整措施。合龙段支撑劲性钢骨架及临时预应力束张拉同边跨合龙段施工。

（6）解除临时锁定。解除连续梁墩顶的临时锁定，并切断该墩临时支座锚固钢筋，完成体系转换。

（7）浇筑合龙段混凝土。中跨合龙段混凝土浇筑与边跨合龙段施工相同。

（8）预应力施工。中跨合龙完成后，张拉中跨预应力束，再张拉边跨底板第二批预应力束，合龙段施工完毕后，拆除临时预应力束并对其管道压浆。

（9）拆除模板及吊架。

（七）平衡设计

合龙段施工时，每个“T 构”悬臂加载应尽量做到对称平衡，合龙前，悬臂受力以弯矩为主，故平衡设计遵循对墩位弯矩平衡的原则，平衡设计中考虑如下几种施工荷载：

（1）合龙吊架自重及混凝土浇筑前作用于合龙吊架的荷载。

（2）直接作用于悬臂的荷载。

（3）合龙段混凝土重。

平衡配重在合龙锁定之前加到相应悬臂端，可使合龙锁定之后骨架处于“不动”，避免薄弱处受剪破坏。

（八）合龙锁定设计

合龙锁定中采用又拉又撑的方法，即用刚性骨架承受压力，用临时预应力束承受拉力。

刚性骨架根据温度作用计算其所需截面面积，同时应验算其压杆稳定性；临时预应力应确保降温时刚性骨架中既不出现拉应力，又要满足升温时骨架不致受压过大而失稳，具体张拉吨位根据合龙期间可能出现的温度范围计算，合龙锁定温度选择在设计要求的合龙最佳温度范围内。

（九）钢筋工程

钢筋由钢筋车间加工制作，运至现场由吊车提升、现场绑扎成型。

0 号块钢筋分两次绑扎，第一次安装底板及腹板钢筋，第二次安装翼缘板及顶板钢筋，其他梁段钢筋一次绑扎成形。

顶板和腹板内有大量的预埋波纹管，为了不使波纹管损坏，一切焊接在波纹管埋置前进行，管道安装后尽量不焊接，当普通钢筋与波纹管位置发生矛盾时，适当移动普通钢筋位置，准确安装定位钢筋网，确保管道位置准确。

钢筋绑扎前由测量人员复测模板的平面位置及高程，其中，高程包括按吊架的计算挠度所设的预拱度，无误后方可进行钢筋绑扎。纵向普通钢筋在两梁段的接缝处的连接方法及连接长度应满足设计及规范要求。

悬浇梁段及现浇段钢筋绑扎流程：先进行底板普通钢筋绑扎及竖向预应力钢筋梁底锚固端（包括垫板、锚固螺母及锚下螺旋筋）的安装，再进行腹板钢筋的绑扎、竖向波纹管及预应力钢筋的接长、腹板内纵向波纹管的安装，最后进行顶板普通钢筋的绑扎、顶板内纵向波纹管的安装、横向钢绞线及波纹管的安装。

（十）预埋件

预埋件分为结构预埋件和施工用预埋件。安装预埋件时先进行施工放样，在每次浇筑混凝土之前，仔细检查各预埋件的数量并复测其位置，确认无误后方可进行混凝土浇筑。

（十一）混凝土工程

混凝土通过搅拌站供应，搅拌车运输，输送泵泵送入模，插入式振捣器振捣。

试验室工作人员将原材料检验报告单、混凝土配合比报监理工程师签认。待模板、钢筋及预应力系统和各种预埋件安装完毕，经监理工程师检查认可后即可进行浇筑。为减少混凝土收缩徐变等影响，应严格掌握混凝土的配合比，并规定施工所用碎石、砂要与试验一样，并且每次浇筑混凝土时，试验人员现场值班，控制混凝土的坍落度，不合格的要及时清除，以免影响梁体的质量，梁体混凝土浇筑要求现场质量检查员旁站作业。

0 号块混凝土水平分两层浇筑，第一次浇筑底板及腹板，第二次浇筑顶板及翼缘板，由中间向两边浇筑；其他梁段分段一次浇筑成型，先底板，后腹板，再顶板，悬臂段浇筑时确保每个“T 构”对称进行，混凝土输送从中间向两端对称泵送，分层浇筑，每层 30 cm，从前端向后端浇筑，保证层间无施工缝。

混凝土的振捣严格按振动棒的作用范围进行，严防漏捣、欠捣和过度振捣。当预应力管道密集、空隙小时，配备小直径的插入式振捣器，振捣时不可在钢筋上平拖，不可碰撞预应力管道、模板、钢筋、辅助设施（如定位架等）。混凝土在振捣平整后即进行第一次抹面，顶板混凝土应进行二次抹面，第二次抹面应在混凝土近初凝前进行，以防早期无水引起表面干裂。

在浇筑箱梁混凝土的过程中，要及时测量挂篮主桁、前后横梁、底板、腹板、顶板挠度变化，发现实际沉降与预留量不符合时，采取措施避免结构超限下垂。箱梁质量检查包括已成型各梁段的线形、截面尺寸及中线检查。在早晨温度变化较小的时候测出顶板上观测点的中线，定出基线，检查主梁中线偏位情况，将检测结果报监理工程师和设计单位。混凝土浇筑完毕后，顶面采用麻袋覆盖并浇水养护。

（十二）预应力工程

1. 预应力筋及其管道的安装

（1）竖向预应力筋。为确保竖向预应力筋的位置准确、垂直，在中部采用定位钢筋、在顶面采用角钢定位。竖向预应力筋锚固端与墩身钢筋位置发生矛盾时，应调整墩身钢筋位置，保证锚垫板和锚下螺旋筋的位置准确。竖向预应力筋用切割机切割，垂直预先安装。

（2）纵向预应力筋。纵向预应力管道，设置定位钢筋定位，管道中穿入 PVC 管保持管道顺直，在混凝土浇筑过程中，经常转动 PVC 管，以防预应力波纹管漏浆“凝死”PVC 管，在混凝土浇筑完毕初凝后抽出。纵向预应力钢绞线用穿束机穿短束，卷扬机整束牵引穿长束。

（3）横向预应力筋。横向预应力钢绞线及波纹管在竖向和纵向预应力管道安装完毕后安装。横向预应力钢绞线采用先穿后安的方法。

2. 预应力筋张拉及锚固

预应力张拉设备使用与锚具相配套的千斤顶及油泵，使用前应先进行标定，确保张拉质量。张拉时做到对称、平衡。

（1）纵向预应力筋。纵向预应力筋张拉顺序为先腹板束，后顶板束，左右对称两端同时张拉。

（2）横向预应力筋。横向预应力钢束为扁形锚具锚固，采用千斤顶利用悬臂板的支架搭设工作平台，由 0 号块中心向两侧逐束双向张拉。

（3）竖向预应力筋。竖向预应力钢筋在安装前均按设计张拉力在台位上进行预拉，其锚固端在施工前先将螺母及垫板用环氧树脂将螺母下端与粗钢筋固定，采用千斤顶由 0 号块向两边与桥轴线对称单向张拉。

（4）张拉控制。预应力筋张拉采用张拉力与伸长量双控，以张拉力为主，实际伸长量与计算伸长量差值控制在 $\pm 6\%$ 以内，张拉时混凝土强度必须达到设计规定强度以上，张拉步骤严格按照设计或规范要求进行。对伸长量不足的查明原因，采取补张拉措施，并观察有无滑丝、断丝现象，做好张拉记录。

3. 压浆及封锚

（1）压浆管的布置。纵向预应力除在两端分别设置压浆孔和出浆孔外，还需按规范要求在中间设接力压浆孔。横向和竖向预应力管道，每一段设压浆嘴、排气孔各一个。相邻两根竖向预应力管道下部采用钢管相连，上部一根为进口，一根为出口，上端排气孔采用在锚板上拉缝留孔的方法处理。

（2）压浆。预应力管道压浆采用不低于设计等级的水泥浆，并按规定比例加入符合要求的膨胀剂。施工中采用真空压浆工艺，使得管道水泥浆更密实。竖向预应力钢筋压浆时，由相连的一根向另一根压浆，纵、横向预应力管道由一端向另一端压浆。

压浆注意事项：压浆前先用清水清洗预应力管道，严格按规范要求配浆及压浆，压浆时注意观察有无串孔、漏浆，做好压浆记录。若串孔，立即检查原因，及时处理。

（3）封锚。采用不低于设计等级的水泥砂浆或混凝土封锚。

（十三）施工控制措施

（1）施工前及时向设计单位提供准确的挂篮重量及配套施工机具、人员荷载数据。

（2）在挂篮设计过程中准确计算出混凝土重量对挂篮产生的下挠度值，需区分开挂篮自重及钢筋、模板重量产生的对挂篮主桁的影响。

（3）在悬臂施工过程中，对挠度和施工高程进行施工精密测量，确保准确无误。

（4）将已经施工阶段的实测挠度及高程等参数提前 3 d 反馈给设计人员，以便设计人员对将施工阶段的高程进行调整和控制。

（5）悬臂施工按照对称平衡的原则进行施工，施工过程中随时注意两悬臂不超过设计规定的不平衡荷载。

（6）严格执行挂篮悬浇施工中调模过程“三步走”要求，即：挂篮前移就位，调整一次模板高程；钢筋绑扎结束，调整一次高程；混凝土浇筑前，精确调整一次高程。

（7）为了避免不平衡荷载的出现，悬臂施工段除了施工机具外，不得堆放其他物品和材料，以免引起挠度偏差。

（8）预应力施工：

① 预应力束下料。钢绞线及精轧螺纹钢筋均采用砂轮切割机按照设计尺寸，并考虑一定的工作长度后下料，清除周边毛刺，然后进行编束、编号。钢绞线每隔 1.5 m 用细铁丝绑扎，保证钢绞线的顺直。

② 穿束。横向及竖向束为单端张拉，在混凝土浇筑前按设计图安装固定。纵向束在混凝土浇筑完毕后穿设。穿束前清除钢绞线表面的油污、泥浆，端部制成锥形。在人工穿束困难时，采用 5 t 慢速卷扬机进行。

③ 张拉。张拉前先对张拉用千斤顶、油压表进行配套标定，建立标定方程，计算出各张拉阶段的油表读数。

张拉采用应力、应变双控原则，预应力钢束左右（两侧）对称同时进行。

张拉完毕，在距张拉端根部 10 ~ 15 cm 左右的钢绞线上用白油漆画标记，经 4 ~ 5 h 检查无滑丝、滑锚现象后进行锚固。

④ 压浆。压浆按照先下后上，并由最低点压浆孔压入水泥浆，由最高点排气孔排除空气。当排气孔流出浓浆后，用木樽塞住，进浆口阀门压力升至 0.6 ~ 0.7 MPa 持续 2 min 无漏水、漏浆后关闭。待压浆强度满足设计要求后进行封锚。

任务 12.4　逐孔施工法

逐孔施工法是中等跨径预应力混凝土连续梁桥较常采用的一种施工方法。逐孔施工时不是在一联各跨内同时施工，而是用一套设备（移动支架造桥机或移动模架造桥机）从桥梁一端逐孔施工，也可以是预制梁的逐孔架设施工，即简支变连续或悬臂变连续的施工方法。

采用逐孔施工的主要特点是：施工能连续操作，可以使桥梁结构选择最佳的施工接头位置和合理的结构形式。同时，由于连续施工，也便于使用接长的预应力钢筋，不仅简化了操作，而且可以按最优的位置布置预应力钢筋，节省高强材料。但逐孔施工过程中会不断产生体系转换。

一、预制梁逐孔架设施工

预制梁逐孔架设施工的基本思路是：将整根连续梁按起吊安装设备的能力先分段预制，然后将预制构件安装至墩台或轻型的临时支架上，再现浇接头混凝土，最后通过张拉部分预应力筋，使梁体集整成连续梁。当起吊能力受到限制时，也可按梁横向分割、分别预制，在安装形成连续梁体系后再进行横向整体化施工。

（一）特　点

（1）无须大量支架，上部结构的预制工作和下部结构的施工可同步进行，显著缩短工期；

（2）此法适用的最大跨径为 40 ~ 50 m 左右，且宜等跨径布置，不需大型起吊设备；

（3）适合于主梁截面为矮箱梁及 T 形截面梁的情况；

（4）施工过程存在体系转换。

若预制构件为简支梁，则称为简支–连续施工；若为悬臂梁，则称为悬臂–连续施工。

图 12-4-1 表示简支–连续施工方法。施工时预制构件按简支梁的受力状态进行第一次预应力筋（正弯矩筋）的张拉锚固，安装完成后经调整位置（横桥向及高程），浇筑墩顶接头处混凝土，更换支座，进行第二次预应力筋（负弯矩筋）的张拉锚固，进而完成一联预应力混凝土梁的施工。

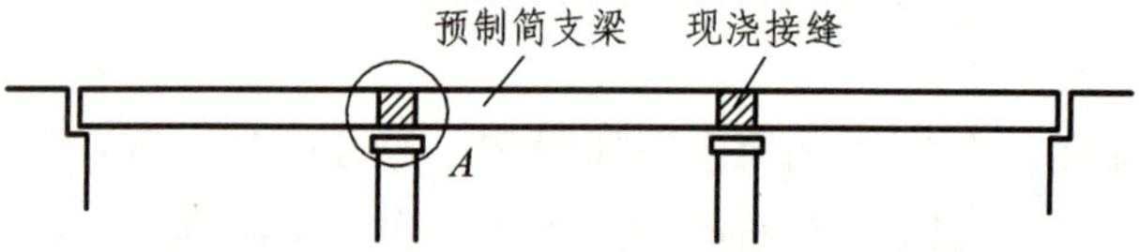

（a）

（b）

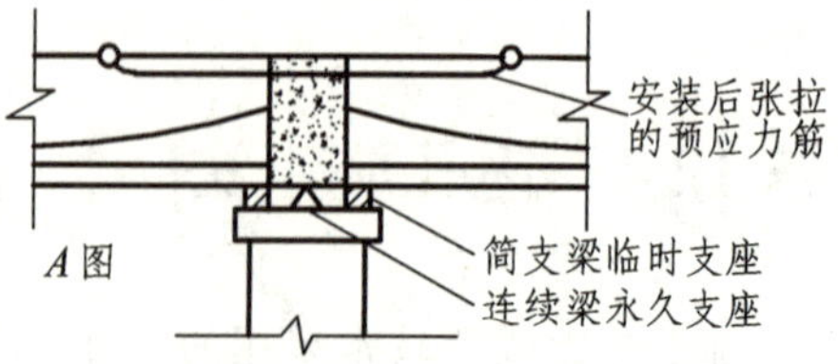

（c）

图 12-4-1　简支 – 连续施工法

简支–连续施工

某桥为 5 孔一联的预应力混凝土连续梁，分孔为 42 m + 3 × 54 m + 42 m。按简支梁先行预制，各梁间在墩顶处留有现浇接缝；安装简支梁前在墩台上设置临时支座，施工过程如图 12-4-2 所示。

图 12-4-3 表示为悬臂–连续施工方法。用这种方法施工时，简支的预制梁段［见图 12-4-3（a）］先连成单悬臂体系［见图 12-4-3（b）］，待安装好中央段［见图 12-4-3（c）］，浇筑接缝并张拉部分预应力筋，拆除临时支架后，结构成为最终的连续体系［见图 12-4-3（d）］。

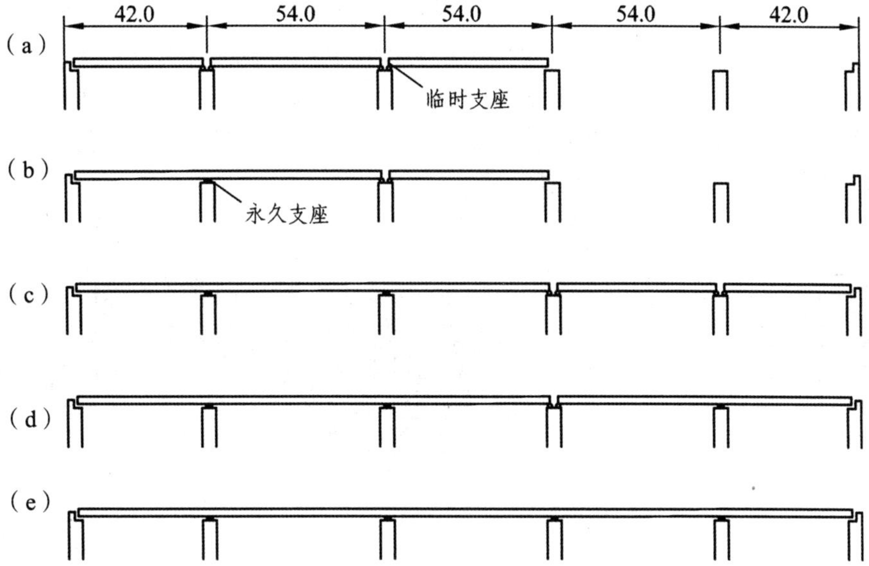

图 12-4-2　简支-连续安装预制梁

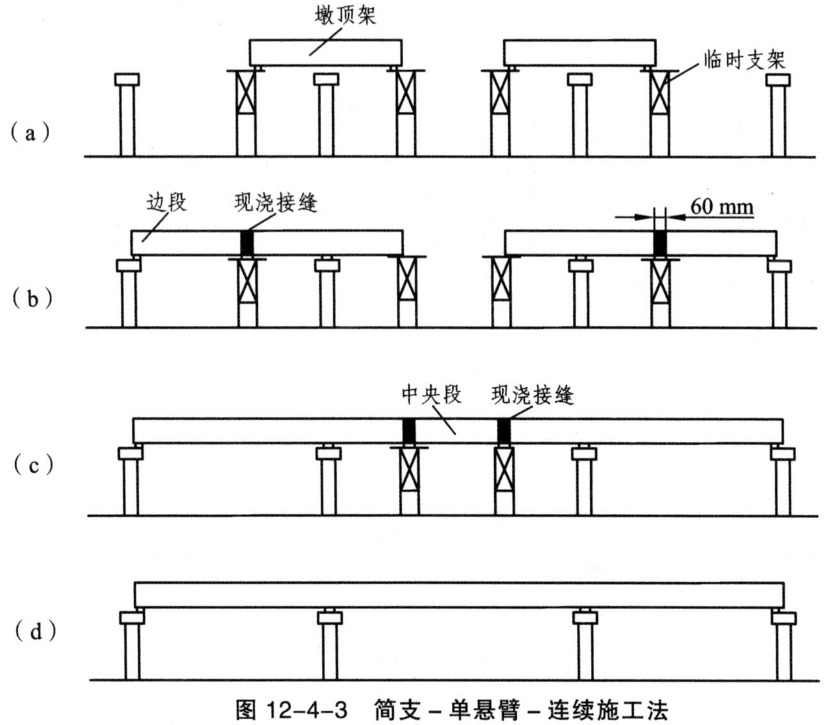

图 12-4-3　简支 – 单悬臂 – 连续施工法

（二）预应力筋的布置

1. 预应力筋的接长

在预应力混凝土连续梁采用逐孔施工、顶推施工及悬臂施工时，纵向预应力筋往往需要接长，接长的方法常采用连接器。

对应钢丝束镦头锚具，高强钢丝的接长可采用图 12-4-4 所示形式，它是一个带内螺纹的套筒或带外螺纹的连接件。

钢绞线束连接器按使用部位不同，可分为锚头连接器和接长连接器：用于接长已张拉锚固的钢绞线常采用锚头连接器，接长 $7\phi5$ 钢绞线的锚头连接器构造如图 12-4-5 所示；用于接长未张拉锚固的钢绞线时采用接长连接器，如图 12-4-6 所示，接长连接器设置在孔道的直线区段，张拉时连接器应有足够的活动空间。

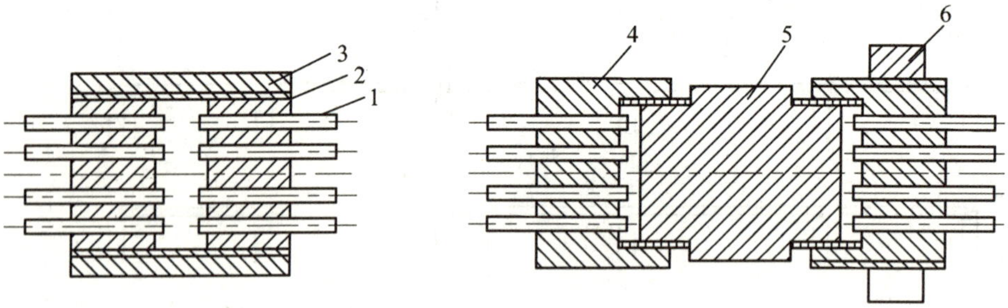

（a）带内螺纹的套筒　　（b）带外螺纹的套筒

1—钢丝；2—锚板；3—套筒；4—锚杯；5—连杆；6—螺母。

图 12-4-4　高强钢丝束连接器结构

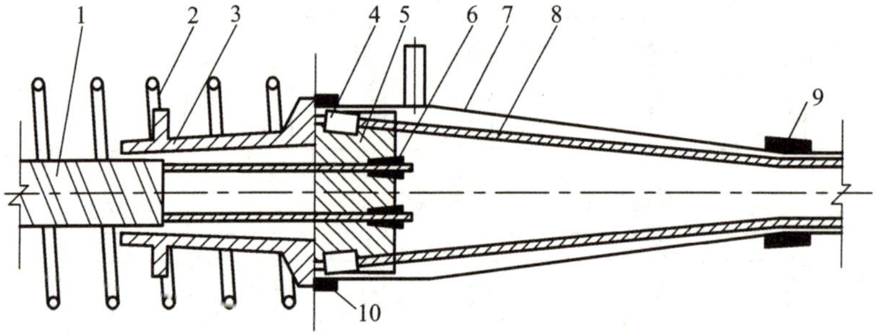

1—波纹管；2—螺旋筋；3—铸铁喇叭管；4—挤压锚具；5—联结体；6—夹片；7—白铁护套；8—钢绞线；9—钢杯；10—打包钢条。

图 12-4-5　锚头连接器构造

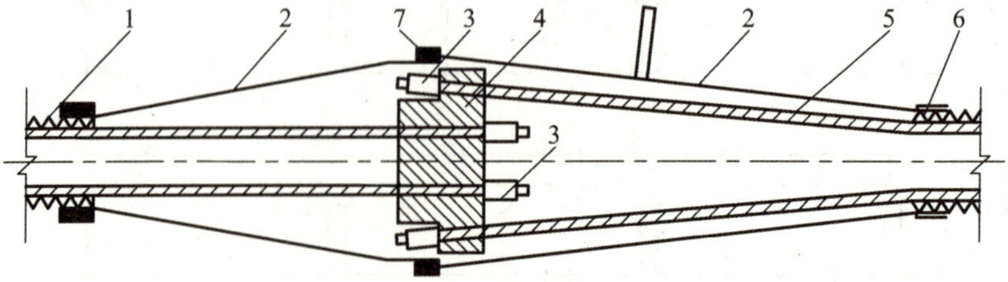

1—波纹管；2—白铁护套；3—挤压锚具；4—锚板；5—钢绞线；6—钢环；7—打包钢条。

图 12-4-6　接长连接器的构造

精轧螺纹钢筋的连接器可以使连接钢筋成为一体从而共同受力，其构造如图 12-4-7 所示。图中的外形尺寸根据所连接的钢筋直径不同而异。

2. 临时索和备用束

预应力混凝土梁的配筋、张拉程序和截面应力应当既满足施工阶段要求，同时也满足使用阶段的要求。但是由于结构体系和内力的变化，有时在施工阶段需要的主筋，在使用荷载作用下将产生不利的影响，如保留这些力筋，对使用荷载作用下梁的受力不利。

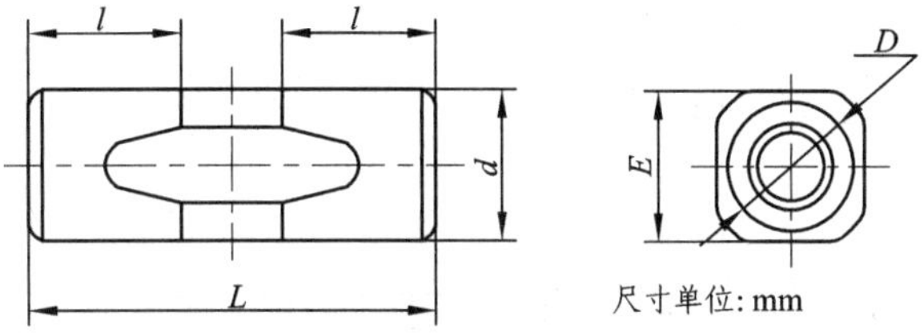

型　号	L	l	E	D	d
YDL-25	132	45	46	50	38
YDL-32	160	60	56	60	46

图 12-4-7　连接器构造

目前，常采用在施工时布置临时索及控制张拉应力等措施消除其不利影响。

采用临时索时，国内常用做法是将临时筋与永久筋用连接器接长张拉，施工期间临时索不压浆，待施工结束后割断连接器与临时筋的锚头，这种处理方法需预留临时索孔道及临时张拉锚固，施工较复杂。有时为简化施工，将临时索设置在箱体外，在箱梁内临时锚固，这样张拉、临时锚固及拆除临时索都比较方便。

此外，尚可用控制张拉力的方法，满足使用阶段和施工阶段的不同要求。即力筋的张拉力先按施工要求张拉，施工完成后张拉到设计吨位。这样做的优点便于布索，同时满足各阶段的受力要求，但张拉工艺较复杂，在施工阶段不能压浆，还必须选择力筋和锚头便于重复张拉的类型。对于施工期较长的桥梁，尚需考虑力筋的防锈问题。当施工阶段的受力大于使用阶段的受力时，或施工阶段与使用阶段的力筋用量相差甚大时，不宜采取此法。

有时为了防止力筋预留孔道发生堵塞、漏浆而无法穿束张拉，需预留备用孔道，一旦力筋穿束失败，可通过备用孔道补足力筋，这些力筋称为备用束。

3. 预应力筋布置方式

（1）逐孔现浇施工。

在逐孔现浇的连续梁中，常采用以连接器接长的预应力筋来布置，如图 12-4-8 所示。由于结构是一孔接着一孔施工和张拉的，为使施工方便和结构受力有利，一般设计时，把接头选在靠近支点的 0.2 l 处（此处接近梁的弯矩 0 点处）。

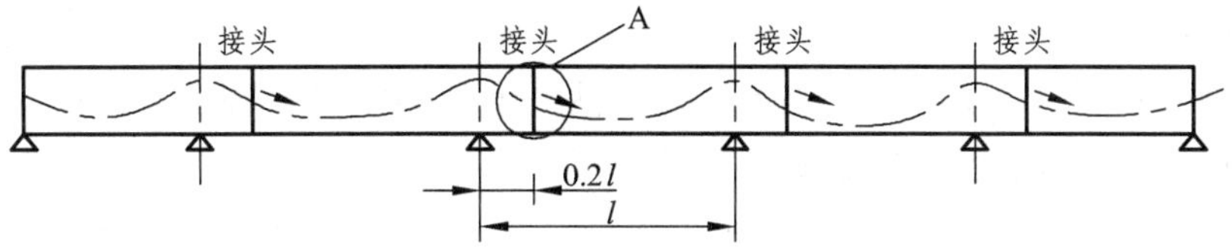

图 12-4-8　逐孔现浇法中预应力筋的布置方式

（2）简支－连续施工。

采用这种施工方法时，可采用如下的配筋方式：

① 装配后张拉连续力筋的方式，如图 12-4-9（a）所示；

② 支座上部配短预应力筋的方式，如图 12-4-9（b）所示；

③ 跨径不大时，在支点上设帽筋，如图 12-4-9（c）所示；

④ 在支座设接头，用连接器把简支梁的预应力筋予以连接，如图 12-4-9（d）所示；

⑤ 小跨结构中，在支点顶部设非预应力筋，如图 12-4-9（e）所示；

⑥ 小跨结构中，在支点顶部设预应力块件及横向预应力筋，如图 12-4-9（f）所示。

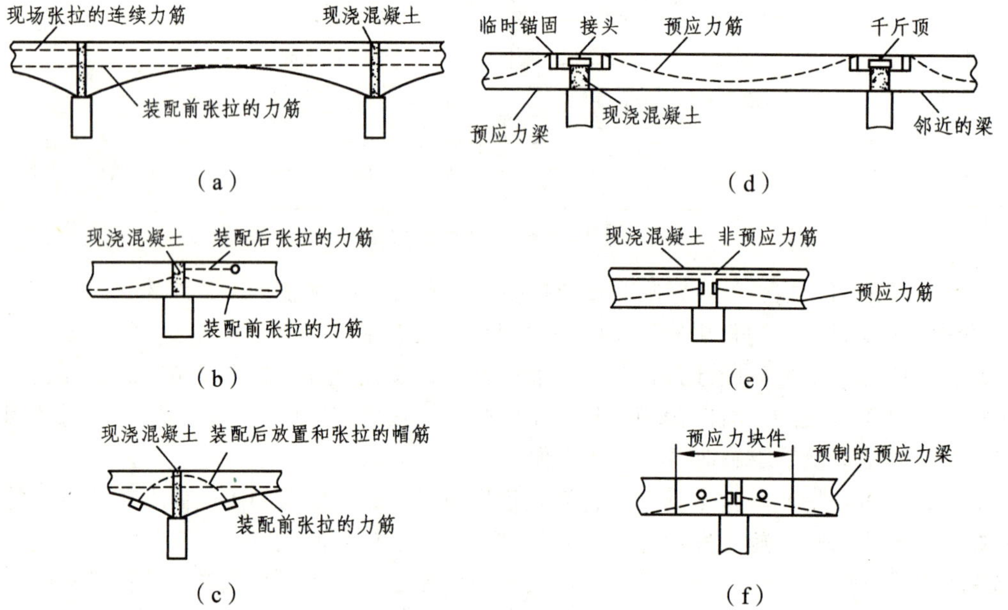

图 12-4-9 简支-连续施工法中预应力筋的布置方式

二、移动支架逐孔现浇施工

逐孔现浇施工与在支架上现浇施工的区别在于：逐孔现浇施工仅在一跨梁上设置支架，当预应力筋张拉结束后，移到下一跨逐孔施工，而在支架上现浇施工通常在一联桥跨上布设支架连续施工，因此前者在施工过程中有体系转换的问题。

移动支架常用落地式及梁式。落地式用于岸上桥跨或桥墩较低的情况，梁式支架的承重梁支承在锚固于桥墩的横梁上，也可支承在已施工完成的梁体上，现浇施工的接头最好设在内力较小的部位。

逐跨就地浇筑施工需要一定数量的支架，但比起在支架现场浇筑施工所需的支架数量要少得多，而且周转次数多，利用效率高。

三、移动模架逐孔现浇施工

近 20 年来，高架桥得到了很大的发展，它的特点是桥长跨多，桥梁的跨径大约在 30 ~ 50 m。为适应这类桥梁的快速施工，节省劳力，减轻劳动强度和少占施工场地，利用机械化的支架和模板逐跨移动，现浇混凝土施工，这就是移动模架逐孔现浇施工法。

该法需要一定数量的支架，但比起固定支架就地浇筑施工所需的支架数量要少得多，周转次数多，利用效率高，而移动模架是以移动式桁架为主要支承结构的整体模板支架，施工速度也比在支架上现场浇筑快得多，但相对预制梁段逐孔施工要长些，同时后支点位于悬臂端，产生较大的施工弯矩。因此，这种施工方法可一次完成中小跨径桥一跨梁体混凝土的浇筑，适用于 50 m 以下多跨简支和连续梁桥的就地浇筑。

连续梁施工时每孔仅在 $0.2L \sim 0.25L$ 附近处（L 为跨长）设一道横向工作缝，浇完一孔后，将移动模架前移到下孔位置，如此重复推进和连续施工。

常用的移动模架除移动悬吊模架、活动模架、落地移动模架，还有整体移动模架和滑移钢梁专用模架。采用移动模架法施工，无论哪一种形式，其共同的特点在于：高度的机械化，其模板、钢筋、混凝土和张拉工艺等整套工序均可在模架内完成。同时，由于施工作业是周期进行，且不受气候和外界因素干扰，不仅便于工程管理，又能提高工程质量，加快施工速度。

根据国外 20 余座使用移动模架法施工的桥梁统计，从构造上看，大多数的桥为外形等截面梁桥，箱梁截面在支点位置可设置横隔梁。另外，从桥长和跨径方面分析，大多数桥长均超过 200 m，常用 400 ~ 600 m，也有超过 1 000 m 的，当桥很长时，则应考虑材料、设备的合理运输问题。对于中等跨径的桥梁采用移动模架法施工较为适宜。采用非支承式的移动模板、支架逐孔现浇施工，近年来发展很快，机械化、自动化的程度也很高，给施工带来了较高的经济效益。此外，对于弯桥和坡桥都有成功的先例。

移动模架逐孔现浇施工法需要一整套设备及配件，除耗用大量钢材外，还需有整套机械动力设备和自动装置，一次投资相当可观。为了提高使用效率，必须解决装配化和科学管理的问题。装配化就是设备的主要构件采用装配式，能适用不同跨径、不同桥宽和不同形状的桥梁，扩大设备的使用面，降低施工成本。科学管理的目的在于充分发挥设备的使用能力，因此必须要做到机械设备的配套，注意设备的维修养护。如果能够做到具有专业队伍固定操作，并能持久地在它所适用的桥梁上施工，必将收到较好的经济效益。

四、移动模架造桥机

移动模架造桥机制梁适用于现场浇筑预应力混凝土简支或连续箱梁。其外模、底模和支架及导梁可纵向移动，如用于连续梁则可一次浇筑数孔，减少移动支架次数，加快制梁进度。其内模可收缩后从箱室内逐节退出。

【项目训练】

12.1 举例说明三跨一联连续空心板梁桥的浇筑顺序。

12.2 何谓三向预应力体系?

12.3 何谓悬臂施工?基本分类有哪些?

12.4 简述顶推法施工原理及基本工序。

12.5 简述顶推施工方法及特点。

12.6 挂篮悬臂浇筑施工的主要工作内容是什么?

12.7 何谓临时索和备用束?

12.8 逐孔施工法有哪些?

项目 13　转体施工

【项目描述】

拱桥是一种能充分发挥圬工及钢筋混凝土材料抗压性能、外形美观、维修费用低廉的合理桥型。传统的拱桥施工方法是搭设拱架，在拱架上现浇或组拼拱圈。近年来，拱桥施工方法和机具设备取得了很大的发展，大大提高了拱桥在大跨度桥梁中的竞争力。

本项目重点介绍转体施工法。

【项目目标】

（1）理解拱桥转体施工的工艺原理；

（2）掌握转体施工的基本工序。

任务 13.1　转体施工

一、概　述

转体施工的基本原理是：将拱圈或整个上部结构分为两个半跨，分别在河流两岸利用地形或简单支架现浇或预制装配半拱，然后利用一些机具设备和动力装置将其两半跨拱体转动至桥轴线位置（或设计高程）合龙成拱。

采用转体法施工拱桥的特点是：结构合理，受力明确；节省施工用材；减少安装架设工序，变复杂的、技术性强的水上高空作业为岸边陆上作业；施工速度快；不但施工安全、质量可靠，而且在通航河道或车辆频繁的跨线立交桥的施工中可不干扰交通；减少对环境的损害；减少施工费用和机具设备，是具有良好的技术经济效益和社会效益的桥梁施工方法之一。近年来由于钢管混凝土拱桥在国内快速发展，为钢管混凝土拱桥转体法施工创造了有利条件。

转体的方法可以采用平面转体、竖向转体或平竖结合转体，目前已应用在拱桥、梁桥、斜拉桥、刚架桥等不同桥型上部结构的施工中。

1. 平面转体

本法适用于深谷、河岸较陡峭、预制场地狭窄或无法采用现浇或吊装的施工现场。

平面转体可分为有平衡重转体和无平衡重转体。

有平衡重转体一般以桥台背墙作为平衡重，并作为桥体上部结构转体用拉杆的锚碇反力墙，用以稳定转动体系和调整重心位置。为此，平衡重部分不仅在桥体转动时作为平衡重量，而且也要承受桥梁转体重量的锚固力。

无平衡重转体不需要有一个作为平衡重的结构，而是以两岸山体岩土锚洞作为锚碇来锚固半跨桥梁悬臂状态时产生的拉力，并在立柱上端做转轴，下端设转盘，通过转动体系进行平面转体。主要适用于刚构梁式桥、斜拉桥、钢筋混凝土拱桥及钢管拱桥。

2. 竖向转体

本法适用于桥址岸坡陡峭、桥孔下无水或水浅的情况。竖向转体施工就是在桥台处先竖向或在桥台前俯卧预制半拱，然后在桥位立面内绕拱脚将其转动合龙成拱。根据河道情况、桥位地形和自然环境等方面的条件和要求，竖向转体施工有以下两种方式：

（1）竖直向上预制半拱，然后向下转动成拱。其特点是施工占地少，预制可采用滑模施工，工期短，造价低。需注意的是在预制过程中应尽量保持半拱轴线垂直，以减小新浇混凝土重力对未凝结混凝土产生的弯矩，并在浇筑一定高度后加设水平拉杆，以避免因拱形曲率影响而产生较大的弯矩和变形。

（2）在桥面以下俯卧预制半拱，然后向上转动成拱。主要适用于转体重量不大的拱桥或某些梁预制部件（塔、斜腿、劲性骨架）。

3. 平竖结合转体

由于受到河岸地形条件的限制，拱桥采用转体施工时，可能遇到既不能按设计高程处预制，也不可能在桥位竖平面内预制半拱的情况（如在平原区的中承式拱桥）。此时，拱体只能在适当位置预制后既需平转、又需竖转才能就位。这种平竖结合转体基本方法与前述相似，但转轴构造较为复杂。当地形、施工条件适合时，混凝土肋拱、刚架拱、钢管混凝土可选用此法施工。

二、有平衡重平面转体施工

有平衡重转体施工的特点是转体重量大，施工的关键是转体。要把数百吨重的转动体系顺利、稳妥地转到设计位置，主要依靠以下措施实现：正确的转体设计；制作灵活可靠的转体装置，并布设牵引驱动系统。

目前国内使用的转体装置有两种：第一种是以四氟乙烯作为滑板的环道平面承重转体，如图 13-1-1（a）所示；第二种是以球面转轴及承辅以滚轮的轴心承重转体，如图 13-1-1（b）所示。

第一种转体装置是利用了四氟材料摩擦系数特别小的物理特性，使转体成为可能。根据试验资料，四氟板之间的静摩擦系数为 0.035 ~ 0.055，动摩擦系数为 0.025 ~ 0.032，四氟板与不锈钢板或镀铬钢板之间的摩擦系数比四氟板间的摩擦系数要小，一般静摩擦系数为 0.032 ~ 0.051，动摩擦系数为 0.021 ~ 0.032，而且随着正压力的增大而减小。

第二种转体装置是用混凝土球面铰作为轴心承受转动体系重力，四周设保险滚轮，转体设计时要求转动体系的重心落在轴心上。这种装置一方面由于铰顶面涂了二硫化钼润滑剂，减小了牵引阻力，另一方面由于牵引转盘直径比球铰的直径大许多倍，而且又用了牵引增力滑轮组，因而转体也是十分方便可靠的。

牵引驱动系统通常由卷扬机（绞车）、倒链、滑轮组、普通千斤顶等机具组成。

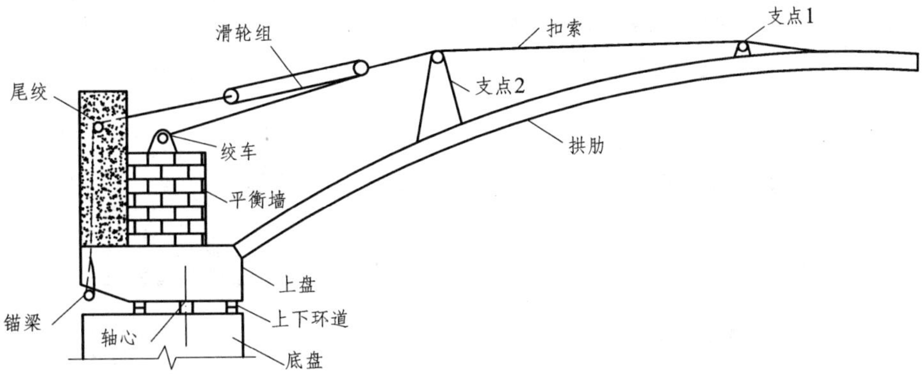

（a）聚四氟乙烯滑板环道转体

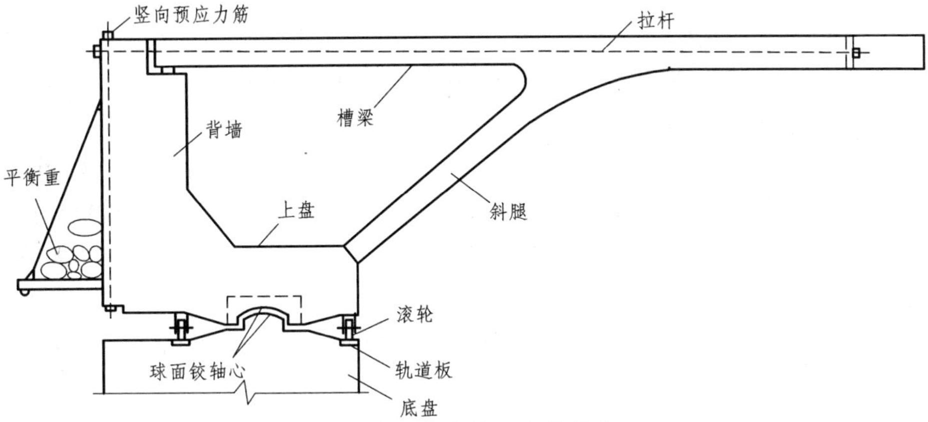

（b）球面转轴辅以滚轮转体

图 13-1-1　转动体系的一般构造

（一）转动体系的构造

转动体系最关键的部位是转体装置，它是由固定的底盘和能旋转的上转盘构成。

从图 13-1-1 中可知，转动体系主要由底盘、上盘、背墙、桥体上部构造、拉杆（或拉索）组成。

底盘和上盘都是桥台基础的一部分，底盘和上盘之间设有能使其相互间灵活转动的转体装置。

背墙一般就是桥台的前墙，它不但是转动体系的平衡重，而且还是转体阶段桥体上部拉杆的锚碇反力墙。拉杆一般就是拱桥的上弦杆（桁架拱、刚架拱），或是临时设置的体外拉杆钢筋（或扣索钢丝绳）。

1. 聚四氟乙烯滑板环道

这是一种平面承重转体装置，它由设在底盘和上转盘间的轴心和环形滑道组成，具体构造如图 13-1-2 所示。其中，图（a）为环形滑道构造；图（b）为轴心构造，其间由扇形板联结。

（1）环形滑道。

这是一个以轴心为圆心，直径 7 ~ 8 m 的圆环形混凝土滑道，宽 0.5 m，上下滑道高度约 0.5 m。下环道混凝土表面要既平整又粗糙，以利铺放 80 mm 宽的环形四氟板。上环道底面嵌设宽 100 mm 的镀铬钢板。最后用扇形预制板把轴帽和上环道连成一体，并浇上转盘混凝土，这就形成了一个可以在转轴和环道上灵活转动的上转盘。

这种装置平稳、可靠，承受转体重量大，转动体系的重心与下转盘轴心可以允许有一定数量的偏心值。

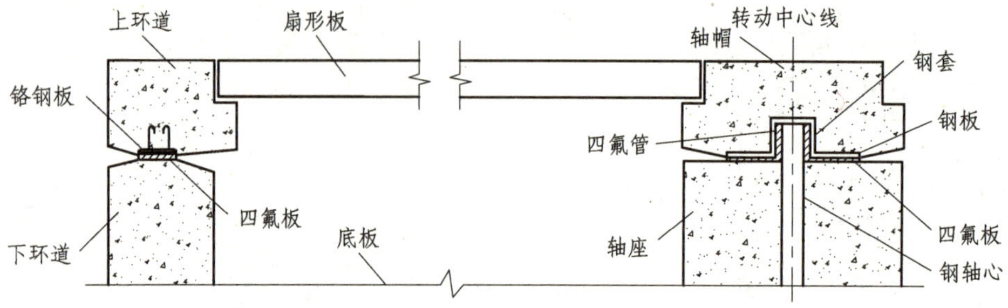

（a）环形滑道构造　　（b）轴心构造

图 13-1-2 聚四氟乙烯滑板环道的构造

（2）转盘轴心。

转盘轴心由混凝土轴座、钢轴心和轴帽等组成。轴座是一个直径 1.0 m 左右的 C25 钢筋混凝土矮墩，它不但对固定钢轴心起着定位作用，而且支承上转盘部分重量。合金钢轴心直径 0.1 m，长 0.8 m，下端 0.6 m 固定在混凝土轴座内，上端露出 0.2 m 车光镀铬，外套 10 mm 厚的聚四氟乙烯管，然后在轴座顶面铺四氟板。在四氟板上放置直径为 0.6 m 的不锈钢板，再套上外钢套。钢套顶端封固，下缘与钢板焊牢，浇筑混凝土轴帽，凝固脱模后轴帽即可绕钢轴心旋转自如。

2. 球面铰辅以轨道板和钢滚轮

这是一种以铰为轴心承重的转动装置。它的特点是整个转动体系的重心必须落在轴心铰上，球面铰既起定位作用，又承受全部转体重力，钢滚轮只起稳定保险作用。

球面铰可以分为半球形钢筋混凝土铰、球面形钢筋混凝土铰、球面形钢铰。前两种由于直径较大，故能承受较大的转体重力。

各种球面铰和钢滚轮、轨道板的构造见图 13-1-3。

（二）转体拱桥的施工

有平衡重平面转体拱桥的主要施工程序如下：

①制作底盘→②制作上转盘→③试转上转盘到预制轴线位置→④浇筑背墙→⑤浇筑主拱圈上部结构→⑥张拉拉杆，使上部结构脱离支架，并且和上转盘、背墙形成一个转动体系，通过配重基本把重心调到磨心处→⑦牵引转动体系，使半拱平面转动合龙→⑧封上下盘，夯填桥台背土，封拱顶，松拉杆，实现体系转换。

1. 制作底盘（以钢球面铰为例）

底盘设有轴心（磨心）和环形轨道板，轴心起定位和承重作用。磨心顶面上的球面形钢铰上盖要加工精细，使接触面达 70% 以上。钢铰与钢管焊接时，焊缝要交错间断并辅以降温，防止变形。轴心定位要反复核对，轨道板要求高差 ± 1 mm。注意板底与混凝土接触密实，不能有空隙。

2. 制作上转盘

在轨道板上按设计位置放好承重滚轮，滚轮下面垫有 2 ~ 3 mm 厚的小薄铁片，此铁片当上盘一旦转动后即可取出，这样便可在滚轮与轨道板间形成一个 2 ~ 3 mm 的间隙。这个间隙是保证转动体系的重力压在磨心上而不压在滚轮上的一个重要措施。它还可用来判断滚轮与轨道板接触松紧程度，调整重心。

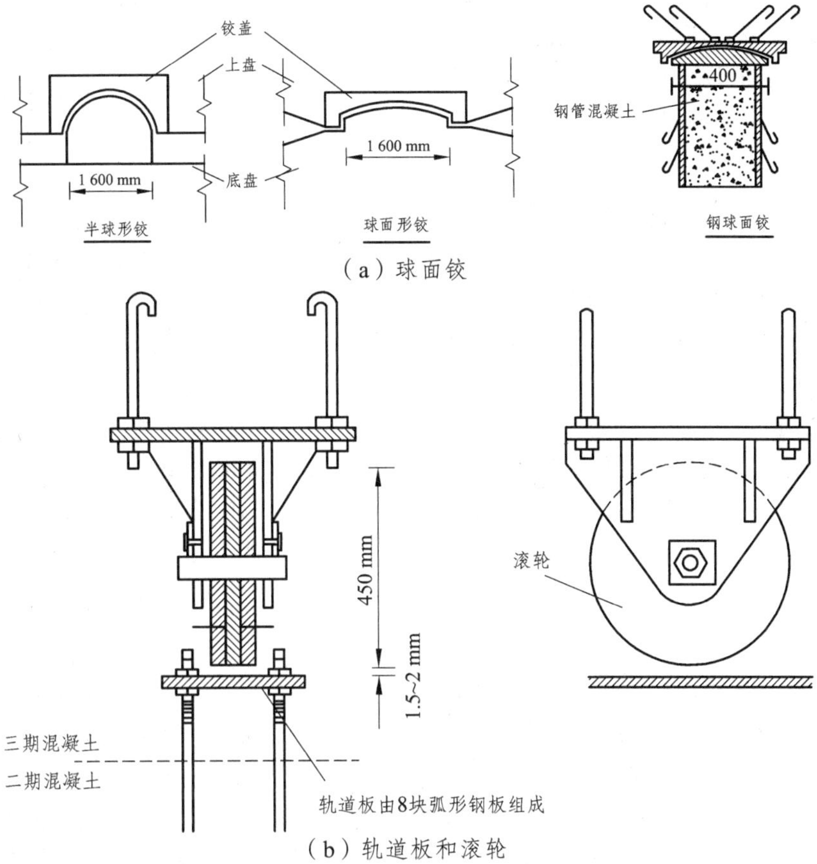

图 13-1-3　球面铰、轨道板及滚轮的构造

滚轮通过小木盒保护定位后，可用砂模或木模作底模，在滚轮支架顶板面涂以黄油，在钢球铰上涂以二硫化钼作润滑剂，盖好上铰盖并焊上锚筋，绑扎上盘钢筋，预留灌封盘混凝土的孔洞，即可浇上盘混凝土。

3. 布置牵引系统的锚碇及滑轮，试转上盘

要求主牵引索基本在一个平面内。上转盘混凝土强度达到设计要求后，在上转盘前方或后方配临时平衡重，把上盘重心调到轴心处，最后牵引上转盘到预制拼装上部构造的轴线位置。这是一次试转，一方面它可检查、试验整个转动牵引系统，另一方面也是正式开始预制拼装上部结构前的一道工序。为了使牵引系统能够供正式转体时使用，布置转向轮时应使其连线通过轴心且与轴心距离相等，这样使得正式转体时牵引力也是一对平行力偶。

4. 浇筑背墙

上转盘试转到上部构造预制轴线位置后即可准备浇筑背墙。背墙往往是一个重量很大的实体，为了使新浇筑背墙与原来的上转盘形成一个整体，必须有一个坚固的背墙模板支架。为了保证墙上部截面的抗剪强度(主要指台帽处背墙的横截面)，应尽量避免在此处留施工缝。

如一定要留，也应使所留斜面往外倾斜。也可另用竖向预应力筋来确保该截面的抗剪安全。

5. 浇筑主拱圈上部结构

可利用两岸地形作支架土模，也可采用扣件式钢管作为满堂支架，以求节约木材。扣件式钢管能方便地形成所需要的拱底弧形，不必截断钢管，可以重复周转使用。为防止混凝土收缩和支架不均匀沉降产生的裂缝，浇半跨主拱圈时应按规范留施工缝。

主拱圈也可采用简易支架，用预制构件组装的方法形成。

6. 张拉脱架

当主拱圈混凝土达到设计强度后，即可进行安装拉杆钢筋，张拉脱架等工序。为了确保拉杆的安全可靠，要求每根拉杆钢筋都进行超荷载 50% 试拉。正式张拉前应先张拉背墙的竖向预应力筋，再张拉拉杆。在实际操作中，应反复张拉 2～3 次，使各根钢筋受力均匀。为了防止横向失稳，要求两台千斤顶的张拉合力应在拱桥轴线位置，不得有偏心。

通过张拉，要求把支承在支架、滚轮、支墩上的上部结构与上转盘、背墙全部联结成一个转动体系，最后脱离其支承，形成一个支承在轴心铰上的悬空平衡体系。这是一个十分重要的工序，它将检验转体阶段的设计和施工质量。当拱圈全部脱离支架悬空后，上转盘背墙下的支承钢木楔也陆续松脱，根据楔子与滚轮的松紧程度加片石调整重心，或以千斤顶辅助拆除全部支承楔子，让转动体系悬空静置一天，观测各部变形有无异常，并检查牵引体系等均确认无误后，即可开始转体。

7. 转体合龙

把第一次试转时的牵引绳按相反的方向重新穿索、收紧，即可开始正式转体。为方便其平稳转体，控制角速度为 0.5 rad/min。当快合龙时，为防止转体超过轴线位置，采用简易的反向收紧绳索系统，用手拉葫芦拉紧后慢慢放松，并在滚轮前用微量松动木楔的方法徐徐就位。

轴线对中以后，接着进行拱顶高程调整，在上下转盘之间用千斤顶能很方便地实现拱顶升降，只是应把前后方向的滚轮先拆除，并在上下转盘四周用混凝土预制块楔紧、楔稳，以保证轴线位置不再变化。拱顶最后的合龙高程应该考虑桥面荷载以及混凝土收缩、徐变等因素产生的挠度，并留够预拱度。轴线与高程调整符合要求后，即可先将拱顶钢筋用帮条焊接，以增加稳定性。

8. 封上下盘、封拱顶、松拉杆

封盘混凝土的坍落度宜选用 17～20 cm，要求灌注的混凝土应从四周溢流，上下盘间密实。封盘后接着浇筑桥台后座，当后座达到设计要求强度后即可选择夜间气温较低时浇封拱顶接头混凝土，待其达到设计要求后，拆除拉杆，实现桥梁体系的转化，完成主拱圈的施工。主拱圈完成后，即可进行常规的拱上建筑施工和桥面铺装。

三、无平衡重的平面转体施工

采用有平衡重转体施工修建拱桥，转动体系中的平衡重一般选用桥台背墙，但随着桥梁跨径的增大，需要的平衡重量急剧增加，不但桥台不需如此巨大圬工，而且转体重量太大也增加了转体困难。

与有平衡重转体相比，无平衡重转体施工是把有平衡重转体施工中的拱圈扣索拉力锚在两岸岩体中，从而节省了庞大的平衡重。锚碇拉力是由尾索预加应力传给引桥桥面板（或平撑、斜撑），以压力的形式储备。桥面板的压力随着拱箱转体的角度变化而变化，当转体到位时达到最小。这样一来，不仅可使重量大大减轻，而且设备简单，施工工艺得到简化；虽施工所需钢材略有增加，但全桥圬工数量大为减少。无平衡重转体施工需要有一个强大牢固的锚碇，因此宜在山区地质条件好或跨越深谷急流处建造大跨桥梁时选用。

根据桥位两岸的地形，无平衡重转体可以把半跨拱圈分为上、下游两个部件，同步对称转体；或在上、下游分别在不对称的位置上预制，转体时先转到对称位置，再对称同步转体，以使扣索产生的横向力互相平衡；或直接做成半跨拱体（桥全宽），一次转体合龙。

（一）无平衡重转体一般构造

拱桥无平衡重转体施工是采用锚固体系代替平衡重平转法施工，利用了锚固、转动、位控三大体系构成平衡的转体系统，其一般构造如图 13-1-4 所示。

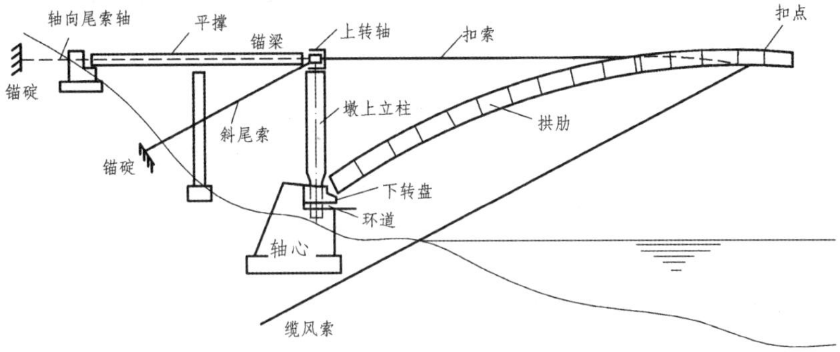

图 13-1-4　拱桥无平衡重转体一般构造

1. 锚固体系

锚固体系由锚碇、尾索、平撑、锚梁（或锚块）及立柱组成。锚碇设在引道或边坡岩石中，锚梁（或锚块）支承于立柱上，两个方向的平撑及尾索形成三角形稳定体，稳定锚块和立柱顶部的上转轴使其为一确定的固定点。拱体转至任意角度，由锚固体系平衡拱体扣索力。当拱设计为双肋，并采取对称同步平转施工时，非桥轴向（斜向）支撑可省去。

2. 转动体系

转动体系由上转动构造、下转动构造、拱体及扣索组成。

上转动构造由埋入锚梁（或锚块）中的轴套、转轴和环套组成，扣索一端与环套连接，另一端与拱体顶端连接。转轴在轴套与环套间均可转动，如图 13-1-5 所示。

下转动构造由下转盘、下环道与下转轴组成。拱体通过拱座铰支承在转盘上，马蹄形的转盘中部卡套在下转轴上，并支承在下环道上，转盘下安装了许多聚四氟乙烯蘑菇头（千岛走板），转盘的走板可在下环道上沿下转轴作弧形滑动，转盘与转轴的接触面涂有黄油四氟粉，以使拱体转动，如图 13-1-6 所示。扣索常采用Ⅳ级ϕ32 mm 精轧螺纹钢筋，扣索将拱箱顶部与上转轴联结，从而构成转动体系。在拱体顶端张拉扣索，拱箱即可离架转动。

3. 位控体系

位控体系由系在拱体顶端扣点的缆风索与转盘牵引系统组成，用以控制在转动过程中转动体的转动速度和位置。

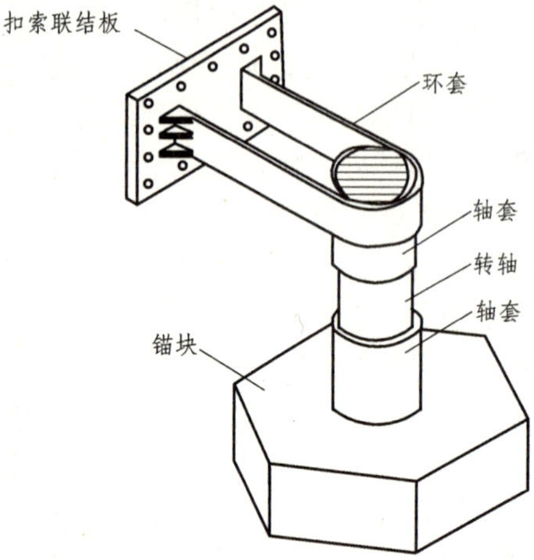

图 13-1-5　上转轴的一般构造示意图

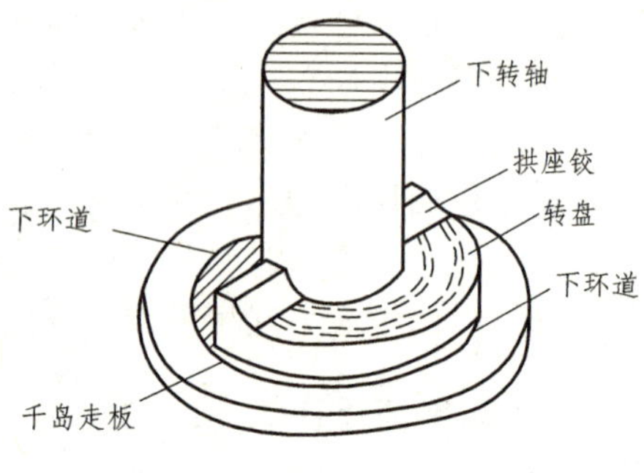

图 13-1-6　下转盘的一般构造示意图

（二）无平衡重转体施工

拱桥无平衡重转体施工的主要内容和工艺有以下各项：

1. 转动体系施工

（1）安装下转轴、转盘及浇筑下环道；

（2）浇筑转盘混凝土；

（3）安装拱脚铰、浇筑铰脚混凝土；

（4）拼装拱体；

（5）设必要的支架、模板，设置立柱；

（6）安装扣索；

（7）安装锚梁、上转轴、轴套、环套。

这一部分的施工主要保证转轴、转盘、轴套、环套的制作安装精度及环道的水平高差的精度。转轴与轴套应转动灵活，其配合误差应控制在 0.6 ~ 1.0 mm，环道上的滑道采用固定式，其平整度应控制在 ±1 cm 以内；并要做好安装完毕到转体前的防护工作。

2. 锚碇系统施工

（1）制作桥轴线上的开口地锚；

（2）设置斜向洞锚；

（3）安装轴向、斜向平撑；

（4）尾索张拉；

（5）扣索张拉。

这一部分的施工对锚碇部分应绝对可靠，以确保安全。尾索张拉是在锚块端进行，扣索张拉在拱顶段拱箱内进行。张拉时，要按设计张拉力分级、对称、均衡加力，要密切注意锚碇和拱箱的变形、位移和裂缝，发现异常现象应仔细分析研究，处理后再转入下一工序，直至拱箱张拉脱架。

3. 转体施工

正式转体前应再次对桥体各部分进行系统、全面地检查，检查通过后方可转体。拱箱的转体是靠上、下转轴事先预留的偏心值形成的转动力矩来实现。启动时放松外缆风索，转到距桥轴线约 60°时开始收紧内缆风索，索力逐渐增大，但应控制在 20 kN 以下，如转不动则应以千斤顶在桥台上顶推马蹄形下转盘。为了使缆风索受力角度合理，可设置两个转向滑轮。缆风索走速，启动时宜选用 0.5 ~ 0.6 m/min，一般行走时宜选用 0.8 ~ 1.0 m/min。

4. 合龙卸扣施工

拱顶合龙后的高差，通过张紧扣索提升拱顶、放松扣索降低拱顶来调整到设计位置。封拱宜选择低温时进行。先用 8 对钢楔楔紧拱顶，焊接主筋、预埋铁件，然后先封桥台拱座混凝土，再浇封拱顶接头混凝土。当混凝土达到 70% 设计强度后，即可卸扣索，卸索应对称、均衡、分级进行。

四、拱桥竖向转体施工

当桥位处无水或水很少时，可以将拱肋在桥位拼装成半跨，然后用扒杆起吊安装。当桥位处水较深时，可以在桥位附近拼装成半跨，浮运至桥轴线位置，再用扒杆起吊安装。

（一）钢管拱肋竖转扒杆吊装

钢管拱肋竖转扒杆吊装的工作内容为：将中拱分成两个半拱在地面胎架上焊接完成，经过对焊接质量、几何尺寸、拱轴线形等验收合格后，由竖在两个主墩顶部的两副扒杆分别将其拉起，在空中对接合龙。由于两边拱处地形较高，故边拱拱肋直接由吊车在胎架上就位拼装。

（二）钢管拱肋竖转吊装

1. 转动体系

转动体系由转动铰、提升体系（动、定滑车组，牵引绳等）、锚固体系（锚索、锚碇等）等组成，如图 13-1-7 所示。

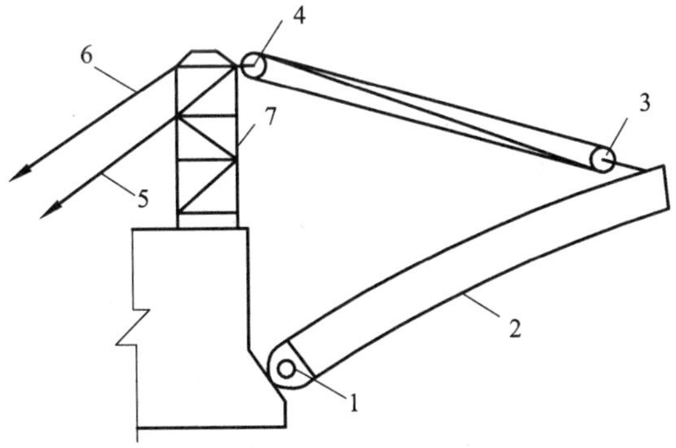

1—转动铰；2—桥体；3—动滑车；4—定滑车；5—牵引车（接卷机场）；6—锚索（接锚碇）；7—塔架。

图 13-1-7 拱桥竖向转体施工

2. 竖转吊装的工作顺序

安装拱肋胎架→安装拱脚旋转装置→安装地锚→安装扒杆及背索→拼装钢管拱肋→安装起吊

及平衡系统→起吊两侧半拱→拱肋合龙→拱肋高程调整→焊接合龙接头→拆除扒杆→封固拱脚。

3. 扒杆安装

为了便于安装，扒杆分段接长，立柱钢管以 9 m 左右为一节，两节之间用法兰连接。安装时先在地面将两根立柱拼装好，用吊车将其底部吊于墩顶扒杆底座上，并用临时轴销锁定，待另一端安装完扒杆顶部横梁后，由吊车抬起扒杆头至一定高度，再改用扒杆背索的卷扬机收紧钢丝绳将扒杆竖起。

4. 拱肋吊装

起吊采用慢速卷扬机，待拱肋脱离胎架 10 cm 左右，停机检查各部运转是否正常，并根据对扒杆的受力与变形、钢丝绳的行走、卷扬机的电流变化等情况的观测结果，判断能否正常起吊。当一切正常时，即进行拱肋竖向转体吊装。拱肋吊装完成后，进行拱肋轴线调整和跨中拱肋接头的焊接。

【项目训练】

13.1 简述转体施工的常见方法以及各种方法的适用条件。

模块 3　桥涵养护维修

项目 14　桥隧养护维修概述

【项目概述】

铁路桥隧维护是保证桥隧各组成部分处于健康状态的重要环节，是确保桥梁结构安全性、适应性和耐久性的必要途径。本项目结合《普速铁路桥隧建筑物修理规则》最新规范，对桥隧建筑物养护维修的工作任务及技术标准进行了详细讲解。

【项目目标】

（1）了解桥隧建筑物养护维修的意义和任务；

（2）熟悉桥隧建筑物修理的技术标准。

任务 14.1　桥隧建筑物养护维修的意义及任务

桥隧建筑物是铁路线路的重要组成部分，结构复杂，修建困难，造价较高。做好桥隧建筑物的修理工作，保证铁路运输安全畅通，对适应铁路运输发展具有重要意义。

一、桥隧建筑物养护维修的意义

桥隧建筑物在建造与使用的过程中，不可避免地受到各种不利因素的影响和作用，如环境影响，有害化学物质侵蚀，混凝土、钢材、橡胶等材料的自身缺陷和老化，地震、洪水、台风、车辆撞击、超载、设计缺陷、施工质量、养护不及时等自然灾害和人为因素，使得结构在其生命周期内必然会发生各种状态的退化。此外，随着交通运输的日益繁忙，桥隧承载能力和通过能力也需要满足新的要求。为保障桥隧建筑物的安全运营，延长结构使用寿命，就需要加强日常养护，并在检测评估的基础上，对于承载力不足、使用性能较差或安全性不能满足要求的结构或构件，进行有针对性的修理加固。

桥隧建筑物的修理工作分为检查、维修和大修，维修工作分为经常保养和综合维修，修理实行检查与养修分开的管理体制。

桥隧建筑物检查、监控是全面掌握设备状态变化的重要手段，也是保证行车安全的基础性工作。桥隧修理工作采用状态修与周期修相结合的方式进行，以状态修为主，通过综合维修和经常保养相结合的方式整治既有病害，及时消除危及行车安全的处所，经常保持桥隧建筑物状态均衡完好，使列车能以规定的速度安全、平稳和不间断的运行　。

桥隧大修工作是根据设备状态和运输需要，有计划地对设备进行整治、加固，恢复或提高设备运营能力，必要时进行更新改造以充分发挥桥隧建筑物的使用效能。

二、桥隧建筑物维修与大修的工作任务

1. 经常保养

通过对桥隧建筑物的经常保养，及时消灭超限和临近超限处所，保持桥隧设备状态经常均衡完好，确保行车安全平稳。经常保养工作一般以整座设备进行，也可分区段进行。保养周期应按不同设备类型的状态变化加以控制，钢梁桥（含混合钢梁桥）木桥枕明桥面每半年一遍，其他桥隧设备保养周期 1 至 2 年一遍。在做好适时保养的同时，还应加强预防性的周期保养，使设备质量经常控制在保养合格状态。保养工作范围如下：

（1）更换连二、横梁边及钢轨接头四根中的失效桥枕和桥涵其他木质部分的防腐、修理；

（2）各种联结铁件、螺栓涂油或更换；

（3）明桥面护轨整修；

（4）钢梁清扫和补充、拧紧少量高强度螺栓，局部涂层修补；

（5）支座清扫、涂油，整修排水坡；

（6）隧道除冰，清理危石及衬砌掉块，疏通排水沟、补充水沟盖板等；

（7）涵洞少量清淤，修补涵洞护坡、翼墙、管节勾缝；

（8）添补防火设备内的水、砂；

（9）各种标志的刷新和补充；

（10）补充作业通道、吊篮等步板，整修危及人身安全的安全检查设备；

（11）修补圬工梁、墩台勾缝，清除梁端石砟及梁缝止水装置内的杂物，疏通排水管；

（12）清除桥下小量淤积，修理砌体圬工；

（13）梁端横向位移的限位装置、防落梁装置复位；

（14）桥涵限高防护架涂装及不影响结构稳定的小量整修；

（15）地道、调节河流建筑物等设备保养；

（16）及时消除可能危及行车安全的病害。

2. 综合维修

综合维修采用状态修与周期修相结合的方式，钢梁桥（含混合桥钢梁）钢杆件和木桥枕明桥面实行周期修，其他实行状态修。大桥、特大桥可分孔或分段进行。钢梁桥（含混合桥钢梁）和木桥枕明桥面维修 2 至 3 年一遍；采用新技术和新工艺的可适当延长维修周期。其他桥隧设备设施按状态修适时进行维修。综合维修工作范围如下：

（1）单根抽换木桥枕及桥涵其他木质部分的防腐、修理和个别更换，整修复合材料桥枕。

（2）桥梁各种螺栓、联结铁件的涂油、修理、补充和更换。

（3）钢结构维护性涂装（包括钢梁上盖板），少量铆钉、螺栓或联结系杆件的更换，杆件裂纹、损伤和弯曲等就地修理，结构不良的小型改善，增设防爬角钢。

（4）圬工梁拱、墩台裂缝整治、圬工勾缝、抹面、小量喷浆和压浆，局部翻修和加固修理及局部增设防水层，排水设备的修理和部分增设。

（5）支座整平、修正、涂油和捣垫砂浆，支座更换和增设座板，更换和补充锚螺栓，钢部件维护性涂装。

（6）混凝土梁横隔板开焊脱落、裂缝整治、掉块和露筋修补。

（7）梁缝止水装置少量修理或更换。

（8）梁端横向位移的限位装置的修理。

（9）明桥面护轨、防火设备、安全检查设备、抗震设施、水标尺、支座防尘罩以及各种标志的修理、零小更换和增设。

（10）桥涵的调节河流建筑物和防护设备的局部修理。

（11）桥涵上下游 30 m 范围内河床的小量清理，隧道内结冰和洞口危石处理。

（12）隧道漏水的小量整治，排水沟清理，衬砌小量圬工修补，隧道通风、照明设施修理。

（13）立交桥涵限高防护架的修理，框构桥涵渗漏水整治。

（14）涵洞局部改善，管节修理和个别更换。

（15）其他不属于大修范围的小量工作。

3. 大　修

桥隧大修按照设备状态劣化等级实行状态修，根据工程性质、复杂程度和工程量大小，可分为重点大修和一般大修。整孔更换桥面、整孔钢梁（或钢塔架）重新涂装或罩涂面漆、中桥以上更换梁跨、扩孔、移梁、墩台大修、基础加固、复杂的钢梁加固、增设或更换隧道衬砌及需要便线施工的工程等为重点大修；其他病害整治的大修为一般大修。

桥隧建筑物大修工作范围主要包括：

（1）桥梁大修。

① 整孔更换桥面，包括整孔更换桥枕，换铺分开式扣件，更换护轨，钢梁上盖板、上平纵联的保护涂装，更换上盖板松动、失效铆钉等；

② 更换或增设整孔作业通道和安全检查设备（包括避车台，防火设备）；

③ 整孔钢梁或整个钢塔架的重新涂装或罩涂面漆；

④ 加固钢梁或钢塔架，包括更换、加固、修理损伤杆件，提高承载能力，扩大建筑限界，改善不良结构，更换大量铆钉和高强度螺栓；

⑤ 更换支座，包括跨度 80 m 以上钢梁支座的起顶整正；

⑥ 更换钢梁或圬工梁；

⑦ 整孔圬工梁裂缝注浆、封闭涂装或钢筋混凝土保护层中性化裂损、钢筋锈蚀整治；

⑧ 更换或增设整孔圬工梁拱防水层；

⑨ 圬工梁横隔板加固、横隔板断裂修补、梁体加固；

⑩ 加固圬工墩台及基础；

⑪ 更换墩台；

⑫ 更换或修复支承垫石、更换折断的支座销钉；

⑬ 修复或加固防护及河调建筑物；

⑭ 整治威胁桥梁安全的河道；

⑮ 整治梁端顶死、线间距不足的移梁施工；

⑯ 更换整孔作业通道步行板；

⑰ 加固或恢复桥涵限高防护架；

⑱ 孔径不足的桥梁的扩孔；

⑲ 成段修复或加固桥梁声屏障、防抛网；

⑳ 整桥栏杆涂装或更换；

㉑ 更换梁缝止水带、盖板。

（2）隧道大修。

① 加固、更换、增设衬砌或扩大限界；

② 隧道空洞、掉块、冷缝、防水板切割二衬整治；

③ 加固洞门；

④ 加固明洞；

⑤ 成段翻修铺底、仰拱；

⑥ 整治漏水，改善和增设排水设备；

⑦ 整治洞口边坡、仰坡；

⑧ 修理隧道消防设施、照明、防护门及机械通风。

（3）涵洞大修。

① 加固涵洞，更换盖板；

② 修复或加固防护及河调建筑物；

③ 整治危及涵洞安全的河道；

④ 孔径不足的涵洞的扩孔。

（4）归属工务管理的站内机车检查坑、地道大修。

任务 14.2 铁路桥隧建筑物修理技术标准

一、圬工梁拱及墩台修理技术标准

圬工梁、拱及墩台应具有符合相关要求的强度、刚度、抗渗性、耐久性和整体稳定性，并经常保持状态良好。如发现下列状态，应有计划地安排处理：

（1）防排水设施失效，梁体表面泛白浆。

（2）混凝土保护层中性化大于 25 mm。

（3）钢筋混凝土梁沿主筋裂纹流锈水。

（4）混凝土梁碱-集料反应导致梁体产生裂纹。

（5）圬工梁、拱及墩台恒载裂缝宽度大于表 14-2-1 规定的限值。

（6）混凝土梁跨中道砟厚度不足 20 cm。

（7）相邻跨梁端或梁端与桥台胸墙间顶紧，或相邻跨作业通道栏杆顶紧，影响梁跨自由伸缩。

（8）意外事故造成梁体或墩台混凝土局部溃碎或钢筋变形、折断。

圬工梁、拱及墩台严重裂损，可采用修补、灌浆、表面封闭、加固等办法处理。墩台倾斜、下沉、冻害等病害，可采用地基加固、加深或扩大基础、台后换填、卸载等办法处理。病害严重、危及行车安全、整治处理不经济的梁拱及墩台，应进行更换或改建。

更换或改建的混凝土梁或预应力混凝土梁跨宜采用整体结构，不得采用无联结的双主梁、多主梁结构。预应力混凝土桥跨结构的混凝土强度等级不应低于 C40，钢筋混凝土桥跨结构的混凝土强度等级不应低于 C30。预应力及钢筋混凝土梁采用的钢材应符合国家有关标准。既有无砟无枕、无砟有枕小跨度结合梁，应根据轻重缓急逐步更换或改造；横向无连接的混凝土并置梁应逐步增设横向连接。

表 14-2-1　圬工梁拱、墩台恒载裂缝宽度限值

梁别	裂缝部位		最大裂缝限值/mm
预应力混凝土梁	梁体	下缘竖向及腹板主拉应力方向	不允许
		纵向及斜向	0.2
		横隔板	0.3
钢筋混凝土梁及框构	主筋附近竖向		0.25
	腹板竖向及斜向		0.3
石、混凝土拱	拱圈横向及斜向		0.3
	拱圈纵向		0.5
墩台	顶帽		0.3
	墩身	经常受侵蚀性环境水影响	有筋 0.2，无筋 0.30
		常年有水但无侵蚀性	有筋 0.25，无筋 0.35
		干沟或季节性有水河流	0.4
	有冻结作用部分		0.2

墩台上相邻梁间、梁端与墩台挡砟墙间的间距，应能保证梁体自由伸缩，一般梁跨小于等于 16 m 时为 6 cm，梁跨大于 16 m 时为 10 cm。梁端及两片主梁中间的缝隙均应设有挡砟盖板，防止道砟流失。拱桥跨度大于 10 m 的混凝土边墙或跨度大于 15 m 的石砌边墙，应在拱脚附近设置温度伸缩缝，相邻孔的拱上刚架及刚架与墩台间也应设伸缩缝，缝宽一般为 1.0 ~ 2.0 cm。并线桥梁梁间无法设置作业通道时，梁间应设置盖板。梁端步行板缝隙应根据需要设置钢步板，并一端固定。

桥面及梁端应加强防排水设施。桥面排水坡应不小于 2%，泄水管内径不宜小于 15 cm，泄水管向下设置，出水端须伸出梁体不少于 15 cm。泄水管顶端应采取可靠的防渗漏措施。道砟槽板内、外侧下缘宜设置通长滴水檐（槽）。

框构桥涵顶面应沿轴向设置人字形排水坡，雨水不应排向路基内。

圬工梁拱、框构桥及桥台顶面可能被积水渗入的处所，均应铺设防水层。防水层应采用耐久性好的材料和 C40 级纤维混凝土保护层，厚度不小于 4 cm。若发现与圬工体表面有湿润渗水、流锈水白浆时，应查明防水层状态，如有破损应进行修理，必要时予以更换或增设。

桥墩台受船、筏、漂流物撞击、磨损或受冰压力等作用时，在上述外力作用高度以下，不宜采用空心墩。墩台承受船只或排筏的撞击力可按下式估算：

$$F=\gamma\times v\times\sin\alpha\sqrt{\frac{W}{C_1+C_2}} \tag{14-2-1}$$

式中 F——撞击力（kN）;

γ——动能折减系数，当船只或排筏斜向撞击墩台（指船只或排筏驶近方向与撞击点处墩台面法线方向不一致）时，可采用 0.2，正向撞击时，可采用 0.3;

v——船只或排筏撞击墩台时的速度（m/s），此项速度对于船只采用航运部门提供的数据，对于自放排筏采用水流速度;

α——船只（或排筏）驶近方向与墩台撞击的夹角;

W——船只（或排筏）的重量（kN）;

C_1+C_2——船只或排筏的弹性变形系数和墩台圬工的弹性变形系数（m/kN），缺乏资料时，一般假定为 0.000 5 m/kN。

邻近道路有可能受到汽车撞击的桥墩，且影响行车安全的，应采取防撞、加固或防护等措施。

桥涵结构中的素混凝土、砌体用材料的最低强度等级和适用范围应符合表 14-2-2 的规定。混凝土应符合《铁路混凝土结构耐久性设计规范》的规定。

表 14-2-2 素混凝土、砌体用材料的最低强度等级和适用范围

混凝土和砌体种类	材料最低强度等级			使用范围
	水泥砂浆	石料	混凝土	
片石砌体	M10	MU30	—	沉井填心，拱桥填腹及铺砌防护工程
	M10	MU50		涵洞的翼墙及其基础
块石砌体	M10	MU50	—	涵洞的拱圈
粗料石砌体	M10	MU60	—	拱桥和涵洞的拱圈
混凝土块砌体	M20	—	C25	拱桥及涵洞的拱圈、帽石
				涵洞的边墙、端墙、翼墙及基础
素混凝土	—	—	C30	拱桥及涵洞的拱圈、帽石
				桥墩台身
				桥墩台基础
				涵洞的边墙、端墙、翼墙、基础

在寒冷地区采用石砌体时，主体工程所用石料应符合抗冻试验要求。严寒地区，宜采用整体灌筑混凝土墩台，其混凝土强度等级不应低于 C30。

石砌体应采用不易风化的石料。处于浸水和潮湿地区的石砌体，主体工程用石料的软化系数应不低于 0.8。

位于水库、江河中的桥梁，其墩台不足以承受冰压力时，应在冬季结冰期进行破冰工作。

二、钢结构保护涂装技术标准

钢梁、钢塔架、钢拱肋、限高防护架等钢构件都应进行保护涂装，防止钢结构锈蚀，积极推广新型涂装材料和技术的应用。新建或改造桥梁时，作业通道托架、墩台吊围栏等小型钢构件防腐宜采用热浸锌工艺，并符合《金属覆盖层　钢铁制件热浸镀锌层　技术要求及试验方法》的要求。

初始涂装和重新涂装前应进行表面清理。在涂装底漆前，应将钢料表面的污泥、油垢、铁锈、旧漆皮和氧化皮彻底清除干净。清除方法应根据钢表面清理等级要求分别采用喷砂、喷丸，手工清理和溶剂擦洗。严禁使用腐蚀性物质清理钢表面。

（一）初始涂装和重新涂装前清理等级及粗糙度要求

1. 清理等级要求

根据使用的涂料品种、施工方法和构件部位的不同，涂装对钢结构表面清理等级要求如下，对应除锈程度应达到相应要求：

（1）电弧喷铝或涂装环氧富锌底漆时，钢表面清理应达到 Sa3 级或 PSa3 级。

（2）涂装红丹醇酸、红丹酚醛或聚氨酯底漆时，钢表面清理应达到 Sa2½ 级或 PSa2½ 级。

（3）非密封的箱形梁和非密封的箱形杆件内表面涂装环氧沥青涂料时，钢表面清理应达到 Sa2 级或 PSa2 级。

（4）限高防护架、作业通道栏杆、扶手、托架、墩台吊篮、围栏等桥梁附属钢结构及铆钉头、螺栓头或局部维护涂装使用红丹防锈底漆时，钢表面清理应达到 St3 级或 PSt3 级。

2. 清理粗糙度要求

（1）涂装涂料涂层时，钢表面粗糙度 Rz 为 25 ~ 50 μm；选用最大粗糙度不得超过涂装体系干膜厚度的 1/3。表面粗糙度超过要求时，需加涂一道底漆。

（2）电弧喷铝时，钢表面粗糙度 Rz 为 50 ~ 100 μm；当表面粗糙度 Rz 超过 100 μm 时，涂层应至少超过轮廓峰 125 ~ 150 μm。

钢梁连接板层之间大于 0.5 mm 的缝隙须将缝内污垢和铁锈清除干净，在第一道底漆干燥后，用石膏腻子填塞，待腻子表面干燥后，方可继续进行涂料涂装。小于 0.5 mm 的缝隙可用油漆封闭。腻子应与所用防锈底漆配套使用。

（二）钢梁初始涂装及运营中钢梁重新涂装

（1）钢梁初始涂装如在制造厂进行，应完成底漆、中间漆和第一道面漆涂装工作（节点或拼接部位只进行喷铝或涂无机富锌漆），其余面漆涂装在桥位上进行。既有线电气化改造时，应对下承式钢桁梁及上跨的铁路钢梁重新进行长效涂装。

（2）运营中钢梁保护涂装起泡或裂纹或脱落的面积达 33%，点锈面积达 5%，粉化劣化达 4 级且底漆已失效时，应进行整孔重新涂装。

（3）对于距离水面较近的钢梁底面（包括桁梁下弦杆、纵横梁底面，下承板梁主梁和上承板、箱梁底面）、跨越受污染的河流的钢梁底部应增加涂装底漆一道、中间漆一道。

（三）钢梁涂装体系

1. 钢梁涂装体系（见表 14-2-3）

表 14-2-3 钢梁涂装体系

涂装体系	涂料（涂层）名称	每道干膜最小厚度/μm	至少涂装道数	总干膜最小厚度/μm	适用部位和环境
1	特制红丹酚醛（醇酸）底漆	35	2	70	限高防护架等桥梁附属钢结构
	灰铝粉石墨或灰云铁醇酸面漆	35	2	70	
2	电弧喷铝层	—	—	200	钢桥明桥面的纵梁、上承板梁、箱形梁上盖板
	环氧类封孔剂	—	1	—	
	棕黄聚氨酯盖板底漆	50	2	100	
	灰聚氨酯盖板面漆	40	4	160	
3	无机富锌防锈防滑涂料	80	1	80	栓焊梁连接部分摩擦面
	或：电弧喷铝层	—	—	100	
4	环氧沥青涂料	60	4	240	非密封的箱形梁和非密封的箱形杆件内表面
	或：环氧沥青厚浆涂料	120	2	240	
5	特制环氧富锌防锈底漆或水性无机富锌防锈底漆	40	2	80	钢梁主体，用于气候干燥、腐蚀环境较轻的地区
	云铁环氧中间漆	40	1	40	
	灰铝粉石墨醇酸面漆	40	2	80	
6	特制环氧富锌防锈底漆或水性无机富锌防锈底漆	40	2	80	钢梁主体、支座用于腐蚀环境较严重的地区和电气化铁路
	云铁环氧中间漆	40	1	40	
	灰色丙烯酸脂肪族聚氨酯面漆	40	2	80	
7	特制环氧富锌防锈底漆或水性无机富锌防锈底漆	40	2	80	钢梁主体，用于酸雨、沿海等腐蚀环境严重、紫外线辐射强、有景观要求的地区和电气化铁路
	云铁环氧中间漆	40	1	40	
	氟碳面漆	35	2	70	

（1）对于温差较大地区，钢桥主体应采用断裂伸长率不小于 50%的氟碳面漆。

（2）对于栓焊梁生产或贮存在黄河以南地区时，宜采用无机富锌防锈防滑涂料喷涂摩擦面。

（3）对于跨越河流的钢桥底面（包括桁梁下弦杆、纵横梁底面，下承板梁主梁和上承板、箱梁底面）、酸雨地区的钢桥应增加涂装底漆一道、中间漆一道。

2. 钢梁的电弧喷涂金属涂装

（1）电弧喷铝用铝丝材质应采用《变形铝及铝合金化学成分》中 5A02 的规定要求。

（2）金属涂层采用环氧类封孔剂进行封孔时，封孔层厚度无要求，涂覆的封孔剂至不被吸收为止；封孔后应加涂相应的配套涂料。

3. 栓焊梁螺栓连接部分摩擦面涂装

（1）采用电弧喷铝时，涂层厚度为（150 ± 50）μm；采用无机富锌防锈防滑涂料时，涂层厚度为（120 ± 40）μm。涂层的抗滑移系数出厂时不小于 0.55，架梁时不小于 0.45。

（2）杆件栓接点外露的铝表面、无机富锌防锈防滑涂料表面与涂料涂层搭接处应涂装特制环氧富锌防锈底漆。钢梁组装后，栓接点外露的铝涂层应按前述 2（2）点的规定进行涂装。栓接点螺栓、螺栓头处涂装特制环氧富锌防锈底漆，涂装前螺栓应除油，螺母和垫片应水洗清除皂化膜。

（四）钢结构的维护涂装

（1）钢梁涂膜粉化达 3 级时，应清除涂层表面污渍，用细砂纸除去粉化物，然后覆盖相应的面漆 2 道。

（2）涂膜起泡、裂纹或脱落劣化达 2 ~ 3 级时，底漆完好，清理损坏区域周围疏松的涂层，并延伸至未损坏的涂层区域 50 ~ 80 mm 坡口，局部涂相应的底漆和相应的中间漆、面漆。如要保持涂层表面一致，可在局部涂面漆后，全部再覆盖面漆。

（3）涂膜劣化达 2 ~ 3 级生锈时，应清除松散的涂层，直到良好结合的涂层区域为止，表面清理应达到 St3 级或 PSt3 级，未损坏的涂层区域边缘按上述第（2）款要求处理，然后局部涂装相应的底漆和相应的中间漆、面漆。如要保持涂层表面一致，可在局部涂面漆后，再全部覆盖面漆。

（4）旧喷锌或铝涂层发生锈蚀劣化类型为 2 ~ 3 级生锈时，应除去松动的锌或铝涂层和涂料涂层直到良好结合的锌或铝涂层区域为止，钢表面锈蚀清理应达到 Sa2½ 级或 PSa2½ 级。对于未损坏的涂料和锌或铝涂层区域边缘按上述第（2）款要求处理。对于电弧喷锌或铝涂层清理部位，也可改涂特制环氧富锌防锈底漆两道，然后涂相应的中间漆和面漆。

（5）涂膜局部严重损坏应及时清理和涂装。

（五）钢梁涂装技术要求和施工条件

1. 涂装技术要求

（1）涂装用漆应符合《铁路钢桥保护涂装及涂料供货技术条件》的要求，并有复查合格证。施工前应对涂料的颜色及外观、弯曲性能、附着力、细度、干燥时间、流出时间等主要技术指标进行复验和试涂，符合要求后方可进行正式涂装。

（2）钢梁初始涂装和整孔重新涂装时，钢表面清理等级及粗糙度应达到规定的标准，涂装体系应根据杆件的部位和环境地区确定。

（3）涂膜维护涂装时，应对局部劣化部位按要求进行清理，按原涂装系逐层进行涂装，并延伸至未损坏的涂层区域 50 ~ 80 mm 坡口，局部修理处干膜总厚度不应小于原涂装干膜的厚度。

（4）涂料涂层涂装时，应注意不同溶剂涂层间的搭配。在节点和上盖板交界处，封孔层、中间层及聚氨酯盖板漆等强溶剂不允许搭在其他漆上。进行维护涂装时，如不可避免搭在其上时，应妥善处理。

（5）涂料涂层施工时，应严格按要求的道数及涂膜厚度进行涂装，每道干膜厚度达不到要求时，应增加涂装道数，杆件边棱和难以涂装的部位应加厚或加涂一道。

（6）涂料中可加稀释剂调整施工黏度，稀释剂的品种应与所用涂料相适应。涂装时可根据油漆说明书实施。

2. 涂装施工条件

（1）钢表面清理，严禁在雨、雪、凝露和相对湿度大于 80%及风沙天气进行。

（2）环氧类漆不允许在 10°C 以下施工，水性无机富锌防锈底漆、酚醛漆、醇酸漆、聚氨酯漆、氟碳面漆不允许在 5°C 以下施工。不允许在相对湿度 85%以上、雨天、雾天或风沙场合进行涂装施工。

（3）电弧喷涂铝涂层作业时，作业环境要求与电弧喷涂作业的间隔时间要求按《热喷涂金属件表面预处理通则》规定执行。

（4）钢结构表面清理后应在 4 h 内涂装第一道底漆或电弧喷铝涂层，电弧喷铝完成后应立即覆盖封孔剂。利用列车运行间隔施工时，覆盖封孔剂或涂层前，应对铝涂层表面清洁处理。

（5）涂装涂料涂层需在上一道涂层实干后，方可涂装下一道漆，底漆、中间漆最长暴露时间不超过 7 d，两道面漆间隔若超过 7 d 时需用细砂纸打磨涂层表面成细微毛面后方能涂下一道漆。

（六）涂层质量要求

（1）涂料涂层表面平整均匀，不允许有剥落、起泡、裂纹、气孔，允许有不影响防护性能的轻微桔皮、流挂、刷痕和少量杂质。厚度符合标准。

（2）金属涂层表面均匀一致，不允许有起皮、鼓泡、大熔滴、松散粒子、裂纹、掉块，允许有不影响防护性能的轻微结疤、起皱。厚度符合标准。

三、钢结构修理技术标准

钢结构应具有符合要求的刚度、强度和稳定性。运营中根据钢结构形式，加强对各部联结节点、杆件、铆钉、销栓、焊缝的检查养护，使其经常处于良好状态。对承载能力或刚度不足、结构不良的钢梁，应进行加固或改善，确保行车安全。

钢结构应保持清洁，要经常清扫污垢、尘土，冬季要及时清除冰雪。钢梁上的存水处所应设直径不小于 50 mm 的泄水孔，钻孔前须对杆件强度进行检算。

钢梁杆件伤损容许限度超过表 14-2-4 的规定时，应及时进行整修、加固或更换（经检定不影响钢梁正常使用者除外）。

表 14-2-4　钢梁杆件伤损容许限度

序号	伤损类别		容许限度
1	竖向弯曲		弯曲矢度小于跨度的 1/1 000
2	板梁、纵梁、横梁	横向弯曲	弯曲矢度小于自由长度的 1/5 000，并在任何情况下不超过 20 mm
3		上盖板局部垂直弯曲 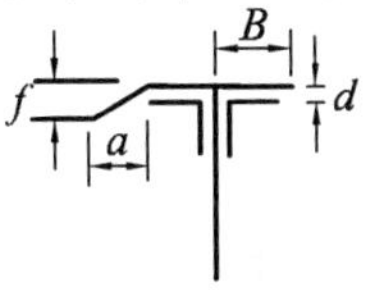	$f<a$ 或 $a<B/4$ d—钢板或钢板束的厚度； B—由腹板至盖板边缘的宽度
4		盖板上有洞孔	洞孔直径小于 30 mm，边缘完好
5		腹板上有洞孔	工字梁的洞孔直径小于 50 mm，板梁小于 80 mm，边缘完好
6		腹板受拉部位有弯曲	凸出部分直径小于断面高度的 0.2 倍或深度不大于腹板厚度
7		腹板受压部位有弯曲	凸出部分直径小于断面高度的 0.1 倍或深度不大于腹板厚度
8	桁梁	主梁压力杆件弯曲	弯曲矢度小于杆件自由长度的 1/1 000
9		主梁拉力杆件弯曲	弯曲矢度小于杆件自由长度的 1/500
10		主梁腹杆或连接杆件弯曲	弯曲矢度小于杆件自由长度的 1/300
11		洞孔	洞孔直径小于杆件宽度的 0.15 倍并不得大于 30 mm

不良铆钉的容许限度如表 14-2-5 所示。

表 14-2-5　不良铆钉的容许限度

序号	不良名称	形状	容许限度	原因
1	松动铆钉		无	（1）铆合不良； （2）铆合前钢板未夹紧
2	钉头裂纹		无	（1）铆钉加热过度； （2）铆钉钢质不良
3	烂头	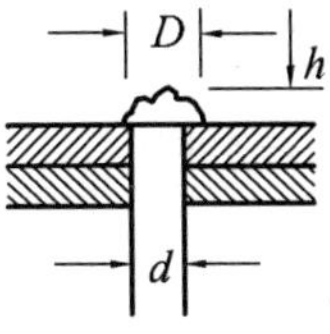	$D \geq d+8$ mm $h \geq 0.7$ 倍标准钉头高	年久锈蚀

续表

序号	不良名称	形状	容许限度	原因
4	钉头部分或全周浮离（用厚 0.2 mm 塞尺检查）	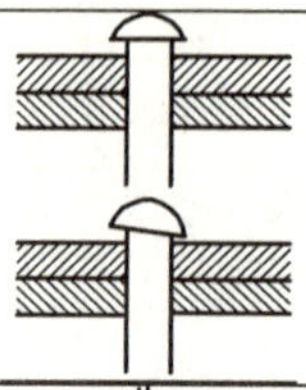	无	（1）钉头钉杆相接处有圆角；（2）钉头未用顶把顶紧或顶把未对正
5	钉头偏心（拉绳检查钉头与铆钉线位置或观察铆钉两头）	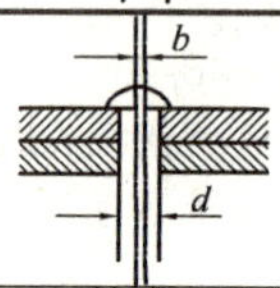	$b \leqslant 0.1d$	铆合不良
6	钉头局部缺边	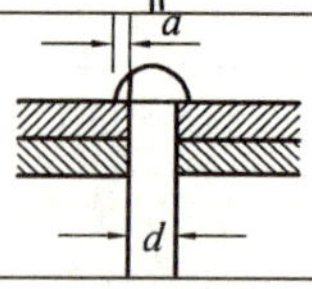	$a \leqslant 0.15d$	（1）钉杆过短；（2）顶压不正确
7	钉头全周缺边	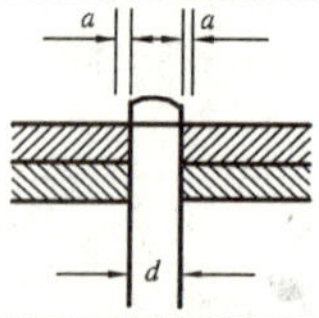	$a<0.1d$	（1）钉杆过短；（2）顶压不正确
8	钉头过小（用样板检查）	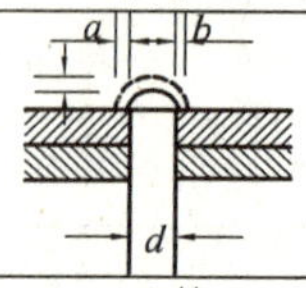	$a+b<0.1d$ 或 $c<0.05d$	（1）铆钉壳和钉杆都小；（2）钉杆过短或铆钉孔过大
9	钉头周围有飞边	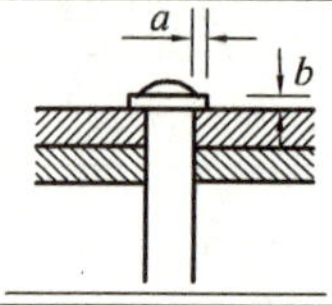	$A<3$ mm $b=1.5\sim3$ mm	钉杆过长
10	铆钉壳打伤钢板	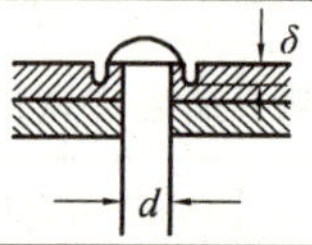	$\delta \leqslant 0.5$ mm	铆合不良
11	埋头铆钉钉头全部或局部缺边	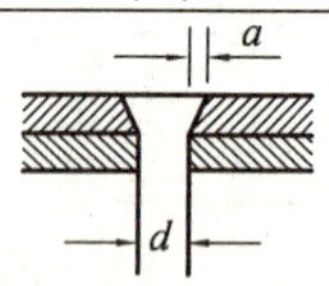	$a \leqslant 0.1d$	（1）铆合不良；（2）钉杆过短

表 14-2-5 中 1、2、3、4 项的不良铆钉应予更换，其他不良铆钉可根据不良程度确定是否更换。

更换铆钉时，如无铆合条件，可用双帽精制螺栓或高强度螺栓永久代替，应拆除一个，上紧或铆合一个，必要时可使用 30%以下的冲钉过渡。禁止使用锛斧和大锤铲除钉头。

新换钢梁或加固杆件的组拼应符合以下要求：

（1）组拼或加固部件尺寸应符合设计图纸要求。

（2）组拼板层用螺栓均匀拧紧，板层密贴，缝隙用 0.3 mm 插片探入深度不大于 20 mm。

（3）组拼杆件工作应在无活载情况下进行，并至少有 1/3 的孔眼安装螺栓及冲钉，其中

2/3 为冲钉，1/3 为螺栓。

（4）无活载情况下更换铆钉时，一般应每隔 2 个钉孔装一个螺栓，螺栓间距不得超过 400 mm，必要时，应每隔 1 个钉孔穿一个螺栓，每组孔眼应打入 10%的冲钉。

（5）栓焊梁使用的高强度螺栓、螺母及垫圈的技术条件必须符合《钢结构用高强度大六角头螺栓》的规定，并附有出厂合格证。施工前应按规定对成品进行抽查。无出厂合格证或抽查不合格者，不得使用。

（6）铁路钢桥主体结构用钢材应符合现行《桥梁用结构钢》的标准。

高强度螺栓的施工预拉力应符合设计要求，欠拧值或超拧值均不应超过规定值的 10%，各种型号的高强度螺栓的设计预拉力值如表 14-2-6 所示。

表 14-2-6　高强度螺栓预拉力设计值　　单位：kN

螺纹直径	M22	M24	M27	M30
性能等级	10.9S			
预拉力设计值	200	230	300	370

注：高强度螺栓用于机车车辆限界上方范围内的桥面系及连接系时，预拉力设计值可适当降低。

高强度螺栓的初拧值应根据试验确定。一般取终拧值的 40%～70%，终拧方法可采用扭矩法或转角法。

（1）扭矩法。采用扭矩法施拧时，根据选用的施拧工具，应先进行螺栓扭矩系数的试验，从试验数据中求算平均值作为施拧依据，如离散性过大，应认真研究采取措施。供货时如扭矩系数值有保证，可不再作扭矩系数试验。

施拧时，使用示功扳手将螺母拧紧到规定的扭矩。扭矩值按下式计算：

$$M = k \times P \times d \tag{14-2-2}$$

式中　M——扭矩值（N · m）；

k——扭矩系数；

P——螺栓施工预拉力（kN）；

d——螺栓计算直径（mm）。

（2）转角法。采用转角法施拧时，确定初拧预拉力值后，按板束厚度及层数，试验测定螺栓轴向力与相应转角的关系，作为施拧依据，即在初拧后的螺杆和螺母的端面相对位置划一细线，再用长扳手或风动扳手将螺母拧至规定的角度。

对于大型节点，高强度螺栓同时更换的数量不得超过该节点螺栓总数的 10%，对于螺栓数少的节点则要逐个更换。在一个连接处（或节点）少量更换的，螺栓、螺母及垫圈的材质、规格、强度等级应与原桥上使用者相同，不准混用。高强度螺栓发生超拧时应按报废处置，严禁再次使用。

高强度螺栓拧紧后，为防止雨水及潮湿空气侵入板缝，节点板束四周的裂缝均应用腻子封闭。高强度螺栓、螺母和垫圈的外露部分均应进行涂装防锈。

钢梁有下列状态之一时，应及时处理：

（1）主桁腹杆铆接接头处裂纹长度≥50 mm。

（2）下承式桁梁的端横梁与纵梁连接处下端裂纹长度≥50 mm。

（3）受拉翼缘焊接盖板端部裂纹长度＞20 mm。

（4）主梁、纵横梁受拉翼缘边裂纹长度＞5 mm，焊缝处裂纹长度≥10 mm。

（5）纵梁上翼缘角钢裂纹。

（6）主桁节点和板拼接接头铆栓失效≥10%。

（7）主桁构件、板梁结合铆钉松动连续 5 个及以上。

（8）纵横梁连接铆钉拔头。

（9）纵梁受压翼缘、上承板梁主梁上翼缘板件断面削弱≥20%。

对于栓焊梁、全焊梁，若在焊缝及附近钢材上发现裂纹，可根据裂缝位置、性质、大小及数量，采取以下相应措施：

（1）在裂缝的尖端钻圆孔，孔的直径大致与钢板厚度相等，但最大不超过 32 mm，裂缝的尖端，必须落入孔中。

（2）用高强度螺栓连接拼接的方法进行加固。加固前裂缝尖端处凡能钻孔者均应钻孔。

（3）抽换杆件或换梁。

对运营中的钢梁，禁止使用电焊加固或采用电焊联结主梁的方式增加检查和安全设备。

相邻钢梁间及梁端与桥台挡砟墙间的净距，必须满足梁跨的正常伸缩，并不得小于 100 mm（既有钢梁净距不足 100 mm 时，经检算及观测不影响正常伸缩者，可暂缓处理），如净距大于 300 mm，可增加悬臂（牛腿），或在两孔梁间增加连接梁。

对使用年久，跨度 40 m 及以下的上承钢板梁、技术状态不良的跨度 32 m 及以下的其他钢梁，应有计划地更换或改造。

四、支座维修技术标准

1. 支座安装及使用要求

（1）支座位置安装正确，下座板必须水平安装，支座与梁底及支座与垫石间必须密贴无缝隙，水平各层部件间应密贴无缝隙。活动支座滚动（滑动）面应保持洁净滑润，保证梁跨自由伸缩、转动。固定支座应稳固可靠。

（2）安装允许偏差应满足表 14-2-7 的规定。

表 14-2-7 安装允许偏差

序号	项目		允许偏差/mm
1	支座下座板中心与墩台支座设计中心纵向错动量	墩台高度<30 m	20
		墩台高度≥30 m	15
2	支座下座板中心与墩台支座设计中心横向错动量	墩台高度<30 m	15
		墩台高度≥30 m	10
3	同端支座中心横向距离	偏差与桥梁设计中心对称时	+30 −10
		偏差与桥梁设计中心不对称时	+15 −10

续表

序号	项目		允许偏差/mm
4	聚四氟乙烯板 4 个角点的外露高度	设计高度负偏差	0
5	铸钢支座	固定支座上座板与下座板中线的纵横、活动支座的横向、活动支座中线的纵向错动量（按设计温度定位后）	3
		支座下座板中心十字线的扭转，上下座板及摇、辊轴之间的扭转	1
6	圆柱面钢支座	顺桥向支座板中心线应与梁顺桥向支承中心线偏差	0.5
		横桥向支座板中心线应与梁横桥向的支承中心线偏差	0.5
		同一梁端两支座平面高差	1
7	双曲面钢支座	上、下座板相对水平错动位移偏差（或上、下座板相对水平扭转角度偏差）	±0.6（±0.1°）
		同一梁端两支座平面高差	2
8	球型支座	支座板四角高差	2
		活动支座上下座板顺桥方向的中心线交叉角	1（5′）
9	板式橡胶支座	同一梁端两支座相对高差	1
		每一支座板的边缘高差	2
		上下座板十字线扭转	2
		活动支座中线的纵横错动量（按设计温度定位后）	±3
10	盆式橡胶支座	支座板四角高差	1
		上下座板十字线扭转	1
		同一梁端两支座高差	1
		一孔箱梁四个支座中，一个支座不平整限值	3
		固定支座上下座板及中线的纵、横错动量	1
		活动支座中线的纵横错动量（按设计温度定位后）	3

（3）支承垫石的高度应满足维修养护的需要，其高度不宜小于 30 cm。

（4）支座锚栓直径不应小于 25 mm，锚栓埋入墩台深度不得少于 300 mm，支座预留锚栓孔必须填满捣实，螺栓标准件应采用多元合金共渗+钝化处理，其中渗层厚度≥50 μm。

（5）钢质部分防腐涂装应采用《铁路钢桥保护涂装及涂料供货技术条件》规定的第 6 套涂装体系。

（6）具有聚四氟乙烯板滑动面的支座应设置可靠的便于拆装的防尘装置。

2. 支座位置安装要求

支座位置安装应符合以下规定：

（1）固定支座应设在纵向水平作用力的前端，在坡道上，设在较低一端；在车站附近，设在靠车站一端；在区间平道上，设在重车方向的前端。如遇上述条件不一致时，按水平力作用影响较大的情况设置，一般应先满足坡道的要求。

（2）整体多片简支T梁、箱梁支座设置横向位移支座时应符合以下规定：

① 双线整孔简支箱梁，每孔梁一端应安装一个固定支座（GD）和一个横向活动支座（HX），另一端安装一个纵向活动支座（ZX）和一个多向活动支座（DX）。固定支座和纵向活动支座应在梁的同一侧，横向活动支座与多向活动支座应在梁的另一侧。

② 双线并置简支箱梁，每孔梁一端应安装两个固定支座和两个横向活动支座，另一端安装两个纵向活动支座和两个多向活动支座。固定支座、纵向活动支座应安装在内侧，横向活动支座和多向活动支座应安装在外侧。

③ 整体多片简支T梁，中梁一端应安装固定支座，另一端安装纵向活动支座，边梁在中梁固定支座端应全部安装横向活动支座，另一端应全部安装多向活动支座。

④ 单线简支箱梁和简支T梁，每孔梁一端应安装两个固定支座，另一端应安装两个纵向活动支座。

（3）双线连续梁，每联梁应在一个墩顶（一般为中间墩）安装固定支座和横向活动支座，其余墩顶安装纵向活动支座和多向活动支座。固定支座和纵向活动支座在梁的同一侧，横向活动支座与多向活动支座在梁的另一侧。

（4）单线连续梁应在一个墩顶（一般为中间墩）安装固定支座，其余墩顶全部安装纵向活动支座。

（5）对斜交梁，支座纵向位移方向应与梁轴线或切线一致。

（6）除特殊设计外，不应将顺桥方向相邻两孔的固定支座安设在同一桥墩上。

（7）同一座桥梁中，当各桥跨固定支座安装条件相互抵触时，应首先满足线路一侧的支座横向位移约束条件相同的要求，即同桥同侧的要求；其次再按水平力作用有利情况设置。

钢支座质量应符合《铁路桥梁钢支座》、《客运专线桥梁圆柱面钢支座暂行技术条件》（科技基〔2005〕101号）、《SQMZ型双曲面钢支座暂行技术条件》（科技基〔2006〕45号）、《球型支座技术条件》等相关要求，其温度适用范围为 $-40\sim60$ °C。

板式橡胶支座质量应符合《铁路桥梁板式橡胶支座》的要求，盆式橡胶支座质量应满足《铁路桥梁盆式橡胶支座》的要求。

3. 辊轴（摇轴）支座使用注意事项

辊轴（摇轴）支座使用时，其构造的最大纵向位移应满足以下要求：

（1）圆辊轴的边缘超出底板边缘不应大于1/4直径，或削扁辊轴的倾斜角不应大于14°（或为辊轴与下摆、底板的接触线至辊轴边缘不应小于25 mm），摇轴倾斜角不应大于7°。

（2）辊轴（摇轴）的实际纵向位移应与计算的正常位移值相符合，当纵向位移大于容许偏差或有横向位移时，应加以修正。当辊轴出现不允许的爬动、歪斜或摇轴倾斜时，应校正支座的位置。

桥梁有纵坡时，采用改变支座上座板顶面坡度的方式以适应梁体的坡度要求；超过支座最大可调整的坡度时可由制梁时梁底混凝土调整，或支座上座板上加垫楔形钢板调平。

4. 钢支座使用注意事项

钢支座使用时，应保持各部分完好，有下列状态之一时，应及时处理：

（1）钢部件裂纹深度≥10 mm，主要受力部位焊缝脱焊。

（2）辊轴支座底板变形凹陷≥3 mm。

（3）销钉剪断。
（4）锚栓折断数量≥25%。
（5）支座位移超限，纵向 > 5 mm、横向 > 2 mm。
（6）活动支座不活动。
（7）支承垫石开裂、积水、翻浆。
（8）摇轴倾斜、辊轴位移或倾斜超过容许值。
（9）聚四氟乙烯板磨耗严重，外露厚度不足 0.2 mm。

5. 板式橡胶支座使用要求及注意事项

板式橡胶支座使用应符合以下规定：
（1）限于在线路纵坡小于或等于 6‰的混凝土梁上使用。
（2）常温型支座温度适用于 – 25 ~ +60 °C，耐寒型支座温度适用于 – 40 ~ +60 °C。
（3）板式橡胶支座应在接近年平均温度时落梁，否则应在接近年平均温度时再顶落梁调整到正确位置。
（4）为减少梁的横向位移或板式橡胶支座的横向剪切变形，应设置可靠的横向限位装置。
（5）更换橡胶支座时，原则上同一墩台或同一片梁应同时更换。

板式橡胶支座有下列状态之一时，应及时处理：
（1）支座压溃，四周出现明显不规则的凹凸、弯曲或扭曲。
（2）支座剪切变形过大，活载作用时剪切变形≥24°，无活载作用时永久剪切变形≥15°。
（3）橡胶剥落掉块，导致加劲钢板表面或周边外露长度 > 100 mm。
（4）橡胶裂纹宽度≥2 mm，且连续长度达周边长度的 50%以上。
（5）支座串动大于相应边长的 25%或有脱空。
（6）横向限位装置与梁体间不密贴，限位装置失效。

6. 盆式橡胶支座使用注意事项

盆式橡胶支座出现下列状态之一时，应及时处理：
（1）盆环开裂或脱焊。
（2）聚四氟乙烯板磨耗严重，外露厚度不足 0.2 mm。
（3）位移或转角超限，位移量≥10 mm，转角超过设计值的 20%。
（4）锚栓剪断数量 > 25%。

【项目训练】

14.1　圬工梁拱、墩台恒载裂缝宽度限值各是多少？
14.2　钢结构涂装维护涂膜起泡、裂纹或脱落劣化达到 2-3 级时处理标准是什么？
14.3　简述钢梁的保养标准。

项目 15　桥涵养护维修方法

【项目概述】

本项目主要讲述圬工梁、墩台的维修。

【项目目标】

通过相关配套知识的学习，掌握桥跨结构典型病害和养护维修的方法。

任务 15.1　圬工梁拱及墩台的维护

一、圬工梁的维修

圬工梁的维修主要介绍普通钢筋混凝土简支梁与预应力混凝土简支梁的维修。其工作内容包括：清除桥上污秽；修整有蜂窝或剥落的混凝土保护层，修补局部表面损伤；处理裂纹；修补或添设防水层，疏通和改善排水设备等。这些工作与墩台的维修类似，现介绍如下。

（一）普通钢筋混凝土简支梁常见裂纹及原因

钢筋混凝土梁竖向、主拉应力方向裂缝宽度不得大于 0.5 mm。

（1）腹板上的网状裂纹，如图 15-1-1（a）所示。裂纹细小，无固定规律，多为混凝土收缩所引起的表面龟裂，各种跨度的梁都有发生。

（2）下翼缘受拉区的短细裂纹，如图 15-1-1（b）所示。裂纹细小，多发生于梁的中部，自下翼缘向上发展至下梗肋处停止。跨度越大，裂缝越多。其原因为混凝土收缩和梁受挠曲所产生。

（3）腹板上的竖向裂纹，如图 15-1-1（c）所示。当跨度大于 10 m 时，裂纹多处于薄腹部分，在梁的半高线附近裂纹宽度较大，一般在 0.15 ~ 0.3 mm 左右。跨度越大，裂纹越宽越长，有时向梁顶和底部延伸，梁外侧比内侧的裂纹宽而长。当跨度小于 10 m 时，裂纹较少。其原因为设计上的问题（腹板太薄，分布钢筋太稀），而施工质量上的不良，会加速裂纹的产生和发展。

（4）腹板上的斜裂纹，如图 15-1-1（d）所示。裂纹多在梁跨两端，离跨中越远倾斜角越大，离跨中越近则角度越小。腹板变更断面时，裂纹由梁的半高处向上下两端斜伸，不变更断面时多由下翼缘向上斜伸，宽度一般在 0.3 mm 以下。跨度小于 10 m 时，裂纹较少。其原因为设计上的问题，而施工质量上不良，会加速裂纹的产生和发展。

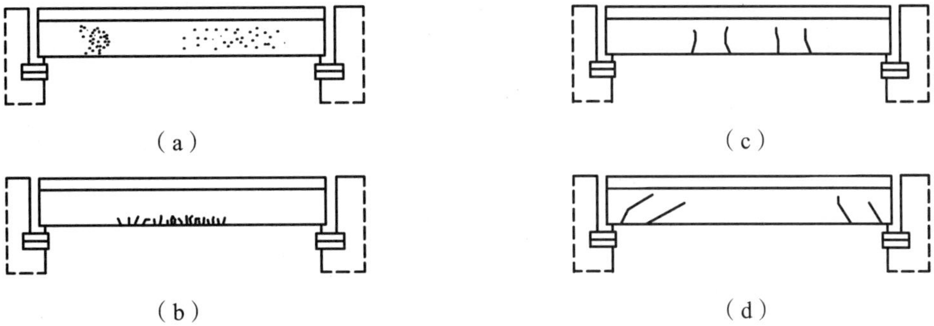

图 15-1-1　普通钢筋混凝土简支梁常见裂纹

(二)预应力混凝土简支梁常见裂纹

预应力梁混凝土简支梁梁体不允许有竖向裂缝及主拉应力方向的裂缝。

(1)桥面板横向裂纹(见图 15-1-2)。该裂纹一般只发展到挡碴墙底部，严重的到上梗肋处，个别发展到腹板中部。其原因是上翼缘设计拉应力过大；桥面板断面的局部削弱致使该处应力集中；在运输起吊过程中支点内移，上翼缘拉应力加大；受振动或混凝土强度不足等。

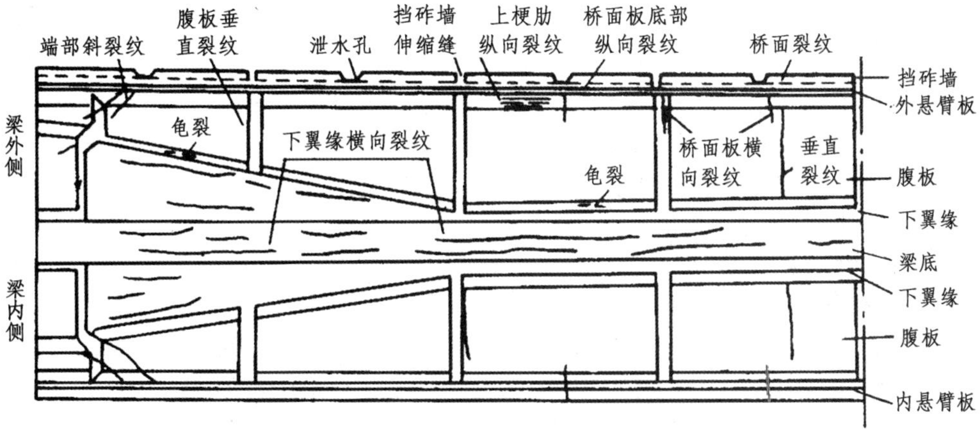

图 15-1-2　预应力混凝土简支梁常见裂纹

(2)梁端沿钢丝束的裂纹(见图 15-1-2)。该裂纹发生在用后张法预制的梁上，方向基本与钢丝束一致，通常发生在端部的扩大部分。裂纹比较细小，长几厘米到 2 m 左右。这种裂纹是由于端部应力集中，混凝土质量不良，再加上各种综合作用所引起的。图 15-1-3 中所示梁端沿钢丝束的水平裂纹，多发生在直线配筋的先张法梁上，裂纹宽度 1 mm 左右，一般由张拉端向跨中延伸至变截面处，是由于钢丝束及锚头产生的局部应力所引起的。

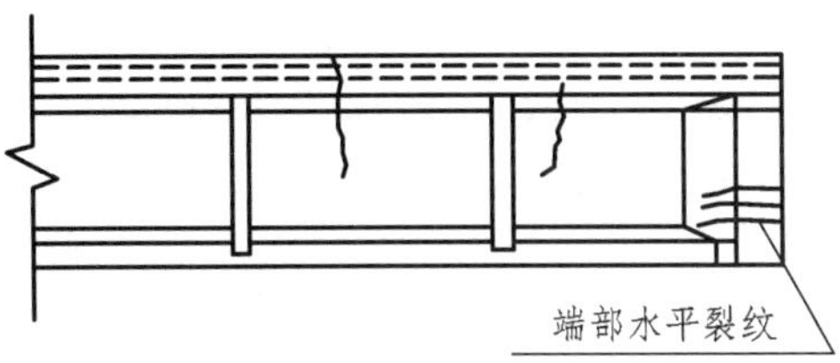

图 15-1-3　预应力梁端水平裂纹

普通钢筋混凝土梁中已稳定的裂纹，虽然会导致梁的刚度和耐久性有所降低，但影响不大，经过长期观测确无变化时，可进行压浆或表面封闭。对于那些不断发展的裂纹及预应力梁的纵向裂纹，必须给予足够重视，应严格监视。

钢筋混凝土梁及预应力混凝土梁制造完毕后，其内部构造情况就难以清楚了解了。因此，除在设计理论、结构构造方面进一步改进，控制裂纹的出现，并在施工中严格控制每一工序的施工质量以外，在运营中也应进行严格的检查和长期观测，以便系统地掌握裂纹的发生与发展规律，正确地分析、判断梁体能否确保运营的安全，并为今后控制或消除裂纹提供第一手资料。这是维修工作者的职责。

（三）修补或添设防水层

凡有可能被积水渗入的隐藏面（如道砟槽）均应铺设防水层。如梁的外露面发现有潮湿斑点、流白浆，泄水管外面滴水或有潮湿的痕迹时，应立即查明防水层情况，进行修理，必要时进行增设或更换。

修补或更换防水层是一项比较复杂的工作，需要较长的作业时间。为了不中断行车，通常设置吊轨梁，将线路上部建筑暂时移到吊轨梁上，然后分段挖除道砟，拆除破损防水层，换以新的防水层。

（四）改善排水设备

若在雨天泄水管中无水流出，就可能是泄水管被道砟及泥土等所阻塞，可以把水压进去冲洗，或者抽换管子。冬季要清除冰块，为此可把泄水管做成上小下大的圆锥管，桥上道砟不洁或拱桥中填筑材料不良时，要及时清筛或更换，以保持排水畅通。

（五）梁拱的加固和改造

钢筋混凝土梁损坏严重或按照计算已不能满足强度的要求时，应进行加固或更换。圬工梁加固一般采用道砟槽边墙补强技术、改变结构体系技术、增大截面技术、外加预应力技术。这里只介绍外加预应力技术、道砟槽边墙补强技术和圬工拱桥加固技术。

1. 外加预应力技术

对钢筋混凝土梁桥，其做法是在梁的下缘受拉区设置用高强度钢筋或钢丝等制成的预应力拉杆（对实腹钢板梁则设置用高强度圆钢或型钢制成的加劲杆），通过张拉对梁体下缘产生偏心预压力。这样使得结构刚度增大，梁体上拱，荷载挠度减小，结构内力进行重分配，承载能力得以提高。

（1）预应力钢筋加固。

① 横向收紧张拉法。

如图 15-1-4 所示，将拉杆（高强度粗钢筋）布置在梁肋底面两侧（图中所示为两层），在靠近梁端适当位置（由受力需要确定）向上弯起，焊接在固定于梁端的 U 形锚固板上。通过收紧器横向收紧钢筋，从而对梁体下部产生预压应力。

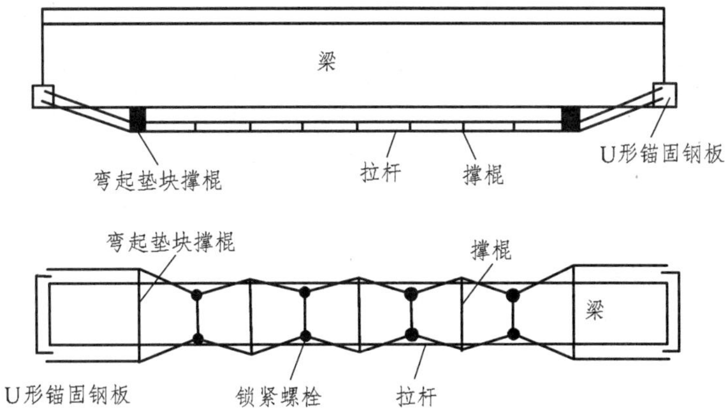

图 15-1-4　横向收紧张拉法示意图

施工程序如下：

a. 粘贴锚固板。将梁端混凝土保护层凿除，使主筋外露，清除表面后用环氧砂浆粘贴 U 形锚固钢板。

b. 焊接拉杆。先将粗钢筋的弯起段按设计斜度焊在 U 形板上，然后用夹杆将粗钢筋的水平段和弯起段焊接起来。

c. 安装张拉装置。先放置弯起点垫块撑棍，再安置中间撑棍和锁紧螺栓，在紧贴锁紧螺栓处安放横向收紧器。

d. 预张拉。目的在于检查焊接的质量，预拉力按设计拉力的 80%～90%控制，预拉力需保持 12 h 以上。

e. 张拉。旋紧收紧器，使两侧拉杆向中间收拢，按设计收紧量对称地分次收紧，超过设计量 1～2 mm 后拧紧锁紧螺栓并用双螺帽锁住，最后拆除收紧器。

f. 拉杆和 U 形板的防护处理。

② 纵向张拉法。

如图 15-1-5 所示，拉杆沿梁底布置，两端向上弯起，穿过上翼缘板伸至桥面。拉杆端部设有丝扣，用轧丝锚锚固于梁顶的锚固槽内。

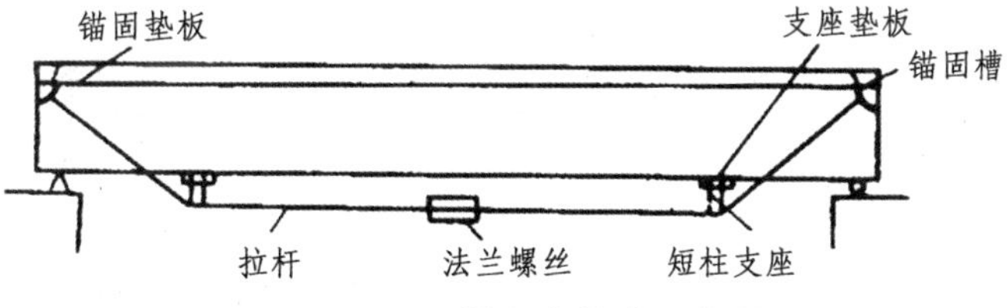

图 15-1-5　纵向张拉法示意图

施工工艺如下：

a. 在梁端顶部凿出锚固槽。

b. 在锚固槽内沿腹板两侧按设计斜度钻两个平行的孔洞。

c. 粘贴锚固垫板和梁底的短柱支座垫板。

d. 安装拉杆钢筋、张拉、封锚。

e. 防护处理。

（2）预应力钢丝束加固。

采用预应力钢丝束加固混凝土梁时，钢丝束的布置可以是直线或折 线形，也可以是曲线形（如沿梁肋侧面按抛物线布置），如图 15-1-6 所示。为保证曲线线形并固定钢丝束位置，可在梁底每隔一定距离设置一个定位箍圈，或在梁肋侧面埋设定位销。钢丝束两端穿过翼缘板上的斜孔，锚固于梁端顶部。

施工工艺如下：

① 凿出锚固槽并按设计斜度钻孔。

② 安装锚板和定位箍圈或定位销。

③ 张拉、锚固和浇筑封头混凝土。

④ 防护处理，可在张拉前用套管封闭钢丝束。

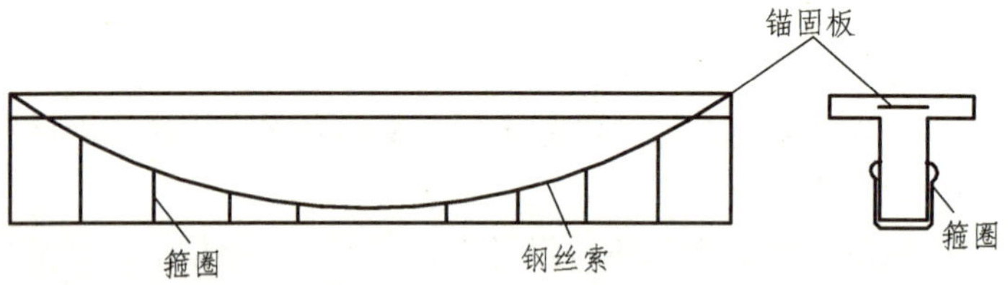

图 15-1-6 按抛物线设置钢丝束加固示意图

（3）预应力电张法加固。

在梁梗下部两侧加预应力钢筋。钢筋采用低合金钢，以通电加温使其伸长，当达到设计要求后在梁肋两端锚定，钢筋温度降低回缩即产生预应力使混凝土梁身受压。上海局寿江桥为跨度 16 m 的钢筋混凝土梁，采取此方法加固后，裂纹闭合并有上拱度 4 mm，效果较好。

2. 道砟槽边墙补强技术

在线路大中修时，如线路抬高较多，在钢筋混凝土桥上往往需相应地增加道砟槽边墙的高度。图 15-1-7 所示为道砟槽边墙加高时的钢筋布置。为使边墙的新旧部分结合形成一个整体，增设边墙的钢箍应与原边墙的钢筋连牢，所以须将原边墙顶墙凿成凹口使之露出原有钢筋。如抬高边墙尚不能满足线路抬高的要求或影响桥梁承载能力时，可把整个桥跨结构抬高。

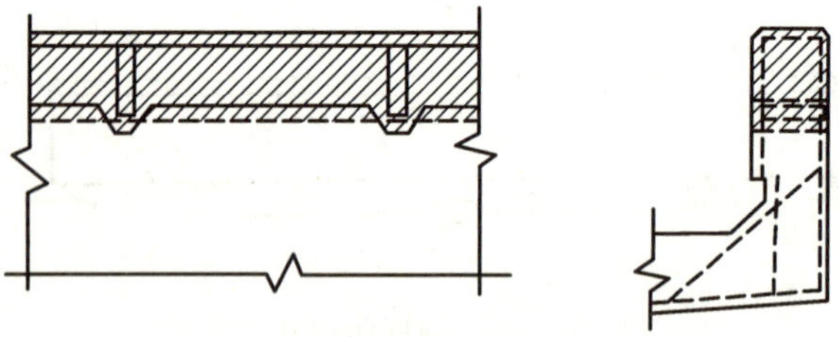

图 15-1-7 道砟槽边墙加高时的钢筋布置

3. 圬工拱桥加固技术

圬工拱桥损坏严重或不能承担现行增大的荷载时，应进行加固。加固拱桥的常用方法一般有两种：一是对拱圈卸载加固，一是对拱圈补强加固。为了对拱圈卸载，应去掉拱上填充物，并铺设可对拱圈起到全部或部分减载作用的钢筋混凝土板。这种方法（实际上是改建）需封锁线路，施工时间较长。

拱圈补强加固是指在原拱圈之上或下面增设混凝土或钢筋混凝土拱圈，如图 15-1-8 所示。对空腹式拱桥，若拱顶上部有足够的高度，可在原拱圈上建造新拱圈，如图 15-1-8（a）所示。但这种加固办法需封锁线路或架设卸载梁束，施工复杂麻烦。

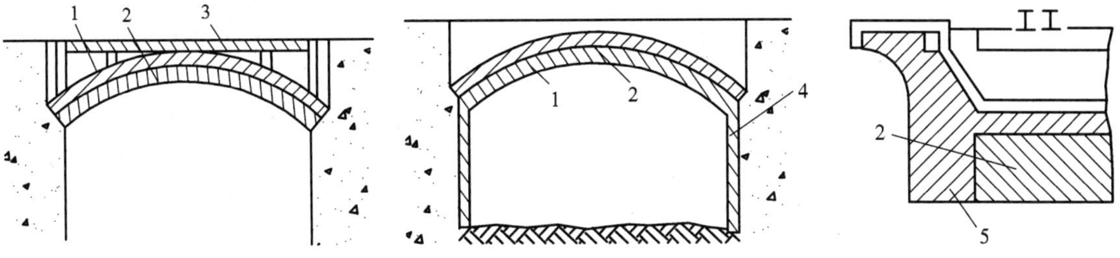

（a）在原有拱上增设新拱圈　（b）在原有拱下增设新拱圈　（c）在原有拱两侧灌筑钢筋混凝土拱肋

1—新拱圈；2—原拱圈；3—轻型拱上建筑；4—加厚的墩台；5—拱肋。

图 15-1-8　拱桥加固示意

若桥下净空和过水面积允许，可在原拱圈下面增设新拱圈。即紧贴原拱圈下面，喷射钢丝网水泥拱圈或浇筑混凝土拱圈，如图 15-1-8（b）所示。这样施工时可不封锁线路，但在混凝土初凝阶段要求列车限速行驶。

新拱圈加固厚度的估算，一般根据原拱圈的厚度以及拱桥使用状况进行综合分析后确定（根据桥规确定的拱圈所需厚度减去原有厚度，再视拱桥使用状况加上适当的安全厚度，就是新拱圈的厚度）。

对不能增设新拱圈的情况，可考虑在原拱两侧建造新拱肋，如图 15-1-8（c）所示。无论在拱上或拱下增设拱圈（肋），都必须在浇筑混凝土之前，在旧拱圈上设置锚杆、阴阳榫接缝等，以保证新旧拱圈的共同工作。另外，在多数情况下，可能需要对墩台进行加固以承受新拱圈的重量。

二、圬工墩台的维修

墩台的维修工作内容包括：清除墩台顶面污秽和防止顶面积水；对砌缝砂浆脱落处进行勾缝；处理风化表面；修补局部表面破损；修整镶面；处理裂纹；处理因砂浆流失而造成的内部空洞现象；对风化、破损和裂纹等病害进行综合修整；修整损坏的支承垫石；墩台变位的观测和处理；改善台后排水系统等一系列工作。现选择重要的项目简述如下。

（一）表面局部修补

1. 圬工表面局部修补

圬工表面局部损伤或风化剥落时，将破损部分清除，凿毛洗净，然后用 M10 水泥砂浆分层填补至需要厚度，并将表面抹平，当损坏深度和范围较大时，可在新旧混凝土结合处设置牵钉，其直径为 16 ~ 25 mm，如图 15-1-9 所示。牵钉间距在纵横方向均不大于 50 cm。埋设的方法为打眼，冲洗孔眼，孔内注满水泥砂浆，插入牵钉。待砂浆凝固后，牵钉上挂钢筋网。钢筋网一般用直径 12 mm 钢筋制成。网孔为 20 cm/20 cm，按墩台轮廓线立模，并进行支撑，然后浇筑或喷射混凝土。

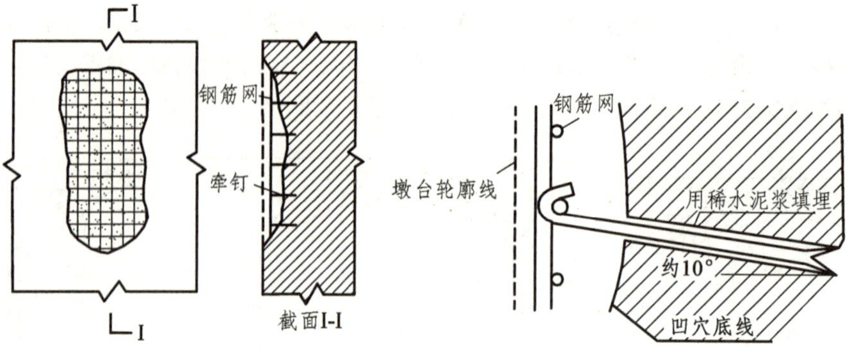

（a）修补方法　　（b）牵钉

图 15-1-9　圬工表面局部修补

2. 镶面石修理

镶面石破损时，可以个别更换或换以预制混凝土块。如镶面石松动而没有破碎，可先将其周围的灰缝凿去，然后取下镶面石，将内部失效灰浆全部铲除并用水冲洗干净，再用 M10 级砂浆填实，安上镶面石，并在其周围捣垫半干硬性砂浆。如镶面石更换的面积很大，为了使它能很好地和原有圬工结合牢固，可在原圬工上安装带倒刺的套扣，用锚钉或爪钉与套扣相连来承托新的镶面石。

（二）墩台裂纹整治

1. 墩台裂纹原因分析

（1）由于内外温差（日照影响和气温变化）产生温度拉应力引起裂纹，如图 15-1-10 中的向阳部分，图 15-1-11 中支承垫石边放射状裂纹。

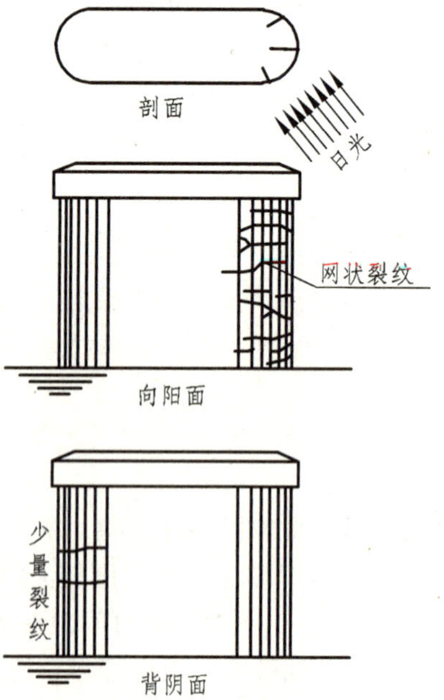

图 15-1-10　墩身网状裂纹

（2）由于混凝土收缩引起裂纹，如图 15-1-10、图 15-1-11 所示。

（3）由于局部应力在受拉区引起裂纹。图 15-1-11 所示为桥墩上顺桥轴线横贯墩帽的水平裂纹与支承垫石边的放射形裂纹。图 15-1-12 所示为裂纹发生于雉墙棱角部分及中线附近。图 15-1-13 所示为空心墩内壁四角的垂直裂纹，有的上下贯通，有的断断续续。图 15-1-14（f）为形桥台由于翼墙与台身连接处为折角而引起的裂纹。

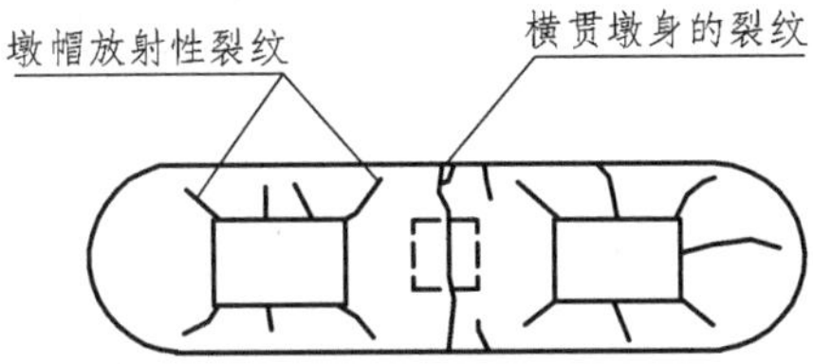

图 15-1-11　墩帽上的裂纹

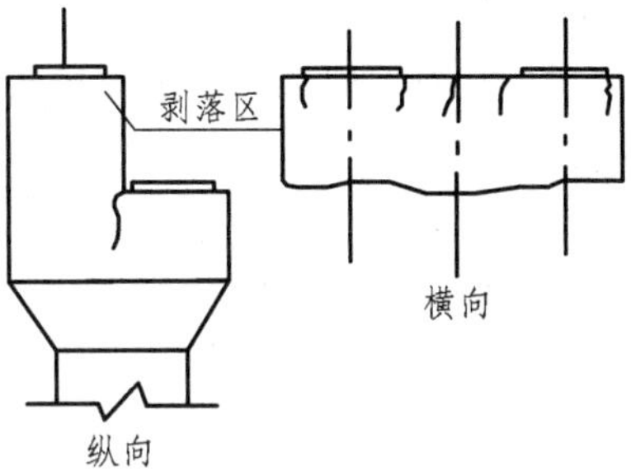

图 15-1-12　不等跨梁桥墩裂纹

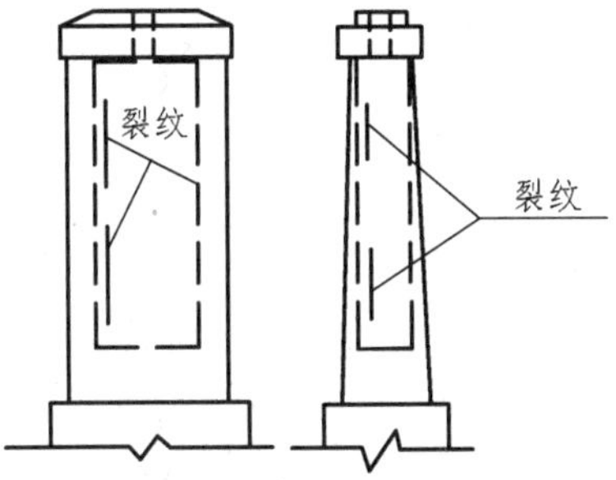

图 15-1-13　空心墩内壁裂纹

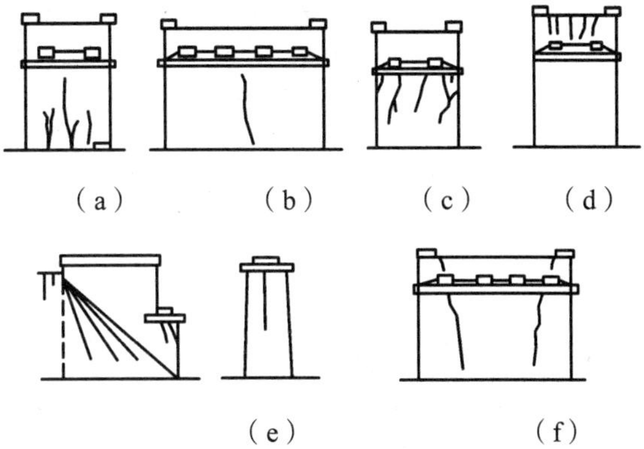

图 15-1-14　墩台裂纹情况

（4）由于墩台上线路养护不良，桥台挡砟墙上或附近有钢轨接头，车轮冲击过大引起裂纹。图 15-1-14（c）所示为支承垫石从上向下发展的裂纹，图 15-1-14（d）所示为挡砟墙自上而下发展的裂纹。

（5）由于基础松软产生裂纹。增设第二线墩台后，基础沉陷不均匀引起裂纹，如图 15-1-14（a）、（b）所示。翼墙下基础承载力不足，产生下沉或倾斜，从而引起裂纹，如图 15-1-14（f）所示。

（6）由于养护不良，活动支座不能发挥作用时，墩台身侧面产生自上而下的垂直裂纹，如图 15-1-14（e）所示。

（7）由于施工中混凝土工作缝连接不良产生裂纹，如 T 形桥台人行道悬臂与台身连接处的纵向裂纹。

（8）由于桥台和翼墙间填土排水不良发生冻胀，使翼墙和桥台连接处发生裂纹，如图 15-1-14（f）所示。

产生裂纹的原因是很复杂的，还可能是由于几个因素综合作用的结果，必须仔细观测并找出产生裂纹的原因，才能采取对策整治。

2. 墩台裂纹与内部空隙的观测与监视

在发现裂纹后，应在裂纹的起点和终点画上与裂纹走向相垂直的红油漆记号，并进行裂纹编号，如图 15-1-15 所示。仔细观测裂纹的部位、走向、宽度、分布状况、大小和长度等。用坐标法将裂纹正确详细地记录下来。根据每条裂纹的部位、裂纹的宽度和长度绘出混凝土梁拱的裂纹展示图。依照编号顺序对每一孔梁和每个墩台的第一条裂纹的长度、宽度、特征等进行详细列表。裂纹宽度应用放大镜测量，精确度应达到 0.1 mm。测量地点应用油漆做好标志以便今后测量时能在同一地点进行对比，观测其宽度有无变化。有必要检查裂纹深度时，可用注射器在裂纹中注入 0.1%的酚酞溶液，然后开凿至不显红色为止，其开凿深度即为裂纹的深度。

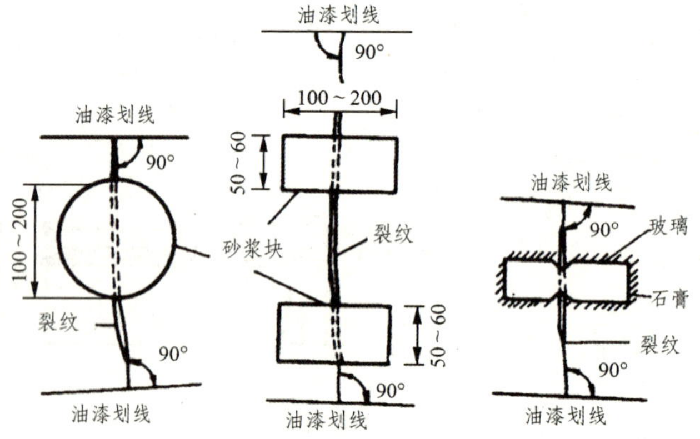

图 15-1-15　裂纹测标（单位：mm）

观测裂纹的变化情况，除在长度方向可观测裂纹两端是否超出前一次油漆划线外，对裂纹是否沿宽度方向继续扩展，可做灰块或玻璃测标进行宽度观测，如图 15-1-15 所示。即先将安设测标部位的圬工表面凿毛，然后用 1%水泥砂浆或石膏在裂纹上抹成厚 100 ~ 150 mm 的方形或圆形灰块，也可用石膏将细条状玻璃固定在裂纹两侧圬工表面上，对测标编号并注明安设日期，当裂纹继续扩展时，测标就断裂，一般裂纹宽度都较小，应尽可能采用带刻度的放大镜测量。圬工墩台内部如有空洞或空隙，可用非金属超声波探测仪进行检查，或用小锤轻敲圬工表面听声。

在观测裂纹时，要记录气温的情况，因为气温降低时，圬工的外层比内层冷却得要快一些，因而外表收缩较快，这时裂纹宽度较大，当气温增高时，则情况相反。

裂纹一经出现，就有扩展的趋势。因为水渗进裂缝中，在冬季冻冰，可将其胀裂得更长更宽。另外，由于活载的作用，引起裂纹一开一合，同样会促使裂纹扩展。

裂纹一经查明并确知其不再扩展时，即应进行处理。

3. 裂纹的整治

（1）对于微细而数量较多的裂纹，可用喷浆或抹浆的方法来处理，也可涂一层环氧树脂浆封闭，环氧树脂浆配方：6101（或 634）环氧树脂（胶凝剂）100 g，邻苯二甲酸二丁酯（增塑剂）20 g，乙二胺（硬化剂）8 g。配制方法：将定量的环氧树脂用水浴法（将物品装入器皿置于水中加温）加温至 40 °C，加入二丁酯搅拌均匀，然后将硬化剂加入迅速搅匀即成环氧树脂浆。如果要求其颜色与普通混凝土相似，可另加细填充料：P.O32.5 号普通水泥 30 g，立德粉（锌钡白）10 g，拌和均匀后将树酯浆倒入，拌均匀即可使用。涂刷前应用钢丝刷去除裂纹附近圬工表面上的污秽、油漆和灰尘，并用丙酮擦洗（如用水冲洗，则须干燥后才能涂环氧树脂浆）。

（2）对于一般的表面裂纹，可采用环氧树脂砂浆或环氧腻子腻补。环氧树脂砂浆配方：照前述配成的环氧树脂浆再加细砂（粗填充料）450 g，如要求与普通混凝土颜色近似，则需另加细填充料（普通水泥 100 g，立德粉 50 g）。配制方法：粗细填充料拌和均匀后将配制好的树脂浆倒入，拌均匀即成。

环氧腻子配方：6101（或 634）环氧树脂 100 g，二丁酯 25 g，乙二胺 8 g，石膏粉 150 ~ 250 g。配制方法：配制成树脂浆后，根据当时气温，适当加入石膏粉拌匀成膏状物。

腻补裂纹做法：对宽 0.15 ~ 0.30 mm 的裂纹，沿裂纹凿一条外宽 20 mm、深约 3 ~ 7 mm 的"∇"形槽，用压缩空气吹除灰尘并清刷干净后，涂一层厚约 0.2 mm 的树脂浆，再用树脂砂浆（或腻子）腻补平整；当裂纹宽大于 0.3 mm 时，可沿裂纹凿一条外口宽 20 mm、内口宽 6 mm、深约 7 ~ 15 mm 的梯形槽，修补办法同上。

（3）当裂纹多且深入圬工内部，或内部有空隙时，可用压注环氧树脂或水泥浆的方法进行处理。一般梁部压注环氧树脂，墩台因压注数量大，宜用水泥浆或水泥砂浆。压注前，先在圬工建筑物表面钻好孔眼，利用风压把环氧树脂浆、纯水泥浆或水泥砂浆压入圬工内部填满裂纹及空隙，以增强建筑物整体性，增加圬工强度和延长其使用寿命。

① 压注环氧树脂浆。

环氧树脂对混凝土有高度的黏合性能，不但黏结力强，且有不透水和耐酸、碱、盐等特性，故多年来已被广泛用来修补圬工裂纹及梁内部空隙，实践表明效果良好。压注时可采用前述环氧树脂浆，但为了压注工作的顺利进行要适当降低其稠度，也可另行配制环氧浆液。环氧浆液配方：6101（或 634）环氧树脂 100 g，二甲苯（稀释剂）20 ~ 40 g，630 号活性稀释剂（多缩水甘油醚的代号）20 g，乙二胺 10 g。裂纹宽时可适当减少稀释剂用量。配制方法：将定量的环氧树脂用水浴法加温到 40°C 溶开，加入二甲苯和 630 活性稀释剂搅拌均匀，冷却至 25°C 后再加入乙二胺拌匀即可使用。要求在 2 h 内用完，使用时的适宜温度为 15 ~ 25°C，避免在低于 5°C 的温度施工。

② 压注水泥浆或水泥砂浆。

压注灰浆依采用动力的不同有风压灌浆和电动压浆两种。风压灌浆原理与压注环氧树脂浆相同，即以压缩空气将水泥浆或水泥砂浆从预埋灌注孔内注入。电动压浆为泵式压浆机压浆，即用电动机带动活塞往复运动，将拌和好的灰浆不断压入结构物内。

（4）墩台有贯通的裂纹时，仅用压浆方法不易达到理想的效果，可设钢筋混凝土套箍来加固。

有条件时，锚固可采用铁道科学研究院的成果——锚固包，锚固包是临时将特种水泥混合料装入特制筒形纸袋内，放入水中至不再发生气泡时，即可将其从纸袋中取出，塞进孔内捣实，即可牢固地将牵钉锚固，效果较好。

（5）墩台支承垫石在压力分布范围内发生裂纹或损坏时，必须予以更换。

任务 15.2　钢桥的维修

一、钢桥的构造

凡桥的上部结构是钢做成的统称钢桥，对长大跨度的桥梁采用钢桥比较经济合理。

（一）钢桥的优缺点

1. 钢桥的优点

（1）强度大而且重量轻，钢材的密度与容许应力的比值是各种材料中最小的，也就是说在抵抗同样外力的情况下，钢结构需要的断面积和体积最小，重量也最轻。

（2）运送、拼接和架设都比较简便，可以全部在工厂中制造后直接运送到工地拼装架设。

（3）在活载增加或桥梁部分损伤时，修理加固比较方便，一般都可以在维持通车的条件下进行。在受到严重损坏或遭受破坏时，能够在较短时间内修复。

2. 钢桥的缺点

容易生锈，需要涂刷油漆保护，同时需要采用明桥面，桥枕直接铺在钢梁上，而且钢梁要比圬工梁拱受活载的冲击影响大，维修费用较高。因此目前中、小跨度的钢梁已基本被钢筋混凝土梁所取代。

（二）钢桥材料

以往广泛采用于桥梁的结构钢主要是甲 3 桥（A3q）碳素结构钢或 16 桥（16q）碳钢，它们都适合于焊接。为了减轻钢桥自重，目前已大量采用高强度的 16 锰桥（16 Mnq）普通低合金钢及 15 MnVNq。这种钢的含碳量与甲 3 桥钢比较并未增多，而含锰量高，所以它的强度比甲 3 桥钢增加 50%。

钢桥中其他各部分所用的钢料规格有：铆钉——铆螺 2（ML2）号钢；

精制、普通螺栓——甲 3（A3）、铆螺 3（ML3）；

高强度螺栓——螺栓用 40 硼（40B）、20 锰钛硼（20 MnTiB），螺母及垫圈用 45 号优质碳素钢、15 锰钒硼（15 MnVB）；

支座上下摆、摇轴和座板等——铸钢 25Ⅱ（ZG25Ⅱ）；

铰、辊轴——用 35 号锻钢。

（三）铆接、焊接和高强度螺栓连接

钢梁在工厂制造的时候，先将各部件组成构件，到了工地后再将各构件拼装成整孔的钢梁。根据连接的方式钢梁可分为铆接梁、焊接梁、铆焊梁及工地采用高强度连接的栓焊梁。目前跨度在 100 m 以下的新建钢桥已逐渐采用栓焊梁。

在铆接钢梁中，杆件内力是靠铆钉的剪切或承压来传递的；在高强度螺栓连接中，杆件内力是靠钢板表面的摩擦力来传递的，钢板表面的摩擦力是由高强度螺栓给连接钢板以强大的夹紧力产生的。由于高强度螺栓比同直径的铆钉承载力大，且内力传递靠摩擦力，故在受力相同时，需要的高强度螺栓数目比铆钉为少。高强度螺栓的连接靠钢板表面间的摩擦力，

由于传递面积大，它既没有焊接梁存在的焊接应力及变形问题，也没有铆接梁存在的钉孔处的应力集中现象，可以提高构件的疲劳强度，这就是高强度螺栓连接的特点。图 15-2-1 为铆接、高强度螺栓连接与焊接示意图。值得注意的是：高强度螺栓的承载能力是以抗滑强度来表示的，所以被连接的钢板面应符合设计要求，扭矩值必须达到一定的预应力值。

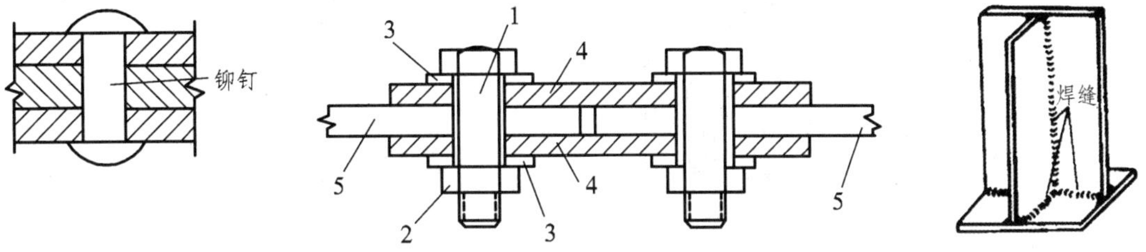

（a）铆接示意图　（b）高强度螺栓连接示意图　（c）焊接示意图

1—螺杆；2—螺母；3—垫圈；4—连接板；5—钢板。

图 15-2-1　铆接、高强度螺栓连接与焊接

铆钉连接的最大优点是具有极良好的弹塑柔韧性，而采用焊接则可避免因钉孔而削弱杆件截面。焊接钢梁与铆接钢梁比较，可以节约 15%～20%的钢材；在维修方面，不需要抽换松动铆钉；因焊接梁构件简单平整，不再有窄小缝隙和铆钉头，减少了除锈油漆工作及劳动强度。焊接是刚性连接，存在焊接力与焊接变形问题，应特别强调焊缝质量的检查。工厂采用焊接能保证焊接质量，工地采用高强度螺栓连接，施工简便，既能节约钢材（比铆接节省 15%左右），又可免除工地复杂的焊接操作和焊缝质量检查，也不必像铆接那样需要熟练的铆工，而且所需工具简单，可提高工效 40%。所以从架设施工到维修都较方便。

（四）钢板梁构造

在钢桥中，板梁桥的构造比桁梁简单。当跨度在 40 m 以内时，从制造、安装、养护等方面全面衡量，板梁都较桁梁有优越性。

板梁桥的结构形式可分为上承式和下承式两种。上承式是常用的形式，因为它的主梁间距小，桥面直接放在主梁上，不需要桥面系，用钢量少，所以桥墩台圬工数量比用下承式板梁为少，因此比较简单经济，只有当建筑高度受到限制时，才考虑采用下承式板梁。

1. 上承式板梁

上承式板梁桥结构由桥面、主梁、联结系和支座 4 个主要部分组成。支座构造在“桥涵设计”课程中已有叙述，以下介绍主梁及联结系。

（1）主梁。

主梁是桥跨结构的承重结构，整个桥跨的重量及列车荷载均由主梁通过支座传递给墩台。

主梁一般采用两片，对称布置于线路两侧。铆接板梁的主梁由腹板及上下翼缘构成工字形截面，如图 15-2-2 所示。翼缘包括翼缘角钢及翼缘盖板。此外，为了使腹板稳定，需要在腹板侧面设加劲肋（角钢）。

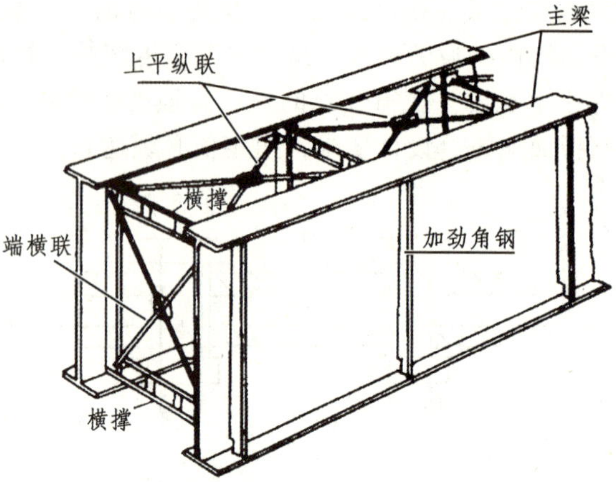

图 15-2-2　上承板梁

（2）联结系。

由上下平纵联及横联所组成，它和主梁共同形成一空间结构，其作用为：保持各构件于正确的位置；承受横向水平力（风力、列车横向摇摆力、离心力）并传递到支座；减少受压翼缘的自由长度；中间横向联结系可以增加桥跨的横向刚度，使两片主梁受力均匀。上承板梁的纵向联结系分为上平纵联及下平纵联两种，分别设置在主梁的上、下翼缘平面内，连同翼缘形成水平的桁架。它的两弦即主梁的翼缘，腹杆则由斜杆与横撑杆组成。它的形式有三角式及交叉式两种，如图 15-2-3 所示。

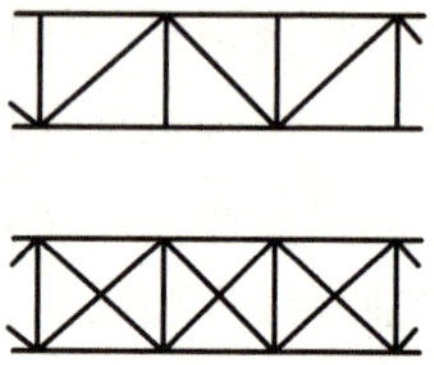

图 15-2-3　上承式板梁纵向联结系形式

横向联结系分为中间横向联结系及端部横向联结系，两者均为叉架式的撑架，如图 15-2-4 所示。它的上下水平杆件即为纵向联结系中的横撑杆，竖直杆件即为板梁内侧的加劲角钢。

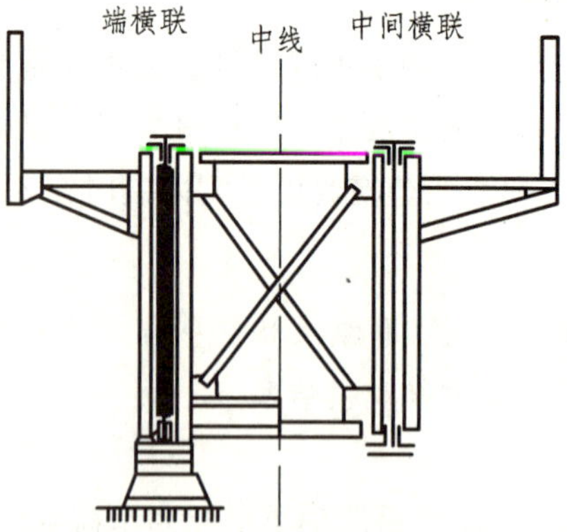

图 15-2-4　上承板梁横向联结系

2. 下承式板梁

下承式板梁与上承式板梁的主要不同点为：

（1）桥面通过桥面系放在主梁的下部，桥面系由纵梁和横梁组成。桥面铺在纵梁上，纵梁支承于横梁上，横梁支承于主梁上，纵横梁一般均用板梁制成，如图 15-2-5 所示。

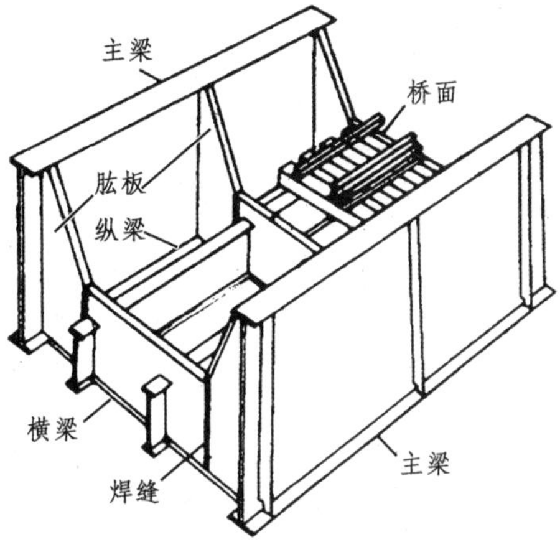

图 15-2-5　下承式板梁

（2）主梁间距根据限界要求确定。

（3）无上平纵联、横联，只有下平纵联。

由于下平纵联承受全部横向力，杆件受力较大，故腹杆采用交叉式，其横撑杆即为横梁。横梁与主梁联结处设有三角形的肱板，横梁肱板与主梁构成一个开口刚架。

（五）钢桁梁构造

当跨度增大时，梁的高度也要增大，如仍用板梁，则腹板、盖板、加劲角钢及接头等就显得尺寸巨大而笨重。若采用腹杆代替腹板组成桁梁，则重量大为减轻。由于桁梁构造比较复杂，所以一般适用于 48 m 以上的跨度。钢桁梁也分上承式与下承式。一般在河川的大跨度主梁上均采用下承式，如图 15-2-6 所示。

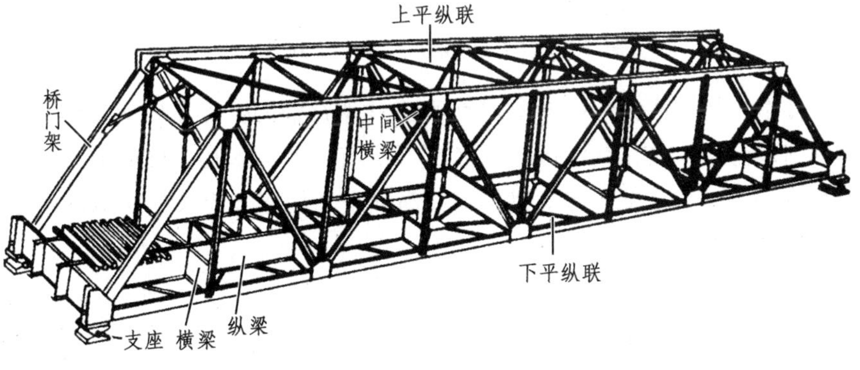

图 15-2-6　下承式钢桁梁

钢桁梁主要由桥面、主桁架、桥面系、联结系及支座等组成。

1. 主桁架

主桁架是桥跨结构中的主要承重结构。竖向荷载全部通过主桁架传到支座上，相当于板梁桥中的两片主梁。

钢桁梁构造

桁架一般由上下弦杆、斜杆及竖杆等组成，斜杆及竖杆统称为腹杆，如图 15-2-7 所示。根据桁梁外形及腹杆系统形式的不同，桁架有多种多样的形式。一般来说，跨度较小的桁梁以采用三角形桁架为宜，大跨度的桁架则采用菱形，如图 15-2-8 所示。

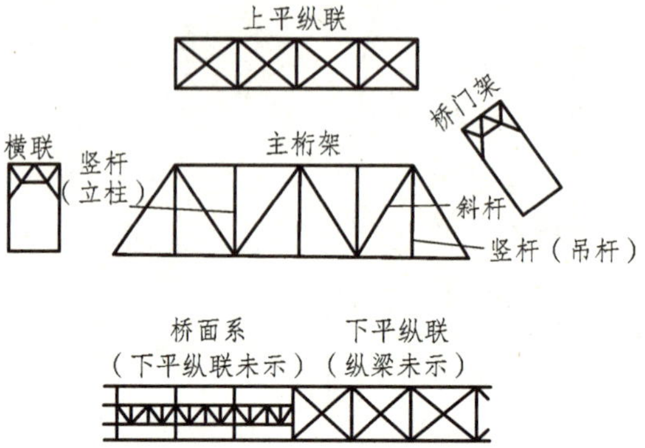

图 15-2-7 下承桁梁轮廓

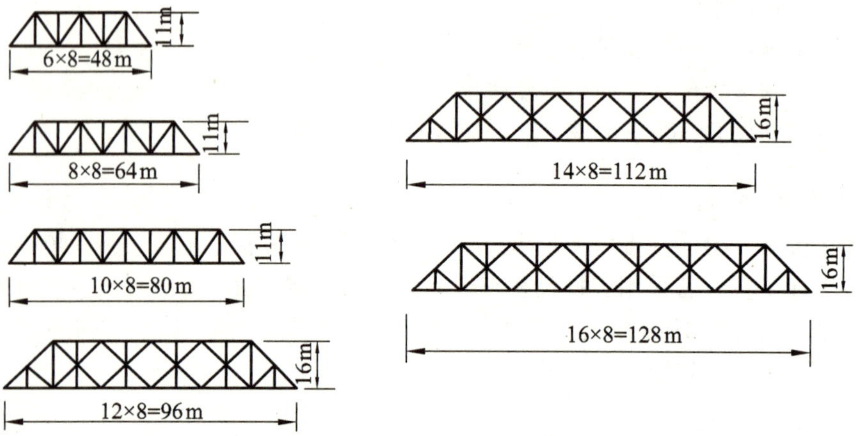

图 15-2-8 单线铁路下承钢桁梁图式

主桁架杆件多为角钢或钢板。图 15-2-9 所示 H 形截面的优点是构造简单、制造方便，缺点是易于积留雨水污物。虽在其腹板上钻有 50 mm 直径的泄水孔，也难于彻底将水排尽。主桁各杆件在节点处交会，用节点板通过铆钉或高强度螺栓连接起来，联结系杆件和横梁也均在节点板处与主桁架连接。

2. 桥面系

桥面系包括纵梁、横梁及纵梁之间的联结系。纵梁和横梁一般都是板梁，纵梁之间的联结系和上承式板梁相同。纵梁长度等于主桁架节间长，它的两端用连接角钢和横梁相连。横梁两端通过连接角钢与肱板连接到主桁节点和竖杆上。

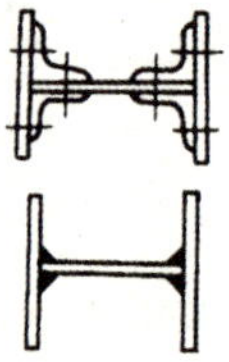

图 15-2-9 H 形截面杆件

3. 联结系

为了能形成空间稳定结构以承受横向力，减少受压弦杆的自由长度，必须设置各种形式的联结系。

在主桁架的上下平面内，需设置平面纵向联结系以承受横向风力、离心力（在曲线上的桥梁）和由于弦杆变形而引起的力。其构造形式多采用交叉式，杆件截面多为成对角钢。

下承桁梁的端横联除保证桥跨的横向稳定外，还需要将上平纵联所受的风力传给支座。端横联又称为桥门架，它可设置在端斜杆平面内或第一根吊杆平面内，如图 15-2-10 所示。

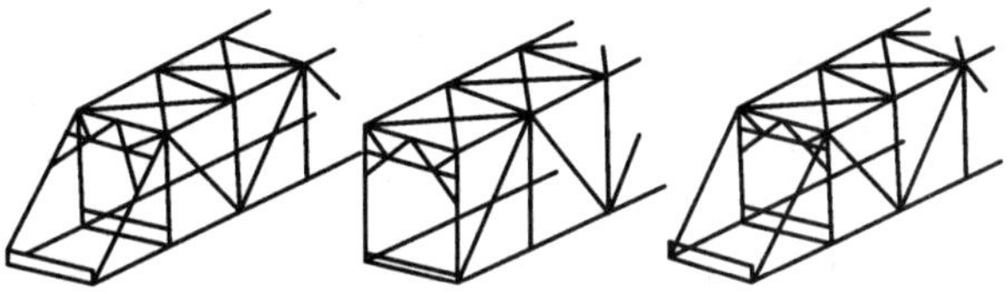

（a）　（b）　（c）

图 15-2-10　桥门架图式

中间横向联结系的设置是为了避免桁架的歪扭，保证两主桁架间竖向荷载的均匀分配，以及桁架在装配时有局部的刚性。横向联结系设置在主桁竖杆横向平面内，其间距不得超过两个节间，如图 15-2-11 所示。

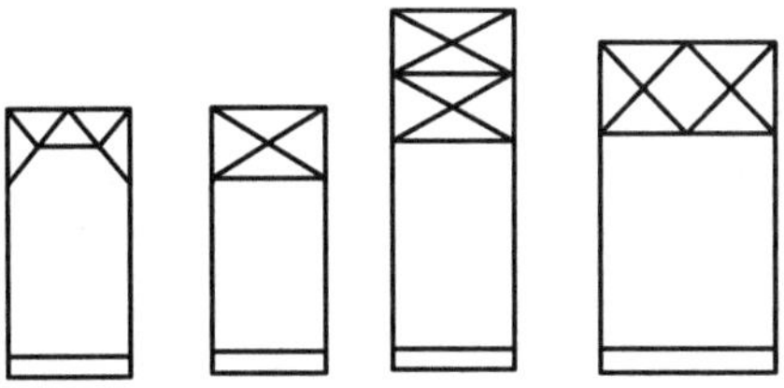

图 15-2-11　下承桁架横向联结系

列车的制动力和牵引力经由钢轨和桥枕作用于纵梁，再由纵梁传给横梁，横梁产生挠曲，为使横梁避免过大的挠曲，当跨度大于 48 m 时，应设置制动撑架。制动撑架常设于跨度中心。沿纵梁传递的制动力或牵引力将通过制动撑架而传到相应的主桁节点，再沿主桁弦杆传到固定支座上。

图 15-2-12 表示制动撑架的两种设置方式：Ⅰ式为加强下平纵联的斜杆，并将其与纵梁下翼缘紧密连结，同时在连结处设制动横杆；Ⅱ式为在下平纵联斜杆交会处到纵横梁连结处增设制动杆，并加强纵联斜杆。

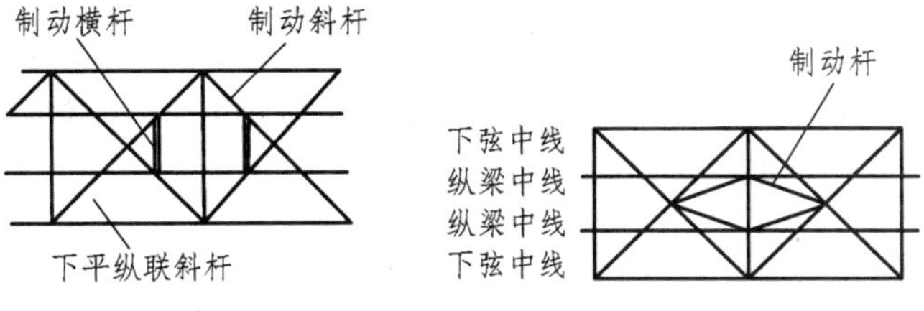

（a）Ⅰ式　（b）Ⅱ式

图 15-2-12　制动撑架设置方式

二、钢结构的修理

（一）钢梁焊缝及邻近钢材裂纹的修理

1. 焊缝的检查方法

（1）目视法。观察焊缝及邻近漆膜状态，发现可疑处所将漆膜除净用10倍放大镜检查。

（2）铲去表面金属法。将可疑处的漆膜除净，铲去一薄层金属观察是否有裂纹，如未发现有裂纹，不得重铲。

（3）硝酸酒精浸蚀法。将可疑处漆膜除净、打光，用丙酮或苯洗净，滴上浓度为5%～10%的硝酸酒精（该浓度视钢材表面光洁度而定，光洁度高时，浓度宜低）浸蚀，如有裂纹即有褐色显示。

（4）着色探伤法。将可疑处漆膜除净、打光，用丙酮或苯洗净，吹干后喷涂渗透液，隔5～10 min，最长30 min（时间根据光洁度与气温而定）后，用洗净液除去多余的渗透液，擦干，再喷涂白色显示液，干燥后在缺陷处即可显示红色痕迹。这个方法也可用于杆件裂纹的检查。红色渗透液配方：硝基苯100 mL，煤油700 mL，苯200 mL，红色染料（苏丹红）Ⅲ号9 g。显示液配方：珂珞酊（火棉胶）700 mL，苯 200 mL，丙酮 100 mL，氧化锌白（或油质氧化锌白）50 g。珂珞酊配制方法：将硝棉溶于乙醚和的蒸馏酒精混合液中。

2. 检查的重点部位

（1）主、横梁联结处及纵、横梁联结处的焊缝及母材；

（2）对接焊缝；

（3）受拉或受反复应力作用的杆件焊缝及邻近焊缝热影响区的钢材；

（4）杆件断面变化处焊缝；

（5）联结系节点焊缝；

（6）加劲肋、横隔板及盖板处焊缝。 其中应特别注意受反复应力的杆件及其接头处焊缝的检查。

3. 焊缝裂纹的处理

经检查发现在焊缝及附近的钢材上有裂纹时，应做以下工作：

（1）立即向负责人汇报，根据裂纹的严重程度采取保证列车安全运行的措施，如限速、限制过桥机型等。

（2）加强观察，必要时派专人监视。

（3）防止裂纹发展的临时措施是在裂纹的尖端钻与钢板厚度大致相等的圆孔（一般为10～12 mm），但最大不超过32 mm。裂纹的尖端必须落入孔中。

（4）永久性的加固措施是采用高强度螺栓加固，加固前裂纹尖端处凡能钻孔者均应钻孔，必要时更换杆件或换梁。在不能保证焊缝质量的情况下，桥上焊缝不得补焊。

（二）高强度螺栓的更换

1. 质量标准

栓焊梁的高强度螺栓连接部分不得有淌锈现象。高强度螺栓不得超拧（实际预拉力大于设计预拉力 10%及以内)、欠拧(实际预拉力小于设计预拉力 10%及以内)、漏拧、松动、断裂或短缺。杆件不得有滑移。

2. 检查工作

维修时，应经常对高强度螺栓进行细致的观测，切实掌握其技术状态。如发现异状，应及时分析原因，进行妥善处理。检查可用目视法、敲击法、应变仪测定法或扭矩测定法。在秋检时还应选择具有代表性的节点，拆卸其螺栓总数的 2%(至少 1 个)细致检查螺栓及栓孔内壁锈蚀的情况，做好记录。同时进行挠度和拱度测量。检查重点部位为：主、横梁连接处及纵、横梁连接处的高强度螺栓；受拉、受反复应力作用的杆件节点及联结系节点的高强度螺栓。

3. 病害处理

对经检查判明有严重锈蚀、裂纹或折断的高强度螺栓应立即更换。对延迟断裂的高强度螺栓还应详细记录断裂的时间、温度、所在部位、螺栓断口锈蚀情况，同时将实物送交有关单位分析原因。

对经检查判明有严重欠拧、漏拧或超拧的高强度螺栓应予拆下。如卸下的螺栓无严重锈蚀、严重变形(指不能自由插入栓孔)和裂纹的，或施拧未超过设计预拉力 10%以上的，可除锈涂油后再用，否则应予更换。安装高强度螺栓时，应将栓孔内壁清除干净。对于大型节点，高强度螺栓同时更换的数量不得超过该节点螺栓总数的 10%，对于螺栓数量较少的节点，则要逐个更换，并在桥上无车通过时进行。

三、钢结构涂装修理施工

1. 钢结构锈蚀的危害性

(1)造成钢梁杆件断面削弱；

(2)造成钢结构联结松弛；

(3)降低钢结构的承载能力；

(4)缩短钢结构的使用年限；

(5)钢结构锈蚀严重者，将危及行车安全。

2. 钢结构锈蚀的原因

钢结构锈蚀主要是指钢结构与大气中所含的氧气、水分、盐类、二氧化碳、二氧化硫、氮的氧化物等酸性物质及具有化学活泼性的物质发生化学或电化学作用的结果。这种现象我们称为钢铁的腐蚀。这些变化通常会在钢铁表面并产生松散堆积物—铁锈。

钢铁腐蚀分为化学性腐蚀与电化学腐蚀两种。

漆膜粉化、露底、裂纹、剥落、起泡、吐锈等都是失效的现象。漆 膜失效的检查鉴定方法如下。

(1)肉眼观察。

明显的面漆粉化、露底或龟裂、起泡、剥落、锈蚀等是容易发现的，但细小的裂纹及针尖状的吐锈等不容易被发现，可借助放大镜检查。另外，如发现漆膜表面有不正常的鼓起时（角落部位用光照射有凹凸不平时），下面可能有锈蚀。

（2）用手触摸。

用手指揩擦漆膜表面，如有粉末沾手，表示漆膜粉化。对角落隐蔽 部位如手摸感到粗糙、凹凸不平，可能有锈蚀存在。

（3）刮膜检验。

对有怀疑的部位，铲除表面漆膜检查钢料是否锈蚀，对有脱皮处所，可用刮刀检查其失效范围。如用刮刀铲起漆膜，漆膜成刨花状卷起，底漆色泽鲜艳，则漆膜良好，如漆膜用刮刀一触即碎或呈粉末状，底漆色泽暗淡，或一并带起，说明漆膜已经失效或接近失效。

（4）滴水检验。

在漆膜表面喷水，如水珠很快流淌，无渗透现象，则漆膜完好，如水很快往里渗透或扩散，则表示漆膜粉化，渗水的深度即为漆膜失效的厚度。

3. 除锈措施

钢梁除锈及表面处理的目的在于去除尘埃、油垢、水、氧化皮、铁锈或旧的不坚固的漆膜，以增强新涂漆膜与钢梁表面或旧漆膜间的附着力，提高油漆质量。任何氧化皮或铁锈的余痕均会促使钢梁继续生锈，影响漆膜和钢梁的使用寿命，除锈常采用的方法如下。

（1）手工除锈。

一般用各种钢丝刷、平铲、凿子或钢括刀进行除锈，这个方法劳动 强度大，效率低，一般在工作量不大时采用。

（2）小型机械工具除锈。

可使用风钻（或电钻）装上钢丝刷，或用小风铲进行除锈，铆钉头等特殊部位可装上特制工具头进行除锈，但在拐角狭窄处仍辅以手工工具除锈，效率比全用手工除锈高。

（3）喷砂除锈。

利用压缩空气使洁净干燥的石英砂粒通过专用喷嘴以高速度喷射于钢板表面，由于砂粒的冲击和摩擦，将旧漆膜、污垢、铁锈、氧化皮等全部除去。采用此法除锈效率高， 质量好，缺点是施工时的粉尘危害人体健康。也有采用湿喷砂的，即水喷砂，它减少了粉尘，但要在水中加少量防锈剂，以保持钢件在短期内不生锈，其效果不如干喷砂。

4. 防锈措施

（1）磷化及喷锌。

喷砂后，如不及时涂漆，为防止重新生锈，需在钢料表面上增涂一道磷化底漆，形成一层不溶性的磷酸盐保护膜，即所谓磷化处理。它能增强漆膜和钢铁表面的附着力，防止锈蚀，延长油漆的使用寿命，但在磷化底漆上仍须涂底漆和面漆。

经过除锈处理后的钢梁表面，特别是上盖板，现多采用喷锌或喷铝后再涂底面漆来增强钢梁的防锈能力，效果比较显著。喷锌或喷铝是将不锈的金属丝（如锌丝、铝丝等）送入金属喷涂枪内燃烧的高温火焰中，使其熔化，然后借压缩空气的气流，以相当高的速度将熔化的金属丝吹成极微细的雾点，喷射在已处理过的钢梁表面上，使钢梁表面喷上一层固结的金属层，在面上再涂聚氨基甲酸酯底漆二度，面漆四度，以达到防锈的目的。一般在空气中可以保持 50 年不锈。

（2）喷漆。

除锈完毕后在油漆以前应用松节油或松香水洗擦，使钢料表面洁净，钢梁杆件间若有缝隙存在，则先将缝隙清除干净，用亚麻仁油和红丹粉等配成的腻子（也可采用过氯乙烯、环氧树脂等其他腻子）紧密填塞，钢梁油漆的层数，一般为底漆两层，面漆两层，对某些易受浸蚀处宜多涂一层面漆。钢梁用漆要按地区特点和部位的不同配套选用。油漆的种类很多，性能各有不同。底漆可选用红丹防锈漆或近年新研制的过氯乙烯聚酯底漆。面漆多用灰铝锌醇酸磁漆（又名 66 户外面漆），也可用过氯乙烯聚氨酯面漆。

过去涂漆多用手工，近来广泛采用喷涂方法。喷漆是利用压缩空气在喷枪嘴处产生的负压，将漆流带出，分散为雾状，喷涂在钢梁表面上，喷漆设备如图 15-2-13 所示。这种方法的优点是工效高、速度快、漆膜光滑平整、能适应不同形状的钢梁表面，缺点是油漆的利用率低。为了适于喷涂，需将油漆稀释到一定黏度，喷漆时喷雾大，影响工人健康，压缩空气应通过油水分离器，使之不含水分，否则漆膜易有斑点。

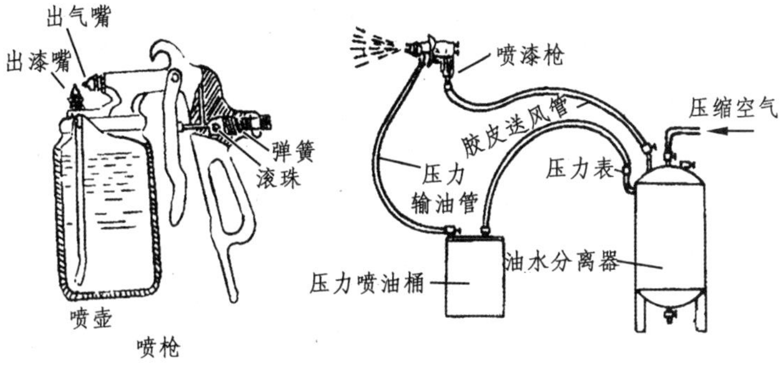

图 15-2-13　喷漆设备

（3）上盖板的防锈措施。

喷砂除锈后也可不喷锌，在上盖板上涂以环氧树脂，在其表面上形成一层胶膜，防锈、耐磨、耐冲击性能显著。

四、钢结构清洁与排水

（1）钢梁各部分必须保持清洁，要经常清扫污垢、尘土等（特别注意桥面系、下弦杆、上承式钢梁的上弦杆或上翼缘、纵向联结系的节点板、端节点、支座和结构不良的缝隙等最易产生污秽的地方），在冬季还要清除钢梁上的积雪，预防钢梁锈蚀。

（2）要及时排除钢梁上的雨水不使积存。箱形、H 形弦杆无泄水孔者在适当位置钻直径不小于 50 mm 的泄水孔。对钢梁个别部位特别是角落、缝隙或因结构不良造成的死角等部位应采取腻缝、安装填板及灌注水泥砂浆等办法改善，防止雨水浸入缝内长期积存。

（3）货车上掉落的浸蚀性液体及其他化学品，客车上排泄的大小便， 最容易损坏油漆，扩大锈蚀，应及时清除。

任务 15.3 桥梁支座保养及维修

一、支座的维修

支座是桥梁的一个重要部位，必须经常保持其良好状态，发挥它的正常作用。

梁跨与上摆、上摆与下摆、下摆与滚轴、滚轴与底板、底板与支承垫石间都应密贴紧靠，不应有缝隙。

支座的滚动面必须经常保持清洁不积水，不积灰尘，冬季应清除积雪防止结冰。

支座四周的排水应良好。一般在支座周围做有半圆形排水槽，有内高外低的坡度使水流走，或支座底板底面略高出墩台面 2 ~ 3 mm，并凿成流水坡。墩台的支承面与底板接触面也可以略小于底板边缘 2 ~ 3 mm，以防止雨水进入支座底板内。

为了防止生锈，上下摆应涂油漆。禁止在辊轴和滚动面上涂油漆，要使活动支座能自由活动，绝不容许其他杂物存在。

为了防止煤渣、灰尘、雨雪进入支座滚动面，应有有效的防尘设施，这对大跨度桥梁来说尤为重要。

辊轴滚动时，辊轴的防爬齿应能沿着支座下摆的下部和支座底板上的槽缘内自由滚动，如未到最大位移量，防爬齿的端部紧紧卡在槽缘中而阻碍辊轴滚动时，必须加以修理。

若支承的滚动面不平整，底板或轴承座发生裂纹或个别辊轴发生支承不均匀等现象时，应更换有缺陷的部位或直径不合适的辊轴。

轴承座中心线和正常位置有偏差，除可能由于安装时未按计算设置外，也可能是由于墩台的移动所造成的，发现这种情况时，应仔细测量支座位置及墩台间的距离，检查墩台状态有无异状并进行分析。如发现梁端紧靠桥台挡砟墙或邻孔梁端，或者其空隙过小，以及上下锚栓有剪断等情况时，可将挡砟墙凿除一些，也可以将梁身顶起进行纵向移动改正，重新锚定支座。如钢梁间空隙过大，可在梁端增加牛腿予以接长，或在两孔梁间的桥墩上筑钢筋混凝土小墩。要经常保持锚栓不缺少、不缺帽、不松动、不锈死、不弯折。

小桥上线路有爬行或桥头线路爬行力量传到桥上时，有时能使全部钢梁和支座一起沿着支承垫石移动，所以桥头线路必须注意彻底锁定。

较大跨度的板梁，由于日照关系，受太阳直接照射一侧的钢梁温度高，而另一侧钢梁温度低，所以一侧主梁会比另一侧伸长得较多，使钢梁在平面上有挠曲，这也有可能使支座发生歪斜及移动。

一孔梁的四个支座必须在同一平面上，如有受力不均，例如有三条腿等现象时应加以整正。支座各部分间不密贴时禁止用木片填塞。锚固螺栓孔灌浆要饱满，孔内不允许有木屑以防进水。要经常保持锚固螺栓不松动、不锈死，并涂以机油，最好加盖。支座有翻浆时必须进行处理。

二、支座病害的预防

（1）梁跨与上摆、上摆与下摆、下摆与辊轴、辊轴与底板、底板与支承垫石间都应密贴紧靠，不应有缝隙。

（2）支座的滚动面必须经常保持清洁，不积水、不积灰尘，冬季应清除积雪，防止结冰。

（3）支座周围应保持排水良好。一般在支座周围常做成半圆形排水槽，内高外低，将水排走。支座底板底面应略高于墩台面 2 ~ 3 cm，并凿成流水坡。墩台的支承面与底板的接触面，在边缘处也可以略小于底板 2 ~ 3 cm，以防止雨水进入支座底板内。

（4）为了防止生锈，上下摆应涂油漆，辊轴和滚动面应定期进行擦拭、擦石墨或填以黄油。禁止在辊轴和滚动面涂油漆，并不允许其他异物存在，以保持活动支座能自由伸缩。

（5）为了防止煤渣、灰尘、雨雪进入支座滚动面，应安装有效的防尘设备，这对大跨度的梁尤为重要。

（6）支座锚栓应用塑料或铁皮制的罩盖住，螺帽下加垫铁垫圈及橡胶垫圈各一层，螺栓应省油，并用油浸棉纱裹缠丝杆，防止雨水进入螺栓孔，并防止螺栓松动、锈死。

（7）辊轴滚动时，辊轴的防爬齿应能沿着支座下摆的下部和支座底板上的槽缘内自由滚动。如未达到最大位移量，防爬齿的端部就紧紧卡在槽缘中而阻碍辊轴滚动时，必须加以修理。

（8）若支座的滚动面不平整，底板或轴承座发生裂纹或个别辊轴发生支承不均匀等现象，应把有缺陷的部位和直径不合适的辊轴进行整修或更换。

（9）支座的滚动面或辊轴经过长期行车的磨耗，底板或轴承座容易压成凹槽，辊轴也可能发生变形（接触部位成椭圆形）影响支座的正常使用，如无材料更换，可视具体情况，将底板或轴承座重新刨平，辊轴重新车圆，再行安装使用。如经过修理后的支座高度发生变化，可在底板与支承垫石间增垫干硬性砂浆或环氧树脂砂浆加以调整。

（10）轴承座中心线和正常位置有偏差，其原因多为安装时未按计算设置或墩台位移所造成。所以发现这种情况，应细致测量支座的位置、墩台间的距离，观察墩台有无异状，然后全面进行分析。

（11）如发现梁端紧靠桥台挡砟墙或邻孔梁端，空隙过小，以及上下锚栓有剪断等情况时，可将挡砟墙凿除一部分，或把主梁或悬臂的端部截短或凿除一些，条件允许时，也可将梁身顶起进行纵向移动，然后重新锚定支座。如钢梁间空隙过大，可在梁端增加牛腿予以接长，或在两孔梁间的桥墩上筑钢筋混凝土小墩。

（12）小桥上线路有爬行或桥头线路爬行力传到桥上有时能使全部钢梁和支座一起沿支承垫石移动，所以桥头线路必须彻底锁定。

（13）一孔梁的四个支座须在同一平面上。如有受力不均匀例如三条腿等现象应加以整正。支座各部分间不密贴处禁止用木片堵塞。锚固螺栓孔灌浆要饱满，孔内不允许有木屑，以防进水。支座有翻浆时须进行处理。

三、支座常见病害及整治

支座病害是维修工作中整治的重点之一，由于原因复杂，一定要认真分析进行针对性的综合整治才能收到较好的效果。以下所述为几种病害的整治方法。

1. 小跨度钢筋混凝土板梁横向移动的整治

跨度小于 6 m 的钢筋混凝土板梁，由于梁体重量轻，支座又均系沥青麻布或石棉垫，因而受列车的冲击和震动易发生横向移动。对该种梁，除顶起移正梁身外，均应在墩台顶上靠板梁侧埋设角钢或加筑挡墙（见图 15-3-1）。

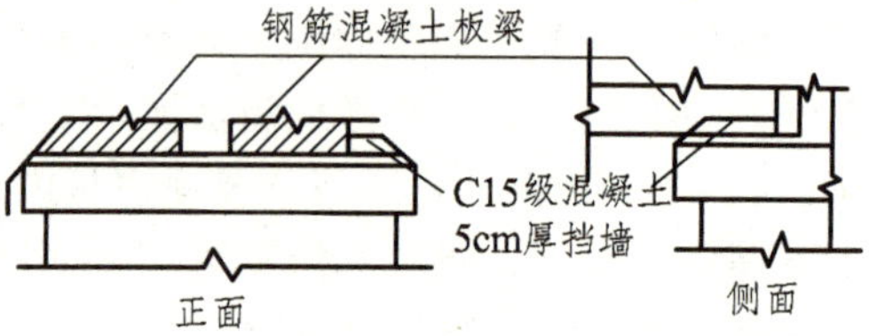

（a）挡墙

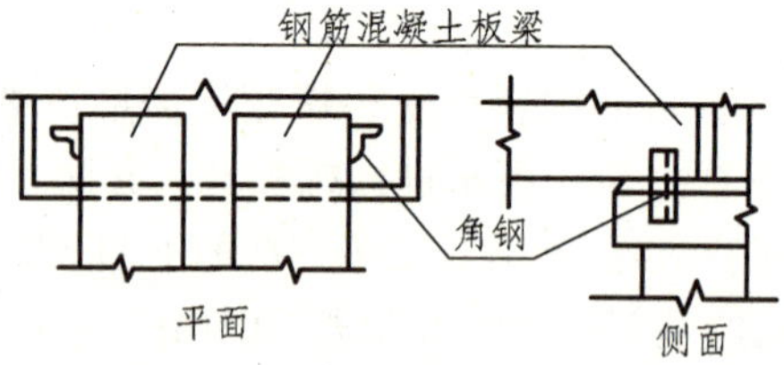

（b）埋设角钢

图 15-3-1 防止板梁横移办法

2. 支座上下锚栓剪断弯曲的整治

墩台上支座锚栓折断或弯折，较彻底的整治办法是在支座旁斜向凿去一部分混凝土，取出旧锚栓，重新安装新锚栓。如锚栓在支承垫石面剪断而剩余部分仍牢固，而现场又有电焊条件时，也可采用凿除一小部分混凝土，清除出被剪断螺栓杆的上部，采用电焊接上一段新螺栓杆的方法进行整治。

圬工梁上锚栓剪断时，可将支座上座板与梁底镶角板焊起来（采用这一办法必须保证镶角板与梁体联成整体，如发现镶角板与梁体里面的支座螺栓外端脱开，则必须将其焊牢）。具体办法：采用 60 mm/40 mm/8 mm 的不等肢角钢，200 mm 长，每个支座用 2 根，沿梁长方向将角钢短肢焊于梁底的镶角板上，长肢焊于支座的座板上（如没有此种角钢也可用 10 mm 厚的钢板弯制），如图 15-3-2 所示。

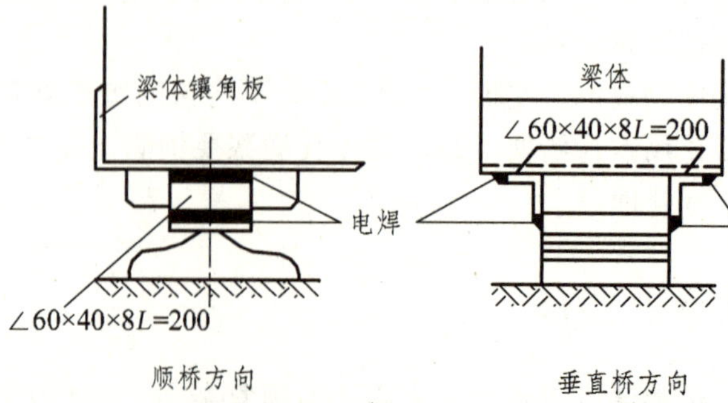

图 15-3-2 上锚栓折断后加固（上下锚栓未示）（单位：mm）

3. 支座位置不正、滑行或歪斜超过容许限度的整治

应用千斤顶顶起梁身并进行适当的修理或矫正，或移正梁身后重新 安装支座。利用拉紧框架或弹簧整正支座辊轴的方法可以免除起顶梁身的麻烦。框架由二个角钢和两端带丝扣及螺帽的拉杆组成（见图 15-3-3）。整正时，把一个角钢支承在支座底板上，另一角钢紧贴住辊轴的联结角钢，上紧拉杆螺栓，利用列车通过时辊轴的滚动及时拧紧拉杆，使列车通过后辊轴不能返回原来位置，这样经数次整正，就能把辊轴调整过来。

图 15-3-3　用框架整正支座

弹簧整正支座辊轴是用千斤顶横向顶住辊轴来移正位置，千斤顶一端支承在固定支座或挡砟墙上，在千斤顶和辊轴间垫上弹簧，把弹簧顶紧，利用列车通过时辊轴的滚动，辊轴会被顶动，再适当上紧千斤顶，经过多次整正也可以把辊轴顶回原来位置（见图 15-3-4）。

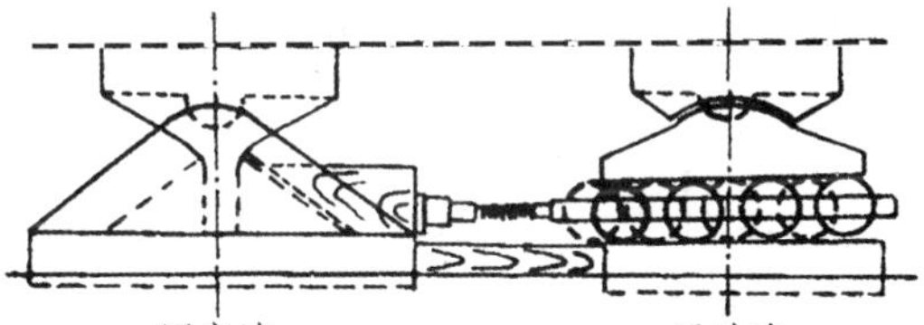

图 15-3-4　用弹簧整正支座

4. 支承垫石不平的整治

对钢梁或圬工梁平板支座，底板下支承垫石有少量麻坑或少量不平时，可用垫沥青麻布的办法进行整治。这个方法的优点是经过行车挤压，能自行弥补填平，效果较好。不宜采用垫铅板、铁板、木板和石棉板等办法，因这几种方法从实践效果来看多数失效。

具体做法是：先将硬沥青（最好是用 10＃石油沥青）加温到 100～190°C，再加 20%～30% 的滑石粉或石棉粉，边加边搅匀，然后将大小适当的细麻布放入浸制，取出浇水冷却即可使用。沥青麻布最少要垫两层。

5. 支座陷槽、积水、翻浆、流锈病害的整治

一般可用细凿垫石排水坡的办法，结合支座下垫沥青麻布或胶皮板进行处理，能取得一定效果。流水坡度约为3%，使水能很快排走。

具体细凿方法是：先在离石外缘 20 mm 处开始向中心推进（防止损坏边缘），最后将周边的窄条敲下来，稍加修凿即成。细凿完成后用废砂轮打磨光滑。另一种做法是先在垫石四边（桥台为三边）的外侧打上要凿去的线条，用扁凿对准线条朝里敲打，其余同前法。在细凿过程中，如发现有局部麻坑不平或边缘缺损等，可用环氧树脂砂浆腻补，凝固后一并用旧砂轮打磨平整。

要防止挡砟墙上的水流到桥台，必要时挡砟墙与支座垫石间要凿小槽排水，防止支座底板下面进水。

6. 由于支座、支承垫石的原因导致梁体不平的整治

支承垫石裂损，支座不平（四角支点不在同一平面上），或当梁体有“三条腿”（个别支座出现明显的悬空）现象以及因线路大修需整孔抬高梁体时，可选用下述办法整治或处理。

（1）支座下捣填半干硬水泥砂浆（水灰比为 0.2 ~ 0.25），适用于抬高量为 30 ~ 100 mm 的情况；

（2）垫入铸钢板，适用于抬高量为 50 ~ 300 mm 的情况；

（3）就地浇筑钢筋混凝土垫块或更换钢筋混凝土顶帽，适用于抬高量为 200 mm 以上的情况；

（4）其他压力灌注灰浆等。

实践经验证明在支座下捣填半干硬砂浆（也可用环氧树脂配制的砂浆）的办法效果好，并且有使用工具简单，封锁时间短就能恢复正常速度行车的优点。

【项目训练】

15.1 混凝土结构外加预应力技术加固的工作原理是什么？

15.2 简述普通钢筋混凝土简支梁常见裂纹及其产生原因。

15.3 简述钢梁焊缝的检查方法。

附录 A 桥梁发展概况

一、我国桥梁的发展简史

桥梁与人类生活密切相关。没有桥梁，我们的生活空间将大受限制，更不会有今天四通八达的公路与铁路把世界如此紧密地联系在一起。

桥梁是人类所建造的最古老、最壮观与最美丽的建筑工程，是一个时代文明与进步的标志。

（一）远古时期的桥梁

桥梁是人类为扩大自己的活动范围、克服自然障碍而最早建造的工程建筑。早在靠狩猎为生的穴居时代，人类就需要借助最简单的桥梁去扩大自己的活动范围。

人类学会建造各式桥梁，最初得益于自然界的启发。

考古发掘出的世界上最早的桥梁遗迹，是在公元前 6000—公元前 4000 年今小亚细亚一带。我国 1954 年发掘出的公元前 4000 年左右西安半坡村的新石器时代氏族村落遗址，是我国已发现的最早出现桥梁的地方。

（二）古代桥梁

我国是文明古国，在桥梁建设史上也写下了不少光辉灿烂的篇章。古代桥梁不但数量惊人，而且类型也丰富多彩，几乎包含了所有近代桥梁建筑中的主要形式。

根据史料记载，在 3 000 年前我国就有了木梁桥和浮桥，稍后有了石梁桥。古代桥梁所用材料，多为木、石、藤、竹乃至皮革之类的天然材料。锻铁出现以后，开始有简单的铁链桥。它们的强度都很低，加上当时人们掌握的力学知识不多，因此古代桥梁一般跨度很小、断面偏大、外形敦实。由于木、藤、竹、皮革类材料容易腐烂，所以能够保留至今的古代桥梁多为石桥。

我国有记载最早的桥梁始见于《史记·周本纪》。所记载的桥梁在公元前 1122 年的商末周初时期。世界公认悬索桥最早出现在中国。公元前 3 世纪四川已有竹索桥，公元前 2 世纪陕西已有铁链桥。

在我国古代石桥中，北方河北赵州的安济桥与南方福建泉州的洛阳桥以及广东潮州的湘子桥蜚声中外，充分反映了我国古代的建桥水平。

安济桥又名赵州桥，是公元 591—599 年隋代李春所建，跨度达 37 m（见图 A-1）。它是世界上第一座敞肩式石拱桥。其跨度之大，构思之巧，设计之精，均领先于欧洲同时期的石拱桥，是我国古代桥梁的杰出代表，1991 年被美国土木工程学会评为与巴黎铁塔、伦敦塔桥等建筑齐名的国际土木工程里程碑建筑。

图 A-1　赵州桥

图 A-2　杭州钱塘江大桥

泉州洛阳桥是公元 1053—1059 年宋代蔡襄所建，原桥全长 834 m。1996 年 10 月全面修缮后的洛阳桥，全长 731.29 m，共 47 孔，每孔用 7 根跨度 11.8 m 的石梁组成。它是我国第一座海港桥，在基础工程上首创筏形基础和种蛎固基技术，在石梁的跨度上也达到了十分可观的记录。

湘子桥又称广济桥（跨赣江），于公元 1170—1192 年建成，全长 517.95 m，东西浅滩部分各建一段石桥，中间深水部分以浮桥衔接。浮桥可开可合，是世界上活动桥的先导。

（三）近代与当代桥梁

钢、水泥、钢筋混凝土及预应力混凝土等人工材料在桥梁上的应用是近代桥梁的标志。

杭州钱塘江大桥（见图 A-2），是第一座由中国人自行设计和制造的双层公铁两用桥，为我国的桥梁事业立上了一座光辉的里程碑。

茅以升是著名的桥梁专家，是中国桥梁事业的先驱。他一生最重要的作品——杭州钱塘江大桥，既是我国桥梁建筑史上的一座里程碑，又是我国桥梁工程师的摇篮。茅以升先生把工地办成学校，吸收大批土木工程专业的学生参加工程实践，为国家培养了一批桥梁工程人才。我国一些重要桥梁工程，如武汉长江大桥、南京长江大桥的一些建造者都经历过杭州钱塘江大桥建设的洗礼。

杭州钱塘江大桥于 1934 年 8 月 8 日开始动工兴建，1937 年 9 月 26 日建成，同年 12 月 23 日侵华日军攻陷杭州，我国军队西撤后将桥炸毁。抗日战争胜利后于 1947 年 3 月 1 日修复。

1957 年，武汉长江公铁两用大桥建成，首次在长江上实现了“一桥飞架南北，天堑变通途”。武汉长江大桥正桥全长 1 156 m，桥跨结构为三联 3 × 128 m 连续钢桁梁（见图 A-3），是我国钢桥史上第一个里程碑。

图 A-3　武汉长江大桥

图 A-4　南京长江大桥

1969 年，南京长江公铁两用大桥的建成是第二个里程碑。南京长江大桥正桥钢梁全长

1 576 m，桥跨结构为 128 m 简支钢桁梁加三联 3 × 160 m 铆接连续钢桁梁（见图 A-4）。这座桥是我国完全依靠自己的技术力量和国产材料建成的长江大桥，标志着我国建桥技术进入了一个独立自主的新水平。

二、我国桥梁发展之最

任何巨川与深谷都已不能阻挡人类用桥梁去跨越，人类已开始向跨海工程挑战。

港珠澳大桥是中国境内一座连接香港、广东珠海和澳门的桥隧工程，位于中国广东省珠江口伶仃洋水域内，为珠江三角洲地区环线高速公路南环段。大桥于 2009 年 12 月 15 日动工建设，2017 年 7 月 7 日实现主体工程全线贯通，2018 年 2 月 6 日完成主体工程验收，同年 10 月 24 日上午 9 时开通运营。港珠澳大桥东起香港国际机场附近的香港口岸人工岛，向西横跨南海伶仃洋水域接珠海和澳门人工岛，止于珠海洪湾立交；桥隧全长 55 km，其中主桥 29.6 km、香港口岸至珠澳口岸 41.6 km；桥面为双向六车道高速公路，设计速度 100 km/h；工程项目总投资额 1 269 亿元。港珠澳大桥因其超大的建筑规模、空前的施工难度和顶尖的建造技术而闻名世界，获 2019 年度中国建设工程鲁班奖(见图 A-5)。

杭州湾跨海大桥是一座横跨中国杭州湾海域的跨海大桥，它北起浙江嘉兴海盐郑家埭，南至宁波慈溪水路湾，全长 36 km。杭州湾跨海大桥按双向六车道高速公路设计，设计速度 100 km/h，设计使用年限 100 年，总投资约 118 亿元。该工程具有工程规模大、海上工程量大，自然环境恶劣，总体设计方案制定难度大等特点（见图 A-6）。

图 A–5 港珠澳大桥

图 A–6 杭州湾跨海大桥

苏通长江大桥是 2003 年 6 月正式动工的，2008 年 6 月 30 日正式通车，路线全长 32.4 km，主跨 1 088 m，是当时世界上最大跨径的斜拉桥，创造了最深桥梁桩基础、最高索塔、最大跨径、最长斜拉索 4 项斜拉桥世界纪录，其雄伟的身姿成为横跨在长江之上的一道亮丽风景（见图 A-7）。它是我国由“桥梁建设大国”向“桥梁建设强国”转变的标志性建筑。

图 A–7 苏通长江大桥

图 A–8 香港青马大桥

香港青马大桥于 1992 年 5 月开始兴建，1997 年开放通车，是当时世界最长的行车铁路两用吊桥（见图 A-8）。包括青马大桥在内的“香港机场核心计划”于 1999 年荣获美国建筑界“20 世纪十大建筑成就奖”。

西堠门大桥是连接舟山本岛与宁波的舟山连岛工程五座跨海大桥中技术要求最高的特大型跨海桥梁，主桥为两跨连续钢箱梁悬索桥，主跨 1 650 m，是当时世界上最大跨度的钢箱梁悬索桥，全长在悬索桥中居世界第二、国内第一，但钢箱梁悬索长度为世界第一（见图 A-9）。

丹河大桥位于山西省晋城市太行山西麓，为全空腹式变截面石板拱桥大桥，于 1996 年开始设计，1997 年 11 月开工建设，2000 年 7 月建成，主孔净跨径 146 m，是目前世界上最大跨径的石拱桥，已被列入吉尼斯世界纪录。桥梁栏杆由 200 多幅表现山西城市历史文化的石雕图画与近 300 个传统的石狮子组成，体现了现代与传统文明的完美结合（见图 A-10）。

图 A-9　西堠门大桥

图 A-10　丹河大桥

重庆万州长江大桥，位于万州区（原四川万县市）上游 7 km 处，1994 年 5 月 1 日大桥正式动工，1997 年完工。该桥为劲性骨架钢管混凝土上承式拱桥，是世界最大跨径的混凝土拱桥（见图 A-11）。该桥的建成，使我国的拱桥建筑水平处于世界领先地位。

图 A-11　重庆万州长江大桥

附录 B　高速铁路桥梁

高速铁路桥梁多分为高架桥、谷架桥和跨越河流的一般桥梁。其中，高架桥用以穿越既有交通路网、人口稠密地区及地质不良地段，通常墩身不高，跨度较小；谷架桥用以跨越山谷，跨度较大，墩身较高。

由于高速铁路的运营密度及对舒适性、安全性的要求均高于普通线路，因此高速列车对桥梁结构的动力作用也就更大。在这个前提下，高速铁路桥梁在设计、施工中形成了自己的特色。

一、桥梁建造模式的变化

20 世纪 50 年代初期，我国仿照苏联建造铁路桥梁的模式，线路以货物运输为主，桥梁设计则注重承载能力要求。90 年代后，客运比重加大，建设了广深准高速铁路，主要干线实施提速，并修建了秦沈客运专线，对桥梁结构也提出了适应运行速度和乘坐舒适度的要求。

二、高速铁路桥梁的特点

高速铁路桥梁的运行速度均较快，技术标准要求较高，站间距离长，要与周围环境协调，要求尽量减小噪声污染，因此高速铁路对桥梁的要求与普通铁路不同，且高速铁路技术标准限制严格，曲线半径大，坡度小，并需要全封闭行车，桥梁建筑物数量多于普通铁路。在平原及人口稠密地区，经常选用高架线路；而在山区及丘陵地带，谷架桥会明显增多。

（一）桥梁的结构形式

小跨度桥梁采用多孔等跨简支梁桥，大跨度桥梁的结构形式较多，但数量较少，主要有预应力混凝土连续梁、连续刚构、预应力混凝土斜拉桥和钢筋混凝土拱桥。

1. 多孔等跨简支梁桥

高架线路上采用多孔等跨简支梁桥的形式，具有以下优点：

（1）等跨简支体系的桥跨外形一致，截面相同，构造布置统一，使桥跨密集的高架线路在运营中的管理工作大为简化，也便于结构的日常检查和养护维修。

（2）高架线路采用简支体系的梁桥，更能适应地质不良、地基承载力低的地段。

（3）等跨简支梁适宜于现场工厂化预制，逐孔架设，能显著提高施工速度。但对于跨度小于 20 m 的小型桥梁，根据国外的经验最好采用超静定结构，如刚构桥。

2. 多孔等跨连续梁

能够提高梁部结构整体性和刚度，并且对保持桥上线路的平顺性更有利，从而提高桥上行车的舒适性和安全性。采用适当的施工方法能保证桥梁的经济性和施工进度。

3. 钢筋混凝土刚架结构

钢筋混凝土刚架结构是一种空间静不定结构，整体性好，具有较好的刚度和抗震性能。当技术经济条件相宜时，也可采用这种结构形式。斜交刚架和框架桥在跨越道路等情况时，其适应性强，整体性好，可以采用。

4. 钢-混凝土结合梁（型钢-混凝土结构）

钢-混凝土结合梁跨越能力强，施工方便，并且由于结构重量轻，因而有显著的抗震优势，故在跨越繁忙道路或抗震要求较高的场合适用。

（二）桥梁特点

（1）桥梁数量多。

平交道的存在将使列车速度、交通安全和正点运行等均不能得到保证，因此，新建高速铁路一般均不设平交道，而设立交桥。对既有线改为行驶高速列车时，国际铁路联盟规定：当列车速度超过 200 km／h 时，不许设平交道；当列车速度为 140 ~ 200 km／h 时，也应首先考虑立交桥。在遇到交通繁忙的道路、平交道的看守与养护费用和新建立交桥的投资相差不大或瞭望条件不好等情况时，均应设立交桥，并取消平交道。

加之尽量减小用地等原因，高速铁路中桥梁总延米在线路总长中所占比例比普通铁路大，我国在建客运专线桥梁总延长占线路总长的比例，在很多线路上也高达 50%以上。相比之下，我国普通铁路桥梁的比例仅占线路总长 2%左右。

桥梁数量增加，尤其是大量采用很长的高架线路，使桥梁成为高速铁路的主要组成部分。因此，桥梁的使用性能能否满足高速行车要求已成为修建高速铁路的成败关键。

（2）预应力混凝土桥梁多。

高速铁路的桥梁需要有很高的抗扭刚度、足够的稳定性和耐久性，加之高速铁路要求维修量小，且近几年各国公众对噪声特别反感，因此世界各国对高速铁路桥梁的结构类型进行了充分而细致的研究，不仅中、小跨度的桥梁普遍采用道砟桥面的钢筋混凝土和预应力混凝土桥梁，而且还发展了多种形式的大跨度预应力混凝土结构。在各国已建成的高速铁路的钢筋混凝土桥中，预应力混凝土桥梁在高速铁路桥梁中占有绝对优势。因为预应力混凝土与其他建桥材料相比，具有一系列适合高速铁路桥梁的优点，如刚度大、噪声低、温度引起的变形对线路位置影响小、养护工作量少、造价也较低等，所以一般要求桥梁上部结构应优先采用预应力混凝土结构。当需要减轻梁重或快速施工时，结合梁也常被采用。

桥梁的上部结构直接承受列车荷载，由于高速列车运行时动力响应加剧，为保证列车运行安全和旅客乘坐舒适，加强上部结构的竖向刚度、横向刚度和抗扭刚度，使其满足刚度限值的要求，同时加强结构的整体性。

（3）结构耐久性好，桥梁要便于检查、维修。

结构的耐久性对桥梁的安全使用和经济性起着决定的作用。经济合理性应当使建造费用与使用期内的检查维修费用之和达到最少，片面地追求较低的建造费用而忽视耐久性，往往会造成很大的经济损失。因此，在高速铁路的桥梁结构设计中应十分重视结构物的耐久性设计，统一考虑合理的结构布局和结构细节，强调要使结构易于检查维修以保证桥梁的安全使用。

高速铁路是极其重要的交通运输设施，任何中断行车都会造成很大的社会影响和经济影响，为此桥梁结构物应尽量做到少维修或免维修，这就需要在设计时将改善结构物耐久性作为主要设计原则，统一考虑合理的结构布局和构造细节并在施工中严格控制，保证质量。一些国家规定高速铁路桥梁在结构耐久性方面要求的设计基准期，一般以 50 年不需维修为目标；在正常检查、养护前提下，期待能达到 100 年的耐用期。我国新建铁路的设计使用年限现已经提高到 100 年。

另一方面，由于高速铁路运营繁忙，列车速度高，造成桥梁维修、养护难度大，费用高。因此，桥梁结构构造应易于检查和维修。

（4）限制纵向力作用下结构产生的位移，避免桥上无缝线路出现过大的附加应力。

高速铁路要求一次铺设跨区间无缝线路，而桥上无缝线路钢轨的受力状态不同于路基，结构的温度变化、列车制动、桥梁挠曲能使桥梁在纵向产生一定的位移，引起桥上钢轨产生附加应力。过大的附加应力会造成桥上无缝线路失稳，影响行车安全。因此，墩台基础要有足够的纵向刚度，以尽量减小钢轨附加应力和梁轨间的相对位移。各国在修建高速铁路时，除了对墩顶纵向刚度有严格的要求外，对如何避免结构物出现较大的纵向位移也进行了深入研究，提出了多种控制方法和构造措施，以供高墩桥梁选择。

（5）结构要有足够大的刚度，为列车高速行驶提供坚实、平顺的行车道。

长期以来，由于对结构振动特性以及结构振动频率与列车速度之间的关系认识不足，导致部分桥梁结构在列车过桥时产生横向晃动，给司机、旅客带来不安全感，甚至导致限速行驶，影响桥梁正常使用。例如沈山线大凌河桥列车提速后，横向振幅较大，长期限速运营；京山线滦河大桥也与此桥类似，并连续在桥上掉道，只好限速运营。

桥梁出现较大挠度会直接影响桥上轨道的平顺性，造成结构物承受很大的冲击力，旅客舒适度受到严重影响，轨道状态不能保持稳定，甚至影响列车的运行安全。随着列车速度的提高，乘坐舒适度要求桥梁有较大的刚度，动力效应也要求高速铁路桥梁较之普通铁路线上的桥梁有更大的刚度（即较高的固有频率）。普通客车乘坐舒适度一般可以用顺桥向及桥墩台顶面的横向弹性水平位移来保证。对于高速铁路，满足高速行车时列车安全性和旅客乘车舒适度要求的桥墩台刚度的要求应更高。

（6）桥梁上部结构多采用混凝土材料。

尽管各国对高速铁路的建桥材料不做限制，但90%以上的桥梁都选用混凝土结构，主要是因为混凝土梁具有刚度大、噪声低、养护工作量少、造价较为经济等优点。当桥下交通繁忙，需要快速施工、减少干扰时，还经常选用钢混结合梁桥。

（7）墩身多采用流线型圆端实体桥墩、双线单圆柱形墩、空心墩、矩形双柱墩。

（三）遵循原则

（1）采用双线整孔桥梁，主梁整孔制造或分片制造整体连接。双线桥梁一方面提供很大的横向刚度，同时在经常出现的单线荷载下，竖向刚度比单线桥增大了1倍。

（2）除了小跨度桥梁外，都采用双线单室箱形截面。

（3）加大简支梁的梁高，如欧洲各国高速铁路预应力简支梁高跨比一般选择1/10 ~ 1/9，而普通铁路的预应力混凝土简支梁的高跨比为1/11 ~ 1/10（除了跨度32 m梁因运输净空限制梁高定为2.5 m）。

（4）尽量选用刚度大的结构体系如连续梁、刚架、拱桥、斜拉桥等。

鉴于高速铁路全封闭桥梁数量多，设计技术标准高，又要求行车安全舒适，因此对高速铁路桥梁结构形式的选择应给予足够的重视。适合高速行车的较好桥式是实体结构和超静定结构，且要求结构物有较高的抗扭和抗弯刚度，通常不应采用柔性结构，而刚构和框架结构可减少维修工作量，且局部损伤并不影响整体。

（5）桥梁跨度不宜过大。法国高速铁路直至修建地中海线时才首次采用100 m跨度的桥梁。目前各国最大跨度的桥梁均未超过162 m。高速铁路桥梁设计主要由刚度控制。尽管高速铁路活载小于普通铁路，但实际应用的高速铁路桥梁，在梁高、梁重上均超过普通铁路桥梁。

（四）高架车站桥较多

高速铁路多修建在客运或货运量较大的路段，或新建，或对既有线进行改造，无论哪种情况，既有车站线路和站房相交错或综合在一起的现象是避免不了的，往往形成结构形状、构造复杂的车站桥，特别是与既有铁路相结合的高架车站桥，既要保证高速铁路的行车净空，又要便于进、出站旅客的疏散。

（五）全面采用无砟轨道是客运专线发展趋势

无砟桥面梁的优点是：桥上不用上道砟，不用设挡砟墙，桥面的宽度可以减小，梁重相应减轻。桥上无砟轨道性能均匀、稳定，维修养护作业少，能节省大量维修养护费用。

早期高速铁路桥上基本采用有砟轨道，桥上有砟轨道和无砟轨道各有利弊。桥上有砟轨道有利于改善行车舒适度和降低噪声，有利于桥上线路高度的调整，有利于铺设渡线，有利于养路机械的连续作业；不足之处是桥梁的二期恒载大、维修工作量大等。桥上无砟轨道性能均匀、稳定，养护维修工作量很少，桥梁上二期恒载较有砟轨道小很多，有利于桥梁的设计；不足之处是一次性投资较大。无砟轨道已被认为是高速铁路的发展趋势。实践证明，无砟轨道弹性均匀，状态稳定，可大大减少线路维修工作量。桥梁采用无砟轨道还能显著减少二期恒载，提高结构自振频率，改善车桥动力响应。

但是无砟轨道的缺点也是明显的：行车舒适度和噪声控制不如有砟轨道；桥上线路高程的调整不如有砟轨道方便，不利于铺设渡线；一次性投资过大；对桥梁的变形控制、基础沉降、纵向力传递提出了新的要求，成为高速铁路桥梁需要研究的问题。在大跨度梁桥和长桥上，无砟轨道技术还有待进一步提高，梁的上拱度控制（如梁体温度梯度影响，假设较多造成计算误差较大）、梁的横向挠曲控制等许多问题有待解决。

另外，高速铁路作为重要的现代交通运输线，应强调结构与环境协调，重视生态环境保护。这主要是指桥梁造型要与周围环境相一致并注重结构外观和色彩、在居民点附近的桥梁应有降噪措施、避免桥面污水损害生态环境等。

三、设计荷载及线路分类

（一）线路分类

1. 客运专线

客运专线可以实现客货分线，处于既有路网上的高速铁路，运行速度为 300 km/h 及以上。

2. 客货混运

高速运行客车兼顾货物列车运行；客车运行速度目标值为 250 km/h。

3. 城际铁路

城际铁路位于大型城市间，以停靠站多、速度稍低为特点；并有停靠既有车站和单独成系统的区分；运行速度为 200 ~ 300 km/h 或更高。

（二）设计荷载

1. 中-活载

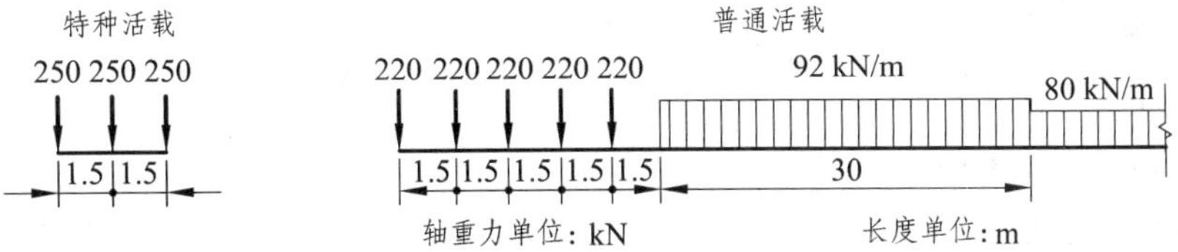

图 B-1 中-活载

2. ZK-活载（高速铁路桥梁设计活载）

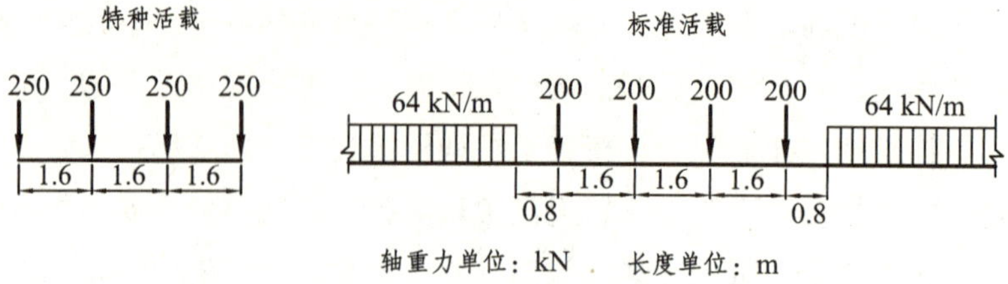

图 B-2 ZK-活载

3. ZC-活载

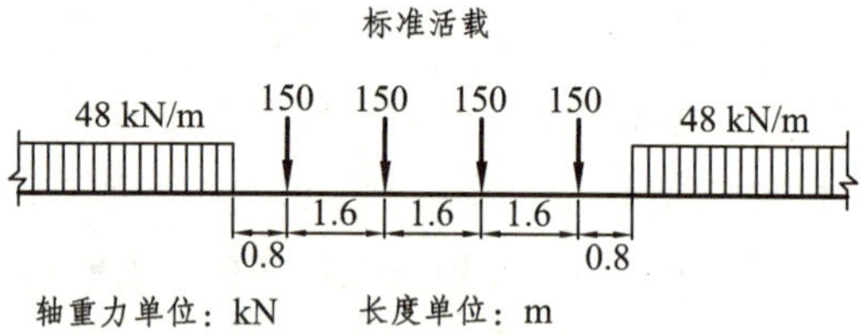

图 B-3 ZC-活载

四、常用跨度桥梁的形式和标准

1. 普通铁路

普通铁路以双片式 T 梁为主（见图 B-4）。

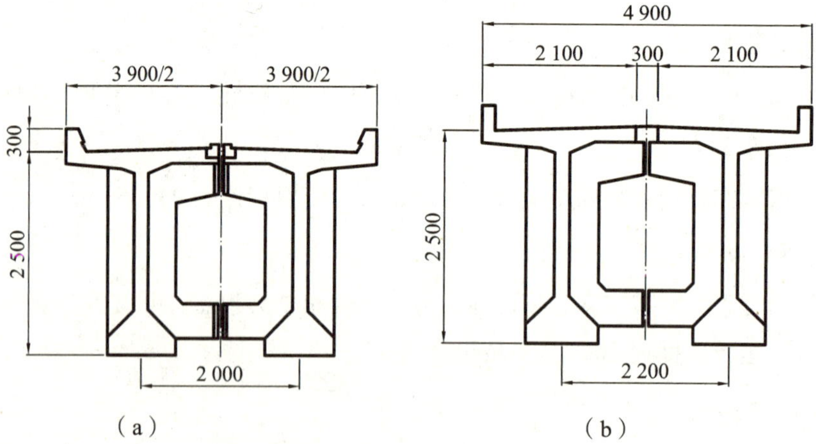

图 B-4 双片式 T 梁（尺寸单位：mm）

2. 秦沈客运专线（见图 B-5 及图 B-6）

（1）组合式 T 梁和箱梁。

（2）箱梁高跨比采用约 1/12。

（3）竖向刚度在 1/4 000 左右。

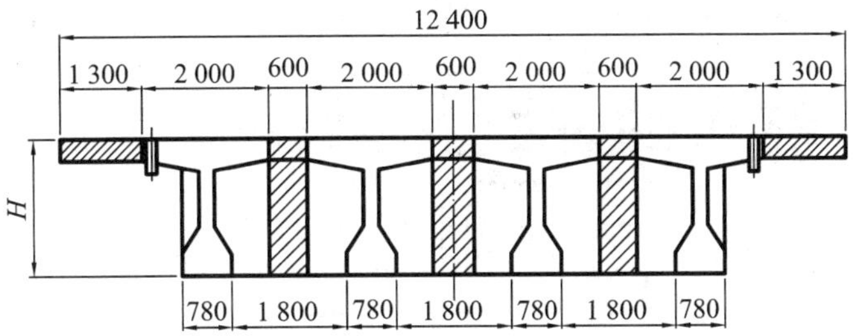

图 B–5　组合式 T 梁（尺寸单位：mm）

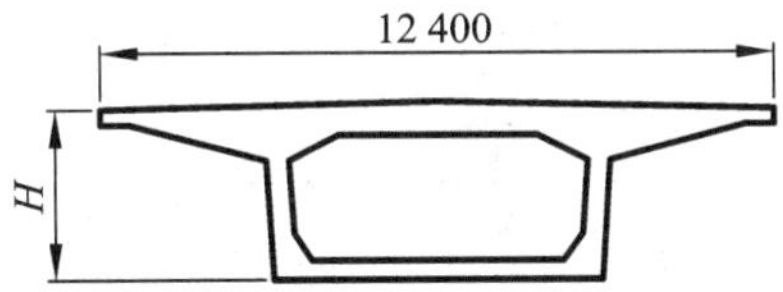

图 B–6　箱梁（尺寸单位：mm）

3. 高速铁路箱梁

（1）高跨比采用约 1/10 。

（2）采用双箱整孔箱梁为主。

（3）竖向刚度在 1/5 000 左右，并大范围开展各种标准高速铁路箱梁的设计。

（4）无砟轨道梁徐变控制 10 mm。

（5）预制箱梁重接近 900 t。

（6）各种荷载标准箱梁。

① 客运专线箱梁（见图 B-7）。

② 客货混运箱梁（见图 B-8）。

③ 城际铁路箱梁（见图 B-9）。

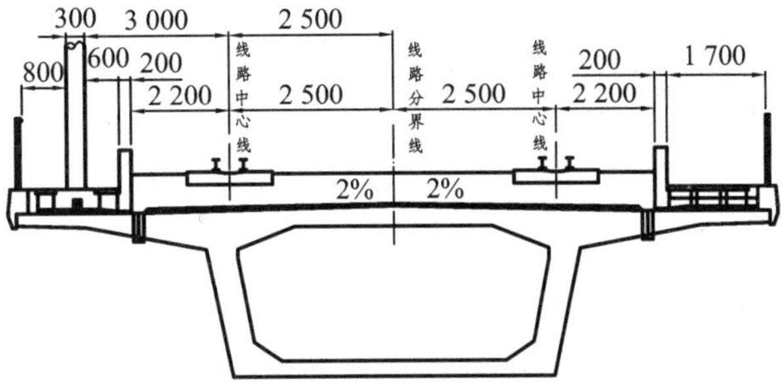

图 B–7　客运专线箱梁（尺寸单位：mm）

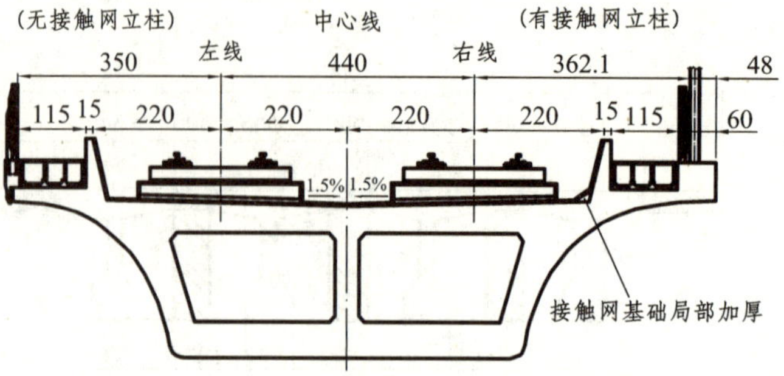

图 B-8 客货混运箱梁（尺寸单位：cm）

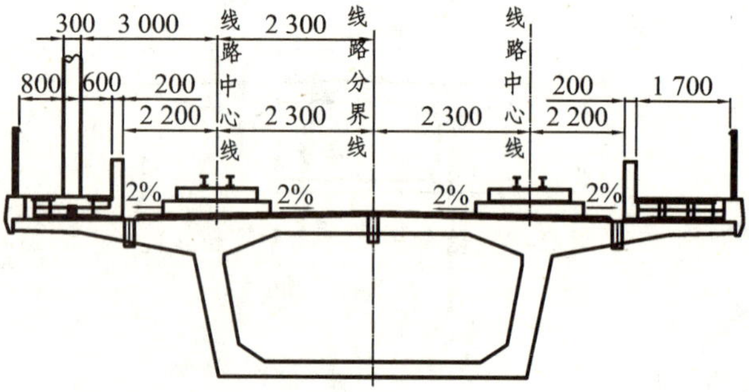

图 B-9 城际铁路箱梁（尺寸单位：mm）

附录 C　框架式台座

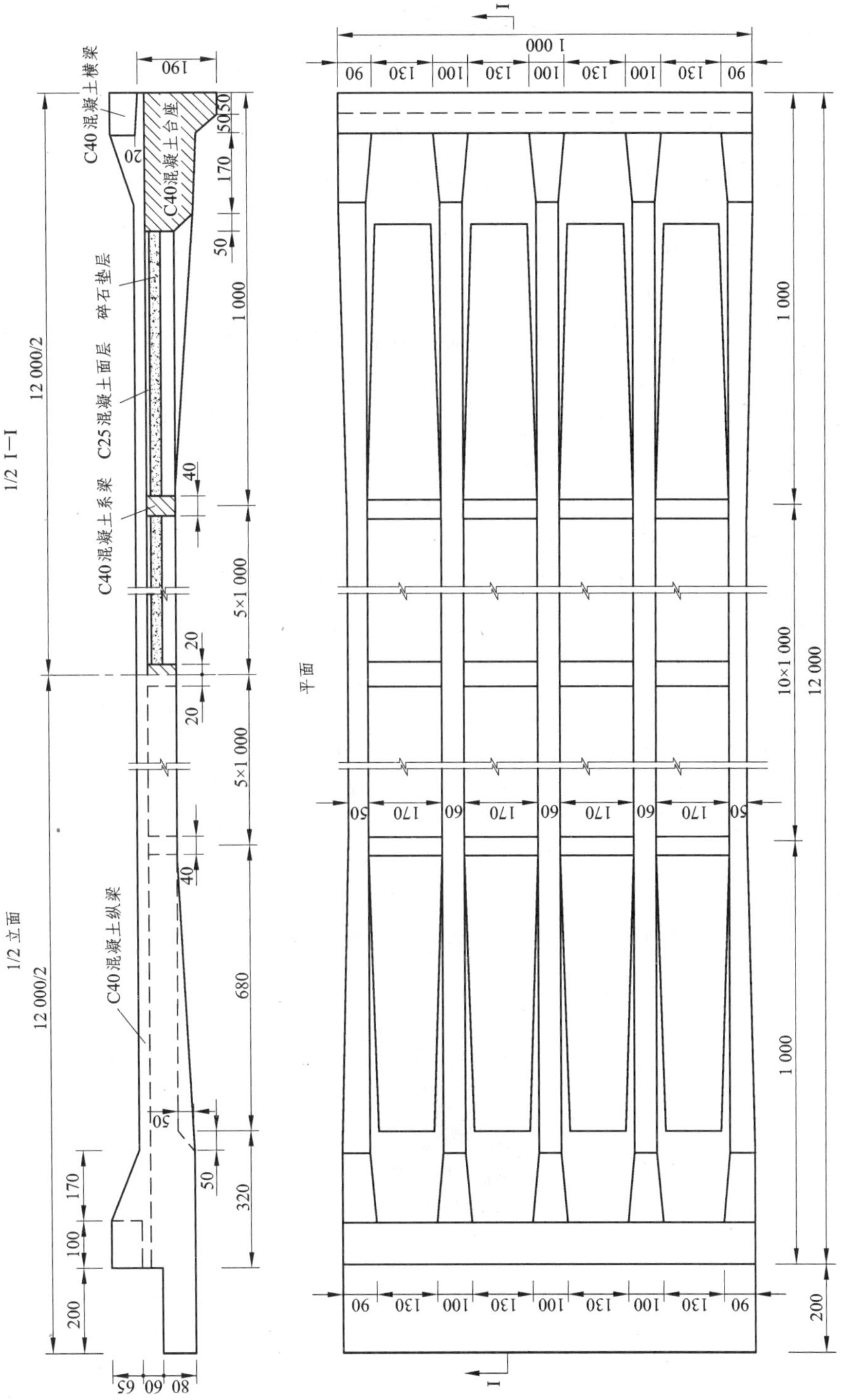

图 C–1　框架式台座（单位：cm）

参考文献

[1] 万明坤. 桥梁漫笔［M］. 北京：中国铁道出版社，1997.

[2] 铁道第三勘察设计院集团有限公司. 铁路桥涵设计规范：TB 10002—2017［S］. 北京：中国铁道出版社，2017.

[3] 中国铁路总公司工电部. 普速铁路桥隧建筑物修理规则：TG/GW 130—2018［S］. 北京：中国铁道出版社，2018.

[4] 中铁三局集团有限公司. 铁路桥涵工程施工质量验收标准：TB 10415—2018［S］. 北京：中国铁道出版社，2018.

[5] 中铁三局集团有限公司，中铁大桥局集团有限公司. 客货共线铁路桥涵工程施工技术规程：Q/CR 9652—2017［S］.北京:中国铁道出版社，2017.

[6] 中铁三局集团有限公司. 高速铁路桥涵工程施工技术规程：Q/CR 9603—2015［S］. 北京:中国铁道出版社，2015.

[7] 中铁第一勘察设计院集团有限公司，中国铁路经济规划研究院. 铁路工程制图标准：TB/T 10058—2015［S］. 北京：中国铁道出版社，2015.

[8] 中铁第一勘察设计院集团有限公司. 铁路工程制图图形符号标准：TB/T 10059—2015［S］. 北京：中国铁道出版社，2015.

[9] 中国铁道科学研究院铁道建筑研究所，铁道第三勘察设计院集团有限公司，中铁第四勘察设计院集团有限公司，等. 铁路桥梁盆式支座：TB/T 2331—2013［S］. 北京：中国铁道出版社，2013.

[10] 铁道部第三工程局. 铁路工程施工技术手册——桥涵（中册）［M］. 北京：中国铁道出版社，1998.

[11] 中交公路规划设计院有限公司. 公路桥涵设计通用规范：JTG D60—2015［S］. 北京：人民交通出版社，2015.

《桥涵施工与养护》
在线答题